互联网
新型不正当竞争
规制与司法判定

林　文/著

法律出版社 LAW PRESS · CHINA
北京

图书在版编目(CIP)数据

互联网新型不正当竞争规制与司法判定 / 林文著
. -- 北京：法律出版社，2023
ISBN 978 - 7 - 5197 - 7672 - 5

Ⅰ. ①互… Ⅱ. ①林… Ⅲ. ①互联网络－反不正当竞争－经济法－研究－中国 Ⅳ. ①D922.294.4

中国国家版本馆CIP数据核字(2023)第039515号

互联网新型不正当竞争规制与司法判定
HULIANWANG XINXING BUZHENGDANG
JINGZHENG GUIZHI YU SIFA PANDING

林 文 著

策划编辑 张 颖
责任编辑 张 颖
装帧设计 汪奇峰 臧晓飞

出版发行 法律出版社
编辑统筹 法律应用出版分社
责任校对 王 丰
责任印制 刘晓伟
经 销 新华书店

开本 710毫米×1000毫米 1/16
印张 42 字数 706千
版本 2023年4月第1版
印次 2023年4月第1次印刷
印刷 北京金康利印刷有限公司

地址：北京市丰台区莲花池西里7号(100073)
网址：www.lawpress.com.cn
投稿邮箱：info@lawpress.com.cn
举报盗版邮箱：jbwq@lawpress.com.cn
销售电话：010-83938349
客服电话：010-83938350
咨询电话：010-63939796

书号：ISBN 978-7-5197-7672-5
定价：168.00元

凡购买本社图书，如有印装错误，我社负责退换。电话：010-83938349

推荐语

（以下推荐人员排名不分先后）

互联网平台经济是生产力新的组织方式，在推动产业升级、拓展消费市场和增加就业等方面都发挥着重要的作用。随着互联网平台经济的飞速发展，涉网络的不正当竞争也不断出现。虽然我国《反不正当竞争法》经过数次修订，已经成为维护竞争秩序的利器和消费者权益保护的凭栏，但面对层出不穷的各类新型案件，在法律的有效适用上仍然面临严峻挑战。

读完林文律师的专著《互联网新型不正当竞争规制与司法判定》书稿，深深感受到他为互联网领域规制不正当竞争行为所作出的努力。作者全面细致地梳理了大量不正当竞争司法案例，针对案件的多样性和法律适用的复杂性，从理论阐述到案件实务，从实体规则到程序规则，作者完整地概括了涉网络不正当竞争行为法律规制的几乎所有问题。尤其是对其中诸多争议焦点问题进行了归纳与分析。如对“网络经营者”与一般经营者的界定，对不正当竞争行为认定中的“竞争关系”界定，对竞争损害分析涉及的经营者与消费者利益的认定等。这对理解与运用反不正当竞争法具有理论上和实务上的参考价值。研究反不正当竞争法的著作不少，但完全从案例分析的角度进行法律解读和研究的成果并不多，针对网络经济中新型不正当竞争行为研究的专著也较少，本书以案例分析的方式，专门研究涉网络不正当竞争行为，这就更加难能可贵。我相信，作者精心撰写的这本书，为我们进一步探讨反不正当竞争法在网络经济时代发挥作用提供了很好的借鉴。希望有更多的专家学者和实务从业者，关注和推动此类研究，为我国公平竞争政策的实施，为国家经济法治建设多多贡献智慧才学。

华东政法大学教授、浙江理工大学特聘教授

上海市法学会竞争法研究会名誉会长

徐士英

互联网领域的不正当竞争行为，有些是传统不正当竞争行为在互联网领域的延伸，有些则是互联网领域所特有的，后者作为互联网新型不正当竞争行为，在法律规制中涉及很多复杂的富有挑战性的问题。本书结合大量实例，对互联网新型不正当竞争规制与司法认定中的实体、程序和损害赔偿问题进行了深入的探讨，尤其是对互联网的技术中立、商业模式、流量劫持、恶意不兼容、屏蔽行为、数据竞争、流量竞争、干扰、直播、“二选一”等热点难点问题进行了较为系统的分析。本书学术性和应用性兼备，实用性和可读性强，可供有关律师、企业法务人员、执法人员、司法人员和学者阅读和参考。

上海交通大学特聘教授

中国法学会经济法学研究会副会长

王先林

反不正当竞争法在实务中，多年来存在定位和价值取向上的偏差。在网络不正当竞争纠纷中，“兜底”范围过宽；在竞争行为的正当性认定中，出现绝对化的侵权行为判断方式，不考量竞争法意义上的利益衡量；在涉及新技术、新业态、新商业模式的不正当竞争中，疏于从创新角度进行分析和保护；但这种情况正在发生转变。反不正当竞争法又是一部“杂烩性”的法律，网络不正当竞争中的商业道德、技术中立等问题的认定，与非网络不正当竞争相比又具有特殊性。所有这些问题都值得研究和探索。《互联网新型不正当竞争规制与司法判定》既有理论阐述，又有司法案例引用，对于实务具有很好的参考价值。

上海交通大学讲席教授、博士生导师
上海交通大学知识产权和竞争法研究院院长
孔祥俊

互联网领域中技术与商业模式的快速发展，使不正当竞争行为不管是在数量上还是在行为类型上，都对反不正当竞争法提出了挑战。本书正是聚焦于互联网领域的不正当竞争行为，通过分析商业道德、竞争关系等反不正当竞争法基础理论问题，流量劫持、网络劫持等具体行为类型，以及竞争损害、惩罚性赔偿等救济问题，对如何分析互联网不正当竞争行为以及如何进行实体法和程序法的适用做了非常全面、细致的分析。本书案例丰富，对现有研究的总结到位，并在具体问题上也提出了独到的见解。不仅可以作为学术研究资料，也能够为实务部门提供参考。

上海交通大学凯原法学院教授、博士生导师
上海交通大学凯原法学院副院长
李　剑

互联网不正当竞争行为是我国反不正当竞争法近十来年研究的热点和重点话题。虽然我国这方面的专著已经为数不少，但本书在三个方面展现出自身的特色。一是全面性。本书涵盖了该领域的所有话题，既有实体问题，也有程序问题。二是理论性。本书的论证充分，对于该领域中的所有疑难问题均给出了独特的见解。三是实务性。本书的论据充分，几乎穷尽了该领域中的所有典型案例。本书具有较高的学术价值和实践价值，既可以作为理论研究的基础性学术资料，也可供法院、律师等实务从业者借鉴参考。

上海交通大学凯原法学院教授
上海市法学会经济法学研究会副会长
侯利阳

互联网领域存在的不正当竞争行为远远超出了《反不正当竞争法》规定的不正当竞争行为类型，为此司法实践中不得不援引《反不正当竞争法》第二条的原则性规定来判决。然而互联网领域的商业道德具体内容包括哪些，行业自律规则能否成为商业道德，能否以造成竞争者损害认定违反竞争秩序，在缺乏具体领域商业惯例的情况下应该以何种标准来判定不正当竞争，都是在认定互联网领域不正当竞争行为应该回答的问题。本书作者全面梳理了实践中存在的不正当竞争行为类型，并对每种办理不正当竞争案件的实体和程序问题进行了精准分析和解读，是司法工作者不可多得的案头必备参考书。

华东政法大学教授

华东政法大学知识产权研究中心主任

中国法学会知识产权法学研究会副会长、中国科学技术法学会副会长

黄武双

林文律师自从业以来，在不断提高自己法律专业知识与技能的同时，从不间断地进行法律理论与实务的前沿问题研究。这本《互联网新型不正当竞争规制与司法判定》新著，是林文律师在近几年研究互联网领域新型不正当竞争理论热点问题与最新司法判例的杰作。著作内容新颖，讨论问题前沿，作者新见迭出，见微知著，是该领域不可多得的论著，法律理论与实务工作者均可从本论著中获益良多。

上海大学法学院特聘教授、博士生导师

文学国

当前，新一轮科技革命与产业变革来势迅猛，世界经济增长的原动力正在由技术让位于体现了市场经济机制认可的技术创新---知识产权。站在新的起点，我们比历史上任何时候都更深刻体会到，如果没有完善的法律保护，失去的将是什么。《互联网新型不正当竞争规制与司法判定》一书，以大量事实和翔实数据针对互联网市场竞争的合法、公平边界展开讨论，囊括时下争议较大的各项热点问题，回应当下的实务以及理论界所面临的挑战，值得一读。

上海国际知识产权学院教授

同济大学中欧创新政策与法律研究中心主任

单晓光

以ChatGPT为代表的人工智能扑面而来，人类即将迎来6G时代，随之而来的是对人类文明包括商业文明的冲击和挑战，因此迫切需要在新时代背景下厘清“合法”与“违法”、“公平竞争”与“不正当竞争”的边界，《互联网新型不正当竞争规制与司法判定》的出版恰逢其时、恰到好处。林文律师多年深耕反垄断和反不正当竞争领域，在竞争法领域出版过多本专著，专著内容皆体现理论联系实践、深入和前沿的特点。本书在研究了海量司法案例的基础上既探讨“互联网竞争与竞争关系”的基础理论问题，又针对数据不正当竞争、流量劫持、“二选一”等热点和高发的互联网不正当竞争问题进行了专章探讨，题目前沿新颖、材料翔实丰富，体系完整清晰。本书对法官、执法人员、互联网监管者、合规从业者、理论研究者都具有指引作用。

德国马尔堡大学法学博士

北京市市场监督管理局反垄断专家、陕西省反垄断专家智库专家国际商会工作组专家

中国法学会网络与信息法学研究会副秘书长

李　丽

互联网技术的发展伴随了层出不穷的不正当竞争新方式，本书聚焦互联网行业新型不正当竞争这个热点话题，在翔实的案例基础上，针对行业新现象，法律新问题，做了全方位的归纳总结，立足实际，梳理问题，同时提出了独到而深刻的见解。特别是对互联网技术中立和数据不正当竞争、网络取证等前沿问题进行了专章论述，非常具有前瞻性和实用性，本书理论功底扎实、可应用性强，具有较高的学术价值和实践价值。

作业帮教育科技（北京）有限公司总法律顾问

何敏凤

郑成思教授有一个非常形象生动的比喻，把传统知识产权的三项主要法律(著作权法、专利法和商标法)比作三座浮在海面上的冰山，而把反不正当竞争法比作在下面托着三座冰山的海水。所以，在涉知识产权和不正当竞争纠纷中，出现了兜底保护、补充保护等多种观点，说明反不正当竞争法与知识产权法之间的界线难以界定。商标纠纷中一般具有商标注册证书，著作权纠纷中一般有版权登记等，而反不正当竞争纠纷中根本没有前述的权属，所以，反不正当竞争法既是最容易入门的法律，也是最难以掌握的法律。而网络不正当竞争纠纷又是反不正当竞争纠纷中最难的，《互联网新型不正当竞争规制与司法判定》一书，是我们从事实务人士的最好教材，既有理论阐述又有案例引用，操作性和实用性兼顾。

百事公司大中华区食品业务法务总监

赵　文

前　言

网络经济竞争秩序治理中，最为突出的例证就是互联网不正当竞争案件的裁判较之传统不正当竞争案件的裁判具有明显不同的价值判断，以及司法裁判理念和方法差异。随着互联网技术与网络经济业态的不断迭代更新，互联网新型不正当竞争行为层出不穷，相关案件的裁判在《反不正当竞争法》中很难找到类型化的规则依据。

党的十九届五中全会提出加强反垄断和反不正当竞争执法司法，反不正当竞争问题受到空前关注和高度重视。反不正当竞争纠纷可谓风起云涌。最高人民法院2022年4月21日发布的《中国法院知识产权司法保护状况》(2021年)载明，2021年，地方各级人民法院新收竞争类案件8419件，同比上升78.26%。网络环境下的知识产权保护日益成为知识产权审判的重点。2021年，杭州、北京、广州三家互联网法院共新收各类涉互联网知识产权案件66,148件，比2020年增长6.64%。总体来看，互联网案件数量逐年增长，涉及越来越多的新型、复杂、疑难法律问题。互联网环境下的侵权行为更易实施、更加隐蔽、更为复杂，影响范围更为广泛，收集固定证据更加困难，权利人维权难度进一步加大。加强网络空间的法治治理，保护互联网领域创新创造，是人民法院知识产权司法保护工作面临的重要课题。

从各国的反垄断实践来看，《反垄断法》的一个最为重要的特征是政策性，反垄断往往是各国政府配合产业政策的一种手段，并非完全是法律逻辑推理的结果，其与各国现实的经济状况、竞争政策息息相关。反不正当竞争与反垄断同属竞争法，故也具有同样政策属性，需要执法部门在具体案件中进行考量和评估。

互联网平台经济是生产力新的组织方式,是经济发展新动能,对优化资源配置、促进跨界融通发展和大众创业万众创新、推动产业升级、拓展消费市场尤其是增加就业,都有重要作用。

互联网经济是近年来的社会热点,但它在发展的同时也对我国竞争立法、执法与司法提出了更高的要求。随着我国互联网技术的飞速进步和互联网产业的蓬勃发展,我国互联网领域的竞争也日趋白热化,相应地,我国互联网领域的新型反竞争行为也层出不穷。

竞争是市场运行的灵魂,没有竞争的行业是没有发展前途的,没有竞争的市场不是正常的市场。通过市场竞争,可以实现资源的优化配置,调节资本在不同社会生产部门和不同市场主体之间的分配,推动生产力的发展和进步。

2021年12月8日至10日,中央经济工作会议在北京召开。会议指出,必须坚持高质量发展,坚持以经济建设为中心是党的基本路线的要求。要提振市场主体信心,深入推进公平竞争政策实施,加强反垄断和反不正当竞争,以公正监管保障公平竞争。

为此,笔者花费近两年的时间和精力撰写了此书,近几年网络不正当竞争纠纷出现很多新类型案件、新的裁判思路和理念,受疫情影响,竞争政策也出现新的变化,尤其在即将结稿时,恰逢2022年世界知识产权日期间,各级人民法院又公布了若干典型案件,为使读者受益于阅读,笔者又将没有收录的典型案件增补进来,包括典型案件的裁判分析思路和方法、商业道德和诚实信用原则的认定、商业模式的保护、技术中立的认定、数据正当与不正当竞争的边界、互联网不正当竞争法定赔偿和惩罚性赔偿的计算问题、反不正当竞争中的行为保全问题和电子证据的取证问题等,都进行了阐述。

当然,尽管笔者已经努力地想把本书撰写得更好、更加完善,但必然会存在一些不足,如竞争法所保护的法益、竞争损害裁判的方法除时下通用的侵权式范式之外,是否还有更优范式参考?惩罚性赔偿中法官自由裁量中如何把握倍数?涉技术类竞争案件中,如何分配举证责任?如何认定技术中立?涉数据竞争案件中,如何认定数据合理使用?一般条款与"互联网专条"、"互联网专条"与其兜底条款之间如何选择使用?等等。截至目前,仍然没有权威统一的解决方式,本书尽量将各种不同裁判和学识观点列出,由读者自行理解。也正因为竞争法如此魔幻,才引来了一大批竞争法学者、司法和律师等实务者的研究兴趣,竞争法的春天比我们想象中来得更早了一些。

因对竞争法不离不弃的热爱和执着,2015年4月,我从“春城”昆明来到“魔都”上海执业,7年间光阴荏苒,但每时都能收获着竞争法带来的乐趣。做案件苦,但写书更苦,因为没有一件案件是简单的法律关系,当然,简单的案件也不会找我们,即使找我们,我们也会告知当事人没有必要花“杀猪用牛刀”的成本。写书比做案件更加辛苦,因为每时需要把思路放在书稿中,否则,因工作原因耽误几天,回头又得从头开始找思路,找灵感。在书稿结稿前,就没有完全放松的休息过。

前路漫漫,我们仍需不忘初心,砥砺前行!

来上海后,承蒙众多良师益友的教诲和帮助,他们是上海大学法学院文学国教授,华东政法大学徐士英教授和黄武双教授,上海交通大学凯原法学院王先林教授、李剑教授和侯利阳教授,同济大学单晓光教授,中南大学杨开湘教授。

谨此致谢。

林 文

于上海陆家嘴金茂大厦

2022年7月1日

>> 法律法规名称简缩

序号	名称	简缩
1	《最高人民法院关于民事诉讼证据的若干规定》	《民诉证据规定》
2	《最高人民法院关于修改〈关于民事诉讼证据的若干规定〉的决定》	《民诉证据修改决定》
3	《最高人民法院关于适用〈中华人民共和国反不正当竞争法〉若干问题的解释》	《反法新司法解释》
4	《国家发展改革委、市场监管总局、中央网信办、工业和信息化部、人力资源社会保障部、农业农村部、商务部、人民银行、税务总局关于推动平台经济规范健康持续发展的若干意见》	《九部委意见》
5	《最高人民法院关于审查知识产权纠纷行为保全案件适用法律若干问题的规定》	《知产行为保全规定》
6	《最高人民法院关于适用〈中华人民共和国民事诉讼法〉的解释》	《民事诉讼法司法解释》
7	《最高人民法院关于知识产权民事诉讼证据的若干规定》	《知产证据规定》
8	《最高人民法院关于审理侵害知识产权民事案件适用惩罚性赔偿的解释》	《知产惩罚性赔偿司法解释》
9	《最高人民法院关于审理涉电子商务平台知识产权民事案件的指导意见》	《电商平台知产民事案件意见》
10	《互联网信息服务算法推荐管理规定》	《算法推荐规定》
11	《上海市网络交易平台网络营销活动算法应用指引（试行）》	《上海营销活动算法应用指引》
12	《保护工业产权巴黎公约》	《巴黎公约》

CONTENTS 目 录

上篇 互联网不正当竞争实体篇

中篇　互联网不正当竞争程序篇

下篇　互联网不正当竞争损害赔偿篇

上　篇

互联网不正当竞争实体篇

>> 第一章　互联网不正当竞争概述

第一节　竞争起源和发展

一、竞争法起源

竞争法源于对于竞争行为的规制法律体系。竞争作为经济学领域的术语，既是社会主体参与经济市场活动以谋求生存及盈利的行为，亦可视为一种对于社会资源的分配方式。对于个体而言，竞争产生市场对竞争主体的优胜劣汰，进而激励竞争主体在盈利目的的驱动下进行单位利润让渡或创新；对于宏观市场而言，合理有效的竞争会引导社会总体利益趋向最大化。基于竞争机制在经济行为领域的重要作用，为了更好地维护市场经济秩序，竞争法应运而生。

竞争法非单一性质的法律规范，而是调整竞争关系的各部门法规所构成的统一整体，主要包括反不正当竞争法以及反垄断法。两者在目的上具有一致性，但手段上具有显著区别：一般认为前者属于私法范畴，主要通过私人诉讼来遏制不正当竞争行为，进而保护市场经济的各参与主体；后者属于公法范畴，旨在维护自由竞争的市场结构和公平有效的竞争机制，主要依赖于行政执法机关的主动作为。

世界上最早的反垄断法是 1890 年美国的《谢尔曼法》(Sherman Act)，目前已有 100 多个国家和地区制定颁布了反垄断法。我国《反垄断法》则在 2008 年 8 月 1 日首次施行，2022 年 8 月 1 日，第一次修正后的《反垄断法》正式实施，条文总数由 57 条增加到 70 条，新增 13 条。

二、《反不正当竞争法》颁布及修订

反不正当竞争法发源于 19 世纪后半期的欧洲，世界上的主要工业发达国

家如英国、法国、德国以及后来的美国,在19世纪末20世纪初均发展出与本国经济环境相适应的反不正当竞争法。值得注意的是,许多国家并不存在独立的反不正当竞争法,而是在侵权责任一般条款的基础上形成反不正当竞争判例法。

1985年11月29日实施的《武汉市制止不正当竞争行为试行办法》是我国第一部地方性市场监管立法。我国《反不正当竞争法》在1993年9月2日首次公布,同年12月1日首次施行,为配合该法,一系列部门规章及地方性法规紧随其后颁布实施。这一时期由于《反垄断法》迟迟未能出台,而市场竞争中利用垄断排除限制竞争的现象又较为严重,《反不正当竞争法》及其配套法规、规章等规范性文件也将部分典型的垄断行为作为不正当竞争行为,因而包含了部分规制垄断行为的内容。除此之外,《广告法》、《价格法》、《招标投标法》、《电信条例》、《国务院关于禁止在市场经济活动中实行地区封锁的规定》、《外国投资者并购境内企业暂行规定》(已失效)以及《对外贸易法》也在细分领域对垄断和限制竞争行为进行了相应的规制,弥补了《反垄断法》尚未出台时期的法律空白。①

《反不正当竞争法》现行有效的为2019年修正版本,该版本在2017年修订的基础上对于涉及商业秘密的条款进行了一次集中修正。

网络领域的不正当竞争行为,有些可以看作传统不正当竞争行为在网络领域的延伸,适用《反不正当竞争法》相应的规定(如禁止商业诋毁、虚假宣传等)即可;而有些则是网络领域所特有的或者更为突出的(利用了技术手段),因而需要单独进行规制。2017年修订的《反不正当竞争法》在删除5种垄断或者限制竞争行为外,唯一新增第12条的不正当竞争行为,即网络领域的不正当竞争行为,又称互联网专条。

三、《反不正当竞争法》实施存在的问题

(一)法条竞合

2017年修订的《反不正当竞争法》相较于1993年的作出了较多修改,从一

① 参见周围、文静:《中国反不正当竞争法的演进、发展与展望》,载《知识产权与市场竞争研究》2020年第1期。

定程度上实现了我国竞争法上《反不正当竞争法》与《反垄断法》的二元分立格局，两者从立法角度实现了较为清晰的划分，但实践中的市场经济活动往往具有高度流动性和可变性，同一行为可能触及反垄断和反不正当竞争两法交叉管制的领域，此时则需根据实际情况来判断具体适用的法律。

差别性对待的相关法律规定可见于《反垄断法》(2022 年修正)第 3 章第 22 条第 1 款第 6 项，为该法所规制的滥用市场支配地位的具体情形之一；《反不正当竞争法》虽未对差别性对待作出明确的条文规定，但第 12 条对于经营者利用网络从事生产经营活动的相关规定可就该法对于差别性对待的规制初见端倪。此外，实务中亦存在不少将差别性对待纳入《反不正当竞争法》规制范围内的情形。如在大数据经济背景下发展起来的电商平台“二选一”行为即涉及竞争法上的差别性规制竞合问题。

针对新制定的“互联网专条”，有学者指出该条第 2 款第 3 项与《反垄断法》中第 22 条中规定的拒绝交易或限制交易行为有所冲突，第 3 项的规定实际上囊括了具有支配地位或优势地位的经营者以不兼容的方式阻碍正常交易的行为。①

这种立法矛盾的存在对于实践中出现的行为最终应当适用《反不正当竞争法》抑或《反垄断法》来调整带来难题，真正实施了垄断行为的经营者有可能以《反不正当竞争法》中存在特殊条款为由为自己的垄断行为开脱。《反不正当竞争法》与《反垄断法》之间的界限始终是我国法律修改中重点关注的问题，究其根本，两者背后的法理存在很大差异，《反垄断法》重点落在“限制”二字，因对于已经具有支配地位而实施了垄断行为的竞争者不得不采取必要的限制措施来恢复公平、自由的竞争秩序；而《反不正当竞争法》的实施仍然侧重保护与鼓励，对于不正当的竞争行为进行及时矫正，从规范的目的出发，两者不应有所混同。②

《全国人民代表大会常务委员会执法检查组关于检查〈中华人民共和国反不正当竞争法〉实施情况的报告》指出，相关法律存在交叉重叠，法律适用存在难点堵点。检查中，不少同志反映，如何协调不同法律之间的适用，成为《反不正当竞争法》实施中的难点堵点。一是法律处罚标准不易把握。对同类违法行

① 参见郑友德、王活涛：《新修订〈反不正当竞争法〉的顶层设计与实施中的疑难问题探讨》，载《知识产权》2018 年第 1 期。

② 参见陈兵、徐文：《优化〈反不正当竞争法〉一般条款与互联网专条的司法适用》，载《天津法学》2019 年第 3 期。

为不同法律规定的罚则不尽一致,比如,《反不正当竞争法》第 20 条和《消费者权益保护法》第 56 条都对“虚假或者引人误解的商业宣传”行为的处罚作了规定,但两者的处罚标准并不一致,导致执法实践中对适用法律和处罚依据难以判定。还有同志反映,《反不正当竞争法》对违法行为规定的处罚幅度偏大,且未对违法程度和处罚梯度作进一步的细化,执法自由裁量权过大,容易导致相似案件处罚标准不一等问题。二是法律规定存在交叉重叠。《反不正当竞争法》规定,发布虚假广告的虚假宣传行为按《广告法》处罚,但通过多种传播途径以及互联网、新媒体进行虚假宣传的,哪些属于广告、哪些是广告之外的其他宣传行为,区分标准和界限不清晰。对商标侵权与故意混淆包装、装潢、企业名称等违法行为,是以商标侵权为主适用《商标法》处罚,还是以违法行为的具体表现为主,而适用《反不正当竞争法》处罚,各方认知存在分歧,执法实践中存在困惑。《反不正当竞争法》《消费者权益保护法》《食品安全法》均对虚假宣传行为作出规定,《反不正当竞争法》《药品管理法》均对商业贿赂行为予以规制,在实际查处食品领域的虚假宣传和医药领域的商业贿赂时存在法律适用争议。此外,执法检查中,不少同志反映,一些经营者利用自身的优势经营地位,对交易相对方进行不合理限制或者附加不合理条件的问题较为突出,《反不正当竞争法》缺乏明确的对应条款加以规制。①

(二)竞争行政执法的问题

有研究统计发现,竞争法执法中存在的问题主要有以下 3 个方面:②(1)对《反不正当竞争法》的基础性法律地位认识不到位。一是对反不正当竞争执法工作重要性的认识不到位。对《反不正当竞争法》是维护公平竞争市场环境的基础性法律的定位认识不足,以《反不正当竞争法》的执法来带动相关单项法实施的自觉性不强,从而没有真正把实施《反不正当竞争法》作为优化营商环境的基础性工作来抓。同时,在落实执法方面缺乏具体工作举措和支撑措施。个别

① 参见徐绍史:《全国人民代表大会常务委员会执法检查组关于检查〈中华人民共和国反不正当竞争法〉实施情况的报告》,第十三届全国人民代表大会常务委员会第二十四次会议,2020 年 12 月 23 日。

② 参见徐绍史:《全国人民代表大会常务委员会执法检查组关于检查〈中华人民共和国反不正当竞争法〉实施情况的报告》,第十三届全国人民代表大会常务委员会第二十四次会议,2020 年 12 月 23 日。

地方甚至将反不正当竞争与发展经济对立起来，阻碍、干预执法，降低了行政执法效率，影响了《反不正当竞争法》的实施。二是法律宣传和学习运用不到位。有的部门认为，宣传学习《反不正当竞争法》主要是市场监管部门的事，本部门本系统组织开展法律宣传不深不透，有的甚至流于形式。法律法规宣传进商会协会、进企业、进学校、进社区力度不够，未充分利用网络传播等新媒体进行多角度宣传，导致法律宣传贯彻存在盲区。随机抽查发现，一些经营者法律意识淡薄，知法、守法、用法存在欠缺，遇事不知道找法，也不懂用什么法律保护自身的权益。(2)对网络经济迅猛发展带来的影响研判不充分。一大批网络平台迅速崛起，商业模式不断创新，竞争行为日益翻新，专业技术深度介入，各种纠纷与日俱增，法律关系复杂交织，由此产生的不正当竞争问题、治理问题都较为复杂。一是网络经济具有不同于传统经济的特征。网络经济具有规模大、地域广、节点多等特点，各类"互联网+"模式的深度应用，各个细分行业的交叉融合极大拓展了经营者之间的竞争关系，形成了网络经济发展新架构和新生态。各类不正当竞争行为在网络经济背景下，通过技术加持，更具复杂性、技术性、隐蔽性。二是第三方电商平台具有独特性质。其本身属性与传统企业存在差异，具有"跨边网络外部性"，一头连着消费者，另一头连着经营者，同时兼具企业与市场的双重特征，又要匹配供需，还对利益相关者具有一定的控制力。有的大型平台掌控海量数据，涉及众多领域和大量主体，其经营决策行为关乎社会公众利益。三是网络经济发展进入竞争更激烈的新阶段。近年来，网络经济由高速发展渐趋平稳调整的平台期，从技术渗透逐渐转到技术溢出，甚至形成技术壁垒；商业模式和业态高度相似，多为"第三方平台+自营"，跨界融合经营亦成常态，同质化竞争和多领域竞争日趋激烈，不正当竞争问题愈加凸显。四是网络经济领域还没有形成稳定行业管理和自律规则约束。网络经济领域的竞争行为变化多样，不确定性强，所涉法律关系复杂，网络自由竞争与不正当竞争界限不够明晰，网络经营行为与传统经营行为交叉融合，还没有形成行业应当普遍遵守和认同的规则底线。有的经营者借助信息技术手段筑技术壁垒，有的心存侥幸、"打擦边球"，有的罔顾诚信为本的商业道德搞不正当竞争，行业规则和平台治理滞后问题凸显。(3)监管执法对新形势新要求不适应。一是监管理念跟不上。网络经济领域不正当竞争行为跨地域、跨行业、跨平台特征日益明显，而相关部门分层级、条块化、属地化的监管定势和主要依靠人力的集中式、运动式等监管理念和方式，跟不上这种新变化。为鼓励支持创新、激发市场活力，需要包容审慎监管，但是有些地方和部门片面理解政策，将包容审慎与“不监管”“少监管”简单混为一谈，没有平衡好鼓励创新与规范秩序的关系。二是有些监管执法人员素质不够高。反不正当竞争案件定性处理对执法人员依法判断要求高，需要监管执法人员具备扎实的法律功底、执法经验，甚至需要较高的财务会计、信息知识和技术水平。但有些基层反不正当竞争监管执法人员青黄不接，新的骨干尚未成长起来，少数执法人员对法律条款理解不深不透，在法律适用上把握不准，存在不会办案、不敢办案、不想办案的畏难情绪，影响和制约法律实施效果。三是执法监管技术和装备落后。在调查取证、获取数据、固定证据、大数据分析等方面，现有执法技术力量、技术手段、装备和监管水平等都难以提供有效支撑，客观上制约执法工作的深入开展。四是尚未建立健全有效的监管架构。面对新形势新要求，还缺乏一个涵盖科学协同的监管机构体系，成熟健全的监管制度体系，创新有效的机制路径体系，社会共治的现代化治理体系协同发力的综合监管体系。

第二节　互联网竞争的经营者

一、经营者主体的扩充

从 2017 年修订后的《反不正当竞争法》规定来看，经营者包括：自然人、法人和其他组织。相较旧法而言，新法无疑对反不正当竞争行为主体规定的范围更广。旧法在界定不正当竞争行为的主体时，将主体限定为具有合法经营资格、带有营利性的组织。

互联网不正当竞争案件中，竞争主体具有不对称性。如“陆金所金融服务平台”不正当竞争纠纷案[①]中，被告是提供计算机技术服务的小微企业，与两原告之间并无业务交集，在经营规模上亦不足以相抗衡。其在互联网环境下可能

① 上海市浦东新区人民法院民事判决书，(2019)沪 0115 民初 11133 号。2020 年上海法院知识产权司法保护十大案件之八、最高人民法院发布十起人民法院反垄断和反不正当竞争典型案例之四(2021 年)。

成为特定细分领域的竞争者，这在传统的不正当竞争纠纷中并非常态。

二、其他经营者

根据2022年3月20日起施行的《反法新司法解释》第2条规定，与经营者在生产经营活动中存在可能的争夺交易机会、损害竞争优势等关系的市场主体，人民法院可以认定为《反不正当竞争法》第2条规定的“其他经营者”。

如“懂球帝”侵犯著作财产权及不正当竞争纠纷案[①]中，多格公司认为，央视网公司非本案不正当竞争纠纷的适格主体。对此，二审法院认为，《反不正当竞争法》规定的经营者是指向市场提供商品或者服务的法人、其他组织和个人。本案中，央视网公司与多格公司均系通过信息网络向公众传播文化产品服务的经营者，就提供里约奥运会的开幕式直播或转播行为而言，二者提供的服务相似、面向的公众具有一定交叉性，构成《反不正当竞争法》所调整的竞争关系。多格公司关于央视网公司仅为被许可权利人，非不正当竞争纠纷的适格主体的抗辩意见，没有法律依据，故二审法院不予采信。

“争夺交易机会”和“损害竞争优势”之间的关系如何理解？从语法上看，《反法新司法解释》第2条将“争夺交易机会”和“损害竞争优势”用顿号隔开，二者是一种递进关系，即市场主体不仅要争夺交易机会，而且还要损害其他经营者的竞争优势。经营者之间的竞争本身就是对现有市场份额和交易机会的抢占，因此，仅仅根据是否存在“争夺交易机会”，很难判断特定行为是否属于不正当竞争行为。为了市场的良性发展，竞争行为是被允许存在并且应该存在的，经营者之间在合理范围内竞争，才能激发市场活性。竞争者拥有竞争自由，但其无权要求以保护财产权的方式保护其市场地位、顾客来源及获利机会不受任何损害。[②] 笔者认为，“争夺交易机会”和“损害竞争优势”用顿号隔开，二者是一种并列关系，只要有其中一种行为（也可兼有两种行为），即可作为“其他经营者”的判断因素。否则对于《反法新司法解释》第2条中“等关系”这一表述的内涵无法再解释，正因为不可能将所有的行为预先规范，故使用“等”，如果将

---

① 一审北京市海淀区人民法院民事判决书，(2017)京0108民初1693号；二审北京知识产权法院民事判决书，(2017)京73民终2109号。

② 参见张占江：《不正当竞争行为认定范式的嬗变从“保护竞争者”到“保护竞争”》，载《中外法学》2019年第1期。

"争夺交易机会"和"损害竞争优势"解释为递进关系,那么"等"字将失去基础。

三、互联网经营者的限缩

《反不正当竞争法》第12条第1款规定:"经营者利用网络从事生产经营活动,应当遵守本法的各项规定。"该款规定在整个"互联网专条"中具有提领作用,它将适用范围限定于"利用网络从事生产经营活动"的经营者,是对《反不正当竞争法》视域下"经营者"的进一步限缩,网络空间在生产经营环节中承担起全部或部分的职能,产出的内容包括网络产品和服务。从经济学的角度来看,网络产品或服务是具有消费外部性、转移成本、兼容性和规模经济性等特征的产品或服务的总称,①根据给消费者带来效用的直接与否,可以分为数字产品、数字平台、互联网基础服务设施3大类。②

如在博盛景公司擅自赠送视频会员权限不正当竞争纠纷案③中,法院认为,涉案软件的开发运营行为违反了《反不正当竞争法》第12条规定,即便博盛景公司并非涉案软件开发者,其亦与该案案外人存在合作等特定关系,应当就上述被诉行为承担相应的法律责任。

第三节　互联网平台经济

一、互联网平台经济的发展

(一)国家重视互联网平台经济

近年来,国家层面先后出台了指导、规范平台经济发展的多份政策文件,既有整体角度的鼓励性文件,如《国务院办公厅关于促进平台经济规范健康发展的指导意见》,国务院于2017年11月19日印发的《关于深化"互联网+先进制造业"发展工业互联网的指导意见》,无疑为互联网经济的发展注入了一剂强心

① 参见盛永祥:《博弈视角下的网络产品与服务定价问题研究》,江苏大学2008年博士学位论文。

② 参见龚佼:《网络产品市场需求扩大》,载《应用科技》1999年第5期。

③ 一审北京市海淀区人民法院民事判决书,(2020)京0108民初41170号;二审北京知识产权法院民事判决书,(2021)京73民终2826号。

针。也有各部门旨在解决特定问题的约束性文件，如国家互联网信息办公室等九部门联合发布的《关于加强互联网信息服务算法综合治理的指导意见》、人力资源和社会保障部等八部门联合发布的《关于维护新就业形态劳动者劳动保障权益的指导意见》、2021 年 12 月《九部委意见》。此外，还有一些指南性质的指导性文件已经发布或正在制定之中，如《国务院反垄断委员会关于平台经济领域的反垄断指南》，国家市场监督管理总局正在制定的《互联网平台分类分级指南》《互联网平台落实主体责任指南》等。这些文件基本构建了我国平台经济监管的政策体系，确立了平台经济发展与规范并重的政策导向。

互联网经济得益于近年来数字、信息技术取得的突破性进展，成为当今世界经济中最活跃的行业领域。特别是随着信息传播从 PC 端向移动端的转移，以智能手机为载体的软硬件技术开发和新型商业模式呈现爆炸式增长，给人们带来全新的消费体验，促进了电子商务的高速发展。

（二）平台恶性竞争行为

随着高科技的发展，互联网经济已经和民众生活密不可分，并且渗透到了民众生活的方方面面。2016 年 4 月 19 日，习近平总书记在网络安全和信息化工作座谈会上提出："当前，我国互联网市场也存在一些恶性竞争、滥用市场支配地位等情况，中小企业对此意见不少。这方面，要规范市场秩序，鼓励进行良性竞争。这既有利于激发企业创新活力、提升竞争能力、扩大市场空间，又有利于平衡各方利益、维护国家利益、更好服务百姓。"随着互联网的发展，我国平台经济发展速度不断加快，已经成为拉动经济增长的重要增长极。2021 年 12 月发布的《九部委意见》指出，平台经济发展中出现的垄断与不正当竞争、数据安全与隐私损害、消费者与劳动者权益保护等问题，都与平台经济固有的资本、技术、数据、算法等生产要素或技术手段密切相关。这些问题具有高度的综合性、技术性，且彼此关联、相互交错。在当前平台经济发展的关键时期，需要从经济发展的整体角度，系统性解决这些问题。《九部委意见》既从总体上提出了新形势下平台经济监管的一般要求，又从"完善竞争监管执法""加强金融领域监管""探索数据和算法安全监管""加强新就业形态劳动者权益保障"等具体层面，就平台经济发展中的主要问题、突出问题、重点问题提出了针对性的监管对策。在竞争监管方面，《九部委意见》提出要"强化平台广告导向监管""重点规制以减配降质产品误导消费者"等问题；在数据监管方面，《九部委意见》提出要

"从严管控非必要采集数据行为,依法依规打击黑市数据交易、大数据杀熟等数据滥用行为"。

二、互联网平台经济类型

《国务院办公厅关于促进平台经济规范健康发展的指导意见》(国办发〔2019〕38号)将互联网平台经济界定为生产力新的组织方式和经济发展的新动能,对促进平台经济规范健康发展具有重要的法律意义。对互联网产业划分,具体包括3类:第一,物理类,包括计算机、网线、其他设备等最低端物理介质;第二,代码类,主要是通信协议代码;第三,内容类,包括对用户界面提供的各种服务。[①] 而在实务界、学术界所讨论的互联网产业,主要指的是第三类。从《互联网信息服务管理办法》的相关规定来看,互联网信息服务就是内容类的产业。其中明确了通过网络向上网用户提供信息的服务活动就是互联网产业。

2021年10月29日,国家市场监督管理总局公布了《互联网平台分类分级指南(征求意见稿)》《互联网平台落实主体责任指南(征求意见稿)》。其中提出,互联网平台拟划分为网络销售类平台、生活服务类平台、社交娱乐类平台、信息资讯类平台、金融服务类平台、计算应用类平台6大类,并按照用户规模等划分为超级平台、大型平台和中小平台3级(见表1)。

表1　平台分级

平台分级	分级依据	具体标准
超级平台	超大用户规模	在中国的上年度年活跃用户不低于5亿人
	超广业务种类	核心业务至少涉及两类平台业务
	超高经济体量	上年底市值(估值)不低于10,000亿元人民币
	超强限制能力	具有超强的限制商户接触消费者(用户)的能力
大型平台	较大用户规模	在中国的上年度年活跃用户不低于5000万人
	主营业务	具有表现突出的平台主营业务
	较高经济体量	上年底市值(估值)不低于1000亿元人民币
	较强限制能力	具有较强的限制商户接触消费者(用户)的能力

① 参见吴汉洪、董笃笃:《中国竞争法律与政策研究报告》(2015年),法律出版社2016年版,第123页。

续表

平台分级	分级依据	具体标准
中小平台	一定用户规模	在中国具有一定的年活跃用户
	一定业务种类	具有一定业务
	一定经济体量	具有一定的市值(估值)
	一定限制能力	具有一定的限制商户接触消费者(用户)的能力

三、电子商务

(一)电子商务概念

电商,这里指电子商务的简称,实务中多数将网络平台经济作为电商代名词。《电子商务法》第2条第2款规定:“本法所称电子商务,是指通过互联网等信息网络销售商品或者提供服务的经营活动。”它与传统商事活动的主要区别是通过互联网等信息网络进行商品和服务经营活动。电子商务是指卖方和买方通过互联网平台中介进行交易的活动,实践中最常见和对消费者影响最大的电子商务模式是B2C,即产品或服务的零售。

(二)电子商务的发展

我国的电子商务发展始于20世纪90年代初期,经过20多年的发展,信息时代的技术发展迅速且日趋成熟。截至2019年6月,我国网民规模为8.54亿人,较2018年年底增长2598万人,互联网普及率达61.2%。在这当中,我国网络购物用户规模达6.39亿人,较2018年年底增长2871万人,占网民整体的74.8%。在其他代表性细分市场方面,网上外卖用户规模和网络支付用户规模分别达到了4.21亿人和6.33亿人,在网络视频、网约出租车等传统以及非传统网络应用领域,同样也聚集了巨大的用户数量。[①] 而在2008年6月底,据统计我国网民数量为2.53亿人,但普及率仅为19.1%,仍低于全球平均水平(21.1%);手机网民规模达7305万人。[②]

① 参见中国互联网络信息中心《第44次中国互联网络发展状况统计报告》(2019年8月30日发布)。

② 参见中国互联网络信息中心《第22次中国互联网络发展状况统计报告》(2008年7月24日发布)。

在短短十年左右,我国互联网普及率增长超过2倍,手机网民数量增长了10倍不止。毫无疑问互联网的快速扩张对互联网商家而言是一块大的蛋糕,以电商购物平台为例,中国电子商务交易额在2009年约为4万亿元,到了2017年这个数字则达到了29万亿元,增长了超过6倍。2018年天猫"双11"全天成交额为2135亿元,再创历史新高,与2017年"双11"的1682亿元交易额同比增长了26.93%,与2009年首届"双11"的0.52亿元相比更是呈爆炸式增长。不仅天猫一家电商平台交易额惊人,各大主流电商如京东、苏宁易购、网易考拉等在当天也都刷新了交易记录,可见让全世界惊叹的数字背后隐藏着的是巨大的商机。

我国电子商务的发展势头已经出现了放慢的迹象。据统计,2014年至2018年我国电子商务交易额年均增速为35.1%,而2018年增速为30.6%。这对习惯了加速度增长的电商来说,是一个不小的压力。但这绝不应该是套路消费者的理由,反而是珍惜发展成果、呵护健康市场的动力。2019年的电商市场,也出现了许多新的玩法,如市场下沉、直播带货等。这是新的尝试,也带来了新的市场份额。

(三)电子商务经营者类型

电商经营者即电子商务经营者的简称。《电子商务法》第9条第1款规定:"本法所称电子商务经营者,是指通过互联网等信息网络从事销售商品或者提供服务的经营活动的自然人、法人和非法人组织,包括电子商务平台经营者、平台内经营者以及通过自建网站、其他网络服务销售商品或提供服务的电子商务经营者。"

1.电商平台经营者

电商平台经营者即电子商务平台经营者的简称。《电子商务法》第9条第2款规定:"本法所称电子商务平台经营者,是指在电子商务中为交易双方或者多方提供网络经营场所、交易撮合、信息发布等服务,供交易双方或者多方独立开展交易活动的法人或者非法人组织。"

电商平台经营者是电商经营者的一种类型。电商经营者包括电商平台经营者、平台内经营者和其他经营者3种类型。电商平台经营者是电子商务平台的提供者和经营者,其主要的功能是搭建和管理电子商务交易平台,通过建立电子商务平台,为平台内的经营者和消费者提供虚拟交易场所、提供交易中介服务等。电商平台经营者,从其是否参与自身提供的电商平台的商品自营,又可区分为单纯的平台经营者、兼营部分平台商品服务的平台经营者和单纯供自己经营商品服务的自营平台经营者 3 种类型。

网络零售平台的主体主要有 3 类①：平台经营者，包括销售商品或者提供服务的经营者；平台消费者，为了满足生活需要，经第三方平台支付货款，通过网络方式购买经营者提供的商品或服务的自然人/法人或非法人组织；第三方支付平台，由提供支付清算的中介机构和实现支付指令传送及资金清算的专业技术手段共同组成，是帮助经营者和消费者实现债权债务②转移的系统。一个完整的网络零售环节由网络购物及网络支付两环节构成。

2. 平台内经营者

《电子商务法》第 9 条第 3 款规定："本法所称平台内经营者，是指通过电子商务平台销售商品或者提供服务的电子商务经营者。"从广义上讲，平台内经营者包括在某特定的电子商务平台从事商品或服务经营活动的所有经营者，即既包括平台经营者本身（在平台内兼营商品和服务），也包括单纯利用他人提供的平台从事商品经营活动的经营者。狭义的平台内经营者则仅指后者。《电子商务法》主要是在狭义上使用平台内经营者，主要用于与电商平台经营者相区分，本书也采用狭义平台内经营者的概念。

第四节　互联网不正当竞争行为类型与特征

一、互联网不正当竞争行为类型

互联网不正当竞争行为的外延作如下界定：（1）具体的违法行为，根据《反不正当竞争法》第 2 条第 2 款，笔者认为互联网不正当竞争行为首先是指《反不正当竞争法》第 12 条明确列举的 3 种行为。（2）虽不在第 12 条列举的行为之内，但按照《反不正当竞争法》第 2 条及第 12 条第 2 款第 4 项的规定

① 参见周帮扬、郭双嘉：《关于网络零售平台垄断行为的法律问题思考》，载《知识产权与市场竞争研究》2019 年第 1 期。

② 参见徐畅畅：《我国商业银行支付系统风险预警研究》，西南财经大学 2009 年硕士学位论文。

违反市场竞争基本准则侵犯其他经营者或消费者权益的行为。[①]

互联网不正当竞争行为可以分为两类:一类是传统不正当竞争行为的延伸,另一类是新型不正当竞争行为。"互联网专条"采用"概括 + 列举 + 兜底"的模式,其中概括性条款规定使网络不正当竞争行为不仅可以适用"互联网专条",也可以被传统不正当竞争行为所规制。因此,第一种类型的行为是指属于《反不正当竞争法》第 2 章所列举的传统不正当竞争行为,但其发生环境发生了变化,由传统市场转变为互联网市场,如在互联网中的竞价排名案件可归类于传统市场中的误导消费者;恶意差评可归类于商业诋毁;数据造假可构成虚假宣传等。对于这一类互联网不正当竞争行为,虽然也借助于互联网技术达成不正当竞争目的,但其本质上仍属于传统竞争范畴,不应由新出台的"互联网专条"进行规制,而应由《反不正当竞争法》第 2 章列举的行为进行调整(见图 1)。

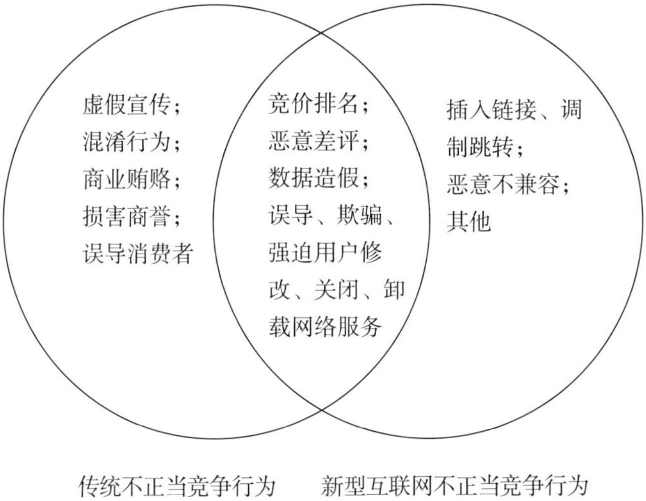

图 1　互联网不正当竞争行为归类

资料来源:游天娇:《"互联网专条"视角下网络领域不正当竞争行为的法律规制》,华东政法大学 2019 年硕士学位论文。

如图 1 所示两个圆分别代表传统不正当竞争行为和新型互联网不正当竞争行为的主要行为类型,中间相交部分则既可归类于传统又可归类于新型的互

---

① 参见郑晓晶:《互联网行业不正当竞争行为界定研究——兼评新〈反不正当竞争法〉第 2 条及第 12 条》,载《吉林省教育学院学报》2019 年第 3 期。

联网不正当竞争行为类型。在“互联网专条”出台之后，此类不正当竞争行为并未列举在“互联网专条”之中，在实践中应归传统不正当竞争行为调整。但需要注意的是，“互联网专条”第 2 款第 2 项为“误导、欺骗、强迫用户修改、关闭、卸载其他经营者合法提供的网络产品或者服务”，虽然传统不正当竞争行为的列举条款中也有“欺骗、误导消费者”的对应条款，但是在“互联网专条”作出规定之后，应将其作为特别法来理解，因此互联网领域的误导、欺骗消费者强制卸载行为则由该条加以规制。①

二、互联网不正当竞争行为特征

互联网不正当竞争行为区别于传统不正当竞争行为，并具有明显的特征。

1. 损害程度大、蔓延速度快。由于互联网不正当竞争行为是在虚拟网络中产生的，其影响早已忽略了地域的鸿沟，致使利益受损者难以及时维护自己的合法权益。其覆盖面广泛，具有无限延展性，一旦某一主体实施了不正当行为，造成的影响可以迅速辐射全国甚至全球。如在“360 扣扣保镖”软件商业诋毁纠纷案②中，在短短 72 小时内二被告经营的“360 扣扣保镖”软件下载量就突破了千万次，并严重影响腾讯公司的广告收入、增值业务和游戏业务收入等。

2. 专业技术性较强。信息网络技术的运用，在互联网不正当竞争行为之中有着重要影响。很多行为均是技术手段实现的。与线下行业相比较，互联网技术的更迭是互联网产业提供产品和服务的前提，而互联网不正当竞争行为的实施也需要具备一定的互联网技术。如支付宝唤醒策略不正当竞争纠纷诉前行为保全案③的审查基于对 iOS 系统内各手机应用通过 URL Scheme 进行唤醒跳转的技术事实查明，认定被告设置特定 URL Scheme 的行为阻碍了原告经营的支付宝手机应用（App）的正常运行。在互联网不正当竞争案件中技术中立常常成为被告方的一个抗辩理由。针对涉网络不正当竞争纠纷中技术等专业性

---

① 参见游天娇：《“互联网专条”视角下网络领域不正当竞争行为的法律规制》，华东政法大学 2019 年硕士学位论文。

② 最高人民法院民事判决书，(2013) 民三终字第 5 号。2014 年最高人民法院案例月度发布第一批五大典型案例之二。

③ 上海市浦东新区人民法院民事裁定书，(2020) 沪 0115 行保 1 号。2020 年上海法院加强知识产权保护力度典型案例、上海浦东法院知识产权司法保护十佳案例之七（2020 年）。

问题较为突出的特点,司法部门积极探索发挥专家辅助人的作用,通过鼓励双方当事人申请专家辅助人到庭辅助说明技术性问题,解决了一系列专门或专业难题。例如,在擅自抓取微博后台数据不正当竞争案①中,双方专家辅助人就被告获取数据类型、获取方式、被诉软件就涉案数据如何使用进行说明和对抗,为技术事实的查明和行为性质的判断打下良好基础。

3. 案件判决率较其他类型案件高,当事人调解意愿低。以北京海淀区人民法院为例,涉网络不正当竞争案件较其他类型案件调解和撤诉比例较低,判决率较高。在该院处理的2012年至2017年的450件互联网不正当竞争案件中,以判决结案的为191件,判决率达到了42.4%,高于该院同期段受理的著作权案判决率近两倍。主要原因在于涉网络不正当竞争案件往往涉及企业之间商业模式、市场份额、核心资源等方面的博弈,部分案件对于行业规则的建立亦有重要指引作用,相比个案中的利益得失,当事人往往更期待法院通过判决明确司法态度,划定合法竞争的行为边界,因此调解解决纠纷的积极性相对不高。②

4. 侵权成本相较于获益成本低。互联网领域的不正当竞争纠纷对受害者赔偿较少,侵权者的侵权成本较低,由侵权行为所获得的收益反而较大,这也引发了无休止的恶性竞争。如开心网不正当竞争案③中,千橡公司虽然向开心人公司赔偿了亏损的40多万元,但其收获了3000多万名的用户,据业界人士评估,千橡公司所付出的代价相较于其所获得的利益要小得多,可以谓之“以小博大”。可见,过低违法成本也是互联网不正当竞争愈演愈烈的另一个重要原因。与互联网不正当竞争造成的巨大影响形成对比的是我国《反不正当竞争法》规定的过轻的法律责任。④

5. 诉讼请求的赔偿额较大。大数据分析表明,2018年至2020年10月,涉

---

① 一审北京市海淀区人民法院民事判决书,(2018)京0108民初28643号;二审北京知识产权法院民事判决书,(2019)京73民终3789号。北京知识产权法院竞争垄断十大典型案例之八(2022年)、2021年北京法院优秀裁判文书。

② 参见北京市海淀区人民法院课题组等:《涉网络不正当竞争纠纷的法律适用问题研究——以知识产权司法保护推动营商环境优化为视角》,载《中国应用法学》2020年第2期。

③ 北京市高级人民法院民事判决书,(2011)高民终字第846号。2011年最高人民法院发布中国法院知识产权司法保护十大案件之七。

④ 参见游天娇:《“互联网专条”视角下网络领域不正当竞争行为的法律规制》,华东政法大学2019年硕士学位论文。

及网络不正当竞争行为的判决案件虽然仅占全部以《反不正当竞争法》判决案件的3.6%,但其社会关注度高达72%。[①] 主要在于诉讼请求金额可达几千万元或上亿元。如小米科技公司诉深圳小米公司等侵害商标权及不正当竞争纠纷案[②]中,小米科技公司主张深圳小米公司构成商标侵权及不正当竞争,请求判令深圳小米公司赔偿其经济损失及合理维权费用3000万元。法院最终全额支持小米科技公司3000万元的诉请。

6.新类型案件频频发生。如"小度"语音指令不正当竞争纠纷案[③]中,百度在线网络技术(北京)有限公司(以下简称百度在线公司)将北京子乐科技有限公司(以下简称子乐公司)及其产品销售商北京经纬智诚电子商务有限公司诉至法院,要求二被告停止涉案行为,并要求子乐公司消除影响、赔偿经济损失及合理开支300万元。作为该案原告的百度在线公司认为,被告子乐公司生产、销售的杜丫丫学习机中突出使用"小杜"指代其产品,并使用"xiaoduxiaodu"语音指令进行唤醒和操作的行为构成不正当竞争。法院就此案作出一审判决,判令子乐公司就其不正当竞争行为消除影响,并赔偿百度在线公司经济损失50万元及合理开支5万元,共计55万元。据悉,这是北京市海淀区人民法院宣判的全国首例智能产品语音指令不正当竞争纠纷案。

7.作为打击竞争对手的手段。如原告王某诉被告江某等不正当竞争纠纷案[④]中,法院认为被告恶意投诉的行为违反了诚实信用原则和公认的商业道德,构成不正当竞争,判决被告赔偿原告经济损失及合理开支210万元。

8.行为保全申请数量增长较快。随着流量争夺、数据抓取等涉网络不正当竞争行为对企业经营的影响日益加大,当事人希望通过行为保全及时维护自身合法权益的需求也与日俱增。2017年至2019年,海淀区人民法院受理的涉网

① 参见徐绍史:《全国人民代表大会常务委员会执法检查组关于检查〈中华人民共和国反不正当竞争法〉实施情况的报告》,第十三届全国人民代表大会常务委员会第二十四次会议,2020年12月23日。

② 广东省深圳市中级人民法院民事判决书,(2020)粤03民初7080号。广东法院知识产权惩罚性赔偿典型案例之三(2022年)、2021年度广东法院知识产权司法保护十大案件之六。

③ 北京市海淀区人民法院民事判决书,(2019)京0108民初63253号。北京法院发布2021年度知识产权司法保护十大案例之七。

④ 杭州铁路运输法院民事判决书,(2018)浙8601民初868号。杭州互联网法院发布涉电子商务平台十大典型案例之四(2021年)。

络不正当竞争案件中,原告提出行为保全申请的达26件,占全部知识产权行为保全申请量的近90%。特别是在2018年12月13日最高人民法院发布《知产行为保全规定》后,2019年行为保全申请数量增长至18件,达到历年之最。在26件行为保全申请中,最终作出行为保全裁定的有5件。①

9.行为模式的隐蔽性。行为模式的隐蔽性具体体现在两个层面。第一个层面是行为主体更易隐匿。在传统的竞争行为中,竞争双方以直接的竞争对抗关系为常态。对于市场主体而言,其竞争对手和反制目标是确定且显而易见的。但在海量的互联网信息中,部分参与竞争的市场主体选择以自身下沉的“去中心化”模式实施不正当竞争行为。以腾讯公司诉祈福公司组织刷量不正当竞争纠纷案②为例,该案中被告以经营网络交易平台为名,为微信公众号运营主体非正常提升内容浏览量提供帮助,并从中按比例获酬。该种行为模式使得组织刷量的主体隐居幕后,通过分散的个体经营者招揽刷量业务,不仅令行为痕迹较难追溯,还使行为整体具有提供互联网服务的合法外观。第二个层面是行为效果更为隐蔽。市场主体利用互联网技术,可使特定的竞争行为具有全然不同的前端效果和后台效果。该种情况下,前端效果往往被假象掩护,后台效果才是其真正的竞争目的。以猎豹恶意篡改用户浏览器主页劫持流量不正当竞争案③为例,该案中三被告运营的金山毒霸软件在前端行为的表现是计算机病毒查杀和系统垃圾清理,但在此过程中却通过后台行为篡改用户的浏览器主页,并针对不同厂商的浏览器进行区别对待。由此可见,互联网竞争行为的外观和实质存在较高的分离可能,对其行为性质的判定需要从竞争行为的实质层面进行剖析。④

10.行为影响的延伸性。例如,通过互联网实施的商业诋毁行为,即便是一

---

① 参见北京市海淀区人民法院课题组等:《涉网络不正当竞争纠纷的法律适用问题研究——以知识产权司法保护推动营商环境优化为视角》,载《中国应用法学》2020年第2期。

② 上海市浦东新区人民法院民事裁定书,(2020)沪0115民初15598号。上海市浦东法院发布互联网不正当竞争典型案例之九(2021年)。

③ 一审上海市浦东新区人民法院民事判决书,(2016)沪0115民初5555号;二审上海知识产权法院民事判决书,(2018)沪73民终5号。上海浦东法院发布互联网不正当竞争典型案例之四(2021年)。

④ 参见徐俊、姜广瑞、徐弘韬:《互联网经济视角下的产业实践与法律逻辑——关于互联网专条兜底条款适用的调研报告》,载搜狐网2021年7月18日,https://www.sohu.com/a/478210579_121123759。

则百十来字的简讯，都有可能对竞争对手产生深度影响。同时，由于竞争者之间存在较深的依附关系，特定竞争行为容易对被依附一方的商业环境造成颠覆性破坏。①

11. 法律评价的产业关联性。互联网产业有其自身规律，因此司法对特定竞争行为的属性判定需要充分的产业调研。对于互联网竞争行为正当与否的判断，需要以产业规律作为法律评价的基础。换言之，法律评价之于产业规则的意义，更多在于以法律规范确认、保护产业内所应遵循的一般规则与价值体系，而非单纯通过法律逻辑推定、固化产业规则。尤其在互联网产业内，解构技术事实和相关产业背景，进而将其转化为法律事实予以评价，是解决此类纠纷的关键。如以“英雄枪战”著作权侵权及不正当竞争纠纷案为例②，该案正是基于网络游戏的一般开发规律，对网络游戏画面的呈现划分了 5 个层次，并以此作为区分著作权法的思想与表达的基础，进而对换皮游戏构成实质性相似作出认定。

12. 以流量和数据为竞争核心。流量对于当前的互联网企业来说至为重要，是互联网行业的命脉，没有流量，企业就没有获得盈利的可能性，所以互联网企业在市场上都在想办法争夺流量。随着互联网经济、云技术、大数据产业与人工智能技术的发展，数据已经逐渐成为互联网市场发展不可或缺的新能源，有学者把数据比作数字经济时代的石油，数据已经成为互联网市场商业竞争的核心动力与命脉。③

13. 以平台为竞争媒介。当前的互联网市场，单一的商品或服务已经难以满足用户的需求，也难以应对互联网市场的竞争，大量互联网企业开始搭建平台，提供多元化的商品和服务，“平台竞争是当下互联网竞争的主要形式”④。

---

① 参见徐俊、姜广瑞、徐弘韬：《互联网经济视角下的产业实践与法律逻辑——关于互联网专条兜底条款适用的调研报告》，载搜狐网 2021 年 7 月 18 日，https://www.sohu.com/a/478210579_121123759。

② 上海市浦东新区人民法院民事判决书，(2017)沪 0115 民初 77945 号。

③ 参见王胜伟：《激励创新视角下的互联网不正当竞争行为法律规制研究》，江西财经大学 2019 年博士学位论文。

④ 张江莉：《互联网平台竞争与反垄断规制　以 3Q 反垄断诉讼为视角》，载《中外法学》2015 年第 1 期。

14. 诉讼时间长。根据海淀区人民法院统计数据，互联网不正当竞争案件相对复杂，审理期限一般较长，其他知识产权案件的审理期限平均为57天，而互联网不正当竞争案件审判期限平均为153天。[①] 由于涉网络不正当竞争纠纷多涉及技术或专业问题，大量案件涉及勘验、比对、调查取证等环节，案件关键事实的查明较其他类型案件难度高，而且当事人往往倾向于提交大量证据或多次补充、提交相反证据（例如，某涉及网络数据竞争的案件中，双方进行了20余轮证据交换，仅其中一方提交的证据即达到近200份，计1万余页），使此类案件的庭前会议及开庭审理的次数和时长都远超其他知识产权案件的平均值，裁判的难度和裁判文书的长度也相应大幅增加，由此也导致了涉网络不正当竞争纠纷的平均审理周期更长。[②]

15. 多案由交叉性。如“全民K歌”侵害商标权及不正当竞争纠纷案[③]中，原告认为，六间房公司在360网、搜狗网、必应网的网站中将“全民K歌官网”“全民K歌网页版”“全民K歌电脑版”“全民K歌电脑版官网”“全民K歌下载安装”“全民K歌电脑版在线登录”设置为付费关键词进行搜索的行为及在上述付费搜索结果标题和网页描述中，突出显示上述关键词以及“找全民K歌到六间房”“全民K歌网页版——六间房”“全民K歌官网——六间房全民K歌直播间”“点击进入六间房、全民K歌官网、免费在线看美女K歌”的行为，系对第14781502号商标核定服务项目“可下载的计算机应用软件”、第14781603号商标核定服务项目“软件运营服务”、第14781665号商标核定服务项目“在线社交网络服务”在相同服务类别上使用近似标识，侵害了其对涉案商标享有的注册商标专用权；但如上述行为不构成商标侵权，则其主张上述行为构成不正当竞争。法院认为，鉴于涉案行为均已落入商标法的调整范围，故无须再适用反不正当竞争法对其进行评判。最终判决消除影响，赔偿300万元及合理开支3万元。

---

① 参见曹丽萍、张璇：《网络不正当竞争成知产保护新课题》，载《人民法院报》2017年4月23日，第3版。

② 参见北京市海淀区人民法院课题组等：《涉网络不正当竞争纠纷的法律适用问题研究——以知识产权司法保护推动营商环境优化为视角》，载《中国应用法学》2020年第2期。

③ 一审北京市海淀区人民法院民事判决书，（2018）京0108民初19830号；二审北京知识产权法院民事判决书，（2018）京73民终2223号。

三、互联网平台不正当竞争

(一)平台竞争的多因性

由于互联网本身具备新兴性、灵活性及高度开放性等特征,使互联网不正当竞争几乎与互联网一同诞生。

商家间的市场角逐随着互联网的发展渐渐从传统的线下转为线上。从2010年轰动全国的“360扣扣保镖”软件商业诋毁纠纷案开始,我国互联网市场纷争不断,如2011年奇虎公司与金山安全软件公司不正当竞争纠纷案[①],2013年猎豹浏览器广告过滤不正当竞争纠纷案[②],2015年“极路由”路由器不正当竞争纠纷案[③],2016年汉涛公司诉百度公司等不正当竞争纠纷案(以下称为大众点评诉百度地图案以示方便)[④]等。人们耳熟能详的各主流互联网平台几乎都牵涉其中,更有好几家企业涉及多件不正当竞争纠纷。

“网络竞争”作为“电子商务竞争”的上位概念,其相关竞争活动中所体现的数据、信息、用户流量以及用户数量等关键要素和串联这些关键要素所形成的新型经济链条,是电子商务领域相关经营活动所关注的重点。电子商务自诞生之日起,便从种类单一的网络产品逐步转变为综合性的网络平台,并发展到如今的突破细分市场界限、突破线上/线下物理界限乃至于突破平台界限的高度综合性平台经营,相关市场经营活动所追求的也从门类繁多、性质不同的种种“对价”,逐渐统一为数据、信息、用户流量,并借此将平台的经营活动与最终端的用户相联系,成为完整的经济链条。[⑤]

根据海淀区人民法院2018年公布的数据,自2015年至2018年,海淀法院

① 北京市高级人民法院民事判决书,(2011)高民终字第2585号。

② 一审北京市海淀区人民法院民事判决书,(2013)海民初字第13155号;二审北京市第一中级人民法院民事判决书,(2014)一中民终字第3283号。2014年中国法院50件典型知识产权案例之三十。

③ 一审北京市海淀区人民法院民事判决书,(2014)海民(知)初字第21694号;二审北京市知识产权法院民事判决书,(2014)京知民终字第79号。2015年海淀法院公布知识产权审判二十年互联网十大典型案例之八。

④ 一审上海市浦东新区人民法院民事判决书,(2015)浦民三(知)初字第528号;二审上海知识产权法院民事判决书,(2016)沪73民终242号。2016互联网法治十大影响性案例之六、2017年上海法院知识产权司法保护十大案件之二、上海知识产权法院不正当竞争典型案例(2015~2020)之二。

⑤ 参见最高人民法院中国应用法学研究所课题组:《电子商务中“二选一”的性质与法律适用问题研究报告》。

审理了全国近1/10的不正当竞争纠纷案件,其中网络不正当竞争纠纷案件占2/3。[①]

(二)平台"二选一"行为

我国以互联网、大数据、人工智能为主要代表的数字经济发展迅速。作为通过互联网等信息网络销售商品或者提供服务的经营活动,电子商务在我国更是得到迅猛发展,以淘宝和天猫等为代表的电子商务平台迅速崛起。随着我国电子商务的飞速发展,近年来我国市场上出现了一系列引起公众关注的市场竞争和垄断问题,特别是电商平台限定交易行为,突出表现为近年来愈演愈烈、社会关注度非常高的电商平台的"二选一"现象。

在相互竞争的电商平台企业之间,往往实力雄厚的一个平台企业强行要求商户只能进驻其单一的平台,不得同时在其他平台经营,否则就会对该商户实施限流、搜索屏蔽,甚至下架、关店等直接或者间接的惩罚措施。这种"二选一"现象近年来呈现从特定的集中促销期间(如"双11""6·18"等)向常态化发展、从小规模向大规模发展、从公开实施向隐蔽的发展趋势。

我国电商平台在发展之初,突出的治理问题主要是假冒伪劣、虚假宣传、知识产权侵权等,电商平台经营者之间的竞争主要表现在争夺流量和用户的"价格战""促销战"等不正当竞争行为,而采用"二选一"作为锁定用户的手段表现并不明显。随着电子商务的日益壮大,流量不再成为争夺的重点,电商平台经营者之间的竞争呈现"技术主导、数据为王"的竞争模式。为了巩固行业地位,各大电商平台经营者开始借助"双11""6·18"等时机对平台内经营者进行"二选一"锁定。电商平台经营者直接或间接地逼迫平台内经营者"二选一"的行为对交易产生了不合理限制,涉嫌侵害了平台内经营者的自主经营权,属于不正当竞争。同时,这种行为也侵害了平台间的公平竞争,并最终可能对消费者权益或公共利益造成损害。电商平台"二选一"行为不断升级,已经发展成为困扰互联网健康发展的重大问题。而我国的互联网立法比较滞后,《反不正当竞争法》中的"互联网专条"还不能完全对电商平台经营者利用技术手段实施"二选一",扰乱市场竞争秩序,损害其他经营者或者消费者合法权益的现象进行规

① 参见《海淀法院发布网络不正当竞争纠纷十大典型案例》,载中国法院网,https://www.chinacourt.org/chat/chat/2018/04/id/49461.shtml。

制,《反垄断法》也并未对电商领域的“经营者”“市场支配地位”的认定作出特别规定,使得执法与司法非常审慎与保守。面对电商平台经营者愈演愈烈的“二选一”行为,国家监管部门已经通过行政执法取得了初步实效。

随着《电子商务法》的颁布与实施,我国首次在立法层面明确了对电商平台经营者“二选一”行为的立场。该法规定,电子商务经营者应当遵循自愿、平等、公平、诚信的原则,公平参与市场竞争,履行消费者权益保护;还进一步规定电子商务平台经营者不得利用服务协议、交易规则以及技术等手段实施“二选一”行为。特别是国家市场监督管理总局出台的《禁止滥用市场支配地位行为暂行规定》以及修正后的《反垄断法》,针对互联网等新经济领域竞争问题作出了具体规定,将互联网作为重点纳入监管范围,标志着对互联网市场的监管进入实质阶段。但由于我国对当前互联网发展阶段仍一直坚持包容审慎政策,以及互联网相关市场存在如何界定的经济学问题,我国对互联网反垄断政策仍具有不确定性。在当前的政策与法律环境下,只有通过不断完善互联网领域的法律法规,改革执法与监督体制,加强执法与行政处罚力度,综合运用《反垄断法》《反不正当竞争法》《电子商务法》等法律法规,才能规范和制止电商平台经营者“二选一”行为,维护好电子商务市场的发展与正常的竞争秩序。

第二章　互联网竞争与竞争关系

第一节　竞争关系立法及类型

一、《反不正当竞争法》修订与竞争关系

《反不正当竞争法》以其适用上的变幻莫测而著称，其中竞争关系就成为既复杂又充满争议的基础性问题，始终伴随《反不正当竞争法》的适用历程。“竞争”和“不正当竞争”是《反不正当竞争法》的核心概念和基本范畴，是“定海神针”，其界定直接决定《反不正当竞争法》的调整对象和适用范围，也决定法律的具体适用方式。[①] 在司法实践中，法院通常将竞争关系的有无作为判断竞争行为正当与否的前置要件。

2017 年修订的《反不正当竞争法》开始关注行为本身是否具有市场竞争属性和不正当性，是否扰乱“市场竞争秩序”和其他经营者合法权益，而不再纠结于竞争关系等的界定，不再将竞争关系等作为构成不正当竞争和适用《反不正当竞争法》的前提要件。或者说对竞争行为的定性分为两个步骤，即竞争行为的定性不需要考虑当事人之间是否具有竞争关系，只需要考虑是否为市场竞争行为，然后根据诸如《反不正当竞争法》第 2 条第 1 款、第 2 款之列的要件认定其是否正当。但是，在不正当竞争民事诉讼中，原告必须证明因被告的行为受到损害，此时是否存在同业竞争关系可以作为认定是否可能造成损害的重要考量因素，在此基础上也可以确定原被告之间是否有法律上的利害关系，即原告资格的适格性。事实上大多数不正当竞争确实发生于同业竞争者之间。即便如此，竞争关系的复杂性却决定了确定是否具有损害并不一定限于同业竞争。

① 参见王艳芳：《反不正当竞争法中竞争关系的解构与重塑》，载《政法论坛》2021 年第 2 期。

同时,行政执法只考虑是否构成竞争和不正当竞争行为,更无须特别界定竞争关系了。[①]

《反法新司法解释》第 2 条对此进行了明确。根据该条规定,法院可以认定与经营者在生产经营活动中存在可能的争夺交易机会、损害竞争优势等关系的市场主体为《反不正当竞争法》第 2 条规定的"其他经营者"。将"竞争关系"定义为广义竞争关系,即"存在可能的争夺交易机会、损害竞争优势等关系"。对竞争关系作出从宽解释,体现了对实践共识的遵循,也延续了最高人民法院在此前相关司法政策文件和案例中表明的立场。《反法新司法解释》的思路与当前法院的审理思路一致,或者说是把司法实践经验转换为司法解释指引。如大众点评诉百度地图案中,一审法院认为,对于竞争关系的判定,不应局限于相同行业、相同领域或相同业态模式等固化的要素范围,而应从经营主体具体实施的经营行为出发加以考量,《反不正当竞争法》所调整的竞争关系不限于同业者之间的竞争关系,还包括争取交易机会或破坏他人竞争优势所产生的竞争关系,竞争的本质是对客户即交易对象的争夺。因此,在互联网领域,不论是否为同行业经营者,只要可以认定对交易对象的争夺存在竞争关系即可。

即使《反法新司法解释》实施以后,会让司法审判实务对竞争关系的认定争议缩小,因网络竞争案件具有复杂性,案件的审理仍然会存在一定争议。在现代反不正当竞争法的视域下,尽管竞争关系在判定不正当竞争行为中的功能被削弱,但在司法实践中,竞争关系仍被视为审理不正当竞争案件的逻辑起点,在不正当竞争案件中仍有确定原告资格的特殊意义。[②]

二、直接和间接竞争关系

(一)直接竞争关系的认定

法院对竞争关系的判定大体上作两种分类:一是直接竞争关系,二是间接竞争关系。所谓竞争关系,指市场主体之间在竞争过程中形成的社会关系。[③]

---

① 参见孔祥俊:《论新修订〈反不正当竞争法〉的时代精神》,载《东方法学》2018 年第 1 期。

② 参见孔祥俊:《反不正当竞争法新原理(原论)》,法律出版社 2019 年版,第 119 页。

③ 参见种明钊:《竞争法》(第 3 版),法律出版社 2016 年版,第 11 页。

直接竞争关系通常是指市场经营者从事相同或类似的经营业务过程中形成的竞争关系,直接竞争关系对应的市场主体就只是同一行业的经营者。如在浏览器转码不正当竞争纠纷案①中,法院认为原告和被告均属于从事互联网阅读服务的经营者,在互联网文学市场上存在直接竞争关系;在搜狗输入法搜索不正当竞争纠纷案②中,法院认为原、被告之间具有《反不正当竞争法》意义上的竞争关系,理由是原、被告均经营搜索引擎业务,在服务内容、用户群体、盈利模式等方面有所重合。上述案件在认定直接竞争关系时,法院将关注点置于原、被告属于相同行业或者具有相同的经营范围,并以经营者之间提供同质性或替代性商品、服务作为认定标准。

有研究者对2000年至2020年法院审结的122件互联网新型不正当竞争案件进行统计和梳理,发现122件案件中被法院认定为直接竞争关系的案件就有84件。由此可见,在互联网新型不正当竞争案件中,认定直接竞争关系的案件仍占大多数。③ 另有研究者对2000年至2018年京、沪、粤三地法院审理的176件互联网不正当竞争案件进行梳理,发现仅有26件案件裁判未明确论述诉争双方之间是否存在市场竞争关系;认定具有直接竞争关系的案件有80件,认定构成间接竞争关系的案件有31件,未明确说明诉争双方存在竞争关系的有11件。从数量上考察,被法院认定为具有直接竞争关系的案件依旧占大多数,析其原因有二,一是诉争双方仅通过直接竞争关系的认定就可以解决诉争焦点;二是在实践中直接竞争关系的范围超出了学界所定义的范围。④

(二)间接竞争关系的认定

对于间接竞争关系的界定,我国司法实践进行了一定的探索,概括起来可以分为经营行为标准、竞争利益标准和用户群标准。⑤ 经营行为标准如大

---

① 一审北京市海淀区人民法院民事判决书,(2017)京0108民初4442号;二审北京知识产权法院民事判决书,(2019)京73民终2040号。

② 一审北京市海淀区人民法院民事判决书,(2015)海民(知)初字第4135号;二审北京知识产权法院民事判决书,(2015)京知民终字第2200号。

③ 参见卢纯昕、徐驰:《互联网不正当竞争认定中竞争关系地位的实证研究》,载《法治论坛》2021年第2期。

④ 参见陈兵:《互联网经济下重读"竞争关系"在反不正当竞争法上的意义——以京、沪、粤法院2000~2018年的相关案件为引证》,载《法学》2019年第7期。

⑤ 参见吴太轩:《互联网新型不正当竞争行为法律规制的实证研究》,法律出版社2019年版,第140页。

众点评诉百度地图案、竞争利益标准如“极轻模式”深度链接不正当竞争纠纷案、[①]用户群标准如“暴风影音”不正当竞争纠纷案。[②]

如果仅以直接竞争关系作为认定不正当竞争行为的前提，可能导致其他市场经营者的合法利益因不正当竞争行为受损却无法受到保护，无法实现《反不正当竞争法》保护经营者和消费者合法权益的宗旨。因此司法实践中对竞争关系的界定也相对宽泛。例如，在“小拇指”侵害商标权及不正当竞争纠纷案[③]中，法院认为，《反不正当竞争法》并未限制经营者之间必须具有直接的竞争关系，也没有要求其从事相同行业。经营者之间具有间接竞争关系，行为人违背《反不正当竞争法》的规定，损害其他经营者合法权益的，也应当认定为不正当竞争行为。又如，在淘宝公司与载和公司等不正当竞争纠纷案[④]中，法院指出，“在互联网经济蓬勃发展的背景下，市场主体从事多领域业务的情况实属常见。对于竞争关系的判定，不应局限于相同行业、相同领域或相同业态模式等固化的要素范围”。再如，在腾讯公司诉世界星辉公司不正当竞争纠纷案[⑤]中，法院认为原、被告的经营范围虽不同，但两者均通过网络实现其经营目的，享有共同的网络用户，存在利益交叉，因此应界定为具有竞争关系。还如，在百度公司与青岛奥商网络公司等不正当竞争案[⑥]中，就原、被告之间是否存在竞争关系的问题，法院认为虽然原、被告的服务类别不完全相同，但是上诉人实施的在百度搜索结果出现之前弹出广告的商业行为与被上诉人的付费搜索模式存在竞争关系。该案例明确了《反不正当竞争法》中的“竞争关系”不再局限于同业经营者之间，具有重要的指导意义。但与此同时，该案例也暗含竞争关系是认定不正当竞争的前提这一规则。

值得关注的是，从整体趋势上观察，法院对间接竞争关系的认定和运用正

---

① 一审北京市石景山区人民法院民事判决书，(2015)石民(知)初字第3572号；二审北京知识产权法院民事判决书，(2015)京知民终字第02210号。

② 一审北京市石景山区人民法院民事判决书，(2012)石民初字第2951号；二审北京市第一中级人民法院民事判决书，(2013)一中民终字第5729号。一审认定侵权，二审改判不侵权。

③ 天津市高级人民法院民事判决书，(2012)津高民三终字第0046号。

④ 一审上海市浦东新区人民法院民事判决书，(2015)浦民三(知)初字第1963号；二审上海知识产权法院民事判决书，(2017)沪73民终198号。

⑤ 一审北京知识产权法院民事判决书，(2017)京0105民初70786号；二审北京知识产权法院民事判决书，(2018)京73民终558号。该案一审判决不侵权，二审改判侵权。

⑥ 山东省高级人民法院民事判决书，(2010)鲁民三终字第5－2号。

渐成一种趋态,譬如,在“千寻影视”屏蔽广告不正当竞争纠纷案①中,法院就认为,互联网行业的出现及蓬勃发展催生了诸多新的经营方式,若仅将竞争关系的范围囿于直接竞争关系,恐难实现《反不正当竞争法》的立法目的。故此,在互联网新型经济业态下只要双方在最终利益上存在竞争关系,便可认定他们之间存在竞争关系,此一推论无疑扩大了《反不正当竞争法》的适用范围。

间接竞争关系也成为认定不正当竞争行为的基础。然而间接竞争关系缺乏准确的法律定义,在具体适用中几乎完全依靠法官的论述说理。这样导致的结果之一是,经营者的不正当行为如果损害到其他经营者正当经营活动,即使不属于同一行业或服务类别,都会认定二者存在间接竞争关系。这就意味着“间接竞争关系”的外延会因自由裁量而无限扩大。从宏观层面看,互联网环境下每个市场参与者之间都可能存在竞争关系。

搜狗“搜索候选”不正当竞争纠纷案②中,法院认为,在互联网环境下,网络经营模式的多样性发展以及不同用户群体的需求交织,使得市场界限日趋模糊,业务领域存在交叉或关联的企业之间均有可能产生市场竞争。

三、广义和狭义竞争关系

(一)广义竞争关系的认定

由于网络环境下经营主体之间的竞争关系已经从传统狭义的同业竞争关系,扩大到经营主体之间在市场竞争中存在一定的交叉或关联关系,甚至经营主体利用或争夺他人在市场中形成的竞争优势的行为所产生的关系,都将被认定为经营者之间存在竞争关系,即广义的竞争关系。③ 司法实践以各种理由和说法扩张竞争关系的解释,实质上已使竞争关系成为虚置,且扩张的理由越来越牵强,其实际目的是摆脱竞争关系在认定不正当竞争中的传统束缚,也说明竞争关系确已成为不必要的束缚和障碍,实现竞争关系的突破势所必然。通过此种方式放宽竞争关系的界定,虽然可以阶段性地及时应对法律调整的复杂局

---

① 上海知识产权法院民事判决书,(2016)沪73民终54号。

② 参见一审上海市杨浦区人民法院民事判决书,(2017)沪0110民初12555号;二审上海知识产权法院民事判决书,(2018)沪73民终420号。2019年上海法院百例精品案例、上海市高级人民法院参考性案例、上海知识产权法院不正当竞争典型案例(2015~2020)之五。

③ 参见祝建军:《网络不正当竞争侵权成立的考量因素》,载《人民司法》2019年第10期。

面,看似解决了某些问题,但仍然掣肘于是否可以满足竞争关系要件的矛盾中。①

2017 年修订的《反不正当竞争法》第 2 条将“损害其他经营者的合法权益”这一要件改为“扰乱市场竞争秩序,损害其他经营者或者消费者的合法权益”,放宽了原法中对损害法益的限制。因此,有学者认为,损害有竞争关系的经营者和无竞争关系的消费者都在被禁止之列,不再受“是否具有竞争关系”这一要件的制约。②

(二)狭义竞争关系的认定

在互联网环境下,竞争双方的差异越来越明显,它们在经营体量和规模上相距甚远,甚至连主营业务也不尽相同。当前诸多互联网竞争行为中,参与竞争的市场主体已从一种直面彼此、直接竞争的关系逐渐演变为依附、寄生的关系。如以“陆金所金融服务平台”不正当竞争纠纷案为例,该案中两原告系国内互联网金融行业的头部企业,其经营的陆金所金融平台拥有庞大的投资者群体和较高的知名度。而被告则是一家提供计算机技术服务的小微企业,与两原告之间并无业务交集,在经营规模上亦不足以相抗衡。由此可见,无论市场主体在行业内处于何种量级,其在互联网环境下都可能成为特定细分领域的竞争者,这在传统的不正当竞争纠纷中并非常态。

在天猫公司与载和公司等不正当竞争纠纷案③中,法院对竞争关系的本质进行了论述:竞争关系包括狭义的竞争关系和广义的竞争关系。前者是指提供的商品或服务具有同质性及相互替代性的经营者之间的同业竞争关系,后者是指非同业经营者的经营行为之间损害与被损害的关系。在市场经济背景下,市场主体从事跨行业经营的情况实属常见,互联网环境下的行业边界更是渐趋模糊,故不应将竞争关系局限于同业竞争者之间的狭义竞争,而应从经营者具体实施的经营行为出发加以考量。竞争的本质是对客户即交易对象的争夺。在互联网行业,将网络用户吸引到自己的网站是经营者开展经营活动的基础,培养用户黏性是获得竞争优势的关键。因此,即使双方的经营模式存在不同,只

① 参见王艳芳:《反不正当竞争法中竞争关系的解构与重塑》,载《政法论坛》2021 年第 2 期。

② 参见宁立志:《〈反不正当竞争法〉修订的得与失》,载《法商研究》2018 年第 4 期。

③ 一审上海市浦东新区人民法院民事判决书,(2015)浦民三(知)初字第 1962 号;二审上海知识产权法院民事判决书,(2017)沪 73 民终 197 号。

要具有相同的用户群体，在经营中争夺与相同用户的交易机会，亦应认定存在竞争关系。

第二节　竞争关系的司法认定

一、竞争关系的认定

（一）竞争关系认定缘起

最高人民法院曾要求，“认定不正当竞争，除了要具备一般民事侵权行为的构成要件以外，还要注意审查是否存在竞争关系。存在竞争关系是认定构成不正当竞争的条件之一”[①]。因此，是否存在竞争关系被作为不正当竞争行为与一般侵权行为的分界线，被作为不正当竞争行为的构成要件。而且，竞争关系通常被界定为因经营领域相关尤其是相同所产生的竞争对手之间的关系。如有法院在著述中指出：“原告与被告之间是否能形成市场竞争关系，是否属于竞争对手，这是发生不正当竞争关系的前提。”[②]实践中，因受到“竞争关系是判断不正当竞争行为发生的前提条件”的思维定式的影响，在不正当竞争案件的审判中出现了这样一种现象：原告竭力主张“竞争关系”的存在以求得救济，被告竭力否定“竞争关系”的存在以摆脱不正当竞争行为及其损害之虞，受案法官为了认定竞争行为的性质而不得已必须竭力扩张“竞争关系”的阈值，以至于诉争双方“竞争关系”的存在成为案件审理的头号焦点，而忽略了对涉案行为本身是否正当的考量，以及对案件中其他要素，如市场竞争秩序、消费者利益等多元价值目标的综合考虑，极易陷入脱离事实判断的概念论争的黑洞。简言之，不正当竞争行为的认定最终演变为对“竞争关系”的理论阐释，稍有不慎则有招致逻辑诡辩的危险，致使不正当竞争案件的审判重点发生偏移。加之囿于当下“大民

① 曹建明（时任最高人民法院副院长）：《加大知识产权司法保护力度　依法规范市场竞争秩序——在全国法院知识产权审判工作座谈会上的讲话》，2004 年 11 月 11 日。最高人民法院主管副院长在此类讲话中代表最高人民法院阐释的法理和表达的司法观点，代表最高人民法院的官方意见，或者代表最高人民法院统一全国法院司法尺度的要求。

② 北京市第一中级人民法院知识产权庭编著：《知识产权审判实务》，法律出版社 2000 年版，第 337 页。

事审判思维”的影响,“有损害必有关系”的观念被不断强化,不正当竞争行为的认定标准变得单一化和绝对化,严重损害了《反不正当竞争法》适用的多维属性,妨碍了该法对市场竞争秩序及消费者利益等多元价值目标予以合法保护功能的实现,更无法有效回应互联网经济下新型竞争行为的合法性认定与违法性识别的挑战。①

(二)互联网竞争关系的认定

竞争范围更广的互联网竞争领域对竞争关系的认定应更为宽松。目前我国互联网产业的运营模式主要分为两种,一种是增值用户收费,另一种则是向用户免费提供服务而向广告商收取费用。“商业模式的趋同也意味着互联网企业的行业分工不如传统行业般分明,衡量竞争关系的中心便要落在判定经营者之间是否形成经济利益制约关系。”②

以猎豹浏览器广告过滤不正当竞争纠纷案为例,本案原告合一公司经营的优酷网主要为用户提供视频观看服务,分为两种方式,一种是“广告+免费视频”,另一种是向用户收费提供无广告的视频服务。本案的被告金山公司主要经营猎豹浏览器软件。合一公司发现用户使用金山公司提供的猎豹浏览器有屏蔽其片头广告的功能,认为金山公司通过修改并诱导用户修改参数的方式过滤优酷网的视频广告,故向法院提起不正当竞争诉讼请求。一家公司主营视频服务,一家公司主营浏览器服务,表面上二者之间并无关联,金山公司的抗辩理由之一也为双方不存在竞争关系因此不构成不正当竞争行为。但本案一审、二审法院均认为双方存在竞争关系。一审法院认为,“传统行业对竞争关系的理解一般限于同业间的直接竞争关系,但当前互联网经济行业分工细化、业务交叉重合的情况日益普遍,对竞争关系的理解则不应限定为某特定细分领域内的同业竞争关系,而应着重从是否存在经营者利益角度出发进行考察”。二审法院则指出,“竞争关系的构成不取决于经营者之间是否属于同业竞争,亦不取决于是否属于现实存在的竞争,而应取决于经营者的经营行为是否具有‘损人利

① 参见陈兵:《互联网经济下重读“竞争关系”在反不正当竞争法上的意义——以京、沪、粤法院2000~2018年的相关案件为引证》,载《法学》2019年第7期。在176件不正当竞争案件中,原告方主动提及与被告方存在竞争关系的案件有68件,被告方主动提及(以抗辩为主)的有88件,其中大多数都在否认与原告方存在竞争关系。

② 刘继峰、王俊林:《竞争法:规则与案例》(第1辑),法律出版社2016年版,第216页。

己的可能性'"。同样,在"极路由"路由器不正当竞争纠纷案中,法院也表达了类似的立场,认为"在互联网时代,判断经营者之间有无竞争关系应着眼于经营者的具体行为,分析其行为是否损害其他经营者的竞争利益"。可以认为在互联网不正当竞争中,判断主体之间是否构成竞争关系应以经营者的行为是否有损害其他经营者合法利益的可能和该经营者是否能从中获取现实或潜在利益为标准,而不再以其经营范围和提供的产品服务作细分。

"小度"语音指令不正当竞争纠纷案中,子乐公司辩称,不同意百度在线公司全部诉讼请求。理由为:子乐公司系为2~8岁儿童提供英语学习设备的公司,而百度在线公司提供的是搜索引擎服务。双方在服务内容、服务对象、经营范围方面完全不同,不存在竞争关系。法院认定,首先,子乐公司与百度在线公司的经营活动存在一定程度的重合,加之小度智能音箱与杜丫丫学习机的商品类型相同,产品功能及对应的消费群体亦较为相近,故应当认定二者存在市场竞争关系。其次,由于对《反不正当竞争法》的适用无须以原被告处于完全相同的行业或存在狭义的竞争关系为前提,只要被诉行为有可能属于经营者在生产经营活动中,违反该法规定扰乱市场竞争秩序,损害其他经营者或者消费者的合法权益之行为,即可适用该法予以评判。因此,即使本案中的双方不存在前述的直接竞争关系,亦不影响百度在线公司主张适用《反不正当竞争法》对被诉行为加以规制。

720浏览器不正当竞争纠纷案①中,原告为芒果TV网站的运营者,被告为具有广告屏蔽功能的720浏览器的运营者。视频网站与网络浏览器本属于不同的经营业态,然而,法院认为,因为原被告对于用户群具有相同的竞争目标,所以认定两者之间存在竞争关系。

"微信群控"不正当竞争纠纷案②中,法院则更进一步从根本上否认了被告不存在竞争关系这一抗辩理由的基础。法院认为,一项被诉行为是否构成不正

① 一审广东省广州市黄埔区人民法院民事判决书,(2017)粤0112民初737号;二审广州知识产权法院民事判决书,(2018)粤73民终1022号。最高人民法院十大反垄断和反不正当竞争典型案例之五(2021年)。

② 杭州铁路运输法院民事判决书,(2019)浙8601民初1987号。最高人民法院十大反垄断和反不正当竞争典型案例之六、2020年中国法院10大知识产权案件之八、杭州互联网法院涉电子商务平台十大典型案例之二。

当竞争行为并不取决于原被告双方是否存在竞争关系,而是取决于被诉行为是否具有不正当性。如果其他经营者合法权益损害与某项不正当竞争行为间具有因果关系,无论双方是否存在竞争关系,受害方即有权请求不正当竞争行为人予以赔偿。尤其在"省钱招"插件不正当竞争案[①]中,明确了平台竞争关系的认定标准,提出竞争的本质是对交易对象的争夺。无论商业模式是否相同,只要具有相同的用户群体并在经营中争夺与相同用户的交易机会,均存在竞争关系。

《反法新司法解释》第 2 条规定,法院可以认定与经营者在生产经营活动中存在可能的争夺交易机会、损害竞争优势等关系的市场主体为《反不正当竞争法》第 2 条规定的"其他经营者"。由此可见,司法解释的思路与当前法院的审理思路一致。

二、竞争关系的认定标准

法院在经营者竞争关系的界定上,标准大致可分为 3 类:(1)经营范围的一致或相似性;(2)服务对象的相同或近似性;(3)最终利益的趋同性。[②] 在司法实践中,前述标准的变化同样有着极为明显的体现,竞争关系不断地被拓宽、弱化,乃至摒弃。有法院提出被诉行为违反《反不正当竞争法》即具有竞争关系。[③] 有法院则明确提出弱化竞争关系。[④] 更有法院基本否定了竞争关系存在的必要性。[⑤] 依据《反法新司法解释》第 2 条,笔者认同王艳芳教授观点,在不正当竞争民事诉讼中,是否存在竞争法律关系仍可以是当事人诉辩和判决需要回应的争议焦点,但已由传统的根据经营领域的相同、相关性确定的竞争对手关系,转换为不正当竞争行为所引起的损害与被损害关系;已由不正当竞争行为

---

① 北京知识产权法院民事判决书,(2021)京 73 民终 1092 号。北京知识产权法院竞争垄断十大典型案例之七。

② 参见俞灵灵:《移动电商领域不正当竞争案件的司法裁判研究——以中国裁判文书网 59 份判决书为样本》,中国计量大学 2018 年硕士学位论文。

③ 参见上海市徐汇区人民法院民事判决书,(2015)徐民三(知)初字第 1324 号。

④ 参见浙江省高级人民法院民事判决书,(2015)浙知终字第 166 号。

⑤ 参见一审杭州铁路运输法院民事判决书,(2018)浙 8601 民初 1020 号;二审浙江省杭州市中级人民法院民事判决书,(2019)浙 01 民终 9556 号。杭州互联网法院 2020 年度知识产权司法保护十大案例之四。

的构成要件,转换为外在于不正当竞争行为构成的法律后果和原告资格条件。[①]

三、竞争关系认定司法观点

(一)竞争关系的淡化

传统的竞争观点越来越受到修正,理论与司法实践的趋势均认为,竞争关系并非构成不正当竞争的前提条件。《反不正当竞争法》是行为法,亦是市场法,其以保护公平的市场竞争秩序为己任。所以,应当将行为置于宽阔的市场竞争框架内加以考量,"更加关注行为本身是否具有市场竞争属性和不正当性,是否扰乱'市场竞争秩序'和其他经营者合法权益,而不再纠结于竞争关系的界定"[②]。更进一步,在腾讯公司诉杭州科贝公司、海逸公司不正当竞争案[③]中,法院认为竞争关系仅在原告资格上具有考量意义,其并不决定一项行为是否构成不正当竞争。

目前对竞争关系的淡化主要表现为,审判实务中利用《反不正当竞争法》规制以下3种关系:第一种是经营者与非同业经营者之间的关系。如搜狗输入法搜索不正当竞争纠纷案中双方并非同业竞争关系,爱奇艺公司为视频服务提供商,搜狗公司为输入法服务提供商。第二种是经营者与消费者之间的关系。主要表现为经营者的不正当竞争行为损害消费者权益,比如,经营者的虚假宣传行为,有奖销售中的不正当竞争侵害消费者合法权益的行为。第三种是经营者与用户之间的关系。比如,爱奇艺诉飞益科技刷量案[④]、"微信群控"不正当竞争纠纷案,被告或者不正当竞争行为实施者均为经营者的用户,并非同业竞争者。

(二)竞争关系的扩展

严格拘泥于同业竞争意义上的竞争关系,会使《反不正当竞争法》的调整范围受到很大限制。在互联网经济环境下竞争关系可能更加错综复杂,互联网商业环境对打破竞争关系的限制有更大的推波助澜作用。为恰当地实现《反不正当竞争法》的调整功能和目的,需要打破同业竞争关系的限制。近年来的司法

---

① 参见王艳芳:《反不正当竞争法中竞争关系的解构与重塑》,载《政法论丛》2021年第2期。

② 孔祥俊:《反不正当竞争法新原理(总论)》,法律出版社2019年版,第25页。

③ 一审杭州铁路运输法院民事判决书,(2018)浙8601民初1020号;二审浙江省杭州市中级人民法院民事判决书,(2019)浙01民终9556号。

④ 一审上海市徐汇区人民法院民事判决书,(2017)沪0104民初18960号;二审上海知识产权法院民事判决书,(2019)沪73民终4号。上海市第三中级人民法院加强知识产权保护典型案件(2018~2020)之六。

实践顺应遏制不正当竞争的需要，以各种方式和理由冲破同业竞争关系的限制，扩展竞争关系的含义范围。当前实践中对于竞争关系的争论，通常都是因突破同业竞争关系所引起。

例如，有判决认为："认定是否构成竞争关系以及判定是否存在不正当竞争行为不应以经营范围是否相同为限。""《反不正当竞争法》并未限定仅同业竞争者才构成不正当竞争。""双方当事人的经营范围是否相同，并不影响判定不正当竞争行为的构成。"[①]有的判决认为："判断一项行为是否构成不正当竞争，并不以损害特定竞争者且其相互之间具有竞争关系为必要，而应根据其是否违反竞争原则或者其他具体法律标准而进行认定。换言之，竞争关系既不应作为不正当竞争行为的构成要件，亦不是《反不正当竞争法》的适用条件，但其仍具有原告资格意义，在本案中同样作为确定两原告资格的考量因素加以分析。"[②]这说明，在竞争关系的定位上已渐行渐远。[③]

又如，在大众点评诉百度地图案中，百度公司辩称，大众点评网自称是"城市生活消费平台"，而百度公司是搜索引擎服务商，百度地图、百度知道提供信息亦是其百度搜索服务的一部分，百度地图提供基于位置的服务，故百度公司与汉涛公司不存在竞争关系。法院认为，在现代市场经营模式尤其是互联网经济蓬勃发展的背景下，市场主体从事多领域业务的情况实属常见。对于竞争关系的判定，不应局限于相同行业、相同领域或相同业态模式等固化的要素范围，而应从经营主体具体实施的经营行为出发加以考量。《反不正当竞争法》所调整的竞争关系不限于同业者之间的竞争关系，还包括为自己或者他人争取交易机会所产生的竞争关系以及因破坏他人竞争优势所产生的竞争关系。竞争本质上是对客户即交易对象的争夺。在互联网行业，将网络用户吸引到自己的网站是经营者开展经营活动的基础。即使双方的经营模式存在不同，只要双方在争夺相同的网络用户群体，即可认定为存在竞争关系。本案中，百度公司除提供网络搜索服务外，还提供其他网络服务。尤其是随着移动互联网的高速发展，百度地图已逐渐成为百度公司最重要的移动端产品之一。百度地图除提供传统的地理位置服务如定位、导航

---

① 江苏省高级人民法院民事判决书，(2003)苏民三终字第89号。

② 一审杭州铁路运输法院民事判决书，(2018)浙8601民初1020号；二审浙江省杭州市中级人民法院民事判决书，(2019)浙01民终9556号。

③ 参见王艳芳：《反不正当竞争法中竞争关系的解构与重塑》，载《政法论坛》2021年第2期。

等之外,亦为网络用户提供商户信息及点评信息,并提供部分商户的团购等服务。大众点评网和百度地图都为用户提供 LBS 服务(Location Based Services,基于位置的服务)和 O2O 服务(Online To Offline,线上到线下的服务),两者在为用户提供商户信息和点评信息的服务模式上近乎一致,存在直接的竞争关系。此外,百度公司还通过百度知道向用户提供来自大众点评网的点评信息。百度公司通过搜索技术从大众点评网等网站获取信息,并将搜索引擎抓取的信息直接提供给网络用户,其和大众点评网一样都向网络用户提供商户信息和点评信息,百度公司不仅是搜索服务提供商,还是内容提供商。百度公司通过百度地图和百度知道与大众点评网争夺网络用户,可以认定百度公司与汉涛公司存在竞争关系。因此,百度公司的上述辩称意见未被法院采纳。

(三)竞争关系与损人利己

猎豹浏览器广告过滤不正当竞争纠纷案的二审判决指出:竞争关系的构成不取决于经营者之间是否属于同业竞争,亦不取决于是否属于现实存在的竞争,而应取决于经营者的经营行为是否具有"损人利己的可能性"。具体而言,取决于以下两个条件:一是该经营者的行为是否具有损害其他经营者经营利益的可能性;二是该经营者是否会基于这一行为而获得现实或潜在的经营利益(是否具有利己的可能性)。也就是说,如果经营者的行为不仅具有对其他经营者利益造成损害的可能性,而且该经营者同时会基于该行为获得现实或潜在的经济利益,则可以认定两者具有竞争关系。例如,在"极路由"路由器不正当竞争纠纷案中,法院认为,爱奇艺公司主营业务是视频播放服务,极科极客公司主营业务是硬件设备生产销售,双方貌似没有竞争关系,但极科极客公司综合利用"屏蔽视频广告"插件和"极路由"路由器屏蔽爱奇艺网站视频的片前广告,此行为必将吸引爱奇艺网站的用户采用上述方法屏蔽该站视频片前广告,从而增加极科极客公司的商业利益,减少爱奇艺公司的视频广告收入,导致爱奇艺公司和极科极客公司在商业利益上此消彼长,使本不存在竞争关系的爱奇艺公司与极科极客公司因此形成了竞争关系。[①] 又如,在桔子浏览器不正当竞争纠

---

① 参见北京知识产权法院民事判决书,(2014)京知民终字第 79 号。北京市高级人民法院 4 月 13 日发布的"2015 年度北京市法院知识产权司法保护十大创新性案例"之案例二(2016 年)。该案因对竞争关系的如此界定而被认为具有创新性。

纷案①中，法院认为，即使经营者提供的是不相同也非类似的商品或服务，若经营者的市场交易行为损害了其他经营者的合法权益，扰乱了社会经济秩序，则此类行为也应被认定是不正当竞争行为。

(四)竞争关系与利益损害

对于竞争关系进行广义解读是目前司法实践的主流做法，类似的处理方式在"'360扣扣保镖'软件商业诋毁纠纷案"的一系列纠纷中也有所体现，法院认为奇虎公司针对腾讯公司开发的"隐私保护器""360扣扣保镖"等软件减少了腾讯公司的经济收益和商业机会，而并未执着于对两公司主营业务的差异进行审查。可见，由于互联网商业模式快速更迭，业务交织并相互转化，目前我国司法实践在认定经营者的竞争关系是以消费者的选择和决策为中介，这也意味着在互联网市场内具备相同用户群的经营者在某种程度上都可能存在竞争关系。② 如在"其昌"搜索关键词不正当竞争纠纷案③中，法院认为，对于何种情况下可以界定为存在竞争关系，《反不正当竞争法》并无明确规定，而在传统经济模式下，竞争关系的范围一般在于同一商品或者服务领域的竞争者。但是，随着社会经济的迅速发展，商业模式和经营形态日趋复杂多样，如果将竞争关系的范围囿于同一商品或者服务领域的竞争者，则难以实现《反不正当竞争法》的立法目的。因此，在新经营形态不断出现的情形下，只要双方在最终利益方面存在竞争，应当认定两者存在竞争关系，适用《反不正当竞争法》进行规范。

(五)不认定竞争关系

在不正当竞争行为认定中，司法实践中的广义理解虽然并未抛弃竞争关系的外衣，但实质上已达到了不再要求竞争关系的效果。例如，最高人民法院将竞争关系界定为："一般是指经营者经营同类商品或服务，经营业务虽不相同，

---

① 参见北京市海淀区人民法院民事判决书，(2017)京0108民初31800号。

② 参见陈耿华：《互联网新型不正当竞争行为规制理念的实证考察及比较分析》，载《广东财经大学学报》2017年第5期。

③ 一审四川省成都市中级人民法院民事判决书，(2016)川01民初2470号；二审四川省高级人民法院民事判决书，(2019)川知民终283号。类似观点的判决书还有：深圳市中级人民法院民事判决书，(2018)粤03民终14830号；深圳市南山区人民法院民事判决书，(2017)粤0305民初8034号；上海市杨浦区人民法院民事判决书，(2017)沪0110民初5142号；广州市天河区人民法院民事判决书，(2017)粤0106民初10714号；上海知识产权法院民事判决书，(2015)沪知民终字第728号；上海市杨浦区人民法院民事判决书，(2015)杨民三(知)初字第1号；北京知识产权法院民事判决书，(2014)京知民终字第79号。

但其行为违背了《反不正当竞争法》第2条规定的竞争原则,也可以认定具有竞争关系。”①司法政策指出:“正确认识竞争关系的法律定位,竞争关系并非认定不正当竞争或者提起不正当竞争之诉的条件。”②此处明确否定了竞争关系的行为要件定位,但在大多数不正当竞争诉讼中,原、被告经营领域相关性意义上的竞争关系仍与提起诉讼的资格有关,以及仍是双方庭审的争议焦点(见表2)。

表2　竞争关系认定标准

序号	判决文书号	原告	被告	有否竞争关系	认定标准
1	(2015)宁知民初字第13号	途牛公司	同城公司	有	同属在线旅游服务提供商
2	(2016)湘01民终1380号	梦洁公司	富安娜公司、名巢公司	有	均系家纺产品的经营者
3	(2015)海民(知)初字第8591号	吉林电视台	百度公司	有	在“三网融合”不断推进的情况下,双方业务范围均含向公众提供经济、文化产品
4	(2015)苏知民终字第00155号	张某	上海雷欧公司	有	双方业务的目标客户存在重合
5	(2015)沪知民终字第728号	爱奇艺公司	聚网视公司	有	双方在最终利益上存在竞争关系
6	(2014)京知民终字第79号	爱奇艺公司	极科极客公司	有	被告的行为损害了其他经营者的竞争利益
7	(2016)沪73民终54号	爱奇艺公司	真彩公司	有	被告的行为违背了第2条规定的竞争原则

资料来源:俞灵灵:《移动电商领域不正当竞争案件的司法裁判研究——以中国裁判文书网59份判决书为样本》,中国计量大学2018年硕士学位论文。

如在“一起来捉妖”虚拟定位插件不正当竞争案③中,法院指出,随着新技术、新业态以及新商业模式的发展,市场竞争已经从传统的二维竞争向多维

---

① 曹建明:《加大知识产权司法保护力度　依法规范市场竞争秩序——在全国法院知识产权审判工作座谈会上的讲话》,2004年11月11日。

② 陶凯元:《以习近平新时代中国特色社会主义思想为指引　全面开启新时代知识产权司法保护新征程——在第四次全国法院知识产权审判工作会议暨知识产权审判工作先进集体和先进个人表彰大会上的讲话》,2018年7月9日。

③ 一审上海市浦东新区人民法院民事判决书,(2019)沪0115民初73840号;二审上海知识产权法院民事判决书,(2021)沪73民终489号。

竞争发展,特别是随着互联网产业的兴起,竞争模式从最初的同业竞争发展为平台竞争、生态竞争,市场竞争边界和竞争关系趋于模糊。变为不再注重以竞争关系为前提。该案的法院同样认为,不正当竞争之诉成立与否的判别,应着眼于经营者实施的特定行为是否具有市场竞争属性。至于经营者间是否存在竞争关系,并不属于提起不正当竞争之诉或认定不正当竞争的必要前提。这样的结果或许能够充分保护市场参与者的利益,但也可能使《反不正当竞争法》所保护的利益关系与其他部门法重叠,因为所调整法律关系的不同正是区分不同部门法的关键,立法者在制定某一特别部门法时正是附着于主体之间的法律关系。①

司法实务中还出现不考虑竞争关系,直接裁判的案例,如"中华万年历无广告版"软件不正当竞争案中,法院并未对原被告之间的竞争关系予以探究,仅据案情直接适用《反不正当竞争法》。②

（六）竞争关系与违反竞争原则

在腾讯公司诉杭州科贝公司、海逸公司不正当竞争案中,法院认为,判断一项行为是否构成不正当竞争,并不以损害特定竞争者且其相互之间具有竞争关系为必要,而应根据其是否违反竞争原则或者其他具体法律标准而进行认定。换言之,竞争关系既不应作为不正当竞争行为的构成要件,亦不是《反不正当竞争法》的适用条件。科贝公司在本案中伪造资质的背信行为、仿冒他人的混淆行为以及虚假宣传行为,分别违反了《反不正当竞争法》第 2 条、第 6 条、第 8 条的规定,已构成不正当竞争。科贝公司伪造资质的背信行为损害了微信平台严肃、公正的社会信誉;科贝公司仿冒微信官方投诉界面的行为,降低了消费者对微信平台服务质量与效率的评价和信赖度;科贝公司的虚假宣传行为以及其严重失实的陈述,已明显影响到微信平台的用户体验。对于互联网平台而言,保障平台正常交易秩序,改善平台产业生态环境,维护平台商业信誉与市场吸引力,增加用户数量与用户忠诚度,意味着可以赢得更大的市场空间,获得更多的经营收益和流量增值利润。科贝公司的涉案不正当竞争行为,已

---

① 参见宋旭东:《论竞争关系在审理不正当竞争案件中的地位和作用》,载《知识产权》2011 年第 8 期。

② 参见一审北京市海淀区人民法院民事判决书,(2015)海民(知)初字第 7737 号;二审北京知识产权法院民事判决书,(2015)京知民终字第 2407 号。

破坏了微信平台的正常交易秩序与产业生态环境，给微信平台的商业信誉造成了严重的负面影响，明显损害了腾讯公司的商业利益与竞争力，因此，科贝公司的被诉不正当竞争行为与腾讯公司所受损害之间具有因果关系，科贝公司应承担侵权赔偿责任。

（七）竞争关系与营业关联

如在“陆金所金融服务平台”不正当竞争纠纷案中，被告陆智投公司辩称：陆金所公司属于商务服务业，陆金服公司属于互联网和相关服务业，而陆智投公司属于信息传输、软件和信息技术服务业。原、被告之间所属行业及经营范围均不相同，并非同类经营者，不存在竞争关系。法院认为，对于不正当竞争之诉成立与否的判别，应着眼于经营者实施的特定行为是否具有市场竞争属性和不正当性。至于经营者间是否存在同业竞争关系，则并不属于提起不正当竞争之诉或认定不正当竞争的必要前提。本案被告虽与两原告登记的经营范围不同，但其为两原告的用户提供债权转让产品的抢购服务，以两原告的经营活动和用户群体作为自身经营的基础资源，实则与两原告存在紧密的营业关联。据此，法院对被告提出的原、被告所处行业不同而不具有竞争关系的观点不予采纳，亦不再将竞争关系是否属于不正当竞争之诉成立的要件作为争议焦点展开论述。

第三节　不正当竞争的认定

一、不正当竞争认定范式变化

我国 1993 年《反不正当竞争法》关于不正当竞争行为的规制采取了一般性条款与具体规定相结合的立法模式。该法第 2 条第 1 款规定：经营者在市场交易中，应当遵循自愿、平等、公平、诚实信用的原则，遵守公认的商业道德。同时，在第 2 章中，对不正当竞争行为进行了罗列。但是，随着互联网产业的不断发展，第 2 章罗列的具体条款已无法完全涵盖现实中所有的不正当竞争行为。如大众点评诉百度地图案中，百度公司辩称诉讼双方没有直接的竞争关系，法院指出，两者具有竞争关系是认定违反《反不正当竞争法》的重要因素，但不是绝对因素，百度公司在未得到授权情形下使用“大众点评”中的点评信息的行为是违反商业道德和诚实信用原则的，应该属于《反不正当竞争法》规制的范畴。

为了适应新的业态发展，对《反不正当竞争法》进行了修订。2017 年修订的《反不正当竞争法》确立了“保护竞争”的不正当竞争行为认定范式。其一，它在第 1 条明确“三叠加”保护目标的前提下，在第 2 条第 2 款将不正当竞争行为界定为“经营者在生产经营活动中，违反本法规定，扰乱市场竞争秩序，损害其他经营者或者消费者的合法权益的行为”，对消费者利益的损害成为法律明确规定的独立考量因素。法律的规制范围在行为结构上涵盖了 B2B 和 B2C 两类不正当竞争行为。其二，该法第 2 条第 1 款将旧法中“市场交易”的限定修改为“在生产经营活动中”，法律的规制范围在时间维度上不仅包括市场交易这一个环节，还包括生产经营的各个环节，完整地覆盖整个竞争过程。其三，该法的第 2 条第 2 款将“扰乱市场竞争秩序”置于其他经营者和消费者权益之前，意在突出不正当竞争行为本质是因为其扰乱了市场竞争秩序，不合理地获得了竞争优势，进而损害了其他经营者、消费者的权益。扰乱市场竞争秩序是纳入法律规制范畴的门槛，是法律对“保护竞争”这一规制机理的宣示。①

二、不正当竞争认定范式

（一）理论范式

不正当竞争行为的评价标准和不正当竞争行为的类型都是在司法评价商业实践的过程中确立的，由于竞争行为的多样性和发展性，评价的标准也会发展。

不正当竞争的判断标准，黄武双教授提出“竞争利益—竞争行为—竞争损害—竞争评估”范式，即判断一项竞争行为是否不正当时，需要依次考虑原告是否存在值得保护的竞争利益、原被告之间是否存在具体竞争关系、被告的竞争行为是否使原告竞争利益受损 3 个构成要件。前述三点的证立，可初步证明原告竞争利益受损，被告竞争行为具有不正当性。② 例如，在“U 号租”账号租赁

---

① 参见张占江：《不正当竞争行为认定范式的嬗变　从“保护竞争者”到“保护竞争”》，载《中外法学》2019 年第 1 期。

② 参见黄武双、谭宇航：《不正当竞争判断标准研究》，载《知识产权》2020 年第 10 期。

不正当竞争案[1]中,法院认为,只要经营者的行为不当影响了其他经营者的经营利益,即应落入《反不正当竞争法》的调整范围,猎宝公司通过出租腾讯 VIP 会员账号的方式,为自己带来了直接收益或流量收益,取得了本不享有的竞争优势,损害了腾讯公司的经营利益。该案基本符合前述判定标准的思路。

（二）司法实践范式

竞争观是指对市场竞争的基本判断、态度与观念,秉承何种竞争观,将决定采用何种不正当竞争规制态度及进一步的认定路径、判定标准。[2] 可以说,竞争观是整个《反不正当竞争法》规制体系中最为根本、首要之基石,微观上关乎具体竞争行为正当性的认定结果,中观上决定竞争法的权益配置,宏观上折射竞争法的法律定位与发展走向,是竞争法研究的基础命题。[3]

互联网环境下不正当性的判定一般掌握以下规则:(1)是否违反互联网市场经营者普遍遵循的商业惯例;(2)被诉产品或技术是否具有实质性非侵权用途;(3)被告是否具有实施不正当竞争行为的主观故意;(4)被诉产品或技术是否有利于保护社会公益或增进消费者福祉;(5)权利人可否通过适当的技术手段消除被诉行为带来的影响。[4]

广州知识产权法院的高级法官刘小鹏针对全国互联网反不正当竞争的案件进行梳理,总结了各地法院在审理此类案件中的 4 种不同审理思路或司法审查模式。[5] 第一种审理思路是权益保护的审查模式。这种审理思路是把原告的权利当作一种民法上的绝对权益保护,其审理思路与其他民事权利保护一样,先确定具体的权益,再确认主体、侵害的行为及其损害后果,最后确认民事责任。第二种审理思路是禁止性的行为构成要件审查模式,这种审理思路与刑法上的犯罪构成相似,其将禁止性的行为替代权益作为审查中心。法院判断主

---

① 北京市海淀区人民法院民事判决书,(2019)京 0108 民初 53072 号。

② 参见孔祥俊:《反不正当竞争法新原理(原论)》,法律出版社 2019 年版,第 194 页。

③ 参见陈耿华:《我国竞争法竞争观的理论反思与制度调适——以屏蔽视频广告案为例》,载《现代法学》2020 年第 6 期。

④ 参见徐俊、姜广瑞、徐弘韬:《互联网经济视角下的产业实践与法律逻辑——关于互联网专条兜底条款适用的调研报告》,载搜狐网 2021 年 7 月 18 日,https://www.sohu.com/a/478210579_121123759。

⑤ 参见《三知论坛实录专题二:网络利用类不正当竞争行为的规制》,载微信公众号"知产力"2020 年 12 月 7 日,https://mp.weixin.qq.com/s/saoC6c19U1m8syrfJfPhiA。

体、主观、客观等构成要件是否符合,若符合就得到禁止性的否定评价。第三种审理思路是道德评价的审查模式。该模式是在权益保护模式的基础上增加了道德评判的内容,它增加了应对竞争行为是否属于违反诚信原则和公认的商业道德而具有不正当性或可责性作出道德评判,但是实际上道德评判标准很难把握。第四种审理思路是归纳竞争规则的审理思路或审查模式,其结合互联网行业的特点,进一步将道德评价内容转化为具体的互联网竞争规则。刘小鹏法官强调,其中最重要的一个规则是非公益必要不干扰原则。至于适用何种审判思路,刘小鹏法官认为需要具体案件具体分析,如果有明确的权益保护或者法律有明确规定的,则适用权益保护规则;如果没有,则对其适用道德评价规则。

也有观点认为,反不正当竞争审判实务中出现了新趋势,总体表现为以下3点①:一是有别于"竞争关系—行为—损害"思路的"行为—损害"审理思路出现,即从侵权的构成要件入手,分析行为的可责性,主要是违法性;损害(竞争利益和竞争秩序的损害)的发生;责任的该当性,即行为与损害的因果关系。二是向抽象规制逃逸的现象明显,即积极适用《反不正当竞争法》第2条一般条款规定。三是裁判说理中进行的利益衡量。

我国《反不正当竞争法》对市场过度竞争行为的规制分为两种:一种以具体条款专门针对特定不正当竞争行为进行罗列、定性和限制,主要包括混淆行为、商业贿赂、虚假宣传、侵犯商业秘密、有奖销售、诋毁商誉和网络不正当竞争等类型化不正当竞争行为;另一种以一般条款对上述可类型化行为之外的、其他破坏市场竞争正常秩序的行为进行兜底性规制。针对类型化不正当竞争行为,法官完全可以从法条出发,结合案件事实来判断具体竞争行为的正当性。类型化不正当竞争行为的专门条款为法官分析具体竞争行为提供了典型化的分析模板和先验性的分析路径,即使是通过简单演绎和推理,法官也能较快、较准确地得出专门条款是否适用于该个案的判断。新的竞争状态、竞争手段和竞争反馈也是层出不穷。成文法律往往具有一定刚性和滞后性,面对新情况不一定能无缝链接,非类型化的不正当竞争行为仍占据较大比例,法官在这些"异类"案件中往往需要更充实的案件信息、更广泛的分析路径和更充实的逻辑论证才能

① 参见邓旭涛、林静寂:《反不正当竞争审判实务中的新趋势》,载《中国知识产权》2020年总第163期。

得出结论。对此,我国《反不正当竞争法》的一般条款尝试性地给出了诸如“诚实信用”“商业道德”“商业惯例”等行为正当性评判标准,以帮助法官从差异性个案中提取较具共性的法律特征。①

（三）司法实践范式存在的问题

司法实践中,对不正当竞争行为的认定存在两个显著的问题。② 其一,简单地套用权利侵害式侵权认定范式。这一点在适用一般条款处理软件干扰类不正当竞争纠纷中体现得尤为明显,法院甚至发展出专门的“非公益必要不干扰原则”③,作为一项重要的裁判规则而广泛适用。④ 相关案件的裁判都是以原告权益是否受到侵害作为论证涉案行为是否构成不正当竞争的立足点和出发点,对于行为本身的正当性仅作象征性或者套路式的论述;⑤对被告商业模式的创新、消费者的选择以及社会公共利益并无实质性考量。这等于是将由竞争优势所产生的一般竞争利益上升为权利加以保护,落入了“保护竞争者”的逻辑,消费者利益改善只是这一逻辑的“副产品”。其二,以空泛的道德评价作为不正当竞争认定的标准。法院在对案件的裁判过程中,过度依赖“搭便车”“不劳而获”这类道德判断认定行为的不正当性。⑥

对于传统上最为常见的禁止食人而肥的“搭便车”原则,就有学者批评称,“搭便车”属于正常现象,本不存在可责性,凡是法律未规定的,都属于自由竞争的范畴,“搭便车”的性质为中性,必须要作出更多的考量,才能更为恰当地确定利益边界和自由限度。在“微信群控”不正当竞争纠纷案⑦中,法院认为,网络

---

① 参见吴一兴:《商业惯例会不会“惯坏了”不正当竞争案件的审判?》,载微信公众号“知产力”2019 年 3 月 28 日,https://mp.weixin.qq.com/s/ApQAyk_xs9Y7xnidrzbSpw。

② 参见张占江:《反不正当竞争法属性的新定位 一个结构性视角》,载《中外法学》2020 年第 1 期。

③ “非公益必要不干扰原则”最初由北京市高级人民法院在 2013 年审理的百度插标案中提出,强调非因特定公益(如杀毒)的必要,不得直接干预竞争对手的经营行为。参见北京市高级人民法院民事判决书,(2013)高民终字第 2352 号。该原则在之后的一系列案件中得到适用,如猎豹浏览器屏蔽优酷网视频广告案,北京市第一中级人民法院民事判决书,(2014)一中民终字第 3283 号;“极路由”视频广告屏蔽不正当竞争案,北京知识产权法院民事判决书,(2014)京知民终字第 79 号。

④ 参见孔祥俊:《〈民法总则〉新视域下的反不正当竞争法》,载《比较法研究》2018 年第 2 期。

⑤ 适用《反不正当竞争法》一般条款时,裁判理由多数直接诉诸“搭便车”“攀附”“食人而肥”“不劳而获”这类道德判断,而缺乏竞争行为效果考量。

⑥ 参见蒋舸:《关于竞争行为正当性评判泛道德化之反思》,载《现代法学》2013 年第 6 期。

⑦ 一审杭州铁路运输法院民事判决书,(2019)浙 8601 民初 1987 号;二审浙江省杭州市中级人民法院民事判决书,(2020)浙 01 民终 5889 号。

经济是共生经济,天然地具有"搭便车"的属性,因此网络企业"搭便车"利用他人所掌握的网络资源开展竞争活动并不必然应当被判定为不正当竞争,具体要根据竞争效能的综合评价方能判定。

因此,解决问题的关键在于彻底摒弃权利侵害式侵权不正当竞争认定思维,转而以利益侵害式侵权认定的内在逻辑为基础,构造不正当竞争认定体系。

三、竞争关系与竞争行为

(一)竞争关系

传统意义上的竞争关系,强调的是通过界定竞争关系的方式界定竞争行为,表现为"由关系而行为"的路径,即将竞争关系作为不正当竞争行为的构成要素和前提条件,先认定构成竞争关系,再认定构成不正当竞争行为。然而,竞争关系还可以是"由行为而关系",即将其界定为由竞争行为而产生的关系,竞争行为是因,竞争关系是果;竞争行为的界定不以竞争关系为前提和要素,竞争关系恰恰由竞争行为而产生。竞争行为具有独立的构成要素和认定标准,《反不正当竞争法》只是调整和规范竞争行为,基于竞争行为而确定不正当竞争行为,也即不正当竞争行为只是对于一些竞争行为的否定性评价,首先构成竞争行为,之后,再以法律规定的不正当标准进行衡量。竞争行为是根据目的和效果进行认定的单方行为,它并不以竞争关系为在先条件,但由竞争行为而引起的特定法律主体之间的关系仍具有一定的法律意义,特别是可以据此赋予因竞争行为而受到损害的特定经营者救济权利。① 在猎豹与二三四五不正当竞争纠纷案②中,原告的经营范围为计算机软硬件及辅助设备的开发、销售、设计,被告的经营范围则为技术推广、技术开发、技术服务等,两者的经营范围有所不同。法院在认定不正当竞争时并未阐述原、被告之间是否具有竞争关系,而是从竞争行为本身得出被告构成不正当竞争的结论。

---

① 参见王艳芳:《反不正当竞争法中竞争关系的解构与重塑》,载《政法论坛》2021 年第 2 期。

② 参见一审上海市浦东新区法院民事判决书,(2018)沪 0115 民初 28611 号;二审上海知识产权法院民事判决书,(2019)沪 73 民终 241 号。

（二）竞争行为

实务界观点认为，在将界定范式由“由关系而行为”转换为“由行为而关系”的背景下，竞争行为的界定成为不正当竞争的核心和前提。不正当竞争行为是由客观事实与法律评价两部分构成的，其中客观事实是竞争行为，法律评价则是判断标准。不正当竞争行为首先是一种市场竞争行为，而在其符合法律规定的否定性评价标准即具有不正当性时，即构成不正当竞争行为。竞争行为是《反不正当竞争法》的规范对象，而不诚实、不正当则是对于这类行为的法律评价。换言之，就《反不正当竞争法》的调整对象而言，竞争行为是行为的客观属性，不诚实和不正当是法律的否定性评价①，两者构成《反不正当竞争法》规制对象的事实基础和价值基础。通常而言，市场效果主要看实施手段和行为后果。② 不正当竞争行为归根结底是一种造成竞争性损害的行为，也即特定行为因为参与市场竞争造成竞争性损害，并产生不当的市场效果，而被法律评价为不正当竞争。因此，竞争性损害是区分不正当竞争与其他侵权行为的关键和基准。市场竞争的本质属性决定了损害中性原理，即由竞争所产生的竞争性损害是市场经济的常态，例外情况下才可能构成不正当竞争。③竞争性损害是不正当竞争行为认定的根基和本质内因，也是将损害行为纳入《反不正当竞争法》调整的标准和依据。竞争利益受损既可以表现为特定经营者或者消费者利益受损，也可以体现为因市场秩序遭到破坏而导致前两者的利益受损。④

有研究者就猎豹浏览器广告过滤不正当竞争纠纷案⑤和“世界之窗浏览器”屏蔽不正当竞争纠纷案，又称腾讯公司诉世界星辉公司不正当竞争案⑥中，法院认定是否存在不正当竞争所考量的因素做了梳理（见表3）。

---

① 参见王永强：《网络商业环境中竞争关系的司法界定——基于网络不正当竞争案件的考察》，载《法学》2013 年第 11 期。

② 参见史欣媛：《互联网新型不正当竞争案件中的行为正当性判定标准研究》，载《安徽大学学报（哲学社会科学版）》2017 年第 1 期。

③ 参见孔祥俊：《论反不正当竞争的基本范式》，载《法学家》2018 年第 1 期。

④ 参见王艳芳：《反不正当竞争法中竞争关系的解构与重塑》，载《政法论坛》2021 年第 2 期。

⑤ 北京市第一中级人民法院民事判决书，(2014)一中民终字第 3283 号。

⑥ 北京知识产权法院民事判决书，(2018)京 73 民终 558 号。

表 3 广告屏蔽不正当竞争考量因素

考量因素	猎豹浏览器广告过滤不正当竞争纠纷案	"世界之窗浏览器"屏蔽不正当竞争纠纷案
是否存在竞争关系	是	是
	理由:不限于同业竞争者,被诉行为存在损人利己的可能性	理由:不限于同业竞争者,原被告存在事实上的竞争关系
"广告 + 视频"商业模式是否具有受法律保护的法益	是	否
	理由:认为原告这种"广告 + 视频"商业模式可受法律保护	理由:任何经营者均不负有尊重他人商业模式、维护其他经营者利益的义务
浏览器过滤视频广告功能是否属于行业惯例	否	是
	理由:浏览器虽然有屏蔽广告功能,但屏蔽的都是恶意广告、弹窗广告,并非像本案中的视频广告	理由:原告自己运营的浏览器与被告浏览器都具有屏蔽功能
主观上是否存在故意	是	否
	理由:认为被告因明确知晓而认定主观存在故意	理由:认为过滤广告无法直接获取、选项内容非单一针对,故认定不存在主观故意
客观上是否造成原告利益受损	是	否
	理由:认为原告正当经营活动利益受损	理由:客观上不对原告造成特定损害
是否考量社会公共利益	是	是
	理由:承认公共利益,但认为本案并不涉及公共利益	理由:承认公共利益,网络用户的利益视为社会公共利益

资料来源:栾媛:《广告屏蔽类不正当竞争案的裁判思路和规制理念》,载《知识产权与市场竞争研究》2019 年第 1 期。

四、竞争侵权主观故意

(一)主观故意与侵权认定

在判断被告是否存在主观故意的问题上,一般通过考察行为人的客观行为进行判断。如广告屏蔽案件中,法院往往通过屏蔽行为是否针对特定主体来推断被告是否存在主观故意。例如,在猎豹浏览器广告过滤不正当竞争纠纷案中,法院认为"根据现有证据,猎豹浏览器具备的过滤优酷网视频广告的功能,系金山公司和金山网络公司对猎豹浏览器进行针对性开发配置的可能性较大……

因此认定存在破坏优酷网正常经营模式进行不正当竞争的主观过错”。而在“世界之窗浏览器”屏蔽不正当竞争纠纷案中，法院认为世界星辉公司运营的“世界之窗浏览器”广告过滤选项内容全面、非具单一针对性，由此反映出浏览器运营方不存在主观故意的行为。[①] 又如，在 2011 年“金山网盾”与“360 安全卫士”的软件冲突案[②]中，法院认为，对于经营者并非恶意造成的软件冲突，不应认定为不正当竞争行为。再如，在乐网软件屏蔽视频广告不正当竞争案[③]中，法院认为，硕文公司研发并提供具有屏蔽视频广告的涉案软件，在其屏蔽广告功能宣传中，明确指向优酷视频等视频网站。这表明硕文公司对导致优酷公司广告投放的预期效果受到损害是明知的，也是希望此种结果发生的，具有明显的主观故意，应当认定为不正当竞争行为。

在考拉公司微信诱导分享不正当竞争案[④]中，法院认为，原告在《腾讯微信软件许可及服务协议》《微信开放平台开发者服务协议》《微信公众平台服务协议》《微信公众平台运营规范》《微信小程序平台运营规范》《微信外部链接内容管理规范》等一系列的平台、用户、运营者服务、使用、管理规范中，多次、反复对诱导分享行为明文禁止。考拉公司作为以网络技术开发为主营业务的网络科技公司，自身亦是微信平台旗下多个公众号以及企业微信的服务提供商，其对上述规范内容均为明知，但其仍然对上述规范视而不见，长期利用微信平台用户及经营者群体资源，从事诱导分享工具销售并积极进行诱导分享行为，其行为已经违反了诚实信用这一《反不正当竞争法》核心原则，且明显具有主观故意。此案是将特定行业与主观故意相结合进行认定的。

（二）主观故意的推定

举证责任和推定在认定主观故意方面，也具有一定代表性，如“U 号租”账号租赁不正当竞争案中，法院认为，猎宝公司实施了出租涉案腾讯 VIP 会员账号的行为，主观上存在过错。猎宝公司虽主张其为网络服务提供者，涉案腾讯

① 参见栾媛：《广告屏蔽类不正当竞争案的裁判思路和规制理念》，载《知识产权与市场竞争研究》2019 年第 1 期。

② 北京市第一中级人民法院民事判决书，(2011)一中民初字第 136 号。

③ 浙江省杭州市中级人民法院民事判决书，(2018)浙 01 民终 231 号。

④ 江苏省南京市中级人民法院民事判决书，(2020)苏 01 民初 3184 号。2021 年江苏法院知识产权司法保护十大典型案例之七。

VIP 会员账号均系卖家(商户)提供,但并未提交充分证据予以证明;即便涉案腾讯 VIP 会员账号为卖家提供,但法院注意到,涉案 App 及涉案网站均以"租号"为主营业务,其不可能不知晓腾讯公司的 VIP 会员服务以及针对 VIP 会员账号设置的限制和规则,即 VIP 会员账号不得租用、借用、转让、分享或售卖,然而,其仍提供上述交易服务,并用于经营牟利,收取相应的手续费用,显然具有主观过错,故法院认定猎宝公司实施了出租涉案腾讯 VIP 会员账号的行为,对猎宝公司的抗辩,不予采信。

在"一起来捉妖"虚拟定位插件不正当竞争案中,被告使用涉案虚拟定位插件在涉案网络游戏中进行持续、多次测试,并在微博、朋友圈和哔哩哔哩网站账户中广泛宣传该插件安全可用。谌某将涉案虚拟定位插件与涉案网络游戏捆绑推广、销售,在各类社交媒体上将涉案插件具有篡改地理位置的功能作为唯一宣传卖点并积极推荐,足以证明其对用户可通过涉案虚拟定位插件进行游戏"作弊"处于明知状态,但仍积极宣传涉案插件并鼓励用户在涉案游戏中以"作弊"方式获得优势结果。该种情况下可直接认定行为人谌某对实施涉案不正当竞争行为具有主观故意。

应当谨慎以被告具有损害的主观意图认定行为的不正当。《反不正当竞争法》在认定行为具有不正当性时,有时亦要求不正当行为的实施者具有主观过错,具有故意、恶意等心态,如《反不正当竞争法》第 12 条规定"……恶意对其他经营者合法提供的网络产品或者服务实施不兼容……"又如《规范互联网信息服务市场秩序若干规定》第 5 条第 1 款。随着技术与市场越来越复杂,而主观因素亦具有较大的模糊性,越来越多的呼声认为认定竞争行为不正当时不应再考虑主观过错,而应转向客观标准。① 在认清主观意图的有限性后,主观意图与竞争行为不正当证成之间明显不具有因果关系,主观意图不是构成要件之一。②

(三)主观故意的行为类型

主观过错在认定不正当竞争案件和侵权案件中具有重要意义,在任何一类

① 参见蒋舸:《反不正当竞争法一般条款的形式功能与实质功能》,载《法商研究》2014 年第 6 期;王文敏:《互联网竞争中不当干扰行为的认定》,载《知识产权》2016 年第 10 期。

② 参见黄武双、谭宇航:《不正当竞争判断标准研究》,载《知识产权》2020 年第 10 期。

案件中都是难以以直接证据进行判断和认定的,法院通常会以行为人的行为表现之外部特征入手,考察行为人的真实意图,互联网不正当竞争案件在审理过程中亦是如此。有以下典型情况:一是明知产生不利后果而放任。在百度诉奇虎篡改浏览器不正当竞争案[①]中,法院在判决中指出,百度公司作为行业内具有一定影响力的知名企业,在安装插件时应预料到不利后果,但其放任之,影响了正常经营秩序,因此主观上有过错。由此可以看出,在判断主观是否存在过错时,法院会依照行为外部特征对行为人主观意图作以基本判断。互联网行业从业人员对该行业具有一定或相当的认知,如若明知行为一定或可能造成市场失序、侵害消费者利益等情形,依然不加干预,则将会被认定为主观上存在过错。二是同业竞争者明知或者应当知道。在抓取阿里巴巴诚信通200万家企业数据案[②]中,法院认定码注公司与实际控制人梁某明知可能构成不正当竞争但并未采取任何措施,仍然通过在微博上发布大量阿里巴巴未经公开的数据,将业内同业竞争者的核心数据公开,梁某与码注公司具有共同故意,客观上也共同实施了不正当竞争行为。由此可以看出,法院认定该案中的两被告具有共同故意系通过同业竞争者明知或应当知道未被公开的核心数据在公开后会对阿里巴巴公司产生负面影响并导致其利益受损,但仍然为之来判断的。[③]

第四节　竞争性法益

一、竞争性法益认定路径

(一)竞争性法益范围

不正当竞争行为产生的损害是与《反不正当竞争法》保护的法益相对的。从司法审判实务看,《反不正当竞争法》保护的法益可以是法定权益,但目前的

① 北京市东城区人民法院民事判决书,(2013)东民初字第08310号。

② 浙江省杭州市滨江区人民法院民事判决书,(2019)浙0108民初5049号。

③ 参见李伟民、董越佳:《互联网不正当竞争行为类型及裁判思路研究》,载《西北工业大学学报(社会科学版)》2021年第2期。

趋势更多的是保护商业利益,甚至是影响商业盈利能力、商业竞争能力的因素,包括竞争优势、市场占有率、商业品牌知名度、商业信誉和声誉、商业秘密、商业运营资源、平台流量资源(如播放量、访问量、下载量、转载量、关注度等)、大数据资源、商业运行模式等,都可以统称为竞争利益。通过不正当竞争行为损害竞争利益的,都是损害的范围。①

一项利益要成为法律保护的法益,要么是其天然具有正当性,法律仅是对其予以承认;要么是其不具有天然正当性,法律考虑到社会发展的要求,将其提炼、总结、上升。在面临利益主体众多、利益冲突存在的市场时,竞争利益要得到法律保护,需要被特定化。② 特定的竞争利益与存在边界的竞争利益并不相同:特定仅意味着利益能被具体地说明,存在边界则更隐含着利益界权的初步判断。特定不能推断出存在边界,这在法律适用上尤为需注意。这种区别就好比"权利主张"与"权利"。③ 譬如,涉及广告屏蔽的案件,尽管学界反复指出《反不正当竞争法》根本上不是权益救济法而是行为规制法,④但法官可能因为原告的竞争利益特定(利用影视节目的贴片广告收回版权费等成本、赚取利润),而认为该特定的利益就是原告的权益边界,进而推论出被告进入了原告的权益边界内,是不正当的。⑤ 存在具体的利益更偏向事实判断,而确定边界更偏向法律判断。科斯早就观察到侵权法往往先界定权利的边界,再因他人入侵而制止入侵边界的行为。但到底权利应配置给"边界"被入侵者还是"边界"入侵者并非绝对,禁止"边界"入侵本身也是法律对入侵者的"入侵",必须要考虑到边界确定(界权)对交易成本增减的影响。⑥

---

① 参见邓旭涛、林静寂:《反不正当竞争审判实务中的新趋势》,载《中国知识产权》2020 年总第 163 期。

② 参见黄武双、谭宇航:《不正当竞争判断标准研究》,载《知识产权》2020 年第 10 期。

③ 参见雷磊:《新兴(新型)权利的证成标准》,载《法学论坛》2019 年第 3 期。

④ 参见孔祥俊:《论反不正当竞争的基本范式》,载《法学家》2018 年第 1 期。

⑤ 北京知识产权法院民事判决书,(2018)京 73 民终 558 号。具体内容为二审人民法院观点:"如果合法的经营活动可以被其他经营者随意干涉,经营者难以自行决定其如何经营,而在其经营活动受到干涉及破坏时亦无法得到保护,则必将使得经营者对自己的经营活动无法预期,并进而导致合法有序的市场竞争秩序无法形成。如此简单的道理,实在无须过多论证。"有意思的是,一审北京市朝阳区人民法院反而认为被告的广告屏蔽行为并非不正当。转引自黄武双、谭宇航:《不正当竞争判断标准研究》,载《知识产权》2020 年第 10 期。

⑥ [美]R. H. 科斯等:《社会成本问题》,载[美]R. 科斯、A. 阿尔钦、D. 诺斯等:《财产权利与制度变迁——产权学派与新制度学派译文集》,上海三联书店、上海人民出版社 1991 年版,第 4 ~9 页。

从竞争者角度对不正当竞争行为的认定，主要考虑其自由竞争的利益是否受到损害。《反不正当竞争法》第2条第2款虽然强调不正当竞争是损害其他经营者或消费者“合法权益”的行为，但在竞争过程中，“经营者的权益并非可以获得像法定财产权那样的保护强度……必须将损害作为一种竞争结果予以适当的容忍”。① 不能把对不正当竞争行为的认定重心放在特定权益和权益的合法性（归纳出一种权益并论证其合法性）上，即不能简单地从权利保护法的角度适用法律，②而应当着重考虑其在竞争中可获得的利益。

（二）通过消费者利益间接认定

猎宝公司微信账号交易等不正当竞争案③中，法院认为，被告猎宝公司所实施的行为，损害了两原告和微信用户的合法权益。其一，对两原告而言，被告猎宝公司的行为破坏了两原告对其运营的微信产品的管理规则，微信账号交易导致非初始申请注册人使用微信账号，微信辅助注册和微信辅助解封导致非正常注册和非正常解封，会对微信平台生态环境造成负面影响，增加管理成本，对于用户恶意注册、解封异常的情形两原告提交的《微信个人帐号使用规范》中均有明确的规制，被告猎宝公司的行为会降低微信用户对两原告提供的微信产品服务的评价，对两原告的商业信誉产生不利影响，损害了两原告的合法权益。其二，对微信用户而言，被告猎宝公司的行为会对用户接受微信产品服务的体验产生影响，且微信平台用户众多，微信的使用已经涵盖了通信、消费、娱乐等社会生活的多方面，非初始申请注册人使用微信账号、微信账号非正常注册和解封会增加使用风险、危害信息安全，损害了微信用户的合法权益。

（三）通过竞争优势认定

在“微信流量裂变”不正当竞争案④中，法院就“原告的商业利益和竞争优势是否应受《反不正当竞争法》的保护”认为，原告通过即时通讯、朋友圈、公众平台、小程序等系列核心产品和服务，开放连接第三方服务，吸引并连接海量的

---

① 上海知识产权法院民事判决书，(2016)沪73民终242号。

② 参见孔祥俊：《论反不正当竞争法的竞争法取向》，载《法学评论》2017年第5期。

③ 江苏省南京市中级人民法院民事判决书，(2020)苏01民初2728号。全国首例有关微信账号交易的不正当竞争民事案件，2021年江苏法院知识产权司法保护十大典型案例之六。

④ 天津市第一中级人民法院民事判决书，(2019)津01民初1319号。第四届全国法院“百篇优秀裁判文书”。

用户和经营者,在微信中形成各个用户和经营者即共生群体之间的多样化的相互作用,构成了微信独特的生态系统。微信生态系统中的共生群体主要包括微信平台所连接的用户群体和相关经营者群体,庞大的用户基础和经营者基础是微信平台的重要商业资源。其中,用户群体主要是使用即时通讯、朋友圈等获取服务的消费者,微信平台依托该群体形成的核心竞争优势主要表现为庞大的用户流量、完善的用户关系链以及所形成的社交关系网络。相关经营者群体则主要包括微信平台的小程序开发运营者、公众号内容创作者等,微信平台依托该群体形成的核心竞争优势主要表现在为公众提供便捷的数据传输服务、海量的优质内容等网络服务。微信上的用户群体数量越多,用户关系链越完善,优质信息内容的传播越高效,就能吸引更多的相关经营者群体到微信中提供内容和服务。微信平台上的相关经营者群体的数量越多,提供的服务或内容质量越高,公众获取信息越便捷,就能吸引更多的用户群体来使用微信平台,从而进一步提升微信平台的用户活跃度。两个群体基于微信平台进行有效的联系和互动,实现了微信平台生态系统健康发展的良性循环,给原告带来了可持续的流量变现的现实利益和发展空间。原告通过微信生态系统建立的互联网商业经营模式,在市场竞争中能够实现其追求的商业利益,使其在互联网行业中形成竞争优势。《反不正当竞争法》的立法目的在于鼓励和保护公平竞争,制止不正当竞争,保护经营者和消费者的合法权益。原告通过微信平台获取的商业利益和形成的竞争优势,属于原告的合法权益。同时原告为了研发、维护、推广微信平台投入了大量的人力、物力和财力,并通过相关运营准则规范来禁止诱导分享、恶意违规及对抗等行为,防止其核心竞争资源被他人非法利用。因此,原告的商业利益和竞争优势应受到《反不正当竞争法》的保护。

(四)运用网络数据认定

奇虎公司一键分享不正当竞争案[①]中,法院认为,随着信息技术产业和互联网产业的发展,尤其是在大数据时代的背景下,信息所具有的价值超越以往任何时期,越来越多的市场主体投入巨资挖掘、收集和整理信息,如果不加节制地允许市场主体任意地使用或利用他人通过巨大投入所获取的信息,将不利于鼓

① 北京市西城区人民法院民事判决书,(2020)京 0102 民初 17017 号。北京知识产权法院竞争垄断十大典型案例之六(2022 年)。

励商业投入、产业创新和诚实经营，最终损害健康的竞争机制。奇虎公司的涉案功能在一定程度上确实符合一定群体的消费者的利益，但以部分用户某些情形下的需求为理由侵犯其他经营者的权益，不能视为可予以正面评价的行为。

在涉数据不正当竞争案件中，原告应首先证明其对相关数据拥有财产性权益。为此，原告须证明其对事实控制的数据享有合法权益，如果原告能够证明其对于涉案数据的收集或生成付出了一定的人力和物力，且非任何人可轻易获得，即可认为满足该要件。其次，涉数据不正当竞争案中并不要求原告对涉案数据享有所有权，只要求原告享有合法的数据控制权。例如，企业对其收集的用户个人信息，以及由此所衍生的数据，享有合法的控制和使用权，即可认定该企业拥有财产性权益。

如"极致了"非法抓取微信数据案①中，"极致了"网站从微信服务器爬取了微信公众平台上的以下几类数据：第一类，微信公众号的账号信息，包括公众号头像、名称、微信号、简介；第二类，用户在微信公众平台上发布的数据内容，包括部分随机抓取的公众号文章内容、文章标题；第三类，用户与公众号的互动信息，包括但不限于公众号文章阅读数、点赞数、发文时间(精确到秒)。法院认为，上述三类数据能给两原告带来竞争优势，具有商业价值。其一，微信公众号作为社交软件，有效拓展了网络用户进行社交的途径，解决了网络用户之间社交、沟通、网络发声的问题；其二，上述数据均源自微信公众平台，两原告作为微信公众平台的经营者和平台数据的收集者、控制者，其所收集和控制的微信用户数据均已通过《腾讯微信软件许可及服务协议》《隐私政策》等协议方式获得了微信用户的授权同意，不存在非法收集、控制数据的行为，也不存在非法利用其他平台中的数据的行为；其三，上述数据系用户访问平台而形成的数据，是依托于网络平台系统而产生并显示、存储的数据，微信公众平台通过自身经营活动吸引用户积累的微信公众号文章数据对于平台经营者具有重要意义，故微信公众平台运营者可以通过经营使用这些数据获得相应的商业利益；其四，考虑到微信公众号文章数据处于网络环境中可集成、可交互的特点，并非用户单一数据，而是与文章阅读数、点赞数、发文时间、文章评论等其他数据共同构成整

① 杭州铁路运输法院民事判决书，(2021)浙8601民初309号。2021年中国十大最具研究价值知识产权裁判案例之四。

体数据资源，故法院认为两原告就上述微信公众号上积累的整体数据资源享有竞争性权益。

二、竞争性法益认定原则

（一）合法原则

《民法典》第 3 条规定："民事主体的人身权利、财产权利以及其他合法权益受法律保护，任何组织或者个人不得侵犯。"其第 8 条规定："民事主体从事民事活动，不得违反法律，不得违背公序良俗。"该两条规定实质上构成了合法原则的正反两面。尤其是对于利益，更需要首先作合法性的判断。利益的合法性判断既包括判断其是否合法取得或者是否违法，又包括判断其是否符合法律要件（适格）。《反不正当竞争法》所保护的法益更多地属于民事利益，必须是合法权益，违法行为不能产生法益，因为法律不保护不合法的利益。《民法典》第 3 条规定"合法权益"受法律保护，表明其既保护权利，又保护法益（受保护的利益）。《民法典》对于民事权利采取了列举加概括式的规定，在列举了各类典型权利（有名权利）以外，又以概括方式保护未列举的权利和利益，即"民事主体享有法律规定的其他民事权利和利益"（第 126 条）。据此，民法典对于权利不采取穷尽列举式的法定主义，未列举的法益也属于其保护范围。①

知识产权法是保护民事利益的重地。特别是《反不正当竞争法》不仅对知识产权提供附加保护（如保护未注册商标等商业标识），还以第 2 条规定的一般条款承担概括保护商业成果类民事利益的功能。可以说，这是落实保护《民法典》第 126 条规定的"其他民事利益"的重要法律领域。例如，在《民法典》对于数据权益没有定性和直接保护规定的情况下，法院早已依据《反不正当竞争法》第 2 条的开放性适用，对各种类型的数据权益给予保护。鉴于新技术、新业态和新商业模式层出不穷，由此产生的新商业成果保护需求更为强烈，《反不正当竞争法》第 2 条的开放性保护商业成果的功能更为重要，这些保护领域已成为反不正当竞争的活跃领域。②

《民法典》第 126 条规定了"民事主体享有法律规定的其他民事权利和利

① 参见孔祥俊：《〈民法典〉与知识产权法的适用关系》，载《知识产权》2021 年第 1 期。
② 参见孔祥俊：《〈民法典〉与知识产权法的适用关系》，载《知识产权》2021 年第 1 期。

益”，那么权利以外的利益保护是否以法律规定为前提，即只有法律规定的利益才能受保护？而且，法律规定究竟是概括性规定还是具体规定？就知识产权领域而言，首先有《反不正当竞争法》规定的一般条款，可以开放性地将有保护必要的新商业成果纳入其保护范围，也即纳入时重点考虑是否有保护的必要，是否保护取决于有无必要，而不考虑有没有更为具体的其他条文依据。不仅如此，司法实践亦未采纳利益保护的法定性，更注重基于利益衡量而进行开放性保护。

知识产权领域开放性保护法益，首先是以拟保护法益的合法性为前提，然后进行保护正当性的其他衡量，如利益的可保护内容及可诉性（如不属于反射利益）。因此，“法律规定的……利益”似可以解读为合法或者不违法的正当利益。法律保护的利益应是合法的利益，“恶树之果不受保护”是基本法律原则之一。通常情况下，很难想象实施违法行为的经营者会主动提出不正当竞争之诉，往往是被告以原告行为不合法提出抗辩。市场竞争具有复杂性，法律亦具有模糊性，法院有时借论证原告的竞争利益是否合法，实质上对原告及同类经营者创造司法规则，以发挥司法能动功能。这有助于推进各界对该问题的研究，在态度上亦值得赞许。例如，在有关个人数据保护与利用的纠纷中，有被告认为原告收集使用个人数据方式不合法，所形成的大数据产品不受保护，法院即结合《网络安全法》的相关条文及原告隐私协议、数据使用方式等，用大量篇幅进行论述。

例如，在“生意参谋”数据不正当竞争案①中，裁判明确了网络运营者对于用户行为痕迹信息的安全保护责任，对于厘清数据行业规则，将起到指引作用。此外，对于数据资源权利属性以及权利人获取法律保护的司法路径，在我国现行立法中尚无明确定论。本案生效裁判以财产权为定位，首次通过司法判例初步划分了各相关主体对于数据资源的财产权边界，同时赋予数据产品开发者以“竞争性财产权益”这种新类型权属，确认其可以此为权利基础获得《反不正当竞争法》的保护，为立法的完善提供了可借鉴的司法例证。

该案一审判决首先评判淘宝公司收集、使用涉案数据信息是否合法正当，然后评判保护的正当性，例如：“‘生意参谋’数据产品中的数据内容系淘宝公司

---

① 一审杭州铁路运输法院民事判决书，（2017）浙 8601 民初 4034 号；二审浙江省杭州市中级人民法院民事判决书，（2018）浙 01 民终 7312 号。2018 年度杭州互联网法院知识产权典型案例之一、2018 年中国十大最具研究价值知识产权裁判案例之八、2018 年中国法院 50 件典型知识产权案例之三十五。

付出了人力、物力、财力，经过长期经营积累而形成的，具有显著的即时性、实用性，能够为商户店铺运营提供系统的大数据分析服务，帮助商户提高经营水平，进而改善广大消费者的福祉，同时也为淘宝公司带来了可观的商业利益与市场竞争优势。'生意参谋'数据产品系淘宝公司的劳动成果，其所带来的权益，应当归淘宝公司所享有。"二审判决更是首先指出，"不正当竞争的成立以经营者存在经营上的合法权益为前提。该合法权益可以是法定的有名权益，如企业字号、商业秘密等；也可以是不违反不正当竞争法律法规规定的无名权益，只要其可以给经营者带来营业收入，或者属于带来潜在营业收入的交易机会或竞争优势"。"上述数据分析被作'生意参谋'数据产品的主要内容进行了商业销售，可以为淘宝公司带来直接经营收入，无疑属于竞争法意义上的财产权益；同时基于其大数据决策参考的独特价值，构成淘宝公司的竞争优势；其性质应当受到《反不正当竞争法》的保护。"① 又如，在乐网软件屏蔽视频广告不正当竞争案②中，法院认为，优酷公司为获得视频版权必然会付出相应成本，优酷公司向用户提供免费视频的同时在视频片头播放一定时间的广告，据此收取的广告费用既是其经营收入的重要来源，也是其弥补经营成本的重要组成部分。在该种商业模式下，广告与视频节目的结合使网站经营者、互联网用户与广告主之间各取所需，形成有序的利益分配和循环。该商业模式业已成为当前视频网站常见的商业模式之一，并获得了市场普遍接受。因此，优酷公司据此获得的商业利益应当受到法律的保护，属于具有可诉性的利益。

竞争法权益和知识产权权益一样，应当具有合法性，权益合法和不保护违法权益原则散见于各种知识产权法律和司法解释之中。例如，《商标法》有关注册商标的授权和确权中有保护在先权利的规定，所体现的是获取注册商标不能侵害在先权利。《商标法》第 13 条保护驰名商标、第 15 条保护被代理人或者被代表人的商标以及第 32 条保护在先使用并有一定影响的商标等规定，均为保护在先权利的规定。如果已注册商标侵犯在先权利，就不予保护。《反不正当竞争法》第 2 条第 2 款明确经营者在生产经营活动中，违反该法规定，扰乱市场

---

① 孔祥俊：《〈民法典〉与知识产权法的适用关系》，载《知识产权》2021 年第 1 期。

② 一审杭州铁路运输法院民事判决书，(2017) 浙 8601 民初 928 号；二审浙江省杭州市中级人民法院民事判决书，(2018) 浙 01 民终 231 号。

竞争秩序，损害其他经营者或者消费者“合法权益”的行为属于不正当竞争行为。《反不正当竞争法》在保护对象上的特殊性体现在，其保护的是法益而非权利，民事法益是指虽然受到法律一定程度的保护但尚未成为一种民事权利的利益，①即保护对象为法益而非权利，这种特殊性对过错的地位也有重要影响。由于法益的边界是不确定的，是否侵犯法益采用的是行为违法性而非结果违法性的判断模式。

（二）公平原则

《民法典》第 6 条规定了公平原则。公平原则体现了民法促进社会公平正义的基本价值。公平在知识产权法律适用中无处不在。《商标法》第 47 条和《专利法》第 47 条都有公平原则的具体表述。公平更是司法的天性和特性，也经常是具体裁判的终极依归。特别是，法律不可能完美无缺和包罗万象，在法律规定模糊或者缺位时，公平成为重要的裁判因素。例如，在“生意参谋”数据不正当竞争案中，一审判决指出：“由于互联网经济作为新兴市场形态正处在形成与新兴过程中，调整网络运营者与网络用户相互间权利义务关系的专门性法律规范尚处在探索创立阶段，目前对于网络运营者与网络用户间的利益分配与权利冲突，应当秉持‘合法、合理、公平’的原则，综合考量法律规定、双方间法律关系属性以及有利于社会公共秩序与社会公众利益维护等因素予以评判。”②

又如，在“和平精英”网游“物理外挂”诉中行为保全案③中，作为涉案产品的制作者，利用申请人的网络产品和服务从事生产经营活动，由此其也负有了不得妨碍、破坏其他经营者合法提供的网络产品和服务正常运行的义务。两被申请人知道也应当知道涉案产品对于游戏公平竞技环境会造成损害的结论，故两被申请人的上述行为难言善意，构成对两申请人的不正当竞争的可能性较大。

（三）过错原则

对于具体的不正当竞争行为所保护的法益而言：首先，仿冒条款（《反不正当竞争法》第 6 条）所保护的是未注册商标法益，其虽然无法与注册商标权利相

---

① 参见李建华、王国柱：《论民事权益——民法保护对象的立法和司法双重确认》，载《法学杂志》2011 年第 1 期。

② 孔祥俊：《〈民法典〉与知识产权法的适用关系》，载《知识产权》2021 年第 1 期。

③ 上海市杨浦区人民法院民事裁定书，（2020）沪 0110 民初 5283 号。2020 年上海法院加强知识产权保护力度典型案件之六。

提并论，但已经在很大程度上达到归属效能、排除效能和社会典型公开性这 3 个标准的要求，因此对过错的要求最低。其次，商业诋毁（《反不正当竞争法》第 11 条）和虚假宣传（《反不正当竞争法》第 8 条）这两个条款所保护的法益是商誉，基本满足归属效能和排除效能的要求，也已经具有一定的社会典型公开性，故而对过错的要求也较低。再次，商业秘密（《反不正当竞争法》第 9 条）和互联网不正当竞争（《反不正当竞争法》第 12 条）条款所保护的法益无法归属于某一特定主体，从而很难满足归属效能，也无法当然地排除一切的不法干涉从而不具有排除效能，更由于缺乏社会一般主体可普遍感知的客体，难以满足社会典型公开性的要求，故而该两种不正当竞争行为的判断对过错的要求较高。最后，对于宽泛的一般条款所保护的法益而言，由于没有任何明确清晰的规定，甚至根本不能预先知晓其保护的是何种法益，无法满足归属效能、排除效能和社会典型公开性中的任何一项，故而从逻辑上看恰恰最需要过错的辅助判断。各项不正当竞争条款所保护的法益根据与上述 3 大标准契合度的不同，可以分为符合、不符合、基本符合和基本不符合 4 种情形。而根据法益的成熟程度，《反不正当竞争法》中的过错要求可以进而划分为 3 个层次：过错仅作为参考因素、过错要求至少为一般过失、过错要求为故意或重大过失。如表 4 所示[①]：

表 4　法益与过错对应

<table>
<tr><td>按照成熟程度由高及低划分的法益</td><td>归属效能</td><td>排除效能</td><td>社会典型公开性</td><td>行为构成中的过错要求</td></tr>
<tr><td>仿冒条款保护的法益</td><td>符合</td><td>符合</td><td>基本符合</td><td rowspan="3">仅作为参考因素</td></tr>
<tr><td>商业诽谤条款保护的法益</td><td>基本符合</td><td>基本符合</td><td>基本符合</td></tr>
<tr><td>虚假宣传条款保护的法益</td><td>基本符合</td><td>基本符合</td><td>基本符合</td></tr>
<tr><td>商业秘密条款保护的法益</td><td>基本不符合</td><td>基本不符合</td><td>不符合</td><td rowspan="2">至少为一般过失</td></tr>
<tr><td>互联网条款保护的法益</td><td>基本不符合</td><td>基本不符合</td><td>不符合</td></tr>
<tr><td>一般条款保护的法益</td><td>不符合</td><td>不符合</td><td>不符合</td><td>故意或重大过失</td></tr>
</table>

① 参见李伟民、董越佳：《互联网不正当竞争行为类型及裁判思路研究》，载《西北工业大学学报（社会科学版）》2021 年第 2 期。

三、竞争性法益的类型化

结合司法实践经验,涉互联网不正当竞争纠纷案件中,一般通过以下几种方式,认定为竞争性法益。

(一)数据有关的权益

我国《民法典》第127条规定:"法律对数据、网络虚拟财产的保护有规定的,依照其规定。"《数据安全法》第7条规定:"国家保护个人、组织与数据有关的权益,鼓励数据依法合理有效利用,保障数据依法有序自由流动,促进以数据为关键要素的数字经济发展。"

数据财产权益如何界定的确是一个难题。2021年先后颁布并均于2022年1月1日施行的《深圳经济特区数据条例》和《上海市数据条例》,都没有采用直接对数据进行确权的规定。前者在第4条第1句规定:"自然人、法人和非法人组织对其合法处理数据形成的数据产品和服务享有法律、行政法规及本条例规定的财产权益。"后者在第12条第2款规定:"本市依法保护自然人、法人和非法人组织在使用、加工等数据处理活动中形成的法定或者约定的财产权益,以及在数字经济发展中有关数据创新活动取得的合法财产权益。"

有学者基于平台的多重属性与高度的场景依赖性,提出类型化和场景化的规制制定方式。① 其中,对于企业数据,并不认为应采用财产权保护的方式,而是根据公开与否,采取分类的保护形式:对于非公开的企业数据提供商业秘密保护;对于半公开的数据库数据提供类似欧盟的数据库特殊权利保护;对于公开的网络平台数据则采取竞争法保护。② 因此,果断地搁置企业数据产权争议,设立企业数据的利用与分享准则,似乎就成了一种理性的可能选择。③

但随着司法审判者认识的不断上升,仅市场投入本身并不构成以赋予绝对权方式确保其收益的充分理由。数据的价值在于流动。一旦赋予数据收集、加工者对数据权益的绝对权,必将抑制数据的开放、流通和其他企业的创新性,不

---

① 参见丁晓东:《数据到底属于谁?——从网络爬虫看平台数据权属与数据保护》,载《华东政法大学学报》2019年第5期。

② 参见丁晓东:《论企业数据权益的法律保护——基于数据法律性质的分析》,载《法律科学(西北政法大学学报)》2020年第2期。

③ 参见姚佳:《企业数据的利用准则》,载《清华法学》2019年第3期。

利于数据产业发展和社会公共利益。因此,企业对大数据产品的财产性权益是作为纯粹财产利益而受反不正当竞争法保护。大众点评诉百度地图案二审法院认为,汉涛公司收集、经营用户点评信息取得的竞争优势“并非绝对权利”,不能“获得像法定财产权那样的保护强度”。“生意参谋”数据不正当竞争案的一审、二审法院延续了这一思路,强调网络运营者对大数据产品享有的只是“竞争性财产权益”,而非“财产所有权”。

(二)竞争优势

传统的竞争优势,或用于降低生产成本,或用于提高生产效力,不必多提。在互联网经济下,竞争优势则系经营者吸引注意力、获得流量之所在。在互联网发展的头十年,有学者已指出互联网经济的本质是注意力经济,提出“糖蜜原则:黏着力是一个重要指标,用于衡量网站获得注意力的程度”①。随着互联网技术的进一步发展,记录、保存、分析消费者注意力的工具得到升级,注意力亦成了可被量化的流量。具体而言,流量一般是指互联网产品的访问量、使用量、黏性,是用来描述互联网产品的用户数量及质量的重要指标。这一概念被广泛使用于互联网领域,用于反映经营者的既往用户规模与质量,预测未来用户规模与质量,具有价值性。譬如艾媒咨询一项关于短视频的行业报告即分析了头部流量、中部流量、长尾流量的现状与潜力。② 流量越多,反映出用户注意力的集中程度越高,用户注意力越集中,产品的网络效应越强,能吸引更多的用户,能更好地改善用户体验,产生更大的流量。③ 许多网络经营者是在为获得消费者有限的注意力而竞争,其特色或产品和服务本质上仅仅是在相互竞争中获得注意力的工具。④ 通过流量评估、预测行业或某企业的发展状况,亦是不少智库

---

① [美]托马斯·达文波特、[美]约翰·贝克:《注意力经济》,谢波峰等译,中信出版社2004年版,第130~132页。

② 《艾媒报告2018-2019中国短视频行业专题调查分析报告》,载艾媒网2019年2月3日,https://www.iimedia.cn/c400/63582.html。

③ 通俗地说,网络效应就是滚雪球效应,包括直接网络效应与间接网络效应。前者指用户的聚集导致更多用户聚集在该产品上;后者指用户的聚集导致更多用户聚集到该产品的相关产品上。See Andrei Hagiu, Strategic Decisions for Multisided Platforms, MIT Sloan Management Review, Vol. 55:2, p. 71-80 (2014).

④ See Evans David S., Attention Rivalry Among Online Platforms (April 12, 2013), University of Chicago Institute for Law & Economics Olin Research Paper No. 627, p. 3.

或研究机构的做法。[①] 流量作为竞争利益的具体体现，是现时处理互联网竞争纠纷时需要考虑的。譬如，在淘宝公司与载和公司等不正当竞争纠纷案中，法院指出：在“用户为王”的互联网竞争中，培养“用户黏性”是获得竞争优势的关键，购物网站通过长期积累和大量投入形成的用户群体和用户黏性，是其核心竞争资源，被告“帮5买”购物助手软件未经许可，在原告运营的淘宝页面关键位置插标，以优惠或补贴方式引导已经选择淘宝网平台直接购物的用户改为“帮5买”网站……构成不正当竞争。又如，在微播公司、六界公司等不正当竞争纠纷案（以下简称抖音诉小葫芦直播数据抓取案）[②]中，法院认为，被告公司通过自行计算后公开展示涉案平台非公开数据，破坏了原告互联网产品的数据展示规则及运营逻辑和秩序，破坏原告产品用户黏性，进而损害原告公司竞争优势。

在竞争行为致原告竞争利益受损方面。黄武双教授认为，在自由竞争的市场经济体制中，经营者无权要求对其市场地位、顾客来源或赢利机会的保护像保护绝对权利一样，使其免受竞争者的侵害，而是必须将其部分损害作为自由竞争的自然结果而予以容忍，仅享有准财产权或财产性权益。

例如，“嘉瑞宝旗舰店”遭恶意投诉不正当竞争案[③]中，法院认为，被告赵某、多维斯公司恶意利用阿里巴巴知识产权保护平台规则进行投诉致原告商品链接被删除，以此为己谋取不当利益的行为，直接损害了原告的经营利益和竞争优势，也破坏了网络交易平台的良好秩序和竞争生态，有违诚实信用原则和公认的商业道德，具有明显的不当性，构成对原告的不正当竞争。

“投入”和“竞争优势”这些概念都是高度不确定的，竞争优势能否受到保护也应该结合数据被第三方平台以何种方式利用获得，网络开放平台在获得用

---

① 参见《2018年度内容行业版权报告》，载微博2019年3月5日，https://card.weibo.com/article/m/show/id/2309404346547490954977；《微博数据中心：2018年微博电影白皮书》，载搜狐网2019年2月16日，https://www.sohu.com/a/295181951_483389；《电子商务研究中心：2018年度中国进口跨境电商发展报告》，载搜狐网2019年7月1日，https://www.sohu.com/a/324156293_483389；《传媒行业专题报告：“腾讯”研究策论，渠道轮换新王者，游戏广告为股肱》，载新浪网2020年9月1日，http://vip.stock.finance.sina.com.cn/q/go.php/v Report_Show/kind/lastest/rptid/4478906/index.phtml。

② 浙江省杭州市余杭区人民法院民事判决书，(2021)浙0110民初2914号。浙江省杭州市中级人民法院2021年知识产权司法保护十大案例之九。

③ 天津市滨海新区人民法院民事判决书，(2019)津0116民初5880号。互联网十大典型案例之八(2021年)。

户数据之后是否已经得到了合理的回报等因素进行综合分析。没有任何一位经营者愿意放弃己方的竞争优势，而放任其他竞争者对数据的自由利用。在深圳市腾讯计算机系统有限公司、腾讯科技（深圳）有限公司商业贿赂不正当竞争纠纷案（以下简称微信诉多闪案）[①]中，法院直接认可微信平台的竞争优势的观点是值得商榷的，因为竞争者之间的正当竞争，恰恰是以相互削弱竞争优势的结果体现出来，这也是《反不正当竞争法》想要努力保护的目标。微信收集用户数据所付出的成本是否在微信商业模式下已经得到了回报，"投入"是否作为保护竞争优势一成不变的论据也需要进一步论述。法院如果只依据网络开放平台收集和维护数据的先期投入而阻止其他可能成为潜在竞争者的第三方平台获取数据，实质上保护了商业模式和先发优势，而这些竞争要素《反不正当竞争法》无意保护。[②]

（三）直播权益

在盗播央视节目信号不正当竞争纠纷案[③]中，一审法院经审理认为，山东联通公司、海看网络公司在发展互联网电视业务的过程中，未经过广电网络公司许可，擅自使用广电网络公司在山东省内获得独占使用的电视信号，其行为减少了运营成本，提高了自身竞争优势，构成不正当竞争。

（四）可诉性利益

在乐网软件屏蔽视频广告不正当竞争案中，法院认为，优酷公司向用户提供免费视频的同时在视频片头播放一定时间的广告，据此收取的广告费用是其经营收入的重要来源。优酷公司采取的这种商业模式并不违反《反不正当竞争法》的原则精神和禁止性规定。在该种商业模式下，广告与视频节目的结合使网站经营者、互联网用户与广告主之间各取所需，形成有序的利益分配和循环。优酷公司据此获得的商业利益应当受到法律的保护，属于具有可诉性的利益。

但在"U号租"账号租赁不正当竞争案中，法院认为，猎宝公司通过被诉行为直接获利。根据涉案公证书和猎宝公司的自认，猎宝公司通过向卖家收取

---

① 天津滨海新区法院民事裁定书，(2019)津0116民初2091号。

② 参见王燃：《论网络开放平台数据利益分配规则》，载《电子知识产权》2020年第8期。

③ 一审山东省济南市中级人民法院民事判决书，(2016)鲁01民初1011号；二审山东省高级人民法院民事判决书，(2018)鲁民终937号。

2% 的提现手续费及向买家收取 1% 的手续费获利，前述方式直接给猎宝公司带来经济收益，同时猎宝公司还通过错误赔付、商户认证、推广好评、奖励金等方式为卖家提高曝光度及排序，给予买家奖励金以抵扣租金，以此来吸引用户流量，获得流量收益。

此认定实际上是持直接利益式。案涉收取的 2% 的提现手续费及向买家收取 1% 的手续费，仅是收益的一种方式，而不能就此认定为获利，如果要认定获利，其利润应当有证据佐证。

（五）正当商业模式

在“360 扣扣保镖”软件商业诋毁纠纷案中，最高人民法院在再审中就“360 扣扣保镖”屏蔽 QQ 软件广告问题并没有认定现有法律所保护的权益受到损害，而是通过另行创设的“正当商业模式”受到侵害认定行为的不当。这一思路在接下来的“极路由”路由器不正当竞争纠纷案、百度插标案[①]中都得到了沿用，并被百度插标案的[②]二审法院发展为“非公益必要不干扰原则”。

有研究者梳理 2013 ~ 2020 年屏蔽视频广告不正当竞争案件 52 份判决书[③]，得出两种观点，法院在 50 个案件中支持原告诉求，即认为被告屏蔽广告的行为不当增加自身竞争优势，侵害了原告合法的商业模式，构成不正当竞争。只有 2 件原告一审败诉的案件，即 720 浏览器不正当竞争纠纷案和腾讯公司诉世界星辉公司不正当竞争纠纷案。究其原因如下：（1）主要原因。分析逻辑与分析工具不同。认为过滤广告行为构成不正当竞争的思维流程表现为在认可互联网视频业“免费 + 广告”商业模式成为行业通行做法之基础上，判定屏蔽视频的行为导致原告经营者利益受损，有违商业道德和诚信原则，因此纳入不正当竞争范畴。主张不构成不正当竞争的裁判案件，几乎无一例外使用了比例原则作为分析工具。例如，法院在腾讯公司诉世界星辉公司不正当竞争纠纷案中认为，“免费为主的商业模式并非互联网视频业主要、唯一的生存模式。使用屏

---

① 北京市高级人民法院民事判决书，（2013）高民终字第 2352 号。2013 年中国法院十大创新性知识产权案件之三。

② 参见孔祥俊：《论反不正当竞争的基本范式》，载《法学家》2018 年第 1 期。

③ 参见陈耿华：《我国竞争法竞争观的理论反思与制度调适——以屏蔽视频广告案为例》，载《现代法学》2020 年第 6 期。以屏蔽广告、过滤广告、拦截广告为关键词，在中国裁判文书网、北大法宝、威科先行等数据库进行单独、交叉组合检索，获得 52 份屏蔽广告不正当竞争案件判决书作为有效分析样本（截至 2020 年 4 月）。

蔽功能、过滤他人广告也仅波及原告网络视频服务的部分利益，并未对其造成根本性的损害”。(2)根本原因。受各异竞争观驱使。在多数过滤视频广告案件中，法官首先将视线投掷于有无损害，如有损害，通常会作出行为构成不正当竞争的评判。在这种静态裁判思路中，“损害”似乎与“不正当”画上等号。与之相对，经综合考量后，判定拦截他人广告行为不构成不正当竞争的案件基本植入了动态竞争观。采用静态竞争观、认定屏蔽视频广告行为构成不正当竞争的案件中，多数将商业模式视为某种既定的权益，并采用财产化、权利化保护进路，一旦出现侵扰原告商业模式及损害事实，则对行为作出负面评价。此种规制路径更接近于侵权行为法的权益保护模式，与《反不正当竞争法》作为行为规制法所秉承的行为正当主义相背离。[①] 故认为，反不正当竞争案件应当保持《反不正当竞争法》的社会法属性进行动态考量，在一些数据不正当竞争案件的审理中，逐渐有法院跳出保护商业模式的思维樊篱，回归《反不正当竞争法》作为社会法的法律定位，从全局视角对涉案利益进行理性判断与权衡。如在大众点评诉百度地图案中，法院认为，汉涛公司汇合用户点评信息所取得的竞争利益并不构成“绝对权利”，无法获得如法定财产权般的保护强度。作为社会法的《反不正当竞争法》，应保护包括消费者利益在内的社会整体利益，这决定了其无法局限于特定经营者竞争成果之保障，而应关注更广阔范围的公共利益之提升。就长远角度而言，促进更大范围的技术变革与商业模式创新，才能从根本意义上优化社会整体利益，实现《反不正当竞争法》的立法意旨。

（六）准财产保护主义

《反不正当竞争法》实施的早期，因审判经验的不足和对《反不正当竞争法》理解的偏差，我国有不少法院将销售额、市场利润、商业机会、商业模式等一般竞争利益视为企业的准财产，而形成了一种“财产性保护主义”倾向。相关案件审理中，法院往往在确认原告竞争优势可保护性的基础上，基于被告的主观状态及原告利益受损就将涉案行为认定为不正当竞争。这种经营者利益至上的单向判断思维，很大程度上就是将经营者的“合法权益”在事实上“权利化”，

① 参见陈耿华：《我国竞争法竞争观的理论反思与制度调适——以屏蔽视频广告案为例》，载《现代法学》2020年第6期。

给予其相当于专有权的保护。[①]

不同于传统侵权法益模式下法院强调经营者的权益保护，为了避免对市场进行过度干预，以软件干扰为例，法院判断软件干扰行为是否正当的审判理念转为通过行为效果进行判断。[②] 例如，在爱奇艺公司诉搜狗信息公司等搜索推荐词案[③]中，二审法院认为，市场竞争的主要表现为对交易机会的争夺，经营者对于某一交易机会的丧失是竞争的必然结果，利益受损并不意味着其当然应获得法律救济，只有被控行为违反了商业道德，该行为才具有可责性。

第五节　竞争关系司法裁判若干问题

一、司法裁判新变化

（一）公平竞争转向自由竞争

互联网不正当竞争纠纷案件的裁判逐步认识到竞争自由是首要的目标取向，法院倾向于回归竞争法维护公平竞争、促进自由竞争的市场秩序的立法目的。[④] 例如，在大众点评诉百度地图案中，一审、二审判决都未否认信息抓取的自由，只是认为抓取和适用过度、达到实质性的替代程度构成不正当竞争。而在之后的搜狗“搜索候选”不正当竞争纠纷案中，二审法院认为，创新一定会有碰撞，有竞争就会有损害。由此可见，法院的裁判理念向更关注的自由竞争转变。

（二）单视角评价向多角度评价转变

传统侵权法益保护模式对于行为正当性的评价大多是从单视角评价，法院将商业模式作为受保护的法益，在商业模式被侵害的情况下认定构成不正当竞争。目前竞争行为的正当性判断，向着多角度评价竞争效果转变。[⑤] 比如，在淘宝公司和载和公司等不正当竞争纠纷案、大众点评诉百度地图案和搜狗“搜索

① 参见张占江：《反不正当竞争法属性的新定位　一个结构性视角》，载《中外法学》2020 年第 1 期。

② 参见钱光文、范静波、邵望蕴：《软件干扰类案件的裁判模式重构》，载《人民司法》2021 年第 22 期。

③ 北京知识产权法院民事判决书，(2021)京 73 民终 3276 号。

④ 参见钱光文、范静波、邵望蕴：《软件干扰类案件的裁判模式重构》，载《人民司法》2021 年第 22 期。

⑤ 参见钱光文、范静波、邵望蕴：《软件干扰类案件的裁判模式重构》，载《人民司法》2021 年第 22 期。

候选”不正当竞争纠纷案中,法院从 3 个方面判断是否违反商业道德:一是行为是否具有正面的效果;二是行为妨碍的程度;三是综合考虑各方当事人及消费者利益,以及被控行为对市场竞争秩序所产生的影响。同样,在腾讯公司诉世界星辉公司不正当竞争纠纷案中,法院从 5 个方面判断是否违反商业道德:行业惯例、行业公认、商业模式本身不受法律保护、是否对原告根本利益的损害、是否系效能竞争和社会公共利益。

搜狗“搜索候选”不正当竞争纠纷案中,一审法院认为:(1)“搜索候选”功能不会让消费者产生混淆;(2)“搜索候选”功能有适当的设置途径;(3)“搜索候选”功能的效果并非直接跳转进行视频播放,亦未对爱奇艺公司网站内容进行修改;(4)“搜索候选”功能未超出适当的适用范围;(5)“搜索候选”功能并非专门针对影视剧相关内容而设置;(6)“搜索候选”功能的结果不存在针对爱奇艺公司的歧视性待遇。可以说,搜狗公司在搜狗输入法中设置“搜索候选”功能不具有不当性。另外,“搜索候选”功能不足以减损爱奇艺公司的竞争利益,同时功能的使用过程未排除消费者的选择权利。据此,一审法院依照《反不正当竞争法》(2017 年修订)第 2 条、第 12 条,驳回爱奇艺公司的诉讼请求。爱奇艺公司不服判决结果并提起上诉,二审法院称,践行《反不正当竞争法》的立法精神,不仅需要司法制止扰乱市场秩序的不正当竞争行为,也需要某种程度上的司法克制,赋予市场自由竞争的空间。这种自由竞争的空间,不仅为搜狗公司所需,也为爱奇艺公司及所有的市场竞争者所需。因此,二审驳回上诉,维持原判。

二、司法裁决存在的问题

(一)裁判的不当性

要使市场在资源配置中起决定性作用,自由竞争是原则,通过《反不正当竞争法》进行干预是例外。但在复杂技术叠加层出不穷的新商业模式背景下,对不正当竞争认定条件把握的不准确和不严格,[①]导致不正当竞争行为认定过于宽泛,客观上保护了特定竞争者而损害了竞争本身。[②] 不正当竞争边界的模糊、

① 参见孔祥俊:《反不正当竞争法新原理(总论)》,法律出版社 2019 年版,第 287 页。

② 参见张占江:《不正当竞争行为认定范式的嬗变 从“保护竞争者”到“保护竞争”》,载《中外法学》2019 年第 1 期。

错位,使司法实践中许多裁判结果饱受社会争议。例如,与先进司法辖区对屏蔽广告行为的宽松态度不同,我国绝大多数相关案件都将屏蔽行为认定为不正当竞争。又如,在数据爬取案中,只要法院确认了原告商业机会或经济利益受到损失,被告的行为均被认定为不正当竞争。再如,斗鱼著作权侵权及不正当竞争案①等主播挖角类案件中,有法院将主播跳槽所导致的流量损失简单等同于竞争优势受损,从而认定挖角行为构成不正当竞争。针对相关裁判的批评,集中在3个方面。② 其一,在商业合理性上,禁止屏蔽行为将不利于新的商业模式的发展,也不利于改进"免费服务+广告"这一商业模式;数据流动、信息透明是整个数字产业发展的根本,禁止数据爬取,不利于数字产业的发展;禁止平台间主播挖角,不利于生成优质和多元化的直播内容。其二,在不正当竞争认定标准上,这些受到质疑的案件往往都是基于原告的竞争优势受损,就认定被告的行为构成不正当竞争。这无异于建立了一种"造成损害即不正当"的认定逻辑,降低了不正当竞争认定的门槛;或者,无法摆脱"有付出就要有收获"的道德直觉判断,将不特定的竞争利益固化为财产权利加以保护。其三,在基本权利层面,将企业行为界定为不正当竞争行为加以禁止,可能会危及其营业自由;禁止屏蔽行为还可能侵害消费者选择是否接受冗长广告滋扰的决策自由;禁止挖角则可能侵害到主播的劳动权。

(二)司法干预过多

市场调节具有优先性。在市场经济条件下,市场机制本身具有很强的自我

---

① 一审湖北省武汉东湖新技术开发区人民法院民事裁定书,(2016)鄂0192民初1897号;二审湖北省武汉市中级人民法院民事判决书,(2017)鄂01民终4950号。全国法院百篇优秀裁判文书、湖北法院2017年度十大典型知识产权案例之四。从主播跳槽行为对市场竞争秩序的影响来看,一方面,原平台完全可以通过规范和优化相应的合同设计,完善内部管理体系,避免主播跳槽的违约收益高于成本,实现对此类行为的有效事前防范;另一方面,主播以及接收主播的平台亦会理性考量主播违约带来的商业风险和损失,而不会出现主播毫无节制地随意转换平台或被挖角的情况,从而对行业发展和竞争效率产生严重负面影响(助长投机心理)。在竞争者之间的冲突能够通过合同方式得到有效救济的情况下,或者说,在市场竞争机制并未受到明显扭曲的情况下,《反不正当竞争法》没有介入的空间和必要。所以,基于自身利益最大化而违约,并不等同于其行为存在《反不正当竞争法》意义上的不正当性。参见浙江省杭州市中级人民法院民事判决书,(2019)浙01民初1152号。浙江2020年度十大知识产权司法保护案件之四。

② 参见孔祥俊:《论反不正当竞争法的新定位》,载《中外法学》2017年第3期;孔祥俊:《〈民法总则〉新视域下的反不正当竞争法》,载《比较法研究》2018年第2期;蒋舸:《关于竞争行为正当性评判泛道德化之反思》,载《现代法学》2013年第6期;刘维:《论软件干扰行为的竞争法规制——基于裁判模式的观察》,载《法商研究》2018年第4期。

修复和调整能力;对不正当竞争的认定,限定在市场失灵的情形下。也就是说,公权力的介入限于弥补市场的不足,不能在市场的作用没有充分发挥情况下就轻易干预,不能破坏商业本身的运行逻辑。按照经济法学者的观点,《反不正当竞争法》的介入,属于市场调节失效后的"二次调整"①。

法官对于不正当竞争的认定,必须建立在对行为所发生领域的商业特征、竞争态势有充分了解的基础之上。法律争议的处理更应该让商业事实说话;当新兴产业竞争态势不够清晰时,竞争冲突应尽量交给市场、交给时间来解决。② 斗鱼侵害著作权及不正当竞争案二审裁判显然是在这一问题上出现了失误。法院认为,主播的流失将直接导致平台竞争力和市场占有率的下降,将网络直播行业的竞争等同于平台主播资源的竞争,严重偏离竞争实际,干预了一个市场自身可以解决的问题。③ 与斗鱼侵害著作权及不正当竞争案裁判类似的问题,也出现在广告屏蔽类案件中。屏蔽软件虽然对"免费内容服务 + 广告"商业模式形成了巨大的冲击,但平台企业绝非只能坐以待毙,而是可以选择研发反屏蔽技术、通过引入原生广告等方式改进广告的形式或通过大数据画像提供用户真正需要的广告等多种有效应对方案。④

德国法院在著名的"电视精灵案"中指出,"传媒企业也必须接受市场的挑战,而市场的生命力就在于商业活动的自由和创新……原告完全可以通过与广告经营者一起努力激发并维持观众对广告节目的兴趣,或者主动采取技术革新来解决广告屏蔽的问题。至于到目前为止是否存在这样的技术手段以帮助原告避免被告产品对其经营活动造成的生存威胁和影响与本案的法律问题认定无关"。⑤ 正是由于德国法院对屏蔽广告类案件的裁判,秉持了"市场的归市场"的理念,重点考量原告是否具有市场的和技术的应对能力,从而避免将技术创新引发的冲突动辄就认定为不正当竞争。⑥ 我国法院同类案件裁判的一个致

---

① 刘大洪、段宏磊:《谦抑性视野中经济法理论体系的重构》,载《法商研究》2014 年第 6 期。

② 参见孔祥俊:《论反不正当竞争的基本范式》,载《法学家》2018 年第 1 期。

③ 参见张占江:《论不正当竞争认定的界限》,载《政法论丛》2021 年第 2 期。

④ See Russell A. Miller, *Liberation, Not Extortion: The Fate of Internet Ad – Blocking in German and American Law*, Washington & Lee Public Legal Studies Research Paper Series No. 2017 – 15.

⑤ BGH, Urteil v. 24. 06. 2004, Az. I ZR 26/02.

⑥ 参见张飞虎:《〈德国反不正当竞争法〉视角下广告屏蔽软件的合法性问题》,载《电子知识产权》2018 年第 7 期。

命缺陷就在于，严重忽视了屏蔽广告业的竞争空间，轻易地得出"视频网站因为广告被屏蔽无法维系运营"的结论。①

《反不正当竞争法》保护的不是特定竞争者，而是竞争秩序。② 作为行为法，它旨在禁止与竞争秩序不一致的行为，实现更广泛的意思自治（竞争自由）。质言之，《反不正当竞争法》以个体意思自治为基础，又超越意思自治，只有存在外部性或涉及公共利益时才进行干预。③

在 2017 年《反不正当竞争法》修订过程中，其第 2 条第 2 款中的"扰乱社会经济秩序"被修改为"扰乱市场竞争秩序"，而且增加了侵害"消费者的合法权益的行为"。学者认为，这一修改凸显了《反不正当竞争法》的市场秩序或经济秩序的立场，反映了立法者从纯粹市场的角度看待不正当竞争的界定。④ 尤其重要的是，将"扰乱市场竞争秩序"置于其他经营者和消费者权益之前，意在强调行为只有构成对其他经营者竞争自由的"显著损害"，导致实施者不合理地获得竞争优势，才能落入其规制范围，从而厘清了与《合同法》等其他法律的界限。⑤

（三）裁判未考量现有技术水平

在"一起来捉妖"虚拟定位插件不正当竞争案中，在判定互联网领域竞争行为的不正当性时，应重点考察互联网产业背景下的商业伦理，对被诉技术或产品是否具有实质性非侵权用途、被告是否具有实施不正当竞争行为的主观故意、权利人在多大程度上可以通过反干扰等自力救济措施来消除被诉行为带来的影响等因素予以全面考虑，以激励互联网技术创新，促进互联网产业发展，维护互联网市场秩序。

市场中会出现什么样的商业模式、什么样的技术方案，只有通过竞争才能

---

① 参见北京知识产权法院民事判决书，（2018）京 73 民终 558 号；广州知识产权法院民事判决书，（2018）粤 73 民终 1022 号。进一步的分析，亦可参见张占江：《论反不正当竞争法的谦抑性》，载《法学》2019 年第 3 期。

② 正如《西班牙反不正当竞争法》序言明确揭示的那样："竞争机制是本法的直接保护对象。"参见［德］弗诺克·亨宁·博德维希主编：《全球反不正当竞争法指引》，黄武双、刘维、陈雅秋译，法律出版社 2015 年版，第 599 页。

③ 参见张占江：《论〈反不正当竞争法〉的谦抑性》，载《法学》2019 年第 3 期。

④ 参见丁晓东：《互联网反不正当竞争的法理思考与制度重构——以合同性与财产性权益保护为中心》，载《法学杂志》2021 年第 2 期。

⑤ 参见张占江：《不正当竞争行为认定范式的嬗变　从"保护竞争者"到"保护竞争"》，载《中外法学》2019 年第 1 期。

确定。我国法院普遍将广告屏蔽行为认定为不正当竞争，[①]最主要的问题就在于，法官在被屏蔽方只采取“免费视频加广告”或“收费”两种商业模式的前提下考察其所受到的损害，忽略了在两种模式之外的创新可能。事实上，国际屏蔽广告业的发展现状表明，被屏蔽方存在开发“广告屏蔽器的屏蔽器”、发展原生广告等多种技术上、营销上的应对方案。[②] 所以，我国法院的裁判思路无异于人为设定了竞争的结果，先天地有利于被屏蔽方。[③] 如“世界之窗浏览器”屏蔽不正当竞争纠纷案中，审理法院指出，该案之中的“免费 + 广告”并非互联网视频网站唯一或主要的生存模式。

三、司法裁判应考量的问题

（一）不正当竞争的排除

司法实务观点认为：如果网络企业“搭便车”式地利用了他人所掌握的网络资源开展竞争活动，在竞争行为的客观方式上只要同时具备以下条件的，则不应被判定为不正当竞争。其一，排除系通过非法手段获得他人网络资源的行为。网络资源的共享并不等于可以随意加以利用，如果是通过非法手段获得他人网络资源而加以利用的，该行为本身已具有不正当性。这里所谓通过非法手段获得他人网络资源的行为，是指以《反不正当竞争法》类型化条款或行业自律公约明文予以禁止的方式获得他人网络资源的行为。其二，排除系对他人网络资源破坏性利用的行为。网络资源的共享应该是共融共生的关系，如果系通过合理手段获取他人网络资源，但在利用过程中非必要地严重干扰原权利人对该网络资源正常使用，对原权利人使用其网络资源造成明显破坏性影响的，仍可以认定具有不正当性。其三，排除系简单复制他人网络资源，仅提供同质化网络服务的行为。网络资源共享的前提是鼓励创新发展，如果竞争行为人系通过

---

① See Russell A. Miller, *Liberation, Not Extortion: The Fate of Internet Ad-Blocking in German and American Law*, https://papers.ssrn.com/sol3/papers.cfm? abstract_id = 3019254, last visited on October 20, 2019.

② See Russell A. Miller, *Liberation, Not Extortion: The Fate of Internet Ad-Blocking in German and American Law*, https://papers.ssrn.com/sol3/papers.cfm? abstract_id = 3019254, last visited on October 20, 2019.

③ 参见张占江：《〈反不正当竞争法〉属性的新定位　一个结构性的视角》，载《中外法学》2020 年第 1 期。

合理手段获取他人网络资源，在利用过程中也未干扰原权利人对该网络资源的正常使用，但系简单利用他人网络资源提供同质化网络服务从中牟利，其间并未付出创新性劳动、提供创新性成果，不能给消费者带来全新体验的，仍可以认定具有不正当性。[①]

（二）坚持竞争秩序导向

竞争秩序是2017年修订的《反不正当竞争法》的首要保护对象。竞争秩序是由于"市场主体之间的竞争行为对市场产生影响而形成的一种状态"。[②] 在理解和适用2017年修订的《反不正当竞争法》中规定的"竞争秩序"要件时，应着重注意两个问题。一是竞争秩序的规则基础。2017年修订的《反不正当竞争法》确立了有关竞争秩序的三阶规则体系（竞争保护、经营者利益保护和消费者利益保护）。近年来，司法实践通过公平原则妥善审理了一些互联网新型不正当竞争纠纷；[③]亦已有案件从平等、公平原则延伸出对互联网产品不应区别对待的规则，用以评价互联网不正当竞争行为。[④] 随着2017年修订的《反不正当竞争法》的颁行，应该进一步明确不正当竞争行为评价的多元标准观，将商业道德置放于适用顺位的末端，抑制其不确定性对法安定性的削减，并发挥其必要的兜底性功能。[⑤] 二是竞争秩序的动态发展。竞争秩序并非一成不变，而是由已经定型的规则与尚在流变中的规则组成。[⑥] 如在首例游戏模拟器侵权案[⑦]中，

---

① 参见沙丽：《互联网不正当竞争案件裁判路径的构建——基于杭州互联网法院审判实践探索的启示》，载《网络信息法学研究》2021年第1期。

② 参见徐士英：《市场秩序规制与竞争法基本理论初探》，载《上海社会科学院学术季刊》1999年第4期。

③ 例如，百度诉奇虎篡改浏览器不正当竞争案的一审法院认为，"公平原则要求凡是参与市场竞争的经营者都应依照同一规则行事，反对任何采取非法的或不道德的手段获取竞争优势的行为以及利用自己的经济优势不正当地阻碍他人参与市场竞争的行为"。北京市东城区人民法院民事判决书，(2013)东民初字第08310号。

④ 参见搜狗诉奇虎阻碍浏览器不正当竞争案，北京市高级人民法院民事判决书，(2015)高民(知)终字第1071号。北京市法院2015年度知识产权十大创新性案例之一。视畅公司广告屏蔽案，一审上海市徐汇区人民法院民事判决书，(2014)徐民三(知)初字第852号；二审上海知识产权法院民事判决书，(2016)沪73民终68号。

⑤ 参见吴莉娟：《互联网新型不正当竞争行为的类型化研究——兼论〈反不正当竞争法〉类型化条款之完善》，载《竞争政策研究》2019年第6期。

⑥ 参见蒋舸：《关于竞争行为正当性评判泛道德化之反思》，载《现代法学》2013年第6期。

⑦ 一审杭州互联网法院民事判决书，(2019)浙0192民初8128号；二审杭州市中级人民法院民事判决书，(2020)浙01民终7422号。2020年中国十大最具研究价值知识产权裁判案例之五。

一审法院还对“搭便车”行为作出了更为深刻的评述，先是认可了“率土模拟器”确有存在“搭便车”之嫌疑，但并非所有“搭便车”行为都属于不正当竞争，其构成不正当竞争的关键在于该“搭便车”行为是否违反了诚实信用原则和公认的商业道德，是否扰乱了竞争秩序而具有不正当性，换言之，对于通过正当方式实施的“搭便车”行为理应得到一定的容忍。

可以说，该案一审判决对于“是否构成不正当竞争”的论据是围绕《反不正当竞争法》立法本意和目的所展开的，即《反不正当竞争法》的本质及目的是从根本上维护竞争自由，而不是为了限制与干预竞争自由。①

① 参见杨杰：《2020 年中国网络游戏行业侵权诉讼白皮书》，载知乎网 2021 年 3 月 10 日，https://zhuanlan.zhihu.com/p/356470115。

第三章　互联网商业道德

第一节　商业道德立法

一、相关规定

（一）《反不正当竞争法》修订

《民法典》第7条和第132条规定了诚实信用和禁止权利滥用原则，后者往往是前者的必然延伸和应有之义。我国1993年《反不正当竞争法》中明确规定了“公认的商业道德”，但是在2017年的法律修改中，旧法中“公认的商业道德”被修改为“商业道德”。这一修改引发了诸多争议，不少学者认为此处的修改是一处败笔。商业道德作为法律规范，是认定竞争行为正当性的重要标准，并为《反不正当竞争法》中的法律规范提供了商业伦理的必要补给。但是作为法律上判决依据的商业道德应当是“公认的”，必须以商业领域广泛认可和接受的伦理为标准，防止将其与一般的社会道德或个人道德混为一谈，导致不正当竞争行为范围的不当扩张。[①] 然而，就市场竞争秩序的时代性与国际性而言，这一变化其实有其合理之处，因为“公认的商业道德”有可能是落后的和反映既有利益代表的商业道德，删除“公认”的表述与增添“法律”的表述，这有利于《反不正当竞争法》专注于市场秩序，也有利于《反不正当竞争法》朝着更具时代性与国际性的方向演进。[②]

《反不正当竞争法》第2条是决定竞争行为合法与否的基本标准，即竞争行

① 参见宁立志：《〈反不正当竞争法〉修订的得与失》，载《法商研究》2018年第4期。

② 基于市场的规范与基于社会秩序的规范本来就有不同的理论基础。Lawrence Lessig, The New Chicago School, 27J. of Legal Studies 661(1998).

为是与非的根本判断标准，其核心是如何把握违反诚实信用原则和商业道德。司法实践中已进行了较多的操作性探索，不断对该抽象原则赋予具体内涵和适用标准，尤其是总结出区别于日常道德标准的商业伦理标准，用以判断竞争行为的正当性。①

《反不正当竞争法》第 2 条中的“商业道德”仍然是《反不正当竞争法》中原则性条款的重要组成部分。在司法实践中，法官衡量竞争行为是否具有正当性往往进行价值判断。在进行价值判断时，所依据的首先是法律规定，如若缺乏法律的明确规定，那么则要适用商业道德等标准进行判断。基于目前的立法状况，我国的《反不正当竞争法》尚未对商业道德进行明确的界定。

（二）知识产权法

2013 年修正的《商标法》率先引入诚实信用原则。2020 年修订的《专利法》第 20 条规定：“申请专利和行使专利权应当遵循诚实信用原则。不得滥用专利权损害公共利益或者他人合法权益。滥用专利权，排除或者限制竞争，构成垄断行为的，依照《中华人民共和国反垄断法》处理。”知识产权滥用的现象增多，诚实信用原则又成为遏制权利滥用的重要依据。例如，在“歌力思”商标权案②中，最高人民法院再审认为，诚实信用原则是一切市场活动参与者所应遵循的基本准则。诚实信用和商业道德是《反不正当竞争法》领域的基本原则和根本性判断标准，因而在该领域得到了更为充分的司法诠释。尤其是在适用一般条款认定不正当竞争行为时，诚实信用和商业道德得到了淋漓尽致的发挥。最高人民法院在裁判中还对于二者的关系加以澄清。

（三）《反法新司法解释》

《反法新司法解释》第 3 条规定，特定商业领域普遍遵循和认可的行为规范，人民法院可以认定为《反不正当竞争法》第 2 条规定的“商业道德”。人民法院应当结合案件具体情况，综合考虑行业规则或者商业惯例，经营者的主观状

---

① 如在“海带配额”不正当竞争案中，最高人民法院指出：“商业道德要按照特定商业领域中市场交易参与者即经济人的伦理标准来加以评判，它既不同于个人品德，也不能等同于一般的社会公德，所体现的是一种商业伦理。经济人追名逐利符合商业道德的基本要求，但不一定合于个人品德的高尚标准。”最高人民法院民事裁定书，(2009) 民申字第 1065 号。

② 最高人民法院民事判决书，(2014) 民提字第 24 号。2017 年最高人民法院发布第 16 批指导性案例之八十二。

态,交易相对人的选择意愿,对消费者权益、市场竞争秩序、社会公共利益的影响等因素,依法判断经营者是否违反商业道德。人民法院认定经营者是否违反商业道德时,可以参考行业主管部门、行业协会或者自律组织制定的从业规范、技术规范、自律公约等。《反法新司法解释》第3条对"商业道德"的界定更具开放性,为裁判者未来在新类型案件中发挥司法能动性预留了解释空间。最高人民法院民三庭负责人在《反不正当竞争法》司法解释答记者问中指出,设置该条款的目的之一在于调动行业协会等组织对尚未形成普遍遵守认同的商业道德积极给出指引,以引导新兴行业的诚信经营。[①]

在判断经营者的行为是否违反"商业道德"时,《反法新司法解释》第3条规定了法院在不正当竞争纠纷案件办理中"个案权衡,综合考量"的裁判思路。从《反法新司法解释》第3条对"商业道德"内涵元素的列举来看,展示出了"发现"和"创制"的双重权衡路径。具体而言,"综合考虑行业规则或者商业惯例"和"参考行业主管部门、行业协会或者自律组织制定的从业规范、自律公约、技术规范等"是在现有的行为规范中"发现"商业道德;考量"经营者主观状态、交易相对人选择意愿、对市场竞争秩序和消费者知情权、选择权的影响等"则是在"创制"商业道德。[②]

事实上,上述界定思路在不少典型案例中已有所体现。例如,在"360扣扣保镖"软件商业诋毁纠纷案中,一审法院援用工业和信息化部发布的《规范互联网信息服务市场秩序若干规定》和中国互联网协会发布的《互联网终端软件服务行业自律公约》认定被告违反诚实信用原则和公认的商业道德。此为"发现"商业道德的思路,这一思路在二审阶段被最高人民法院予以确认,最高人民法院在二审判决中明确指出在市场经营活动中,相关行业协会或自律组织为规范特定领域的竞争行为和维护竞争秩序,会结合行业特点和竞争需求,以自律公约等形式制定行业内的从业规范,这些行业性规范常常反映和体现了行业内的公认商业道德和行为标准,可以成为人民法院发现和认定行业惯常行为标准和公认商业道德的重要渊源之一。又如,在斗鱼著作权侵权及不正当竞争案中,

① 参见《最高法民三庭负责人就反不正当竞争法司法解释答记者问》,载中国法院网2022年3月17日,https://www.chinacourt.org/article/detail/2022/03/id/6580572.shtml。

② 参见孔祥俊:《知识产权强国建设下的反不正当竞争法适用完善——基于行政规章和司法解释征求意见稿的展开》,载《知识产权》2021年第10期。

由于平台擅自使用其他平台签约主播（以下简称涉案行为）不属于现行规定中明确予以规制的行为，二审法院在援引一般条款时，对涉案行为是否违反商业道德进行了论述，指出由于网络直播行业属于新兴市场领域，其中的各种商业规则整体上还处于探索当中，诸多竞争行为是否违反商业道德在市场共同体中并没有达成共识。但这并不意味着网络直播行业即可无秩序竞争，商业伦理标准仍有迹可循。从涉案行为对行业效率的影响，对竞争对手的损害程度，对竞争秩序、行业发展的影响和对消费者福利的影响等方面进行综合分析，可以发现涉案行为对竞争对手造成了实质性损害，并不利于行业效率的提升，且容易导致行业无序甚至无效竞争，最终损害消费者利益，因此涉案行为违反了商业道德，构成不正当竞争。二审法院的论述思路即为在现行规定无法"发现"商业道德的情况下，通过对涉案行为和行业发展情况等相关因素的综合分析"创制"了用以评判涉案行为正当性的商业道德。

（四）司法审理指南

如北京市高级人民法院发布的《关于涉及网络知识产权案件的审理指南》第 34 条规定，认定公认的商业道德可以参考：(1)信息网络行业的特定行业惯例；(2)行业协会或者自律组织根据行业特点、竞争需求所制定的从业规范或者自律公约；(3)信息网络行业内的技术规范；(4)对公认的商业道德进行认定时可以参考的其他内容。

《关于涉及网络知识产权案件的审理指南》第 34 条中对"公认的商业道德"的认定，可以考虑"特定行业惯例"、"自律公约"和"行业的技术规范"。由于竞争关系采取广义说，且在互联网市场当中，非相关市场中的经营者也可能通过改变消费者的消费决策形成竞争关系，有学者将商业道德定义为"在互联网市场中经营者只要通过不当途径攫取更多商业机会、争取更多商业交易对象从而谋取更多经济效益，皆可认定该行为违反了互联网领域公认的商业道德，进而认定该行为构成不正当竞争行为"。①

二、商业道德

2017 年修订的《反不正当竞争法》第 2 条第 2 款将原规定中的"公认的商

① 李生龙：《互联网领域公认商业道德研究》，载《法律适用》2015 年第 9 期。

业道德”修改为“商业道德”，使其在字面上既可以包括既存商业道德的情形，又可以包括法官认定（或者创制）的商业道德的情形。从实践的角度看，这一修订具有重要的实际意义。首先，在有公认的商业道德可资依据时，应当依据公认的商业道德判断竞争行为的正当性。其次，在新市场和新产业等缺乏公认商业道德的领域，法官需要根据法律精神、市场需求等（尤其是根据《反不正当竞争法》的价值取向），创制性地确定可资遵循的市场道德准则，再据此判断竞争行为的正当性。就前者而言，公认的商业道德可以发挥对市场行为的规制作用；对于后者而言，通过确定商业道德准则可以发挥对市场行为的塑造作用。综上，商业道德在立法上实现了由判断（依据既有的诚实商业惯例进行判断）到塑造（根据法官的意志进行标准创设，法官是标准创制者）的转变。在没有公认的商业道德标准时，法官应当进行创制活动，但创制不是恣意创设，尤其要充分考量《反不正当竞争法》的价值取向，使创设的商业道德标准契合市场机制的本质属性和要求。[①]

从目前的司法实践来看，删除“公认”和保留“公认”并无实际不同，多数案件的裁判仍然是认为“公认的商业道德”。例如，在刷机（重装手机系统）不正当竞争纠纷案[②]中，法院认为，两被告在一无生产硬件二无自行开发系统的情况下展开的经营活动，实质上属于一种“搭便车”式的蹭流量行为，以不正当的方式破坏、干扰了智能手机厂商的合法经营。根据2017年中国互联网协会发布的《移动智能终端应用软件分发服务自律公约》第18条规定，杭州登先科技公司提供的刷机服务行为具有不正当性，属于非法刷机，直接干扰了两原告的商业模式，实质性替代了两原告基于OPPO手机操作系统所带来的竞争优势和商业利益，扰乱了公平竞争市场秩序，该行为既违反了诚实信用原则，也违背了手机行业所公认的商业道德。

三、商业道德立法作用

（一）弥补立法不足

习近平法治思想中提出，建设中国特色社会主义法治体系，要坚持依法治

① 参见王艳芳：《商业道德在反不正当竞争法中的价值与标准二重构造》，载《知识产权》2020年第6期。

② 杭州铁路运输法院民事判决书，(2018)浙8601民初1079号。

国和以德治国相结合，既重视发挥法律的规范作用，又重视发挥道德的教化作用。①

道德是人类社会存在的基础。法律制度中需要包含道德因素，因为"法起源于或者说应该起源于民德，民德渐渐演化为法律。民俗和民德随着生活状况的改变而逐渐变化，但是，几乎没有可以通过有意识的行为而使它们发生根本性改变的余地，立法必须在原有的民德中寻找立足点……立法为了自强，必须与民德相一致"②。在现代各国的法律框架下，道德可以为法律提供"合法性"证明，也可以弥补成文立法的不足，因为道德的法律化使"正当""公平"既是道德规范，又是法律规范，它们是一定社会制度下社会、经济、道德与伦理观念的集合物，有利于中和多元化的利益关系，维系市场应有的道德底线，在成文规则发生冲突时，道德标准可以成为协调的超级规范。将道德原则引入《反不正当竞争法》的法律制度中，并且作为"正当"与"不正当"的评判标准，进而决定"合法"与"不合法"的评判标准，就是用法律的形式确立起竞争的道德要求。③

（二）适应互联网发展

着眼于当下的互联网环境，依靠新技术、新观念的发展，新兴的商业模式如雨后春笋般被急速地开发出来，这种技术及商业模式通常被部分互联网公司所掌握，并且有可能在短时间内引起其他互联网公司的争相模仿，此时虽然很难抽象整理出这个新型商业模式的公认的商业道德，但是放眼未来的经济形势，确有必要对此予以规制，因而常常退而求其次，置身于整体互联网领域的语境下去整理其商业道德的适用范围。④

《反不正当竞争法》第 2 条第 1 款规定："经营者在生产经营活动中，应当遵循自愿、平等、公平、诚信的原则，遵守法律和商业道德。"其中，"商业道德"一词含义广泛。如果结合该法第 5 条"……行业组织应当加强行业自律，引导、规范会员依法竞争，维护市场竞争秩序"的规定来看，第 2 条第 1 款的适用范围就可

---

① 参见习近平：《加快建设社会主义法治国家》，载《求是》2015 年第 1 期。

② ［英］罗杰. 科特威尔：《法律社会学导论》，潘大松等译，华夏出版社 1989 年版，第 22 页。

③ 参见孟雁北：《反不正当竞争法视野中的商业道德解读——以互联网行业不正当竞争行为的规制为例证》，载《中国工商管理研究》2012 年第 12 期。

④ 参见谢兰芳、黄细江：《互联网不正当竞争行为的认定理念》，载《知识产权》2018 年第 5 期。

以适当扩大,也即,遇到该法尚未明确规定的不正当竞争行为时,可以启动以下逻辑——是否违反了商业道德?违反了哪些商业道德?这些商业道德的建立和认可可否以行业组织的相关文件确定?如此一来,该法在不正当竞争行为的适用范围上就有了相当的弹性。但是,随之而来的是必须建立适当的司法适用制度,否则弹性也可能演化为“滥用”。①

当出现《反不正当竞争法》第2章列举范围之外的竞争行为时,商业道德作为判断正当性的标准开始发挥作用。商业道德成为衡量正当性的准则,有助于提高该法的周延性,使之能够稳定地应对经济生活的快速发展,防止新种类的不正当竞争行为成为漏网之鱼,确保了《反不正当竞争法》的生命力(见表5)。惯例、道德可反映出社会利益。在《反不正当竞争法》适用中,有观点认为行业惯例、商业道德具有较强的证明效力——违背惯例、道德的行为构成不正当竞争。②

表5 商业道德现行有效法律条文

序号	生效日期	文件名称	法条	内容
1	2021年9月1日	《数据安全法》	第8条	开展数据处理活动,应当遵守法律、法规,尊重社会公德和伦理,遵守商业道德和职业道德,诚实守信,履行数据安全保护义务,承担社会责任,不得危害国家安全、公共利益,不得损害个人、组织的合法权益
2	2021年1月1日	《民法典》	第86条	营利法人从事经营活动,应当遵守商业道德,维护交易安全,接受政府和社会的监督,承担社会责任
3	2020年1月1日	《优化营商环境条例》	第9条	市场主体应当遵守法律法规,恪守社会公德和商业道德,诚实守信、公平竞争,履行安全、质量、劳动者权益保护、消费者权益保护等方面的法定义务,在国际经贸活动中遵循国际通行规则

① 参见周杨、何泓宇:《我国〈反不正当竞争法〉对网络直播平台不正当竞争行为适用探究》,载《重庆邮电大学学报(社会科学版)》2018年第5期。

② 参见谭俊:《论互联网行业不正当竞争的新特征及其法律规制》,载《电子知识产权》2014年第10期。

续表

序号	生效日期	文件名称	法条	内容
4	2019年4月23日	《反不正当竞争法》(2019年修正)	第2条第1款	经营者在生产经营活动中,应当遵循自愿、平等、公平、诚信的原则,遵守法律和商业道德
5	2019年1月1日	《电子商务法》	第5条	电子商务经营者从事经营活动,应当遵循自愿、平等、公平、诚信的原则,遵守法律和商业道德,公平参与市场竞争,履行消费者权益保护、环境保护、知识产权保护、网络安全与个人信息保护等方面的义务,承担产品和服务质量责任,接受政府和社会的监督
6	2018年10月26日	《公司法》(2018年修正)	第5条第1款	公司从事经营活动,必须遵守法律、行政法规,遵守社会公德、商业道德,诚实守信,接受政府和社会公众的监督,承担社会责任
7	2018年7月1日	《农民专业合作社法》(2017年修订)	第8条	农民专业合作社从事生产经营活动,应当遵守法律,遵守社会公德、商业道德,诚实守信,不得从事与章程规定无关的活动
8	2017年6月1日	《网络安全法》	第9条	网络运营者开展经营和服务活动,必须遵守法律、行政法规,尊重社会公德,遵守商业道德,诚实信用,履行网络安全保护义务,接受政府和社会的监督,承担社会责任
9	2007年6月1日	《合伙企业法》(2006年修订)	第7条	合伙企业及其合伙人必须遵守法律、行政法规,遵守社会公德、商业道德,承担社会责任
10	2016年2月6日	《电信条例》(2016年修订)	第4条	电信监督管理遵循政企分开、破除垄断、鼓励竞争、促进发展和公开、公平、公正的原则。 电信业务经营者应当依法经营,遵守商业道德,接受依法实施的监督检查
11	2016年2月6日	《个体工商户条例》(2016年修订)	第5条第2款	个体工商户从事经营活动,应当遵守法律、法规,遵守社会公德、商业道德,诚实守信,接受政府及其有关部门依法实施的监督
12	2020年9月12日	《最高人民法院关于审理侵犯商业秘密民事案件适用法律若干问题的规定》	第8条	被诉侵权人以违反法律规定或者公认的商业道德的方式获取权利人的商业秘密的,人民法院应当认定属于《反不正当竞争法》第9条第1款所称的以其他不正当手段获取权利人的商业秘密

第二节　商业道德司法裁判

一、商业道德裁判现状

有研究者收集2014～2017年358份裁判文书发现，商业道德标准在传统不正当竞争案件以及新型不正当竞争案件中都有所运用。其中，约230件传统不正当竞争纠纷案件中，法官依据商业道德标准进行说理或者进行裁决，而在128件新型不正当竞争案件中，法官依据商业道德标准进行竞争行为正当性的判断。在相关的230件裁判文书中，约有20份关于借助互联网平台进行商业诋毁、虚假宣传等裁判文书，法官直接依据商业道德标准进行裁判，约占8.70%。在相关的128份裁判文书中，仅有约40份的裁判文书对适用商业道德标准进行裁判进行了相对详细的说理与阐述，约占31.25%。大部分裁判文书对于该标准的运用仍处于较为模糊的阶段。①

判断竞争关系正当与否，在司法实践中往往结合商业道德标准来认定。在判定互联网领域竞争行为的不正当性时，应从商业伦理出发，将商业道德放在互联网产业背景下予以考量。在“一起来捉妖”虚拟定位插件不正当竞争案中，法院指出，在判定互联网领域竞争行为的不正当性时，应重点考察互联网产业背景下的商业伦理。而“网络游戏行业公认的商业道德是禁止第三方为游戏玩家以作弊方式获取竞技优势提供便利、维护网络游戏规则公平性”。通路云微信群控系统案②的被告也以涉案群控系统违反诚实信用原则和公认的商业道德为由，被认定涉案群控系统竞争具有不正当性。

微梦创科公司与字节跳动公司不正当竞争纠纷案（以下称为字节诉微博

---

① 参见程钰：《反不正当竞争法中商业道德标准的司法适用研究》，安徽大学2019年硕士学位论文。如清华同方（鞍山）公司与同方环境公司不正当竞争案中，同方公司在其经营的网站首页中登载：“鞍山同方公司是从事大型环保设备生产经营的专业化公司，由清华同方环境有限公司控股”等虚假宣传内容，该行为属于利用互联网平台进行虚假宣传，但是一审法院独立适用诚实信用原则和公认的商业道德进行了判决。参见北京市海淀区人民法院民事判决书，（2014）海民（知）初字第26213号。

② 广东省深圳市中级人民法院民事判决书，（2019）粤03民初1912号。

案)①中,一审、二审法院均以“商业道德”为裁判依据,但得出截然相反的结果,两审法院的裁判理念反映出社会对于数据抓取行为的不同看法。一审法院依据 1993 年《反不正当竞争法》第 2 条的规定,认为微博人为设置网络信息正常流动的障碍,与互联网行业普遍遵循的开放、平等、公平、促进信息流动的原则相悖,与网络行业互联互通的基本价值不符,损害了竞争秩序。二审法院则依据 2019 年修正的《反不正当竞争法》第 2 条,认为微博这一行为并不当然违背互联网行业的商业道德,在不损害消费者利益、不损害公共利益、不损害竞争秩序的情况下,应当允许网站经营者通过 robots 协议对网络机器人予以限制,这是网站经营权的一种体现。二审法院经审理认定,涉案行为属于企业自主经营权范畴内的正当行为,不构成不正当竞争,撤销一审判决,依法驳回今日头条的全部诉讼请求。结合此案来看,二审法院区分搜索引擎应用场景与非搜索引擎应用场景的差异,认为今日头条通过爬取技术“对数据进行明显替代性或同质化利用”,并不能提升消费者体验,进而认为微博的限制行为不会损害消费者利益。

二、商业道德评判标准

在司法实践中,商业道德标准往往成为各种新类型竞争行为是否具有正当性的判断标准。市场主体违反商业道德的适用最早出现在最高人民法院审理的“海带配额”不正当竞争案②中,法院认为,应将诚实信用原则和公认的商业道德作为判断和思考市场主体之间的竞争行为是否合法的基本标准之一。

在司法实务中,通过对“海带配额”不正当竞争案③的审理,最高人民法院对以商业道德作为判断竞争行为正当性的做法进行了相应的解释。最高人民法院认为,对于《反不正当竞争法》第 2 章规定的范围之外的其他竞争行为进行判断时,应以商业道德与诚实信用原则作为所依据的标准。同时,最高人民法院提出,在竞争法视野中,所谓的商业道德应当是商业伦理在相关商业领域中的具体展现,应当以市场活动中参与者广泛认可的行为标准作为参考,简言之,要以理性“经济人”的视角进行衡量与判断。商业道德不能与我们通常所言的

---

① 一审北京知识产权法院民事判决书,(2017)京 73 民初 2020 号;二审北京市高级人民法院民事判决书,(2021)京民终 281 号。2021 年中国十大最具研究价值知识产权裁判案例之五。

② 最高人民法院民事裁定书,(2009)民申字第 1065 号。

③ 最高人民法院民事裁定书,(2009)民申字第 1065 号。

社会道德相等同。商业伦理基本内核是“不受扭曲的竞争”标准，它构成了不正当竞争认定的核心。这是市场竞争和市场机制的必然要求。只有从市场竞争或者市场机制的本质要求来理解和把握商业伦理，才可以确保竞争行为正当性判断的正确方向。正如最高人民法院在“海带配额”不正当竞争案裁定中所明确的：商业道德标准只能根据市场机制和市场竞争的属性来确定，是一种“在商言商”的标准，而不是在此之外的其他社会标准。缺乏经济内涵或者不能反映竞争本质要求的商业道德，是脱离市场竞争实际的。据此作出的判断丧失说服力，也不具有判断竞争行为正当性的固有规定性，最终将导致管制范围扩张。①

最高人民法院在司法政策中对正确把握商业道德的评判标准进行了总结，以特定商业领域普遍认同和接受的“经济人”伦理标准为尺度，避免将商业道德简单等同于个人道德或者社会公德，从实质来看，其更多体现和追求的是一种商业伦理。②

关于公认的商业道德的判断，在大众点评诉百度地图案二审民事判决中，法院主要从下述4个方面进行分析：(1)百度公司的行为是否具有积极的效果；(2)百度公司使用涉案信息是否超出了必要的限度；(3)超出必要限度使用信息的行为对市场秩序所产生的影响；(4)百度公司所采取的“垂直搜索”技术是否影响竞争行为正当性的判断。

而在腾讯公司诉世界星辉公司不正当竞争纠纷案中，北京知产法院认为，对于公认的商业道德的确认，最为直接的依据是相关的法律、法规或者规范性文件。2016年7月4日国家工商行政管理总局(已撤销)公布的《互联网广告管理暂行办法》第16条第1项规定：“互联网广告中不得有下列行为：(一)提供或者利用应用程序、硬件等对他人正当经营的广告采取拦截、过滤、覆盖、快进等限制措施。”互联网广告是指通过网站、网页、互联网应用程序等互联网媒介，以文字、图片、音频、视频或者其他形式，直接或者间接地推销商品或者服务的商业广告。北京知产法院认为这种禁止性规定足以说明主管机关已经将此类行为认定为违反公认商业道德的行为。但此种适用仍有斟酌的余地，因为《互

① 参见孔祥俊：《反不正当竞争法新原理(总论)》，法律出版社2019年版，第268页。

② 参见孔祥俊：《反不正当竞争法的创新性适用》，中国法制出版社2014年版，第68页。

联网广告管理暂行办法》仅是行政规章，不能创设权利义务，也不是法院裁判的依据。

三、商业道德的特征

区别于传统商业道德，互联网不正当竞争行为中的商业道德具有特殊性。首先，互联网不正当竞争行为中商业道德具有模糊性与概括性。其次，互联网不正当竞争行为中商业道德具有开放性与多元性。最后，互联网不正当竞争行为中的商业道德具有抽象性与前瞻性。①

在互联网领域，商业道德标准对于认定新型竞争行为的正当性仍然发挥着重要作用。但是，由于互联网创新和竞争发展迅速，公认的商业道德正在形成和发展当中。法院在以商业道德作为评价竞争行为正当性的标准时，不得不寻求更具客观性的表现形式。例如，在"360 扣扣保镖"软件商业诋毁纠纷案中，法院将互联网领域的行业规范、自律规范作为发现和认定行业惯常行为标准和公认商业道德的重要渊源。行业规范是行政管理的手段，自律规范则是业内经营者自我管理的手段，两者与公认的商业道德之间并非完全一致。因而，审理法院强调，需要"在判断其相关内容合法、公正和客观的基础上，才能将其作为认定互联网行业惯常行为标准和公认商业道德的参考依据"。又如，在大众点评诉百度地图案中，二审判决认为，商业道德是在市场长期经营的过程中产生的共识性行为规范，但在许多近年来新产生的行业中却并未形成此种类型的普遍行业共识。因此，在判断未经许可擅自使用他人数据信息的案件中，既要综合评价经营者利益、消费者利益和公众利益间的利益，又要结合互联网经济的基本特征，从而为判断行为的正当性划清界限。

四、商业道德的举证

根据《民诉证据规定》第 10 条关于"当事人无须举证证明"事项的规定，商业道德的"普遍遵循和认可"特质可归属于"众所周知的事实"，法院在审理相关案件时可直接进行司法认证。但当商业道德需通过拟制方式认定时，该商业

---

① 参见杜颖、魏婷：《互联网不正当竞争行为中的商业道德认定问题研究》，载《知识产权与市场竞争研究》2020 年第 1 期。

道德系法院综合行业规则或商业惯例以及前述商业主体主观方面、秩序影响、权益利益获得等诸多因素的考量,此时法院在审理相关案件时就无从考证本应属于"众所周知的事实"的商业道德,这也意味着根据"谁主张,谁举证"的原则,商业道德的举证责任落到原告身上。①

第三节　商业道德类型化

互联网不正当竞争行为中商业道德的认定方法一般有3种:第一种是借助诚实信用原则认定商业道德;第二种是以行业自律惯例认定商业道德;第三种是司法创设具体细则认定商业道德。② 但实际上随着法官理解的不同,以及案件类型的变化等,出现了不同类型化的商业道德。

一、诚实信用原则

(一)《巴黎公约》与诚实信用

《巴黎公约》将不正当竞争行为定义为"在工商业活动中违反诚实经营的竞争行为"。德国《反不正当竞争法》则将不正当竞争行为定义为"在经营活动中出于竞争目的而从事的有违善良风俗的行为"。③《巴黎公约》及德国对不正当竞争行为的定义都要求行为主体违背了"诚实经营原则"或"善良风俗"。反不正当竞争法的实施者可以通过公认的商业道德标准来判断竞争行为是正当的还是不正当的,进而决定竞争行为是合法还是不合法的。在市场竞争中,符合商业道德标准,意味着经营者实施市场竞争行为的出发点是善意的,竞争手段是诚实、公正、正当的,反之,则是不正当竞争行为,因此,遵守商业道德对于市场竞争者而言是其不可逃避的法定义务。

---

① 参见陈瑶:《反不正当竞争法视野下商业道德的司法认定标准》,载搜狐网2022年4月6日,https://www.sohu.com/a/535771262_221481。

② 参见杜颖、魏婷:《互联网不正当竞争行为中的商业道德认定问题研究》,载《知识产权与市场竞争研究》2020年第1期。

③ 孔祥俊:《论反不正当竞争法的现代化》,载《比较法研究》2017年第3期。

(二)诚实信用模糊性

在《反不正当竞争法》中,诚实信用原则主要体现为公认的商业道德。如在斗鱼公司与耀宇公司著作权权属、侵权纠纷案(以下称为“火猫 TV”诉“斗鱼”著作权侵权及不正当竞争案)[①]中,斗鱼公司未对涉案赛事的组织运营进行任何投入,也未取得视频转播权的许可,却免费坐享耀宇公司投入大量人力、物力、财力组织运营的赛事所产生的商业成果,为自己谋取商业利益和竞争优势,其实际上是一种“搭便车”行为,夺取了原本属于耀宇公司的观众数量,导致耀宇公司运营的网站流量严重分流,影响其广告收益能力,损害其商业机会和竞争优势,弱化其网络直播平台的增值力。因此,斗鱼公司的行为违反了《反不正当竞争法》中的诚实信用原则,违背了公认的商业道德,损害了耀宇公司合法权益,破坏了市场竞争秩序,具有明显的不正当性。又如,在汉涛公司诉爱帮科技公司不正当竞争案(以下称为大众点评网诉爱帮网不正当竞争纠纷案)[②]中,法院同样认为被告爱帮科技公司的涉案行为“属于反不正当竞争法理论中典型的‘不劳而获’和‘搭便车’的行为。爱帮科技公司的这一经营模式违反公平原则和诚实信用原则,违反公认的商业道德,构成不正当竞争”。

商业道德所体现的是一种商业伦理,是交易参与者共同和普遍认可的行为标准,应按照特定商业领域中市场交易参与者即“经济人”的伦理标准来加以评判。[③] 一方面,商业道德与诚实信用原则的关系及适用,在实践中是没有形成统一的观点或者做法,一些判决书依据诚实信用原则进行判断,而另一些则是依据商业道德与诚实信用原则进行裁决。对于二者之间的关系,也存在不同的声音。另一方面,法官在运用商业道德标准时过于含糊。法官在运用该标准进行裁决时,很多都未做到阐述清楚究竟是根据什么认定当事人行为违反了商业道德从而构成不正当竞争,更是较少有法官在运用该标准时进行了逻辑严密的论

① 上海知识产权法院民事判决书,(2015)沪知民终字第 641 号。上海法院 2016 年知识产权司法保护十大案件之一、上海浦东法院互联网不正当竞争典型案例之八(2021 年)、上海知识产权法院 2016 年度典型案例之十四。

② 一审北京市海淀区人民法院民事判决书,(2010)海民初字第 24463 号;二审北京市第一中级人民法院民事判决书,(2011)一中民终字第 7512 号。海淀法院 2015 年知识产权审判 20 年互联网十大典型案例之三、2014 年北京市第一中级人民法院涉互联网不正当竞争纠纷十大典型案例之六。

③ 最高人民法院办公厅下发的《最高人民法院知识产权案件年度报告(2010)》(法办〔2011〕81 号)。

证推理。虽然在新型不正当竞争案件中，法官的说理与论证相较于传统不正当竞争案件中的说理与论证部分更具有进步性，但是在商业道德的认定与适用方面仍然呈现一定的模糊性，难以真正做到严格的推理论证。[①] 此外，“诚实信用”概念本身就属于伦理学基本范畴，很难在法律上对这一概念进行界定，如若法官在对某一新型互联网不正当竞争案件进行审理时，完全只依照“诚实信用原则”，则会因法官的不同理解而产生裁判偏差；同时，每个人对“诚实信用原则”的理解并不一致，这就会使互联网企业无法对自己竞争行为的合法性产生预判。[②]

《反不正当竞争法》修订后，“互联网专条”逐步地分流了我国法院适用“诚实信用原则”审理新型互联网不正当竞争纠纷案件的压力，增强了企业对自己实施的互联网竞争行为正当与否的预判性[③]。

（三）法官裁量权

在“七色花”侵害商标权及不正当竞争纠纷案[④]中，最高人民法院指出，为打击竞争对手，先获得他人注册商标的独占许可，然后据此提起侵权诉讼并索取高额赔偿，且自身并未对注册商标进行过使用，这种做法违反了“诚实信用原则”和权利不得滥用原则，因此对赔偿请求不应支持。

在华润涂料与大象东亚制漆等不正当竞争纠纷案[⑤]中，最高人民法院指出，人民法院应当按照法定程序，全面、客观地审核证据，依照法律规定，运用逻辑推理和日常生活经验法则，对证据有无证明力和证明力大小进行判断，并公开判断的理由和结果。对于严重违反“诚实信用原则”的行为，即提交伪证、进行虚假陈述、扰乱司法秩序的行为，应当按照法定程序予以处罚。事实上，公认的商业道德的具体内容是由法律的实施者根据不断变化发展着的新情况，不同行

① 参见程钰：《反不正当竞争法中商业道德标准的司法适用研究》，安徽大学2019年硕士学位论文。

② 参见臧阿月：《竞争法视野下新型互联网不正当竞争行为的规制——兼论新〈反不正当竞争法〉“互联网专条”》，载《吉林工商学院学报》2018年第4期。

③ 参见田小军、朱萸：《新修订〈反不正当竞争法〉“互联网专条”评述》，载《电子知识产权》2018年第1期。

④ 一审福建省高级人民法院民事判决书，（2012）闽民初字第52号；二审最高人民法院民事判决书，（2014）民三终字第5号。

⑤ 最高人民法院民事判决书，（2014）民提字第196号。最高人民法院知识产权案件年度报告（2015年）典型案例。

业和经营模式的特点,凭借其智慧与经验来把握的,其本身具有一定的不确定性。正是这种不确定性,才保证了《反不正当竞争法》立法的周延性和实施的准确性。①

如以较早的大众点评网诉爱帮网不正当竞争纠纷案为例,一审法院在最终判定爱帮科技公司是否构成违反商业道德的行为时主要运用了诚信原则的判定思路。②

而在《此间的少年》著作权侵权及不正当竞争案③中,法院认为,原告作品元素在不受《著作权法》保护的情况下,在整体上仍可能受我国《反不正当竞争法》调整。在认定是否符合文化产业领域公认的商业道德,应考虑使用人的身份、使用的目的、原作的性质、出版发行对原作市场或价值的潜在影响等因素,一方面保障创作和评论的自由,促进文化传播;另一方面也应充分尊重原作者的正当权益。

二、行业/商业惯例

(一)行业/商业惯例裁判现状

单就商业惯例作为商业道德的检验标准的案例而言,当前正成为该领域案件审理的热点。越来越多的案例都将所谓"商业惯例""行业惯例""惯常做法"作为重要的,甚至是唯一的商业道德的检验标准。④ 例如,腾讯公司诉世界星辉公司不正当竞争纠纷案中就强调,"合乎商业道德的判断所依据的是商业活动中实际的或者客观的做法或者惯例。行业经营者在其所属领域内的实际做法,是判断商业惯例标准的依据;而该实际做法,决定了'诚实'方法的现实性"⑤。

① 参见孟雁北:《反不正当竞争法视野中的商业道德解读——以互联网行业不正当竞争行为的规制为例证》,载《中国工商管理研究》2012 年第 12 期。

② 类似案例如:百度公司与青岛奥商网络公司等不正当竞争案,山东省高级人民法院民事判决书,(2010)鲁民三终字第 5-2 号;大众点评诉百度地图案,上海市浦东新区人民法院民事判决书,(2015)浦民三(知)初字第 528 号;北京爱奇艺科技有限公司诉深圳聚网视科技有限公司不正当竞争纠纷案,上海知识产权法院民事判决书,(2015)沪知民终字第 728 号;北京搜狗信息服务有限公司、北京搜狗科技发展有限公司诉北京百度网讯科技有限公司、百度在线网络技术(北京)有限公司不正当竞争纠纷案,北京市高级人民法院民事判决书,(2017)京民终字第 5 号。

③ 广州市天河区人民法院民事判决书,(2016)粤 0106 民初 12068 号。

④ 参见蒋舸:《竞争行为正当性评价中的商业惯例因素》,载《法学评论》2019 年第 2 期。

⑤ 北京市朝阳区人民法院民事判决书,(2017)京 0105 民初 70786 号。

（二）商业惯例的认定

要正确适用商业惯例，首先要正确理解商业惯例的内涵。近年来，部分案件在通过商业惯例评价竞争行为正当性时出现偏差，首先就是因为对何为商业惯例产生了误认。例如，在腾讯公司诉世界星辉公司不正当竞争纠纷案中，法院将商业惯例简化为相关市场内的普遍实践，仅仅重视行为模式的客观广泛性而不关心其主观认同度。这种“将普遍拔高为规范”的做法将并非商业惯例的行为模式误认为是商业惯例，很可能会大大限制竞争自由。[①] 尽管我国法院近年来越发重视商业惯例，但很少仔细分析何为商业惯例。现有判决中关于商业惯例含义最结构化的分析出自百度软件助手不正当竞争案[②]中。北京市高级人民法院在该判决中指出：认定商业惯例时首先要考察是否存在行业协会或者自律组织的相关规范，其次要考察涉案行为是否属于市场参与者公认并普遍遵行的习惯做法，再次要结合互联网行业的一般实践、行为后果、交易双方的主观状态和交易相对人的自愿选择等综合考量，最后要回到《反不正当竞争法》的原则性规定和禁止性规定来具体判断。但是上述方法欠缺对行业协会或自律组织规范的形成机制与形成时间的关注，这有可能误导法官过于重视自律规范的成文形式而忽视作为其正当性基础的自发秩序属性。以百度诉奇虎违反 robots 协议不正当竞争案[③]为例，该案的核心问题是奇虎违背 robots 协议抓取百度内容网页的行为是否正当。法院以《互联网搜索引擎服务自律公约》为时间分界线得出结论，似乎意味着《互联网搜索引擎服务自律公约》签署之前的商业道德不支持违背 robots 协议抓取的行为，而签署之后的商业道德则容忍某些违背 robots 协议抓取的行为。至于商业道德是否真的会在短时间内发生如此巨大的改变，判决并无进一步阐述。[④] 商业惯例是从商业道德中衍生出的竞争行为评价工具。法院在认定商业惯例和被告违反商业惯例中，应当关注商业惯例的合理性。

（三）行业惯例的认定

商业伦理又与行业惯例密切相关。违反行业惯例经常被解读为违反商业

① BGH GRUR 06, 773, Rn 19 – Probeabonnement. Vgl. Ohly in Ohly/Sosnitza, UWG, 7. Aufl. 2016, § 3a Rn. 13.

② 北京市高级人民法院民事判决书，(2017)京民终 5 号。

③ 北京市第一中级人民法院民事判决书，(2013)一中民初字第 2668 号。

④ 参见蒋舸：《竞争行为正当性评价中的商业惯例因素》，载《法学评论》2019 年第 2 期。

道德。如奇虎诉百度违反 robots 协议案[①]中，法院认为，《互联网搜索引擎服务自律公约》要求限制搜索引擎抓取需符合行业公认合理的正当理由，可见使用 robots 协议限制抓取有相应的行业惯例，奇虎公司运营的 360 搜索引擎属于通用搜索引擎，而百度公司运营的百度搜索引擎在市场份额上占据绝对优势，在百度公司使用 robots 协议允许国内外主流搜索引擎抓取内容的情况下，针对性地对 360 搜索引擎采取阻断及阻断后的跳转行为，违反诚实信用和商业道德，构成不正当竞争。再如，在擅自链接"交易走势图"不正当竞争案[②]中，法院认为："在当今的互联网上，网站之间相互设置链接是普遍存在的一种经营方式，虽然目前对于网站之间相互设立链接问题尚没有具体的法律规范，但在 IT 界，普遍认同的观点是如果未经双方协商或得到许可，擅自对他人网站制作、发布的信息实施链接是违反行业规则，并被普遍反对的。"

部分法院的审理指南也明文规定了行业自律惯例在认定商业道德标准时的重要地位，如北京市高级人民法院出台的《关于涉及网络知识产权案件的审理指南》第 34 条明确规定，在定性商业道德时，可重点参考特定领域的行业惯例或自律规范。

在涉数据不正当竞争案件中，当事人以商业道德进行抗辩时，可以从行政部门和行业协会颁布的正式文件着手，去证明行业惯例的存在。行业惯例应当以该行业领域中的大多数所公认的或是业界普遍存在和适用的为依据，可以综合参考互联网行业技术规范及互联网公约，如 robots 协议、"开发者协议"等。上述文件的行业公信力较高，一般认为符合业内公认的商业道德标准。

(四)协议认定为行业惯例

在猎宝公司微信账号交易等不正当竞争案中，法院认为，被告猎宝公司所实施的行为，即分别为微信账号、微信辅助注册、微信辅助解封的交易行为提供信息发布场所和交易服务，对两原告构成不正当竞争。首先，被告猎宝公司所实施的行为，包括为微信账号、微信辅助注册、微信辅助解封的交易行为提供信息发布场所和交易服务，违反了微信账号不得转让或售卖以及注册、解封的相

① 一审北京市第一中级人民法院民事判决书，(2013)一中民初字第 13657 号；二审北京市高级人民法院民事判决书，(2017)京民终 487 号。类似的还有 720 浏览器不正当竞争纠纷案和"360 扣扣保镖"软件商业诋毁纠纷案。

② 北京市第二中级人民法院民事判决书，(2000)二中知初字第 122 号。

应规范。被告猎宝公司作为互联网行业的经营者,应当明知微信产品系他人开发运营,其从事与微信产品相关的业务,应当通过诚信经营、公平竞争来获得竞争优势。被告猎宝公司未经两原告的许可,未遵守微信产品运营方设立的规范,其利用两原告的微信产品进行商业运作,不应当违反诚实信用原则。同时,两原告提交的《微博服务使用协议》《百度用户协议》《网易邮箱账号服务条款》等相关文件,证明用户账号不得转让以及平台服务商采取相应的管理措施等是互联网行业的行业惯例,诚如被告猎宝公司作为猎宝七八网网站的经营者,也会通过利用平台网页以及客服服务等多种形式提示禁止私下交易等对网站进行规范管理。平台服务商在现行法律框架下设立相应的规范或协议对其运营的平台进行相应的管理,既是其承担的平台经营者的义务,也是对平台用户合法权益的保障,被告猎宝公司利用他人的微信产品进行商业模式的创新或是满足客户的需求,亦不应当违背互联网行业的行业惯例。其次,被告猎宝公司所实施的行为,违反了诚实信用原则及行业内公认的商业道德,扰乱了互联网行业市场竞争秩序。被告猎宝公司为微信账号、微信辅助注册、微信辅助解封的交易行为提供信息发布场所和交易服务,对互联网行业平台经营者通过合法经营和规范管理获得竞争优势的行业生态环境产生负面影响,引导消费者通过违反微信使用规范的方式获得微信账号或对微信账号注册、解封,扰乱了互联网行业市场竞争秩序。

在该案中,法院实际上更多的是将公示的协议作为行业惯例,并将同业经营者身份作为应当知道公示的协议的依据来认定侵权。

三、行业自律认定

互联网商业道德具有多元性。除了传统市场中公认的诚实信用原则,司法机关在案件审理的过程中也将互联网行业公认的商业道德即援引那些被高度认可甚至已经形成明文规定的行业自律惯例作为商业道德认定标准。如在“360 扣扣保镖”软件商业诋毁纠纷案中,法院直接把《互联网终端软件服务行业自律公约》作为互联网业界公认的商业道德,最高人民法院在该案判决中表示:“相关行业协会或者自律组织为规范特定领域的竞争行为和维护竞争秩序,有时会结合其他行业特点和竞争需求,在总结归纳其行业内竞争现象的基础上,以自律公约等形式制定行业内的从业规范,以约束行业内的企业行为或者为其提供行为指引。这些行业性规范通常反映和体现了行业内的公认商业道德和行为标准,可以成为人民法院发现和认定行业惯常行为标准和公认商业道德的重要渊源之一。”“对于《互联网终端软件服务行业自律公约》的援用并不是将其作为法律规范性文件意义上的依据,实质上只是作为认定行业惯常行为标准和公认商业道德的事实依据。”

法院在“360 扣扣保镖”软件商业诋毁纠纷案中采用了将行业规范认定为公认商业道德的方法,一是 2011 年 12 月 29 日工业和信息化部公布的《规范互联网信息服务市场秩序若干规定》;二是 2011 年 8 月中国互联网协会公布的《互联网终端软件服务行业自律公约》。法院认为,该自律公约由中国互联网协会部分会员提出草案,并得到包括该案当事人在内的互联网企业广泛签署,该事实在某种程度上说明了该自律公约确实具有正当性并为业内所公认,其相关内容也反映了互联网行业市场竞争的实际和正当竞争需求。

刷机(重装手机系统)不正当竞争纠纷案中,法院认为,2017 年中国互联网协会发布的《移动智能终端应用软件分发服务自律公约》适用于中国互联网协会会员单位,也提出了该自律公约是其他互联网信息服务提供者、相关组织和个人积极遵守的倡议。《移动智能终端应用软件分发服务自律公约》第 18 条规定,在下载、安装、升级、使用、卸载应用软件时,不得实施以下行为:通过非法刷机行为干扰或阻碍其他应用软件分发服务;通过非法刷机行为擅自使用其他应用软件分发服务的名称、图标、外观设计等,造成混淆,误导或欺骗用户;通过非法刷机行为修改移动智能终端操作系统;参与、支持、帮助有关主体进行非法刷机行为,谋取不当利益。上述规定针对的是通过非法刷机干扰、阻碍他人正当应用软件服务或修改手机操作系统的行为,即禁止非法刷机已成为手机行业所普遍认知和接受的行为标准和行业惯例。该公约是互联网从业人员在长期商业实践中所形成的公认的行为准则,符合互联网行业的竞争环境和特点。一方面与当前互联网技术发展和手机系统迭代更新的要求相一致,另一方面也在一定程度上预防技术的滥用,有利于维护公平有序的互联网竞争秩序。基于其合理性,法院对该公约反映的行业意愿和行业导向予以尊重。本案中,如前所述,登先公司提供的刷机服务行为具有不正当性,属于非法刷机,不仅违反了上述《移动智能终端应用软件分发服务自律公约》第 18 条所规定的商业伦理,更直接干扰了两原告的商业模式,实质性替代了两原告基于 OPPO 手机操作系统所带来的竞争优势和商业利益,扰乱了公平竞争市场秩序;既违反了诚实信用原则,也违背了手机行业所公认的商业道德。

但在字节诉微博案中,法院认为,随着搜索技术和网络应用的发展,网络机器人的适用场景不断扩展,从通用搜索引擎领域,扩展到非搜索引擎的其他各种场景。搜索引擎是给被搜网站带来流量和利益,而非搜索引擎的网络机器人往往不是给被搜网站带来流量,反而可能带走被搜网站的流量。由于非搜索引擎场景应用的网络机器人,已经不像搜索引擎那样当然地对公众利益,以及互联网的互联、互通、共享、开放的精神产生影响,因此在对这些网络机器人通过 robots 协议进行限制时,不宜当然地借用对搜索引擎进行限制的规则。也就是说,《互联网搜索引擎服务自律公约》仅可作为搜索引擎服务行业的商业道德,而不能成为互联网行业通行的商业道德。

四、日常经验法则

720 浏览器不正当竞争纠纷案①和腾讯公司诉世界星辉公司不正当竞争纠纷案等案件中,司法实践开始出现将经济学理论或日常经验法则引进诚实信用原则的具体化中,主要表现就是有的法院创新性地适用"破坏性创新理论",从而使屏蔽视频广告案件有了新的裁判走向。

如腾讯公司诉世界星辉公司不正当竞争纠纷案中,北京知识产权法院认为,"经营者的合法经营行为不受他人干涉,他人不得直接插手经营者的合法经

① 广州知识产权法院民事判决书,(2018)粤 73 民终 1022 号。该案二审改判,除引用"海带配额"不正当竞争案观点外,二审法院还认为:首先,《互联网广告管理暂行办法》第 16 条第 1 项、第 2 项规定:"互联网广告活动中不得有下列行为:(一)提供或者利用应用程序、硬件等对他人正当经营的广告采取拦截、过滤、覆盖、快进等限制措施;(二)利用网络通路、网络设备、应用程序等破坏正常广告数据传输,篡改或者遮挡他人正当经营的广告,擅自加载广告。"其次,《互联网终端软件服务行业自律公约》第 3 条约定,本公约所称互联网终端软件(以下简称终端软件),是指由互联网企业向上网用户提供并且可以下载、安装、运行在用户终端(包括移动终端)上,使用户能够访问互联网或者使用网络服务的各类应用软件,包括安全服务、浏览器、即时通讯、下载分享、图像处理、媒体播放、网络电视客户端、游戏娱乐等软件。第 19 条约定,除恶意广告外,不得针对特定信息服务提供商拦截、屏蔽其合法信息内容及页面。恶意广告包括频繁弹出的对用户造成干扰的广告类信息以及不提供关闭方式的漂浮广告、弹窗广告、视窗广告等。再次,根据快乐阳光公司二审提交的证据显示,IE 浏览器、QQ 浏览器、搜狗高速浏览器等国内主要浏览器均不存在直接拦截屏蔽涉案视频广告的功能,因此浏览器包含直接拦截视频广告的功能并非行业惯例。最后,由于被诉行为是唯思公司通过 720 浏览器设置的功能拦截屏蔽了快乐阳光公司的芒果 TV 网站视频中合法经营的广告,就法律性质而言,唯思公司干扰和影响的是快乐阳光公司对于其网站内合法经营的广告播放内容的处分权,属于对他人处分权的侵害行为。综合以上 4 个方面,根据关于互联网广告的部门规章、互联网的行业公约、互联网的行业惯例以及分析被诉行为的法律性质,唯思公司的被诉行为属于违反了互联网领域公认的商业道德的行为。

营行为”是最为基本且无须论证的商业道德。所有经营者不会对此持否定态度，因为如果该商业道德不被接受，则意味着每个经营者的经营行为可能时刻面临风险且无法得到保护。此外，北京知识产权法院还强调此种商业道德与是否符合用户需求无关。

又如，在“闪电租号”App 租售“王者荣耀”游戏账号案①中，法院认为，不得将游戏账号以任何方式提供给他人使用，系游戏行业公认的惯例。湖北两公司作为互联网行业的经营者，在明知游戏账号要求实名制的前提下，仍无视行业惯例，实施出租账号的行为，违反了诚实信用原则及商业道德。

五、损害等同侵权

百度公司与青岛奥商网络公司等不正当竞争案②中，法院认为，在市场竞争中存在商业联系的经营者，违反诚信原则和公认商业道德，不正当地妨碍了其他经营者正当经营，并损害其他经营者合法权益的，可以依照《反不正当竞争法》第 2 条的原则性规定，认定为不正当竞争。尽管在互联网上发布广告、进行商业活动与传统商业模式有较大差异，但是从事互联网业务的经营者仍应当通过诚信经营、公平竞争来获得竞争优势，不能未经他人许可，利用他人的服务行为或市场份额来进行商业运作并从中获利。联通青岛公司与奥商网络公司实施的行为，是利用了百度网站搜索引擎在我国互联网用户中被广泛使用的优势，利用技术手段，让使用联通青岛公司提供的互联网接入服务的网络用户，在登录百度网站进行关键词搜索时，在正常搜索结果显示前强行弹出奥商公司发布的与搜索的关键词及内容有紧密关系的广告页面。这种行为诱使本可能通过百度公司搜索结果检索相应信息的网络用户点击该广告页面，影响了百度公司向网络用户提供付费搜索服务与推广服务，属于利用百度公司提供的搜索服务来为自己牟利。该行为既没有征得百度公司同意，又违背了使用其互联网接

---

① 湖南省长沙市开福区人民法院民事判决书，(2021)湘 0105 民初 11329 号。2021 年中国法院 50 件典型知识产权案例、2021 年度国际保护知识产权协会(AIPPI)中国分会版权十大热点案件、2021 年度湖南法院知识产权司法保护 15 个典型案件、2021 年度长沙法院知识产权司法保护十大典型案件、2021 年度中国网络治理十大司法案件(中国传媒大学发布)。

② 一审山东省青岛市中级人民法院民事判决书，(2009)青民三初字第 110 号；二审山东省高级人民法院民事判决书，(2010)鲁民三终字第 5－2 号。2015 年最高人民法院第十批指导性案例之四十五。

入服务的用户的意志，容易导致上网用户误以为弹出的广告页面系百度公司所为，会使上网用户对百度公司提供服务的评价降低，对百度公司的商业信誉产生不利影响，损害了百度公司的合法权益，同时也违背了诚实信用和公认的商业道德，已构成不正当竞争。

该判决没有正面解释何为“公认的商业道德”，而是直接以此理由进行裁判，这种裁判方法属于早期网络不正当竞争案件的常用方式。

在完美与利婷滋补商行不正当竞争纠纷案[①]中，一审、二审法院均认为，销售刮码正品的行为破坏了权利人的产品经营体系，扰乱了正常的市场竞争秩序，使其他经营者和消费者的合法权益受到损害，构成不正当竞争。并依据《反不正当竞争法》第 2 条，判决利婷滋补商行停止不正当竞争侵权行为并全额支持了完美公司诉请的 20 万元经济损失及合理开支。该案与前案不同之处在于，前者是损害经营者利益，后者是损害经营者和消费者利益。

六、司法创设规则

当针对互联网行业某一具体的新兴技术或经营模式进行规制时，少数法院会结合个案特点与整体的行业商业道德，创设一些只适用于某类特殊案件的特别规则，影响比较广泛、争议较大的具体细则有“非公益必要不干扰原则”[②]、“协商通知规则”[③]、“最小特权规则”[④]与“一视同仁规则”等。[⑤] 淘友技术公司

---

① 一审深圳市福田区人民法院民事判决书，(2020)粤 0304 民初 14581 号；二审深圳市中级人民法院民事判决书，(2021)粤 03 民终 13900 号。

② 百度插标案，北京市高级人民法院民事判决书，(2013)高民终字第 2352 号。采用此原则的还有：“极路由”路由器不正当竞争纠纷案，北京市海淀区人民法院民事判决书，(2014)海民(知)初字第 21694 号。法院指出：“经营者可以通过技术革新和商业创新获取正当竞争优势，但非因公益必要，不得直接干预竞争对手的经营行为。”浏览器修改被访问网站服务内容不正当竞争案，北京市海淀区人民法院民事判决书，(2013)海民初字第 24365 号。法院指出：“经营者应当尊重其他经营者商业模式的完整性，除非存在公益等合法目的，经营者不得随意修改他人提供的产品或服务，从而影响他人为此应获得的正当商业利益。”

③ 百度诉奇虎违反 Robots 协议不正当竞争案，北京市第一中级人民法院民事判决书，(2013)一中民初字第 2668 号。

④ 百度插标案，最高人民法院民事裁定书，(2014)民申字第 873 号；搜狗诉奇虎篡改浏览器不正当竞争案，陕西省高级人民法院民事裁定书，(2015)陕民三终字第 00059 号。

⑤ 参见杜颖、魏婷：《互联网不正当竞争行为中的商业道德认定问题研究》，载《知识产权与市场竞争研究》2020 年第 1 期。

等与微梦公司不正当竞争纠纷案(以下称为微博诉脉脉案)[1]二审中所诞生的三重授权原则,在微信诉多闪案和"生意参谋"数据不正当竞争案判决中都被奉为圭臬。三重授权原则是指网络开放平台开发合作模式中数据提供方向第三方开放数据的前提是数据提供方取得用户同意,同时,第三方平台在使用用户信息时还应当明确告知用户其使用的目的、方式和范围,再次取得用户的同意。因此,在网络开放平台开发合作模式中,第三方通过网络开放平台获取用户信息时应坚持"用户授权 + 平台授权 + 用户授权"的三重授权原则。[2] 法院倾向于判定只要第三方平台从网络开放平台获取数据的方式不符合三重授权原则即为不正当竞争行为。微信诉多闪案中,法院更是判定三重授权原则已经成为一种行业规范,违反此原则即违反了商业道德。此种观点完全没有考虑到第三方平台获得网络开放平台许可的可行性,也忽视了三重授权原则的内部缺陷,[3]即数据的本质是一种言论,保护言论自由的目的是交流与共享,因此数据具有公共属性,对数据的抓取不需要个人或者平台的授权。[4] 如果仅仅因为平台有投入就给予平台数据之上的排他权益,相当于在《著作权法》所设定邻接权体系之外,创设了一种新型邻接权,来对抗作者对于作品的控制,这显然是不符合《反不正当竞争法》立法本意的。[5]

七、综合因素判定

《反法新司法解释》第 3 条的规定要求法院结合案件综合因素判定。如斗鱼著作权侵权及不正当竞争案中,法院认为:(1)对行业效率的影响。遵循商业道德标准,是维护和实现效率的需要。竞争者的竞争行为,应当是提升行业发展,而不是通过损害他人,扭曲竞争秩序来提升自己的竞争能力。网络直播行业中,特别是"炉石传说"等游戏直播,因是基于特定游戏平台进行,录制和传播

---

① 北京知识产权法院民事判决书,(2016)京 73 民终 588 号。

② 北京知识产权法院民事判决书,(2016)京 73 民终 588 号。

③ 参见王燃:《论网络开放平台数据利益分配规则》,载《电子知识产权》2020 年第 8 期。

④ See Bhargav Srinivasan, *hiQ Labs v. LinkedIn: Is Scraping Public Data Protected Speech*?, JOLT Digest (Sept. 6, 2020), http://jolt.law.harvard.edu/digest/Hiq-labs-v-linkedin-is-scraping-public-data-protected-speech.

⑤ 参见刘晓春:《数据抓取的边界在哪里——以公开的用户生成内容为例》,载《人民法院报》2020 年 3 月 19 日,第 7 版。

方式大同小异，平台的更换并不会带来实质的改变和提升，观众的用户体验和选择机会并不会增加。炫魔公司、脉淼公司也并未举证朱某更换至“全民 TV”平台将带来积极影响。在此种情形下，炫魔公司、脉淼公司虽攫取了鱼趣公司的竞争资源和劳动成果，但所提供的仍是同质化的服务，并未促进行业效率的提升。(2)对竞争对手的损害程度。传统行业中的挖角和跳槽行为，将通过影响企业产品和服务的品质而最终降低企业竞争力，导致客户流失。相比较而言，网络直播行业中，主播虽并非企业员工，但其流失的损害更为直接、更为致命，主播资源是企业的竞争资源，也是企业的竞争成果，主播的流失将直接导致观众的流失。本案中，涉案主播为鱼趣公司自行培养，鱼趣公司对该主播资源的获取付出了巨大的劳动。在该种情形下，炫魔公司、脉淼公司擅自使用主播的行为实质上是直接取代了鱼趣公司本应拥有的竞争优势，造成了实质性的损害。但如前所述，这种损害并未带来行业效率的提升，事实上，炫魔公司、脉淼公司也并非无法避免该种损害，若确有必要使用鱼趣公司的主播资源，完全可以在平等协商的基础上争取双赢的效果，其竞争行为的正当性存疑。(3)对竞争秩序及行业发展的影响。通过前期大量资金投入获取流量后，再实现流量变现是常见的互联网竞争模式。网络直播行业，这种资金的投入相当大的比例在于主播的发掘及培养。如本案中，朱某商业价值的迅速提升，尽管不能否认主播自身的努力，但在案证据显示，朱某成为知名主播与平台的发掘与精心培养实不可分。在正常的产业生态下，平台培养主播的方式为通过线上线下活动提升观众与主播及平台的黏性，竞争的着力点在于做大市场、活跃市场。而炫魔公司、脉淼公司直接使用他人培养并独家签约的知名主播资源的行为，若得到认可，将会改变产业生态和竞争秩序。如果不加节制地允许市场主体任意使用他人通过巨大投入所培养的主播，以及放任主播随意更换平台，竞争主体将着力于直接攫取主播资源及其所附带的观众和流量，而不再对优质主播资源的培养和产生进行投入；抑或哄抬主播身份，增加行业的负担和成本。而鉴于主播资源系直播平台的生存资源，被损害者要么成为“劣币驱逐良币”的牺牲品，要么不得不参与“挖角”与“被挖角”的恶性循环式竞争，最终导致无序及无效竞争，整个行业的发展放缓。而事实上，平台、主播、行业相辅相成，相互影响，当行业竞争秩序受到影响，最终平台、主播同样会受到损害。(4)对消费者福利的影响。有序的竞争方式将会使大量优质主播产生，从而带动优质内容的出现，丰富消费者选择。消费者福利的提升依赖于行业发展,而无序的竞争,则会损害行业的发展,减少消费者福利。如前所述,主播平台的更换并不会增加消费者的选择,反而是若主播的培养者和资源投入者的利益不能得到保护,无序竞争的放任,将可能导致投入的减少和行业发展的减缓,消费者的利益最终将受到损害。综上,炫魔公司、脉森公司的行为应被认定为违反该行业公认的商业道德。

第四节　商业道德判断方法

一、商业道德的判断

依据商业道德进行行为正当性判断主要依据如下步骤进行:首先,要根据商业活动的相关领域从业者的实际做法对其进行客观层面的评估。此时,商人在商事交易中的习惯法将对裁判者确定商业道德的外延起到积极的作用。其次,通过消费者利益和公众利益来确定商业道德的内涵。在具体的分析阶段需要对具体商业习惯可能造成的后果进行全面的分析,尤其是要考量对消费者以及公众利益的影响。不能一味地照搬或放任既定的侵害消费者或公共利益的行业内共识而不顾,否则将会失去判断行为正当与否的基础。最后,应吸纳业内业已形成的成熟稳定的行业惯例。行业与行业之间虽然会有隔阂,但也并非完全没有交集的。因此,在具体裁判某个行业内部行为是否正当的过程中,司法裁判者可以借鉴相关行业已然存在的优良传统,以作出最终的判断和裁定。①

"360 扣扣保镖"软件商业诋毁纠纷案和百度插标案②法院的审理思路基本分为两部分:一是 robots 协议能否成为公认商业道德依据之一;二是个案中如何判断 robots 协议作为公认商业道德的合理性。法院通过专家证人出庭作证方式来验证 robots 协议的行业惯例地位。一方专家证人述称其为专门从事搜

---

① 参见王艳芳:《商业道德在反不正当竞争法中的价值与标准二重构造》,载《知识产权》2020 年第 6 期。

② 最高人民法院民事裁定书,(2014)民申字第 873 号。

索引擎行业研究和实务的技术人员，其认为遵守 robots 协议是行业惯例，因全行业内都自觉遵守故之前较少出现纠纷。对方专家证人述称在互联网环境中限制访问主体的方式必然不利于互联互通，但其表示其并未从事过搜索引擎的相关研究和工作，不清楚国内外是否存在因为不遵守 robots 协议而产生的纠纷。法院根据专家陈述以及审查该 robots 协议认为，在我国国内互联网行业，大型网站基本都将 robots 协议当作一项行业基本准则。在被告推出搜索引擎伊始，其网站亦刊载了 robots 协议的内容和设置方法，说明包括被告在内的整个互联网行业对于 robots 协议都是认可和遵守的。被告奇虎公司在推出搜索引擎的伊始阶段没有遵守百度网站的 robots 协议，其行为明显不当，应当承担相应的不利后果。法院最终得出结论，认为 robots 协议在本案中应当作为公认的商业道德对待。①

二、商业道德的行业伦理

司法实践中常以“商业道德”为不正当性评判标准，但是，商业道德标准容易主观化，无法论证反驳，主要适用于有较为成熟的商业惯例的领域。而在新兴的网络产业领域，商业道德尚未形成，法官很难评判不正当性，每个法官对于商业道德的标准可能是不一样的，所以对于一些新兴领域的商业道德的判断，必须要结合市场竞争机制来判断，也就是说要看该行为是否破坏了相关商业领域的市场竞争机制，如果确实破坏了商业竞争机制，我们才可以做出该行为违反了商业道德的判断。②

如斗鱼著作权侵权及不正当竞争案中，就“炫魔公司、脉森公司的行为是否违反网络直播行业公认的商业道德”的争议焦点，二审法院认为，在规范市场竞争秩序的《反不正当竞争法》意义上，诚实信用原则更多的是以公认的商业道德的形式体现出来的。商业道德要按照特定商业领域中市场交易参与者即“经济人”的伦理标准来加以评判，它既不同于个人品德，也不等同于一般的社会公德，所体现的是一种商业伦理。一般而言，商业伦理是一种在长期商业实践中

① 参见徐清霜：《反不正当竞争领域公认商业道德的认定与验证》，载《法律适用》2019 年第 10 期。

② 参见吴莉娟：《互联网新型不正当竞争行为的类型化研究——兼论〈反不正当竞争法〉类型化条款之完善》，载《竞争政策研究》2019 年第 6 期。

所形成的公认的行为准则。网络直播行业属于新兴市场领域，其中的各种商业规则整体上还处于探索当中，诸多竞争行为是否违反商业道德在市场共同体中并没有达成共识。但这并不意味着网络直播行业即可无序竞争，商业伦理标准仍有迹可循。《反不正当竞争法》不是追求一般社会意义上的公平，而是效率基础上的公平，因此，商业伦理标准可以实际的行业背景下的商业惯常做法为依据，以市场效率为基础和目标，并符合行业的竞争环境及特点。法院认为，若竞争行为虽损害了其他竞争者利益，但符合商业实际，促进了商业模式的创新，提升了行业效率，增进了消费者福利，则应摒弃完全诉诸主观的道德判断，认可竞争的正当性；反之，若竞争行为既损害了其他竞争者利益，又无法促进市场效率，反而扰乱了公平竞争市场秩序，有损行业发展，则应归于可责性的不正当竞争行列。

明知而擅自使用他人培养并独家签约的知名主播资源的行为，虽然与传统行业中企业人才的挖角与跳槽有些类似，但又有本质不同。是否构成不正当竞争，必须考虑网络直播行业的竞争环境及特点，探求该行业公认的商业道德。在符合特定条件的情形下，可依《反不正当竞争法》追究相应责任。

三、商业道德与商业伦理

（一）一般道德标准

法院对不正当竞争案件的裁判，过度依赖“搭便车”“食人而肥”“不劳而获”“用他人的犁耕自己的地”这类道德判断，缺乏真正的商业伦理上的判断。[①] 例如，“车来了”抓取数据不正当竞争案[②]的法院认为，被告元光公司利用网络爬虫技术大量获取并且无偿使用原告谷米公司“酷米客”软件的实时公交信息数据的行为，实为一种“不劳而获”“食人而肥”的行为，具有非法占用他人无形财产权益，破坏他人市场竞争优势，并为自己谋取竞争优势的主观故意，违反了诚实信用原则，扰乱了竞争秩序，构成不正当竞争行为。

又如，在大众点评诉百度地图案中，一审、二审判决基于争议数据信息具有市场价值、原告为此付出劳动和成本以及被告的替代性使用超出了必要的限度而导致利益失衡、违反商业道德，并据此认定被告的行为构成不正当竞争。这

① 参见张占江：《论不正当竞争认定的界限》，载《政法论丛》2021年第2期。

② 参见深圳市中级人民法院民事判决书，(2017)粤03民初822号。

种裁判逻辑本质上仍然遵循的是“有付出就要有收获”、“额头流汗”和“不劳而获”这些世俗道德观念。如果考虑到互联网经济分享互通的本质特征，这样的认定结论就可能要受到质疑了。允许百度抓取已经公开的数据，更有利于信息的流动和分享。原告在本可以使用 robots 协议之类的技术措施禁止百度对其信息数据的抓取和使用，却并未采取这种做法，这应该是其趋利避害的市场决策结果，恰恰符合商业伦理。[①]

再如，在刷机（重装手机系统）不正当竞争纠纷案中，法院认为，市场竞争是动态的交易机会的争夺，天然具有“损人利己”或“创造性破坏”的属性，参与竞争的主体在增加自身的交易机会、增强自身竞争优势的同时，造成的后果是掠取、减少他人的市场份额、破坏竞争对手利益，甚至对他人利益造成损害。市场竞争中，经营者通常可以根据市场需要和消费者需求自由选择商业模式，这是市场经济的必然要求。破坏既有的竞争优势原则上属于竞争自由的范畴，但正当的市场竞争不应当是不劳而获。不正当地利用他人已经取得的市场成果为自己谋取商业机会、获取竞争优势的行为，属于不正当竞争行为。本案中，登先公司作为专门提供刷机和相关服务的公司，其商业模式具有寄生性，其吸引用户的主要方式之一是通过特定 OPPO 手机用户群体注意力引流，其用户数量、规模、市场占有率的发展和扩大是建立在手机厂商持续性、高成本投入而获得的用户资源的基础上的，一定程度上属于“搭便车”的行为。登先公司修改、删除、替换原操作系统中的应用软件，并在刷机包中内置其他应用软件的行为，切断了手机厂商和用户的联系，对两原告的商业模式造成不利影响，进而损害了两原告基于其合法商业模式带来的竞争优势和合法利益，并在此过程中实质性替代两原告谋取了不当利益。故登先公司的行为不正当地利用他人已经取得的市场成果，为自己谋取利益，攫取了原本属于两原告的商业机会，从而获取竞争优势和商业利益，不应当认定为符合市场秩序的竞争行为。

（二）商业伦理标准

我国的司法裁判并未彻底完成从一般道德标准向商业伦理标准的转向。一些法院仍然将商业道德与世俗道德不作区分，以世俗道德代替商业道德，或者说，对于效率之外的公平标准与效率取向的公平标准未有区分，自觉或者不

① 参见孔祥俊：《反不正当竞争法新原理（总论）》，法律出版社 2019 年版，第 270 页。

自觉地遵循诉诸效率之外的公平标准。[1] 在“海带配额”不正当竞争案中，一审判决更倾向于依据世俗道德观解读诚实信用原则，认定涉案行为构成不正当竞争行为。[2] 二审判决[3]及驳回再审申请裁定[4]倾向于商业伦理，更多强调竞争自由，因而未认定其构成不正当竞争。特别是，最高人民法院驳回再审申请裁定在区分世俗道德与商业伦理的基础上，将竞争行为正当性的判断明确地定位于商业伦理。该裁定无疑是确立商业伦理标准的司法分水岭。

值得庆幸的是，法院在虎牙不正当竞争案[5]中抓住了机会，为实现从一般道德标准到商业伦理标准的转向树立了风向标。法院明确指出，从一般的社会价值观衡量，虎牙公司在李某负有约定竞业限制义务且尚未解约的情况下即与之签约，未尽到合理审慎的注意义务，且可能助长此种不守诚信的行为。但从商业伦理角度看，这种主播之间的流动有益于人力资源合理配置，也有利于新的盈利模式建立，本身是有效率的。所以，拒绝将主播挖角认定为不正当竞争。[6]

---

① 参见张飞虎：《〈德国反不正当竞争法〉视角下广告屏蔽软件的合法性问题》，载《电子知识产权》2018 年第 7 期。

② 山东省青岛市中级人民法院民事判决书，(2007) 青民三初字第 136 号。

③ 山东省高级人民法院民事判决书，(2008) 鲁民三终字第 83 号。

④ 最高人民法院民事裁定书，(2009) 民申字第 1065 号。

⑤ 一审杭州市中级人民法院民事判决书，(2019) 浙 01 民初 1152 号；二审浙江省高级人民法院民事判决书，(2020) 浙民终 515 号。2020 年度浙江法院十大知识产权案件之四。

⑥ 参见张占江：《论不正当竞争认定的界限》，载《政法论丛》2021 年第 2 期。

>> 第四章　《反不正当竞争法》一般条款

第一节　一般条款之规制

一、一般条款修订意义

虽《反不正当竞争法》2017 年修订时“违反本法规定”的表述被原文保留了，但后文增加关于互联网不正当竞争的规定（第 12 条），反而限定了“违反本法规定”（第 2 条）的适用，实际上对其进行了限缩解释，为其限定了适用的管辖权“门槛”。但出于对之前行政执法部门滥用执法权的考虑，“违反本法规定”的表述也存在一定现实意义，正如王晓晔教授所说，“与 1993 年的‘违反本法规定相比’，新《反不正当竞争法》的规定有重大发展，涉及的范围更广”[①]。这就很好地解释了为何本次修法并未删除此规定。

《反不正当竞争法》第 2 条体现了对于一般条款既保持开放又适当限制的精神。例如，2017 年修订的《反不正当竞争法》第 2 条第 2 款“扰乱市场竞争秩序”放在了损害其他经营者和消费者的合法权益之前，显然突出了维护竞争秩序和公共利益的要求。这种利益衡量序位的变化，体现了对于按照一般条款开放式认定不正当竞争行为的限制性态度，即需要首先考虑对于竞争秩序的损害，而不是将损害私益放在首位。尤其是认定法律未列举的不正当竞争行为，恰恰有点“非公益不干扰（预）”的色彩，即非因扰乱市场竞争秩序，就不认定其构成不正当竞争行为。[②]

---

① 王晓烨：《反不正当竞争法修订中的几个热点问题》，载一点号“法律出版社”2017 年 11 月 17 日，http://www.yidianzixun.com/m/article/0HiZpiZA。

② 参见孔祥俊：《论新修订〈反不正当竞争法〉的时代精神》，载《东方法学》2018 年第 1 期。

二、《反法新司法解释》解读

(一)兜底保护

《反法新司法解释》第 1 条规定,经营者扰乱市场竞争秩序,损害其他经营者或者消费者合法权益,且属于违反《反不正当竞争法》第 2 章及专利法、商标法、著作权法等规定之外情形的,人民法院可以适用《反不正当竞争法》第 2 条予以认定。

此规定实际上是郑成思老师的“海水原则”,郑成思老师曾将专利、商标、著作权比作漂浮在海上的冰山,而将《反不正当竞争法》比作帮助冰山漂浮起来的海水,他认为二者实际上是一体的。认可《反不正当竞争法》是知识产权法律体系的一个有机制度组成部分,是对知识产权的兜底保护。最高人民法院民事审判第三庭负责人就《反法新司法解释》答记者问释明,“《解释》第一条规定……既厘清了一般条款与具体行为条款、知识产权专门法规定之间的适用关系,也明确了一般条款对《反不正当竞争法》及《商标法》等其他知识产权专门法的兜底适用地位”。但孔祥俊教授认为,《反不正当竞争法》对于知识产权的补充保护是其保护补充性法益的主要领域,对于专利、商标和著作权等专有权都有补充保护功能。例如,专利法保护经授权的专利技术,而《反不正当竞争法》则保护商业秘密;商标法主要是保护注册商标权利,《反不正当竞争法》则保护未注册商标;著作权法保护作品,《反不正当竞争法》则在一定条件下保护作品不能单独构成作品的特有标题名称等作品元素。[①] 尽管补充保护和兜底保护观点在理论上存在争议,但实务中的确没有因概念不同受到影响。

本次司法解释及就该司法解释的答记者问提供了明确指引,即《反不正当竞争法》第 2 条具有“兜底适用地位”。自此之后,案件适用《反不正当竞争法》第 2 条进行裁判时必然需要先确认是否侵害其他知识产权专门法规定的情形,这无疑对代理人专业要求更高。

(二)一般条款适用原则

《反法新司法解释》第 1 条明确了两个法律适用原则:第一,关于《反不正当竞争法》第 2 章(第 6 条至第 12 条)对具体的“不正当竞争行为”的规定与《反

---

① 参见孔祥俊:《论反不正当竞争法的二元法益保护谱系——基于新业态新模式新成果的观察》,载《政法论丛》2021 年第 2 期。

不正当竞争法》第2条的适用关系，即属于违反《反不正当竞争法》第2章规定之外情形的，人民法院依然可以适用《反不正当竞争法》第2条（一般条款）。第二，关于专利法、商标法、著作权法等知识产权专门法与《反不正当竞争法》第2条的适用关系，即违反专利法、商标法、著作权法等规定之外情形的，人民法院也可以适用《反不正当竞争法》第2条来认定被告的行为构成不正当竞争。当然，因为实际上《反不正当竞争法》第2章规定之外情形往往也就是专利法、商标法、著作权法等规定之外情形，因此，这个规定主要解决的也就是在既属于专利法、商标法、著作权法等规定之外情形也不属于《反不正当竞争法》第2章规定情形下，是否依然可以适用《反不正当竞争法》予以保护和救济的问题。①

目前适用《反不正当竞争法》第2条的要求：(1)经营者扰乱市场竞争秩序；(2)损害其他经营者或者消费者合法权益；(3)不属于违反《反不正当竞争法》第2章的情形（明确列举7种不正当竞争行为）；(4)不属于违反专利法、商标法、著作权法等规定的情形。实际上延续了“海带配额”不正当竞争案的观点，重申了《反不正当竞争法》保护公平市场竞争秩序以及经营者和消费者权益，只有不落入具体不正当竞争行为及其他法律不能保护情形才能适用该兜底条款。

三、一般条款司法裁判

（一）“互联网专条”出台前

谢晓尧对904件不正当竞争案件进行分析，发现援引一般条款的案件超过1/3。② 有研究者统计2002年至2017年中的161件互联网不正当竞争案件，其中广告过滤25件、深度链接16件、“搭便车”15件、流量劫持12件、竞价排名11件、视频聚合4件、插件屏蔽和不兼容提示或警告4件，均是适用《反不正当竞争法》第2条予以认定。③

从“360扣扣保镖”软件商业诋毁纠纷案开始，越来越多新型竞争类型出现在市场当中，互联网不正当竞争成为专家学者们研究的热点问题。在“互联网

---

① 参见张伟君：《简评最高法院对知识产权法与反不正当竞争法关系的新解释》，载360doc个人图书馆2022年3月25日，http://www.360doc.com/content/22/0325/12/79001134_1023242402.shtml。

② 参见谢晓尧：《在经验与制度之间：不正当竞争司法案例类型化研究》，法律出版社2010年版，第89页。

③ 参见董越佳：《互联网不正当竞争司法案例研究(2002－2018)》，西北大学2019年硕士学位论文。

专条”制定之前,除了能归入1993年《反不正当竞争法》规定的11种不正当竞争行为的之外,由于互联网经营多样的表现方式,新型不正当竞争行为在实践中只能以1993年《反不正当竞争法》第2条一般条款进行裁判,但在理论界对第2条本身适用的正当性就存在诸多争议。

最高人民法院在“海带配额”不正当竞争案再审中指出:“自由竞争和公平竞争是市场经济的两个基本法则,二者各有侧重,互为平衡。自由竞争将有效地优化市场资源配置、降低价格、提高质量和促进物质进步,从而使全社会受益。但是,自由竞争并非没有限度,过度的自由竞争不仅会造成竞争秩序混乱,还会损害社会公共利益。需要用公平竞争的规则来限制和校正自由竞争,引导经营者通过公平、适当、合法的竞争手段来争夺商业机会,而不得采用违法手段包括不正当竞争手段。因此,虽然人民法院可以适用《反不正当竞争法》的一般条款来维护市场公平竞争,但同时应当注意严格把握适用条件,以避免不适当干预而阻碍市场自由竞争。凡是法律已经通过特别规定作出穷尽性保护的行为方式,不宜再适用《反不正当竞争法》的一般规定予以管制。”

(二)“互联网专条”出台后

一般条款是认定法律未列举行为的开放性依据。它能够确保法律对于新发展和新需求的适应性,确保法律调整的灵活和及时。法律实施时间越长和社会经济情势变化越大,一般条款的适用空间越大。

适用一般条款处理此类案件的情形尤其普遍。如在“极致了”非法抓取微信数据案①中,法院认为,被告违反robots协议擅自抓取微信公众号的数据信息内容,违反诚实信用原则,最终依据《反不正当竞争法》第2条、第12条第2款第4项认定侵权成立。根据海淀区人民法院的调研,从2018年1月1日以来,“多数原告仍会将原则条款作为兜底与其他条款主张共同适用,故主张原则条款的案件占比近100%”。②

截至2018年年底,援引《反不正当竞争法》的互联网不正当竞争案件的司

① 上海市浦东新区人民法院民事判决书,(2017)沪0115民初88829号。

② 北京市海淀区人民法院课题组等:《涉网络不正当竞争纠纷的法律适用问题研究——以知识产权司法保护推动营商环境优化为视角》,载《中国应用法学》2020年第2期。

法文书有 2705 份，其中有 1651 份明确援引第 2 条，超过 60%。[①]

近年来的司法实践中明显存在对既有类型化规则的浪费。在明明存在类型化规则的情况下，法院常常运用一般条款处理问题。最常见的是对知识产权类型化条款的浪费，在体育赛事节目[②]、人物角色等作品元素[③]、游戏赛事直播音像视频[④]和深度链接[⑤]等既包含无形财产利用，也构成网络竞争的问题上，都存在对具体知识产权部门法规则进行狭义解释，而在《反不正当竞争法》一般条款下处理利益冲突的现象。尽量适用类型化规则，要求法院尊重但不局限于文义解释、历史解释和比较法经验，而且要更加重视目的解释，深刻理解类型化规则的制度价值。同样是体育赛事节目[⑥]、人物名称等作品要素[⑦]、游戏赛事直播音像视频[⑧]与深度链接[⑨]问题，另一些法院就是在知识产权法下处理的。这说明如果法院有意发掘，现有类型化条款能够提供很大的解释空间。假如既有类型化规则得到充分适用，一般条款根本无须承载如今的重负。上述针对知识产权类型化规则的分析也适用于其他部门法的类型化规则。[⑩] 类似的还有大量在

---

① 参见国瀚文：《中国新〈反不正当竞争法〉的司法适用——基于"互联网专条"的分析与实践》，载《商业研究》2019 年第 3 期。

② 央视国际网络有限公司与华夏城视网络电视股份有限公司著作权权属、侵权纠纷案，深圳市福田区人民法院民事判决书，(2015) 深福法知民初字第 174 号。

③ 明河社出版有限公司、完美世界（北京）软件有限公司与昆仑万维科技股份有限公司、北京火谷网络科技有限责任公司、昆仑乐享网络技术有限公司侵害作品改编权、不正当竞争纠纷案，北京市第一中级人民法院民事判决书，(2014) 一中民初字第 5146 号。

④ "火猫 TV"诉"斗鱼"著作权侵权及不正当竞争案，上海市浦东新区人民法院民事判决书，(2015) 浦民三（知）初字第 191 号；二审上海知识产权法院民事判决书，(2015) 沪知民终字第 641 号。

⑤ 北京易联伟达科技有限公司与深圳市腾讯计算机系统有限公司侵害作品信息网络传播权纠纷案，北京知识产权法院民事判决书，(2016) 京 73 民终 143 号。本案原告仅提起著作权侵权之诉，但法院在拒绝将深度链接认定为著作权侵权后，阐述了原告可能获得救济的其他途径，包括《反不正当竞争法》途径。

⑥ 北京新浪互联信息服务有限公司与北京天盈九州网络技术有限公司不正当竞争纠纷案，北京市朝阳区人民法院民事判决书，(2014) 朝民（知）初字第 40334 号。

⑦ 温瑞安与北京玩蟹科技有限公司侵害作品改编权纠纷案，北京市海淀区人民法院民事判决书，(2015) 海民（知）初字第 32202 号。

⑧ 广州网易计算机系统有限公司与广州华多网络科技有限公司著作权纠纷案，广州知识产权法院民事判决书，(2015) 粤知法著民初字第 16 号。

⑨ 北京易联伟达科技有限公司与深圳市腾讯计算机系统有限公司与侵害作品信息网络传播权纠纷案，北京市海淀区人民法院民事判决书，(2015) 海民（知）初字第 40920 号。

⑩ 参见蒋舸：《〈反不正当竞争法〉网络条款的反思与解释 以类型化原理为中心》，载《中外法学》2019 年第 1 期。

《反不正当竞争法》一般条款下处理的竞业禁止相关纠纷，从过去网络时代的“海带配额”不正当竞争案，到近年多发的如主播跳槽类的斗鱼著作权侵权及不正当竞争案，这些案件中劳动者的行动自由应当依据合同、劳动法、商业秘密保护等类型化规则来判断，而不是放在《反不正当竞争法》一般条款下处理。尽量运用既有的成熟类型化规则，是正确适用类型化思路最重要的表现。

(三)法律适用误区

在一般条款的适用上，除在商业道德界定上具有极大的自由裁量权外，法院在评价竞争行为正当性时还存在3大法律适用误区。[①] 第一，竞争行为评价的泛道德化，在我国的司法实践中，道德解读在竞争行为正当性的评价上发挥着重要作用。法院常常衡量竞争行为是否具有“搭便车”“不劳而获”“食人而肥”等精神，并以此评价是否违反诚实信用原则和商业道德[②]。这在数据不正当竞争案件中尤为常见。例如，在大众点评网诉爱帮网不正当竞争纠纷案、大众点评诉百度地图案、“生意参谋”数据不正当竞争案、“车来了”抓取数据不正当竞争等数据不正当竞争纠纷案件中均有所体现。第二，一般竞争利益的特定权利化。法院在评价行为正当性时，还凸显权利侵害式的侵权法思维，即先确定一种受法律保护的合法权益，例如，先论述特定商誉、商业模式、商业数据等受到法律的保护，再以权益损害论证行为的不正当性，对行为本身正当性认定的相关元素并无实质性考量[③]，例如“大众点评网”诉“爱帮网”不正当竞争纠纷案。第三，过度干预与适用上的不确定性。无论是商业道德的不确定性，还是竞争行为正当性评价误区，最终都会指向对市场的过度干预。一方面，以商业道德作为竞争行为正当性评价标准本就赋予法官极大的自由裁量权，加之一般条款抽象开放的评价标准在某种程度上契合了市场竞争者的诉讼需求，从而导致一般条款的过度适用，甚至滥用[④]。另一方面，囿于一般条款的抽象性与模糊性，必然会导致法律适用上的不确定性和不稳定性，并带来诸多问题。

---

① 参见邓社民、侯燕玲:《企业数据竞争法保护的现实困境及其出路》,载《科技与法律》2021年第5期。

② 一审江苏省常州市中级人民法院民事判决书,(2018)苏04民初51号;二审江苏省高级人民法院民事判决书,(2019)苏民终778号。2020年江苏法院知识产权司法保护十大典型案例之八。

③ 《反不正当竞争法》(2019年修正)第9条第4款。

④ 参见陈兵:《法治视阈下数字经济发展与规制系统创新》,载《上海大学学报(社会科学版)》2019年第4期。

四、一般条款与行政执法

与法院频繁适用一般条款的情况不同，行政监管部门不能依据该条款展开执法。行政机关的监管执法遵循的是“法无授权不可为”，而《反不正当竞争法》并未授权监管部门援引第2条的一般条款展开执法。该法第18条至第24条分别针对第2章的7种不正当竞争行为规定监管部门有权采取责令停止违法行为、没收违法商品或违法所得、罚款等措施，但未就违反第2条的情形加以规定，因此按现有规定监管部门没有依据第2条进行处罚的权力，同时该法第3章关于“对涉嫌不正当竞争行为的调查”的规定同样无法适用违反一般条款的情形。实践中，监管部门严格遵守了立法者设定的权限，例如广东省监管部门2020年共立案查处不正当竞争案件351宗，这些案件适用的全部都是《反不正当竞争法》第2章的规定，没有一宗案件是依据一般条款查处的。这是现有规定引致的结果。①

第二节　一般条款司法适用

一、“海带配额”案

最高人民法院在“海带配额”不正当竞争案中确定一般条款适用的3个基本条件：第一，被诉不正当竞争行为并非《反不正当竞争法》第12条中列举行为；第二，行为人的行为违反了诚实信用原则和商业道德；第三，行为人的行为损害了其他经营者的合法权益。第一项条件是形式性的；第二项、第三项条件是实质性的，前者为损害条件，后者为判断是非的标准。但是，即便是依据1993年《反不正当竞争法》，将损害对象仅界定为经营者也并不全面，至少忽略了对于市场竞争秩序的损害。而且，这种归纳更多是基于个案情况，未必是为了全面性的概括，有其局限性，但仍被此后的裁判奉为范本。当然，此后的裁判仍继

---

① 参见彭运朋、于海洋：《反不正当竞争法一般条款的监管执法权研究》，载《知识产权》2021年第11期。

续探索。

最高人民法院指导性案件之百度公司与青岛奥商网络公司等不正当竞争案中，明确了1993年《反不正当竞争法》中的一般条款作为原则性规定在互联网不正当竞争纠纷中的适用。在该案中，法院明确指出，对于从事互联网服务的经营者，在其他经营者网站的搜索结果页面强行弹出广告等行为，虽然在1993年《反不正当竞争法》中没有明确列举，但可以根据1993年《反不正当竞争法》第2条的原则性规定认定为不正当竞争。这有利于依法制止常见多发的网页上强行弹出广告等不正当竞争行为，有效惩治损人利己、违背诚信和商业公德的行为，保护经营者和消费者的合法权益，从而维护诚实守信、公平竞争的市场经营秩序。

最高人民法院的司法政策指出："《反不正当竞争法》未作特别规定予以禁止的行为，如果给其他经营者的合法权益造成损害，确属违反诚实信用原则和公认的商业道德而具有不正当性，不制止不足以维护公平竞争秩序的，可以适用原则规定予以规制。"①

对于百度抄袭、复制网站内容信息并进行自用的行为，并不在《反不正当竞争法》明确列举的不正当竞争行为之列，对这种行为的规制，仅能寻求《反不正当竞争法》中的一般条款予以救济。在猎豹与二三四五不正当竞争纠纷案中，上海知识产权法院援引了"海带配额"不正当竞争案所确立的适用一般条款的三要件。

二、互联网领域适用标准

北京知识产权法院在微博诉脉脉案②的二审判决中指出，基于互联网行业中技术形态和市场竞争模式与传统行业存在显著差别，为保障新技术和市场

---

① 《最高人民法院印发〈关于充分发挥知识产权审判职能作用推动社会主义文化大发展大繁荣和促进经济自主协调发展若干问题的意见〉的通知》(法发〔2011〕18号)第24条。"对于《反不正当竞争法》第二章未具体列举，也没有其他法律规范可以援引的市场交易行为，经过审理查证属实被告违反了自愿、平等、公平、诚实信用的原则和公认的商业道德，损害了原告的合法权益，且纠纷发生在平等主体的经营者之间的，人民法院可以依据该法第2条的规定认定为不正当竞争行为。"曹建明：《加大知识产权司法保护力度　依法规范市场竞争秩序——在全国法院知识产权审判工作座谈会上的讲话》，2004年11月11日。

② 北京知识产权法院民事判决书，(2016)京73民终588号。

竞争模式的发展空间，在互联网行业中适用《反不正当竞争法》第 2 条更应秉持谦抑的司法态度，将《反不正当竞争法》一般条款的适用条件在“海带配额”不正当竞争案确立的三要件外追加了 3 条：(1)该竞争行为所采用的技术手段确实损害了消费者的利益，例如，限制消费者的自主选择权、未保障消费者的知情权、损害消费者的隐私权等；(2)该竞争行为破坏了互联网环境中的公开、公平、公正的市场竞争秩序，从而引发恶性竞争或者具备这样的可能性；(3)对于互联网中利用新技术手段或新商业模式的竞争行为，应首先推定具有正当性，不正当性需要证据加以证明。同时，该判决也指出，本案暴露出互联网企业经营活动中对用户信息保护普遍存在缺陷这一更深层次的矛盾。该案归纳补充了对于消费者利益和市场竞争秩序的损害，并强调了推定竞争行为合法的有限干预和司法克制理念。在 1993 年《反不正当竞争法》施行时期有如此全面的认识实属难能可贵，当然这种认识是长期以来理论总结和实践探索的结果。

微博诉脉脉案裁判中法院明确了互联网行业中适用《反不正当竞争法》第 2 条的 6 个条件：(1)法律对该种竞争行为未作出特别规定；(2)其他经营者的合法权益确因该竞争行为受到实际损害；(3)该竞争行为因确属违反诚实信用原则和公认的商业道德而具有不正当性；(4)该竞争行为采取的技术手段损害了消费者利益；(5)该竞争行为破坏了互联网环境中的竞争秩序，从而具有引发恶性竞争的可能性；(6)对于互联网中利用新技术手段或新商业模式的竞争行为应首先推定其具有正当性。

在大众点评诉百度地图案二审民事判决书中，法院对《反不正当竞争法》一般条款的适用认为应当具备以下 3 条规则：一是法律对该种竞争行为未作出特别规定；二是其他经营者的合法权益确因该竞争行为而受到了实际损害；三是该种竞争行为因确属违反诚实信用原则和公认的商业道德而具有不正当性或者可责性。法院着重对汉涛公司(大众点评网的实体)的利益是否因百度公司的行为受到损害和百度公司的行为是否违反诚实信用原则和公认的商业道德进行了分析阐述。

首先，一般条款的适用思路已由“一元利益”转向“三元利益叠加”，不再以当事人之间具有竞争关系为前提条件。其次，一般条款的解释适用包含两个层次，第一个层次即初步审查，“遵守法律”原则取代传统的“商业道德标准”，成为认定竞争行为正当性的主要依据,如果竞争行为违反了市场规制法的明确规定,则可推断它具有不正当性。反之,则需进入第二个层次,即作进一步审查,逐一检视竞争行为对"市场竞争秩序"、"其他经营者利益"和"消费者利益"的实际影响,依此判断它是否构成《反不正当竞争法》所禁止的不正当竞争行为。①

三、一般条款适用方式

目前《反不正当竞争法》一般条款在司法实践中存在两种援引方式,或单独适用,或一般条款和分则条款并用。②

具体而言,只有在《反不正当竞争法》没有明确规定具体的不正当竞争行为类型时,才能单独适用一般条款。在微博诉脉脉案中,法院明确指出:为给新技术、新市场竞争模式预留足够的发展空间,《反不正当竞争法》第 2 条的适用尤其应当秉持谦抑的司法态度。"全民枪战"游戏地图侵权案③中,原告要求七被告停止违反《反不正当竞争法》第 2 条规定的平等、公平、诚实信用原则和公认的商业道德的手段攀附原告经营"穿越火线"网络游戏所形成的良好商誉和竞争优势而实施的不正当竞争行为。法院认为,《反不正当竞争法》旨在保护良好的市场竞争环境,对于认定在市场竞争环境中是否存在竞争者违反诚实信用原则和违背公认商业道德的市场竞争行为,既需要考虑所处行业的商业道德水准,也需要考虑是否已有其他的法律或《反不正当竞争法》规定的具体条款对不正当竞争行为予以规制。如果存在其他法律或者《反不正当竞争法》具体条款予以规制的情况,应当谨慎适用《反不正当竞争法》第 2 条。法院根据原告提交的证据,认为该案可以根据侵权行为发生时施行的《著作权法》和《反不正当竞争法》具体条款对原告指控的行为足以进行评判,故无须再适用《反不正当竞争法》第 2 条予以评判。

---

① 参见刁云芸:《商事领域中〈反不正当竞争法〉互联网专条的适用困境及出路》,载《法学杂志》2021 年第 1 期。

② 参见郑友德、伍春艳:《论〈反不正当竞争法〉的一般条款——兼论〈反不正当竞争法(修订草案送审稿)〉第二条的完善》,载《电子知识产权》2016 年第 6 期。

③ 一审广东省深圳市中级人民法院民事判决书,(2017)粤 03 民初 559 号;二审广东省高级人民法院民事判决书,(2020)粤民终 763 号。广东高院 2021 年度全省法院涉互联网十大案例之八。

正是依照此种适用逻辑，在“饭友”App抓取微博数据不正当竞争案[①]中，一审法院依据具体条款进行了裁判，并未对当事人适用一般条款的主张予以支持。在爱奇艺诉飞益科技刷量案中，二审法院直接改变一审裁判适用的法律依据，认定虚构视频点击量属于虚假宣传，而未援引一般条款另行评判。

同样地，在奇虎公司一键分享不正当竞争案[②]中，爱奇艺公司认为奇虎公司通过其360浏览器开发的边播边录功能、一键分享功能，鼓励用户通过360浏览器访问爱奇艺公司网站，盗播和向第三方平台传播爱奇艺公司投入重金采购的作品的行为构成不正当竞争行为。一审法院经审理认为爱奇艺公司的上述诉讼主张成立，依据《反不正当竞争法》第2条判决奇虎公司登报消除影响，并赔偿爱奇艺公司30万元经济损失。奇虎公司不服，上诉至北京知识产权法院，并主张上述功能属于“技术中立”。二审法院经审理认为：首先，360浏览器提供的边播边录和一键分享功能属于一种技术手段，奇虎公司亦认可其提供的上述功能属于一种网络技术服务。其次，根据在案事实，边播边录功能是用户在爱奇艺网站观看视频时在浏览器播放窗口主动弹出的；同时，在录制完成后会再次提示用户是否使用分享功能将录制完成的作品分享到第三方网站进行传播，并显示有“分享到以下平台可以获得分成收入”等字样。故上述功能的设置对用户具有一定的诱导性，符合“通过影响用户的选择或其他方式”的情形。再次，经营需要成本，互联网网站的经营优势依托于其用户流量，视频网站公司会投入重金采购影视作品版权以吸引用户及流量，进而通过广告投放、会员特权以及单独收费点播等方式获取收益。同时，为了保护其经营资源，视频网站一般会设置禁止用户将视频下载到本地等技术措施。爱奇艺公司的经营模式符合上述特点，其经营利益具有正当性、合法性，应当予以保护。基于此，用户如果使用了奇虎公司浏览器提供的边播边录和一键分享功能，即可以对爱奇艺公司享有权利的作品进行免费复制并分享至第三方平台，该功能使用户可以避开“禁止下载”等技术措施，并对作品实现免费传播，导致爱奇艺公司的经营资源受损，进而造成其用户流量的流失，致使其合法提供的网络服务的正常运行受

① 北京市海淀区人民法院民事判决书，(2017)京0108民初24510号；二审北京知识产权法院民事判决书，(2019)京73民终2799号。2019年度北京市法院知识产权司法保护十大案例之五。

② 北京知识产权法院民事判决书，(2021)京73民终496号。

到一定破坏。最后,如果合法的经营活动可以被其他经营者随意干涉、妨碍、破坏,并无法得到保护,则必将使得经营者对自己的经营活动无法预期,并进而导致合法有序的市场竞争秩序无法形成。故奇虎公司的涉案行为已对良好的市场竞争秩序造成损害,奇虎公司关于其技术中立的辩称,二审法院并未采信。最终,二审法院认定奇虎公司的涉案行为已符合《反不正当竞争法》第12条第2款第4项之规定情形,构成不正当竞争行为,判决驳回奇虎公司上诉,维持原判。

四、"遵守法律"的理解

2017年《反不正当竞争法》一般条款中增设了"遵守法律"的规定。此处,"遵守法律"中的"法律"被认为不包括《反不正当竞争法》本身,而是除此以外的其他(与市场竞争活动)相关法律,从而使《反不正当竞争法》增加了规制违反其他法律的不正当竞争行为之功能,将《反不正当竞争法》与其他法律对接。[①] 考虑到《反不正当竞争法》本身应保持谦抑性,能够根据这一转介条款适用《反不正当竞争法》规制的行为,应当必须同样侵害了《反不正当竞争法》所保护的法益,具有行为不正当性。同时,在其他相关法律对相关行为具有明确规定时,《反不正当竞争法》的适用次序亦应靠后。因此,尽管互联网平台的屏蔽行为可能涉嫌违反《反垄断法》《电子商务法》等与市场竞争相关的法规,但互联网平台的屏蔽行为并不必然因违反《反垄断法》《电子商务法》等法律而直接构成不正当竞争行为。即便互联网平台的屏蔽行为违反《反垄断法》《电子商务法》等法律,要认定其是否构成不正当竞争行为也应当遵循《反不正当竞争法》的违法性认定方法。[②]

也有不同观点认为,《反不正当竞争法》修订后,将原本的"遵守公认的商业道德"改为了"遵守法律和商业道德",也就是说这一条将原有的"诚实信用""遵守商业道德"两个原则扩张为增加了"遵守法律"的三个原则,只有同时符合这三个原则的竞争行为才被认为是正当的。此处的"法律"当然不限于《反不

---

① 参见郑友德、王活涛:《新修订〈反不正当竞争法〉的顶层设计与实施中的疑难问题探讨》,载《知识产权》2018年第1期。

② 参见叶明、张洁:《反不正当竞争法视角下互联网平台屏蔽行为的违法性认定研究》,载《中国应用法学》2020年第4期。

正当竞争法》,应当是我国法域内的所有法律,更应是《反不正当竞争法》的上位法。也就是说,除之前法律列举的12类不正当竞争行为以外,在考察一个竞争行为是否非正当时,还应当同时考察此行为是否违反其他法律、是否有损竞争效率(《反不正当竞争法》归根结底是保护竞争效率的法律),同时还要考察行为人的主观意图、是否发生实际混淆等因素的影响。①

如在"微信群控"不正当竞争纠纷案中,一审法院认为,网络平台方对于数据资源整体与单一原始数据个体享有不同的数据权益。两被告通过被控侵权软件擅自收集微信用户数据,存储于自己所控制的服务器内的行为,不仅危及微信用户的数据安全,而且对原告腾讯公司基于数据资源整体获得的竞争权益构成了实质性损害。两被告的行为有违商业道德,且违反了《网络安全法》的相关规定,构成不正当竞争。一审法院遂判决两被告停止涉案不正当竞争行为,共同赔偿腾讯公司经济损失及为制止不正当竞争行为所支付的合理费用共计260万元。

第三节 司法裁判规则

一、一般条款的谦抑性

司法实践中虽然对于一般条款有明显的不适当扩张其适用范围甚至滥用的倾向,但司法政策和主流裁判始终强调限制适用态度。"防止因不适当扩大不正当竞争行为方式范围而妨碍自由、公平竞争。"②"对于其未作特别规定的竞争行为,只有按照公认的商业标准和普遍认识能够认定违反原则规定时,才可以认定构成不正当竞争行为,防止因不适当地扩大不正当竞争范围而妨碍自由、公平竞争。"③"妥善处理好《反不正当竞争法》的原则规定与特别规定之间的关系,

---

① 参见裴轶、来小鹏:《反不正当竞争法中一般条款与"互联网条款"的司法适用》,载《河南师范大学学报(哲学社会科学版)》2019年第4期。

② 《最高人民法院印发〈关于贯彻实施国家知识产权战略若干问题的意见〉的通知》(法发〔2009〕16号)。

③ 《最高人民法院印发〈关于当前经济形势下知识产权审判服务大局若干问题的意见〉的通知》(法发〔2009〕23号)。

既要充分利用原则规定的灵活性和适应性,有效制止各种花样翻新、层出不穷的不正当竞争行为,又要防止原则规定适用的随意性,避免妨碍市场自由公平竞争。”“《反不正当竞争法》未作特别规定予以禁止的行为,如果给其他经营者的合法权益造成损害,确属违反诚实信用原则和公认的商业道德而具有不正当性,不制止不足以维护公平竞争秩序的,可以适用原则规定予以规制。”[①]在“海带配额”不正当竞争案中,最高人民法院认为:“虽然人民法院可以适用《反不正当竞争法》的一般条款来维护市场公平竞争,但同时应当注意严格把握适用条件,以避免不适当干预而阻碍市场自由竞争。”依照《反不正当竞争法》修改的立法精神,依照一般条款认定不正当竞争行为仍应适当从严把握适用条件,适当限制其适用范围。

《反不正当竞争法》是一种对竞争自由的限制,而竞争自由是市场经济的核心,是效率和繁荣的基础,这就从根本上决定了其必须保持谦抑,避免将正当的市场行为归入不正当竞争的范畴,故其制度构造源于一种“法无禁止即自由”之理念,围绕限定不正当竞争行为的边界展开,从而为企业在广泛空间内留有竞争自由。针对《反不正当竞争法》一般条款适用标准的不确定性,谦抑性不仅是一种理念,更是一种方法论意义上的不正当竞争行为认定的分析范式。[②]

《反不正当竞争法》第 2 条作为一般条款虽被积极主动适用,但在适用时法院一般都十分谨慎。如斗鱼著作权侵权及不正当竞争案中,法院认为第 2 条作为一般条款的适用条件为:一是法律未对这种竞争行为作出明确规定或者特别规定;二是其他经营者的合法权益因该竞争行为受到实际损害;三是该种竞争行为确属违反诚实信用原则和公认的商业道德,具有不正当性或者可责性。而在爱奇艺诉飞益科技刷量案中,法院认为被告利用技术手段虚假刷高视频网站某一视频播放量,虚构视频点击量实质在于提升相关经营者或者公众对虚构点击量视频的质量、播放数量、关注度等的虚假认知,起到吸引消费者的目的。该种刷数量行为构成虚假宣传。法院认为对《反不正当竞争法》第 2 条需严格把握适用,应该采取最适合的法律条款进行行为规制,透过现象看本质,对行为本

① 《最高人民法院印发〈关于充分发挥知识产权审判职能作用推动社会主义文化大发展大繁荣和促进经济自主协调发展若干问题的意见〉的通知》(法发〔2011〕18 号)。

② 参见张占江:《论反不正当竞争法的谦抑性》,载《法学》2019 年第 3 期。

质具体分析，适用具体法律条款，避免动辄使用一般规则。①

智联招聘诉上海逸橙案②中，法院认为，《反不正当竞争法》第 2 条规定的适用，应当有严格的限制条件，在相关行为难以由《反不正当竞争法》规定的具体行为规制条款及其他法律规定加以保护，而相关被诉行为又存在严重违反诚信原则、公认的商业道德，具有以《反不正当竞争法》第 2 条加以规制的必要性的情况下，才考虑适用该条款。本案中，就涉案被诉行为，首先，从总量看，原告未统计被告发布职位及因此获取简历的数量，原告仅通过一次公证举证不足以客观反映被告通过该方式获取简历后对外提供的行为的次数，且基于被告发布职位的前提是向原告支付一定的费用，根据原、被告签订的《服务合同》，被告在原告网站处发布的职位有数量上的限制，被告通过被诉方式获取的简历也是有限的，尤其是和原、被告整体的简历数量相比，难言可以起到实质上改变各自市场竞争地位的作用。

其次，从原、被告网站所在网络人才招聘市场的经营模式看，企业用户在人才招聘网站内搜索简历前，都需要在该网站进行注册。企业用户在职位发布、搜索人才简历时，一般并不会采用全网搜索的模式，而主要是定向在人才招聘网站内搜索，因而原告的企业用户，在搜索简历时，仍会先进入原告的网站，而基本很少通过全网搜索来寻找某一份简历。故即便数量有限的包含涉案“钱某”简历在内的简历同时出现于在原、被告网站，原告网站的用户黏性、用户流量也很难因此而降低。

再次，原告(2017)京长安内经证字第 6102 号公证书显示，涉案“钱某”简历被设置为“开放方式：保密”，根据原告的陈述，该类简历虽存储于原告服务器内，但原告对该简历亦不可见，故至少从原告举证的该份简历看，被告的被诉行为难言对原告存在实质性损害。

最后，被告通过被诉方式获取简历并对外提供，系违反双方的合同约定，具有不当性，但考虑到被告通过该方式获取简历的数量有限，被告的该项行为不足以导致原告和被告的市场地位及原告的用户黏性发生变化，加之原告根据合同法足以寻求到充分的救济，现原告寻求以《反不正当竞争法》第 2 条的规定对

---

① 参见邓旭涛、林静寂：《反不正当竞争审判实务中的新趋势》，载《中国知识产权》2020 年总第 163 期。

② 上海市杨浦区人民法院民事判决书，(2019)沪 0110 民初 16688 号。2021 年数据竞争与个人信息保护典型案件。

其加以保护，并无必要性。故综合上述理由，对原告的该项主张，法院亦不予支持。因此，驳回原告诉讼请求。

二、一般条款惯常裁判思路

就目前的司法实践，依《反不正当竞争法》一般条款认定不正当竞争行为的思路主要有如下两种：(1)一般竞争利益的权利化，即以权利保护的方式适用法律。此点在适用一般条款处理涉互联网的软件干扰类不正当竞争纠纷中体现得尤为明显。[①] 相关裁判采用权利侵害式的侵权法思维，先确定一种受保护的合法权益，如先论述特定商誉、商业模式(如“免费视频＋广告”)等受法律保护，再从权益受损推论侵害行为的不正当性；或者以权益是否受到侵害作为论证是否构成不正当竞争的出发点和立足点，对行为本身的正当性仅作摆设性、象征性或套路式的论述，对认定其正当性的相关元素并无实质性考量。[②] (2)竞争行为评价道德化，对“搭便车”“不劳而获”作浅层的理解，简单地将其与违反诚实信用原则和公认的商业道德画等号。[③] 在与技术有关的不正当竞争案件中，原、被告双方都会高举道德旗帜，[④]但抽象的道德考量无法给出一个清

---

① 根据法院内部的调研统计数据，从2002～2017年各地法院共审理了大约141件相关案件，自2005年后年均在10件左右。(参见“中国知识产权新年论坛：新《反不正当竞争法》互联网专条的司法适用”会议，2018年1月27～28日。)法院对这类案件裁判皆以竞争优势受到的损害为论证基础，明显带有权利侵害式侵权认定的痕迹。有研究者共计检索出20份已结案件的司法文书(检索截止日期为2018年12月12日)。其中18件案件采用了权利侵害式侵权法思维或者适用非公益必要不干扰原则，认定屏蔽行为构成不正当竞争，只有2件案件基于竞争本身的效果通过综合利益衡量认定屏蔽行为不构成不正当竞争。参见腾讯公司诉世界星辉公司不正当竞争纠纷案，一审北京市朝阳区人民法院民事判决书，(2017)京0105民初70786号；二审北京知识产权法院民事判决书，(2018)京73民终588号。720浏览器不正当竞争纠纷案，一审广州市黄埔区人民法院民事判决书，(2017)粤0112民初737号；二审广州知识产权法院民事判决书，(2018)粤73民终1022号。参见张占江：《论反不正当竞争法的谦抑性》，载《法学》2019年第3期。在该文发表后，腾讯公司诉世界星辉公司不正当竞争纠纷案和720浏览器不正当竞争纠纷案均被二审改判，认定构成侵权。

② 参见孔祥俊：《〈民法总则〉新视域下的反不正当竞争法》，载《比较法研究》2018年第2期；刘维：《论软件干扰行为的竞争法规制——基于裁判模式的观察》，载《法商研究》2018年第4期；周樨平：《竞争法视野中互联网不当干扰行为的判断标准——兼评“非公益必要不干扰原则”》，载《法学》2015年第5期。

③ 参见蒋舸：《关于竞争行为正当性评判泛道德化之反思》，载《现代法学》2013年第6期。

④ 例如，在广告屏蔽类案件中，被屏蔽方强调其行为旨在为消费者提供更多的免费视频，而屏蔽方则主张其行为使消费者免受不受欢迎的广告的滋扰。参见张占江：《论反不正当竞争法的谦抑性》，载《法学》2019年第3期。

晰的答案，多数时候，其不过是为公权力偏好干预和管制市场价值的“家长式”情怀提供法律和道义上的支持罢了。[①] 上述两种思路的共同指向都是对市场的过度干预，将竞争利益权利化等于将竞争静态化，以保护竞争的名义阻碍竞争，保护了特定竞争者而不适当地限制了不特定市场主体的竞争自由。[②] 如在“生意参谋”数据不正当竞争案中，淘宝公司的“生意参谋”产品为淘宝、天猫商家的网店运营提供数据化参考服务、帮助商家提高经营水平，美景公司运营其开发的“咕咕生意参谋众筹”网站，以提供远程登录服务的方式，招揽、组织、帮助他人获取“生意参谋”数据产品中的数据内容。法院认为，开发者对数据产品享有竞争性财产权益，同行业竞争者不当利用他人数据产品获取商业利益，属于不劳而获的“搭便车”行为；该行为违反了诚实信用原则和公认的商业道德，破坏了正常的数据产品经济竞争秩序，损害了数据产品开发者的合法权益，属于《反不正当竞争法》第 2 条所规制的不正当竞争行为。

目前我国采用的权利侵害式侵权法思维（尤其是“非公益必要不干扰原则”）或抽象的道德评价标准天然地有利于主张正当商业模式的一方，任何与之冲突的商业模式都被认定为“干扰”或不正当竞争，这显然是落入了“竞争者保护”的逻辑，仅仅因为原告受到损害就草率地认定被告的行为构成不正当竞争，“致使构成不正当竞争行为的门槛降低，使不正当竞争的范围易于事实上扩大化”。[③]

三、行为和结果双重标准

需要以《反不正当竞争法》第 2 条规定的原则条款和定义条款为指导，采用行为不正当和结果不正当的双重不正当标准进行认定。行为的不正当以是否违反诚信原则和商业道德作为基本判断标准。具体到不正当限制交易行为，其行为不正当性体现在违反平等、自愿、公平等民法基本原则，违背交易相对人真实意愿，限制交易相对人选择，侵犯交易相对人的交易自由、经营自主。在市场上竞争中对于同一交易机会而言，竞争对手之间一方有所得另一方即有所失。

---

① 参见孔祥俊：《〈民法总则〉新视域下的反不正当竞争法》，载《比较法研究》2018 年第 2 期。
② 参见张占江：《论反不正当竞争法的谦抑性》，载《法学》2019 年第 3 期。
③ 参见孔祥俊：《论反不正当竞争的基本范式》，载《法学家》2018 年第 1 期。

如果没有行为不正当,损害结果可能只是正常的市场竞争现象。只有竞争对手不遵循诚信原则和商业道德,通过不正当的手段攫取他人可以合理预期获得的商业机会,才为《反不正当竞争法》所禁止。①

在爱奇艺公司诉搜狗信息公司等搜索推荐词案中,法院认为,在互联网环境中,技术的形态和竞争的模式都有别于传统行业,为了保障互联网技术和竞争模式的发展空间,司法应当保持谦抑的态度。爱奇艺诉飞益科技刷量案中,法院同样提出,对《反不正当竞争法》一般条款的适用,更应当秉持谦抑的司法态度,对竞争行为保持有限干预和司法克制理念,严格把握一般条款的适用条件,以避免不适当干预而阻碍市场的自由竞争。

主播"陪伴式"直播奥运赛事节目不正当竞争纠纷案②中,一审法院认为,新传在线公司、盛力世家公司在涉案网站设置"奥运(Rio2016)"专题栏目,对奥运赛事节目的链接进行排列、整理,全程、实时利用央视国际公司网站的奥运赛事节目直播内容,并借机牟利的行为显然已经超出了必要的限度,不仅构成了对央视国际公司提供该项服务的实质性替代,损害了央视国际公司的利益,而且破坏了网络直播体育赛事节目需获得授权许可这一行业惯例,扰乱了公平竞争的市场秩序,不利于用户的长远利益,该行为已违反诚实信用原则,属于1993年《反不正当竞争法》第2条规定的不正当竞争行为。

二审法院认为,《反不正当竞争法》作为规制市场竞争行为的法律,注重鼓励商业创新与维护市场的公平、自由竞争,应给予创新的商业模式或经营方式发展的空间。但与此同时,法律亦应为创新的商业模式或经营方式的发展提供规范和指引。互联网中创新的竞争行为应以公平为原则,不得违反诚实信用原则和商业道德,不得不合理地借用他人的竞争优势为自己增加交易机会,对他人的正当经营模式产生不当干扰。

该案中,上诉人新传在线公司、盛力世家公司使用被上诉人央视国际公司的奥运会节目资源,在涉案网站设置"奥运(Rio2016)"专题栏目,对奥运赛事节

---

① 参见卢均晓:《论类型化的不正当限制交易行为——以"二选一"行为规制为视角》,载《价格理论与实践》2020年第8期。

② 一审北京市东城区人民法院民事判决书,(2016)京0101民初22016号;二审北京知识产权法院民事判决书,(2019)京73民终2989号。北京法院2021年度知识产权司法保护十大案例之六、2021年中国法院50件典型知识产权案例之二十九。

目的链接进行排列、整理,并在涉案直播浏览器播放央视网奥运赛事节目的页面默认插入主播直播并与用户互动的浮框。鉴于浏览器的基本功能在于真实全面地将相关网站内容展现给用户,不应随意增加、删减或改变被访问网站向用户提供的内容。而涉案直播浏览器在观看奥运赛事直播的页面中默认插入了主播、用户互动浮框,虽然二上诉人辩称用户可自由选择缩小、放大、移动、关闭该浮框,但是浮框中的主播直播内容不受央视国际公司网站的控制,不符合浏览器的运营规则。

而且,二上诉人作为专业的体育赛事直播平台,应当知晓体育赛事节目进行直播或转播需获得节目制作方的授权许可并支付相应对价这一行业通行做法,不应未经许可使用他人独家获取的奥运赛事节目资源,但其仍实施涉案被诉不正当竞争行为,借此扩大涉案网站及涉案直播浏览器的影响力,获取不当的商业利益与竞争优势,该行为具有明显的"搭便车"的目的,具有不正当性。

因此,二上诉人的涉案被诉不正当竞争行为,看似以直播浏览器的形式通过央视网播放奥运赛事节目,但其本质为未经授权未支付对价,不当利用央视国际公司独家奥运赛事节目资源,为其运营的涉案网站和涉案直播浏览器吸引用户,以此获得商业利益,违反了诚实信用原则和商业道德,具有不正当性。而二上诉人关于涉案直播浏览器系其技术创新成果,不违反诚实信用原则及互联网领域的商业道德等相关主张,缺乏依据,故二审法院不予采纳。

综上,上诉人新传在线公司、盛力世家公司在涉案网站设置"奥运(Rio2016)"专题栏目,对奥运赛事节目的链接进行排列、整理,涉案直播浏览器全程、实时利用央视国际公司网站的奥运赛事节目并增加主播直播内容、与观众互动的浮框,借机牟利的行为违反诚实信用原则和商业道德,实际损害了央视国际公司的利益,扰乱了公平竞争的市场秩序,具有不正当性。故二上诉人的上述行为违反了1993年《反不正当竞争法》第2条的规定,构成不正当竞争。而二上诉人关于涉案网站及涉案直播浏览器未违反1993年《反不正当竞争法》第2条的规定,不构成不正当竞争等相关主张,缺乏依据,最终二审法院不予采纳。

从《反不正当竞争法》行为法的性质出发,一般条款的适用思路应当是行为评价模式,而非绝对权保护模式。该点需区别于知识产权法的保护模式。用一般条款评价经营者行为时,应立足于市场竞争环境,对经营者利益、公共利益和消费者利益进行衡量,其在竞争法下享有的权利是享有其本身的经营利益不受其他经营者不正当竞争行为侵犯的权利,而不是去讨论经营者是否对某一客观的事物享有相应的权利。①

四、不受扭曲的竞争标准

"不受扭曲的竞争标准"首见"极致了"非法抓取微信数据案中,是从维护竞争功能的角度划定竞争行为的边界,侧重行为客观效果评价。遵循"不受扭曲的竞争标准"意味着对不正当竞争界定必须保持谨慎与中立,不预测竞争结果、不介入竞争过程。《反不正当竞争法》规定"三元叠加"的保护目标,将竞争者自由竞争利益、消费者自由决策的利益和"不受扭曲的竞争标准"所产生的社会公共利益作为评价要素,认定行为的不正当性。首先,从竞争者自由竞争利益角度考量,两原告基于对于微信公众平台的经营、基于竞争享有的利益已经获得竞争胜出的机会,对于网络平台数据应当给予竞争法保护,避免恶性"搭便车"行为,否则违背了竞争法保护创新的宗旨。两原告作为平台经营者对平台数据投入成本、投入时间进行维护,在面对大量爬虫工具时必然会投入更多成本进行维护,如果任由第三方爬虫工具的任意爬取,必然会打击网络平台的创造积极性,扭曲了大数据要素市场的竞争机制。其次,从消费者利益考量,被告在"极致了"网站展示微信公众号文章相关发布时间(到秒)数据,即未得到作者授权便将发文时间、点赞数、阅读数等展示在"极致了"网站,未能尊重信息发布主体的意愿。最后,从社会公共利益角度考量,作为反不正当竞争法保护的社会公共利益是指超越个体竞争自由的不被扭曲的竞争秩序所产生的一般利益。该案中,"极致了"网站将抓取的阅读数、点赞数等部分微信公众号数据信息内容展示于"极致了"网址,并进一步在微信公众号文章发布时间中添加"秒"的维度并展示,"极致了"网站爬取微信公众号数据后并未对涉案数据进行深度挖掘、创新,也无更深层次的应用,未能提升社会整体公共利益,加之爬取数据来源并非正常,故此种爬取他人数据的行为难谓正当,但是需要指出的是"极致了"网站提供微信公众号搜索服务在一定程度上也促进了信息公开、数据流通。

---

① 参见陈为:《抓取网络用户评论性信息构成不正当竞争的认定》,载《人民司法》2020年第32期。

综上,“极致了”网站违背诚实信用原则,擅自使用其他经营者征得用户同意、依法汇集且具有商业价值的数据,并足以实质性替代其他经营者提供的部分产品或服务,损害了公平竞争的市场秩序,属于《反不正当竞争法》第 12 条第 2 款第 4 项所规定的妨碍、破坏其他经营者合法提供的网络产品或者服务正常运行的行为,构成不正当竞争。

五、一般条款与主观

对于被诉违反《反不正当竞争法》第 2 条规定的不正当竞争行为,有观点认为,一般条款规定的要件不涉及明知或应知等主观要件,因此只要违反了商业道德或诚实信用原则,就能直接认定被告构成不正当竞争。但从侵权构成要件出发,过错是必要条件;不正当竞争行为作为一类特殊的侵权行为,被追究法律责任也应有主观过错这项条件。[①] 但对于网络经济竞争中不正当竞争行为人的主观过错认定,除去类型化的不正当竞争行为外,对于被诉违反《反不正当竞争法》第 2 条规定的网络不正当竞争行为人的主观过错认定,应有别于一般侵权责任或类型化不正当竞争的主观过错认定。原因在于:其一,《反不正当竞争法》本质上是一部规范竞争者行为的法律,目的是维护正常的市场竞争秩序、保护经营者的竞争性权益。《反不正当竞争法》所保护的是合法权益——非法定专有权,对此种保护边界不甚清晰的客体,法律在对他人设定义务边界的时候应更严格。[②] 依据《反不正当竞争法》第 2 条,这种带有明显主观判断色彩的禁行边界,一般经营者难以准确把握,故不宜及于竞争者的过失行为。其二,诚实信用原则与商业道德在不同时代有不同的价值判断。网络经济不同于传统经济,市场主体间的权利边界较为模糊,尤其在虚拟空间状态下要求网络竞争者穷尽一切可能,避免损害结果发生。对其苛以过重的注意义务,明显不利于网络技术与网络业态的创新发展。网络竞争应当充分鼓励非恶意的创新竞争,严格规制应限于恶意竞争行为。如果网络创新竞争行为人对于损害结果的发生并非出于希望或放任的心理状态,则难谓系有违诚信或公认的商业道德的恶意

---

① 张弓、李盛荣等:《网络不正当竞争案件审理难点的调查研究》,载光明网 2017 年 8 月 29 日,http://yp.gmw.cn//2017-08/29/content_25891928.htm。

② 参见曹丽萍:《网络不正当竞争行为的主观故意判断》,载《人民司法》2019 年第 10 期。

竞争,一般不宜依《反不正当竞争法》第 2 条的规定认定其构成不正当竞争。至于网络竞争行为人对于损害结果的发生是否明知,是否出于希望或放任的故意,则应结合行为人的行为目的和行为结果的实际状况加以判断。在竞争者的主观意愿上,着重考察其对于损害结果发生的心理状态。竞争者应对原权利人网络资源的正常使用予以高度关注,如果不是出于创新的必要,对于损害结果的发生故意而为或有条件规避而故意不为的,这已超出公平竞争的范围,属于违反诚信原则与商业道德的恶意竞争,亦具有不正当性。①

在"歌力思"商标权案中,最高人民法院就为直接适用诚实信用原则作出了良好示范。最高人民法院在再审中认为:"诚实信用原则是一切市场活动参与者所应遵循的基本准则。一方面,它鼓励和支持人们通过诚实劳动积累社会财富和创造社会价值,并保护在此基础上形成的财产性权益,以及基于合法、正当的目的支配该财产性权益的自由和权利;另一方面,它又要求人们在市场活动中讲究信用、诚实不欺,在不损害他人合法利益、社会公共利益和市场秩序的前提下追求自己的利益。民事诉讼活动同样应当遵循诚实信用原则。一方面,它保障当事人有权在法律规定的范围内行使和处分自己的民事权利和诉讼权利;另一方面,它又要求当事人在不损害他人和社会公共利益的前提下,善意、审慎地行使自己的权利。任何违背法律目的和精神,以损害他人正当权益为目的,恶意取得并行使权利、扰乱市场正当竞争秩序的行为均属于权利滥用,其相关权利主张不应得到法律的保护和支持。"该案以商标权利人滥用权利为由,驳回了商标侵权相关的全部诉讼请求,说理充分,原则适用明确,被列入 2017 年最高人民法院第 16 批指导性案例。

---

① 参见沙丽:《互联网不正当竞争案件裁判路径的构建——基于杭州互联网法院审判实践探索的启示》,载《网络信息法学研究》2021 年第 1 期。

第五章 “互联网专条”

第一节 “互联网专条”立法

一、立法模式

（一）“概括＋列举＋兜底”

2017 年《反不正当竞争法》新设的第 12 条，即“互联网专条”，采取的是“概括＋列举＋兜底”的模式，第 1 款主要明确本条款适用于网络空间的经营活动，第 2 款前部分作出了原则性规定，禁止经营者以利用技术手段影响消费者选择等方式，阻碍其他经营者的正常经营行为，第 2 款详细列举了 3 项具体行为类型，分别可以概括为流量劫持、干扰和恶意不兼容，第 2 款第 4 项则作为兜底条款出现。

“互联网专条”列举的几种形式，即“插入链接、强制进行目标跳转”“恶意对其他经营者合法提供的网络产品或者服务实施不兼容”“误导、欺骗、强迫用户修改、关闭、卸载其他经营者合法提供的网络产品或者服务”都是从司法实践中常见的几种不正当竞争行为中概括总结出来的，虽然其合理性尚有待研究，但是将目前主要的互联网不正当竞争行为作为具体规则加以列举，能有效限制法官自由裁量的空间，使司法审判更为公正客观。

“互联网专条”第 1 款基本体现为宣示性内容，第 2 款中的各种类型即流量劫持、干扰和恶意不兼容既不互斥也不周延，“不互斥”意味着因分类方法缺乏理性基础而导致经营者的单一行为可能被条款中的多个类型所覆盖，发生法条竞合；“不周延”意味着条款的预见性低，存在类型化条款并不能覆盖的互联网竞争行为，远不能满足立法技术对类型化条款中各类型的“互斥并周延”的要求。[①]

(二)地方性立法扩张

部分地方性立法对《反不正当竞争法》第12条具体行为有所细化,如上海出台的地方性法规《上海市反不正当竞争条例》对《反不正当竞争法》中“互联网专条”的兜底条款进行了扩张,《反不正当竞争法》第12条只规定了3种类型化条款,但《上海市反不正当竞争条例》已拓展为6条。《上海市反不正当竞争条例》第16条在上述《反不正当竞争法》列举的具体违法行为基础上增加了3类妨害、破坏性违法行为:(1)无正当理由对其他经营者合法提供的网络产品或者服务实施拦截、关闭等干扰行为;(2)违背用户意愿下载、安装、运行应用程序,影响其他经营者合法提供的设备、功能或者其他程序正常运行;(3)对非基本功能的应用程序不提供卸载功能或者对应用程序卸载设置障碍,影响其他经营者合法提供的设备、功能或者其他程序正常运行。

二、立法背景

(一)新型网络环境的需要

在1993年《反不正当竞争法》中,仅在第2章规定了11种不正当竞争行为,已无法适应复杂的新型网络环境下的不正当竞争,许多不正当竞争行为由于于法无据在实践中往往采用第2条作为一般条款加以规制,但在学理界对第2条一般条款尚存在争论,在司法实践中也有给予法官过大自由裁量权的争议。因此,在2017年《反不正当竞争法》的修订中,专门针对互联网不正当竞争行为制定的“互联网专条”成了本次修订的亮点,虽然关于是否应该针对互联网竞争制定专门条款学界有颇多争议,但其为司法部门和行政部门在越来越多的互联网不正当竞争案件中提供了法律依据,为法官的审判较以往提供了更清晰的法律路径,可以说是在互联网反不正当竞争审判领域的一大进步。

(二)审判经验的提炼

在以往的司法实践中,我国互联网领域不正当竞争案件的裁判严重依赖于

---

① 参见蒋舸:《〈反不正当竞争法〉网络条款的反思与解释 以类型化原理为中心》,载《中外法学》2019年第1期。

一般条款，由此形成了不少具有代表性和典型性的司法判例，因此在《反不正当竞争法》第一次修订时，理论界与实务界便提出可通过案例群类型化的方法提炼网络领域反不正当竞争规则，以此提高法律实施的可预测性，此乃 2017 年修订的《反不正当竞争法》“互联网专条”的生成背景。[①] 事实上，该条所列举的每一种情形几乎都可从既有案件中找到来源，但其中并无与电子商务领域“二选一”行为相关的现实案例。譬如，第 1 项“未经其他经营者同意，在其合法提供的网络产品或者服务中，插入链接、强制进行目标跳转”是由淘宝公司与载和公司等不正当竞争纠纷案、百度插标案等提炼而来；第 2 项“误导、欺骗、强迫用户修改、关闭、卸载其他经营者合法提供的网络产品或者服务”是由搜狗诉奇虎阻碍浏览器不正当竞争案[②]等提炼而来；第 3 项“恶意对其他经营者合法提供的网络产品或者服务实施不兼容”是由奇虎公司与金山安全软件公司不正当竞争纠纷案等提炼而来。

《反不正当竞争法》第 12 条属于新增的专属互联网领域市场竞争的条款。这一条款无论是作为互联网时代的标志，还是作为此次修订的“形象工程”，都是立法者志在必定的。例如，第 12 条第 2 款规定仅具有宣示意义。该条第 1 款第 1 项、第 2 项、第 3 项规定的行为，大多都是基于对已有典型个案裁判的归纳提炼。[③]

---

① 参见蒋舸：《〈反不正当竞争法〉网络条款的反思与解释　以类型化原理为中心》，载《中外法学》2019 年第 1 期。

② 北京市高级人民法院民事判决书，(2015)高民(知)终字第 1071 号。

③ 例如，该条规定的行为都有相应的典型案例支撑，或者可能来源于典型案例。第 1 项规定的行为如最高人民法院公布的指导案例第 45 号百度诉奥商公司案，该案法院判决认定奥商公司在未经许可的情况下，利用技术手段在百度的正常搜索结果显示前强行弹出奥商公司发布的与搜索的关键词及内容有紧密关系的广告页面，诱使百度的搜索用户点击该广告页面，损害了百度的合法权益。法院认为奥商公司的行为违反诚实信用原则和公认的商业道德，妨碍其他经营者正当经营并损害其合法权益，可以依照《反不正当竞争法》第 2 条的原则性规定认定为不正当竞争。第 2 项、第 4 项规定的行为与腾讯公司与奇虎 360 公司的“3Q 大战”中的行为有关，如与第 2 项有关的为最高人民法院判决的腾讯公司与奇虎 360 不正当竞争纠纷案。第 3 项规定的行为如奇虎与百度商标权权属纠纷案中争议较大的“插标”行为，如法院依据《反不正当竞争法（修订草案）》判决，则可认定为《反不正当竞争法（修订草案）》第 14 条第 3 项中规定的“干扰或者破坏他人合法提供的网络产品或者服务的正常运行”的不正当竞争行为。在该案中，最高人民法院认为，奇虎公司难以证明其为百度的部分搜索结果页面添加警示标志的行为具有合理性及必要性，且奇虎公司在未经许可的情况下直接对他人所提供的服务进行干预的行为，既不利于促进竞争秩序，也不能保障消费者福利，因此构成不正当竞争。参见孔祥俊：《论新修订〈反不正当竞争法〉的时代精神》，载《东方法学》2018 年第 1 期。

三、《反法新司法解释》

2022 年 3 月 20 日起施行的《反法新司法解释》共有 3 条与网络竞争有关。

（一）强制进行目标跳转

根据《反法新司法解释》第 21 条，未经其他经营者和用户同意而直接发生的目标跳转，人民法院应当认定为《反不正当竞争法》第 12 条第 2 款第 1 项规定的“强制进行目标跳转”。仅插入链接，目标跳转由用户触发的，人民法院应当综合考虑插入链接的具体方式、是否具有合理理由以及对用户利益和其他经营者利益的影响等因素，认定该行为是否违反《反不正当竞争法》第 12 条第 2 款第 1 项的规定。

《反法新司法解释》第 21 条是针对《反不正当竞争法》第 12 条第 2 款第 1 项规定的强制进行目标跳转行为的进一步解释。对于“强制进行目标跳转”行为，不再片面强调其他经营者的同意，而是加入对用户意愿的考量：用户不同意的，应认定为强制进行目标跳转；而如果“仅插入链接，目标跳转由用户触发”，则还应当综合考虑其他因素来认定。该条规定细化了实践中对该行为的判断标准，某种程度上也是出于平衡各市场竞争主体之间的利益的考虑。

实质是明确“强制进行目标跳转”的判断标准，首先，引入“未经用户同意”要件，采用“经营者 + 用户同意”的双重同意标准。其次，对于“仅插入链接，目标跳转由用户主动触发”行为是否适用“互联网专条”第 2 款第 1 项给出考量因素，明确规定需要综合考虑“链接插入的具体方式、是否具有合理理由以及是否影响用户和其他经营者利益等因素”。例如，当跳转表面上由用户主动触发（如让用户选择“确定”或“取消”跳转），但实际上链接插入的方式并未真正尊重用户的知情和选择权的，应属于不正当竞争行为。如淘宝诉易车不正当竞争案①中，当用户下载了易车 App，此时点开淘宝 App，会跳出提示让用户选择是否跳转到易车 App，此时跳转由用户点击“确认”触发完成，该跳转表面上经过了用户同意，但是在行为正当性方面，法院认为，在用户安装了易车 App 后，用户想

① 一审杭州铁路运输法院民事判决书，（2019）浙 8601 民初 1565 号；二审浙江省杭州市中级人民法院民事判决书，（2020）浙 01 民终 8743 号。杭州互联网法院 2020 年度知识产权司法保护十大案例之一。

要打开淘宝 App 时则被禁止,只能选择打开易车 App 或取消,此种跳转冲突现象未尊重用户知情权,导致 iOS 系统手机淘宝应用软件不能接受用户的平等选择,从而使软件权利人丧失了相应的交易机会。因此,依据合法、公平、有序的互联网行业竞争规范,涉案两应用软件之间的上述跳转冲突现象违背用户的知情权和平等选择权,已超出合理范畴,被诉侵权行为具有不正当竞争行为的性质。

(二)删除的涉网络条款

相对于《最高人民法院关于适用〈中华人民共和国反不正当竞争法〉若干问题的解释(征求意见稿)》,《反法新司法解释》删除条款包括针对"互联网专条"第 2 款中"恶意不兼容"行为的进一步解释与指引(第 24 条),针对"互联网专条"中兜底条款的适用要件规定(第 25 条),以及针对数据权益保护的《反不正当竞争法》规制适用要件(第 26 条)。有观点认为,该些被删除条款中所规定要件与司法实践中的部分案例具有一致性,但也同时存在较大争议。以《最高人民法院关于适用〈中华人民共和国反不正当竞争法〉若干问题的解释(征求意见稿)》第 25 条为例,对于相关条款作出更为详尽的要件指引是否有利于法律适用的统一,在实践中存在争议。① 正如有学者指出,若严格要求"互联网专条"的适用应满足《最高人民法院关于适用〈中华人民共和国反不正当竞争法〉若干问题的解释(征求意见稿)》列举出来的 5 个要件则过于严苛,而一般条款的适用相对简单,从而可能会"逆向驱动"司法者转向使用一般条款。② 对于存在争议的条款,《反法新司法解释》显然采取了更为审慎的态度。正如在《反法新司法解释》答记者问中所指出,考虑到互联网行业技术和商业模式更新发展快的特点,《反法新司法解释》第 21 条、第 22 条未进一步列举新的行为方式,而是严格把握立法精神和竞争政策,及时总结司法实践经验,对法律适用条件作出适当细化,为司法裁判提供必要规则指引,同时为市场的自我调节和技术创新留

---

① 参见苏志甫等:《亮点与缺憾:反不正当竞争法司法解释重点条款解读》,载搜狐网 2022 年 3 月 18 日,http://news.sohu.com/a/530887395_121123817。

② 参见陈兵:《互联网新型不正当竞争行为法律适用疑难问题及完善》,载《法治研究》2021 年第 6 期。

出空间。[1] 互联网更新迭代速度飞快,《反法新司法解释》在积极基于司法实践填补“互联网专条”司法解释空白的同时,充分考虑“互联网专条”的适用需要顺应互联网的发展和变化,为技术发展创新预留出足够空间。

(三)《反法新司法解释》第 22 条解读

根据《反法新司法解释》第 22 条,经营者事前未明确提示并经用户同意,以误导、欺骗、强迫用户修改、关闭、卸载等方式,恶意干扰或者破坏其他经营者合法提供的网络产品或者服务,人民法院应当依照《反不正当竞争法》第 12 条第 2 款第 2 项予以认定。

《反法新司法解释》第 22 条秉持同样思路对构成网络不正当竞争的“误导、欺骗、强迫用户修改、关闭、卸载其他经营者合法提供的网络产品或者服务”进行了解释,强调经营者在做出某种行为之前是否向用户进行明确提示并经用户同意;此外《反法新司法解释》将“误导、欺骗、强迫用户修改、关闭、卸载其他经营者合法提供的网络产品或者服务”仅作为该行为的表现形式之一,而以其他形式实现“恶意干扰或者破坏其他经营者合法提供的网络产品或者服务”效果的行为均可被认定为构成《反不正当竞争法》第 12 条第 2 款第 2 项的不正当竞争行为。类似于对“恶意干扰”又规定了“兜底”条款,以适应实务中对出现的恶意干扰的各种新类型竞争的制裁。

第二节 “互联网专条”解读

一、利用技术手段的理解

(一)利用技术手段

《反不正当竞争法》第 12 条第 2 款明确了“利用技术手段”为适用“互联网专条”的首要要件。“利用技术手段”是对“利用网络从事生产经营活动”的进一步限定。在大众交通诉百度等商标侵权与不正当竞争纠纷案[2]中,被告网站

① 参见《最高法民三庭负责人就〈反不正当竞争法〉司法解释答记者问》,载中国法院网 2022 年 3 月 17 日,https://www.chinacourt.org/article/detail/2022/03/id/6580572.shtml。

② 上海市第二中级人民法院民事判决书,(2007)沪二中民五(知)初字第 147 号。

接受百度的“竞价排名”服务，且未经原告大众交通公司许可在其经营业务的网站网页的显著位置使用了“大众搬场”等字样作为其企业字号，使相关公众产生了误认。在该案中，尽管百度提供了“竞价排名”这一技术服务，但被告网站的行为本质上属于擅自使用他人企业名称的不正当竞争行为，构成虚假宣传，适用《反不正当竞争法》第8条的规定，而无须适用“互联网专条”。被告网站的行为与现实空间中的混淆、误导行为并无二致，在原有的《反不正当竞争法》框架和商标法框架中即可得到圆满解决，因此“利用技术手段”这一要件并非限制了“互联网专条”的适用，而是精确划分出“互联网专条”和其他类型化条款的适用空间。适用“互联网专条”的前提是网络空间的“立法者”利用其对空间的约束力实施了不正当竞争行为。一方面，技术手段应当与不正当竞争行为构成直接因果关系，否则将无限地扩张本条的适用范围。如侵犯信息网络传播权的行为，无论是直接上传作品、利用爬虫技术抑或点对点（P2P）技术获得作品，还是通过链接实现强制跳转，侵权行为的实现都建立在网络技术之上，但若将其都归结为“利用技术手段”实施不正当竞争，则相当于直接架空了信息网络传播权的有关条款。另一方面，尽管技术的发展不可预知，但是网络空间归根结底是由代码所构建的，“利用技术手段”应当回到对网络空间运行的理解中去，明确其内涵，而外延的丰富和拓展则应交由科学研究和探索。①

（二）互联网技术

首先，《反不正当竞争法》第12条第2款“利用技术手段”的技术，当然指互联网技术，而不可能是其他技术。互联网技术是在计算机技术的基础上开发建立的一种信息技术（IT），包括信息的存储、处理、传输和应用等各方面的技术。首先，“技术性”是互联网不正当竞争行为的典型特征，如果某个行为没有使用互联网技术，它就没必要适用《反不正当竞争法》第12条来规制，即便它针对的是互联网产品或服务。需要特别说明的是，互联网企业都是技术型企业，不能将互联网企业的技术性等同认定“利用技术手段”。其次，技术手段的使用，结果之一便是影响用户选择。技术手段的高低并不重要，只要足以影响用户选择即可，某项互联网技术在专业人士看来可能非常简单，但普通用户仍有可能被

---

① 参见苏成子：《〈反不正当竞争法〉“互联网专条”兜底条款的构成要件研究——以网络空间的架构为切入点》，载《知识产权与市场竞争研究》2020年第1期。

影响,那么相关不正当竞争行为就有可能对他人产品或服务造成损害。①

在刷机(重装手机系统)不正当竞争纠纷案中,法院认为,第一,适用“互联网专条”的前提和基础是被诉行为实施的方式应当为一种技术手段,“互联网专条”对技术手段未作出明确的限定,作为客观中立的技术手段,应属于广义上的上位概念,即该规定的“技术手段”并非仅指非法的技术手段,凡是表现为一种技术手段实施的,均属于上述规定中的“技术手段”调整范围。该案被控诉行为完全符合“利用技术手段”要件。第二,被诉行为涉及 OPPO 智能手机操作系统中的“锁屏”“桌面”“应用进程管理”“来电”“Wi-Fi”五项功能,OPPO 智能手机用户操作上述五项功能时,“嗨来电”App 直接弹出“全屏广告信息流弹窗页面”或“半屏纯广告弹窗”。此时,OPPO 智能手机用户只能在关闭弹出“全屏广告信息流弹窗页面”或“半屏纯广告弹窗”后再行回到之前的操作界面。这不仅直接以弹屏广告的形式替代了 OPPO 智能手机上述五项功能界面,而且导致该五项手机功能效果全部失效,致使用户需要更多、更长的操作路径方能重新进入系统或者亟须关闭应用程序。上述烦琐步骤也极大占用用户的注意力,提升了操作难度,降低用户手机功能体验。因此,该案现有证据足以证明被诉行为构成对 OPPO 智能手机系统中的“锁屏”“桌面”“应用进程管理”“来电”“Wi-Fi”五项功能的妨碍。综上,从被诉行为的手段来看,宁波某科技公司存在利用技术手段妨碍 OPPO 手机正常运行的行为;从被诉行为目的来看,宁波某科技公司的目的在于通过 OPPO 手机功能获取商业利益;从被诉行为后果来看,宁波某科技公司在获得商业利益的同时损害了两原告的合法权益,其属于典型的“搭便车”的损人利己行为。因此,法院认为,宁波某科技公司实施的“嗨来电”App 广告弹窗行为在行为手段上干扰了涉案 OPPO 手机功能的应用,在行为目的上具有相应的牟利故意,在结果上最终损害手机厂商和用户的合法权益,且违背了公认的行业惯例及商业道德,实质性替代了 OPPO 手机操作系统所带来的竞争优势和商业利益,扰乱了正常的竞争秩序,属于《反不正当竞争法》第 12 条第 4 项所规定的“其他妨碍、破坏其他经营者合法提供的网络产品或者服务正常运行的行为”。最终法院判决宁波某科技公司立即停止不正当竞争行为,即在 OPPO 手机关闭锁屏后(点亮屏幕并解锁后弹出全屏页面)弹出广告弹窗;

① 参见焦海涛:《互联网不兼容行为的规制路径选择》,载《财经法学》2020 年第 5 期。

在 OPPO 手机点亮屏幕后锁屏状态下弹出全屏页面；在 OPPO 手机关闭任意移动应用程序时弹出广告弹窗、在 OPPO 手机 Wi-Fi 状态变更时弹窗的行为、在 OPPO 手机通话挂断时弹窗的行为。同时判决宁波某科技公司赔偿两原告经济损失及维权合理开支共计 300 万元。

（三）“其他方式”

“其他方式”应当是从属于“利用技术手段”的，即无论这里的方式如何，都必须是“利用技术手段”的结果；同时，这里的“其他方式”应理解为与“影响用户选择”产生了同等效果，即用户虽然没有主动作出选择，但也只能接受行为人给予的安排，他人的产品或服务事实上已经受到了影响。这样一来，我们可以这样理解《反不正当竞争法》第 12 条规定的行为方式要件：首先，行为人利用了技术手段。其次，该技术手段可能产生两种结果，一是用户主动作出了有利于行为人的选择，如关闭了他人的互联网服务；二是用户虽然没有主动选择，但也只能接受行为人给予的安排，如他人的互联网服务在未经用户同意的情况下被直接关闭。《反不正当竞争法》第 12 条列举的各种行为表现中，有些就是用户在受到影响下主动选择的结果，如误导、欺骗用户修改、关闭、卸载他人的网络产品或者服务，有些则是用户被动接受的结果，如强制目标跳转，强制修改、关闭或卸载等。[①]

二、影响用户选择

（一）用户主动选择

竞争的一个决定性因素是消费者偏好，在考察消费者偏好对竞争的影响时，不能仅仅着眼于消费者需求是否被满足，以此来判断竞争的正当性，消费者偏好的作用不在于满足消费者个人利益，而在于实现消费者偏好的“可持续发展”。要使消费者偏好在竞争机制中发挥作用，关键在于竞争过程中传递的信息的真实性以及消费者选择的自由，保障消费者的自由决策机制不受扭曲。[②]

在许多案件中，经营者因为剥夺了用户的知情权和选择权，进而被认定为

---

① 参见焦海涛：《互联网不兼容行为的规制路径选择》，载《财经法学》2020 年第 5 期。

② 参见张占江：《论反不正当竞争法的谦抑性》，载《法学》2019 年第 3 期。

构成不正当竞争。[①] 在另一些情况下,消费者的知情权得到充分的保障,其基于自身的偏好进行产品和服务的选择,这是否意味着消费者偏好得到保障,从而维护了竞争机制?典型的例子是腾讯公司诉世界星辉公司不正当竞争纠纷案屏蔽广告行为,屏蔽广告通常出于消费者的主动选择,并不存在《反不正当竞争法》第12条第2款第2项中的“误导、欺骗、强迫”等行为。

由于竞争最终都体现为对用户的争夺,用户群体存在此消彼长的对应关系,只要经营者之间成立竞争关系,就势必存在通过影响用户选择的方式争夺客户。从这个角度看,“影响用户选择”不过是“竞争”的同义反复。这一构成要件更重要的意义或许“意在言外”:用户主动选择不必然正当化经营者的干扰行为,对不正当行为的判断仍然应当为是否利用了技术手段,妨碍、破坏网络产品或服务的正常运行。

(二)用户被动选择

“影响用户选择”是否构成不正当竞争的判断标准?有学者提出“不应当视作不正当手段”,[②]有人提出“应当赋予用户选择权,允许一定条件下基于用户选择的干扰行为正当化”[③]。

《反不正当竞争法》第12条第2款第1项至第3项所规制的流量劫持行为、干扰行为和恶意不兼容行为。那么,这3种不正当竞争行为的认定是否都应以“影响用户选择”为构成要件呢?从文义解释角度来讲确实如此,但放在具体情境下审视便可发现并非所有“影响用户选择”的行为都可以用以评价“不正当”。毕竟,经营者市场优势的获得往往是通过影响用户的选择来实现的,“影响用户选择”在商业竞争中应当是一个中性概念,对实现“影响用户选择”效果而采取的手段进行评价才是这一要素的意义所在。在搜狗“搜索候选”不正当竞争纠纷案中,二审法院便认为,用户登录原告网站并使用被告输入法的“搜索候选”功能,其在发现网页跳转的情况下,仍可以选择返回原告网站页面观看,

---

① 如百度诉上海很棒不正当竞争和侵犯著作权案,北京市高级人民法院民事裁定书,(2007)高民终字第967号;搜狗诉奇虎案,北京知识产权法院民事判决书,(2017)京73民终字第679号;搜狗诉奇虎阻碍浏览器不正当竞争案,北京知识产权法院民事判决书,(2016)京73民终字第313号。

② 李阁霞:《互联网不正当竞争行为分析——兼评〈反不正当竞争法〉中“互联网不正当竞争行为”条款》,载《知识产权》2018年第2期。

③ 周樨平:《竞争法视野中互联网不当干扰行为的判断标准——兼评“非公益必要不干扰原则”》,载《法学》2015年第5期。

不存在误导、欺骗、强迫用户关闭原告提供服务的情况,未排除消费者的选择权利,不构成不正当竞争。法院通过法律解释的方法将"影响用户选择"的范围限缩为"通过混淆、诱导、欺骗、强迫等方式影响用户选择",一定程度上弥补了立法的疏漏,也进一步明确了"影响用户选择"在"互联网专条"适用中的地位。[①]

关于流量劫持的行为。在搜狗输入法劫持三大搜索引擎流量不正当竞争三案[②]中,三案争议主要体现为两种情形:一是在浏览器环境下登录百度搜索网站、360 搜索网站,用户在搜索框中搜索时,因使用搜狗输入法并点击了搜索候选词而直接进入搜狗搜索网站;二是用户在 360 手机浏览器和 UC 浏览器顶部栏中搜索时,因使用搜狗输入法并点击了搜索候选词而直接进入搜狗搜索网站。用户在两种情形下已经选定了搜索引擎,搜狗公司有意制造用户混淆,在输入法界面中不作显著搜索服务标识的情况下,以搜索候选词将用户引导至同样不体现明显标识的搜狗搜索结果页面,劫持本属于原告的搜索用户流量,故法院认定该行为系利用技术手段,通过影响用户选择的方式,妨碍了三案原告经营活动的正常运行,构成不正当竞争。

三、妨碍、破坏网络运行

(一)妨碍、破坏的理解

互联网不正当竞争行为在结果上必须"妨碍、破坏其他经营者合法提供的网络产品或者服务正常运行"。这包括 3 层含义:第一,他人网络产品或者服务具有合法性。第二,对他人产品或服务的影响是妨碍或破坏其正常运行。第三,妨碍或破坏的结果既可以是已经发生,也可以是具有发生的可能性。[③]

"妨碍、破坏"有两种解读,即作为手段抑或结果。作为结果的妨碍、破坏可以理解为竞争性损害,即"由市场竞争造成的损害",竞争性损害具有中性特征,[④]因为它是竞争的天然结果,属于市场竞争的常态,因而并不具备《反不正当

---

① 参见袁鹏飞:《〈反不正当竞争法〉互联网专条的适用问题研究——兼评"杭州迪火诉北京三快不正当竞争纠纷案"》,载《武汉交通职业学院学报》2021 年第 1 期。

② 一审北京市海淀区人民法院民事判决书,(2017)京 0108 民初 7967 号;二审北京知识产权法院民事判决书,(2019)京 73 民终 2312 号;北京市海淀区人民法院民事判决书,(2016)京 0108 民初 14003 号;北京市海淀区人民法院民事判决书,(2016)京 0108 民初 16044 号。

③ 参见焦海涛:《互联网不兼容行为的规制路径选择》,载《财经法学》2020 年第 5 期。

④ 参见孔祥俊:《论反不正当竞争的基本范式》,载《法学家》2018 年第 1 期。

竞争法》上的意义。有竞争必定有损害,但有损害不代表不正当竞争。

如二维火诉美团北京侵权案[①]中,北京知识产权法院认定,被告三快科技公司的“美团小白盒”插件实时监控原告收银系统,在用户点击美团悬浮窗或原告二维火系统的特定按钮时跳转到美团支付操作页面,中断原告二维火系统运行的行为,构成我国《反不正当竞争法》第 12 条规定的“妨碍、破坏其他经营者合法提供的网络产品或者服务正常运行的行为”。

但在二维火诉美团浙江侵权案[②]中,杭州市中级人民法院曾在诉讼当事人、诉讼标的、争议焦点与上述一案基本相同的案件中作出了截然相反的判决,认定被告上述行为不构成不正当竞争。需要注意的是,两案之间唯一的不同点仅在于诉讼范围的不同,杭州法院审理一案的诉请范围为杭州以内区域,而北京法院审理一案的诉请范围为杭州以外的国内其他区域,因此两家法院均认为不构成重复起诉。

对于虚假刷量行为,有法院认为虚假刷量会提交大量的交易请求,占用网络带宽影响相关数据的传输,导致原告需要提供更大的带宽、支出额外的流量费用,以及安排更多服务器来处理这些虚假交易流量,因此构成对经营者服务正常运营的“妨碍、破坏”。[③] 然而,同样是虚假刷量行为,另有法院认为刷量的行为结果并不是要妨碍或者破坏原告网站的运行,而是提升被刷量的视频热度,故不构成“妨碍、破坏”行为。[④] 导致法条适用不同的主要原因应当是对“妨碍、破坏”的认定存在分歧。

2017 年修订的《反不正当竞争法》中的“互联网专条”从两个方面规定了不兼容行为的认定方法:一是所有互联网新型不正当竞争行为的共同要件,包括行为方式和损害结果两方面内容,即经营者“利用技术手段,通过影响用户选择或者其他方式”,实施的行为会“妨碍、破坏其他经营者合法提供的网络产品或者服务正常运行”;二是不兼容行为的具体表现,即“恶意对其他经营者合法提供的网络产品或者服务实施不兼容”。

---

① 北京知识产权法院民事判决书,(2018)京 73 民初 960 号。

② 浙江省杭州市中级人民法院民事判决书,(2018)浙 01 民初 3166 号。

③ 参见重庆市第五中级人民法院民事判决书,(2020)渝 05 民初 3282 号。

④ 参见北京知识产权法院民事判决书,(2021)京 73 民终 313 号。

(二)正当和不正当

《反不正当竞争法》意义上的"正当"或"不正当"在立法、司法还是学理上都难以清楚界定,由于这个属于商业伦理范畴的概念,其内涵往往取决于一定时期一国的经济政策选择,在不同国家的不同时期,乃至不同的行业领域,商业行为的"正当"与否都会不断发生变化。① 在百度网讯诉搜狗科技案②中,一审法院在判决中认为"对于互联网环境下行为的正当性的判断应当以该竞争行为破坏了互联网环境中的公开、公平、公正的市场竞争秩序,从而引发恶性竞争或者具备这样的可能性为判断依据"。在互联网开放的环境下,后来者参与竞争不当然属于"不正当"的行为。只有在利用不法手段破坏、妨碍他人正常经营时才属于"不正当"的范畴。"互联网专条"所保护的法益是互联网领域的公平竞争秩序以及经营者的合法利益,所要规制的是利用不正当手段损害相关法益的行为。

例如,在"爱奇艺账号"不正当竞争纠纷案③中,关于被诉行为正当性认定时,法院认为:第一,从技术手段上看,被告利用流化技术将爱奇艺 VIP 账号分时段出租给涉案 App 的用户,使其无须向爱奇艺公司付费即可接受爱奇艺 VIP 视频服务,并通过技术手段在涉案 App 中添加"画质切换"等功能选项,对爱奇艺 App 中的"我的""泡泡"和播放设置等功能进行限制。第二,从主观过错上看,被告作为互联网行业的经营者,对于网络视频平台的经营方式和盈利模式应当知晓,亦应知晓爱奇艺公司为提供视频 VIP 服务付出了支付版权费、自制网络独播剧等经营成本;同时作为爱奇艺 VIP 付费会员,其对爱奇艺公司 VIP 付费制度也是明知的。第三,从行为可责性看,爱奇艺公司在《用户协议》《VIP 协议》中对爱奇艺 VIP 付费会员的使用行为进行了明确限制,即使用平台仅限于爱奇艺平台,禁止将 VIP 账号用以租用、借用、转让或售卖等商业经营之目的,而被告在涉案 App 中利用流化技术将爱奇艺 VIP 账号分时出租给普通用

---

① 参见李阁霞:《互联网不正当竞争行为分析——兼评〈反不正当竞争法〉中"互联网不正当竞争行为"条款》,载《知识产权》2018 年第 2 期。

② 一审北京市海淀区人民法院民事判决书,(2018)京 0108 民初 42023 号;二审北京知识产权法院民事判决书,(2019)京 73 民终 1675 号。

③ 北京市海淀区人民法院民事判决书,(2018)京 0108 民初 37522 号;二审北京知识产权法院民事判决书(2019)京 73 民终 3263 号。2020 年度北京法院知识产权司法保护十大案例之六、北京知识产权法院竞争垄断十大典型案例之五、最高人民法院反垄断和反不正当竞争典型案例之三。该案适用《反不正当竞争法》第 12 条。

户,显然破坏了爱奇艺公司基于自主经营权对 VIP 账号所做的限制;同时,被告通过技术手段在涉案 App 中添加“画质切换”等功能选项,对爱奇艺 App 中的“我的”“泡泡”和播放设置等功能进行限制,上述行为亦非基于通过对网络新技术的运用向社会提供新产品服务进而促进行业新发展的需要,具有不正当性和可责性。第四,从不当夺取交易机会或损害其他经营者合法利益方面看,一方面,被告通过被诉行为获得了直接经济利益及网络用户流量,增加了交易机会;另一方面,被告通过流化技术在涉案 App 中将爱奇艺 VIP 账号分时出租并对部分功能进行限制,使普通用户无须向爱奇艺公司支付 VIP 会员服务费而通过涉案 App 直接观看 VIP 视频资源,也会影响用户对爱奇艺 App 的服务评价或用户体验,不仅干扰了爱奇艺公司等视频网站的运营模式和盈利方式,也使得爱奇艺公司的交易机会、会员收入及用户流量等受到实质影响,直接损害了爱奇艺公司基于 VIP 视频服务所产生的经营收益,从长远看,也将逐步降低市场活力,破坏竞争秩序和机制并最终造成消费者福祉的减损。

(三)其他妨碍、破坏

“其他妨碍、破坏”行为的表述意味着“互联网专条”的兜底条款规制的行为类型应与前三项列举的行为具有较高的相似性,不能涵盖所有网络不正当竞争行为。以第三方插件屏蔽广告为例,屏蔽广告能否被认定为“其他妨碍、破坏”行为而受兜底条款规制,需要考虑该行为是否采取不正当的技术手段影响了用户的选择,被屏蔽的广告是否属于经营者为用户提供的产品或服务。安装插件用以屏蔽广告往往是用户自主选择的结果,并未受到他人的引诱、欺诈和强迫,广告也很难被认为是经营者为用户提供的产品或服务。显然,此类案件难以适用“互联网专条”的兜底条款,司法实践也多采用一般条款进行处理。①

在猎豹浏览器广告过滤不正当竞争纠纷案中,通过技术分析可以发现,猎豹浏览器在屏蔽优酷视频贴片广告的过程中,并未对优酷视频的源代码进行直接修改,其只提供了技术工具供消费者选择而并非主动使用,将其不加判断地直接认定为造成了不良的市场效果,显然有悖自由竞争精神和《反不正当竞争法》的基本理念。②

① 参见袁鹏飞:《〈反不正当竞争法〉互联网专条的适用问题研究——兼评“杭州迪火诉北京三快不正当竞争纠纷案”》,载《武汉交通职业学院学报》2021 年第 1 期。

② 参见黄武双、刘建臣:《中美屏蔽网页广告行为法律规制比较》,载《竞争政策研究》2015 年第 1 期。

四、强迫的解读

《反不正当竞争法》的“互联网专条”第2款第2项规定:“误导、欺骗、强迫用户修改、关闭、卸载其他经营者合法提供的网络产品或者服务。”其中“强迫”的通常语义是指违背相对方的意志。但这样就涵盖了《反垄断法》中的拒绝交易行为。只有将“强迫”限缩解释为“具有市场力量的企业的强迫”或者“排除、限制竞争意义上的强迫”,才能够引入市场力量要素,避免以《反不正当竞争法》的构成要件来分析拒绝交易行为。

五、恶意的认定

(一)《反不正当竞争法》修订与恶意

2017年《反不正当竞争法》修订前,部分案件中就已有法院基于当事人的主观恶意作为判定行为不正当性的标准,但是,该标准未在一般条款中得到直接体现。在新增加的“互联网专条”第2款第3项中,明确将“恶意”这一主观要素作为判定行为不正当性的依据,这意味着主观要素被《反不正当竞争法》明确纳入部分不正当行为的构成要件之中。不仅如此,在国家市场监督管理总局印发的《禁止网络不正当竞争行为规定(公开征求意见稿)》第12条、第13条、第15条以及第16条中也将“恶意”等主观要素作为认定行为不正当性的标准。① 普通侵权行为的成立,仅要求行为人主观上有“过错”,我国《反不正当竞争法》禁止的不兼容,则要求行为人主观上必须达到“恶意”的程度,“恶意”显然是比“过错”(故意和过失)更严格的主观恶性要求;②到了《反垄断法》中,认定不兼容行为构成垄断,通常还要求行为人必须具有市场支配地位,这又比《反不正当

---

① 参见陈兵:《互联网新型不正当竞争行为法律适用疑难问题及完善》,载《法治研究》2021年第6期。

② 《反不正当竞争法》对什么是“恶意”没有解释,但我国《商标法》多处提及“恶意”,如“恶意侵犯商标专用权”。对这里的“恶意”,大多学者认为是比“故意”更高的主观要求。例如,有学者认为,仅仅“故意”或者说明知侵权而为之,尚不足以构成“恶意”,“恶意”只针对造成严重后果的、具有较大“主观恶性”的侵权人。参见罗莉:《论惩罚性赔偿在知识产权法中的引进及实施》,载《法学》2014年第4期。相似观点还如:“恶意”指居心不良而“故意”是指存心、有意识的,两者皆表明当事人主观上明知某事不能为而为之,但“恶意”一词多了动机不良的意味,在道德上更值谴责;商标侵权虽采用过错责任原则,但实际上大多数侵权人均有侵权的“故意”,然而是否到达“恶意”的程度,则不一定。因此“恶意”在主观上的严重程度应高于“故意”。参见张红:《恶意侵犯商标权之惩罚性赔偿》,载《法商研究》2019年第4期。转引自焦海涛:《互联网不兼容行为的规制路径选择》,载《财经法学》2020年第5期。

竞争法》的要求更严。

(二)恶意的起源

工业和信息化部2011年发布的《规范互联网信息服务市场秩序若干规定》第5条[①]把恶意干扰、恶意不兼容等行为称为“恶意”。中国互联网协会2011年发布的《互联网终端软件服务行业自律公约》第17条至第19条采用了同样的提法。该公约指出,“终端软件在运行中由于技术原因可能产生冲突的,应当尊重用户的自主选择权”,但互联网企业不能实施“恶意排斥”行为。所谓“恶意排斥”,是指“某款终端软件在设计、安装、运行过程中,无正当理由,故意给其他合法终端软件设置障碍,妨碍用户安装或者使用其他合法终端软件”。2013年《互联网终端安全服务自律公约》将“恶意排斥”扩展到安全服务领域,即“互联网终端安全服务产品在设计、安装、运行过程中,无正当理由,故意给其他合法产品设置障碍,妨碍用户安装或者使用其他合法产品的行为”。

有观点认为,2017年修订的《反不正当竞争法》第12条“恶意对其他经营者合法提供的网络产品或者服务实施不兼容”,成为典型的互联网新型不正当竞争行为之一。该条文实际延续《规范互联网信息服务市场秩序若干规定》中的思路,只禁止“妨碍、破坏其他经营者合法提供的网络产品或者服务正常运行”的“恶意不兼容”。这体现法律规制的谨慎态度,即只会干预那些主观上达到“恶意”程度的不兼容行为。[②]

(三)恶意的解释

《反不正当竞争法》第12条第2款第3项规定:“恶意对其他经营者合法提供的网络产品或者服务实施不兼容。”此处规定的“恶意”很难进行限缩解释。一方面在于恶意是从民事法律中引入的概念,本身的概念就极为模糊。[③] 另一

---

① 该条规定:“互联网信息服务提供者不得实施下列侵犯其他互联网信息服务提供者合法权益的行为:(一)恶意干扰用户终端上其他互联网信息服务提供者的服务,或者恶意干扰与互联网信息服务相关的软件等产品(‘与互联网信息服务相关的软件等产品’以下简称‘产品’)的下载、安装、运行和升级;(二)捏造、散布虚假事实损害其他互联网信息服务提供者的合法权益,或者诋毁其他互联网信息服务提供者的服务或者产品;(三)恶意对其他互联网信息服务提供者的服务或者产品实施不兼容;(四)欺骗、误导或者强迫用户使用或者不使用其他互联网信息服务提供者的服务或者产品;(五)恶意修改或者欺骗、误导、强迫用户修改其他互联网信息服务提供者的服务或者产品参数;(六)其他违反国家法律规定,侵犯其他互联网信息服务提供者合法权益的行为。”

② 参见焦海涛:《互联网不兼容行为的规制路径选择》,载《财经法学》2020年第5期。

③ 参见程子薇:《域名纠纷中恶意概念的体系化解读》,载《学术界》2014年第8期。

方面在于现代反垄断法通常不考虑主观状态，而关注对竞争的实际影响。因此，将“不兼容”作为限缩解释的对象更为合适，即将“不兼容”限缩解释为“具有排除、限制竞争效果的不兼容”。同样的方法还可以适用于《电子商务法》第35条。将该条中的“不合理”等术语限缩于“排除、限制竞争效果的不合理”。[①]但在法律语境下主要观点认为“恶意”仅包含“故意”，不涉及“过失”，否则对双方当事人的权益保护都将产生威胁，但也有人认为“重大过失”也可归为“恶意”，以体现尽到合理注意义务的重要性。

“互联网专条”中的“恶意”大致可以解释为两个方面的内容：一是认知上的“恶意”，即行为人对不兼容处于“知情”状态，这里的“知情”通常还要求必须是“故意”，“过失”一般称不上“恶意”；二是意图上的“恶意”，即行为人实施不兼容就是为了追求一个不正当的目的，主要指的就是为“妨碍、破坏其他经营者合法提供的网络产品或者服务正常运行”。实践中，“恶意”的认定只能基于个案，并体现为一个客观化的过程，即并非真的探究行为人的主观状态，而是通过判断不兼容行为的具体属性、行为人及其竞争对手的行为表现，最终以客观证据来证明行为人存在“恶意”。必要时，也可以基于客观事实先行推定行为人存在“恶意”，然后由其反证自己不存在“恶意”。[②]

就法律规定的语境和行为本身的性质而言，“恶意不兼容”中的“恶意”不应当与“故意”画等号。首先，“恶意”包含故意，故意是“恶意”的首要含义，无故意即无“恶意”。其次，“恶意”还包括故意以外的恶性，即《反不正当竞争法》意义上的可谴责性。[③] 一般而言，是否与他人产品或者服务兼容属于自由竞争的范畴，决定与其他经营者的产品或者服务兼容，也是经营者出于市场利益最大化而进行的自愿选择，而非出于法律强制。[④] 只有经营者没有正当理由，以不兼容的行为排除、限制竞争，才为竞争法所调整。反观恶意不兼容条款，它将判定标准放在“恶意”这样的泛道德化主观评价上，而忽略了“恶意不兼容”发生的市场环境及对市场竞争的实际影响，背离了竞争法规制拒绝交易行为应有的

---

① 参见李剑：《被规避的反垄断法》，载《当代法学》2021年第3期。

② 参见焦海涛：《互联网不兼容行为的规制路径选择》，载《财经法学》2020年第5期。

③ 参见孔祥俊：《网络恶意不兼容的法律构造与规制逻辑——基于〈反不正当竞争法〉互联网专条的展开》，载《现代法学》2021年第5期。

④ 参见孔祥俊：《论新修订反不正当竞争法的时代精神》，载《东方法学》2018年第1期。

制度逻辑和审慎立场。更为严重的是，恶意不兼容条款模糊了《反不正当竞争法》与《反垄断法》的界限，极易引起法律适用上的混乱。比如，在聪明狗与淘宝不正当竞争纠纷案①中，司法者把论证重点放在天猫、淘宝公司在浏览器市场有无支配地位上，然而经营者具有市场支配地位属于《反垄断法》上拒绝交易行为的构成要件。

（四）恶意的司法实践

司法实践强调从两个方面判断是否具有“恶意”，一是当事人的正常认知能否意识到其提起的诉讼没有法律依据或者事实依据。二是动机是否正当，是否主要是以损害他人为目的。在盛丰公司诉张某等申请诉中财产保全损害责任纠纷案②中，甘肃省高级人民法院还特别说明了，“结合当事人长期从事商事活动，其具有商主体的身份，其自身的审慎程度和注意义务应当高于一般个人”。该观点实际上加重了商事主体的注意义务，降低了维权一方的证明标准。

在线下环境中，一般将没有权利并主张权利的行为，直接认定为恶意。如在拜耳与李某等恶意抢注商标并投诉不正当竞争案③中，法院认定被告注册的涉案商标是对原告享有在先著作权作品主要部分的抄袭，在涉案商标核准注册后，被告亦未实际使用，而是针对原告销售使用涉案作品的商品发起大量投诉，以期获利。法院结合被告“囤积商标”“海量投诉”的行为，认定其“商标恶意抢注”及“恶意投诉”等行为并非基于诚实劳动而获利，而是攫取他人在先取得的成果及积累的商誉，属于典型的不劳而获行为，该种通过侵害他人在先权利而恶意取得、行使商标权的行为，违反了诚实信用原则，扰乱了市场的正常竞争秩序，构成不正当竞争行为，最终判决被告赔偿经济损失70万元。

---

① 一审北京市海淀区人民法院民事判决书，（2016）京0108民初9422号；二审北京知识产权法院民事判决书，（2019）京73民终1105号。

② 甘肃省高级人民法院民事判决书，（2020）甘民终211号。

③ 一审杭州市余杭区人民法院民事判决书，（2017）浙0110民初18627号；二审杭州市中级人民法院民事判决书，（2018）浙01民终4546号。浙江省高院2018年度十大知识产权案件之五、杭州法院知识产权司法保护十大案例之四（2018年）。

第三节 “互联网专条”司法规制

一、“互联网专条”适用条件

（一）“互联网专条”适用低

2017年修法之后增加了“互联网专条”，即第12条，互联网反不正当竞争案自2018年1月1日起适用《反不正当竞争法》第12条，而非第2条来解决。[①]自2017年修订的《反不正当竞争法》确立以来，几乎少有法院援引“互联网专条”审理案件。据学者统计，截至2019年5月底，仅有4份适用2017年修订的《反不正当竞争法》第12条进行判决的新型互联网不正当竞争案件判决书，其中2份还是同一案件的一审和二审判决书。[②]

（二）“互联网专条”规制条件

适用“互联网专条”予以规制的行为应满足以下4个条件：第一，行为手段应为利用网络技术手段。这是与第2章所规定的混淆、虚假宣传、商业诋毁等其他类型不正当竞争相区别的显著特征。第二，行为方式应为通过影响用户选择或者其他方式。具体可包括误导、欺骗、强迫以及其他类似方式，特点是违背用户的真实意愿，不当干扰其自主选择。第三，行为目标应是他人合法提供的网络产品或者服务。此为否定被诉行为合法性的重要条件，以区别于查杀病毒等同为利用技术手段实施的正当行为。第四，行为结果应是妨碍、破坏他人上述产品或服务的正常运行。这里所说的正常运行，应当包括产品或服务的安装、设置、升级以及相关功能正常、稳定的运转、实现等各个方面。[③]

在2017年修订的《反不正当竞争法》实施之后，“互联网专条”理应替代一般条款在互联网不正当竞争案件中进行适用，但法院却形成了“互联网专条”运

---

① 参见国瀚文：《中国新〈反不正当竞争法〉的司法适用——基于“互联网专条”的分析与实践》，载《商业研究》2019年第3期。

② 参见苏成子：《〈反不正当竞争法〉“互联网专条”兜底条款的构成要件研究——以网络空间的架构为切入点》，载《知识产权与市场竞争研究》2020年第1期。

③ 参见北京市海淀区人民法院课题组等：《涉网络不正当竞争纠纷的法律适用问题研究——以知识产权司法保护推动营商环境优化为视角》，载《中国应用法学》2020年第2期。

用的不同立场。在第三方插件行为的不正当竞争的典型案例中，就存在三种立场：径直适用一般条款[①]；从“互联网专条”字面意义出发分析[②]；将一般条款的认定标准嵌套入“互联网专条”之下说理[③]。

随着传统经济转型，信息技术和数字技术的大范围适用，产品或服务贸易都将或多或少带上“互联网”的痕迹，一方面，若仅因某一竞争行为涉及互联网就笼统地将其纳入“互联网专条”的规制范畴，易导致该条款不适当地膨胀。另一方面，某一竞争行为也不因“利用网络从事生产经营活动”就必然落入《反不正当竞争法》第 12 条的规制范畴，应当着眼于该行为是否满足其第 12 条第 2 款的构成要件进行综合评价。[④]

嘉兴市中级人民法院知识产权审判庭庭长徐瑾认为应审慎适用“互联网专条”，并建议从两个层面区分适用该条款。第一个层面是对条文具体条款或字句不应太过拘泥于文字的含义，可以适当的从宽解释。第二个层面是在判定是否构成不正当竞争行为时，应结合《反不正当竞争法》一般条款的规定进行限缩解释，严格界定适用范围，防止不恰当的扩大适用，坚持公权力对自由竞争行为的谦抑理念。[⑤]

二、“互联网专条”适用方法

“互联网专条”在司法实践中的适用方法存在单独适用、与一般条款重叠适用、多条款同时适用情形，本节介绍不足的地方，可参照本章第 4 节和第 6 节的详细介绍。

（一）“互联网专条”单独规制

2017 年修订的《反不正当竞争法》“互联网专条”用以专门规制在“修订前时代”无法适用具体条款的互联网新型不正当竞争行为。已经有法院开始探索使用“互联网专条”对原先使用一般条款进行裁判的屏蔽行为案件进行了审理，

---

① 江苏省高级人民法院民事判决书，（2019）苏民终 778 号。

② 深圳市南山区人民法院民事判决书，（2019）粤 0305 民初 15313 号。

③ 北京知识产权法院民事判决书，（2020）京 73 民终 49 号。

④ 参见苏成子：《〈反不正当竞争法〉“互联网专条”兜底条款的构成要件研究——以网络空间的架构为切入点》，载《知识产权与市场竞争研究》2020 年第 1 期。

⑤ 王晗：《三知论坛实录专题三：网络干扰类不正当竞争行为的规制》，载微信公众号“知产力”2020 年 12 月 9 日，https://mp. weixin. qq. com/s/Clj8Nk3uROQeVdiWIvVREQ。

运用《反不正当竞争法》第 12 条第 4 款的兜底性条款对屏蔽行为予以规制，认为屏蔽行为在本质上属于利用技术手段破坏其他经营者提供的网络产品或服务的正常运行。[①] 申言之，进入"修订后时代"，对于屏蔽行为的规制从"修订前时代"的一般条款正过渡至"互联网专条"的"兜底条款"。当然，这一过程走得并不顺利，仍需不断优化和改善现行《反不正当竞争法》第 2 条一般条款与第 12 条"互联网专条"之间的关系。[②]

在博盛景公司擅自赠送视频会员权限不正当竞争纠纷案中，法院认为，涉案软件通过技术手段，破坏了爱奇艺网提供的视频服务的正常运行，减损爱奇艺公司本可通过广告或 VIP 会员获得的收入，违反了《反不正当竞争法》第 12 条之规定。对于博盛景公司通过涉案店铺向购买涉案商品的用户提供涉案软件影视会员激活码的行为，结合其在涉案商品界面的宣传、客服人员的回复内容以及其多次购买涉案软件激活码的记录，博盛景公司应知该软件具有屏蔽视频广告功能，但其仍然购买涉案软件的会员激活码并向其店铺消费者提供；据此，在前述认定涉案软件的开发运营行为违反了《反不正当竞争法》第 12 条规定的基础上，即便博盛景公司并非涉案软件开发者，其亦与该案外人存在合作等特定关系，应当就上述被诉行为承担相应的法律责任。因该行为已适用《反不正当竞争法》第 12 条进行评判，故对爱奇艺公司主张该行为同时违反该法第 2 条之主张，一审法院不再支持。

（二）类型化条文优先

《反不正当竞争法》类型化条文应当优先于"互联网专条"而适用。未确定优先级，则易导致类案法律适用不一致的情形，例如同为虚增人气，爱奇艺诉飞益科技刷量案径直适用了"互联网专条"，腾讯诉杨某直播刷人气案[③]则同时适用"虚假宣传"和"互联网专条"。类型化标准的不统一是条文竞合的根本症结所在，但法律框架既定，法律实施所需考虑的是法律适用的协调，为此，在涉互联网不正当竞争案件中，当互联网不正当竞争行为存在满足其他类型化条文适

① 参见优酷诉深圳乐播不正当竞争纠纷案，一审北京市海淀区人民法院民事判决书，(2018) 京 0108 民初 13867 号；二审北京知识产权法院民事判决书，(2020) 京 73 民终 1556 号。

② 参见陈兵、徐文：《优化〈反不正当竞争法〉一般条款与互联网专条的司法适用》，载《天津法学》2019 年第 3 期。

③ 浙江省杭州市余杭区人民法院民事判决书，(2020) 浙 0110 民初 6257 号。

用条件的可能性时，类型化条文应当优先适用，“互联网专条”则应当垫后适用。[1]

（三）“互联网专条”条款选择

在“数据精灵”不正当竞争纠纷案[2]中，法院认为，被告方研发、推广、兜售“数据精灵”软件包构成对原告的不正当竞争，理由如下：被告方研发“数据精灵”软件包并将其13项特殊功能与原告微信服务形成交互关系，被告方的行为会大量增加原告微信服务的数据量和数据流，进而导致原告微信服务器的运营负担加大，为保持微信服务器运营的稳定性，原告显然会加大微信服务器的运营投入，从而给原告造成经济损失。

原告微信服务最主要的功能是社交的功能，总结被告方“数据精灵”软件包的这13项功能，最主要是为了满足用户快速和超大范围发布信息，从而极易诱使用户群发商品或服务广告，如此一来，被告的行为会导致原告微信服务充斥数据精灵用户发布的各类商业广告，这会降低原告微信用户的用户体验；同时，被告的行为会造成原告微信用户误以为这是原告的行为，从而导致原告微信用户对微信服务产生不满，进而损害原告微信服务的商誉。

针对“数据精灵”用户在原告微信服务中发布的各类信息，原告可能会收到越来越多微信用户的投诉，原告为应对与处理微信用户投诉，会投入成本解决这些问题，从而导致运营成本增加。因此，法院根据《反不正当竞争法》第12条第1款、第2款第4项判决被告停止侵权、刊登致歉声明，消除影响，赔偿经济损失及必要合理维权费用500万元。

三、举证责任

（一）原告承担举证责任

“互联网专条”第2款前3项的类型化规定过于限定，许多新型不正当竞争行为难以归入其中。同时，由于“兜底条款”中对“妨碍、破坏”“正常运行”等的

---

① 参见尹玉涵：《“互联网专条”的适用探析——以第三方插件行为的不正当竞争定性为视角》，载《吉林工商学院学报》2020年第6期。

② 一审广东省深圳市中级人民法院民事判决书，(2017)粤03民初773号；二审广东省高级人民法院民事判决书，(2019)粤民终2093号。2020年度广东省知识产权审判十大案件、最高人民法院互联网十大典型案例之十(2021年)。

描述具有模糊性和抽象性，无明确的构成要件，致使其可操作性较弱。以爱奇艺诉触媒公司刷量案[①]为例，法院认为原告无法证明触媒公司刷量行为是通过人工手段还是技术手段，且刷量行为的结果并不是要妨碍或者破坏爱奇艺公司网站的运行，而仅是提升被刷量的视频热度，因此不适用"互联网专条"。可见在实践中，"互联网专条"的适用门槛主要体现在：一要证明行为实施是否利用技术手段，二要证明行为"妨碍、破坏"经营者提供的产品或服务的正常运营。由于互联网技术手段具有技术性和隐蔽性的特征，部分技术所运用的算法甚至能够模仿普通消费者的操作规律，使原告面临较大的举证困难。[②]

在腾讯诉"5G芝麻"云游戏平台侵害著作权及不正当竞争纠纷案[③]中，腾讯公司主张祺韵公司针对涉案5款网络游戏分别推出了"跑跑卡丁车手游""逆战加速器""DNF金币""DNF加速器"等游戏外功能，且限定游戏用户体验时间、限定登录画质，影响了游戏的正常运行，违反了《反不正当竞争法》第12条第2款第4项的规定。法院审理认为，云游戏平台是随着5G技术发展产生的新的游戏传播方式，在游戏的传播过程中，云游戏平台的经营者为了自身生存和发展的需要，必然会围绕游戏运行推出相关的商业措施。这些商业措施是否妨碍、破坏了腾讯公司网络游戏的正常运行，扰乱了市场竞争秩序，损害了消费者的利益，应当由腾讯公司举证。但是，腾讯公司对会造成用户游戏体验感的下降及增加协助用户进行游戏账号验证和解除冻结等成本的主张，仅有其单方陈述而未提供证据证明，故无法证明造成扰乱市场竞争秩序，损害消费者利益的损害结果。因此对于腾讯公司的该项主张不予支持。

（二）抗辩的举证责任

在考拉公司微信诱导分享不正当竞争案中，法院认为，"拦截投诉"系考拉公司明知其行为的不正当性，而恶意开发的对抗微信平台禁止、清理行为的辅助手段，考拉公司虽称其销售的裂变系列软件中，并未实际开发"拦截投诉"功

① 一审北京市海淀区人民法院民事判决书，(2019)京0108民初28014号；二审北京知识产权法院民事判决书，(2021)京73民终313号。

② 参见陈兵：《互联网新型不正当竞争行为法律适用疑难问题及完善》，载《法治研究》2021年第6期。

③ 广州互联网法院民事判决书，(2020)粤0192民初20405号。2021年度广东法院知识产权司法保护十大案件之九、2021年度广州知识产权法院十大典型案例之五。

能，但其未能就此举证予以证明，故法院对考拉公司的抗辩意见不予采信。在认定是否“抓取用户个人信息行为”时法院认为，随着信息化的不断深入发展，用户个人信息安全问题越来越受到人们的关注和重视，在未获个人授权情况下，任何单位、个人均不能抓取用户个人信息。该案中，从原告举证情况来看，登录“小裂变”程序后，可显示并导出微信平台用户的头像、昵称、OpenID、用户级别、邀请人数等信息。考拉公司虽称上述用户信息均系用户授权同意后取得，其仅提供数据分析软件，但未能就此进行举证，且上述信息均存储于考拉公司运营的“小裂变”网站后台，亦超出用户授权范围，明显具有不正当性。

在擅自抓取微博后台数据不正当竞争案中，“鹰击系统中展示的新浪微博发布时间较之微博平台前端的发布时间更为精确；微博平台用户发布微博后自行删除或因其他原因被删除的微博，用户即便在登录状态下亦无权限查看，但这部分数据却可在鹰击系统中得到展示”。通过上述细节，可以初步判断鹰击系统并不是简单抓取了新浪微博的前端公开数据。在鹰击系统经营者无法作出合理解释并提交证据证明的情况下，法院支持了新浪微博提出的鹰击系统抓取非公开数据的主张。

（三）举证责任的转移

在抖音诉小葫芦直播数据抓取案中，法院认为，利用技术手段获取数据具有隐蔽性，数据运营方难以掌握数据获取方通过何种手段获取数据的直接证据，而数据获取方对此清楚知晓且掌握其自身使用该种技术手段的证据。因此，在数据运营方已经穷尽所有其所能掌握的证明材料，初步证明数据获取方采用不当技术手段获取其数据的高度可能性时，应当由数据获取方就此给出合理解释并提供相应证据证明。本案中，根据六界公司的自述，六界公司“利用技术手段”获取抖音直播间数据当无疑问。尽管并无在案证据显示六界公司系通过突破微播公司技术防护措施直接从其后台抓取涉案数据，但就具体通过何种技术手段获取直播间数据，六界公司并未给出令人信服的说明。诉讼过程中，六界公司陈述系通过真机或虚拟机的方式进入抖音直播间，用预设程序操控真机或虚拟机以拟人自动化操作方式不断轮巡直播间并截图，并通过 OCR 技术识别截图中信息，以此整理、计算得出涉案数据。首先，就每个直播间的轮巡周期，六界公司在现场勘验时陈述为 5 ~ 15 分钟轮巡一次，每出现一个新的页面就会截图 1 张，但在第二次庭审中，又陈述约为 1 小时轮巡一次，每次轮巡截图

1 张,其陈述存在前后矛盾。其次,关于 OCR 识别技术,六界公司陈述系运用自研 OCR 识别技术与百度 OCR 识别技术相结合的方式。如按照每日 5000 个主播,每个直播间 5 分钟轮巡一次的频率,即使每次轮巡只截图 1 张(实际按照六界公司陈述应为每出现一个新的画面截图 1 张),则每日产生的截图数量为 144 万张;按照每个直播间 15 分钟轮巡一次的频率,则每日产生的截图数量为 48 万张,在六界公司自述自研 OCR 能够每日识别约十几万张截图而百度 OCR 每日免费调用次数有限的情况下,六界公司如何通过自研 OCR + 百度 OCR 识别技术处理该些截图,无法给出合理说明,且六界公司并未提供任何在被控行为发生期间调用百度 OCR 的有效证据。最后,将小葫芦官网上显示的主播某场直播收入与微播公司后台数据对比,偏差较小,如按六界公司陈述系按每个直播间约 1 小时轮巡一次,每次轮巡截图 1 张的频率,如何实现该种数据的精确度,六界公司无法给出合理说明。就以上事实,六界公司均无法给出合理解释,六界公司辩称其获取数据方式合法合理,难以令人信服。

四、第三方插件法律适用

第三方插件的行为外观不同,法律适用不统一,故“互联网专条”在第三方插件侵权案例中适用的空间及路径有待明确。就法律适用的顺序而言,《反不正当竞争法》其他类型化条文优先于“互联网专条”适用,而“互联网专条”优先于一般条款适用。就法律适用的路径而言,与一般条款的适用原理相似,“互联网专条”需要借助其定义与兜底条款中“妨碍、破坏”的解释以获取裁量空间,进行具体情境下的利益衡量,结合类案中的总结和条文本身未能阐明的司法规则进行第三方插件案涉行为的不正当竞争定性。①

有研究者针对第三方插件外观和原理,认为存在以下几种类型:(1)规则舞弊。第三方插件通过虚拟服务器虚拟行为瞒过平台,但本身并未对平台功能进行直接修改或改变相应规则要求。如爱奇艺诉飞益科技刷量案、“一起来捉妖”虚拟定位插件不正当竞争案皆属于此种行为。(2)修改功能。第三方插件通过阻止或修改平台运行指令,对于平台的特定功能进行修改。视频平台的广告屏

---

① 参见尹玉涵:《“互联网专条”的适用探析——以第三方插件行为的不正当竞争定性为视角》,载《吉林工商学院学报》2020 年第 6 期。

蔽是其中典型,“360 扣扣保镖”的软件功能修改也属于这类行为。这类行为也会发生于非付费环节,针对特定功能进行修改,当修改涉及其他用户时,产生相应的影响不可避免,如“彩虹显”使他人在腾讯 QQ 中设置的隐身效果失效。(3)功能叠加。第三方插件依附于平台界面上嵌套己方软件的功能,但不阻碍平台正常实现原有功能。这类行为常见于搜索引擎平台的搜索界面更改,如“MySearch”篡改搜索词条和“360 安全卫士”在搜索界面插标警告。这类软件在整体上属于独立运营的软件,但针对特定平台进行的功能开发与第三方插件在运营的内在逻辑上是一致的。如果功能叠加属于平台规则未涉及的领域,则存在较大的争议;如果功能属于平台规则允许的行为则不存在侵权之虞,如“美团收款”在二维火软件上的功能叠加就被法院认定为合法行为(见表 6)。①

表 6 历年来第三方插件不正当竞争典型民事案件的梳理

案件名称	涉案行为	裁判结果	裁判文书
百度诉珠穆朗玛搜索引擎修改案	“MySearch”软件在百度搜索页面上增加搜索导航的链接、缩略图及非本网站信息等内容	侵犯著作权;根据《反不正当竞争法》第 2 条,构成不正当竞争	北京市第一中级人民法院民事判决书,(2005)一中民初字第 5456 号
腾讯诉虹连社交软件隐身功能修改案	“彩虹显”软件显示腾讯 QQ 隐身网友和 IP 地址	侵犯著作权中的修改权;根据《反不正当竞争法》第 2 条,构成不正当竞争	武汉市中级人民法院民事判决书,(2011)武知终字第 6 号
腾讯诉“360 扣扣保镖”社交软件广告、隐私功能修改案	“360 扣扣保镖”屏蔽、修改腾讯 QQ 软件广告推送、隐私查看等	根据《反不正当竞争法》第 2 条、第 14 条,构成不正当竞争	最高人民法院民事判决书,(2013)民三终字第 5 号
百度诉 360 安全卫士搜索引擎插标、警示案	360 安全卫士在百度搜索界面上插上警示标志、向其自己运营的网站与软件导流	根据《反不正当竞争法》第 2 条,构成不正当竞争	北京市高级人民法院民事判决书,(2013)高民终字第 2352 号

① 参见尹玉涵:《“互联网专条”的适用探析——以第三方插件行为的不正当竞争定性为视角》,载《吉林工商学院学报》2020 年第 6 期。

续表

案件名称	涉案行为	裁判结果	裁判文书
爱奇艺诉大摩网络视频广告过滤案	“Adsafe”净网大师软件屏蔽爱奇艺视频的广告	根据《反不正当竞争法》第2条，构成不正当竞争	上海知识产权法院民事判决书，(2016)沪73民终33号
爱奇艺诉飞流网络视频刷量案	“飞流网”网站与“柠檬”挂机软件在爱奇艺上制造视频的虚假访问量	根据《反不正当竞争法》第12条，构成不正当竞争	常州市中级人民法院民事判决书，(2018)苏04民初51号
腾讯诉陈某游戏软件免费定位提供案	“捉妖定位助手”游戏外挂帮助玩家篡改腾讯“一起来捉妖”真实地理位置	根据《反不正当竞争法》第2条，构成不正当竞争	深圳市南山区人民法院民事判决书，(2019)粤0305民初15313号
腾讯诉世界星辉视频广告过滤案	“世界之窗”浏览器过滤腾讯片头广告	根据《反不正当竞争法》第2条，构成不正当竞争	北京知识产权法院民事判决书，(2018)京73民终558号
优酷诉万凯达视频广告过滤和VIP片源泄露案	“电视控”软件过滤优酷片头广告并使用户可以观看VIP片源	根据《反不正当竞争法》第12条，构成不正当竞争	北京知识产权法院民事判决书，(2020)京73民终49号
迪火科技诉三快科技支付软件植入案	“美团收款”在“二维火收银”应用允许的范围内，通过自身的设置实现与“二维火收银”的对接	根据《反不正当竞争法》第2条、第12条，不构成不正当竞争	杭州市中级人民法院民事判决书，(2018)浙01民初3166号
陆金所诉陆智投优先抢购功能提供案	“陆智投”抢购服务帮助用户抢购陆金所平台的债权转让产品	根据《反不正当竞争法》第2条，构成不正当竞争	上海市浦东新区人民法院民事判决书，(2019)沪0115民初11133号
腾讯诉杨某直播刷人气案	模拟“企鹅电竞”真实用户在企鹅电竞直播平台为主播刷直播观看量、涨粉、评论	根据《反不正当竞争法》第8条、第12条，构成不正当竞争	杭州市余杭区人民法院民事判决书，(2020)浙0110民初6257号

资料来源：尹玉涵：《“互联网专条”的适用探析——以第三方插件行为的不正当竞争定性为视角》，载《吉林工商学院学报》2020年第6期。

在第三方插件的侵权案件中，《反不正当竞争法》第2条具有极强的连续性。与其他新型互联网不正当竞争案件相同，2017年修订的《反不正当竞争法》正式实施之前，法院皆根据《反不正当竞争法》第2条的标准评估行为的不正当性，从“公认的商业道德”和“诚实信用原则”着手，进而讨论经营者、消费者以及市场竞争秩序的损益,对行为进行认定[①],也即法院会根据社会变迁的情况为“商业道德”“诚实信用”等规范赋予不同的内涵,使之适应社会变迁[②]。而在2017年修订的《反不正当竞争法》实施之后,“互联网专条”理应替代一般条款在互联网不正当竞争案件中进行适用,但法院却形成了“互联网专条”运用的不同立场。仅在前述列举的典型案例中,就存在3种立场:径直适用一般条款[③];从“互联网专条”字面意义出发分析[④];将“一般条款”的认定标准嵌套入“互联网专条”之下说理[⑤]。

第四节 “互联网专条”兜底条款

一、兜底条款的作用

《反不正当竞争法》第12条第2款第4项是“互联网专条”中专门设置的兜底性条款,纳入该条的原因在于“互联网技术及商业模式发展变化很快,很难将可能出现的不正当竞争行为列举穷尽,建议增加概括规定和兜底条款”。[⑥] “互联网专条”兜底条款的3个构成要件分别是“利用技术手段”“影响用户选择”“妨碍、破坏网络产品或服务正常运行”。

兜底条款一定程度上赋予了法官自由裁量的权力,在立法部门对兜底条款进行完善或解释之前,有关部门应保持谦抑、审慎的态度,既要防止兜底条款的规制范围被不当扩大,也要防止兜底条款形同虚设。在强调市场为主,政策为辅的经济背景之下,兜底条款的适用也应坚持市场优先原则。能够通过市场调

---

① 参见王红霞、尹玉涵:《互联网新型不正当竞争行为的司法认定——兼论新修〈反不正当竞争法〉的适用》,载《电子知识产权》2018年第11期。

② 参见宋亚辉:《网络干扰行为的竞争法规制——“非公益必要不干扰原则”的检讨与修正》,载《法商研究》2017年第4期。

③ 常州市中级人民法院民事判决书,(2018)苏04民初51号;二审江苏省高级人民法院民事判决书,(2019)苏民终778号。

④ 深圳市南山区人民法院民事判决书,(2019)粤0305民初15313号。

⑤ 一审北京市海淀区人民法院民事判决书,(2018)京0108民初22587号;二审北京知识产权法院民事判决书,(2020)京73民终49号。

⑥ 全国人民代表大会法律委员会《关于〈中华人民共和国反不正当竞争法(修订草案)〉修改情况的汇报》。

节的行为应尽可能交给市场去解决，从而实现资源优化配置和效率最大化，只有那些市场自身不能解决的问题，才有必要通过法律加以干预。① 在二维火诉美团浙江侵权案中，法院认定被告的行为不构成不正当竞争。判决书中对该案的法律适用也做了进一步总结，被告插件现已无法安装至原告的系统中，可见原告的诉请完全可以通过技术手段实现。对于通过技术手段即可实现控制的行为，法律理应保持一定谦抑。《反不正当竞争法》所追求的公平本身也是效率基础上的公平，将涉案行为留给技术路径解决既符合效率原则，亦不违反《反不正当竞争法》语境下的公平原则。

2017 年修订的《反不正当竞争法》出台后，对“互联网专条”第 2 款前 3 项的适用确实在实践中发挥了规制典型网络不正当竞争行为的作用，一定程度上实现了立法目的。但正是由于上述 3 项规定的内容均是对以往典型案例中裁判思路的肯定和提炼，具有很强的针对性，从而也很可能促使相关市场主体“按图索骥”式地调整竞争模式，令其行为的表现形式在改头换面后难以被纳入第 2 款前 3 项范围内，从而间接导致对诸多新类型网络不正当竞争行为的规制“涌向”该条第 4 项的“兜底条款”。从海淀区人民法院 2018 年以来适用“互联网专条”的案件看，适用第 4 项“兜底条款”的比例高达 93%。②

网络条款兜底性规定的适用也应采取限缩解释的态度。适用者必须站在竞争中立的立场上谨慎考察经营者的主观心态、行为方式、特定后果等因素进行综合判断，切忌仅因经营者有关行为“侵害”其他经营者相关利益就将之定性为不正当竞争行为，经营行为只有在扰乱公平的竞争秩序时才有被认定为不正当竞争行为的空间。

二、兜底条款司法适用

（一）兜底条款适用条件

有实务者统计了近年适用“互联网专条”的 50 件不正当竞争民事案件③，该

① 参见孔祥俊：《论反不正当竞争法修订的若干问题：评〈中华人民共和国反不正当竞争法（修订草案）〉》，载《东方法学》2017 年第 3 期。

② 参见北京市海淀区人民法院课题组等：《涉网络不正当竞争纠纷的法律适用问题研究——以知识产权司法保护推动营商环境优化为视角》，载《中国应用法学》2020 年第 2 期。

③ 参见毛禾枫、吴怡辰：《〈反不正当竞争法〉互联网条款适用问题研究——基于 50 份案例的实证分析》，载知乎网 2021 年 5 月 12 日，https://zhuanlan.zhihu.com/p/371638110。

类案件明确了适用"互联网专条"兜底条款的条件:(1)被告使用技术手段影响用户选择或直接替代用户选择;(2)被告行为导致其他经营者合法提供的网络产品或服务不能正常运行;(3)被告行为有违自愿、平等、公平、诚实信用的原则以及公认的商业道德。对于技术手段的具体方式无须证明,只要从结果来看能够证明被告实际提供给用户选择跳过广告和会员限制的可能性且被告缺乏合理解释即可。该类案件还援引互联网行业的公约(如《互联网广告管理暂行办法》和《互联网终端软件服务行业自律公约》等)作为"公认商业道德"的参考。[①]

如"一起来捉妖"不正当竞争案[②]中,人民法院在适用《反不正当竞争法》第12条的兜底条款认定不正当竞争行为时,评判了被诉行为是否符合以下4项条件:(1)被诉行为系利用技术手段干扰他人网络产品或服务正常运行的行为;(2)被诉行为不属于该条明确列举的互联网不正当竞争行为;(3)《反不正当竞争法》保护的法益因被诉行为受到实际损害;(4)被诉行为基于互联网商业伦理具有不正当性。在随后审理的腾讯公司诉祈福公司组织刷量不正当竞争纠纷案中,法院再次重申"一起来捉妖"虚拟定位插件不正当竞争案的4项条件。

而在"自动抢红包"软件破坏流量聚合优势不正当竞争案[③]中,一审法院认为,适用《反不正当竞争法》第12条第2款第4项规定以认定构成不正当竞争行为应当同时具备以下条件:(1)行为人是否利用网络技术手段实施被诉行为;(2)被诉行为是否有悖诚实信用原则和商业道德且不具有合理理由;(3)被诉行为是否违背其他经营者意愿并导致其合法提供的网络产品或服务无法正常运行;(4)被诉行为是否扰乱市场竞争秩序并损害消费者的合法权益。从前述来看,各地法院在适用时存在明显分歧。

法院在适用"互联网专条"兜底条款时存在3种思路。[④] 思路一,先判断行为是否属于技术手段,然后判断行为是否构成"妨碍、破坏"[⑤]。思路二,先考察原告是否享有合法权益,再考察被诉行为是否利用技术手段实施了"妨碍、破坏

① 北京市朝阳区人民法院民事判决书,(2019)京0105民初44605号。

② 深圳市南山区人民法院民事判决书,(2019)粤0305民初15313号。

③ 一审杭州铁路运输法院民事判决书,(2020)浙8601民初1644号;二审杭州市中级人民法院民事判决书,(2021)浙01民终10310号。

④ 参见陈兵:《互联网新型不正当竞争行为法律适用疑难问题及完善》,载《法治研究》2021年第6期。

⑤ 北京知识产权法院民事判决书,(2020)京73民终49号。

正常运行”的行为，最后考察被诉行为是否符合诚信原则和商业道德标准。[①] 思路三，先考察原被告之间是否存在竞争关系，再对被诉行为性质进行分析，接下来判定被诉行为正当性与否，最后考察被诉行为对原告产生的竞争损害。[②] 兜底条款是“互联网专条”第2款3种具体行为以外的且满足概括规定的其他妨碍、破坏其他经营者合法提供的网络产品或者服务正常运行的行为。因此，判断被诉行为是否满足“互联网专条”第2款规定的构成要件时，应当首先审查该行为是否符合“概括规定+列举行为”。如果符合的，则应当直接予以适用；如果不符合的，则应当继续审查被诉行为是否符合“概括规定+兜底条款”。

（二）兜底条款与一般条款重叠

“互联网专条”兜底条款并未如立法者所愿在发挥兜底作用，反而会与《反不正当竞争法》第2条的一般条款产生重叠。面临三项特别列举的情形之外的新型互联网不正当竞争行为，法院应适用一般条款还是“互联网专条”的兜底条款都未达成明确，而且出现将两个条文结合使用认定的情形。[③]

如在“微信群控”软件涉及的系列案件中，不同法院作出不同认定。由杭州铁路运输法院审理的“微信群控”不正当竞争纠纷案认为，被告所提供的Xposed外挂技术将“个人号”功能模块嵌套到微信的个人平台，异化个人微信产品作为社交平台的服务功能，给用户使用微信产品造成干扰，同时危及微信平台的安全、稳定、效率，已妨碍、破坏微信的正常运行，因此受“互联网专条”的兜底条款的规制。同时法院还论述了被告监测、抓取微信的数据资源，损害微信运营方腾讯对微信数据享有的合法权益，应受到《反不正当竞争法》第2条的规制。由深圳市中级人民法院审理的通路云“微信群控”系统案[④]等3件“微信群控”系统案中，法院在法律适用上指出，该案可适用“互联网专条”规定的兜底性概括条款，但该条款对互联网不正当竞争行为构成特征的表述缺乏针对性和实质性的构成要件，必须结合《反不正当竞争法》第2条一般条款的构成元素和

① 江苏省高级人民法院民事判决书，(2019)苏民终778号。

② 北京知识产权法院民事判决书，(2019)京73民终3789号。

③ 参见傅建晶：《第三方辅助软件提供行为的不正当竞争认定》，载《河南牧业经济学院学报》2021年第2期。

④ 广东省深圳市中级人民法院民事判决书，(2019)粤03民初1912号；广东省深圳市中级人民法院民事判决书，(2019)粤03民初1911号；广东省深圳市中级人民法院民事判决书，(2019)粤03民初1913号。

判断范式，具体认定原告指控的行为是否构成不正当竞争行为。[①] 对比之下，杭州铁路运输法院规制外挂技术是通过直接对“互联网专条”兜底条款按照立法目的解释的方式，认为被告技术对原告微信产品正常运行造成损害，属于兜底条款涵摄的范围。而深圳市中级人民法院则认为兜底条款的构成要件不明，在具体适用上还需要结合一般条款的构成要件认定。

可见，涉第三方辅助软件案件的法律适用仍有很大争议。除了属于“互联网专条”明确列举的 3 项情形，仍有多数案例是通过援引《反不正当竞争法》第 2 条来认定被诉行为是否构成不正当竞争，[②]部分案例虽使用“互联网专条”的兜底条款，但也会结合第 2 条进行补充说理，[③]专门援引“互联网专条”兜底条款展开论述的案例仍不多。[④] 立法者增加“互联网专条”兜底条款的意图显然是希望兜底条款能够为列举情形之外规范新型互联网不正当竞争行为留有余地，但从实践反馈看，兜底条款能否真正发挥其独立价值仍有很大疑问。这反映出司法实践中仍需要厘清兜底条款的适用条件，才能使司法裁判更具说服力与可信度，以免频频陷入“相同事由不同认定”的境地。[⑤]

在行政执法中，同样出现将一般条款与“互联网专条”兜底条款并列适用的情形，如杭州查处全国首例“搬店软件”不正当竞争案中，认定杭州彧祺网络科技有限公司与杭州码哝软件技术有限公司的共同行为，违反了《反不正当竞争法》第 2 条和第 12 条第 2 款第 4 项的规定，属于其他妨碍、破坏其他经营者合法提供的网络产品或者服务正常运行的不正当竞争行为。[⑥]

因此，法院在适用《反不正当竞争法》进行个案裁判时，应当严格遵守“禁止

---

① 如广东省深圳市中级人民法院民事判决书，(2019) 粤 03 民初 1911 号；广东省深圳市中级人民法院民事判决书，(2019) 粤 03 民初 1912 号；广东省深圳市中级人民法院民事判决书，(2019) 粤 03 民初 1913 号。

② 如淘宝公司与载和公司等不正当竞争纠纷案，上海知产法院民事判决书，(2017) 沪 73 民终 198 号；“极路由”路由器不正当竞争纠纷案，北京市海淀区人民法院民事判决书，(2014) 海民(知) 初字第 21694 号。

③ “一起来捉妖”虚拟定位插件不正当竞争案，上海市浦东新区人民法院民事判决书，(2019) 沪 0115 民初 73840 号；通路云微信群控系列案，广东省深圳市中级人民法院民事判决书，(2019) 粤 03 民初 1911 号。

④ 优酷与万凯达公司不正当竞争纠纷案，北京知识产权法院民事判决书，(2020) 京 73 民终 49 号。

⑤ 参见傅建晶：《第三方辅助软件提供行为的不正当竞争认定》，载《河南牧业经济学院学报》2021 年第 2 期。

⑥ 杭州市市场监督管理局行政处罚决定书，杭市监处罚〔2022〕44 号。

向一般条款逃逸”原则，按照从“互联网专条”到一般条款的顺序进行审查；在“互联网专条”范围内，则应当遵循从列举行为到兜底条款的顺序进行审查。

三、兜底条款立法缺陷

“互联网专条”兜底条款的构成要件要素过于简略、字面含义过于宽泛，导致它在司法实践中的可执行性和可操作性较弱，甚至形同虚设。从既有相关案件看，法院在解释适用“互联网专条”兜底条款时无不诉诸一般条款，出现“以互联网专条之名，行一般条款之实”的倾向，更有甚者，直接适用一般条款，[①]“爱奇艺账号”不正当竞争纠纷案就是一个典型的例证。该案所涉行为是涉案 App 分时出租爱奇艺 VIP 账号使用时长，且添加了多种功能选项，干扰了爱奇艺 VIP 视频的正常播放。一般而言，该行为符合“互联网专条”的适用要件，以“大前提—小前提—结论”的模式就可以完成法律证成。令人费解的是，法院对于竞争行为的正当性判定，究竟延续一般条款的分析范式还是遵循“互联网专条”的适用要件，还有些犹豫不决，先是在论证开头采用一般条款的分析范式，即论证是否存在《反不正当竞争法》意义上的侵权行为及当事人之间有无竞争关系，而后在结论部分依据《反不正当竞争法》第 12 条第 2 款的适用要件进行裁判。

在猎宝公司微信账号交易等不正当竞争案中，法院认为，关于《反不正当竞争法》第 12 条第 4 项规定的兜底条款，双方当事人未举证证明被告猎宝公司利用技术手段，通过影响用户选择或其他方式，妨碍、破坏两原告合法提供的微信产品或者服务正常运行，而认为被告猎宝公司所实施的行为系提供相关信息发布场所和交易服务，被告猎宝公司亦认为其未违反第 12 条的规定。故在《反不正当竞争法》未明确列举的前提下，如被告猎宝公司违反诚实信用原则和商业道德，扰乱互联网行业市场竞争秩序、损害两原告或者微信用户合法权益，法院可以适用《反不正当竞争法》第 2 条予以认定。

在“微信自动抢红包”软件不正当竞争案[②]中，法院认为，此案被诉的不正

① 参见刁云芸：《商事领域中反不正当竞争法互联网专条的适用困境及出路》，载《法学杂志》2021 年第 1 期。

② 任文岱：《“微信自动抢红包”帮用户“开挂”　软件开发者被法院认定为不正当竞争》，载《民主与法制时报》2021 年 7 月 30 日，第 2 版。北京知识产权法院民事判决书，(2019)京 73 民初 438 号。

当竞争行为不属于上述条款前3项中明确列举的典型行为,是否属于第4项兜底条款规定的“其他妨碍、破坏其他经营者合法提供的网络产品或者服务正常运行的行为”以及《反不正当竞争法》第2条原则条款规制的范围,成为本案关键。

对此,法院表示,具体应当从以下几方面进行分析:经营者是否利用网络从事生产经营活动,与其他经营者存在竞争关系;经营者是否利用技术手段,通过影响用户选择或者其他方式,实施了妨碍、破坏其他经营者合法提供网络产品或者服务正常运行的行为;该行为是否系扰乱互联网环境中市场竞争秩序,损害其他经营者或者消费者的合法权益的不正当行为;该行为是否违反了诚信原则以及商业道德。法院最后依据《反不正当竞争法》第2条判定掌上远景构成不正当竞争,责令赔偿腾讯经济损失450万元及合理支出约25.4万元。

第五节　“互联网专条”的不足

一、立法的滞后性

现行《反不正当竞争法》“互联网专条”以类型化的方式规定了3种不正当竞争行为:强制跳转的流量劫持,干扰他人产品或服务,恶意不兼容。但这3种并不能涵盖新型互联网竞争行为。如广告屏蔽插件一般采用URL地址过滤、底层扩展过滤技术等过滤视频网站播放视频内容前的广告,而该机制没有对视频网站插入链接或强制跳转,也没有诱导用户修改、关闭视频网站,更不符合恶意不兼容的情形。[①] 又如针对微信推出的自动化批量营销外挂软件,能通过一个系统在上百台手机的微信软件中执行批量营销脚本,实际上是针对微信进行产品功能设置。这样的行为也不属于“互联网专条”特别列举的情形。[②] 需要

① 北京市海淀区人民法院民事判决书,(2014)海民(知)初字第21694号;二审北京知识产权法院民事判决书,(2014)京知民终字第79号。

② 广东省深圳市中级人民法院民事判决书,(2019)粤03民初1911号;广东省深圳市中级人民法院民事判决书,(2019)粤03民初1912号;广东省深圳市中级人民法院民事判决书,(2019)粤03民初1912号。

明确的一点是,尽管将第三方辅助软件作为探讨切入点,但并不意味着第三方辅助软件的功能全都无法适用这 3 种不正当竞争行为。第三方辅助软件的不同功能和机制仍会对应不同的法律适用情形。在二维火诉美团北京侵权案中,"美团小白盒"插件插入二维火的智能收银一体机,使得原二维火系统的收银界面强制跳转到"美团小白盒"的收银界面,并非法读取系统数据。从"美团小白盒"插件的原理和运行效果看,显然属于插入并强制进行目标跳转的行为,违反"互联网专条"列举的第一项情形。

"互联网专条"的增加一定程度上缓解了法院对一般条款的依赖,但是,部分学者对于"互联网专条"的类型化思路持保留意见。如有学者认为该条款根据已有案例群进行类型化,由于案例群本身结构具有相似性,所得类型仅能代表一部分典型案例,因此,难以对屡见不鲜的新型互联网不正当竞争行为进行有效限制,达不到类型化条款的标准和立法目的。① 新增的"互联网专条"也无法精准对应所有的互联网不正当竞争行为,例如,早期的流量劫持行为的表现形式主要是未经他人同意在他人的网络产品服务中强行插入链接和强制跳转,而目前,新的流量劫持行为呈现复合性、隐蔽性的发展态势,混合数种行为表现形式,最终达成劫持流量的效果。②

《反不正当竞争法》"互联网专条"第 2 款列明的 3 类不正当竞争行为,与当前互联网产业内竞争样态的契合度不高,能够直接适用具体条款加以规制的比例相对较低。究其原因,一方面在于互联网产业的发展日新月异,竞争行为的更迭速度之快使《反不正当竞争法》"互联网专条"的滞后性更为凸显。特定类型的竞争行为在某一时间区域内集中增长,后又因产业升级、技术发展等原因为市场主体所摒弃,此类现象在互联网产业内实属常见。例如,浏览器屏蔽广告的不正当竞争纠纷便呈现了如此的发展曲线。另一方面,各市场主体基于对行为合规性的审查,亦有主动调整行为模式的意愿,以规避不正当竞争的法律风险。例如,竞价排名模式下,市场主体提供的竞价服务始终在调整,从在搜索结果直接使用关键词,转为在网页内使用关键词,

---

① 参见陈兵、徐文:《优化〈反不正当竞争法〉一般条款与互联网专条的司法适用》,载《天津法学》2019 年第 3 期。

② 参见刘佳欣:《〈反不正当竞争法〉视角下的流量劫持——以流量劫持典型案例为分析样本》,载《法律适用》2019 年第 18 期。

再转为将竞价结果附加广告标识,直到将自然搜索结果与竞价结果完全区分排列,其行为模式具有显而易见的质的区别。因此,对于时刻处在变化调整之中的竞争行为,对其正当与否的考量亦不可一概而论,而需从其行为实质、目标与竞争效果等方面予以综合考量。①

二、屏蔽行为规制不足

首先,互联网领域中的屏蔽行为是通过一定技术方法使得特定信息处于不可见状态,这种状态的达成并非通过插入链接、强制目标进行跳转而实现,相反,后者是强迫用户对特定信息进行查看。因此,如果经营者通过屏蔽行为实施不正当竞争行为显然是无法适用“互联网专条”第 2 款第 1 项对其进行规制的。其次,屏蔽行为的实施是否符合误导、欺骗、强迫用户修改、关闭、装卸其他经营者合法提供的网络产品或服务。以屏蔽行为实现的两种形式看,当用户使用经营者提供的屏蔽软件或屏蔽插件实施屏蔽行为时,经营者不存在误导、欺骗和强迫用户的行为,用户是基于自己的选择作出了“修改”视频网站经营者的广告呈现方式,使广告处于不可见状态。在现有被判决为不正当竞争行为的广告屏蔽案件中,经营者对用户严格意义上是在进行“诱导”而非“误导”。而当经营者依据法律法规对互联网络空间治理或者基于商业经营目的而实施屏蔽行为,此时用户的意愿并不体现,误导、欺骗、强迫均不存在,而是由经营者直接实现特定信息的不可见。因此,经营者通过屏蔽行为实施不正当竞争行为显然是无法适用“互联网专条”第 2 款第 2 项来对其进行规制的。②

三、定位不明确

在法律定位的问题上,2017 年修法没有表明未来我国《反不正当竞争法》是要逐渐修成竞争基本法还是非基本法,是部门法还是特别法,故在修法过程中容易出现犹豫不决或顾此失彼的窘境。如在互联网不正当竞争条款

① 参见徐俊、姜广瑞、徐弘韬:《互联网经济视角下的产业实践与法律逻辑——关于互联网专条兜底条款适用的调研报告》,载搜狐网 2021 年 7 月 18 日,https://www.sohu.com/a/478210579_121123759。

② 参见陈兵:《互联网屏蔽行为的〈反不正当竞争法〉规制》,载《法学》2021 年第 6 期。

的设计中，其实质上是对社会热点的一个回应和妥协，而非遵从立法的必然逻辑。事实上，互联网市场应视为是整体市场中的一个分支，现实中没有明确的证据可以证明互联网领域不正当竞争比能源领域不正当竞争或餐饮、食品供应以及交通运输等领域的不正当竞争问题更为突出。甚至相当一部分互联网不正当竞争行为是属于传统不正当竞争行为在互联网领域的延伸，而即便是新法规定的所谓“网络领域特有的、利用技术手段实施的不正当竞争行为”，在修法之前在司法实践中亦是通过一般条款进行处理的。对于这一部分，其实可以通过专门制度加以规制，而并无写入《反不正当竞争法》的必要性。尤其是将《反不正当竞争法》作为竞争规则顶层设计的范畴，那么在该顶层设计完成之后，即可进行产业化阶段的立法任务，如《电子商务法》的出台就是对电商领域违反竞争秩序的行为进行的精细化调整。而与此相反的是，直接将一个细分市场的特定规则，纳入《反不正当竞争法》之中，则无疑会冲淡该法作为竞争基本法的色彩和价值。不仅如此，由于技术创新和商业模式创新的缘故，信息网络领域中的不正当竞争行为往往具有较强的灵活性和多样性，正如“视频网站屏蔽行为”在现今的司法实践中不宜直接认定为本身违法一样，互联网不正当竞争条款中的所谓“技术手段”“妨碍”“恶意不兼容”等用语事实上也欠缺法律上的严谨性，其本质上反映的就是立法定位不明确的问题。①

四、字面含义不清

“互联网专条”第 2 款第 1 项、第 2 项行为都是从个案中提炼而来，所规定行为具体明确，在适用要件的把握上通常不会有太大误差。但是，仍可能存在涵盖面过宽的情形。例如，有人认为，该条第 1 项规定不利于互联网服务的多元化，且只规定经营者同意一项条件，并没有考虑到用户的意愿。以经营者单方意志限制第三方在其产品或服务中加入链接，等于赋予强势产品和企业以法律武器建立完全封闭的体系，削弱用户的选择权。链接是互联网的基本功能和价值所在，允许互联网产品不顾用户意愿筑墙圈地，最终将损害广大用户利益

---

① 参见宁立志：《继往开来：变迁中的中国反不正当竞争法》，载《郑州大学学报（哲学社会科学版）》2018 年第 6 期。

和互联网的创新与发展空间。就该条第 2 项规定的行为而言,合法产品不等于合适的产品,为保证自己产品或者服务的品质而拒绝不符合系统的基本要求,在互联网平台也是常见的。如果有合理理由,用技术手段限制第三方合法产品或者服务并不失正当性。①

“互联网专条”第 2 款第 3 项、第 4 项规定过于概括,未必能够精准地对应于所调整的对象,在适用中容易产生偏差。其中,“恶意对其他经营者合法提供的网络产品或者服务实施不兼容”,此处虽有“恶意”的限定,且恶意看似带有否定评价色彩,但由于市场竞争固有的损人利己(甚至损人不利己)性,如何界定恶意与有意的界限仍是一个难题,稍有不慎即会事与愿违。是否与他人产品或者服务兼容,通常属于自由竞争的范畴,而决定与其他经营者的产品或者服务兼容,也是经营者出于市场利益最大化而进行的自愿选择,且通常而言兼容有利于实现市场利益最大化,因而理性的经营者事实上通常会选择兼容,但这种事实上的做法不是出于法律强制,而是市场机制作用的结果。通常只有在互联网经营者具有市场支配地位时,才可以限制其兼容自由,但这属于《反垄断法》调整的问题。因此,是否兼容问题要留给市场去解决,不宜笼统地禁止“对其他经营者合法提供的网络产品或者服务实施不兼容”。确实在特殊情况下需要禁止的不兼容,最好留给个案解决,而不作一般性和普遍性禁止。②

“互联网专条”第 2 款第 4 项规定的“其他妨碍、破坏其他经营者合法提供的网络产品或者服务正常运行的行为”,本身在字面上就没有划清正当与不正当的界限。因为“其他妨碍、破坏其他经营者合法提供的网络产品或者服务正常运行的行为”,很可能就是市场竞争的常态,或者说是实现创新、颠覆和超越的必由之路。将其泛泛地给予普遍禁止,恰恰可能背离国家奉行“非公益不干预”的竞争自由精神和谦抑态度。③

---

① 参见林华:《反不正当竞争法会在互联网弯道翻车么?》,载百度百家号 2017 年 11 月 7 日,https://baijiahao.baidu.com/s?id=1583335987944253040&wfr=spider&for=pc。

② 参见孔祥俊:《论新修订〈反不正当竞争法〉的时代精神》,载《东方法学》2018 年第 1 期。

③ 参见孔祥俊:《论新修订〈反不正当竞争法〉的时代精神》,载《东方法学》2018 年第 1 期。

第六节　一般条款与“互联网专条”

一、司法适用现状

（一）“互联网专条”优先

目前司法裁判中，“互联网专条”优先于一般条款适用，在互联网不正当竞争纠纷中，当原告主张被诉行为违反《反不正当竞争法》第 12 条和第 2 条时，法院大都认为鉴于被诉行为已适用《反不正当竞争法》具体条款，对于原告关于同时适用该法第 2 条的主张不再支持。① 例如，在《欢乐颂》不正当竞争案②中，法院认为，鉴于一般条款具有较大的不确定性，因此在具体案件中适用时应当特别慎重，要立足于市场竞争的环境，结合案件具体情况，重点考察。

2017 年《反不正当竞争法》修订新增了“互联网专条”，由此带来的改变是，法院在审理互联网领域新型竞争行为的案件时，不再也不应局限于适用一般条款，而应优先适用“互联网专条”下的类型化条款。然而，从对法院判决书的整理情况来看，修订后的《反不正当竞争法》自 2018 年 1 月施行以来，多数法院在审理互联网领域不正当竞争案件时，并不会优先考虑适用“互联网专条”，而是选择适用一般条款。③

（二）穷尽规范与排斥

关于《反不正当竞争法》一般条款与具体行为条款之间的关系存在不同的认识。一种观点认为，一般条款与具体行为条款之间应当遵循“穷尽规范”原则，即仅在同法之其他规定未穷尽评价某行为之不法内涵时，一般条款才有适用的余地。④ 另一种观点则认为，主张一般条款与具体行为条款之间是严格排斥

---

① 北京市海淀区人民法院民事判决书，（2018）京 0108 民初 37522 号；北京知识产权民事判决书，（2019）京 73 民终 2799 号。

② 北京市朝阳区人民法院民事判决书，（2017）京 0105 民初 10025 号。

③ 参见陈兵：《互联网新型不正当竞争行为法律适用疑难问题及完善》，载《法治研究》2021 年第 6 期。

④ 参见杨同宇：《论〈反不正当竞争法〉一般条款的适用逻辑》，载《中国政法大学学报》2021 年第 2 期。

关系的观点是不准确且片面的，不利于正确界定总则和分则的规定，也不利于正确处理一般条款与具体行为条款之间的适用关系，忽略了一般条款兼具原则和规则的双重属性，以一般条款帮助解释或补强具体行为条款的适用，恰恰是一般条款补充适用功能的应有之义，因此，主张一般条款与具体行为条款之间是严格排斥关系的观点仍值得商榷。①《反法新司法解释》仍旧没有对此进行明确。

“法律评估报告指出，随着新情况新问题的不断出现，人民法院依据《反不正当竞争法》第2条关于不正当竞争行为原则性规定裁判新类型不正当竞争行为的情形增多，裁判标准不一的现象时有发生；第12条关于网络不正当竞争行为规定的适用空间大，适用标准有时也存在不一致的情况，亟须及时制定和完善相关司法解释。”②

（三）“互联网专条”适用低

有研究者在“无讼”案例平台对互联网不正当竞争案例进行了检索，截至2019年12月涉及互联网不正当竞争的案例文书共计1020件，其中有677件明确引用《反不正当竞争法》第2条为裁判依据，占比高达66%。由此可见，援引一般条款仍是解决此类案件的首要选择。而通过无讼、中国裁判文书网、北大法宝等案例平台对援引《反不正当竞争法》第12条进行判决的案例进行检索，结果明确援引该条款的案例数只有8件，相比引用一般条款的数量可谓九牛一毛，“互联网专条”陷入了被“闲置”的窘境。③

爱奇艺诉飞益科技刷量案中，一审法院认为，三被告通过技术手段干扰、破坏爱奇艺网站的访问数据，违反公认的商业道德，损害爱奇艺公司以及消费者的合法权益，构成不正当竞争，故依据《反不正当竞争法》第2条判令飞益公司、吕某、胡某向爱奇艺公司连带赔偿50万元，并刊登声明，消除影响。一审判决后，飞益公司、吕某、胡某不服，提起上诉。二审法院认为，在适用法律时，首先应对具体行为进行定性，再考虑《反不正当竞争法》第2章中是否有具体条款能

① 参见孔祥俊：《知识产权强国建设下的反不正当竞争法适用完善——基于行政规章和司法解释征求意见稿的展开》，载《知识产权》2021年第10期。

② 徐绍史：《全国人民代表大会常务委员会执法检查组关于检查〈中华人民共和国反不正当竞争法〉实施情况的报告》，第十三届全国人民代表大会常务委员会第二十四次会议，2020年12月23日。

③ 参见许秋鸣：《互联网不正当竞争中的诉前禁令适用研究》，上海财经大学2020年硕士学位论文。

与之对应，最后考虑是否适用《反不正当竞争法》第2条；视频刷量行为的实质系提升相关公众对网络产品的质量、交易数量、关注度等的虚假认知，起到吸引消费者的目的，应按照《反不正当竞争法》第9条的“虚假宣传”予以规制。本案对《反不正当竞争法》一般条款的适用条件、视频刷量行为的定性、反不正当竞争案件相关裁判思路的探索对同类案件审理具有参考价值。

（四）法律条文选择顺序

《反不正当竞争法》第2条的适用就应该首先让位于类型化条款（包括第12条的互联网专用条款）。互联网领域的不正当竞争行为，只有在第12条的小兜底不能涵盖的情况下，才求诸《反不正当竞争法》第2条。从法律的体系解释的角度看，在遭遇互联网不正当竞争案例的纠纷时，法官应该先看看第12条专条里第2款的前3项可否适用，即是否属于目标跳转（第2款第1项），干扰他人提供的产品或服务（第2款第2项），软件不兼容（第3款第3项）；无法适用的情况下，再看是否属于“其他妨碍、破坏其他经营者合法提供的网络产品或者服务正常运行的行为”（第2款第4项）；在第12条第2款第4项的适用仍有困难时，考虑适用《反不正当竞争法》第2条。[①]

《反不正当竞争法》2017年修订颁行后，互联网不正当竞争案件应优先适用第12条中的示例条款。然而，第12条第2款第1项至第3项法定3类行为虽然具有典型性和共识性，但由于互联网新型竞争行为层出不穷，立法示例确属较为狭窄。当涉案行为不属于法定3种典型违法行为时，应尝试适用第12条第2款第4项即兜底条款。但兜底条款仅以妨碍、破坏其他经营者的正常经营活动为标准，要素较为简单，字面含义太宽，容易出现不当的扩大适用，在司法实践中需要结合一般条款对第12条进行必要的目的性限缩解释[②]；必要时仍需直接以一般条款“作为疑难案件的断案依据”[③]。

我们认为，对网络不正当竞争纠纷的审理，除符合《反不正当竞争法》第12条第2款前3项情形以外，原则上应当依据《反不正当竞争法》第12条第2款第4项即兜底条款，如果不符合此款规定，只有极其严重的扰乱市场竞争秩序，

---

① 参见李小武、陈敏：《互联网不正当竞争行为的认定标准与反思》，载《中国应用法学》2020年第3期。

② 参见孔祥俊：《论新修订〈反不正当竞争法〉的时代精神》，载《东方法学》2018年第1期。

③ 张文显主编：《法理学》，高等教育出版社、北京大学出版社2011年版，第74页。

损害其他经营者或者消费者的合法权益的行为案件，从严掌控适用《反不正当竞争法》第 2 条一般条款。

例如，在抖音诉小葫芦直播数据抓取案中，法院认为，微播公司主张六界公司利用技术手段非法获取、使用抖音用户直播打赏记录（具体到每位用户每一笔打赏的时间、打赏对象及金额）及主播打赏收益相关数据（包括主播单场收入、日收入、月收入、年收入等），违反《反不正当竞争法》第 2 条、第 12 条第 2 款第 4 项之规定，构成不正当竞争。六界公司认为其获取、使用涉案数据的手段合法合理，并未构成不正当竞争。《反不正当竞争法》第 2 条属于该法的一般条款，其适用应具有“谦抑性”，在该法第 2 章的具体条款能够规制被控行为的情形下，不应再适用第 2 条的规定。故首先应考察被控行为是否违反《反不正当竞争法》第 12 条的规定，由于案涉行为不属于《反不正当竞争法》第 12 条第 2 款前 3 项情形，故考察是否违反该款第 4 项的规定。因此，评判六界公司被控行为是否构成不正当竞争，应审查六界公司是否“利用技术手段”，其获取、使用涉案数据的行为是否属于“影响用户选择或者其他方式”的行为，以及该行为有无妨碍、破坏抖音产品和服务的正常运行。最终法院认定该行为构成《反不正当竞争法》第 12 条第 2 款第 4 项侵权行为。

二、一般条款与“互联网专条”兜底条款

（一）一般条款与兜底条款冲突

一般条款与“互联网专条”兜底条款的冲突如何解决？如腾讯公司等与武汉骏网行为保全案[①]中，法院认为“互联网专条”的兜底条款没有针对性和实质的构成要件，其本质就是互联网不正当竞争的一般条款。最终，“互联网专条”的兜底条款形同虚设，一般条款成为“兜底之兜底”，与“禁止向一般条款逃逸”的法律解释及“海带配额”不正当竞争案创设的“要件一”相悖。

在涉互联网平台会员账号不正当使用案件中，法院一般均会选择一般条款，如“蔓蔓看”共享会员侵害作品信息网络传播权与不正当竞争案[②]、“生意参

① 广东省深圳市中级人民法院民事裁定书，(2019)粤 03 民初 1914 号。

② 北京互联网法院民事判决书，(2018)京 0491 民初 429 号；二审北京知识产权法院民事判决书，(2019)京 73 民终 3570 号。北京互联网法院 2020 年涉网著作权案件审理及典型案例之四。

谋”数据不正当竞争案、“U 号租”账号租赁不正当竞争案。

（二）一般条款与兜底条款适用难分

“互联网专条”第 2 款前 3 项列举的 3 种网络不正当竞争行为只是有限的类型化，难以适应现实需要，在此基础上增设兜底条款无疑会使得立法体系更加周延。从具体表述来看，兜底条款所规制的是“利用技术手段，通过影响用户选择或者其他方式实施其他妨碍、破坏其他经营者合法提供的网络产品或者服务正常运行的行为”。除将规制行为限定于互联网范围外，该兜底条款的适用方法与第 2 条一般条款几乎难以区分，极易导致二者的适用发生混乱，司法实践中也出现了论证采用一般条款的分析方式而判决以兜底条款为依据的矛盾情况。[①]

（三）“互联网专条”列举条款、兜底条款与一般条款选择

“互联网专条”兜底条款限于网络技术妨碍或破坏其他经营者合法的网络产品或服务正常运行，其规制对象和范围小于一般条款，同时，“互联网专条”的列举条款与该条的兜底条款是特殊与普通的关系。显然，一般条款与“互联网专条”兜底条款在《反不正当竞争法》中所处的地位和发挥的功能各不相同。一般条款是整部法律的概括规定，是否违反诚实信用原则，需要结合道德的考察，并通过利益衡量方法，评估行为对其他经营者、消费者利益及竞争秩序的影响，而公认商业道德及诚实信用原则在举证时有待客观化的证据证明。然而，“互联网专条”兜底条款立足于对“互联网专条”的补充，评估技术对经营者合法网络产品或服务的负面影响，侧重事实行为的结果以及技术手段的破坏程度，原告的举证责任相对较轻，法官裁判时需考虑的是技术破坏程度是否超过必要限度。按照特别规定优先适用的规则，“互联网专条”列举条款可以优先适用，“互联网专条”兜底条款次之，只有前两者均不能适用时，一般条款才能适用。否则，新增“互联网专条”及其兜底条款的立法目的岂不是落空了。[②]

在适用时应注意以下要点：第一，如果被诉行为在“互联网专条”第 2 款前 3 项的调整范围内，应当优先适用对应的条款。第二，在被诉行为不符合第 2 款

---

① 参见北京知识产权法院民事判决书，（2019）京 73 民终 3263 号。

② 参见张璇、曹丽萍：《“互联网专条”存废之争与规范模式的思考》，载《法学杂志》2017 年第 12 期。

前 3 项规定的情况下，须考虑该行为是否符合“互联网专条”有关“利用技术手段”“妨碍、破坏网络产品正常运行”等条件，如果是，则应适用第 2 款第 4 项的兜底条款。第三，若被诉行为虽发生在网络环境下，但不符合“互联网专条”第 2 款所列明的任何具体特征，则仍应适用一般条款对该行为进行评判。①

“互联网专条”作为具体规则，相比原则性条款，应该优先适用。但是“互联网专条”的规定又存在明显缺陷，直接适用很可能涵盖正当的竞争行为。“互联网专条”虽然是将司法实践的真实案例类型化的结果，但对于软件干扰行为的列举并不周延，使得比如刷单、刷量类纠纷和屏蔽视频广告类纠纷等又会落入第 4 项规定的范围。而第 4 项对于行为正当性的界定依然是模糊的，因此最终还是需要依据一般条款确定的原则进行认定。如前所述，对于一般条款的适用标准，竞争行为的正当性判断正经历从道德评价向经济分析、从行为动机向竞争效果的转变。②

（四）“互联网专条”司法谦抑性

《反不正当竞争法》第 12 条原则条款的适用应当把握克制和谦抑的原则，避免将之适用得过泛过滥，防止因不当扩大该条的规制范围而妨碍竞争自由，抑制市场活力。例如，在一笑与乐鱼短视频软件界面设计不正当竞争纠纷案③中，对于手机软件而言，同类 App 为了实现相同的功能，在设计使用界面和操作按钮时的适度、合理借鉴恐怕在所难免。如果一味过泛地将所有“模仿行为”认定为不正当竞争，则不但无法实现促进公平竞争的目的，反而很可能会对产业的发展起到相反作用。

但该条款中“网络”“技术手段”等表述限制了该条款的规制范围且列举过于琐碎，缺乏从行为的本质和不正当竞争行为的共性进行抽象，从而将第 12 条的适用范围局限在互联网领域和技术手段的范畴。④ 这种带有浓重“产业别化”特点、单方加重互联网经营者合规负担的立法容易引发有关合理性的诘问，

---

① 参见北京市海淀区人民法院课题组等：《涉网络不正当竞争纠纷的法律适用问题研究——以知识产权司法保护推动营商环境优化为视角》，载《中国应用法学》2020 年第 2 期。

② 参见钱光文、范静波、邵望蕴：《软件干扰类案件的裁判模式重构》，载《人民司法》2021 年第 22 期。

③ 北京市海淀区人民法院民事判决书，(2016) 京 0108 民初 35369 号。

④ 参见宁立志：《互联网不正当竞争条款浅议》，载《竞争法律与政策评论》2017 年第 3 卷。

也难以有效规制诸多非采用技术手段实施的“二选一”行为。当行为人实施“二选一”行为不能落入《反不正当竞争法》的具体不正当竞争行为类型的适用范围时，如发生在信息网络领域之外的“二选一”行为，或非采用技术手段实施的“二选一”行为，还可以考察行为人实施“二选一”行为是否违反《反不正当竞争法》的一般条款。长期以来，我国《反不正当竞争法》第 2 条在司法实践中充分发挥了一般条款的作用，使该法能够及时延及立法时尚未出现的新领域，用于规范新型竞争行为。①

思睿公司与希尔瑞公司等侵害商标权及不正当竞争案②中，二审法院认为，《反不正当竞争法》的原则性条款适用是以被诉侵权行为没有具体法律条款所规制为前提的，由于希尔瑞公司的涉案商标侵权行为和虚假宣传行为已由《商标法》和《反不正当竞争法》的具体条款予以规制，依法不能再适用原则性条款，故对思睿公司该主张，法院不予支持。

三、一般条款对“互联网专条”补充性

“互联网专条”所列举的 3 类不正当竞争行为尚无法涵盖互联网产业内多样化的竞争形态，其列举条款在司法实践中的适用比例相对较低，诸多互联网不正当竞争行为仍需转向兜底条款作以评价。③

《反不正当竞争法》第 12 条作为规制网络不正当竞争行为的专门条款，在判定部分网络不正当竞争行为时能发挥一定作用，但该条难以就疑难复杂案件的审判为法官提供清晰的操作指导。并且，由于该条对一些不正当行为的描述过于具体，反而导致经营者容易规避法律条文的控制范围。在司法实践中，法官往往选择适用《反不正当竞争法》第 2 条来评判个案中被诉行为的正当性，但该条是原则性条款，却没有给出明确的判断标准，在具体适用上可操作性更低，仍然需要法官自己主观研判，因此法官多采用公认的商业道德、

---

① 参见孔祥俊：《反不正当竞争法的司法创新和发展——为〈反不正当竞争法〉施行 20 周年而作(上)》，载《知识产权》2013 年第 11 期。

② 一审上海市普陀区人民法院民事判决书，(2018)沪 0107 民初 9954 号；二审上海知识产权法院民事判决书，(2020)沪 73 民终 87 号。

③ 参见徐俊、姜广瑞、徐弘韬：《互联网经济视角下的产业实践与法律逻辑——关于互联网专条兜底条款适用的调研报告》，载搜狐网 2021 年 7 月 18 日，https://www.sohu.com/a/478210579_121123759。

损害中性、消费者福利、公共利益、技术创新、技术中立、损害经营自主权等作为判断要素（见表7）。①

表7 适用一般条款和互联网专条办案数量统计

单位：件

时间	适用一般条款审理案件数量（法院）	适用互联网专条审理案件数量（法院）	适用互联网专条办理案件数量（市监局）
2018年	1339	34	2
2019年	1725	130	5
2020年	1639	125	5
2021年11月	420	39	2

资料来源：沈澄：《依〈反不正当竞争法〉解决互联网平台数据使用争议的司法实务问题》，载搜狐网2021年12月15日，https://www.sohu.com/a/508073942_100138309。统计时间2018～2021年11月。

在猎豹恶意篡改用户浏览器主页劫持流量不正当竞争案中，原告指控被告存在以下6种不正当竞争行为：（1）通过金山毒霸的“垃圾清理”功能，利用技术手段擅自将用户在浏览器中设定的2345网址导航主页劫持并篡改为毒霸网址大全；（2）通过金山毒霸的升级程序，弹出“一键清理”弹窗，默认勾选“立即锁定毒霸网址大全为浏览器主页，保护浏览器主页不被篡改”，将用户在浏览器中设定的2345网址导航主页篡改为毒霸网址大全，而事实上无论用户在弹窗中默认勾选或去除勾选，浏览器主页均被篡改为毒霸网址大全；（3）通过金山毒霸的“一键云查杀”“版本升级”“浏览器保护”等操作和功能，将用户在浏览器中设定的2345网址导航主页劫持并篡改为毒霸网址大全，同时针对不同的浏览器进行区别对待，在实施相同操作的情况下，金山毒霸篡改了2345浏览器的主页，对猎豹浏览器及搜狗浏览器主页不作篡改；（4）通过金山毒霸的“安装完成”弹窗，默认勾选“设置毒霸导航为浏览器主页”，而事实上无论用户默认勾选或去除勾选，金山毒霸均将用户浏览器中设定的2345网址导航主页篡改为毒霸网址大全；（5）通过“开启安全网址导航，防止误入恶意网站”弹窗，诱导用户点击“一键开启”按钮后，将用户浏览器中设定的2345网址导航主页劫持并篡改为毒霸网址大全；（6）通过金山毒霸的卸载程序，利用技术手段，通过篡改用

① 参见钟莉：《“流量劫持类”不正当竞争法律问题探析》，载《人民法院报》2021年1月14日，第8版。

户计算机注册表数据的方式，将用户浏览器中设定的2345网址导航主页篡改为毒霸网址大全等。法院经审理认为，在三被告通过金山毒霸软件安装、运行及卸载过程中实施的变更网络用户浏览器主页的6类行为中，三被告作为安全软件以及与原告经营的一般终端软件具有直接竞争关系软件的经营者，在发挥安全软件正常功能时未采取必要且合理的方式，超出合理限度实施了干预其他软件运行的行为并给其他经营者造成损害。三被告利用网络用户对其作为安全软件经营者的信任，或未告知用户，或实施虚假弹窗行为，或实施恐吓弹窗行为变更用户浏览器主页，直接侵害了网络用户的知情权和选择权，亦使原告合法权益及良好商誉受到了实际损害，使自己获得非法利益，上述行为业已违反诚实信用原则和公认的商业道德而具有不正当性及可责性。同时，三被告在通过金山毒霸软件变更网络用户浏览器主页过程中实施的区别对待行为不正当地损害了原告的合法权益，为自己获取非法利益，除违反了上述诚实信用原则和公认的商业道德外，亦违反了平等竞争原则。故依据《反不正当竞争法》第2条第1款、第2款之规定，三被告的上述竞争行为构成不正当竞争。

作为特别法的“互联网专条”在适用上应当优先于一般条款，一般条款在必要时也发挥着补充作用。

第六章 互联网技术中立

第一节 技术中立原则

一、技术中立原则的含义

技术中立原则最初确立于1984年“环球电影诉索尼案”中，通常被作为知识产权间接侵权责任的限制性条款，其基本含义是只要一项技术构成实质性非侵权使用，不管是否被用于合法或有争议的目的，技术服务提供者都不必对用户实施或可能实施的侵权行为承担责任。技术中立主要体现为信息网络传播权保护制度中的“避风港规则”。①

技术中立原则有两层含义，一是政府应当平等对待各种技术，使各项技术在市场竞争中大浪淘沙优胜劣汰，从而推动技术发展；二是企业可以援引的一项抗辩事由，当某类物品既可以被用于合法用途，也可以被用于侵权用途，那么不能仅仅因为该类物品有可能被他人用于侵权用途而推定提供者“应当知道”他人侵权，更不能以此要求提供者承担帮助责任或替代责任，也即“实质性非侵权用途”规则②。

二、技术中立的限定

针对互联网新型不正当竞争纠纷，适用技术中立抗辩要准确区分技术本身和技术使用行为。中立仅指“技术本身”的中立，而非“技术使用行为”的中立，

① 参见苏成子：《〈反不正当竞争法〉“互联网专条”兜底条款的构成要件研究——以网络空间的架构为切入点》，载《知识产权与市场竞争研究》2020年第1期。

② 参见姜先良：《“技术中立”的是与非》，载《小康》2018年第33期。

技术使用行为并不具有中立性。这是因为,技术本身并无善恶之分,《反不正当竞争法》也无从评判技术本身的好坏。如猎豹浏览器广告过滤不正当竞争纠纷案中,法院认为过滤技术除可被金山公司经营的猎豹浏览器用于屏蔽视频广告外,还可以其他合法方式使用并实现相应功能。再如“360 扣扣保镖”软件商业诋毁纠纷案中,奇虎 360 公司开发的“360 扣扣保镖”具有“帮 QQ 加速”“给 QQ 体检”“清 QQ 垃圾”“去 QQ 广告”“保 QQ 安全”等多种合法或非法的功能,若简单对“360 扣扣保镖”的各种功能进行定性,根据定性的结果进行比较判断,以合法功能或非法功能孰多孰少,进而得出“360 扣扣保镖”具有合法或非法功能的结论。这是一种机械的裁判思路,容易使司法裁判陷入误区,将复杂的竞争问题变成一道简单的数学计算题。[①] 进一步理解技术本身中立的内涵,是指技术本身的功能中立,技术依照自身的作用机制和工作原理发挥其功能,就是技术的意义所在[②]。开发技术时考虑的是技术的具体功能与意图解决的问题,使用技术时才会基于利益导向产生不同的使用后果。

720 浏览器不正当竞争纠纷案、爱奇艺诉深圳聚网视不正当竞争纠纷案[③]、飞狐信息公司等与杭州硕文公司不正当竞争案[④]中,审理法院均明确指出,技术中立原则是指技术本身的中立,而非指任何使用技术的行为都是中立的。法院评判的不是涉案的技术手段本身的中立性,而是被告开发涉案技术的目的及使用这一技术带来的后果。因此,即使在使用中立的技术时仍然应当尊重他人的合法利益,在法律允许的边界内应用新技术,而不能以技术中立为名,违反该行业的商业道德,攫取他人的合法利益。

因此,被告在选取技术中立作为抗辩理由时,应更多从开发涉案技术的目的正当性及这一技术的使用正当性进行阐释,而不仅仅是主张技术本身的中立性。这实际上是对技术中立进行限定。

---

① 参见吴太轩、郭保生:《技术中立:互联网新型不正当竞争案件中抗辩事由的证成与适用》,载《科技管理研究》2020 年第 20 期。

② 参见郑玉双:《破解技术中立难题——法律与科技之关系的法理学再思》,载《华东政法大学学报》2018 年第 1 期。

③ 上海知识产权法院民事判决书,(2015)沪知民终字第 728 号。

④ 参见杭州市中级人民法院民事判决书,(2018)浙 01 民终 232 号。

第二节　技术中立的抗辩

一、抗辩的立法

在互联网不正当竞争行为的认定当中，如果涉及通过技术手段实施的竞争行为，技术提供方往往都会以技术中立作为其抗辩事由，以表明其技术提供行为的正当性。然而现行的《反不正当竞争法》及其司法解释并未明确规定技术中立可以作为不正当竞争的抗辩事由。《反不正当竞争法》是行为规制法，不正当竞争行为所发生的技术环境不应成为行为认定的决定性因素，仅仅是工具的变化，不能改变行为的实质。如在搜狗诉奇虎阻碍浏览器不正当竞争案以及百度诉搜狗不正当竞争案[①]中，被告均主张自己的行为属于技术创新。又如在爱奇艺诉深圳聚网视不正当竞争纠纷案以及飞狐信息公司等与杭州硕文公司不正当竞争案中，被告均以技术中立为由进行抗辩。根据“技术中立”原则，互联网技术本身是不可归责的，然而虽然是开发技术，但是对他人的正当商业模式和合法商业利益造成损害时，该“技术行为”仍具有可罚性。

如“生意参谋”数据不正当竞争案中，美景公司以“技术中立”为抗辩事由，主张被诉行为应予免责。法院则认为，互联网经济作为高科技产业，其发展政策应当是鼓励科技创新与技术进步。但技术创新与技术进步应当成为公平竞争的工具，而不能用作干涉、破坏他人正当的商业模式，攫取自身竞争优势的手段。技术本身虽然是中立的，但将技术作为不正当竞争的手段或工具时，该行为即具有可罚性。

“微信群控”不正当竞争纠纷案和“极致了”非法抓取微信数据案的法院表示，这种对“技术创新”的关切也与互联网领域动态竞争格局息息相关。

二、抗辩的现状

为客观分析互联网新型不正当竞争中技术中立抗辩的现状，截至 2019 年 8

① 北京市海淀区人民法院民事判决书，(2017)京 0108 民初 7967 号。

月31日，以“是否属于互联网新型不正当竞争”为筛选标准，最终选取25份判决书作为研究样本进行实证分析，在对25个研究样本进行实证分析的过程中，主要从被告采用的技术手段、被告主张技术中立抗辩的理由、法院认定技术中立抗辩的理由、案件最终裁判结果4个方面展开分析。样本案件中，从被告采用的技术手段分析，有17个案件与“屏蔽视频广告技术”有关，占比高达68%；有2个案件与“转码抓取与换源技术”有关，占比达8%；其余6个案件所采用的技术手段分别为“数据抓取”“网络爬虫”“360扣扣保镖”“视频下载”“视频直播”“网络游戏直播”，分别占比4%。从被告主张技术中立抗辩的理由分析，以“技术使用属于用户自主行为”为理由的案件有13个，占比达52%；以“技术不具有针对性”为理由的案件有6个，占比达24%；以“未获利”为理由的案件有5个，占比达20%；以“技术创新”为理由的案件有4个，占比达16%；以“仅承担间接侵权责任”为理由的案件有4个，占比达16%；以“未造成损害”为理由的案件有1个，占比达4%；以“不具有主观恶意”为理由的案件有1个，占比达4%。从法院认定技术中立抗辩的理由分析，有3个案件并未进行具体阐述，占比为12%；在具体阐述理由的案件中，有14个案件对“何谓技术中立”进行了不同程度的解释。其中，有10个案件提及“技术中立仅指技术本身中立”，占比为40%；提及需要“评价技术使用行为”的案件有8个，占比为32%；区分“技术本身与技术使用行为”的案件有2个，占比为8%；仅有1个案件区分“技术提供者和技术实施者”，占比为4%。此外，有13个案件对被告方的主观状态进行考察，占比达52%；相比而言，分析行为所造成客观后果的案件有15个，占比达60%。从案件最终的裁判结果来看，样本案件中，法院不支持技术中立抗辩而免责的案件多达22个，占比为88%；法院最终支持技术中立抗辩的案件仅有3个，分别为“吉林电视台与北京百度公司不正当竞争纠纷一审”、“北京晋江公司与广州市动景公司不正当竞争纠纷一审”和“北京晋江公司与广州市动景公司不正当竞争纠纷二审”。值得注意的是，样本案件的裁判依据均为《反不正当竞争法》第2条，并未有适用2017年修订的《反不正当竞争法》第12条进行裁判的案件。①

① 参见吴太轩、郭保生：《技术中立：互联网新型不正当竞争案件中抗辩事由的证成与适用》，载《科技管理研究》2020年第20期。

三、抗辩举证及标准

（一）抗辩举证

在司法实践中，被告常常以技术中立为由进行抗辩，认为自己的行为不构成不正当竞争。在飞狐信息公司等与杭州硕文公司不正当竞争案中，法院认为硕文公司对乐网软件主张技术中立抗辩应当举证证明该软件具有实质性的非侵权用途，但硕文公司未提交任何证据加以证明，因此该案并不能适用实质性非侵权用途标准，技术中立抗辩亦不能成立。这种裁判思路值得商榷，并不具有可参考性和科学性，很难找到一项技术不具有非侵权用途，又该如何判定“实质性非侵权”，这是对技术功能中立的否定。①

（二）判断标准

技术使用所产生的后果有两种：一是技术开发者赋予技术的使用目的，二是预期使用目的之外的后果。② 判断互联网新型不正当竞争中技术中立抗辩是否成立，坚持主客观相统一原则，需要依次考察主观目的和客观后果两个条件。一是考察技术提供者主观目的。司法实践中认定技术提供者主观目的时有“主观过错”“主观故意”“主观恶意”等标准，若技术提供者不具有主观故意，所造成的损失不能归责于技术提供者，至于如何判断技术提供者的主观故意，还要结合技术提供者的行为进行分析，司法实践中惯常采用的做法是分析该行为是否具有引诱性、针对性等，法院据此对技术提供者的主观目的作出不同判断。其一，考察技术提供者有没有教唆或引诱他人侵权。如在飞狐信息公司等与杭州硕文公司不正当竞争案中，硕文公司突出宣传了其开发的乐网软件具有“有效拦截视频广告”的功能，吸引用户选择乐网软件而非其他软件下载使用，明知飞狐公司、搜狐公司的正当利益受到损害而放任损害后果的发生，可以判断其具有主观故意。其二，虽然有 24% 的案件被告在主张技术中立抗辩时以“行为不具有针对性”为理由，但需要明确，技术行为虽然有时并不具有针对性，但也只能证明其不具有针对某一具体受害者的主观故意。《反不正当竞争法》着眼

---

① 参见吴太轩、郭保生：《技术中立：互联网新型不正当竞争案件中抗辩事由的证成与适用》，载《科技管理研究》2020 年第 20 期。

② 参见程志翔：《何谓技术工具论：含义与分类》，载《科学技术哲学研究》2019 年第 4 期。

于维护整个市场竞争秩序，没有要求不正当竞争的受害者为特定对象，也不因竞争行为指向的具体对象而影响对其性质的判断。如果利用技术手段实施的不正当竞争行为损害了不特定经营者的合法利益，受损害的经营者均有权提起不正当竞争之诉，此时在原被告之间形成了一种特定、具体的关系，且是损害与被损害的侵权关系。二是分析技术使用行为客观后果。技术中立抗辩事由是否成立，除却主观层面对技术提供者的主观目的进行考察外，还需从客观层面分析技术使用行为的客观后果，技术提供者的主观目的也在一定程度上影响技术使用行为的客观后果。从实证研究的结果来看，样本案件中，分析技术使用行为客观后果的案件虽有 15 个，占比达 60%，但都倾向于直接得出结论，对于技术使用行为客观后果主要从“是否造成损害”和“是否获利”两个方面进行分析，其中认定“造成损害”的案件有 11 个，未造成损失的有 2 个，认定“未获利”和“获利”的案件分别有 1 个，此外有 5 个案件的被告方以“未获利”为理由主张技术中立抗辩。[①] 据此，法院在判定技术中立抗辩事由是否成立时，需要从原告方是否受到损害和被告方是否获利两个方面对技术使用行为的客观后果进行分析。而无论查明原告损失多少，还是认定被告获利金额，都不是容易的事情。[②]

在猎豹浏览器广告过滤不正当竞争纠纷案中，二审法官认为，猎豹浏览器所具有的视频广告过滤功能是诱使用户对优酷广告进行屏蔽的直接诱因，但是基于技术中立的观点，浏览器公司是否存在引诱行为，应当着眼于浏览器公司的主要宣传点和功能点[③]。就浏览器行业而言，为了保障用户使用体验和安全，该行业必然要求浏览器具有针对特定范围的恶意广告的屏蔽能力，这是技术上绕不开也不可替代的行业规则，猎豹浏览器针对广告屏蔽功能亦是由网络用户自主选择开启或关闭，而且该功能也不是一经安装就自动开启，需要用户的自主选择，法院在查明事实时也认可了猎豹浏览器所主张的这一事实。由此而判

---

① 参见吴太轩、郭保生：《技术中立：互联网新型不正当竞争案件中抗辩事由的证成与适用》，载《科技管理研究》2020 年第 20 期。

② 参见吴太轩：《互联网不正当竞争案件酌定赔偿考量因素的实证研究——以 312 份法院判决为样本》，载《经济法论坛》2017 年第 1 期。

③ 参见吴逸轩：《市场的竞争机制不应任由法律干涉——评腾讯公司与世界星辉公司不正当竞争纠纷案》，载《湖北经济学院学报（人文社会科学版）》2018 年第 12 期。

断，在此案件中，显然是欠缺明显的引诱行为。

而在不正当性的认定上，审理“一起来捉妖”虚拟定位插件不正当竞争案的法院，认为涉案虚拟定位插件不具有实质性非侵权用途，不符合“技术中立”原则的使用条件，被告也具有实施不正当竞争的主观意图且原告无法通过适当技术手段消除被告行为带来的影响。最终，法院依据《反不正当竞争法》第12条第1款、第2款第4项，认定被告推广、销售虚拟定位插件引诱网络用户“作弊”的行为构成不正当竞争。

互联网不同于传统领域的竞争，高科技性、创新性的竞争特点使竞争边界模糊且难以判断，互联网企业往往借技术创新和保护消费者之名，对其他经营者的合法经营进行不正当干扰。创新与竞争的确相辅相成，但经营者应该在合理的范围内进行技术革新，不能非法介入他人正当的商业模式中。正如最高人民法院在“360扣扣保镖”软件商业诋毁纠纷案的判决中所述，“是否属于互联网精神鼓励的自由竞争和创新，仍然需要以是否有利于建立平等公平的竞争秩序、是否符合消费者的一般利益和社会公共利益为标准来进行判断，而不是仅有某些技术上的进步即应认为属于自由竞争和创新”。

(三)技术行业性

如在网络搜索引擎行业，用户搜索信息的大数据必然成为垂直搜索引擎企业成功与否的关键，因此也难以避免地在该领域发生多起数据之争。比如大众点评网诉爱帮网不正当竞争纠纷案中，汉涛公司经营的大众点评网主要致力于提供本地商户介绍和点评信息服务，爱帮科技公司经营的爱帮网与大众点评网构成同业竞争关系。原告认为被告经营的爱帮网大量复制其网站内容构成不正当竞争，而被告则辩称其使用垂直搜索抓取数据，并非复制原告网页内容，符合商业道德和行业规范。法院认为，“垂直搜索在实施过程中仍须遵守《反不正当竞争法》的相关规定。垂直搜索技术本身并不具有违法性，但技术的合法性并不表明垂直搜索网站在使用该技术时可以不受任何限制”。所以使用垂直搜索技术的网站应控制在合理范围内，不得对网站造成替代性的后果，否则将被认定为不符合商业道德的不正当竞争行为。

四、抗辩的主体

适用技术中立抗辩时，亦要从主体角度准确区分技术提供者和技术使用者,对此,我国司法实践在吴某等制作、复制、出版、贩卖、传播淫秽物品牟利罪案[①]中给出了明确界定:主张技术中立抗辩而不承担法律责任时,一般仅针对技术提供者,对于技术的实际使用主体,要根据具体的技术使用行为进行法律评价。在“生意参谋”数据不正当竞争案中,一审法院亦认定美景公司并非单纯的技术提供者,而是不正当竞争行为的直接实施者,进而不予采纳美景公司的技术中立抗辩。互联网新型不正当竞争纠纷中,若被告仅作为技术提供者提供了相关技术,而不参与技术使用行为,则可以主张技术中立抗辩予以免责;倘若被告像美景公司那样,在技术提供者身份之外兼具技术使用者身份,利用技术提供了相应的产品或服务,那么判定该技术使用行为是否构成不正当竞争则与技术中立无直接关联,关键在于界定该行为是否符合不正当竞争行为的认定要件[②]。而对于同一项技术,可能因技术使用者的使用方式、使用环境和使用目的不同,对技术使用者的使用行为作出不同的性质判定,这是因为,技术提供者并不能左右一项技术被用于何种用途、合法或者非法,完全根据技术使用者的技术使用行为进行判定,不应让技术提供者为技术使用者的使用行为买单,当然这一判定也需要在技术提供者和技术使用者并非同一主体的背景下。但当技术提供者为了自身利益,教唆或引诱他人并为他人提供便利,便可能承担责任,除非能够证明没有主观故意。[③]

第三节 技术中立案件类型

一、广告屏蔽

“净网大师”屏蔽广告不正当竞争案[④]中,法院认为,基于广告屏蔽行为使经营者投放广告欲达之目的落空,这种行为实质上损害了经营者的合法权益,

---

① 北京市海淀区人民法院刑事判决书,(2015)海刑初字第512号。

② 参见陈耿华:《互联网新型不正当竞争行为规制理念的实证考察及比较分析》,载《广东财经大学学报》2017年第5期。

③ 参见吴太轩、郭保生:《技术中立:互联网新型不正当竞争案件中抗辩事由的证成与适用》,载《科技管理研究》2020年第20期。

④ 上海市闵行区人民法院民事判决书,(2015)闵民三(知)初字第271号。

有违诚实信用原则和公认的道德，故而判决实施屏蔽行为或提供屏蔽软件的经营者构成了不正当竞争。鉴于屏蔽行为的技术属性，技术本身并无善恶之分，技术同样可能用于非法用途，除非经营者能够证明其在主观上没有教唆或引诱他人侵权的故意，否则应承担侵权责任。

二、视频聚合软件侵权

爱奇艺诉深圳聚网视不正当竞争纠纷案[①]中，上海市杨浦区人民法院认为，爱奇艺公司作为互联网视频提供者，采用的商业模式是通过用户以观看广告为对价免费观看视频，或者成为付费会员免看视频前的广告。爱奇艺公司对于其视频内容采取了加密措施。聚网视公司采用非法手段取得了爱奇艺公司密钥（Key 值），实现了无须观看片前广告即可直接观看正片的目的，能使部分不愿意观看片前广告又不愿意支付原告会员费的网络用户转而使用“VST 全聚合”软件，进而造成爱奇艺公司广告收入和用户的相应减少。聚网视公司的行为违反了诚实信用原则和公认的商业道德，损害了爱奇艺公司的合法利益，构成不正当竞争。遂判决聚网视公司赔偿爱奇艺公司经济损失 30 万元及合理费用 6 万元并承担消除影响的民事责任。一审判决后，聚网视公司不服，提起上诉。上海知识产权法院认为，爱奇艺公司对其视频内容采取了加密措施，聚网视公司通过破解爱奇艺公司验证算法，取得 Key 值生成请求播放视频的 SC 值，从而绕开广告直接播放爱奇艺公司的视频，使其用户在无须付出时间成本的情况下，观看到爱奇艺公司视频，这将导致部分爱奇艺公司用户转而成为聚网视公司的用户以及爱奇艺公司广告点击量的下降。同时，聚网视公司让其用户观看爱奇艺公司视频时，其自身无须支付版权费等运营成本，相应的运营成本皆由爱奇艺公司承担。聚网视公司知道软件的提供会出现损人利己的后果，仍实施该行为，具有主观故意，违背了诚实信用原则，侵害了爱奇艺公司的合法权益，构成不正当竞争。判决驳回上诉，维持原判。

视频聚合应用软件聚合了多家视频网站的视频内容，其在给用户提供更便捷的视觉享受的同时，也引发了法律争议。上述一案中通过对被告“VST 全聚

① 一审上海市杨浦区人民法院民事判决书，(2015)杨民三(知)初字第 1 号；二审上海知识产权法院民事判决书，(2015)沪知民终字第 728 号。

合”软件播放视频技术原理的调查，查明该技术系通过实施破解原告公司加密技术取得有效的播放密钥，达到绕过原告公司广告直接播放视频内容的目的。被告公司开发运营软件目的是在吸引用户同时免于支付版权、宽带等营运成本，其本质属于不劳而获的“搭便车”行为。原、被告之间属于同业竞争关系，被告通过不正当手段获取竞争优势，如果不加以规制，不利于营造公平有序的网络环境，也不利于激励网络传播者在版权保护上持续的资本投入。因此，法院判定被告行为违背了诚实信用原则，损害了他人合法权益，构成不正当竞争。作为全国首例视频聚合应用软件不正当竞争纠纷案，该案对类似案件的审理具有指导和借鉴意义。①

三、操作系统刷机案

刷机（重装手机系统）不正当竞争纠纷案中，法院认为，手机厂商基于其开发的手机操作系统而形成的商业模式及带来的经济利益固然应予以保护，但并不意味手机厂商据此形成一种排他性的垄断性权利，其无权禁止其他软件经营者独立开发手机操作系统并提供刷机服务，更无权限制手机用户的自主选择权和知情权。法律所禁止的是通过不正当手段对手机厂商的操作系统破坏或干扰的非法刷机行为。

四、输入法跳转链接

搜狗“搜索候选”不正当竞争纠纷案中，法院认为，搜狗输入法同时具备“搜索候选”和“输入候选”两种功能，是技术上的创新，具有一定的正面市场效应。虽然被控行为介入了爱奇艺网站产品的运行，但创新往往正是来自经营者技术或商业模式之间激烈的撞击。如果仅仅因为某种技术或商业模式介入竞争对手的经营而否定其正当性，无疑将会极大挫伤创新动力。如前所述，本案被控行为并未过度妨碍爱奇艺网站的正常经营，也未破坏正常的市场选择功能，尚未达到扰乱市场竞争秩序的程度。依据比例原则，被控竞争行为总体上仍然是一种效能竞争。

---

① 参见《2016年上海法院知识产权司法保护十大案件》，载搜狐网2017年4月25日，https://www.sohu.com/a/136382130_221481。

五、干扰搜索引擎算法

“万词霸屏”搜索引擎算法不正当竞争案[1]中，法院判决被告苏州闪速推网络科技有限公司（以下简称闪速推公司）被判立即停止涉案不正当竞争行为。法院认为，被告闪速推公司利用网络技术手段及其他手段实施涉案行为主要表现在以下3个方面：一是实施租赁“高权重网站”二级目录的行为。互联网经济是流量经济，“高权重网站”意味着流量大，具有容易被百度等搜索引擎收录和排序，且排序更可能靠前的特点。被告闪速推公司通过合作协议租赁B2B平台、行业网站、地方论坛、地方新闻网站等“高权重网站”的二级目录，数量达几十家之多。与闪速推公司签约的部分主体甚至不是“高权重网站”的ICP备案主体，如部分地方新闻网站。二是通过技术手段生成大量关键词和非人工编写的网页内容。在案证据显示，被告闪速推公司为客户生成的相关网页的内容可以不用客户提供，闪速推公司会根据客户的情况扒取同行业文章通过其管理系统短时间内生成大量关键词和非人工编写的文章。三是被告闪速推公司将相关页面发布到“高权重网站”二级目录。这些网页无法在“高权重网站”被用户直接搜索到，却可以被百度爬虫抓取到，并使相关页面与搜索关键词关联，以达到用户触发搜索关键词，即产生相关页面占据搜索结果首页一条甚至几条搜索结果内容的效果。

本案中，被告闪速推公司的行为缺乏合理理由。具体而言表现为以下两个方面：一是被告闪速推公司的行为是商业行为，而非公益行为。其租赁“高权重网站”二级目录创设网页进行“万词霸屏”排名的行为，是为商业牟利，而不是为了保护社会公益或增进消费者福祉。在案证据显示，被告闪速推公司通过涉案行为持续获取了利润。二是被告闪速推公司的行为是扰乱行为，而非创新行为。其租赁“高权重网站”二级目录创设网页进行“万词霸屏”排名的行为，利用的是百度算法的漏洞，而非创设新的有利于消费者的算法或技术。同时，其在二级目录创设网页的行为并未遵守诚实信用的原则，而是将同类合法经营者相关的劳动成果窃取过来。此外，“万词霸屏”排名的行为影响了搜索引擎正常排名行为，对其他经营者、消费者和市场秩序都产生了消极效果。

---

① 江苏省苏州市中级人民法院民事判决书，(2021)苏05民初1480号。

综上，闪速推公司涉案行为实质是以技术中立为由，罔顾价值观引领，扰乱了健康有序的搜索生态，破坏风清气正网络空间的行为。闪速推公司根据与其签约的客户的需求通过技术手段生成大量非人工编写的网页，并将上述网页内容增加至租赁的第三方“高权重网站”中，利用百度搜索引擎收录和排序规则的漏洞，使网络用户触发搜索关键词时，百度搜索结果首页出现一条或多条包含相关网页的搜索结果，其行为违反诚信原则和公认的商业道德，对百度公司、网络用户、其他互联网经营者以及竞争秩序都造成了损害，且缺乏合理理由，具有不正当性，应受到《反不正当竞争法》的规制。

六、App 唤醒策略

支付宝唤醒策略不正当竞争纠纷诉前行为保全案系国内首例涉 App 唤醒策略网络不正当竞争诉前禁令。涉案被申请人通过设定与申请人相同的 App 唤醒策略以增加用户访问量，该行为不正当地阻碍了申请人支付宝 App 在 iOS 系统内的正常跳转，严重干扰了其支付服务的正常运行。

该案中，其被申请人斑马公司是“家政加”App 的开发和运营主体。为增加用户访问量，其在“家政加”App 中设置了与支付宝 App 唤醒策略一致的 URL Scheme，导致 iOS 系统将“家政加”App 错误地识别为支付宝 App，直接产生的后果就是原本调用支付宝的应用现转为调用“家政加”。

上海市浦东新区人民法院裁定被申请人斑马公司立即停止以设置相同 URL Scheme 的方式对申请人支付宝（中国）网络技术有限公司经营的支付宝 App 正常跳转进行干扰的行为。

七、AR 探索类网游“外挂”

在国内首款 AR 探索类网游“外挂”诉前禁令案[①]中，腾讯具体主张为由于谌某提供、推广的虚拟定位插件通过改变手机操作环境，“欺骗”涉案手机游戏“一起来捉妖”的定位系统，严重破坏了游戏的公平性，因此请求谌某停止提供、推广妨碍网络游戏“一起来捉妖”正常运行的虚拟定位插件的不正当竞争行为。

---

① 上海市浦东新区人民法院民事裁定书，(2019)沪 0115 行保 1 号。2019 年上海法院知产司法保护十大案件及加强知产保护力度典型案件之四。

法院认为,本案中,首先,被申请人谌某提供、推广的虚拟定位插件通过改变涉案游戏正常运行的生态环境,导致该游戏以地理位置为核心的功能玩法难以实现,申请人的合法权益因此受损,遵守游戏规则的正常游戏玩家的合法权益也难以保障。被申请人基于涉案游戏谋取利益的主观意图明显,涉嫌构成对申请人的不正当竞争。可见,申请人请求对被申请人采取诉前行为保全措施具有相应的事实基础和法律依据。其次,申请人提交的初步证据显示,涉案游戏因虚拟定位插件问题遭受部分正常玩家的投诉及差评,涉案游戏的下载量亦呈现下降趋势。因虚拟定位而引发的问题已经给且正在给两名申请人带来负面影响。若不及时制止被申请人的上述行为,任由涉案虚拟定位插件泛滥,可能对申请人的竞争优势、经营利益以及涉案游戏的市场份额带来难以弥补的损害。再次,申请人的行为保全申请指向明确、范围适当,不会造成当事人间利益的显著失衡。最后,涉案虚拟定位插件系市场化产品,不具有社会公共产品属性,产品的提供者亦系完全市场化的经营主体,对被申请人采取行为保全措施不会损害社会公共利益。据此法院对申请人重庆腾讯公司、深圳腾讯公司的诉前行为保全申请予以支持。

八、浏览器主页劫持流量

猎豹恶意篡改用户浏览器主页劫持流量不正当竞争案中,三被告利用网络用户对其作为安全软件经营者的信任,或未告知用户,或通过虚假弹窗、恐吓弹窗变更用户浏览器主页,直接侵害了网络用户的知情权和选择权,在非法获利的同时亦使原告的合法权益及良好商誉受到实际损害。此外,三被告在通过金山毒霸软件变更网络用户浏览器主页过程中实施的区别对待行为,会使网络用户对不同浏览器的使用体验产生差异,不正当地影响原告经营的 2345 浏览器的用户体验和评价。综上,三被告的竞争行为不仅违反了诚实信用原则和公认的商业道德,还违反了平等竞争的原则。故判决三被告停止不正当竞争行为,消除影响,并赔偿二三四五公司经济损失 300 万元及为制止侵权所支出的合理费用 13,060 元。三被告均不服一审判决,提起上诉。二审驳回上诉、维持原判。

九、数据信息

涉数据不正当竞争案件是近年多发的案件,典型的如大众点评诉百度地图案，百度公司的搜索引擎抓取大众点评网上的涉案信息虽未违反 robots 协议，但这并不意味着百度公司可以任意使用搜索引擎抓取的信息。robots 协议只涉及抓取网站信息行为是否符合公认的行业准则的评价判断，不能解决抓取网站信息后的使用行为是否合法的问题。经营者抓取其他网站信息即使不违反网站 robots 协议（爬虫协议），仍应当本着诚实信用的原则和公认的商业道德，合理控制来源于其他网站信息的使用范围和方式。对信息使用市场竞争行为是否具有不正当性的判断应当综合考虑涉案信息是否具有商业价值，能否给经营者带来竞争优势，请求救济方获取信息的正当性、难易程度和成本付出，竞争对手使用信息的范围和方式等因素加以评判。本案中，百度公司大量、全文使用涉案点评信息，实质替代大众点评网向用户提供信息，对汉涛公司造成损害，其行为违反了公认的商业道德和诚实信用原则，构成不正当竞争。但是，早期版本的百度地图只提供 3 条来自大众点评网的点评信息，每条点评信息均未全文显示，且每条点评信息均设置了指向信息源网站的链接，百度地图中的此类使用方式，不足以替代大众点评网向公众提供点评信息，不会对汉涛公司造成实质损害，该类行为不违背公认的商业道德和诚实信用原则，不构成不正当竞争。侵权的信息仅存在于百度地图中，杰图公司的网站通过调用应用程序编程接口（API）调用百度地图，其行为符合行业通行做法，并无不当。故判决百度公司停止不正当竞争行为，赔偿汉涛公司经济损失 300 万元及为制止不正当竞争行为所支付的合理费用 23 万元。百度公司不服一审判决，提起上诉。二审驳回上诉、维持原判。

十、组织虚假刷量

腾讯公司诉祈福公司组织刷量不正当竞争纠纷案中，被告祈福公司运营的“蚂蚁平台”虽不直接从事刷量活动，但为此类活动提供机会、场所并撮合交易，通过向发单用户和接单用户收取一定比例服务费或提现手续费实现盈利。祈福公司的微信公众号“蚂蚁帮扶”曾因存在协助他人参与或委托刷单等行为而被微信平台封禁，祈福公司理应知道涉案被诉行为系微信平台禁止实施行为。此外，被告祈福公司在“蚂蚁平台”设置人工审核环节，明知平台中存在大量浏览、点击微信公众号文章及广告的任务，仍允许用户上架此类任务，并通过设立“金蚂奖”“团单模式”鼓励用户大量发单与接单。祈福公司作为市场竞争者，其主观上应当知道两原告的市场知名度、经营模式、微信各项功能、用途以及服务协议等,客观上实施了涉案被诉行为,若对此不加规制,将导致依靠虚假“流量”支撑而缺乏实质性内容的互联网产品肆意横行,不利于消费者合法利益和社会整体福祉的增加。故祈福公司实施的组织虚假交易行为违反了《反不正当竞争法》第 8 条第 2 款之规定,属于帮助他人进行虚假宣传的不正当竞争行为。

据此,法院依法判令被告祈福公司停止涉案不正当竞争行为、公开消除影响,并赔偿两原告经济损失及合理开支共计人民币 300 万元;在涉案行为持续的部分时间段内,祈福公司曾是一人有限责任公司,邓某系公司唯一股东,鉴于其未能证明与公司财产独立的情况,故判决其在 80 万元范围内承担连带责任。

第四节　技术中立司法裁判

一、司法裁判观点

(一)裁判观点异同

技术创新、技术对抗是现代市场竞争的主要手段,法律对竞争的保护必然意味着对技术使用行为正当性的评价要为技术创新预留空间。换言之,对技术有关的不正当竞争争议的处理需以承认技术中立性为前提,不能仅因技术功能之间的冲突就加以责难,而应立足于技术所产生的整体社会效果进行评价,从而为经营者开发新技术产品和探索新的经营模式提供机会。①

面对《反不正当竞争法》中应如何看待技术中立的问题,法官大体有如下观点:一是从技术的非中立性使用出发,认可技术本身并无善恶之分,但技术体现了开发者或提供者的意图,只有能证明其为了自身利益,教唆他人并为他人实施侵权行为提供便利的,才应承担侵权责任。② 二是从效率角度出发,法律对技术应当保持谦抑,《反不正当竞争法》追求的公平也是效率基础上的公平,对于通过技术手段实现控制的行为,法律不宜随意干涉,将诉争行为交给技术既符合效率原则,也不违反《反不正当竞争法》语境下的公平原则。③

① 参见孔祥俊:《论反不正当竞争的基本范式》,载《法学家》2018 年第 1 期。

② 参见上海知识产权法院民事判决书,(2016)沪 73 民终 33 号。

③ 参见浙江省杭州市中级人民法院民事判决书,(2018)浙 01 民初 3166 号。

在奇虎公司一键分享不正当竞争案中,法院认为,经营者应该尊重其他经营者的商业模式,不得随意影响他人为此应获得的正当的商业利益。本案多份公证书显示,爱奇艺视频网站本身不提供下载功能,用户可以将视频缓存在爱奇艺播放器,但不能通过其他途径予以观看。而奇虎公司提供的“边播边录”功能可以将爱奇艺网站视频下载并保存为 MP4 格式至本地电脑,且去除了爱奇艺水印,并通过“一键分享”功能将爱奇艺公司享有独家信息网络传播权的视频分享至其他视频网站或门户网站,客观上造成爱奇艺公司独有的视频流传于互联网,原本只能通过购买爱奇艺 VIP 会员才能观看的视频可以通过其他渠道免费观看,造成爱奇艺公司用户的流失和收入的减损。此外,用户在观看爱奇艺视频时,360 浏览器主动弹出“边播边录”及“一键分享”提示,并明显提示“用户分享到以下平台可以获得分成收入”,此功能具有明显的指向性,不符合技术中立的条件。

该案二审法院重申如下观点:第一,技术中立原则不仅仅立足于技术本身。技术是一种生产力,可以提升产品质量、消费者福利等,但如果技术服务于帮助他人从事违法行为,则其中立性被打破;第二,技术本身是产品,在运用中也是竞争工具,若技术运用的后果直接弱化他人的竞争优势,这种技术工具本身及其运用均违背诚信原则。[①]

(二)裁判理由差异

在不正当竞争的认定上,技术本身也不是法律审查的对象,法律审查的关键也应该是技术使用行为,因为技术无时无刻不处在具体的使用情境中,这是技术的本质,技术也只有在使用过程中才能发挥其功能并实现其价值。[②] 在猎豹浏览器广告过滤不正当竞争纠纷案中,两审法院对技术中立原则作出了不同论证。一审法院认为,对待技术中立原则需要考察技术提供者是否存在损害他人合法权益的主观过错。二审法院则指出,技术中立原则仅仅是不能认定某个特定的技术本身属于违法技术,但对于该技术的使用行为则不受此限。这也就意味着,如果该使用行为违反了相关法律规定,则其依然可能构成侵权或不正当竞争行为。

---

① 北京知识产权法院民事判决书,(2021)京 73 民终 496 号。

② Universal City Studios, Inc. *v.* Sony Corporation of America, 480 F. Supp. 429 at 435 – 436.

在腾讯公司等与武汉骏网行为保全案[①]中，法院对技术中立进行了说理：技术本身是中立的，但技术也可以成为进行不正当竞争的工具。认定某项技术符合价值中立要求，需要考察技术使用者不存在损害他人合法权益的主观过错。被申请人在涉案侠客群控智能营销系统专门针对微信软件定制开发 44 个功能，用于在微信平台进行规模化批量营销，具有明显的主观恶意，故使用群控技术在被诉侠客群控智能营销系统针对微信设置的 44 个功能本身不具有价值中立性。被申请人的客户使用涉案侠客群控智能营销系统在微信平台进行规模化批量营销，制造虚假流量，危害互联网流量经济的商业模式，最终会使这些客户本身难以维持经营，并不会提高网络用户使用效率。在互联网市场，网络用户的注意力应当通过必要付出获得。被申请人运用群控技术强行改变申请人微信功能的方式，破坏微信生态系统，是以损害他人利益的方式获取自身利益，这种以伤害其他经营者正当合法利益为代价的竞争不符合商业道德，也不应当被法律所认可。被申请人恶意利用他人的诚实付出而争取网络用户注意力，为自己谋取商业机会，获取竞争优势的行为，属于"食人而肥"的不正当竞争行为。

在涉技术中立不正当竞争案件中，各案件裁判理由却存在明显差异，缺乏统一的认定标准，如在猎豹浏览器广告过滤不正当竞争纠纷案中，这种裁判差异展现得更为直接，一审法院和二审法院的论证迥然不同。其中一审法院以"技术开发者主观目的"作为适用技术中立抗辩的核心标准，认为该案中技术开发者存在损害他人合法权益的主观过错致使屏蔽广告技术本身并不具备价值中立性，而二审法院认为适用技术中立抗辩的核心在于"区分技术本身和技术使用行为"，技术中立仅指技术本身中立。

二、司法裁判的变化

2018 年年初，关于屏蔽视频广告插件案件的判决结果出现在广州市黄埔区人民法院和北京市朝阳区人民法院两个基层法院。分析所涉及的两个案件，[②]

---

① 广东省深圳市中级人民法院民事裁定书，(2019)粤 03 民初 1914 号之二。

② 参见广东省广州市黄埔区人民法院民事判决书，(2017)粤 0112 民初 737 号；北京市朝阳区人民法院民事判决书，(2017)京 0105 民初 70786 号。

一个不同以往的发现是,法院一改过去几年基本所有判决均认定提供屏蔽视频广告插件为不正当竞争行为的裁判观点,开始出现驳回原告诉讼请求不再禁止被告提供屏蔽视频广告插件行为的相反判例。裁判结果的背后是关于屏蔽视频广告插件不正当竞争案件出现裁判标准变化。特别是在广州市黄埔区人民法院审理的720浏览器不正当竞争纠纷案中,一审法院主要谈到关于商业模式与技术进步的关系。黄埔区人民法院裁判认为,"任何商业模式都不是天然存在的……会随着科技的发展产生或消亡……如网约车对传统出租车行业及出租车司机的冲击,网络购物对传统零售业及其经营者带来的损害等,都是技术进步后所带来的商业模式的变革与调整"。但腾讯公司诉世界星辉公司不正当竞争纠纷案中,二审法院则认为浏览器屏蔽视频广告行为违反了公认的商业道德,违反了《反不正当竞争法》第2条的规定,如果允许屏蔽广告行为长期存在亦会对社会总福利具有明显损害,损害消费者长远利益,属于《反不正当竞争法》第2条所禁止的不正当竞争行为。所以二审法院撤销一审判决,认定世界星辉公司屏蔽广告的行为构成不正当竞争行为。

从2014年猎豹浏览器广告过滤不正当竞争纠纷案以来,几乎每年都会出现公众熟知的网络视频广告屏蔽的司法案例,但通常法院都会采用《反不正当竞争法》一般条款来对此种"广告+免费视频"的商业模式予以保护,因此在大多数司法案例中都是在线视频网站运营商一方胜诉。但即便如此,网络视频广告屏蔽行为并没有明显减少,在720浏览器不正当竞争纠纷案①中,一审法院的判决认为广州维斯软件有限公司不构成不正当竞争,这与之前相类似的司法案例所产生的判决结果差异甚大,尽管二审法院推翻了一审法院的判决,但是这也意味着不同的司法观点是存在的。②

三、屏蔽与消费者权益保护

(一)消费者整体利益

具体到以屏蔽行为为代表的互联网技术行为中,对消费者利益的保护并非

① 参见任蕊:《浏览器屏蔽视频广告不正当竞争认定研究——以"腾讯诉世界之窗浏览器案"为例》,兰州大学2019年硕士学位论文。

② 我国大部分法院都认定广告屏蔽构成不正当竞争,但也有部分法院采取相反立场,参见720浏览器不正当竞争纠纷案和腾讯公司诉世界星辉公司不正当竞争纠纷案,一审、二审法院观点截然相反。

采用绝对权保护思路，单纯地从权利内涵、侵害行为、损害结果、因果关系等要件的论证去实现，而是要看该行为是否正当，是否实质性破坏了市场竞争秩序，并对经营者或消费者的合法权益造成侵害。在《反不正当竞争法》视域下，对消费者利益的理解应有别于《消费者权益保护法》中各项具体的权利规定，前者更多地体现为一种宏观的视角，是对消费者整体的自由决策利益的保护。① 在竞争秩序未被破坏、竞争机制合理运行的情况下，消费者整体的自由选择权利没有遭到实质性的扭曲，此时对个别消费者之利益侵害的行为通过《消费者权益保护法》予以规制即可。而对消费者整体的选择自由的扭曲，在实质性地侵害消费者权益的基础上，还会导致市场竞争秩序的扭曲及破坏，会使互联网经营者依赖于通过技术行为的非正当使用去变相获得消费者的选择，而非依靠技术创新、服务改善等效率因素去切实获取竞争优势。故而，在个案裁判中，应着重关注该技术行为有无实质性地扭曲最广大用户的自由选择权利。个人用户不同于经营者，并不具备专业知识来对抗技术行为的实施，因此，消费者的自由选择权利往往会因技术行为的实施而遭到实质性的扭曲，用户沦落为经营者获取竞争优势的“工具”。典型情形即是“互联网专条”第 2 款前 3 项所列举的，以强迫、误导、欺骗等为代表的不当影响用户选择方式，用户在知情或不知情的情况下被剥夺了选择自由，只能被动接受经营者所提供的产品或服务。抑或“互联网专条”中未规定，但经营者以技术行为实现对用户选择的诱导行为。概言之，在个案裁判中既要防止“滥用消费者保护之名而行妨碍竞争之实”，也要慎重处理“消费者利益保护与经营者正当利益实现”的平衡关系，若仅是因为技术创新或服务改善过程中给用户造成些许不便，便是用户在技术进步、服务提升或个人偏好实现中应当付出的必要成本。②

（二）消费者利益损害分析

例如，堆氧公司屏蔽广告不正当竞争案③中，涉案微信公众号的主要功能之一是提供视频搜索、在线播放和下载，其搜索结果包含了完整的视频播放链接，

---

① 参见张占江：《〈反不正当竞争法〉属性的新定位　一个结构性视角》，载《中外法学》2020 年第 1 期。

② 参见陈兵：《互联网屏蔽行为的反不正当竞争法规制》，载《法学》2021 年第 6 期。

③ 四川省成都市中级人民法院民事判决书，（2021）川 01 民初 3973 号。四川省高级人民法院发布 2019～2021 年不正当竞争十大典型案例之五。

点击播放后会显示优酷网标识并绕过对会员专享视频的播放限制，且在播放中屏蔽了贴片广告、暂停广告，并提供下载链接，使用户直接获得了相应视频内容。在此情况下，用户已无须再接受优酷公司设置的诸如会员付费等服务前提条件并做出相应的选择，而互联网服务运营者在市场立足、获取市场竞争优势的关键在于锁定用户的深度与广度，用户数量、市场占有率等是互联网企业谋求商业利益的重要基石，被诉侵权行为使得优酷公司所提供的网络服务模式的正常运行遭受了妨碍和破坏，使优酷公司在提供视频的同时获得广告收益以及增加付费用户的商业目的无法实现，既损害了优酷公司的预期可得经营利益，从长远来看也将会导致在线视频网站的经营者因无法获取收益进而无力提供更加丰富的内容和更好的服务，或将迫使这些经营者不再向公众提供免费视频，从而进一步增加消费者获取服务的成本，并减少消费者原本可以得到的选择机会，最终造成消费者的利益受到损害。故堆氧公司与点才公司的行为本质上属于利用技术手段妨碍、破坏其他经营者合法提供的网络产品或者服务的正常运行，在非法损害他人正当经营的基础上，为自身谋取不当利益，是扰乱市场竞争秩序的不正当竞争行为。

又如“万词霸屏”搜索引擎算法不正当竞争案中，法院就被告闪速推公司损害了消费者(网络用户)的合法权益从3个方面进行了论述：一是增加了消费者信息获取成本。被告闪速推公司的行为极大地干扰了用户的正常检索行为，使得网络用户无从辨别哪些是最相关的结果，无法轻易获得本应呈现在排序前列的自然搜索结果，从而被迫阅读了大量广告推广信息，增加了不必要的搜索成本，损害了消费者的利益。二是影响了消费者用户体验。由于用户在搜索结果排名中处于严重的信息不对称地位，很容易被人工干扰的自然排名结果欺骗和误导，误以为排名靠前的搜索结果是相关性和影响力最大的产品和服务提供商，从而上当受骗。三是侵犯了消费者的知情权。被告闪速推公司“万词霸屏”行为推送出来的信息未标注“商业广告”等字样，从而误导消费者，公司的行为实质上是以自然排名之表行竞价排名之实，严重侵犯了消费者的知情权。

四、技术提供者的主观

在13个考察被告方主观状态的案件中，从主观状态考察的对象来看，除2个案件未明确说明外，有6个案件为考察技术提供者的主观状态，其余5个案件为考察技术使用者的主观状态；从主观状态达到的程度来看，其中 4 个案件法院笼统地认为被告方采用技术手段主观过错明显，而另外 8 个案件法院认为技术使用者应当知道使用该技术所造成的后果，具有主观故意，此外还有 1 个案件认为被告方的行为具有主观恶意。①

技术提供者的责任中立是有条件和限制的，需要考察技术提供者是否具有损害他人合法权益的主观过错，如猎豹浏览器广告过滤不正当竞争纠纷案一审中，法院认为金山公司猎豹浏览器具有破坏合一公司优酷网正常经营的主观过错，故而认定猎豹浏览器过滤视频广告的技术不具有中立性；又如"360 扣扣保镖"软件商业诋毁纠纷案中，法院认为奇虎 360 公司在用户修改 QQ 软件时不仅具有教唆和诱导行为，而且为用户修改 QQ 软件提供了帮助，具有明显的主观过错，属于帮助用户进行侵权，并不支持奇虎360 公司只是给 QQ 用户提供了技术中立的修改工具的主张。再如，720 浏览器不正当竞争纠纷案②中，法院关于技术中立原则所持的观点是："虽然 Adblock Plus 插件的屏蔽广告技术本身是中立的，但唯思公司的被诉行为并非单纯向用户提供 Adblock Plus 插件技术由用户按其需求安装于浏览器并自行选择、编辑过滤规则的行为，而是将插件

① 参见吴太轩、郭保生：《技术中立：互联网新型不正当竞争案件中抗辩事由的证成与适用》，载《科技管理研究》2020 年第 20 期。

② 广州知识产权法院民事判决书，(2018) 粤 73 民终 1022 号。该案二审改判，除引用了"海带配额"不正当竞争案观点外，二审法院还认为：首先，《互联网广告管理暂行办法》第 16 条第 1 项、第 2 项规定："互联网广告活动中不得有下列行为：(一) 提供或者利用应用程序、硬件等对他人正当经营的广告采取拦截、过滤、覆盖、快进等限制措施；(二) 利用网络通路、网络设备、应用程序等破坏正常广告数据传输，篡改或者遮挡他人正当经营的广告，擅自加载广告。"其次，《互联网终端软件服务行业自律公约》第 3 条约定，本公约所称互联网终端软件(以下简称终端软件)，是指由互联网企业向上网用户提供并且可以下载、安装、运行在用户终端(包括移动终端)上，使用户能够访问互联网或者使用网络服务的各类应用软件，包括安全服务、浏览器、即时通讯、下载分享、图像处理、媒体播放、网络电视客户端、游戏娱乐等软件。第 19 条约定，除恶意广告外，不得针对特定信息服务提供商拦截、屏蔽其合法信息内容及页面。恶意广告包括频繁弹出的对用户造成干扰的广告类信息以及不提供关闭方式的漂浮广告、弹窗广告、视窗广告等。再次，根据快乐阳光公司二审提交的证据显示，IE 浏览器、QQ 浏览器、搜狗高速浏览器等国内主要浏览器均不存在直接拦截屏蔽涉案视频广告的功能，因此浏览器包含直接拦截视频广告的功能并非行业惯例。最后，由于被诉行为是唯思公司通过 720 浏览器设置的功能拦截屏蔽了快乐阳光公司的芒果 TV 网站视频中合法经营的广告，从法律性质而言唯思公司干扰和影响的是快乐阳光公司对于其网站内合法经营的广告播放内容的处分权，属于对他人处分权的侵害行为。综合以上 4 方面，根据关于互联网广告的部门规章、互联网的行业公约、互联网的行业惯例以及分析被诉行为的法律性质，唯思公司的被诉行为属于违反了互联网领域公认的商业道德的行为。类似的案件还有优酷信息技术(北京)有限公司诉网际傲游(北京)科技有限公司等不正当竞争纠纷案。被控侵权行为均是通过第三方屏蔽广告软件 Adblock Plus 实现，两案判决整体思路趋同，两案被控侵权人均主张技术中立原则抗辩，均未获支持。

作为一种工具使用在自己的浏览器中进行经营的行为。同时,由于 Adblock Plus 插件的过滤规则是可选择、可编辑的,使用该插件的主体可以根据其自主意思选择拦截屏蔽的特定对象。而且,唯思公司在浏览器中使用该插件,拦截屏蔽芒果 TV 网站的视频广告,其实际使用的目的亦并非单纯为消费者谋福利,实质是为了增加浏览器自身的用户资源和谋求更多的交易机会。故唯思公司以技术中立进行抗辩,明显与事实不符,本院对此抗辩不予采纳。”由此可见,法院考量是否适用技术中立原则的着眼点在于唯思公司是否“恶意”使用了涉案软件的广告过滤功能。

第五节　技术创新的判定标准

一、一方利益标准

最高人民法院在“360 扣扣保镖”软件商业诋毁纠纷案中阐明,“互联网的发展有赖于自由竞争和科技创新,互联网行业鼓励自由竞争和创新”,“是否属于互联网精神鼓励的自由竞争和创新,仍然需要以是否有利于建立平等公平的竞争秩序、是否符合消费者的一般利益和社会公共利益为标准来进行判断,而不是仅有某些技术上的进步即应认为属于自由竞争和创新”。

在抖音诉小葫芦直播数据抓取案中,法院将社会公共利益方面等同创新进行评论。法院认为,六界公司的基础数据直接源于“抖音”,并经简单计算得出,对数据的使用行为没有任何创新,涉案数据展示的透明化一定程度上反而会带来平台之间的恶性竞争、家庭与社会不稳定等,使社会福祉总体降低。

二、效能标准

已经有不少案件中的法院表现出了对“技术创新”的高度重视,比如“微信群控”不正当竞争纠纷案和“极致了”非法抓取微信数据案。“微信群控”不正当竞争纠纷案中,关于被诉行为是否属于创新性竞争,法院认为,网络竞争行为应当符合“合法、适度、征得用户同意、有效率”的原则,如果一项网络竞争行为对竞争效能的破坏性大于建设性,即便能够给部分消费者带来某些福利,若不加以禁止，其不仅会损害其他多数消费者的福利，同时将损害其他市场主体的创造积极性，进而影响到消费者整体与长远利益的提升。本案中，微信产品作为一款社交产品在国内外拥有巨量活跃用户，深受广大消费者的欢迎，其对于市场的贡献是显而易见的。被诉侵权软件虽然提升了少数经营性用户使用微信产品的体验，但恶化了多数用户使用微信产品的体验，如果不加以禁止，会危及微信产品的整体效能发挥与后续发展，进而影响到广大消费者的福祉。两被告此种所谓创新竞争活动，在竞争效能上明显弊大于利，难谓有效率的创新竞争，不具有正当性。遂判决两被告立即停止涉案不正当竞争行为，并共同赔偿两原告经济损失及合理费用260万元。

这种对"技术创新"的关切也与互联网领域动态竞争格局息息相关，有一些不被认可的竞争行为会随时间正当化，比如当初基于点对点模式发展的网约车虽然因缺乏资质许可被认为损害了出租车行业的竞争秩序，但如今已经被广泛接受。[①] 此外，在大多数案件中，抓取方都会以其技术中立或技术创新为由对数据抓取行为的正当性证立。比如前述大众点评诉百度地图案。这一抗辩理由的有效性取决于抓取方所使用的技术是否真正能够达到"技术创新"的程度。

三、三位一体利益目标

司法实践中，应当对互联网新型竞争行为的正当性进行审慎的评价，充分考虑到创新要素及其引发的合理新秩序的确立可能。当然，对于创新的认定必将是谨慎的、限制的。创新本身不是《反不正当竞争法》中一项独立的考量因素，只有涉案行为符合该法三位一体利益目标才能得到合法性认定。[②]

数推公司、谭某不正当竞争纠纷案[③]中，法院认为，判断有偿刷量行为是否

---

① 参见沈澄：《依〈反不正当竞争法〉解决互联网平台数据使用争议的司法实务问题》，载搜狐网2021年12月15日，http://news.sohu.com/a/508073942_100138309。

② 参见吴莉娟：《互联网新型不正当竞争行为的类型化研究——兼论〈反不正当竞争法〉类型化条款之完善》，载《竞争政策研究》2019年第6期。

③ 重庆市第五中级人民法院民事判决书，(2019)渝05民初3618号。最高人民法院发布十大反垄断和反不正当竞争典型案例之七、2020年中国法院50件典型知识产权案例。类似案件还有七牛公司网站"刷量"不正当竞争纠纷案，江苏省高级人民法院民事判决书，(2019)苏民终778号；浙江淘宝网络有限公司诉杭州美名科技有限公司不正当竞争纠纷案，杭州市中级人民法院民事判决书，(2018)浙01民初3845号，2020年浙江法院十佳案例之七。

属于正当的竞争和创新,应当以有利于建立公平的竞争秩序,符合用户和消费者合法利益和社会公共利益为准则。借助互联网技术成果或者网络平台,甚至是互联网经营者的地位和商誉,提供虚高或虚假数据,来达到提升互联网产品或服务及其内容信息的关注度和影响力,是借口技术进步创新之名,行干涉他人正当商业模式和经营,扰乱正常公平竞争秩序,破坏良性竞争关系之实。本案中,被告以技术创新为名,对原告产品或服务及与其有竞争关系的产品或服务通过有偿刷量方式进行干预,既不符合互联网提倡的竞争和创新之精神,也不符合互联网领域业已形成的商业道德规范。

四、消费者福利

在字节诉微博案中,法院认为,互联网领域中消费者福利的增加,依赖于数据在更大范围和更深层次的共享利用,而非通过数据爬取对数据进行明显替代性或同质化地利用。在非搜索引擎的应用场景中,特别是在类似本案字节跳动公司的"toutiaospider"网络机器人将抓取后的内容直接"移植"到"微头条",实现对微博内容实质性替代的应用场景,虽然在一定程度上扩大了消费者对于用户发布内容的获取途径,但并没有实质上增加消费者的消费体验。

关注消费者福利的还有如"爱奇艺账号"不正当竞争纠纷案[①]中,原告是爱奇艺网和手机端爱奇艺 App 的经营者,用户支付相应对价成为爱奇艺 VIP 会员后能够享受跳过广告和观看 VIP 视频等会员特权。被告通过运营的"马上玩" App 对其购买的爱奇艺 VIP 账号进行分时出租,使用户无须购买爱奇艺 VIP 账号、通过云流化技术手段即可限制爱奇艺 App 部分功能。原告爱奇艺公司诉至法院,要求消除影响并赔偿经济损失及合理开支 300 万元。一审法院认定龙魂公司、龙境公司的涉案行为构成不正当竞争,判令其停止侵权,并赔偿爱奇艺公司经济损失及合理开支共计 300 万元。龙魂公司、龙境公司不服一审判决,提起上诉,北京知识产权法院二审认定,龙魂公司、龙境公司的行为妨碍了爱奇艺公司合法提供的网络服务的正常运行,主观恶意明显。龙魂公司、龙境公司运用网络新技术向社会提供新产品并非基于促进行业新发展的需求,该行为从长远来看也将逐步降低市场活力,破坏竞争秩序和机制,阻碍网络视频市场的正

① 北京知识产权法院民事判决书,(2019)京 73 民终 3263 号。

常、有序发展,并最终造成消费者福祉的减损,具有不正当性。北京知识产权法院判决驳回上诉、维持一审判决。该案体现了人民法院对互联网经营者与消费者合法利益的有效保护,同时也体现了人民法院对创新因素的考量。

五、创新与效率

在"微信群控"不正当竞争纠纷案中,法院认为,涉案被诉行为不属于技术创新的公平竞争。首先,基于网络经济"开放、共享、效率"的主要价值取向及其"共生经济"的基本特质,网络经济条件下的竞争应允许在既有网络产品基础上创新性地开展自由竞争。就本案而言,如果两被告是在合理利用微信产品基础上通过自己的创新劳动开发出新的软件产品且能够给予消费者带来全新体验的,这样的竞争行为难谓不正当。但创新性的自由竞争,不能以牺牲公平正义为代价,在既有网络产品基础上的创新竞争不能破坏原有网络产品的市场效能。因为一项创新性网络产品固然提升了市场的整体竞争力,但原有网络产品同样也是市场整体竞争力的一部分。当一项创新竞争行为损害了他人产品的市场竞争力与市场贡献力时,不得不说该行为同时也是对市场竞争秩序与市场经济健康发展的一种损害。法院认为,"创新与效率"是网络经济的核心价值理念,消费者福祉的改善也是《反不正当竞争法》追求的最终目标,两者当然应当成为网络竞争行为正当性的主要评判标准。但技术的创新,不能以牺牲其他竞争者对于市场发展及消费者福利的贡献力为代价,消费者福祉的根本改善也并非仅靠一次创新即能实现。消费者福祉的改善最根本的保障是可预期、可持续的市场创新发展。如果一项网络竞争行为在竞争效能上破坏性大于建设性,即便能够给部分消费者带来某些福利,但不加禁止,其不仅会损害其他多数消费者的福利,同时还将损害其他市场主体的创造积极性,进而会影响到消费者整体与长远利益的提升。本案中,微信产品作为一款社交产品在国内外拥有巨量的活跃用户,深受广大消费者的欢迎,其对于市场的贡献力是显而易见的。被控侵权软件虽然提升了少数经营性用户使用微信产品的体验,但恶化了多数用户使用微信产品的体验,如不加禁止会危及微信产品的整体效能发挥与后续发展,进而会影响到广大消费者的福祉。两被告此种所谓创新竞争活动,在竞争效能上对于市场的贡献明显弊大于利,难谓系有效率的竞争,并不具有合理性。其次,在既有网络产品基础上的技术创新,其新增功能应对原有网络产品起到拾遗补阙的积极作用,其前提是原网络产品开发者未曾意识到该新增功能的积极作用或虽然意识到但受技术能力限制难以实现新增功能。本案中,两被告的被控侵权软件突破了微信产品既有功能设置,新增了部分功能。对于该部分新增功能,两原告并非不曾意识亦非技术上难以实现,而是因为其与个人微信产品作为社交平台的功能定位及目标设计相抵触,两原告对此始终持排斥的态度。因此,两被告此种对个人微信产品既有功能的改变并非积极意义上的技术创新。综上,法院认为被控侵权软件虽然突破了微信产品既有功能设置新增了部分功能,但该部分新增功能的实现对于市场贡献而言弊大于利,同时在技术含量上并无新创意、新进步,不具有创新性竞争的本质特征。

第七章　互联网商业模式

第一节　商业模式概述

一、商业模式保护观点

本章所探讨的商业模式，均是指互联网环境中的商业模式。支撑法院保护互联网视频企业的广告商业模式的理论主张有两种，“保护说”是其中之一。视频网站商业模式本身虽然并不直接构成竞争法保护对象或者保护的客体，但以该商业模式为支撑的网站经营者商业利益是应当受到保护的，据此，其他软件开发公司针对视频网站的广告商业模式进行屏蔽或利用的行为，应当被推定构成不正当竞争①。与“保护说”有着密切关系的另一主张是“对价关系说”。该类支持保护广告商业模式的学者认为，用户获取免费视频资源与观看广告存在对价关系，在经营者提供免费视频服务的前提下，法律应当保障视频公司借助用户观看广告而获取利益，这种保护不仅具有必要性，也具有合理性②。

裁判中对商业模式的概念界定，基本都是从经营方式的角度阐述商业模式的内涵，由此确认商业模式的普遍性、正当性与应受保护性，可以说法院秉持了商业模式应受《反不正当竞争法》保护的肯定性观点，理论依据在于，即便商业模式本身不直接构成《反不正当竞争法》的保护客体，“商业模式背后

---

① 参见焦萍：《论反不正当竞争法视阈下视频网站商业模式保护》，载《电子知识产权》2016 年第 9 期。

② 参见袁锋：《浏览器自带网络广告屏蔽功能的竞争法责任研究》，载《电子知识产权》2014 年第 7 期。

蕴含的经营者商业利益”也应当受到保护，[①]并且认为免费视频以“接受广告为对价”。[②] 除前述肯定观点之外，商业模式是否应当受到竞争法保护还受到了更有力的疑问。否定性的观点认为对商业模式的保护，实际陷入了“一般侵权行为的套路”，商业模式本身就是应该被不停创造和打破的，一成不变的保护体现了“静态的竞争思维”，恰恰与市场经济背道而驰，不符合动态竞争的市场规律。如果将商业模式作为一种法益进行保护，并以此为基础认定行为的正当性，则更倾向于权益保护模式或者权益保护主义，背离了《反不正当竞争法》应有的行为正当主义。[③] 简言之，正确的逻辑思路应当是“此类利益因受到制止不正当竞争行为的保护而成为法益，而不是首先因为是法益而受到保护”。[④]

在猎豹浏览器广告过滤不正当竞争纠纷案中，法官认为合一公司经营的优酷网采用贴片广告加免费视频经营模式，是当前国内外视频网站普遍采用的商业模式，尽管会给观众在观看体验上带来各种不便，但这却是观众为获取免费视频资源所应当付出的合理对价，这也是网络视频公司能够通过互联网盈利的重要运作模式。给观众带来的各种不便不能成为广告屏蔽软件制作者的正当理由立足之处。

但也有持不同的观点，在“净网大师”屏蔽广告不正当竞争案[⑤]中，上海知识产权法院认为，商业模式的优劣理应由市场选择决定，而非由其他经营者以破坏性的竞争方式进行评判。不能认为经营者的经营活动以及其所采用的“免费＋广告”的商业模式不得受到任何冲击或影响，但其发展变化不应受制于其他经营者的破坏行为。

如腾讯公司诉世界星辉公司不正当竞争纠纷案一审判决中所阐述，作为市场经济条件下自由竞争的产物，商业模式应当让优胜劣汰的市场机制决定其命

---

① 如在“极路由”路由器不正当竞争纠纷案中，法院认为：爱奇艺公司以向广告主收取广告费作为主要的营业收入，并以该收入购买视频内容的相关版权，形成了健康、有序、互惠、合法的视频网站生态链，是目前中国视频网站采用最为普遍的“商业模式”，是视频网站赖以生存、发展的基础。爱奇艺公司这一商业模式本身是合法的，由此产生的商业利益依法应予保护。参见北京知识产权法院民事判决书，(2014)京知民终字第79号。

② 最高人民法院民事判决书，(2013)民三终字第5号。

③ 参见孔祥俊：《论反不正当竞争的基本范式》，载《法学家》2018年第1期。

④ 参见孔祥俊：《〈民法总则〉新视域下的反不正当竞争法》，载《比较法研究》2018年第2期。

⑤ 上海知识产权法院民事判决书，(2016)沪73民终33号。

运，合法的商业模式也不能免于正当竞争。[1]

又如在马某与玫琳凯公司侵害商标权及不正当竞争案[2]中，法院同样认为，"在市场竞争过程中，经营者不负有维护其他经营者商业模式的义务，不同的商业主体为了争夺商业机会势必会产生摩擦和损害，从而影响到其他竞争者的利益，故不能因为经营者商业模式受到影响或利益受损就推断竞争行为具有非正当性。需运用比例原则，权衡经营者、消费者和其他市场竞争者的利益后对经营者竞争利益受损进行正确认定。同时，基于商业机会的开放性和不确定性，只有当竞争对手不遵循诚实信用原则和违反公认的商业道德，通过不正当手段攫取他人可以合理预期获得的商业机会时，才为《反不正当竞争法》所禁止"。

如果法院采用一般侵权的构成理论来保护现存商业模式，就使现存商业模式获得了"权利级"的待遇，这不仅不利于互联网领域的自由竞争，还扼杀了技术创新的动力，让互联网领域固化，现存利益既得者的利益领域变成了不可侵犯的领域，这本质上不符合自由竞争的要求。[3]

二、商业模式的重要性

商业模式是企业创造价值的商业逻辑，是企业参与市场竞争的手段，其本质是企业的竞争行为。以国内首款 AR 探索类网游"外挂"诉前禁令案为例，该案中腾讯公司运营的"一起来捉妖"游戏属于基于定位服务的 AR 探索类游戏，其核心玩法是玩家通过不断改变自己的物理位置从而寻找更多的游戏资源，因此用户真实、准确的定位信息是该款游戏的运行基础。被告运营的物理"外挂"产品的功能恰是改变手机基础定位信息，故使用"外挂"的玩家无须改变实际位置就可抢夺游戏资源，从而对该款游戏造成颠覆性破坏。由此可见，互联网竞争行为相较传统竞争行为，其影响范围和影响程度都呈现扩展和强化，往往触及竞争对手的核心商业模式。如刷机（重装手机系统）不正当竞争纠纷案中，杭州互联网法院认为，单纯靠硬件销售获得收益的经营方式令手机厂商难以为继，应用软件分发的商业模式已成为手机厂商普遍的商业模式。作为手机生产

---

① 北京知识产权法院民事判决书，(2018)京 73 民终 558 号。

② 浙江省高级人民法院民事判决书，(2020)浙民终 479 号。

③ 参见黄军：《视频网站商业模式竞争法保护的反思与完善》，载《时代法学》2019 年第 3 期。

商,OPPO 公司应享有其后续流量变现的权益。因此,OPPO 公司通过应用软件分发服务的商业模式以实现盈利需求,获得的是合法竞争利益和商业优势,应当受到《反不正当竞争法》的保护。同时东莞讯怡科技公司是该种增值服务的实际运营者,也应享有相关权益。

三、商业模式司法保护方式

(一)早期绝对保护

以互联网“免费服务 + 广告”的商业模式为例,在“360 扣扣保镖”软件商业诋毁纠纷案二审中,最高人民法院指出:“免费平台与广告或增值服务相结合的商业模式是本案争议发生时,互联网行业惯常的经营方式,也符合我国互联网市场发展的阶段性特征。事实上,本案上诉人也采用这种商业模式。这种商业模式并不违反《反不正当竞争法》的原则精神和禁止性规定,被上诉人以此谋求商业利益的行为应受保护,他人不得以不正当干扰方式损害其正当权益。”在猎豹浏览器广告过滤不正当竞争纠纷案及百度诉奇虎篡改浏览器不正当竞争案中,早期法院对商业模式应当受到保护均予以了认可。

我国有关裁判过于强调正当商业模式(如“免费观看加广告”)的受保护性,近乎将其上升为“商业资产”的专有权,在此视角下,竞争行为正当性的认定天然地有利于主张正当商业模式的一方,而更易于将他人的“干扰”行为认定为不正当破坏,从而淡化了从动态竞争的视角考量行为正当性。[①]

商业模式的更迭是市场竞争的必然结果,由此造成的损害不能直接得出行为不正当性的结论。最高人民法院在“海带配额”不正当竞争案中就曾指出:“竞争对手之间彼此进行商业机会的争夺是竞争的常态。对于同一交易机会而言,竞争对手之间一方有所得另一方即有所失。”所以,“在《反不正当竞争法》上,一种利益应受保护并不构成该利益的受损方获得民事救济的充分条件”[②]。

之后的“360 扣扣保镖”软件商业诋毁纠纷案中,法院却强调“正当的商业模式必然产生受法律保护的正当商业利益”。同是最高人民法院,裁判观点出现两种截然不同的做法。

---

① 参见孔祥俊:《论反不正当竞争的基本范式》,载《法学家》2018 年第 1 期。

② 最高人民法院民事裁定书,(2009)民申字第 1065 号。

（二）商业利益保护

有的法官认为，“免费视频 + 观看广告”这一商业模式已成为当前视频网站常见的商业模式之一，其既不违反不正当竞争法律法规，又得到了市场的普遍接受，所以原告在该模式的运营下获得的商业利益应当受到《反不正当竞争法》所保护。①

（三）竞争秩序保护

有的法官认为，尽管某一特定的商业模式并非《反不正当竞争法》所直接保护的对象，但只要经营者在其所从事的经营活动中，遵循自愿、平等、公平、诚实信用的原则，遵守法律和商业道德，未违反《反不正当竞争法》第 2 条之规定，那么无论采用何种商业模式，其合法利益均应受到保护。②

尤其在搜狗输入法搜索不正当竞争纠纷案中，对于百度与搜狗就搜狗输入法以下拉菜单形式提供搜索候选，点击搜索候选进入搜狗搜索结果页面的行为是否涉及流量劫持的不正当竞争纠纷，北京知识产权法院进一步强调：“《反不正当竞争法》保护的是竞争秩序，而非具体的商业模式，因此，即便某一商业模式系由某一经营者率先采用，并形成相应的用户习惯，亦不会由此而产生排他权。他人同样可以采用与之相同或改进的商业模式，只要其竞争行为未违反公认的商业道德，便不构成对《反不正当竞争法》所保护的竞争秩序的破坏。”这种裁判从目前来看，仍属难得。

（四）竞争优势保护

首例游戏模拟器侵权案中，对于网易公司提出的“率土模拟器”中的“模拟对战”功能、“查看战报”功能、对战内容、战法逻辑及程序构成不正当竞争这一主张，一审法院从游戏功能与商业模式的平衡与保护边界出发给出裁判观点。法院认为，单纯网络游戏中的功能模块应属于著作权法保护范畴，一般不宜纳入《反不正当竞争法》保护范围。但是，当游戏经营者通过该游戏功能模块形成了独特的商业模式且可以带来商业利益或竞争优势时，可纳入《反不正当竞争法》调整。不过，《反不正当竞争法》并不保护某一种商业模式，而是商业模式所带来的商业利益或竞争优势。

---

① 北京知识产权法院民事判决书，(2014)京知民终字第 79 号。

② 杭州铁路运输法院民事判决书，(2019)浙 8601 民初 1661 号。

事实上,网易公司无法证明“模拟战斗”功能模块已形成了独特的商业模式,且该商业模式可为此带来商业利益或竞争优势。而即便网易公司能够证明此为其特有的商业模式,亦不能成为网易公司独家垄断,因为《反不正当竞争法》所保护的是该商业模式背后的商业利益(竞争优势)而非模式本身。刷机(重装手机系统)不正当竞争纠纷案中,法院认为,商业模式本身作为市场经济条件下自由竞争的产物,并不是《反不正当竞争法》所保护的客体,《反不正当竞争法》要保护的是蕴含在该商业模式背后的经营者的合法经营利益。经营者在经营活动中的行为如符合法律规定,基于合法的经营性竞争行为获得的竞争优势和商业利益应受《反不正当竞争法》保护。本案中,OPPO 公司基于其用户对手机的使用所形成的流量优势和移动互联网入口优势,通过在手机操作系统中预装自主研发或第三方合作应用 App、运营的各类 App 的广告资源、与游戏运营商联合运营游戏等应用分发模式提供增值服务,获取收益的商业模式,是其经营收入的重要途径。该种商业模式的基础是其手机软硬件的贡献以及用户的市场认可,需要手机生产商投入大量成本和资源,研发用户体验度高、适配性好的硬件和操作系统软件,进行大规模市场拓展和宣传,并提供良好的售后支持和维护才能获得,作为手机生产商应享有其后续流量变现的权益。故 OPPO 公司通过应用软件分发服务的商业模式以实现盈利需求,获得的是合法竞争利益和商业优势,应当受到《反不正当竞争法》的保护。同时,根据在案证据显示,东莞讯怡科技公司是该种增值服务的实际运营者,故其亦享有相关权益。

(五)合法权益保护

在视频广告屏蔽纠纷中,法院持合法权益保护观点。如堆氧公司屏蔽广告不正当竞争案中,就“优酷公司在本案中是否享有受《反不正当竞争法》保护的法益”法院认为:优酷公司系优酷网的经营者,作为在线提供视频播放服务的经营者,其合法权益受法律保护。《反不正当竞争法》旨在维护合法有序的市场竞争秩序,经营者在市场竞争中的行为若是基于合法的经营而获得的合法权益应受《反不正当竞争法》的保护。本案中,优酷公司为获得影视剧相关的版权必然会付出相应成本,其最终目的也是通过向公众提供影视剧播放获取利润。优酷公司向会员用户提供会员独播视频并提供会员免广告服务,向非会员用户提供免费视频加广告服务即在视频片头播放一定时间的贴片广告并据此收取广告费,在该种商业模式下,视频网站经营者、互联网用户与广告主之间各取所需,形成有序的利益分配和循环。该商业模式并不违反不正当竞争法律禁止性规定，且业已成为当前视频网站常见的商业模式之一，并获得了市场的普遍接受。因此，优酷公司据此商业模式所获得的合法经营利益应当受到法律的保护。

四、商业模式的域外经验

国外对于我国类似案件的处理存在一定的不同。如"白名单案"中，面对原告采用的"免费新闻 + 营利性广告"与被告采用的"免费屏蔽广告软件 + 收费的白名单"商业模式，德国法院未将被告通过原告建立销售市场和损人利己的行为认定为不正当竞争。而且，将构成不正当竞争的"损人利己"界限划在是否导致竞争对手无法生存上，如"被告的行为对原告广告收入的影响并非无足轻重，但尚不危及其生存"（"电视精灵案"），以及是否达到"施加的压力如此巨大，以至于使原告无法避开此压制，被压迫得无法生存"。这些判决在判断正当性时很看重原告是否具有市场和技术的应对能力及出路。这种"损害"界限和评断标准显然会增强市场竞争的对抗性，提升市场竞争的张力、韧性和强度，并以发展的眼光对待竞争问题，旨在让市场和技术去解决竞争中的冲突，避免动辄构成不正当竞争，显然有利于商业创新和技术进步。

五、商业机会

除商业模式以外，商业机会在实务中也经常发生争议。如"海带配额"不正当竞争案[①]中，一审判决认为，"对日出口海带贸易机会"对市场竞争者而言是一种商业机会，也是一种商业优势。虽然这种商业优势其他市场竞争者也可以获得，但其必须采取正当的途径或手段，如果有悖公认的商业道德则为法律所禁止。该案中的马某曾在原告公司工作，熟悉整个业务的操作流程，并代表公司参与对日出口项目的实践，积累了广泛的人脉和基础。但是其作为公司职员，获得的此种竞争优势应当归属于公司所有，如果其未经许可滥用此种优势则会损害原公司利益，因此认定其和现任公司不正当竞争事实成立。

---

① 参见一审山东省青岛市中级人民法院民事判决书，(2007)青民三初字第 136 号；二审山东省高级人民法院民事判决书，(2008)鲁民三终字第 83 号；再审最高人民法院民事裁定书，(2009)民申字第 1065 号。

从一审判决的论理看,它是将原告稳定获得的商业机会和由此带来的竞争优势当作一种静态法益进行保护,且将被告利用在原告工作期间积累的人际关系等获取该商业机会,认定为违背诚实信用原则的不正当手段,并据此认定不正当竞争行为。这种裁判思路显然立足于维护静态利益和静态和谐,以及将“占便宜”(利用原单位的人际关系等“搭便车”)视为不正当行为,显然更倾向于不能损人利己之类的一般社会道德观念,而未从市场经济和市场竞争的特性和要求上进行分析。因此,这是一种有悖于市场价值取向的竞争行为正当性分析判断的观念与方法。但之后的二审法院以及最高人民法院则持相反观点。其主要论点在于,竞争本就是会产生摩擦和损害的,市场竞争的过程中,不同的商业主体为了争夺商业机会势必会影响到其他竞争者的利益。如果仅仅只看到其他经营者一方利益受到了损害,而不顾整体利益的话,势必会曲解《反不正当竞争法》的立法目的和适用范围。因此,二审法院和再审法院最终认定马某及圣克达诚公司并不违反诚实信用原则,涉案行为属于正当的商业竞争行为。

二审判决和再审判决显然基于市场竞争的属性等因素,认定被告利用交易对方的信赖等获取交易机会并不当然具有不正当性。显然,其所坚持的是一种更符合市场价值取向的判断标准。尤为重要的是,最高人民法院首次在判决中使用经济理性人的标准对竞争行为正当性进行判断,即打破传统司法实践中的静态认定方法,将动态的竞争观引入其中;明确了商主体应当遵循的是商业道德,而非广义上所有的伦理道德,避免将个人道德的评价标准用来衡量商业主体的行为规范。① 此种观念上的改变也对之后相关案件的审判起了指导作用。②

第二节　商业模式司法裁判思路

一、权利侵害式裁判思路

权利侵害式的侵权法思维存在的最大问题就是几乎将在先商业模式作为

---

① 参见《最高人民法院印发〈关于充分发挥知识产权审判职能作用推动社会主义文化大发展大繁荣和促进经济自主协调发展若干问题的意见〉的通知》(法发〔2011〕18 号)。

② 参见王艳芳:《商业道德在〈反不正当竞争法〉中的价值与标准二重构造》,载《知识产权》2020年第6期。

一项权利加以保护,赋予特定经营者免于竞争的特权;将竞争正当与否的判断局限于在先经营者的利益是否受到损害,忽视了其他经营者竞争的自由以及消费者利益的独立判断价值。

此前的大多数广告屏蔽案件将屏蔽行为认定为不正当竞争就是基于此一思维。例如,在大摩与乐视广告屏蔽案①中,二审法院的判决虽然向前迈进了一小步,确认《反不正当竞争法》保护的是原告依托"免费内容服务 + 广告"商业模式进行经营活动所获取的合法权益,而非商业模式本身,但其裁判仍未能跳出"劳动成果权利化"的桎梏。法院特别强调:"竞争必须是经营者通过付出自己的劳动而进行的正当的竞争。"大摩公司利用用户存在的既不愿支付时间成本也不愿支付金钱成本的消费心理,推销屏蔽软件,目的在于依托乐视网公司多年经营所取得的用户群,为大摩公司增加市场交易机会,取得市场竞争的优势,属于不当利用他人市场成果、损害他人合法权益来谋求自身竞争优势,所以判其行为构成不正当竞争并无不当。

我国还有几个典型的互联网屏蔽广告案的基本裁判思路是先论述原被告之间有竞争关系,然后论述"免费观看 + 广告"商业模式的合法性(或者经营活动受保护)、侵害行为(对原告经营模式的破坏行为以及从中获利)以及过错(故意)。这基本上是一种一般侵权行为的判断思路。例如,在猎豹浏览器广告过滤不正当竞争纠纷案中,二审判决认定,"金山网络公司及金山安全公司对被诉猎豹浏览器的开发及提供行为与该过滤后果具有直接关联关系,这一行为客观上造成了破坏合一公司正常经营活动的后果";"金山网络公司与金山安全公司主观上亦有破坏合一公司正当经营活动的故意";"在结合考虑金山网络公司与金山安全公司的主观故意,以及被诉猎豹浏览器开发及提供行为所带来的客观后果的情况下","金山网络公司与金山安全公司开发并提供被诉猎豹浏览器的行为构成对合一公司经营活动的破坏"。该法院裁判的思路是,合一公司有受保护的法益、金山公司实施了侵害行为并有主观故意,据此认定构成不正当竞争,这显然更接近于一般侵权行为的判断思路。

从检索到的 14 个案件来看,其中 13 个案件判决认为广告过滤行为构成不正当竞争,并对商业模式采取了保护态度。具体表现为,法院在认定广告过滤

---

① 上海知识产权法院民事判决书,(2016)沪 73 民终 75 号。

行为的正当性时，遵循了这样的认定进路：第一，分析并确认视频网站经营者采用的“免费 + 广告”的商业模式应受保护；第二，分析并确认广告过滤行为对视频网站经营者利益造成的损害；第三，据此认定广告过滤行为构成不正当竞争。这一认定进路体现出明显的“权利保护式”或者“一般侵权式”的判断思维，并未恰当地考虑“与此类竞争相适应的价值和特性”。①

二、免费等同于接受广告

主流的裁判观点将“免费”等同于接受广告，认为没有广告，就没有免费。如搜狐公司等诉华录天维等公司不正当竞争案②中，法院认为经营者没有义务向消费者免费提供视频产品，在“免费视频 + 广告”的商业模式下，广告收益是支撑视频网站经营者正常经营的重要资金来源，“免费视频 + 广告”的播放方式不会对消费者的合法权益造成损害，而广告过滤行为，看似提升了用户体验效果，实际上会使广告主投放的广告无法产生预期效益，继而导致视频网站经营者的利益受损，最终可能损害到消费者的合法利益。无独有偶，大多数裁判秉持了这样的思维模式。③

如博盛景公司擅自赠送视频会员权限不正当竞争纠纷案中，爱奇艺公司作为爱奇艺网的经营者，通过“免费视频 + 广告”、VIP 会员服务，或其他付费形式向用户提供视频播放服务。法院认为，爱奇艺公司提交的证据显示，普通用户在正常情况下通过爱奇艺网观看免费视频时，视频播放前需要观看片头广告；在观看 VIP 视频和付费视频时，需要付费开通 VIP 服务或付费购买观看权限。而在用户安装涉案软件并进行充值后，使用涉案软件进入爱奇艺网后即可免除广告观看该网站中的相应内容，亦可免费观看原本需付费或购买 VIP 服务才可观看的视频，即涉案软件通过技术手段，破坏了爱奇艺网提供的视频服务的正常运行，减损爱奇艺公司本可通过广告或 VIP 会员获得的收入，违反了《反不正当竞争法》第 12 条之规定。

又如在奇果公司与优酷公司不正当竞争案④二审判决书中，法院认为“奇果

---

① 兰楠：《广告过滤行为的正当性评价》，载《华东政法大学学报》2019 年第 2 期。

② 北京市石景山区人民法院民事判决书，(2014) 石民(知) 初字第 9291 号。

③ 参见兰楠：《广告过滤行为的正当性评价》，载《华东政法大学学报》2019 年第 2 期。

④ 北京知识产权法院民事判决书，(2019) 京 73 民终 238 号。

公司屏蔽优酷网视频贴片广告的行为势必会使原先使用或潜在愿意使用优酷网观看视频的网络用户减少,转而使用电视家浏览器,进而会造成优酷公司广告费以及会员费收入的减少,最终危及优酷公司的正常经营,对优酷公司的经营利益造成损害。而奇果公司在未支出相应的版权费用、带宽等成本的前提下,以此取得不当竞争优势,其行为具有恶意,有违诚实信用原则以及公认的商业道德,属于《反不正当竞争法》所规制的不正当竞争行为",从该判决理由中可以看出,法院在认定奇果公司的行为对优酷的经济利益产生不利影响之后,对于该行为本身是否具有不正当性并没有进一步的论证,就直接认定该行为具有恶意,对于奇果公司的行为违反了诚实信用原则以及有违于商业道德这种价值性评价本应是说理的重点部分,也只是一句话带过而已。这种视频广告屏蔽纠纷主流裁判路径折射出法院在此类案件中过度强调保护经营者利益的裁判理念。①

三、界定合理边界

"爱奇艺账号"不正当竞争纠纷案中,二审法院认为,第一,从技术手段上看,按照 2017 年《反不正当竞争法》第 12 条第 2 款第 4 项规定,这种妨碍、破坏行为应指向于权利人本身,结合本案,VIP 视频是爱奇艺公司推动 VIP 付费会员业务并在网络视频市场中获得竞争优势的重要经营资源,而龙魂公司、龙境公司利用流化技术将爱奇艺 VIP 账号分时段出租给涉案 App 的用户,使其无须向爱奇艺公司付费即可接受爱奇艺 VIP 视频服务,并通过技术手段在涉案 App 中添加"画质切换"等功能选项,对爱奇艺 App 中的"我的""泡泡"和播放设置等功能进行限制。第二,从主观过错上看,龙魂公司、龙境公司作为互联网行业的经营者,对于网络视频平台的经营方式和盈利模式应当知晓,亦应知晓爱奇艺公司为提供视频 VIP 服务付出了支付版权费、自制网络独播剧等经营成本;同时作为爱奇艺 VIP 付费会员,其对爱奇艺公司 VIP 付费制度也是明知的;加之,在爱奇艺公司于 2017 年 5 月通过龙境公司公示的联系方式发送侵权通知后,直至 2018 年 5 月,龙魂公司、龙境公司对涉案 App 中爱奇艺视频所处位置

---

① 参见石必胜:《互联网竞争的非公益必要不干扰原则　兼评百度诉 360 插标和修改搜索提示词不正当竞争纠纷案》,载《电子知识产权》2014 年第 4 期。

进行多次调整且逐渐隐蔽化，主观恶意明显。第三，从行为可责性看，爱奇艺公司在《用户协议》《VIP 协议》中对爱奇艺 VIP 付费会员的使用行为进行了明确限制，即使用平台仅限于爱奇艺平台，禁止将 VIP 账号用以租用、借用、转让或售卖等商业经营之目的，而龙魂公司、龙境公司在涉案 App 中利用流化技术将爱奇艺 VIP 账号分时出租给普通用户，显然破坏了爱奇艺公司基于自主经营权对 VIP 账号所做的限制；同时，龙魂公司、龙境公司通过技术手段在涉案 App 中添加“画质切换”等功能选项，对爱奇艺 App 中的“我的”“泡泡”和播放设置等功能进行限制，上述行为亦非基于通过对网络新技术的运用向社会提供新产品服务进而促进行业新发展的需要，具有不正当性和可责性。第四，从不当夺取交易机会或损害其他经营者合法利益方面看，一方面，在案证据显示，涉案 App 的下载量及其中爱奇艺视频人气数高达数百万，由此可见，龙魂公司、龙境公司通过被诉行为既获得了现金充值直接的经济利益，又获得了网络用户流量，增加了交易机会；另一方面，龙魂公司、龙境公司通过流化技术在涉案 App 中将爱奇艺 VIP 账号分时出租并对部分功能进行限制，使普通用户无须向爱奇艺公司支付 VIP 会员服务费而利用向龙魂公司、龙境公司购买积分、参加活动获得积分等方式通过涉案 App 直接观看 VIP 视频资源，也会影响用户对爱奇艺 App 的服务评价或用户体验，不仅干扰了爱奇艺公司等视频网站的运营模式和盈利方式，也使爱奇艺公司的交易机会、会员收入及用户流量等受到实质影响，直接损害了爱奇艺公司基于 VIP 视频服务所产生的经营收益，从长远看，也将逐步降低市场活力，破坏竞争秩序和机制，阻碍网络视频市场的正常、有序发展，并最终造成消费者福祉的减损。综上，龙魂公司、龙境公司的被诉行为不具有正当性，一审判决认定其构成不正当竞争，具有事实及法律依据，故二审法院予以确认。

该案明确了网络视频行业中新商业模式的合理边界，彰显了人民法院促进网络平台有序发展、激发社会创新活力，打造公平竞争市场环境的司法导向。

四、比例原则分析

在广告屏蔽类案件中，广告屏蔽软件依附于“免费视频 + 广告”这一商业模式，似乎是“搭了便车”并造成了对它的损害，与一般世俗观念不符，但德国法院从商业与竞争角度论证了其正当性。德国法院指出：任何新竞争者的出现都会不可避免地使市场中其他竞争者的收入减少,即使是公平竞争;受谴责的竞争是那些单纯为了损害别人,而自己没有实现商业利益的行为。[①]

国内部分法院在"免费视频 + 广告"商业模式的广告屏蔽不正当竞争案中,认定是否侵权的态度发生了转向,认定屏蔽行为并不构成不正当竞争。此际,法院判决的说理才具有了比例原则分析框架的雏形。详言之,其一,在妥当性层面,法院都注意到了屏蔽行为有助于消费者免受不受欢迎的广告滋扰。其二,在必要性层面,法院特别强调屏蔽软件给予消费者自由选择的空间。尤其在腾讯公司诉世界星辉公司不正当竞争纠纷案中,法院判决在此点上说得非常详细。首先,世界星辉公司广告屏蔽软件并非直接和无选择地屏蔽任何广告,而是只有用户选择勾选"强力拦截页面广告"选项时才能实现广告过滤功能。其次,从屏蔽项的设置看,在所设置的四个选项中,以不屏蔽任何广告为首选,默认屏蔽项只限于针对色情、赌博等不良广告,即屏蔽软件是否使用、如何使用,最终均由用户决定,最大限度地考虑了对内容提供商的影响。其三,在相称性层面,法院着重论证了屏蔽对内容提供商并未造成实质性损害。在腾讯公司诉世界星辉公司不正当竞争纠纷案中,法院指出,会员制与非会员制用户的存在以及财务报告的分析都可说明广告收入并非原告唯一的收入来源,屏蔽行为不会对其产生"根本性影响"。虽然判决未能像"电视精灵案"中德国最高法院的判决那样详细列举内容提供商各种应对屏蔽的可能(如在正片情节中融入广告或者与正片内容进行分屏显示进行改进等),但是法院还是提到了视频网站可通过进一步改善自身的经营和服务来谋求发展。

如首例游戏模拟器侵权案中,杭州市中级人民法院经审理认为,游戏功能的实质是游戏的规则式玩法,属于思想范畴,对于作为消费者的玩家而言,通过"率土模拟器"掌握游戏的规律,实现了对游戏时间一定程度的控制,很难说是消费者的利益受到了损害,故无法认定网易雷火或消费者的合法权益因被诉不正当竞争行为遭受到法律所承认的损害;"率土模拟器"虽客观上存在对游戏功能的干扰,但游戏功能并不像作品或发明专利一样受到专有权利的保护,且此类干扰是所有提供游戏经验、攻略、技巧的行为都具有的,并未超过必要的限度,也不能认定某科技公司的行为违反了公认的商业道德和诚实信用原则,因

---

① Case. No. 416 HKO 159/14.

此,游戏功能不能以《反不正当竞争法》予以保护。承办法官表示,游戏是商业化的产物,在玩家参与游戏并不断升级的过程中,游戏公司应获得其合法利益,但对于通过不正当手段攫取的商业优势应不予保护。而对于通过技术创新获取竞争优势和竞争利益的游戏创业者应当持包容、审慎态度,鼓励新兴业态发展。①

五、包容审慎原则

有法院持包容审慎观点,如淘宝公司与载和公司等不正当竞争纠纷案中,涉案购物助手软件未经许可,在淘宝网页面关键位置插入相应标识,以优惠或补贴方式引导原先选择在淘宝网平台直接购物的用户改为选择在“帮 5 买”网站获得购物服务,减损了淘宝网作为购物入口优先选择的优势,破坏了淘宝网的用户黏性,给淘宝网造成损害,其本质系利用他人多年经营所获得的竞争优势以谋求自身的交易机会,对原告平台网购交易介入过深,干涉了消费者选择购物平台的决策,具有不正当性,构成不正当竞争。但是,购物助手是随着网络购物行业的不断发展应运而生的一种服务模式,其核心功能在于比价,即为消费者提供纵向比价(提供某一商品的历史价格走势)、横向比价(比对多个平台同款或同类产品价格)、降价提醒等比价服务;此外有的购物助手还提供垂直搜索、全网收藏等服务。上述功能的运作原理与搜索引擎类似,即通过爬虫技术检索各大购物网站的商品信息并进行大数据分析后,为消费者提供多平台的商品价格、款式等方面的参考信息,满足消费者货比三家、物美价廉的购物需求。购物助手这一商业模式借用了购物网站的用户基础,有利用他人平台拓展业务之嫌。但该商业模式使得消费者可实现不同购物平台上商品之间的实时比较,解决了网购信息不对称的问题,能够提升消费者福祉;同时,也使得购物平台更愿意通过个性化服务吸引用户,有助于鼓励创新,提高竞争的充分性。因此,只要购物助手在实际经营中未对购物网站产生不当影响,购物网站应对这一商业模式有一定的容忍义务。

---

① 参见余建华:《杭州中院二审宣判游戏模拟器侵权案　游戏模拟器破解手游玩法不构成不正当竞争》,载《人民法院报》2021 年 4 月 9 日,第 3 版。

在开心果仿冒纠纷案[①]中，法院以“善意共存亦为公平竞争的应有之义”原则，裁定驳回原告诉讼请求。法院认为，在充斥有效竞争的市场环境中，囿于符号资源的有限，商业标识彼此趋同、相仿在所难免。《反不正当竞争法》的仿冒规范，并非以杜绝一切商业标识的混淆（可能）为己任，而仅是针对经营者实施有违公平竞争的“作弊”行为加以令行禁止，借此维护市场竞争秩序，间接实现对经营者权益的保护。由此可知，无论是禁止恶意混淆还是允许善意共存，均是实现市场竞争公平、公正，促进竞争效率提高的应然路径。本案中，浙江公司和网络公司的实际经营业务确有部分交叉关联，甚至在特定的互联网虚拟货币充值领域可能存在彼此替代的争夺情形。但需说明的是，因浙江公司企业名称中已明确标注有所属地域，故在双方均规范使用企业名称的情形下，发生混淆的可能性较为有限。本案中“产生混淆”情况的出现，恰恰肇始于浙江公司主动抛弃原所属地域标注，径行使用“开心果（网络）”指代自身之举。考虑到突出使用字号本身，并非一种规范使用企业名称的方式，尤其当“开心果”字号尚未与浙江公司建立稳定指向联系的情况下，注册成立在后但主观善意的网络公司并不负有对前者使用“开心果（网络）”之行为主动给予商业尊重、审慎合理避让的法律义务。而贸然舍弃本有的地域标注，以“开心果（网络）”指代自身，则可视为浙江公司自甘其险的商业选择，一旦受损，实为正常竞争规律作用使然，不具备亦不应具备援引司法救济介入的必要和可能。同时，该竞争结果或可促使浙江公司为避免混淆损害加剧，主动恢复至规范使用企业名称的正常状态；倘若浙江公司决意不惜代价，强行将“开心果”字号与自身建立指向关联的话，除需坦然承受混淆损害的客观竞争结果外，其亦必然会千方百计地不断创新互联网技术、优化服务体验、提高服务水准，尽可能将最大数量的交易对象聚拢在己方所运营的业务范围之内，借此获得丰厚收益。而伴随这一变革，相应领域的市场竞争必然会更加高效与充分，技术创新和消费者长期、整体福祉将获得有益增进，真正实现“竞争促多赢”的理想状态。概言之，将不具备“作弊”情形的市场竞争行为，交由市场本身去自行评判，恰是《反不正当竞争法》对经营者竞争利益给予弹性保护的价值体现。

---

① 上海市徐汇区人民法院民事判决书，（2020）沪0104民初15970号。

六、创新与利益分享

“爱奇艺账号”不正当竞争纠纷案中，为证明涉案流化技术具有创新性，龙境公司提交其于2011年6月17日委托浙江省科技信息研究院的科技查新委托单，该研究院于2016年4月22日出具的“龙境云PAAS平台项目”科技查新报告主要载明如下内容：第一，技术背景方面，“平台面向互联网提供云App服务，用户无须下载，无须安装，即可马上使用成千上万的云App，就像本地App一样……目前平台……首个合作的App——马上玩也正式上线。”第二，查新结论方面，“委托单位研发的‘PAAS云平台’，利用Android远程桌面技术构建的面向互联网的原生App客户端，基于H.264视频流方法，把云端原生App的使用画面，传送到手机/客户端，将手机/客户端的操作传递到云端，整个回环时间控制在100ms~150ms，在所检国内外相关文献中未见具体述及”。龙魂公司、龙境公司据此认为，涉案App系使用了具有创新性的流化技术实现的商业模式，视频VIP账号使用时长的出租是新的商业模式而非不正当竞争行为。本案中，龙魂公司、龙境公司提出涉案App中包括爱奇艺在内的视频VIP账号分时出租系使用了流化技术的新型商业模式，故不应被否定这一抗辩。对此，根据龙境公司提交的科技查新报告以及其庭审陈述，涉案App使用的流化技术确在一定程度上具有创新性，尤其是在用户处理日常工作、生活逐渐依赖于手机端，故安装的手机App也不断增多的当下，通过使用流化技术可以解决用户需求提升与手机空间有限之间的矛盾等问题。但本案评判的并非流化技术本身，而是龙魂公司、龙境公司通过流化技术实施的被诉行为是否正当，因此，即便流化技术本身具有创新性，也不当然意味着依托于该商业模式下的行为均合法正当。

此外，使用创新性技术的商业模式以及在该商业模式下开展的商业活动，并不当然对用户利益和相关市场即具有推动意义。在龙魂公司、龙境公司未就涉案App这一商业模式促进了用户福利和相关市场发展提交相关证据的情形下，一审法院认为，就网络视频行业而言，通过技术手段为用户无偿地提供他人产品或服务与用户利益的提升无关；相反，用户利益和视频平台是互赖之关系，只有二者建立起良性互动的生态体系，并在其中协调各方利益，才能最终实现二者的共同提升和发展。因此，只有市场形成有序、有效的竞争机制，才能促进网络视频平台加强硬件和软件层面的技术支撑，从而优化用户观看体验，提升用户服务水平，使用户享受到更加便捷、优质、价廉的服务；只有网络视频平台的合法权益获得了应有的保护，才能推动其不断挖掘潜力，利用优势资源打造具有差异性和个性化的平台特色和品牌个性，借助优质内容提升竞争力，从而促进行业的整体发展和进步。

据此，龙魂公司、龙境公司上述抗辩理由缺乏事实和法律依据，一审法院不予采纳。其不服提起上诉，二审法院认为，龙魂公司、龙境公司通过流化技术在涉案 App 中将爱奇艺 VIP 账号分时出租并对部分功能进行限制，普通用户无须向爱奇艺公司支付 VIP 会员服务费而利用向龙魂公司、龙境公司购买积分、参加活动获得积分等方式通过涉案 App 直接观看 VIP 视频资源，也会影响用户对爱奇艺 App 的服务评价或用户体验，不仅干扰了爱奇艺公司等视频网站的运营模式和盈利方式，也使爱奇艺公司的交易机会、会员收入及用户流量等受到实质影响，直接损害了爱奇艺公司基于 VIP 视频服务所产生的经营收益，从长远看，也将逐步降低市场活力，破坏竞争秩序和机制，阻碍网络视频市场的正常、有序发展，并最终造成消费者福祉的减损。

七、综合评估方式

针对新技术与新商业模式交织而导致的不正当竞争纠纷，应当区分技术运用的可为与不可为，引导新商业模式的可持续发展，营造良好的营商环境。例如 720 浏览器不正当竞争纠纷案中，快乐阳光公司主张唯思公司开发的浏览器屏蔽快乐阳光公司视频网站广告构成不正当竞争，综合运用道德评价、比例原则、竞争效果评估等进行“多角度综合评价范式”的正当性审查，依法认定屏蔽浏览器广告行为构成不正当竞争，该案获评“全国法院十大反垄断与反不正当竞争典型案例”。

第三节　司法裁判存在的问题

一、忽视整体利益

有观点认为，我国法院在广告屏蔽类案件的裁判中明显缺乏整体上的考量的思维。法院往往过多关注视频网站“免费视频 + 广告”的商业模式及其营业利益受到的损害，而不去考虑其可能的应对空间，更忽略了屏蔽企业的创新利益、消费者自主决策利益。实际上，广告屏蔽软件很大程度上被视为一种为满足消费者对安宁、自主使用互联网的客观需求而出现的新型商业模式。① 它的意义在于增强消费者对信息获取和掌控的能力。美国和德国的法院在广告屏蔽案件中都赋予广告屏蔽企业不直接负责屏蔽互联网广告的事实以重要意义。屏蔽软件的存在改善用户的上网体验、视频观看的感受，尽管出版商暂时让渡了一部分利益，但换来整个产业的长久健康发展，并最终实现社会整体的受益。实证研究揭示，德国法院对广告屏蔽行为的宽容在客观上促进了平台盈利收入的增加。②

相反观点认为，《反不正当竞争法》保护多元利益，包括经营者和消费者合法权益，还包括对竞争机制、竞争规则、商业生态链的保护，需要总体考量各方利益，实现利益平衡。比如，在多个不正当竞争案件中，被告的行为都一定程度上对消费者福利有积极效应。如聚合盗链视频广告屏蔽案③中，通过技术屏蔽广告，用户免去看广告就可以享受视频资源；淘宝公司与载和公司等不正当竞争纠纷案中，被告软件可以通过帮购、比价等帮助消费者作出最优的交易决定，以更低价格购买产品。但两案中被告行为从长期看会给相应行业的商业投入和创新带来负面影响，破坏商业生态平衡，消费者长期持续的利益将无法保障。④

二、裁判逻辑不清晰

我国法院判决在说理上将 3 个层次的内容交织在了一起，缺乏一个清晰的逻辑。在此方面，大众点评诉百度地图案的二审法院的判决有了很大改观。审理该案的法院全面考量了信息爬取行为所有相关者的利益。既考虑到信息获取者的财产投入、信息使用者自由竞争的权利，还顾及公众自由获取信息的利

① 参见［美］尼古拉斯·卡尔：《浅薄：你是互联网的奴隶还是主宰者》，刘纯毅译，中信出版集团股份有限公司 2015 年版。

② 参见张占江：《论不正当竞争认定的界限》，载《政法论丛》2021 年第 2 期。

③ 上海市杨浦区人民法院民事判决书，(2015) 杨民三（知）初字第 1 号。

④ 参见邓旭涛、林静寂：《反不正当竞争审判实务中的新趋势》，载《中国知识产权》2020 年总第 163 期。

益，以及信息和互联网发展所必需的信息共享、互联互通的特点。[①] 最重要的是，在行为正当性判断上清晰地体现了比例原则的3个子原则的分析脉络。其一，就妥当性而言，二审法院确认了百度公司将从大众点评网上爬取的点评信息用于百度地图，用户在搜索到商户位置的同时，还可了解其他消费者对该商户的评价，这种商业模式上的创新在一定程度上提升了用户体验，丰富了消费者的选择，具有积极的效果。其二，就必要性而言，由于存在明显对汉涛公司损害方式更小的方式而未采取，可认定百度公司对大众点评数据的使用方式已超过必要限度。如法院判决所言，它本可以采取一种对大众点评网损害更小的少显示或部分显示点评信息的方式，在基本保证用户体验的情况下降低对大众点评网的损害。其三，就相称性而言，百度公司的爬取行为所产生的积极效果与对大众点评网的损害相比并不相称，对大众点评服务产生了实质性替代。更重要的是，这种行为还可能使其他市场主体不愿再就信息的收集进行投入，破坏了正常的产业生态，对竞争秩序产生了一定的负面影响。一旦进入这一领域的市场主体减少，消费者未来所能获知信息的渠道和数量亦将减少。因无法满足必要性和相称性的要求，故百度公司的爬取行为才被法院认定为不正当竞争。

三、裁判分析的差异性

以浏览器不正当竞争司法实践为例，各地存在裁判分析的差异性，如百度插标案中，为判断双方的竞争行为正当与否，法官指出需要考虑以下4个条件：首先，双方的竞争行为是否具有公益目的，是否旨在保护网络用户安全，保障用户的合法利益；其次，该市场双方的竞争行为，也就是视频广告屏蔽行为是否具有必要性，非采取此种屏蔽手段是否不足以维护公共利益，如果采用其他手段也能够维护视频用户的利益，那么视频广告屏蔽技术提供者就不能采取干扰他人合法经营的行为；再次，竞争行为必须具备一定的合理性，视频广告屏蔽技术

① 该案的一审与二审的裁判结果虽然一致，但是在理念和思路上却有了很大差别。一审法院主要立足于汉涛公司基于收集、整理、加工对大量信息所产生的商业利益的保护，缺乏对整个信息产业的信息传播、其他经营者合理使用信息、消费者获取更多信息利益的考量。裁判建立在“未经允许使用他人的劳动成果”的逻辑上，以“不劳而获”“搭便车”为主要依据，一方面陷入了道德判断的泥沼，另一方面事实上创立了一种“劳动成果权”。实质上体现的是一种“保护竞争者”而不是“保护竞争”的思路，是“权利侵害式侵权”而不是比例原则下的“利益衡量”思维。参见张占江：《论反不正当竞争法的谦抑性》，载《法学》2019年第3期。

的提供者提供屏蔽技术的手段需要维持在必要的、合理的程度,不能随意滥用这种屏蔽手段;最后,双方竞争行为的必要性和合理性的证明责任应由实施这一行为的一方承担,即由视频广告屏蔽技术的提供者承担证明责任,如果视频广告屏蔽技术的提供者不能证明或者不足够证明其提供屏蔽视频广告服务的必要性和合理性,那就可能承担败诉等法律后果。

第八章　互联网流量劫持

第一节　互联网流量概述

一、流量价值

（一）流量定义

根据2011年中华人民共和国工业和信息化部《互联网服务统计指标第1部分:流量基本指标》的规定,流量是应用服务商用来统计用户行为的方式,其基本指标包括独立IP地址数、独立访客数、页面浏览量、访问次数和访问时长。流量变现是指将网站流量通过某些手段实现现金收益。在互联网行业,有这样一个公式:用户 = 流量 = 金钱。相较于注重规模和范围效应下的成本与价格竞争的传统竞争模式,数字经济具有鲜明的流量竞争的特点,即“注意力竞争”[①]。互联网中注意力最直观的表现形式就是访问流量,访问流量的大小即意味着人们注意力的多少。[②] 就互联网企业而言,平台中数量庞大的用户就是盈利的最大保障。一个具有庞大用户数量的平台,可以利用用户数量优势较为轻易地入侵新的业务领域,夺走其他业务平台的竞争优势;反之,新的业务平台规模足够大的时候,也存在反噬大平台的威胁。[③]

在爱奇艺诉飞益科技视频刷量案中,一审法院认为,访问数据对于视频网站经营者而言,既直接影响经济收入,又能经过系统分析后作为运营决策的重要考量因素,蕴含巨大的商业价值,能给视频网站经营者带来竞争优势,爱奇艺

① Richard A. Lawbam, *The Economics of Attention*(1994).

② 参见陈伟:《互联网新型不正当竞争行为类型化研究》,西南政法大学2017年硕士学位论文。

③ 参见土旭海:《不同业务的双边市场平台博弈研究——以互联网信息服务业为例》,云南大学2013年博士学位论文。

依托视频访问数据获取的商业利益应受法律保护。本案中，飞益科技、吕某、胡某明知爱奇艺采取技术手段防范无效的视频访问数据，应知晓视频访问数据对于爱奇艺存在重大的商业价值，仍然通过技术手段增加无效的爱奇艺网站视频点击量，以获取不当利益，并通过信息网络宣传推广该业务，持续地、大范围地干扰、破坏爱奇艺网站统计数据的真实性、完整性，主观恶意明显。其不尊重他人合法权益，肆意而为，显然与公认的商业道德相悖，故涉案行为违反市场经济竞争原则，具有不正当性。二审法院认为，本案中，虚构视频点击量的行为，实质上提升了相关公众对虚构点击量视频的质量、播放数量、关注度等的虚假认知，起到了吸引消费者的目的。

（二）流量竞争

互联网背景下，流量是用户访问一个网站和浏览页面时所产生的数据交互量，是评价网络产品和服务的数据指标。[①] 流量与网站的经营效益和知名度相关，网站往往能通过高人气、大流量获得盈利，故流量承载着互联网平台公司商业运营模式的利益机制与企业商誉等财产价值。虽然互联网市场环境不断变化，新的产品服务层出不穷，但流量及其变现模式却是所有公司追逐的目标，也是决定其盈利的核心要素。[②] 流量作为互联网企业相互交易的商品，逐步被互联网市场认可为新型财产，司法实践中也出现了尝试性突破。[③] 在刑法方面，流量劫持行为主要存在域名劫持和链路劫持两种类型，其中刑法规制主要体现在域名劫持上。域名劫持的行为方式表现为通过使用恶意代码修改互联网用户路由器的DNS（域名系统）设置，继而使用户被强制进入指定的网站，严重侵犯了用户网络浏览的选择自主权。域名劫持行为的刑法规制的争论，主要集中在破坏计算机系统罪与非法控制计算机信息系统罪之间。

随着信息技术的高速发展，如今互联网行业竞争越发激烈。作为支撑互联网产业发展的核心要素，“流量”无疑已成为互联网竞争中的关键争夺点，可以说，整个互联网行业的不正当竞争都围绕着“流量”展开。因此，“流量劫持类”

---

① 参见李荪：《流量劫持的网络不正当竞争行为研究》，中国政法大学2015年硕士学位论文。

② 参见季境：《互联网新型财产利益形态的法律建构——以流量确权规则的提出为视角》，载《法律科学（西北政法大学学报）》2016年第3期。

③ 参见《百度助警方破获全球首例打击流量劫持刑事案件》，载中国新闻网，http://www.chinanews.com/cj/2015/05-22/7295090.shtml。

纠纷成为互联网不正当竞争案件中的高发类型。无论是哪种商业模式，对于互联网经营者而言，用户和流量都是互联网企业需要维护和争取的对象，因此争夺这种资源是互联网经营者竞争中的重要部分。① “流量劫持”是指运用网络技术手段诱导或迫使原本是其他经营者的流量流向特定对象并为其带来收益的行为。②

二、流量的财产性

从法律角度看，流量要归属于民法上的财产须满足以下条件：一是价值性，即具有能够满足特定需求的属性；二是稀缺性，即不能无限量的存在，这样将失去被保护的经济意义；三是可交易性，即可单独或一并转让，以实现物质利益或预期物质利益交换的目的。对于价值性，需求决定价值，流量是网络活动中不可或缺的，因而具有价值；对于稀缺性，技术的限定性决定了流量并非无尽的；对于可交易性，流量已成为网络交易中的客体，成为利益交换的对象。因此，从流量转换为利益的变现过程，以及互联网交易中流量所体现出的财产属性，可以认定流量符合民法对财产概念的基本规定。③

三、竞争法规制

流量承载的财产价值已被普遍承认，但关于流量的取得、使用、交易的争议一直是实践中亟待解决的问题，司法界一般以其行为的可归责性通过不正当竞争法律规范的路径进行解决。例如在天猫公司和载和公司等不正当竞争纠纷案中，被告以网页插件的形式将浏览原告网站的用户劫持至被告的网站，导致原告损失了大量用户流量，法院认定被告实施了过度妨碍原告正常经营的行为，属于不正当竞争。再如百度插标案中，被告通过捆绑浏览器导航网站、嵌入搜索提示词，使用户无法正常访问原告的网站，从而导致原告网站流量损失，被

① 参见刘佳欣：《反不正当竞争法视角下的流量劫持——以流量劫持典型案例为分析样本》，载《法律适用》2019 年第 18 期。

② 参见吴莉娟：《互联网新型不正当竞争行为的类型化研究——兼论〈反不正当竞争法〉类型化条款之完善》，载《竞争政策研究》2019 年第 6 期。

③ 参见刘依佳、焦清扬：《流量劫持的不正当竞争认定问题研究——评淘宝诉“帮 5 买”不正当竞争纠纷案》，载《法律适用(司法案例)》2018 年第 24 期。

告因此获利，最终法院认定被告劫持流量的行为构成不正当竞争。

支付宝唤醒策略不正当竞争纠纷诉前行为保全案中，消费者选择支付宝进行付款操作，不料界面却跳转到“家政加”的选择弹窗。目前已有合作伙伴发来投诉，用户付款失败的同时，亦对其安全性和稳定性产生怀疑。该案系涉及App唤醒策略的网络不正当竞争的新类型案件，2020年11月11日下午，在收到支付宝公司申请后的48小时内，上海市浦东新区人民法院经审查后第一时间作出诉前行为保全裁定，责令江苏斑马软件技术有限公司（以下简称斑马公司）立即停止以设置相同URL Scheme的方式对支付宝App正常跳转进行干扰的行为。①

本案中，被申请人斑马公司实施的相关行为，阻碍了支付宝App在iOS系统内的正常跳转，严重干扰支付宝App支付服务的正常运行，减损了支付宝公司提供支付服务本应获取的运营收益，损害了支付宝公司的流量利益。斑马公司应当知道技术原理和设置效果，却将自己“家政加”App的URL Scheme同样定义为“alipay://”，该行为缺乏正当性。

第二节　流量侵权竞争规制

一、流量竞争法规制

《反不正当竞争法》第12条第2款第1项描述的行为是“未经其他经营者同意，在其合法提供的网络产品或者服务中，插入链接、强制进行目标跳转”。

限缩解释的重点在于将“强制”解释为同时违背其他经营者和消费者的意愿，将“跳转”解释为在用户没有点击插入链接的情况下发生的自动跳转行为。如果仅仅考查字面意思，该项可能被解释得非常宽松，仅包含违背其他经营者意愿而没有违背消费者意愿的竞争行为。这种宽松解释将导致如下结论：即便跳转符合消费者的预期，甚至是消费者刻意追求的结果，被告仍需为跳转承担

---

① 参见陈卫锋：《上海浦东法院作出涉APP唤醒策略的网络不正当竞争案保全裁定：责令被申请人立即停止干扰APP正常跳转行为》，载《人民法院报》2020年11月13日，第3版。

违法责任,该结论显然有违公众对网络便捷性的期待。因此,当跳转系由用户点击触发时,法院应当推定用户认为被点击的链接能够提供有效信息,因此跳转对用户而言并非“强制”。至于当用户受误导而点击链接,引发跳转时,法院可以采用避免混淆的传统类型化条款予以规制,而无须通过网络条款加以解决。① 法院在百度诉搜狗案中就将被告的违法性判断集中在了混淆可能性上。② 但实务中无论对“强制”进行何种解释,都难以完全符合法条字面含义,所以应当结合案情进行裁判。

如天猫公司和载和公司等不正当竞争纠纷案中,被告未经原告同意在其网站上插入广告,该行为实际上是对原告网站运营的某种程度的干扰。就插入横幅的行为而言,该横幅宽度有限可以收缩,且未位于页面中心位置,并未遮挡原告网页的内容,故整体上未对原告正常经营造成过度妨碍。就在商品详情页面插入标识和按钮而言,该标识和按钮位于网站页面的显著位置,且通过嵌入的链接引导用户跳转至其网站,用户对此无法选择,该行为已严重影响原告网站的正常运营,破坏了原告商品信息展示的完整性,属于过度妨碍的行为,构成了流量劫持。③

二、司法解释规制

《反法新司法解释》第 21 条规定,未经其他经营者和用户同意而直接发生的目标跳转,人民法院应当认定为《反不正当竞争法》第 12 条第 2 款第 1 项规定的“强制进行目标跳转”。仅插入链接,目标跳转由用户触发的,人民法院应当综合考虑插入链接的具体方式、是否具有合理理由以及对用户利益和其他经营者利益的影响等因素,认定该行为是否违反《反不正当竞争法》第 12 条第 2 款第 1 项的规定。

首先,《反法新司法解释》第 21 条第 1 款明确了“强制进行目标跳转”的认

---

① 参见搜狗手机浏览器不正当竞争案,一审北京市海淀区人民法院民事判决书,(2014)海民初字第 15008 号;二审北京知识产权法院民事判决书,(2015)京知民终字第 557 号。

② 参见蒋舸:《〈反不正当竞争法〉网络条款的反思与解释　以类型化原理为中心》,载《中外法学》2019 年第 1 期。

③ 参见刘依佳、焦清扬:《流量劫持的不正当竞争认定问题研究——评淘宝诉“帮 5 买”不正当竞争纠纷案》,载《法律适用(司法案例)》2018 年第 24 期。

定标准，即采用的是“被干扰”经营主体和用户“双重同意”的标准，其中“强制”意味着未经其他经营者和用户直接且共同同意。该规定具有一定积极现实意义，互联网经济常被称为“眼球经济”或“注意力经济”，在他人合法提供的网络产品或者服务中，插入链接、强制进行目标跳转，根本动机即在于利用他人合法网络产品或服务作为“入口”，将用户“劫持”至自己运营的产品中，进而增加交易机会，即所谓“流量劫持”，如搜狗输入法搜索不正当竞争纠纷案等。该种情况下，往往会违背其他经营主体的意愿，损害其他经营主体的利益，同时也会违背用户的意愿或者让用户对服务提供主体产生混淆或误认。而当其他经营者和用户直接且共同同意有关行为时，意味着“流量转移合法”，显然不应当受《反不正当竞争法》所规制。其次，考虑到多数情况下其他经营者主体同意流量转移的可能性极小，但用户不同，其对于产品和服务的选择具有“偶然性”和“突然性(一时兴起)”。因此，虽然是在他人合法提供的网络产品或者服务中插入链接，但用户触发链接导致跳转，意味着有一定可能符合用户的自主选择，故《反法新司法解释》第 21 条第 2 款对该种情况下是否构成不正当竞争进行了较为合理的规定，认为需要根据诸多因素综合判断。实践中，更为频繁发生的“插入链接”情况是插入的链接对原产品或服务路径进行了“链接覆盖”，该种情况下，用户虽然看似是主动点击，实际却存在被误导的嫌疑，故此种情况是否属于“免责”的范围，还需要考察是否对用户进行了提示，相关提示是否充分、明显等因素。因此，《反法新司法解释》第 21 条第 2 款内容对个案判断做出了方向性指引，由于个案情况千变万化，实践中更为细致、具体的考量因素还有待通过个案进一步考察。①

在讨论适用“互联网专条”的类型条款之前，先对规制流量劫持行为的条款进行理解。《反不正当竞争法》第 12 条第 2 款第 1 项规定了流量劫持行为，仅从该条款字面意思看，“未经其他经营者同意，在其合法提供的网络产品或者服务中，插入链接、强制进行目标跳转”，容易被理解为插入链接而强制引起了目标跳转，即认为强制跳转劫持流量的行为方式为插入链接。

然而从先前的百度网讯诉搜狗科技案、百度插标案、淘宝公司诉载和公司

① 参见赵刚：《最新〈反不正当竞争法司法解释〉“仿冒混淆”条款及“互联网专条”解读》，载搜狐网 2022 年 3 月 17 日，https://www.sohu.com/a/530609880_121123759。

等不正当竞争纠纷案的判决中可以发现，法院在适用此条款时并没有将“强制目标跳转”的方式局限在“插入链接”中，而是将域名劫持、安全风险提示的流量劫持、输入法搜索候选流量劫持、安装用户端插件或代码、诱导性流量劫持等技术手段都作为流量劫持行为的方式。理解利用技术手段，必须与“通过影响用户选择或者其他方式”结合，即通过技术手段实施的行为，会触及对方产品或服务的底层运行逻辑，进入产品程序的非开源部分。[①]

此外，在《反法新司法解释》中，最高人民法院对于《反不正当竞争法》第 12 条第 2 款第 1 项进行了解释。《反法新司法解释》第 21 条第 1 款规定，未经其他经营者和用户同意而直接发生的目标跳转，人民法院应当认定为《反不正当竞争法》第 12 条第 2 款第 1 项规定的“强制进行目标跳转”。从该款可以看出《反不正当竞争法》第 12 条第 2 款第 1 项规制的是行为人使用技术手段未经经营者和用户同意直接进行跳转的情形，落脚点在于“强制”；再进一步，该条文的实质是规制用户被该技术手段误导、欺骗或胁迫而发生的后续的强制目标跳转情形。前述理解在《反法新司法解释》第 21 条第 2 款中也得到体现，即仅插入链接，目标跳转由用户主动触发的，人民法院应当综合考虑插入链接的具体方式、是否具有合理理由以及对用户利益和其他经营者利益的影响等因素，认定该行为是否违反《反不正当竞争法》第 12 条第 2 款第 1 项的规定。因此，对于“仅插入链接”同时“跳转不是强制，而是用户主动触发”的行为，并非直接依照《反不正当竞争法》第 12 条第 2 款第 1 项进行规制，而是要考虑相关因素来进一步判断。

综上所述，无论是从在先裁判出发，还是从《反法新司法解释》进行思考，都可以看出《反不正当竞争法》第 12 条第 2 款第 1 项并没有对流量劫持的技术手段进行明确规定，其规制重心在于“强制目标跳转”。

根据常见的流量劫持行为主要侵犯的是网络平台用户的利益还是网络平台经营者的利益，将流量劫持划分为两类，即拦截式流量劫持和诱导式流量劫持。拦截式流量劫持是指通过技术手段恶意地将正常网络运行中的目标网页导入到其他的网址中，使得用户无法如愿正常地访问目标网页。诱导式流量劫

---

① 参见黄武双、谭宇航：《电子商务平台“二选一”行为的反不正当竞争法规制》，载《电子知识产权》2021 年第 5 期。

持是指行为人通过各种技术手段,诱导用户通过中间网站媒介进入其预期访问的网站,用户虽然受到一定的影响,但仍能如愿访问目标网站。①

有观点认为,设置相同 URL Scheme 干扰 App 正常跳转的行为显然属于利用技术手段恶意地将正常 iOS 系统运行中的目标 App 导入到其他 App 中,使得用户无法如愿正常地访问目标 App。该行为应归属于拦截式流量劫持。拦截式流量劫持属于类型化不正当竞争行为,其符合流量劫持条款规制的行为特征,即未经其他经营者和用户同意而直接发生的目标跳转,使用户无法访问目标界面。因此,该行为可以被《反不正当竞争法》第 12 条第 2 款第 1 项所规制。②

三、立法规制存在的缺陷

以网络条款中的流量劫持为例,直觉上属于流量劫持的很多行为,细究之下未必符合网络条款的字面要求。该项规定的"未经其他经营者同意,在其合法提供的网络产品或者服务中,插入链接、强制进行目标跳转"貌似非常具体,实则不然。以百度诉联通案③为例,被告联通等在原告百度的搜索结果中插入广告弹窗,弹窗一经点击即转向能为被告带来收益的网页。被告的这种行为很容易引发"插入链接、强制进行目标跳转"的直觉判断。但仔细分析会发现,尽管被告的行为符合"插入链接"的要求,却未必符合"强制跳转"的要求;被告插入的弹窗只有在用户点击之后才会跳转,这意味着该跳转对于原告而言固然是强制的,但对于用户而言并不强制,反而是用户真实意愿的体现。数年后,当百度起诉 360 公司修改其搜索框下拉提示词时,被告行为的定性则更不清晰。④法院需要付出更多精力才能澄清下拉提示词是不是"链接",以及用户点击后的跳转算不算"强制跳转"。而随着联网方式从 PC 端过渡到移动端再到将来的物联网,"链接""跳转"等具有技术色彩的行为描述与法律评价之间的关联可

---

① 参见李琳:《论流量劫持行为的反不正当竞争法规制》,华东政法大学 2019 年硕士学位论文。

② 参见冯亚萍:《使用 App 唤醒策略实施流量劫持行为的探析——兼评支付宝诉"家政加"App 案、淘宝诉"易车"App 案》,载微信公众号"华政东方知识产权"2021 年 10 月 11 日,https://mp.weixin.qq.com/s/Fw89nt9slxTS8gSabzRoNQ。

③ 参见山东省高级人民法院民事判决书,(2010)鲁民三终字第 5－2 号,载《最高人民法院公报》2010 年第 8 期。

④ 参见北京市高级人民法院民事判决书,(2013)高民终字第 2352 号。

能会越来越弱。如果法院为了得出特定结论而对技术术语采取比通常含义更宽或者更窄的解释，会造成术语的清晰边界日益模糊，提高理解术语的信息成本。①

第三节　流量劫持司法裁判

一、插入链接正当性分析

以互联网专条列举的第一种行为即"未经其他经营者同意，在其合法提供的网络产品或服务中，插入链接、强制进行目标跳转"为例，插入链接型行为的正当性分析应当考查以下两个方面：(1)"未经其他经营者同意"的界定。在日益激烈的网络竞争中，任何经营者都不希望自己的用户被其他经营者分流，因此对"不同意"不能采取过宽的认定，否则任何插入链接的行为，包括那些可能并不违法的插入行为都会因为其他经营者的"不同意"而被界定为不正当竞争行为。对"未经其他经营者同意"的严格界定自然将判断引向了行为样态及其涉及的网络技术的客观分析上。(2)互联网专条禁止的是运用技术手段在原网络经营者提供的诸如网络搜索等业务中强行插入与原服务无关的链接或强制进行目标跳转且能大概率分流消费者注意力的行为。参照前文涉及的百度与青岛奥商搜索不正当竞争案中的情形，上述行为一般只能指代网络经营者在已有的基础性服务中强行插入链接或进行目标跳转的行为。由于基础性的搜索服务中应当出现哪些信息或者链接是由该服务的提供者确定的，所以当转接该搜索服务的经营者私自添加不相关的链接或者强行进行跳转时，对前述搜索服务的提供者而言是一种不正当的干扰，其本质上是一种以"搭便车"的方式提供自身网络服务的做法，且其插入链接或者进行跳转的做法具有迅速性，是消费者难以规避的。只有在满足前述行为条件的基础上才有认定不正当竞争行为的空间，并且此时还应当重点分析相关行为对消费者福利的影响。如果插入链

① 参见蒋舸：《〈反不正当竞争法〉网络条款的反思与解释　以类型化原理为中心》，载《中外法学》2019 年第 1 期。

接导向的相关服务与被影响的服务具有竞争关系，而前者的出现更有利于激化竞争或提升消费者福利时，法院可以考虑判定其行为属于正当竞争行为，同时判决其向基础服务提供者支付一定的服务费或广告费，必要时还可以要求其对自身行为进行一定的调整，比如调整其链接的位置等。①

百度公司与政凯公司浏览器插件劫持流量不正当竞争案②中，法院经审理认为，百度网是百度公司合法运营的搜索引擎产品，百度公司在运营过程中所收获的经营收益及竞争优势属于合法权益，应受《反不正当竞争法》的保护。关于政凯公司的被诉行为是否构成不正当竞争，法院认为：第一，政凯公司在百度网插入的涉案链接，足以使用户误认为相关内容是由百度公司所提供，并在用户不知情的情况下被吸引至政凯公司经营的网站，干扰了用户对百度网搜索结果的正常使用，亦影响了用户的知情权和选择权。第二，政凯公司在百度公司所控制的产品经营范围内，未经其同意，通过插入链接的方式强行加入了政凯公司的服务内容，干扰了百度网的正常搜索服务。第三，政凯公司插入涉案链接并无合理理由，且使用"微信"和"实时热点"字样吸引用户点击，同时被插入内容的展示方式和位置与百度网中的原有页面设置高度融合，这些均体现政凯公司主观恶意明显。第四，涉案链接将用户引出百度网，大大降低了用户使用百度网进行搜索的交易机会以及再次回到百度网中浏览相关信息的可能，而政凯公司却据此获取了本不属于其自身的用户流量，从而获取不正当利益。综上，政凯公司在无合理理由的情况下，利用涉案插件在百度网中插入"微信"专题和"实时热点"版块链接，使用户在点击上述链接后进入政凯公司运营的相关页面，上述行为影响了用户的选择，干扰了百度网搜索服务的正常运行，损害了百度公司的合法权益，属于《反不正当竞争法》第 12 条第 2 款第 1 项所规制的不正当竞争行为。该案在诉讼过程中，法院还曾就涉案不正当竞争行为作出行为保全裁定，政凯公司及时履行了该裁定。最终，法院作出政凯公司赔偿百度公司经济损失 80 万元及合理开支 3 万元的判决。政凯公司提起上诉，目前暂无终审结果。

---

① 参见郭传凯：《走出网络不当竞争行为规制的双重困境》，载《法学评论》2020 年第 4 期。

② 高健、王栖鸾：《称浏览器插件劫持流量，百度公司起诉运营者一审获赔 83 万元》，载北京日报客户端 2021 年 11 月 15 日，http://ie.bjd.com.cn/5b165687a010550e5ddc0e6a/contentApp/5b1a1310e4b03aa54d764015/AP6192262de4b023337f216f27.html。

二、流量劫持行为类型

实践中,流量劫持行为主要体现为两种形式:一是未经其他经营者和用户同意而直接发生的目标跳转;二是仅插入链接,目标跳转由用户主动触发。搜索助手软件在百度搜索结果页面强行插入预置搜索条、①百度与青岛奥商不正当竞争案、“搜狗手机浏览器”不正当竞争案②都可被视为流量劫持的典型表现。

最具有代表性的案例为天猫公司与载和公司等不正当竞争纠纷案。在本案中,被告运营“帮 5 买”网站并开发“帮 5 淘”购物助手,原告为天猫商场的运营商。使用“帮 5 淘”购物助手的用户在天猫商城浏览商品信息时,会在页面中出现“帮 5 买”网站的相关图标,引导用户进入“帮 5 买”网站。法院认为该行为会降低原告网站的用户黏性并破坏了网站内容的完整度,违反了诚实信用原则从而构成了不正当竞争。

猎豹公司与二三四五公司不正当竞争纠纷案是近年的典型案例,一审法院认为两被告通过驱动精灵软件实施的擅自变更网络用户浏览器主页以及区别对待等行为,根据《反不正当竞争法》第 12 条第 2 款第 2 项的规定,属于“误导、欺骗、强迫用户修改、关闭、卸载其他经营者合法提供的网络产品或者服务”的行为,构成不正当竞争。因为网络用户对其浏览器主页设定拥有完整的自主决定权,而驱动精灵软件的安装以虚假选项告知用户、完全未告知用户,或以隐藏的虚假选项形式告知用户,属违背用户本意,以侵害用户知情权及选择权的方式,误导、欺骗、强迫用户。该种行为不符合经营者应该遵守的自愿、诚信等基本原则,违反了法律以及商业道德的要求,也对市场秩序造成了一定程度的扰乱,同时损害了正常经营者以及消费者的合法权益。③ 被告猎豹公司和金山公司不服,提出上诉。二审法院认为,首先,两上诉人实施区别对待的行为不属于《反不正当竞争法》第 2 章所列举规定的行为;其次,此种区别对待行为使得用户使用 2345 网址导航产品的数量下降,致使被上诉人的合法权益受到损害;最

① 参见北京市第一中级人民法院民事判决书,(2005)一中民初字第 5456 号。
② 参见北京知识产权法院民事判决书,(2015)京知民终字第 557 号。
③ 参见上海市浦东新区人民法院民事判决书,(2018)沪 0115 民初 28611 号。

后,这种区别对待行为使被告的产品在市场上不能拥有平等的被选择权,违背了诚实信用原则以及平等竞争的原则,因此,二审法院维持原判。[①]

从立法技术来看,理想类型化条款中的各种类型应当满足互斥并周延的要求。但网络条款中的流量劫持、干扰和恶意不兼容却既不互斥也不周延。不互斥意味着行为可能同时被多个类型覆盖。例如,珠穆朗玛公司的搜索助手软件在百度搜索结果页面插入预置搜索条与广告图片并使百度搜索系统自动关闭,[②]就可能同时符合流量劫持和干扰的含义。再如百度超级搜霸阻止一搜工具条安装,[③]可能同时落入干扰和恶意不兼容的范畴。

三、流量劫持的判定

司法实践中要判断干扰行为是否过当,构成流量劫持,应通过相关法律法规确定其合法性,再进一步判定责任承担方式。不正当竞争行为属于特殊侵权行为,构成要件一般包括主观过错、客观表现和损害结果。首先,流量劫持作为一种典型性行为,评价和判定是否构成不正当竞争时,应观察其行为对象是否唯一特定。法院在查明事实时应结合其是否有反复诱导用户的特定行为,判定其主观意识形态。在网络经营活动中,互联网产品和服务经营者如果依据某些软件的功能特定研发应用产品,对于此软件的运营商来说具有唯一和针对的明显意向,根据以上情况可以认定双方拥有同样的用户群体,因此两者存在事实上的竞争,从法律的角度可以认定互有竞争关系。[④]

其次,主观故意要求侵权人对自己的行为、造成的后果,以及两者的因果关系有明确的认知。流量劫持侵权人通常都具有很强的目的性,积极希望损害结果的发生,忽视竞争对手及用户的利益,以抢夺资源,打压竞争对手,获得经济利益。流量劫持行为客观表现为以技术手段干扰用户正常浏览网页,迫使用户访问特定网站,劫持流量资源,削减竞争对手利益,从而增强自身竞争优势。侵

① 参见上海知识产权法院民事判决书,(2019)沪73民终241号。

② 参见百度与珠穆朗玛不正当竞争和侵犯著作权纠纷案,北京市第一中级人民法院民事判决书,(2005)一中民初字第5456号。

③ 参见阻碍“一搜工具条软件”不正当竞争案,一审北京市海淀区人民法院民事判决书,(2005)海民初字第4223号;二审北京市第一中级人民法院民事裁定书,(2006)一中民终字第5642号。

④ 参见季境:《互联网新型财产利益形态的法律建构——以流量确权规则的提出为视角》,载《法律科学(西北政法大学学报)》2016年第3期。

权方式主要分为软性手段和硬性手段。所谓软性手段往往采取带有误导性的广告、搜索框、提示词等手段来破坏他人计算机系统。这种手段利用的是用户关注时事新闻或热点消息的心理，当用户对某个提示词进行搜索时，网站即根据这些提示词陈设图片，设置活动，使得用户在搜寻过程中会打开并不相关的图片、广告网站，无故损失流量，给其他的网站带来了分流。网站的此种“挂羊头，卖狗肉”的行为有违诚实信用原则，在一定程度上损害了用户的权益，也是一种不正当的市场竞争行为。硬性劫持手段一般采用恶意的黑客技术，通过入侵修改服务器终端中的域名信息，或控制缓存服务器，改变链接方向。也就是说，网站在用户搜索某一域名时，会通过技术操纵用户，使其跳转至特定网站，以达到对其他网站流量劫持的目的。在淘宝公司和载和公司等不正当竞争纠纷案中，法院划定了浏览器插件与被依附的网站之间的行为界限，确立了此类问题处理的一般司法裁决原则。网站对竞争行为有一定容忍义务，但竞争行为应当谨慎克制而不应当影响他人网站正常运营。因此互联网市场的竞争也应遵守商业道德，维护交易秩序。①

因为流量侵权的判定十分复杂，所以类似案件不同的法院有不同的裁判观点。

如二维火诉美团浙江侵权案和二维火诉美团北京侵权案中，两地法院作出了相反的判决。杭州市中级人民法院认为：②(1)“美团收款”并未主动、强行在二维火收银系统中插入链接，强制进行目标跳转进而影响用户的选择，也并无证据表明“美团收款”在安装或运行过程中存在“误导、欺骗、强迫”用户的行为，不违反“互联网专条”第2款第1项、第2项的规定。(2)“美团收款”具有实质性非侵权用途；该应用非擅自对“二维火收银”应用进行了篡改、添加，阻碍或影响其原有功能的实现，而是在“二维火收银”应用允许的范围内，通过自身的设置实现与“二维火收银”的对接；原告对售出的收银机本身及其所预装的操作系统均不享有垄断性的私权，原告正当竞争的权益未受到影响；被告并未以破坏竞争秩序、损害市场环境的方式进行不当的竞争；原告、被告的竞争使消费

① 参见刘依佳、焦清扬：《流量劫持的不正当竞争认定问题研究——评淘宝诉“帮5买”不正当竞争纠纷案》，载《法律适用(司法案例)》2018年第24期。

② 参见杭州市中级人民法院民事判决书，(2018)浙01民初3166号。

者的选择更为丰富,消费者的利益也未受到影响;被告行为亦不违反"互联网专条"第2款第4项和《反不正当竞争法》第2条的规定。北京知识产权法院则认为:[①](1)被告"美团小白盒"插件在监控到用户执行"结账"操作时自动启动,并在用户点击美团悬浮窗或原告收银系统的特定按钮时强制跳转到美团支付操作页面,中断了原告二维火收银系统的运行,已构成"互联网专条"第2款第1项、第4项规定的妨碍、破坏其他经营者合法提供的网络产品或者服务正常运行的行为,构成不正当竞争。(2)被告行为的不正当性体现在以下四个方面:①原告设置了包名规则,意味着原告的系统未经许可不能随意突破;②被告具有诱导用户使用"美团收款"的明显意图;③页面的自动跳转中断原告收款程序,明显妨碍原告收款系统正常运行;④被告行为未经原告同意。可以看出,上述两判决对被告行为是否具有不正当性存在不同的理解。杭州市中级人民法院采取谦抑性的标准,认为司法裁判不宜随意干涉自由竞争行为;而北京知识产权法院则更加倾向保护原告的竞争利益,认为"美团收款"实质性地妨碍、破坏了原告合法提供的网络产品或者服务正常运行,并详细论述了被告行为存在不正当性的四点具体理由。

四、流量劫持胜诉率高

有实务者统计了近年适用"互联网专条"的50件不正当竞争民事案件,[②]其中10件为流量劫持,[③]有9件案件原告胜诉,仅有1件案件原告败诉。[④] 该类案件表明,被告通过流量劫持的技术手段,影响了用户选择,实质干扰了原告合法网络产品或服务的运行,导致原告产品或服务的用户体验和评价下降,使用户对原告产品或服务质量产生怀疑,进而产生用户更换产品或服务的可能,被告的行为削弱了原告的竞争优势,构成不正当竞争。该类案件表明,引导用户流量的过程中造成用户和消费者混淆的行为也属于通过影响用户选择的方式,利

---

① 参见北京知识产权法院民事判决书,(2018)京73民初960号。

② 参见毛禾枫、吴怡辰:《〈反不正当竞争法〉互联网条款适用问题研究——基于50份案例的实证分析》,载知乎网2022年2月1日,https://zhuanlan.zhihu.com/p/371638110。

③ 参见(2019)京73民终1675号、(2019)沪73民终241号、(2016)京0108民初14003号、(2016)京0108民初16044号、(2017)京0108民初7967号、(2018)浙01民初3166号、(2020)浙民终330号、(2019)粤0106民初40045号、(2019)沪0115民初11133号、(2018)京73民初960号。

④ 参见浙江省杭州市中级人民法院民事判决书,(2018)浙01民初3166号。

用技术手段妨碍原告经营活动正常运行的行为。[1] 该类案件表明，互联网经营主体确立的普遍行业规则不应当得到破坏，如腾讯制定的《QQ 软件许可及服务协议》《TIM 软件许可及服务协议》等协议规则，[2]又如金融领域债权转让产品"先购先得"的抢购规则，[3]破坏这些规则的行为将被予以《反不正当竞争法》的否定评价。

① 参见北京海淀区人民法院民事判决书，(2016)京 0108 民初 16044 号。

② 参见广东省广州市天河区人民法院民事判决书，(2019)粤 0106 民初 40045 号。

③ 参见上海市浦东新区人民法院民事判决书，(2019)沪 0115 民初 11133 号。

第九章　互联网恶意不兼容

第一节　恶意不兼容竞争规制

一、恶意不兼容的起源

法律规范意义上的“恶意不兼容”规定首见于部门规章，即《规范互联网信息服务市场秩序若干规定》第 5 条关于“互联网信息服务提供者不得实施下列侵犯其他互联网信息服务提供者合法权益的行为”的规定，其第 3 项规定即为“恶意对其他互联网信息服务提供者的服务或者产品实施不兼容”。该规定中“恶意不兼容”和“不兼容”的措辞和规定，是“互联网专条”恶意不兼容规定的直接由来。

网络平台“二选一”是一种独家排他性交易行为，即只能选择其指定的平台进行交易，不能同时选择其他平台，这是对平台经营者实施要求平台内经营者不得在其他竞争性平台经营等不合理限制行为的概括性说法。从其特征看，“二选一”式的排他性交易大体符合不兼容的特征，至少与不兼容有交叉或者类似之处，因不接受排他条件而被排除的网络产品或者服务，也可以被认为是不被兼容的网络产品或者服务。

二、不兼容的类型和含义

（一）不兼容的类型

“兼容”和“不兼容”的提法直接源于互联网经济活动，“不兼容”显然与“屏蔽”“封禁”“封杀”“封锁”“二选一”等日常用语具有重叠、交叉或者关联关系。涉及平台不兼容的做法主要有如下情形：(1)屏蔽爬虫。(2)开放或不开放平台选择权的行使,包括禁止第三方与平台直接竞争。(3)拒绝非法内容和不良内容。恶意不兼容的行为表现,包括“不兼容”与“恶意”两项内容。“不兼容”即不同产品或服务之间存在冲突,既包括无法同时使用(破坏),也包括无法顺畅地使用(妨碍)。目前现实中出现的软件无法下载或安装、软件运行冲突(软件排斥)、链接或内容无法显示、禁止分享等,都可看作不兼容的典型表现。“不兼容”是一种客观描述,只要存在“不兼容”,在互联网领域一定会留下记录,所以它相对比较好判断。①

(二)不兼容的含义

“不兼容”是一个描述性和开放性的术语,具有规范文本的不完全性和模糊性,存在“语义学上的判断余地”,对其界定应当紧密结合网络社会实际和发展需要。首先,应区分核心含义与边缘含义。“不兼容”的核心含义是清晰的,但边缘含义不清晰是难以避免的,其界定应视情况而定。其次,应注意法条之间的体系界限。《反不正当竞争法》“互联网专条”列举的各类不正当竞争行为,本身就形成各自的边界及对其他行为的限制。最后,应围绕立法目的确定“不兼容”的含义和边界。“不兼容”条款主要以维护“互联网开放、包容的精神”为根本目的,对其边界的界定要符合立法宗旨。② 恶意不兼容指的是“妨碍、破坏”网络产品或服务运行的行为,在当前的案例中主要表现为安全软件的相互干扰。安全软件不兼容本身并不构成不正当竞争行为,即使有意的不兼容也不能判定为本身违法。只有不兼容行为加上其他构成要件,才有可能违反《反不正当竞争法》。③

对《反不正当竞争法》第 12 条第 2 款第 3 项规定中“不兼容”的具体含义应作出目的性限缩解释,即“对其他经营者合法提供的网络产品或者服务实施不兼容”中不兼容的范围仅包含不同产品或服务之间不能在同一客户端上同时正常运行的情形。原因有三:其一,考虑到立法作出该项规定的实践背

① 参见焦海涛:《互联网不兼容行为的规制路径选择》,载《财经法学》2020 年第 5 期。

② 参见孔祥俊:《网络恶意不兼容的法律构造与规制逻辑——基于〈反不正当竞争法〉互联网专条的展开》,载《现代法学》2021 年第 5 期。

③ 参见丁晓东:《互联网反不正当竞争的法理思考与制度重构——以合同性与财产性权益保护为中心》,载《法学杂志》2021 年第 2 期。

景,即基于对已有典型个案裁判的归纳提炼,[①]如“360 扣扣保镖”软件商业诋毁纠纷案中的“二选一”行为,对此处的“不兼容”进行狭义理解更为合理。其二,是否与他人产品或者服务兼容,通常属于自由竞争的范围。[②] 对不兼容行为进行统一的强制性规定存在将正常的市场竞争行为人为纳入《反不正当竞争法》规制范围的可能。[③] 其三,对该项规定进行宽泛解释也容易造成该项规定与《反垄断法》的直接冲突。[④] 据此,不同产品或服务之间能够在同一客户端上共存,但不能互联互通的情形并不落入此处“不兼容”的评价范围。互联网平台屏蔽行为难以适用《反不正当竞争法》第 12 条第 2 款第 3 项对其进行违法性认定。

三、恶意不兼容竞争立法

《反不正当竞争法》第 12 条第 2 款规定的互联网新型不正当竞争行为中,第 3 项即为恶意不兼容。此外,第 2 款第 2 项规定“误导、欺骗、强迫用户修改、关闭、卸载其他经营者合法提供的网络产品或者服务”,即俗称的“干扰”,也可能和第 2 款第 3 项发生交叉,进而指向不兼容行为。

《反不正当竞争法》第 12 条第 2 款第 3 项“恶意对其他经营者合法提供的网络产品或者服务实施不兼容”可能涉及的过往案例有:金山网盾与 360 安全卫士的软件冲突案、猎豹浏览器广告过滤不正当竞争纠纷案、“360 扣扣保镖”软件商业诋毁纠纷案中腾讯要求用户“二选一”等。

《反不正当竞争法》第 12 条第 2 款前 2 项规定的两类行为具有更强的确定性,其明显源于对此前特定案例的归纳提炼,对行为特征的表述具有封闭性和准确性,适用对象和适用条件明确,相较而言,恶意不兼容条款在行为特征表述上相对模糊,适用范围具有不确定性。[⑤]

---

① 参见孔祥俊:《论反不正当竞争法修订的若干问题——评〈中华人民共和国反不正当竞争法(修订草案)〉》,载《东方法学》2017 年第 3 期。

② 参见孔祥俊:《论反不正当竞争法修订的若干问题——评〈中华人民共和国反不正当竞争法(修订草案)〉》,载《东方法学》2017 年第 3 期。

③ 参见李阁霞:《互联网不正当竞争行为分析——兼评〈反不正当竞争法〉中“互联网不正当竞争行为”条款》,载《知识产权》2018 年第 2 期。

④ 参见蒋舸:《〈反不正当竞争法〉网络条款的反思与解释　以类型化原理为中心》,载《中外法学》2019 年第 1 期。

⑤ 参见孔祥俊:《网络恶意不兼容的法律构造与规制逻辑——基于〈反不正当竞争法〉互联网专条的展开》,载《现代法学》2021 年第 5 期。

第二节　恶意不兼容的认定与法律适用

一、恶意的认定标准

(一)恶意不等同于故意

就法律规定的语境和行为本身的性质而言,“恶意不兼容”中的“恶意”不应当与“故意”画等号。首先,“恶意”包含故意,故意是“恶意”的首要含义,无故意即无“恶意”。其次,“恶意”还包括故意以外的恶性,即《反不正当竞争法》意义上的可谴责性。之所以将“恶意不兼容”中的“恶意”界定为故意 + 恶性,而不是将其等同于故意,至少有以下三个核心原因:首先,这是竞争法理念的必然产物。《反不正当竞争法》只是禁止特定范围内的市场竞争行为,且以维护商业伦理为目标,原则上允许经营者自由竞争。兼容和不兼容通常都是故意实施的,如果将故意作为禁止不兼容的判断标准,显然会使禁止的范围太宽,有悖竞争自由原则。因此,有必要以“恶意”对不兼容的禁止范围进行限定。其次,这是由市场竞争的损害中性决定的。一般而言,市场竞争产生的损害也即竞争性损害是中性的,不具有是非色彩,即竞争行为的损害或者说竞争行为给其他竞争者造成损害是常态,损害本身通常不属于评价竞争行为正当性的倾向性要件,只有特定的损害才是判定不正当竞争的考量因素。最后,这是基于商业伦理的特殊考量。在世俗道德意义上,损人利己为应受到道德谴责和非难的“恶”或者“恶性”。但是,“恶意不兼容”中的“恶性”不是世俗意义上的“恶”,而是商业伦理意义上的“恶性”。《反不正当竞争法》是市场竞争的特殊商业伦理的产物,而商业伦理是竞争性损害正当性的伦理支撑。①

(二)无正当利益为恶意

在网络环境下,兼容与不兼容均属于网络市场竞争的常态,故意不兼容虽然会损人,但符合网络市场竞争的基本逻辑和商业伦理,不违背诚实信用和商

① 参见孔祥俊:《网络恶意不兼容的法律构造与规制逻辑——基于〈反不正当竞争法〉互联网专条的展开》,载《现代法学》2021 年第 5 期。

业道德,因而不具有不正当性。只有特殊的网络不兼容才有悖正当性,应当对其作出否定性评价,其构成违背商业伦理的“恶意”。因此,是否具有正当竞争利益是衡量不兼容是否符合商业伦理的判断标准,不具有正当竞争利益的不兼容有悖于商业伦理,构成“恶意”。①

“恶意不兼容”中判断“恶意”的关键是对恶性的判断。经营者是否具有正当竞争利益,是认定行为人是否具有“恶意”的核心要素。其具体认定可以考虑如下因素:(1)不兼容的行为与“恶性”不具有当然的推论关系。不兼容原则上是被允许的,大多数不兼容行为具有正当性,其与恶意之间不具有盖然性的推论关系。不兼容只是一个客观中立的事实,“恶意”则是另外的独立的主观事实,主观事实虽然需要客观事实的支撑,但却不能从不兼容的行为中推论而出。(2)“恶性”主要是意图或者目的的不正当性。“恶性”必然不具有谋求正当竞争利益的意图和目的。在民事诉讼中,鉴于不兼容的正当性是原则,不正当性属于例外,应由原告承担实施不兼容行为的意图或者目的的不正当性的举证责任。原告完成相应的举证责任之后,举证责任转换给被告,被告可以提出实施不兼容行为的正当理由。《反不正当竞争法》中的网络不兼容亦是同样的道理。互联网平台毕竟是私人产品,是否开放平台是平台的经营自主权,不是法定义务,如在脉脉非法抓取微博用户信息案中,法院承认网络平台对其 API(应用程序界面)接入具有控制权,即平台有权阻止他人使用其 API 接口或者不对其开放 API 接口。我国存在特定大型互联网平台之间的相互不兼容,当拒绝兼容的互联网平台有需要保护的正当利益时,就不构成恶意不兼容。比如,当被拒绝的互联网平台进入拒绝兼容的平台可能会损害其可保护的竞争利益时,如破坏平台生态系统、显著增加平台运行成本、降低用户体验等,平台为保护正当利益进行的不兼容就不具有不正当性。再如,平台禁止竞争对手利用自己的平台获取流量,是对自己正当竞争利益的保护,由此给竞争对手造成损害的,不构成“恶意”。通常情况下,互联网平台没有向他人开放的义务,只要有可维护的正当利益,就可以对他人网络产品和服务的接入予以拒绝或者限制,此时并不构成恶意不兼容。只有具有市场支配地位的平台没有正当理由限制或者禁止他

---

① 参见孔祥俊:《网络恶意不兼容的法律构造与规制逻辑——基于〈反不正当竞争法〉互联网专条的展开》,载《现代法学》2021 年第 5 期。

人接入,才可能为《反垄断法》所禁止。非为保护正当竞争利益,而主要以损害他人正当利益为目的实施不兼容,才可能构成《反不正当竞争法》所禁止的恶意不兼容。(3)是否有正当竞争利益是衡量目的和意图正当性的核心标准。经营者本来具有自由竞争的权利(竞争特权),但若行使该权利不是为了追求正当的竞争利益,而主要是为了损害他人的正当竞争利益,则可以认定其具有"恶意"。(4)要考量与《反垄断法》精神的协调性。《反垄断法》以维护竞争自由为目的,而适当限制具有支配地位(市场势力)的经营者的竞争自由。《反垄断法》与《反不正当竞争法》的调整应当具有一定的自由竞争的间隔空间。(5)"恶性"与诚实信用原则和商业道德。以是否具有正当竞争利益为"恶意"的判断标准,是诚实信用原则和商业道德在禁止"恶意不兼容"行为中的具体化。(6)抵销能力和平台转换难易的考量。大平台之间不兼容的正当性判断,应当考虑相互之间的抵销能力。[①]

(三)恶意认定的难度

《反不正当竞争法》第12条第2款第3项所规定的恶意不兼容行为,始终饱受争议。其理由是,经营者是否选择与其他经营者的产品或服务兼容属于自由竞争范畴,由经营者根据市场竞争状况而做出判断与选择,而非每一个参与竞争的经营者之"义务",将"不兼容"问题放至《反不正当竞争法》而非《反垄断法》中评价,其实是降低了法律对市场竞争行为予以干预的门槛。[②] 另外,对"恶意"此种主观状态的认定以及对"兼容"此种专业技术术语开展法律解释也在某种程度上加大了法官适用的难度,导致当前实务中适用该款判决的案例寥寥无几。在聪明狗与淘宝不正当竞争纠纷案中,原告认为其推出的购物党比价插件无法通过淘宝浏览器在天猫网上运行,系因两公司对其实施的技术屏蔽行为所致。诉争的技术屏蔽所达到的效果是使比价插件在特定网站上无法运行,使原告想要向用户传达的比价信息在天猫网上处于不可见状态,造成屏蔽行为与"不兼容"在行为结果上产生了重合,二者之间发生关联。

需注意的是,法官在裁判时并未适用《反不正当竞争法》第12条第2款第3

① 参见孔祥俊:《网络恶意不兼容的法律构造与规制逻辑——基于〈反不正当竞争法〉互联网专条的展开》,载《现代法学》2021年第5期。

② 参见郑友德、王活涛:《新修订反不正当竞争法的顶层设计与实施中的疑难问题探讨》,载《知识产权》2018年第1期。

项，而是认为仅凭现有事实无法说明软件公司实施了妨碍、破坏行为，并强调“技术、资金、市场定位等多种因素均会影响经营者的选择及兼容的效果”，原告未提供证据证明软件公司具有市场支配地位，基于恶意不兼容条款位于《反不正当竞争法》与《反垄断法》规制的模糊地带，适用不当必将降低《反垄断法》的适用门槛，从而不当干预市场竞争行为，故而通过恶意不兼容条款对屏蔽行为予以规制也是不可行的。最终，对屏蔽行为规制的重任落到了《反不正当竞争法》第 12 条第 2 款第 4 项兜底性条款处。①

二、不兼容的法律适用

在形式上，适用“互联网专条”兜底条款的竞争行为，应当满足利用技术手段，通过影响用户选择或者其他方式，妨碍、破坏其他经营者合法提供的网络产品或者服务正常运行的特点。以互联网平台不兼容中的屏蔽行为为例，其能否适用该兜底条款，需厘清以下几个问题：第一，鉴于互联网平台屏蔽行为未必均通过技术手段达致，如淘宝不支持微信支付的行为，“互联网专条”兜底条款存在前提不适用的可能性。第二，此处对“妨碍、破坏其他经营者合法提供的网络产品或者服务正常运行”应作狭义解释。因为从广义来看，影响其他产品或服务正常运行系属市场竞争的应有之义，市场竞争具有天然的利己属性。将所有影响他人产品运行的行为一并划入“互联网专条”兜底条款的适用范围内，容易导致正当的市场竞争行为被不当禁止，抹杀竞争本身的对抗属性。② 第三，竞争性网络产品或服务之间相互独立，一种网络产品或服务的正常运行应当建立在自给自足运行的基础上，不应当将竞争对手不提供帮助的行为也理解为妨碍、破坏行为，即互联网平台对其他经营者提供的产品拒绝开放、拒绝引流的行为难以构成妨碍、破坏其他产品或服务正常运行的行为。综上，互联网平台的屏蔽行为不属于“互联网专条”中兜底条款所规制的行为。③

有学者甚至主张，由于互联网领域新型不正当竞争行为与技术联系紧密，

---

① 参见陈兵：《互联网屏蔽行为的反不正当竞争法规制》，载《法学》2021 年第 6 期。

② 参见张占江：《不正当竞争行为认定范式的嬗变　从“保护竞争者”到“保护竞争”》，载《中外法学》2019 年第 1 期。

③ 参见叶明、张洁：《反不正当竞争法视角下互联网平台屏蔽行为的违法性认定研究》，载《中国应用法学》2020 年第 4 期。

大多不具有普遍性、稳定性和长期性,市场本身即可调整,市场本身无法调整的通过个案即可解决,因而对强制跳转、干扰、恶意不兼容等新型不正当竞争行为的认定,应当适用侵权责任法。[①] 笼统地说,所有的不兼容行为都可以或应当适用侵权责任法来调整,这种说法显然过于绝对,它忽视了不兼容行为损害的复合性,因而也就忽视了不兼容行为性质的多重性。[②]

三、不兼容的复杂性

实践中,行为人对用户进行不兼容提示,然后要求用户修改甚至关闭、卸载他人产品或服务的情况比较常见,这种行为可能同时符合《反不正当竞争法》第12条第2款第2项、第3项两项的规定。例如,在百度诉三七二一侵犯著作权及不正当竞争案[③]中,法院判决"不恰当的软件冲突提示和警告"构成不正当竞争。如果以修订后的《反不正当竞争法》分析,阻止他人软件安装的行为,可以适用"互联网专条"第2款第2项的规定,而两款软件不能并存和对用户进行"软件冲突警告",则又好像符合不兼容的规定。[④]

就不兼容行为而言,尽管理论上《反垄断法》和《反不正当竞争法》都可以适用,但在具体个案中,两法的适用只能是选择关系而非并存关系;不兼容行为如果违法,则要么是不正当竞争行为,要么是垄断行为,不能认定为双重违法。如果不兼容行为由具有市场支配地位的经营者实施,则行为的牢固性一般更强,限制程度往往较重,持续时间通常较长,竞争损害也会较大,这类不兼容行为更应认定为垄断,而不必再适用《反不正当竞争法》;有些不兼容行为的实施者未必具有市场支配地位,但它可能也会排挤其他竞争对手、影响用户利益,只不过尚未达到排除市场竞争的效果,限制竞争的程度也相对较弱,对这类不兼容行为可认定为不正当竞争,而不必适用《反垄断法》。[⑤]

---

① 参见李扬:《互联网领域新型不正当竞争行为类型化之困境及其法律适用》,载《知识产权》2017年第9期。

② 参见焦海涛:《互联网不兼容行为的规制路径选择》,载《财经法学》2020年第5期。

③ 参见一审北京市朝阳区人民法院民事判决书,(2003)朝民初字第24224号;二审北京市第二中级人民法院民事判决书,(2004)二中民终字第02387号。

④ 参见焦海涛:《互联网不兼容行为的规制路径选择》,载《财经法学》2020年第5期。

⑤ 参见焦海涛:《互联网不兼容行为的规制路径选择》,载《财经法学》2020年第5期。

第三节　不兼容与反垄断

一、不兼容案由选择

《反不正当竞争法》第12条第2款第3项对行为的描述是“恶意对其他经营者合法提供的网络产品或者服务实施不兼容”。狭义解释对该不兼容条款尤其重要,因为宽松解释很容易造成该款与《反垄断法》的直接冲突。例如,网络竞争中日益频发的“二选一”行为,貌似属于“对其他经营者合法提供的网络产品或者服务不兼容”。但从多年前的“360扣扣保镖”软件商业诋毁纠纷案,到近年来的美团与滴滴、天猫与京东以及天猫与唯品会“二选一”,网络竞争领域通过“有我无他,有他无我”手段实施的竞争行为主要在《反不正当竞争法》《反垄断法》中评价。近年来外卖领域、网购领域“二选一”行为的评价,也主要从《反垄断法》角度展开。诚然,理论和实务中均存在用《反不正当竞争法》评价“二选一”行为的现象。例如,杭州市工商行政管理局就根据《反不正当竞争法》“互联网专条”认定美团“二选一”行为具有不正当性。但用《反不正当竞争法》规制“二选一”行为的做法存在明显弊端,很可能造成架空反垄断规范、变相降低垄断认定门槛的结果。在实践中,原告或者执法部门舍《反垄断法》而采《反不正当竞争法》的原因,在于原告或执法部门在《反垄断法》下需要承担严格的举证责任。具言之,如果原告或执法部门认为“二选一”行为违反了《反垄断法》,需要或者证明“二选一”行为构成滥用市场支配地位中的限定交易(《反垄断法》第22条),或者证明“二选一”行为构成受禁止的纵向垄断协议(《反垄断法》第18条)。在第一种情况下,原告或执法部门必须证明被告具有市场支配地位,滥用了市场支配地位并缺乏正当理由。如果原告或者执法部门尊重《反垄断法》框架下的高证明标准,很可能在市场支配地位环节即应终止反垄断审查。在第二种情况下,原告或执法部门必须证明存在垄断协议且该协议属于《反垄断法》第18条第3项兜底条款规制的对象,该途径的证明难度仍然非常大。[①]

《反垄断法》给原告或执法部门设置的障碍固然很高，但并非不合理，反而体现了严格控制干预竞争冲动的理念，因此必须受到尊重。如果允许原告指称的不兼容行为脱离《反垄断法》设立的高门槛而适用《反不正当竞争法》上模糊的“恶意不兼容”规则，极可能对自由竞争产生巨大阻碍。因此，只要系争的不兼容行为在初步形式判断环节落入《反垄断法》的调控范围，就不应适用《反不正当竞争法》中的“互联网专条”，而应适用《反垄断法》。留给“互联网专条”第2款第3项调整的，是那些并非利用市场优势地位，而是利用技术手段实施的不兼容行为，例如被告通过技术手段阻止用户安装原告的软件，[②]金山网盾与360安全卫士的软件冲突案，或者回忆起乐视网针对猎豹浏览器实施的不兼容。[③]

2021年饿了么与美团多次因“二选一”发生诉讼，如江苏省淮安市中级人民法院就美团与饿了么不正当竞争纠纷一案宣判，判决美团向饿了么赔偿35.2万元。温州市中级人民法院于2021年4月7日判令饿了么赔偿美团8万元。温州市中级人民法院认为，饿了么强迫用户在美团关闭服务并签订独家合作协议的做法，违背商户真实意愿并损害商户的商业利益，严重妨碍、破坏美团等外卖平台经营者的正常运行，还会导致消费者的选择权严重受限。

2021年4月，市场监管总局依据《反垄断法》，对美团在中国境内网络餐饮外卖平台服务市场滥用市场支配地位行为立案调查。10月8日，市场监管总局依法作出行政处罚决定，责令美团停止违法行为，全额退还独家合作保证金12.89亿元，并处以其2020年中国境内销售额1147.48亿元的3%的罚款，计34.42亿元。2020年12月，市场监管总局依据《反垄断法》对阿里巴巴集团控股有限公司（以下简称阿里巴巴集团）在中国境内网络零售平台服务市场滥用市场支配地位行为立案调查。2021年4月10日，市场监管总局依法作出行政处罚决定，责令阿里巴巴集团停止违法行为，并处以其2019年中国境内销售额4557.12亿元的4%的罚款，计182.28亿元。阿里巴巴集团违法行为的构成要件是：第一，它在电商中介服务市场具有支配地位；第二，它采取了不正当手段

---

① 参见焦海涛：《“二选一”行为的反垄断法分析》，载《财经法学》2018年第5期。

② 参见蒋舸《〈反不正当竞争法〉网络条款的反思与解释　以类型化原理为中心》，载《中外法学》2019年第1期。

③ 参见北京市海淀区人民法院民事判决书，（2013）海民初字第17359号。

强迫供货商在它的平台和竞争对手的平台之间“二选一”;第三,“二选一”行为不合理地排除和限制市场竞争。2021 年 2 月,市场监管总局认定唯品会的“二选一”行为属不正当竞争行为,对其罚款 300 万元。

因此,对于恶意不兼容行为,可以根据性质判断选择适用《反不正当竞争法》和《反垄断法》,对于网络“二选一”,还可能涉及适用《电子商务法》。

二、不兼容具有垄断特性

“二选一”也用于指代部分限制程度较重的不兼容(无法并存的不兼容)。不兼容行为可能与我国《反垄断法》规定的以下滥用行为相关:(1)限定交易。行为人对竞争对手的产品或服务实施不兼容,可能是在变相限定用户使用自己的产品或服务。如果不兼容已经达到了互相排斥、不能共存的程度,实际上就是在逼迫用户进行选择,本质上是限定交易。(2)附加不合理的交易条件。不兼容行为可能表现为对用户使用他人产品或服务施加限制,用户想要使用行为人的产品或服务,就必须接受这种限制。大多不兼容行为并未达到不能共存的程度,而只是影响用户使用他人产品或服务的效果,如使用不畅、需要变通、需要更改设置等。这种情况下,用户受到的这些限制,可以理解为行为人附加的额外交易条件。(3)拒绝交易。如果行为人和对方之间存在交易关系,而对方又存在明确的交易意愿并提供了合理的交易条件,则此时不兼容对方的产品或服务,某种程度上可视为拒绝交易。(4)差别待遇。不兼容行为的实施如果具有歧视性,即对相同的产品或服务,有选择性地实施不兼容,或者不兼容的条件存在区别,则可能构成对特定产品或服务的差别待遇。但认定互联网企业的市场支配地位是适用《反垄断法》的前提。①

奇虎公司诉腾讯公司等滥用市场支配地位纠纷案②中,最高人民法院的二审判决,就该案涉及被上诉人实施的“产品不兼容”行为(用户“二选一”)是否构成《反垄断法》禁止的限制交易行为,法院生效裁判认为,虽然被上诉人实施的“产品不兼容”行为对用户造成了不便,但是并未导致排除或者限制竞争的明

---

① 参见焦海涛:《互联网不兼容行为的规制路径选择》,载《财经法学》2020 年第 5 期。

② 参见最高人民法院民事判决书,(2013)民三终字第 4 号。2017 年最高人民法院发布第 16 批指导性案例之七十八。

显效果。这一方面说明被上诉人实施的“产品不兼容”行为不构成《反垄断法》所禁止的滥用市场支配地位行为,也从另一方面佐证了被上诉人不具有市场支配地位的结论。

>> 第十章　互联网屏蔽行为

第一节　屏蔽行为的分类及方法

一、屏蔽行为的分类

依据不同的标准,可将屏蔽行为进行不同的分类,如根据屏蔽行为的实施手段,可将其分为基于内容的屏蔽、基于网址的屏蔽及混合屏蔽 3 种;根据屏蔽行为屏蔽的内容,可将屏蔽行为划分为违法信息屏蔽行为与其他内容屏蔽行为;根据是否对互联网信息进行预处理,可将屏蔽行为区分为主动屏蔽行为与被动屏蔽行为;根据屏蔽行为实施所依托的应用,可将屏蔽行为分为利用专业屏蔽软件实施的屏蔽行为与利用网络应用程序实施的屏蔽行为;根据屏蔽行为的实施主体不同,可将屏蔽行为分为用户屏蔽行为、平台经营者屏蔽行为和政府监管者屏蔽行为。

通常我们将视频广告屏蔽行为认定为一种技术手段,广告屏蔽软件或插件提供者通过互联网技术手段,以浏览器等为过滤载体,通过具有屏蔽功能的软件或程序对在线视频网站投放的贴片广告、网页广告、弹出广告等类型的广告实施屏蔽、过滤、拦截等行为,①即利用视频广告屏蔽技术屏蔽广告。

在互联网背景下,对网络视频广告屏蔽的方式主要有浏览器屏蔽、路由器屏蔽和第三方插件屏蔽 3 类。浏览器屏蔽是最为常见的一种方式,指网络用户通过具有广告拦截功能的网页浏览器在线观看网站视频时,开启并使用浏览器中自带的屏蔽功能,从而达到屏蔽掉视频网站中播放的广告的效果。如在猎豹

① 参见曹丽萍:《技术运用与商业模式竞争的边界　评析浏览器过滤视频广告行为的不正当竞争性质》,载《电子知识产权》2015 年第 5 期。

浏览器广告过滤不正当竞争纠纷案中，由猎豹浏览器自主研发的一种浏览器自带网络视频广告屏蔽的功能，这使网络用户在通过猎豹浏览器在线观看由优酷网播出的在线视频时，能够利用该浏览器的广告屏蔽功能过滤掉视频中的广告。路由器屏蔽指的是通过路由器公司开发并提供的广告屏蔽插件对广告进行屏蔽。当网络用户在使用由路由器公司生产的具有屏蔽功能的路由器进行网络活动时，视频网站的广告就会激活该路由器所提供的插件，这使视频网站的广告被相应的广告屏蔽功能过滤掉。例如"极路由"路由器不正当竞争纠纷案中，"极路由"路由器就提供了具有屏蔽视频广告功能的插件。第三方插件屏蔽是由指利用除浏览器以外的第三方提供的、用于屏蔽广告的插件对广告进行屏蔽。当网络用户通过相关网页观看在线视频时，如启动已经上传至浏览器的屏蔽插件，可过滤掉网络视频中的广告。例如网民"珲珲哥"开发了"屏蔽百度广告"的插件，这个插件经由奇虎公司的 360 浏览器上传，在网络用户下载使用该插件后就可以去除搜索结果页面上的推广链接、视频播放中的视频广告或者其他的弹窗广告。通常，视频广告屏蔽技术主要针对的对象包括贴片广告、页面广告和弹出广告 3 种。[①]

二、屏蔽行为的特征

互联网屏蔽行为的 3 个主要特征：(1)屏蔽行为的最终目的是使特定信息处于不可见状态以致用户对其无法获取或传递，这种不可见状态的达成可直接针对特定信息，也可针对承载特定信息的网址。(2)屏蔽行为的实施主体、实施手段及承载形式是多样的，平台经营者处于互联网生存与发展的第一线，是屏蔽行为的主要实施者，而用户作为互联网运行的重要参与者，同样可利用专门的屏蔽软件或各类网络应用程序中的屏蔽功能，按照自身需求进行一定的设置从而对特定信息展开屏蔽，用户正渐成为屏蔽行为的重要实施主体。(3)屏蔽行为所针对的内容是广泛的，除了众所周知的违法信息、广告信息外，如今更是囊括了包含用户的个性化设置所针对的信息、平台经营者禁止的诱导信息在内

① 参见韦雨琦、许浩康、夏良田：《对屏蔽视频广告行为的法律规制：基于〈中华人民共和国反不正当竞争法〉的视角》，载《长江师范学院学报》2021 年第 2 期。

的各种信息。①

就广告屏蔽案件而言,广告屏蔽技术的影响是双重的。一方面,广告屏蔽软件是内容服务商“免费内容服务(诸如视频、新闻等)+广告”商业模式面临的最主要威胁之一;另一方面,广告屏蔽软件很大程度上能够保护用户的利益。② 正是因为其对消费者福利有改善之效,所以广告屏蔽的市场需求是巨大的。③ 例如,美国苹果公司2015年发布的iOS9在Safari中开放了广告屏蔽应用后,多款收费广告屏蔽软件在苹果应用商店瞬间登顶即是一个典型例证。④

在优酷公司与百度公司等袋鼠遥控App屏蔽广告案⑤中,用户通过袋鼠遥控App获取优酷公司的视频播放服务时,既无须观看片头广告,亦无须下载优酷视频App,更无须成为付费会员,即可免费且完整地观看相应内容。法院认为,被告的行为妨碍和破坏了优酷公司所提供的网络服务的正常运行,从根本上损害了优酷公司本可获得的经营利益,而且从长远来看,亦会使消费者的利益受到损害,属于“互联网专条”第2款第4项所规制的不正当竞争行为。

---

① 参见陈兵:《互联网屏蔽行为的〈反不正当竞争法〉规制》,载《法学》2021年第6期。

② 屏蔽软件至少在以下三个方面避免了广告对用户的损害:(1)降低用户获取信息的注意力。对于用户获取信息来说,不同形式的网络广告存在程度不一的干扰,尤其是大量出现的横幅广告对用户造成了严重的干扰。(2)影响用户的良好体验。弹窗广告需要加载或运行第三方程序,占用带宽和降低网速,并具有一定的安全风险。(3)侵犯用户的数据隐私。Digital Content Next公司的调查发现,高达68%的用户担心广告定向追踪能够跟踪他们的互联网行为,泄露个人隐私。参见韩红星、覃玲:《广告拦截的发展及对媒介生态的影响》,载《当代传播》2017年第1期。事实上,美国移动安全公司Lookout在2012年发布的报告显示,部分激进网站未经用户允许便搜集用户的电子邮件地址或手机号码,有些网站还会直接安装跟踪应用,并向用户推送广告,严重侵犯了用户的个人隐私。参见张小强、黎碎婷:《广告屏蔽应用对数字传媒业的冲击与应对策略》,载《传媒》2017年第20期。

③ 2016年,有将近7000万美国人使用广告屏蔽软件,有超过2亿的中国人和印度人使用屏蔽广告的移动浏览器。See Maxwillens, *How Many People Use Ad Blockers? That Depends on Whom You Ask*, International Business Times, http://www. ibtimes. com/how-many-people-use-ad-blockers-depends-whom-you-ask-2384864, Last visit on June 21, 2016.

④ 参见杰罗姆:《广告拦截崛起:一个免费互联网时代的终结?》,载简书网2018年12月20日,https:www. jianshu. com/p/05e452381b03。

⑤ 参见北京市海淀区人民法院民事判决书,(2017)京0108民初57274号。

三、屏蔽行为的技术方法

屏蔽行为的技术渊源源自互联网信息过滤行为。根据信息过滤的目的,可将互联网信息过滤行为划分为对“推荐系统”及“阻挡系统”的适用。其中,“阻挡系统”主要通过以下三种方法实现对特定信息的剔除:(1)通过使用分级法,对网页内容或其他属性特征,运用一定的分级体系分门别类地对网页及网页内容赋予分级标记,在与过滤模板比较后作出是否过滤的决定。[①] (2)通过使用URL(统一资源定位系统)地址列表,将URL地址列表用带有基于RDF(资源描述框架)格式元数据的XML(可扩展标记语言)文件或数据库的形式保存在客户端或服务器端,使用时过滤软件将URL地址列表与用户请求访问的地址进行比较,以决定用户是否可以访问或用户是否可以接收到信息的传递。[②] (3)通过使用动态文本分析法,将用户的信息需求提炼为用户需求模板。

四、网络屏蔽行为与干扰行为的区别

其一,行为手段有差异。互联网平台屏蔽行为未必需要通过技术手段达成,即互联网平台实施屏蔽行为,未必需要借助技术手段。例如,淘宝不支持微信支付的行为,只需要淘宝不开放平台、不与微信支付合作即可,而不需要借助其他技术手段;而网络干扰行为一般须借助技术手段。其二,行为表现与性质不同。互联网平台屏蔽行为主要表现为互联网平台对其他产品或服务的拒绝行为;而网络干扰行为通常表现为干扰者主动采取各种措施对其他产品或服务造成一定影响,甚至有些产品本身就是针对相关产品而设计的,如内置视频广告屏蔽功能的浏览器。[③] 其三,行为后果不同。互联网平台屏蔽行为虽然会给被屏蔽方带来损失一定用户流量、增加推广成本等消极影响,但通常不会影响被屏蔽方产品或服务本身的运行。网络干扰行为中,无论是直接排斥其他软

---

① 参见黄晓斌、邱明辉:《网络信息过滤方法的比较研究》,载《大学图书馆学报》2005年第1期。

② 参见林建、张帆:《网络不良信息过滤研究》,载《情报理论与实践》2007年第4期。

③ 参见北京市第一中级人民法院民事判决书,(2014)一中民终字第3283号。在猎豹浏览器广告过滤不正当竞争纠纷案中,金山猎豹浏览器提供的“页面广告过滤”功能即针对播放视频广告的视频网站设计,通过使用该功能,用户可以过滤视频广告。参见叶明、张洁:《反不正当竞争法视角下互联网平台屏蔽行为的违法性认定研究》,载《中国应用法学》2020年第4期。

件,抑或修改他人软件产品或他人网页数据,最终都会对其他产品或服务的运行造成或多或少的不利影响。[①] 如上海文化公司诉搜狐公司等侵害著作权及不正当竞争纠纷案[②]中,二被告未经许可在其共同经营的搜狐视频网上向用户提供东方卫视整个频道电视节目的在线直播服务,其中包括文广公司自行制作并享有著作权的《中国梦之声》(第二季)、《梦想改造家》两节目。二被告的上述行为侵害了其就上述作品依法享有的著作权。另二被告利用文广公司耗费大量成本制作、播出的节目进行直播,分流了东方卫视的用户,影响了东方卫视节目收视率,构成不正当竞争。法院认定二被告侵害了文广公司对《中国梦之声》(第二季)、《梦想改造家》两档节目享有的著作权,且其截取东方卫视信号提供网络在线直播的行为,构成不正当竞争,判决二被告消除影响并赔偿文广公司经济损失及合理费用共计 159.5 万元。

第二节　屏蔽行为竞争规制的立法

一、2017 年《反不正当竞争法》修订前

以 2017 年修订的《反不正当竞争法》的颁行为分界点,司法实践中对屏蔽行为的规制情况可被清晰地划分为“修订前时代”与“修订后时代”。

在“修订前时代”,因反不正当竞争法被高速发展的互联网经济的“滞后性”所限,1993 年通过的《反不正当竞争法》并未能预见互联网市场竞争的繁盛与复杂,亦不可能预见区别于线下不正当竞争行为的互联网新型不正当竞争行为的大量出现。因而,在缺乏具体条款的情形下,实践中对屏蔽行为的规制主要适用 1993 年通过的《反不正当竞争法》第 2 条[③]。对于广告屏蔽行为的裁判,各地法院在实践中逐渐形成了一套固有的“保护静态法益”的一般侵权行为的裁判思

① 参见叶明、张洁:《反不正当竞争法视角下互联网平台屏蔽行为的违法性认定研究》,载《中国应用法学》2020 年第 4 期。

② 参见北京市海淀区人民法院民事判决书,(2016)京 0108 民初 38605 号。

③ 参见陈兵:《互联网屏蔽行为的反不正当竞争法规制》,载《法学》2021 年第 6 期。

路。[①] 具体而言,法院通常首先认定被实施了屏蔽行为的视频网站的经营模式,即"广告+免费视频"并不违反法律规定,基于该模式用户与视频网站产生了约定利益,他人不得损害此种利益。其次,肯定双方在互联网竞争中基于对用户流量的争夺具有竞争关系。再次,开发屏蔽软件的经营者从主观上明知或应知屏蔽软件必然影响视频网站的正常经营。最后,屏蔽软件的开发经营者所研发的屏蔽片头广告的行为严重损害了视频广告方的合法利益,从长远看会损害消费者的利益,故而有违诚实信用原则,为利己采取不正当手段而损他人之利,构成不正当竞争行为。[②]

二、2017 年《反不正当竞争法》修订后

2021 年 1 月 1 日施行的上海市人大常委会新修订的《上海市反不正当竞争条例》第 16 条[③]细化和增加了妨碍、破坏网络产品或服务的行为类型,特别是针对互联网屏蔽行为的规定,细化了现行《反不正当竞争法》第 12 条第 2 款第 2 项规定的"误导、欺骗、强迫用户修改、关闭、卸载其他经营者合法提供的网络产品或服务"的行为类型,增加了"无法获取"一项,《上海市反不正当竞争条例》第 16 条第 2 项规定为"误导、欺骗、强迫用户修改、关闭、卸载或者无法获取其他经营者合法提供的网络产品或服务",将屏蔽技术产生的后果充分考虑其中。此外,《上海市反不正当竞争条例》第 16 条增加的第 4 项"无正当理由对其他经营者合法提供的网络产品或者服务实施拦截、关闭等干扰行为"的规定,更是直接指向互联网领域频发的各类屏蔽行为。与此同时,对《反不正当竞争法》第 12 条规定的所有违法类型及兜底条款规定都予以了保留。上海市率先通过竞争法制回应科技发展中出现的技术规制难题与规制技术革新的联动趋态,值得充分肯定,更鼓励其他地方能够跟上步伐。

---

① 参见孔祥俊:《论反不正当竞争的基本范式》,载《法学家》2018 年第 1 期。

② 参见"净网大师"屏蔽广告不正当竞争案,载《人民法院报》2016 年 11 月 17 日,第 6 版;一审上海市闵行区人民法院民事判决书,(2015)闵民三(知)初字第 271 号;二审上海知识产权法院民事判决书,(2016)沪 73 民终 33 号。

③ 参见《上海市反不正当竞争条例》第 16 条第 4 项至第 6 项规定:无正当理由对其他经营者合法提供的网络产品或者服务实施拦截、关闭等干扰行为;违背用户意愿下载、安装、运行应用程序,影响其他经营者合法提供的设备、功能或者其他程序正常运行;对非基本功能的应用程序不提供卸载功能或者对应用程序卸载设置障碍,影响其他经营者合法提供的设备、功能或者其他程序正常运行。

第三节 屏蔽行为的因由

针对当前一系列屏蔽在线视频片前广告案例的集中爆发，我国学界及实务界对互联网企业实施屏蔽行为的竞争法属性的研究主要集中在广告屏蔽行为上，即平台经营者实施的屏蔽视频片前广告的行为是否构成不正当竞争行为。但实践中，屏蔽行为所引发的争议已从广告屏蔽领域向其他领域扩展，不同领域内的屏蔽行为性质是否相同，是否一定构成不正当竞争行为，亟待进一步研究。鉴于此，有必要将屏蔽行为从广告屏蔽领域中予以扩围，[①]实现对互联网屏蔽行为的体系化研究，既要从技术上剖析屏蔽行为，明晰其技术本质，又要回归《反不正当竞争法》视域，探讨何为违法的屏蔽行为，其能否构成“互联网专条”中所述的“妨碍、破坏行为”？从表面上看，这关涉“互联网专条”第2款第4项之兜底条款的解释与适用，以及《反不正当竞争法》应以何种姿态来回应互联网平台时代技术高速创新场景下市场竞争秩序、经营者合法权益、消费者合法权益间的动态平衡。在深层次上，则是在拷问技术创新与法律治理在法理层面的关系，法律是否应对技术本身展开规制，以及应以何种范式来规制，监管科技是目的还是手段，即《反不正当竞争法》在互联网技术变革下如何展开解释与适用？[②]

此外，互联网屏蔽技术及行为的实施在发挥清洁和规范网络空间作用的同时，也可能带来阻碍正常的网络信息自由公平传播的风险，特别是超大平台对与自身有竞争关系的经营者之链接、网页、数据、信息等要素的屏蔽封锁，更有可能损害公平自由的市场竞争秩序及广大用户的合法权益。现实中，随着平台经营者身份双重性的不断强化，以及屏蔽技术作为在合理合规场景下能为用户提供服务的一种商品，因屏蔽所引发的问题已从宪法领域的表达自由、经营自由扩充至反不正当竞争法下的市场公平竞争与消费者合法

① 屏蔽行为的类型并不局限于广告屏蔽这一种样态，在近期的司法实务中已经出现了互联网插件服务经营者起诉平台经营者对其实施“技术屏蔽”的案件。参见聪明狗与淘宝不正当竞争纠纷案，北京知识产权法院民事判决书，(2019)京73民终1105号。

② 参见陈兵：《互联网屏蔽行为的反不正当竞争法规制》，载《法学》2021年第6期。

权益保护上。①

从实施效果看，互联网屏蔽行为实现了对互联网信息的分筛，能有效阻挡各类不良信息及信息爆炸所致的“信息疲劳”对用户的侵扰，合理分配带宽资源，提升信息传递效率，但其在实质上则是行为人通过技术手段对互联网信息的传播自由施加的特定限制。这种干预和限制通常必须于法有据，且符合法定程序，否则就可能构成对他人合法权益的不当干涉。

一、法定性屏蔽

法定性屏蔽是基于法律法规等规范性文件的规定实施的屏蔽行为。我国相关的法律法规等规范性文件中，较早对屏蔽行为进行规定的是《信息网络传播权保护条例》，作为《著作权法》的配套法规，其在第 14 条、第 15 条明确了“通知—删除规则”。《网络安全法》第 12 条②和《电子商务法》第 42 条③，从违法信息的禁止展示传播及知识产权保护的角度规定了与屏蔽行为相关的内容。《网络信息内容生态治理规定》第 10 条规定，网络信息内容服务平台不得传播本规定第 6 条规定的信息，应当防范和抵制传播本规定第 7 条规定的信息。网络信息内容服务平台应当加强信息内容的管理，发现本规定第 6 条、第 7 条规定的信息的，应当依法立即采取处置措施，保存有关记录，并向有关主管部门报告。

二、基于商业经营目的的屏蔽

与互联网广告业壮大相伴而生的便是互联网广告屏蔽行为。早在 2016

---

① 参见陈兵：《互联网屏蔽行为的反不正当竞争法规制》，载《法学》2021 年第 6 期。

② 参见《网络安全法》第 12 条规定：“国家保护公民、法人和其他组织依法使用网络的权利，促进网络接入普及，提升网络服务水平，为社会提供安全、便利的网络服务，保障网络信息依法有序自由流动。任何个人和组织使用网络应当遵守宪法法律，遵守公共秩序，尊重社会公德，不得危害网络安全，不得利用网络从事危害国家安全、荣誉和利益，煽动颠覆国家政权、推翻社会主义制度，煽动分裂国家、破坏国家统一，宣扬恐怖主义、极端主义，宣扬民族仇恨、民族歧视，传播暴力、淫秽色情信息，编造、传播虚假信息扰乱经济秩序和社会秩序，以及侵害他人名誉、隐私、知识产权和其他合法权益等活动。”

③ 参见《电子商务法》第 42 条规定：“知识产权权利人认为其知识产权受到侵害的，有权通知电子商务平台经营者采取删除、屏蔽、断开链接、终止交易和服务等必要措施。通知应当包括构成侵权的初步证据。电子商务平台经营者接到通知后，应当及时采取必要措施，并将该通知转送平台内经营者；未及时采取必要措施的，对损害的扩大部分与平台内经营者承担连带责任。因通知错误造成平台内经营者损害的，依法承担民事责任。恶意发出错误通知，造成平台内经营者损失的，加倍承担赔偿责任。”

年，全球知名广告屏蔽工具 Adblock Plus 便宣布其活跃用户数突破了 1 亿名。[①]基于商业经营目的实施的屏蔽行为相比基于法律法规等规范性文件实施屏蔽行为的争议要大得多，事实上，国内外因广告屏蔽行为引发的反不正当竞争诉讼不在少数，但裁判结果存在显著差异，国内法院多认为广告屏蔽行为构成不正当竞争。[②] 如“电视猫”视频聚合软件不正当竞争纠纷行为保全案[③]，法院认为，视频聚合软件系通过抓取第三方服务器中的视频内容，为用户提供多来源、集合性视频服务的产品。涉案“电视猫”视频聚合软件在链接播放来源于申请人的视频内容时采取技术手段，绕开片前广告，取得竞争优势，涉嫌侵害申请人合法的经营模式。而在国外，这种行为更多被认定具有正当性。

第四节　屏蔽竞争司法规制

一、屏蔽行为的司法裁判现状

在屏蔽广告方面，在中国裁判文书网、北大法宝和无讼案例三个数据库中(检索日期 2021 年 2 月 25 日)，以“不正当竞争”“广告屏蔽”“屏蔽广告”“广告过滤”“过滤广告”“广告快进”为关键词进行全文检索，并剔除重复、不相关案件，共获得 37 份裁判文书。其中，只有“世界之窗浏览器”屏蔽不正当竞争纠纷案和“720 浏览器”不正当竞争纠纷案两案件的一审裁判认定广告屏蔽行为不构成不正当竞争，但判决结果均被二审法院所撤销，二审法院认定广告屏蔽行为具有不正当性。[④]

有实务者统计了近年适用互联网专条的 50 件不正当竞争民事案件中，[⑤]其

① 参见《百度们怎么活？这款广告屏蔽工具用户已突破 1 亿》，载凤凰科技网，http://tech.ifeng.com/a/20160510/41606078_0.shtml。

② 参见孔祥俊：《论反不正当竞争的基本范式》，载《法学家》2018 年第 1 期。

③ 参见上海市浦东新区人民法院民事裁定书，(2018)沪 0115 行保 1 号。全国首例屏蔽广告不正当竞争纠纷诉前禁令案。2018 年上海法院知识产权司法保护十大案件、上海浦东法院互联网不正当竞争典型案例。

④ 参见张占江：《论不正当竞争认定的界限》，载《政法论丛》2021 年第 2 期。

⑤ 参见毛禾枫、吴怡辰：《〈反不正当竞争法〉互联网条款适用问题研究——基于 50 份案例的实证分析》，载知乎网 2022 年 2 月 1 日，https://zhuanlan.zhihu.com/p/371638110。

中有20件为广告屏蔽,[①]除1件发回重审以外,[②]有19件案件原告胜诉。目前法院对于广告屏蔽(绕开会员限制)类型的案件基本已形成一致裁判规则:被告如利用技术手段屏蔽广告,使网络用户可以通过跳过广告等方式观看原告视频或使用原告网络服务,则认为被告绕过或破坏了原告的技术措施,妨碍了原告合法提供的网络服务正常运行,造成原告客户流失,导致原告收入减少,使原告竞争优势丧失,影响了原告的商业模式(普遍为"免费加广告+会员付费去广告"模式),扰乱了市场竞争秩序,属于互联网条款规制的不正当竞争行为。

从检索到的14个案件来看,其中13个案件判决认为广告过滤行为构成不正当竞争,并对商业模式采取保护态度。[③]

二、屏蔽行为的司法裁判方法

屏蔽类不正当竞争案件中,法院多数观点认为,屏蔽商除不能破坏视频主的经营活动外,也不得不正当地利用其经营获取利益。在大摩系列案[④]中,法院认为,无论是视频主,还是屏蔽商,在互联网领域内开展经营活动,均要通过吸引互联网用户注意力提高其商业价值,进而实现营利。屏蔽商若想取得更好的直接或间接经营利益,获得更多的用户量是其经营活动的重要目标。因此屏蔽商利用用户不愿支付时间成本及金钱成本的消费心理,吸引视频主的用户成为屏蔽商的用户,进而增加其用户量。法院最终认定该行为属于不正当竞争行为。

法院在认定广告过滤行为的正当性时,遵循了这样的认定进路:第一,分析

---

① 参见(2018)沪0104民初243号、(2017)京0108民初54830号、(2018)京0108民初48523号、(2017)京0108民初36596号、(2017)京0108民初57274号、(2018)京0108民初38881号、(2018)京0108民初13867号、(2020)京73民终49号、(2019)京0108民初28000号、(2019)京0108民初34763号、(2019)浙8601民初1661号、(2018)京0108民初46539号、(2019)京0105民初44605号、(2020)湘0121民初9461号、(2021)京73民终312号、(2019)京0108民初59143号、(2019)京0108民初51382号、(2020)沪73民终320号、(2018)京0108民初2065号、(2020)浙0108民初4140号。

② 参见优酷公司与千杉公司不正当竞争纠纷一案,上海知识产权法院民事裁定书,(2020)沪73民终320号。

③ 参见兰楠:《广告过滤行为的正当性评价》,载《华东政法大学学报》2019年第2期。

④ 参见聚力诉大摩案,上海知识产权法院民事判决书,(2016)沪73民终34号;"净网大师"屏蔽广告不正当竞争案,上海知识产权法院民事判决书,(2016)沪73民终33号;大摩与乐视广告屏蔽案,上海知识产权法院民事判决书,(2016)沪73民终75号。

并确认视频网站经营者“免费+广告”商业模式应受保护;第二,分析并确认广告过滤行为对视频网站经营者利益造成的损害;第三,据此认定广告过滤行为构成不正当竞争,体现出明显的“权利保护式或者一般侵权式”的判断思维,并未恰当地考虑“与此类竞争相适应的价值和特性”。① 也有观点认为,我国司法判决中关于屏蔽广告案多采取判定侵权的态度,多数案件都依照确认竞争关系—论证插播广告商业模式正当性—分析侵权行为和损害结果的顺序进行认定,最终指出屏蔽广告的行为属于不正当竞争。在第一步,即确认竞争关系部分,大多数案例在判决中都采取了广义的理解。② 在确定竞争关系之后,通常要确认经营模式行为的正当性和被诉行为是不正当竞争行为。从审判实践来看,大多案例都倾向认为设置广告属于健康合法的商业模式,而对广告进行屏蔽,甚至通过屏蔽来达到推广自身产品以获得更多利益的行为,则应认定为不正当竞争行为。最后一步是确认法律责任、衡量损害赔偿。③

三、屏蔽行为的商业道德判断

现有案例表明,不正当竞争行为的一个特点在于违反商业道德。然而,商业道德的概念较为模糊,判定难度较大。为此,司法实践中当事人和法院都试图以现有规则为基础,将商业道德具体化,进而判断屏蔽行为是否违反商业道德。

在不少案例中,屏蔽商主张其屏蔽行为符合行业惯例,而该惯例可以作为商业道德的认定依据。他们指出的商业管理的例子主要是浏览器具有屏蔽弹出式广告的功能。但在部分案例中,法院认为,一方面,屏蔽视频广告不属于行业惯例,虽然一些浏览器确实具备过滤广告的功能,但仍存在其他不具备这一

---

① 参见孔祥俊:《论反不正当竞争法的竞争法取向》,载《法学评论》2017 年第 5 期。猎豹浏览器广告过滤不正当竞争纠纷案中,法院的分析包括三步:第一,合一公司经营优酷网所采取的商业模式在法律上具有应受保护的利益;第二,金山公司的主观状态及其广告过滤行为侵害了合一公司的交易机会和广告收益;第三,确认金山公司的广告过滤行为存在不正当性。参见北京市第一中级人民法院民事判决书,(2014)一中民终字第 3283 号。

② 参见北京东城区人民法院民事判决书,(2013)东民初字第 08310 号。

③ 参见杜颖:《欧美屏蔽广告案司法经验的解读》,载《中国知识产权》2018 年第 6 期。相关案件参见上海知识产权法院民事判决书,(2015)沪知民终字第 728 号;北京知识产权法院民事判决书,(2015)京知民终字第 2204 号;上海知识产权法院民事判决书,(2016)沪 73 民终 54 号;北京知识产权法院民事判决书,(2017)京 73 民终 282 号。

功能的浏览器，如 Chrome，Safari，Firefox，IE，sougou，KSbrowser 等；另一方面，法院否认了以符合行业惯例作为违反商业道德的抗辩，具体而言，对于行为合法性的判断应以其是否违反了法律的相关规定为依据，若某行为被判定非法，该行为的普遍存在只能证明违法现象严重，而不能以“行业惯例”为由推论该非法行为因此合法。

以猎豹浏览器广告过滤不正当竞争纠纷案为代表的网络广告屏蔽不正当竞争案等广告屏蔽纠纷中，原告往往主张其“广告 + 视频”商业模式是合法的，进而应受到法律的保护；而被告也会以广告屏蔽属于“商业惯例”进行抗辩。在以往的案例中，法院大多认为原告的经营模式合法，因此应受到保护，并且认为广告屏蔽不属于行业惯例或不具合法性的惯例不能作为抗辩理由。而腾讯公司诉世界星辉公司不正当竞争纠纷案中①，法院却提出“任何经营者均不负有尊重他人商业模式、维护其他经营者利益的义务”的观点，同时认为广告屏蔽属于商业惯例。

四、屏蔽行为的司法裁判规则

猎豹恶意篡改用户浏览器主页劫持流量不正当竞争案中，法院经审理认为，三被告作为安全软件以及与原告经营的一般终端软件具有直接竞争关系软件的经营者，在发挥安全软件正常功能时未采取必要且合理的方式，超出合理限度实施了干预其他软件运行的行为。三被告利用网络用户对其作为安全软件经营者的信任，或未告知用户，或通过虚假弹窗、恐吓弹窗变更用户浏览器主页，直接侵害了网络用户的知情权和选择权，在非法获利的同时亦使原告的合法权益及良好商誉受到实际损害。此外，三被告在通过金山毒霸软件变更网络用户浏览器主页过程中实施的区别对待行为，会使网络用户对不同浏览器的使用体验产生差异，不正当地影响原告经营的 2345 浏览器的用户体验和评价。据此，判令三被告立即停止实施不正当竞争行为，在各自官网首页顶部居中通栏位置分别刊登声明消除影响，并连带赔偿原告经济损失 300 万元及为制止侵权所支出的合理费用 13，060 元。一审判决后，三被告均不服，提起上诉。二审驳回上诉、维持原判。

---

① 参见北京知识产权法院民事判决书，（2018）京 73 民终 558 号。

安全类软件在计算机系统中拥有优先权限,经营者对该种特权的运用应当审慎,对终端用户及其他服务提供者的干预行为应以“实现功能所必需”为前提。安全类软件经营者以保障计算机系统安全为名,通过虚假弹窗、恐吓弹窗等方式擅自变更或诱导用户变更其浏览器主页,从而不正当地抢夺流量利益,不仅损害了其他经营者的合法权益,而且侵害了终端用户的知情权与选择权,有违诚实信用原则和公认的商业道德。该类案件的审判,对于规范流量争夺行为、确立互联网领域内的竞争规则具有积极的意义。

五、屏蔽侵权诉讼的抗辩

(一)主观过错

在有关案件中,屏蔽商主张,屏蔽广告是用户的自主选择,其没有主观过错。法院在腾讯诉世界星辉不正当竞争纠纷案指出:世界之窗浏览器页面没有任何过滤广告的提示,用户需要一定的操作才能看到“广告过滤”选项;点击选项后,排列在第一选择的是“不过滤任何广告”选项,最大限度地考虑了在其浏览器上播放的内容的利益,默认选项是“仅拦截弹出窗口”,而用户需要勾选“强力拦截页面广告”选项才能实现广告过滤功能,因此世界星辉主观上不存在损害他人利益的故意。而在“快乐阳光”诉“暴风”案中,石景山法院认为,暴风提供了多种播放途径,包括“去源网站”观看模式,已经尽到了合理注意义务,不存在主观过错。但是,二审法院普遍持相反观点。二审法院认为,其将“广告过滤”选项设置于用户设置必然会进入的第一级子目录中,同时“强力拦截页面广告”选项“添加规则”按钮所对应的亦是官方论坛中的相关功能介绍,视频广告被过滤的结果是世界星辉的行为导致的。

更明确地,在“优酷”诉“硕文”案中,法院认为,虽然屏蔽(拦截)视频广告仅为乐网软件的功能之一,但硕文对其“有效拦截优酷视频广告”功能进行了突出宣传,并以此吸引用户下载使用乐网软件,该行为充分表明硕文明知合一的正当利益受到损害而放任损害后果的发生,存在损害他人合法权益的主观过错。值得注意的是,这种主观过错排除了技术中立原则的抗辩。在“净网大师”屏蔽广告不正当竞争案中,法院认为,技术有别于一般的自然物,它是人类利用自然规律的成果,不可避免地体现了技术开发者或技术提供者的意图。技术开发者或技术提供者在开发时或提供时知道或者应当知道其产品可能被用于侵权，但不会因为该技术可能或实际上被用作侵权工具而直接被要求承担侵权责任；但若能够证明其为了自身的利益，教唆他人并为他人实施侵权行为提供便利，就应承担侵权责任。

在原、被告双方的诉讼中，主要辩论的理由如表 8 所示。

表 8　原、被告双方的主要辩论理由

当事人	当事人的主要辩护理由
视频公司（一审原告方）	损害“免费视频 + 广告”商业模式
	广告屏蔽商具有主观恶意
	不利于消费者的长远利益
广告屏蔽商（一审被告）	商业模式并非法定权利，不具有可保护性
	技术中立原则
	用户自主选择权

资料来源：陈灿平、吴迪：《网络视频广告屏蔽案件裁判规则的法经济分析》，载《人民司法》2020 年第 25 期。

（二）增加消费者福祉

屏蔽商通常以他们的屏蔽行为增加消费者福祉作为其抗辩理由。对于这一抗辩，法院在 720 浏览器不正当竞争纠纷案中认为，在互联网领域内，视频广告屏蔽技术已经长期广泛存在，其既能满足用户权益，有助于用户实现自主选择权，又能迫使广告提供者改善用户体验，提高广告产品的服务与质量，降低用户的注意力成本，实现用户福利的增加。然而，在更多的案例中，尽管被告可能主张屏蔽广告能够为用户带来更加便捷、优质的观看体验，但法院更倾向于从长远考虑，认定屏蔽视频广告的行为不会增加整体社会福祉，其负面影响主要体现在：（1）用户获得视频内容的机会可能减少或者可获得视频的质量可能降低。猎豹浏览器广告过滤不正当竞争纠纷案中，法院认为，在市场经济中，经营者对于其商业模式的选择不能脱离消费者的接受程度，消费者难以接受的商业模式很难使经营者的经营活动得以维系。从实践看，用户对于收费模式的接受程度有限，若“免费 + 广告”模式消失，视频网站行业可能难以维系，用户在互联网上获得视频内容的机会大大减少，或者只能观看低质量的视频，从而客观上导致用户的利益受到损害。（2）用户可能失去自主选择权，其观看视频的经济成本可能增加。在乐网软件屏蔽视频广告不正当竞争案中，法院认为，视频主主要采取的商业模式包括“免费 + 广告”模式和购买会员免广告模式，用户可以自主选择付出时间成本（观看广告）或经济成本（购买会员）。若认可屏蔽行为的合法性，视频主将无法从广告主处获得足额收入以抵销其经营成本，其可能将“免费 + 广告”的商业模式变更为收费模式。鉴于此，一方面，用户将无法选择支付时间成本以观看视频；另一方面，视频主经营转型的成本都可能由终端用户承担。（3）行业分析报告显示视频广告屏蔽行为并不有利于社会总福利。在腾讯诉世界星辉不正当竞争纠纷案中，腾讯提交了一份《中国网络视频行业中广告拦截行为的经济学分析》，其中载明，若“立即放开”广告过滤功能，消费者利益仅仅会在第一年上涨5%，但自第2年开始一直处于下降趋势，在第7年会降至最低点20%，直至第10年；而视频平台将一直处于亏损状态。换言之，经济学分析表明，社会总福利并不能因屏蔽广告而得以提高。[①]

嘉兴市中级人民法院知识产权审判庭庭长徐瑾认为，平衡经营者、消费者和社会公共的利益。现代《反不正当竞争法》已经从传统的保护经营者或者竞争者的利益发展到保护经营者、消费者和社会公共利益三重叠加利益，并综合考虑三种利益关系的平衡。因此，在处理“干扰类”互联网竞争行为时应保持市场竞争的活力，同时兼顾经营者、消费者和社会公共利益。只有明晰《反不正当竞争法》的制度定位和竞争理念，通过合理的权利配置和妥当的利益平衡，才能有效维护互联网时代的市场竞争秩序，真正促进互联网产业的有序发展。[②]

（三）原告证据不足

购物党网与淘宝插件屏蔽类两件案件[③]看，案件索赔额均为100万元。此两件案件均以上诉人败诉结案。法院认为购物党网未提交充分证据证明淘宝通过技术手段实施了插件屏蔽行为，结合相关证据不能排除购物党插件无法在

---

① 参见杨迅、吴晓雨：《我国司法实践对屏蔽视频广告行为的正当性认定》，载通力律师事务所2019年1月，http://www.llinkslaw.com/uploadfile/publication/81_1548900708.pdf。

② 参见《网络干扰类不正当竞争行为的规制》，载浙江法院新闻网知之汇网2021年1月11日，http://www.zjsfgkw.cn/art/2021/1/11/art_79_23052.html。

③ 参见北京知识产权法院民事判决书，(2019)京73民终1105号；北京知识产权法院民事判决书，(2019)京73民终1128号。

淘宝上运行系因其插件自身兼容性问题所致,因此购物党网诉请不成立。本案中关键证据在于,购物党插件在其他平台上也存在无法顺利运行的情况。[1]

六、国外广告屏蔽裁判经验

美国法院裁判是否构成不正当竞争时着重考虑的要素是消费者利益,美国法院表达了支持广告屏蔽工具开发商的司法裁判态度。如 2012 年 11 月,美国加州法院驳回了 Fox 禁止卫星运营商 Dish Network 销售拦截广告的视频录制设备 Hopper 的请求。[2]

在 2009 年的 Zango, Inc. , *v.* Kaspersky Lab, Inc. 案[3]中,Zango 公司是一个在线提供视频、游戏等服务的网络媒体公司,网络用户需要先同意观看网站上的广告,才能获得浏览其网站内容的权利。被告 Kaspersky 公司销售帮助过滤、阻止潜在的恶意软件的产品。Zango 公司对软件经销商 Kaspersky 公司提起诉讼,称 Kaspersky 公司不正当地阻止了 Zango 公司的软件。Kaspersky 公司辩称其受《通信规范法》230(C)(2)(B)保护而不负法律责任,因为其是阻止和屏蔽恶意软件的"好撒玛利亚人"。华盛顿西区联邦地区法院作出了有利于被告 Kaspersky 公司的判决,认为 Kaspersky 公司是"交互式计算机服务"的提供商,有权就通过技术手段来限制访问令人反感的材料或软件所采取的行为享有豁免权,这是符合《通信规范法》的相关规定的。Zango 公司提起上诉,认为《通信规范法》239 的规定并非旨在使商业侵权行为得到豁免。美国第九巡回区联邦上诉法院维持了一审法院的判决,认为 Kaspersky 公司可以根据 1996 年《通信规范法》的避风港条款获得豁免,《通信规范法》230 规定的豁免权可以包括商业侵权行为。

德国最高法院于 2004 年对"电视精灵案"[4]所做的判决,被认为是涉及广告

---

① 参见毛禾枫、吴怡辰:《〈反不正当竞争法〉互联网条款适用问题研究——基于 50 份案例的实证分析》,载微博 2022 年 4 月 1 日,https://weibo.com/ttarticle/p/show? id = 2309404635987471892731&sudaref = www.baidu.com。

② 参见董慧娟、周杰:《对浏览器过滤视频广告功能构成不正当竞争的质疑》,载《电子知识产权》2014 年第 12 期。

③ See Zango, Inc. v. Kaspersky Lab, Inc. ,568 F. 3d 1169(9th Cir. 2009).

④ See BGH, Urteil v. 24. 06. 2004, Az. IZR26/02[联邦德国最高法院(BGH)判决书(1ZR26/02)2004 年 6 月 24 日]。

拦截软件经营不正当竞争诉讼的经典判例。原告的电视台以在其播放的电视节目中投放广告为盈利方式。被告生产和销售被称为“电视精灵”的一种控制装置,可以安装在电视或录像机上,具有广告屏蔽功能。被告的装置可以由用户设置,把正在播放的节目中插播的广告自动弹出。为了实现屏蔽广告的目的,被告会通过该控制装置在选定的节目广告播放时间内向电视机或录像机发出指令信号,直接转到不插播广告的节目,并在广告时间结束时转回原频道。原告认为被告的行为构成不正当竞争,请求被告停止该装置的经营和使用,停止推广拦截广告的服务。德国最高法院认为被告的行为不构成竞争阻碍。它首先不构成对产品的阻碍。本案中被告提供的装置并没有破坏原告的节目,只是在出现插播广告时自动转台,并未对原告造成直接影响,也不存在间接影响。被告的行为同样不构成对竞争者广告营销的阻碍。另外,被告的行为不具有不正当性。德国最高法院终审认定,被告提供具有广告拦截功能的控制装置的行为及对其发射指令信号以实现广告拦截的行为,均不构成不正当阻碍竞争行为和一般市场阻碍行为。

在“电视精灵案”中,德国最高法院认为:“由于任何竞争都会对其他竞争者产生影响,要认定某个单独的竞争行为应予禁止,必须考虑多方面因素,并对个案进行综合考量,权衡竞争者、消费者、其他市场竞争者的利益。基于对上述利益的综合考量,被告的利益更值得保护,因为被告的广告屏蔽装置的销售虽然加重了原告的经营负担,但并未威胁其生存。然而,被告企业如果被禁止生产和销售广告屏蔽装置,会遭受危及生存的损害,广告屏蔽本身是其商业创意创新和具有商业效果的核心。”

德国法院具有强烈的“市场的归市场”和“技术的归技术”的理念,尤其强调竞争者自身的应对和自救能力。① 德国汉堡州法院于 2015 年 4 月 21 日判决的一起关于带有付费白名单的广告屏蔽案(以下简称“白名单案”),②在该案中,原告《时代周报》与《商报》的运营模式是在其网站上提供免费新闻,而通过其网页上的广告模块盈利。被告无偿为网络用户提供屏蔽广告的软件,该软件可以安装在网络用户的特定浏览器中,网络用户则可以自行选择是否屏蔽广

---

① 参见孔祥俊:《论反不正当竞争的基本范式》,载《法学家》2018 年第 1 期。

② See 416 HKO 159/14.

告。被告的软件可以屏蔽原告网站中的促销广告，但进入“可接受广告”的名单（“白名单”）中就可以不被屏蔽，只是需要交费。原告诉称，由于被告的广告屏蔽软件的广泛应用，原告在广告营销市场遭受了巨大损失，同时导致其制作新闻内容所必需的资金周转紧张。而原告之所以能够受到广告商家的资金支持，是因为他们能够提供高质量的新闻，若周转资金紧张将影响新闻版块的制作。通过对网页上广告的限制，被告迫使原告花钱进入他们的“白名单”之中。这是一种法律禁止的行为，因为它唯一的交易动机是盈利，而不是基于诸如公共利益之类的其他合法目的。原告请求判决被告承担责任。德国汉堡州法院认为被告的行为未违反《反不正当竞争法》的规定，不构成不正当竞争，判决驳回诉讼请求。首先，被告并非有目的地妨碍竞争者。不正当竞争法意义上的妨碍行为，是指阻碍竞争对手的发展与排挤竞争对手，或者说，相关干扰行为导致受损的竞争对手已经无法通过自身的努力，以适宜的方式在市场上提供服务。带有白名单功能的广告屏蔽软件的提出，是被告建立销售市场的前提。这就是说，任何一家企业，都会因此产生收入。因此，原告的销量受损是此事的伴随现象，这是纯粹的正常竞争，不能因此证明存在不公平竞争。另外，也没有其他的证据证明，被告的软件对原告的妨碍是有目的性的。其次，被告也并未实施妨碍商业行为的行为。被告没有显著妨碍原告自主决定权。显著妨碍的前提是，被告施加的压力如此巨大，以至于原告无法避开此压制，被压迫的无法生存。本案中被告的强度并没有达到这个地步。最后，被告不存在不正当的市场干扰。

“白名单案”判决认为，“需要对每个案件的情况进行全面评估，并考虑到竞争者、消费者和其他市场参与者的利益”。显然，这些理由都充满了市场精神和动态的竞争观。这明显是认定不构成不正当竞争的实质性理由，至于其他理由都是附属的和次要的。

“白名单案”中，法院认为，“原告仍可通过其他适当的方式在市场上获得经济效益，例如，技术上的改变、对广告屏蔽软件用户作相应提示，或者通过不再免费提供新闻等方法来应对。如果这样，原告因被告的广告屏蔽软件而导致的在广告市场处于劣势地位的状况将不再那么明显”。“被告的产品，仅仅是使那些通过某些特定的技术手段加载出来的广告不被读者看到。原告要靠自己的能力去说服读者，让他们有理由关闭广告拦截软件。”“原告除了加入‘白名单’之外还有各式各样的方式来解决此问题。原告有这样的自由，对于屏蔽了广告的用户,拒绝他们进入网页,或者至少提出要求,让他们将屏蔽软件关闭,或者原告可以做出技术上的改进以防止广告被屏蔽。同样需要被考虑的是,在线广告只是在线新闻行业多个融资模式中的一个,因此,原告也可以开辟另一种模式,他们可以选择对自己有利的情况,可能是加入被告的'白名单',但这不是必需的。如果这样真实的选择自由仍然存在,那么就不会有显著的对决定权的妨碍。"

美国和德国更多考虑竞争的动态性,以市场和效率的标准衡量竞争者之间的"干扰"性竞争行为,采取了宽容和宽松的态度。[①] 上述德国判例并未将原告的商业模式作为保护对象,而从多个角度进行利益平衡,据此进行正当性裁判,且着重考虑了技术创新因素。[②]

---

① 这种态度与大的制度背景有关。就反不正当竞争而言,英美国家有崇尚竞争自由的传统,信奉自由能够带来效率。大陆法系国家《反不正当竞争法》则有由以"公平"取向的强化管制到以效率取向的"自由化"的转变过程。例如,德国《反不正当竞争法》历来重视国家干预和管制竞争行为的思想,1994年之前的历次法律修订无不体现国家干预市场竞争、强化管制竞争者行为的精神。1994年修法是一个重要转折点,自此由此前的"管制性"修订转变为《反不正当竞争法》的"解除管制"或者"自由化",即放松对竞争者行为的限制,将竞争者以前所享有的竞争自由重新返还。2004年德国颁布全面修改的《反不正当竞争法》,进一步巩固"自由化"目标和推进"自由化"运动。该法对以前法律的修改也体现了尽量放宽对竞争行为进行管制的理念。参见邵建东:《德国反不正当竞争法研究》,中国人民大学出版社2001年版,第13~14页;范长军:《德国反不正当竞争法研究》,法律出版社2010年版,第13页。转引自孔祥俊:《论反不正当竞争的基本范式》,载《法学家》2018年第1期。

② 参见孔祥俊:《论反不正当竞争的基本范式》,载《法学家》2018年第1期。

>> 第十一章　互联网数据不正当竞争

第一节　数据分类和数据权益的类型

一、数据与大数据

（一）大数据的定义

《国务院关于印发促进大数据发展行动纲要的通知》中对大数据的定义采用概括特征的方式，即“4V”标准，指出大数据是以容量大、类型多、存取速度快、应用价值高为主要特征的数据集合，正快速发展为对数量巨大、来源分散、格式多样的数据进行采集、存储和关联分析，从中发现新知识、创造新价值、提升新能力的新一代信息技术和服务业态。大数据时代是一个以数据为驱动的时代，数据聚合在一起才有进一步开发利用的潜能，这也是定义大数据的基础，单个数据很难产生利用价值，因此，通常将聚合在一起的一定数量的数据称为数据集合/库。构建数据集合/库的意义在于它能够为使用者提供一种快速满足对信息的需求的渠道。

大数据是一个集合体，既包括随处可见的、多渠道收集到的各式信息，也包括对已收集的信息加工后的预测、分析的信息。最常见的定义通常是指：(1)数据集的大维度；(2)需要大量的计算能力和非标准的软件和方法在合理的时间内从数据中提取价值。大数据与一般数据的一个重要区分在于大数据的“3Vs”特征，即“大量”(volume)、“高速”(velocity)、“多样”(variety)。[①] 数据本身具有流动性、多样性、可复制性等不同于传统生产要素的特性。

---

① 参见孙林玉：《大数据时代下我国竞争政策问题研究——以我国首例大数据不正当竞争纠纷案为视角》，载《黑龙江工业学院学报》2017 年第 8 期。

"智能制造业"兴起,极大地挖掘了大数据的经济潜力。① 数据要素被视为第四次工业革命的基础性资源,德国、英国、俄罗斯、韩国等国相继推出数据经济与智慧国家建设的发展战略。《中共中央、国务院关于构建更加完善的要素市场化配置体制机制的意见》明确要求"研究根据数据性质完善产权性质","建立健全数据产权交易和行业自律机制"。大数据时代的到来、传播技术的发展以及权利话语权的争取,使网络相关主体对网上公开数据产生了各自的利益诉求。具体到互联网平台公开数据之中,网络用户、互联网平台等扮演着数据生产制造者、数据加工处理者、数据投资者、数据使用者等角色。

(二)大数据司法救济

大数据通常为持有者采用新技术手段搜集、整理、汇编,经过辛劳付出而获得,一般具有稀缺性和较好的商业价值。当他人未经许可使用大数据时,按照我国目前的法律规定,持有者通常以著作权受到侵害,或以他人实施不正当竞争为由提起诉讼。当大数据开发形成的智力成果具有独创性成为著作权法保护的作品时,持有者可以大数据形成的作品成为一项法定权利来对之加以保护。大数据能成为作品受著作权法保护,一般分为两种情形,即对大数据内容的选择和编排达到了汇编作品的要求因而成为汇编作品,或者该数据不单纯为数字,其在表现形式上达到了作品的独创性要求而成为作品。当大数据不构成作品时,持有者通常会以不正当竞争为由来制止他人的未经许可使用行为。由于大数据的获得通常需要付出较大的智力成本和经济成本,而且具有较好的商业价值,并能为持有者带来较大的市场竞争优势,因此,大数据较为容易被认定为持有者享有的民事权益而获得《反不正当竞争法》的保护。②

"数据作为一种特殊类型的物",应该得到法律的保护;③在"生意参谋"数据不正当竞争案中,法院有针对性地对网络大数据产品提出了"竞争法意义上的财产性权益"的裁判观点,④明确否定了将其作为知识产权法上的数据库或物

---

① See P. Bernt Hugenholitz, *Against "Data Property"*, Hanns Ullrich, et al., eds., Kritika: Essays on Intellectual Property, 2018, p. 48, 51 - 52.

② 参见祝建军:《利用爬虫技术盗用他人数据构成不正当竞争——广东深圳中院判决深圳谷米公司诉武汉元光公司不正当竞争纠纷案》,载《人民法院报》2019 年 5 月 23 日,第 7 版。

③ 参见江苏省海门市人民法院民事判决书,(2018)苏 0684 民初 5030 号。

④ 参见浙江省杭州市中级人民法院民事判决书,(2018)浙 01 民终 7312 号。

权法上的财产所有权的对象予以保护的可能性。

数据竞争性权益以整体数据为基础,并非针对单个数据。在“微信群控”不正当竞争纠纷案中,腾讯公司主张其对微信用户账号、好友关系链、用户操作信息等微信平台数据享有数据权益,而法院审理后认为腾讯公司享有权益的数据可以分为两种形态:一是数据资源整体,二是单一数据个体。就数据资源整体而言,原告投入大量人财物力收集、控制和维护,并可经运营开发衍生产品、获得增值利润,其已成为腾讯公司的核心竞争力,腾讯公司对此享有竞争性权益;就仅对用户信息作了数字化记录的单一数据个体而言,两原告仅享有有限使用权,而不享有专有权。①

二、数据分类

(一)法律分类

《数据安全法》提出国家建立数据分类分级保护制度,根据数据在经济社会发展中的重要程度,以及一旦遭到篡改、破坏、泄露或者非法获取、非法利用,对国家安全、公共利益或者个人、组织合法权益造成的危害程度,对数据实行分类分级保护。《网络数据安全管理条例(征求意见稿)》延续了《数据安全法》的数据分级分类保护制度,并在此基础上依照数据对国家安全、公共利益或者个人、组织合法权益的影响和重要程度,将数据分为一般数据、重要数据、核心数据三类。《网络数据安全管理条例(征求意见稿)》根据《数据安全法》的要求,明确不同级别的数据采取不同标准的保护措施,对个人信息和重要数据进行重点保护,对核心数据实行严格保护。《网络数据安全管理条例(征求意见稿)》第 74 条规定:“涉及国家秘密信息、核心数据、密码使用的数据处理活动,按照国家有关规定执行。”因此,我们理解核心数据应当适用与重要数据不同且更为严格的保护措施。

(二)行业标准分类

全国信息安全标准化技术委员会发布《网络安全标准实践指南——网络数据分类分级指引》,包括范围、术语定义、数据分类分级原则、数据分类分级框架、数据分类方法、数据分级方法、数据分类分级实施流程 7 部分内容,该指引为贯彻落实《数据安全法》中“国家建立数据分类分级保护制度”的要求,明确

① 参见杭州市铁路运输法院民事判决书,(2019)浙 8601 民初 1987 号。

了网络数据分类分级的原则、框架和方法。该指引提出多维度的数据分类框架,包括公民个人维度、公共管理维度、信息传播维度、行业领域维度和组织经营维度等。在数据分级方面,该指引提出数据分级应考虑影响对象、影响程度两个要素,给出了数据分级基本框架,将数据分为一般数据、重要数据、核心数据 3 个级别,一般数据又可细分为 4 个级别。此外,该指引针对个人信息、衍生数据定级给出了细化指南,对企业具有较高参考价值。

2020 年 10 月 1 日施行的《信息安全技术 个人信息安全规范》(GB/T 35273—2020)对于个人信息的收集、存储、使用以及委托处理、共享、转让、公开披露等环节的要求进行了明确,此外,《信息安全技术 健康医疗数据安全指南》(GB/T 39725—2020)也对健康医疗数据从使用披露、安全措施、安全管理、安全技术等角度进行了要点梳理和/或系统指导,可供企业和个人在实践中进一步参照执行。

(三)可识别性分类

以数据的"可识别性"为标准,可将数据分为个人数据与非个人数据。自然人对个人数据依法享有人格权益;自然人、法人和非法人组织对其合法处理形成的个人数据与非个人数据享有财产权益。对于涉及个人敏感信息的数据应采取较强的保护力度,而对于非个人数据则可考虑流通再利用的需要进行弱保护。

(四)数据纠纷中的分类

有关数据的纠纷主要可以分为两类:一类是个人数据主体与数据收集利用者之间的纠纷,主要涉及收集利用与个人信息有关的数据,考虑个人在此类数据上是否享有权利或利益;另一类是数据收集利用者与其他收集利用者之间的纠纷,主要涉及某数据收集利用者取得的数据,该收集利用者是否享有权利或利益,从而可在何种程度上限制、禁止其他收集和利用行为。尽管存在交叉,但前者系人格权法、《消费者权益保护法》所要调整的,而后者才落入《反不正当竞争法》的调整范围,两者的分析路径、立场均不同。譬如,人格权法、《消费者权益保护法》要求原告保障其用户数据不受侵害,不能推断出《反不正当竞争法》只有确立"经营者同意"的规则①,才能保护用户数据权益,并因此而一并保护

① "三重同意规则"中的第二重同意,参见北京知识产权法院民事判决书,(2016)京 73 民终 588 号。另外,微信诉多闪案中,法官主要依据该规则,就抖音、多闪抓取行为颁发了临时禁令。参见天津市滨海新区人民法院民事裁定书,(2019)津 0116 民初 2091 号。

经营者利益。“在企业数据纠纷中，保护用户隐私这面‘大旗’始终被数据持有企业反复提起和强调，尤其是在我国立法尚未确认企业数据权利的当下……若对照企业的实际行为，常会发现‘言行不一’现象……数据持有企业是以保护用户隐私之名，行限制对手竞争之实。”①

被抓取的数据大致分为四种类型：第一种数据类型为能够利用知识产权法进行确权的作品的数据；第二种数据类型为涉及个人信息的数据，如社交平台用户所发布的有关个人隐私的内容、各大网站通过用户协议获得的个人信息等；第三种数据类型为已经被采取保密措施的企业内部数据；第四种数据类型为企业通过一定的劳动所收集到的或投入一定量的智力分析后所形成的公开数据，如电商网站的消费者购物习惯、点评网站上的消费反馈、用工平台的就业者简历等。在明确不同的数据类型之后，大致可以将能够适用于保护数据的法律划分为公法、私法与社会法三大法领域。当涉及不同的数据类型时，应当适用不同的法律，以适应数据多变且内涵宽泛的特点。②

(五)其他分类

以企业数据产生的方式为标准，企业数据可以分为原生数据与衍生数据。原生数据是企业原始取得的并不依赖其他数据的信息，如网络的交易记录、评价等信息；衍生数据是基于原生数据而产生的数据。根据来源不同，企业数据可以分为基于公共领域的企业数据与基于非公共领域的企业数据。基于公共领域的企业数据(如企查查、无讼)源于政府公开信息，不产生授权的法律关系；基于非公共领域的企业数据，根据信息内容不同，可能是个人信息的集合，可能是其他企业数据的集合，也可能是混同集合，其涉及授权和流转，有待划定信息保护与自由的边界。以公开程度为标准，企业数据可以分为公开企业数据、半公开企业数据与非公开企业数据。公开企业数据是企业数据一经公开即进入公共领域，企业不得独占的数据，如互联网平台上形成的海量用户评论、用户信息，一经公开，即可为网络爬虫获取，属于公开企业数据；半公开企业数据仅为少部分人或者特定人所公开的企业数据，典型如数据库，具有独创性的数据库，可以获得汇

---

① 徐伟：《企业数据获取“三重授权原则”反思及类型化构建》，载《交大法学》2019 年第 4 期。

② 参见余盛兴、俞哲伦：《初论数据保护途径——以“爬虫技术”为视角》，载《上海法学研究》集刊 2021 年第 7 卷。

编作品的版权保护,非独创性的数据库,仅是信息、数据的集合、汇编,不受版权保护;非公开企业数据是企业采取合理措施保密的数据,企业一般将其视为商业秘密进行保护。[①] 依据开放性标准,数据可分为公开与不公开两类。在互联网领域,最典型的公开数据包括平台上的用户私人信息,用户对商品、服务、商户的评价信息以及用户在社交、媒体等平台上发布的内容等,这些公开数据的来源均是用户自己。

三、数据权益的类型

(一)竞争性财产权益

2021 年以来,我国相继出台了两部重要性立法——《数据安全法》与《个人信息保护法》,为数据保护与流通规则奠定了基础。但由于我国并未在立法中明确数据权属的相关概念与范围,因此,围绕数据权属的争议,大多需要司法机关通过判例的方式确立处理规则。较为清晰的是,司法判例对企业"竞争性财产权益"的认可,为数据流通确立了基本规则,即在数据竞争中,第三方企业应当尊重数据处理者的数据权益,尊重数据主体的法定权利,尊重行业道德与诚实信用原则。

"海带配额"不正当竞争案创设的要件"其他经营者合法权益因竞争行为受到实际损害",其"合法权益"成为一般条款的适用的前提,但是因缺乏登记或注册,新兴商业模式或竞争利益不如权利明确、稳定,原告唯有以"竞争优势"或者"商业机会"诉诸"合法权益"保护。最高人民法院在"海带配额"不正当竞争案中对此直接回应:"竞争优势概念和外延并不确定,不能泛泛地作为《反不正当竞争法》所保护的法益。"为避免泛泛而谈竞争优势,司法实践转而将企业数据定性为"无形财产权"[②]"数据权益"[③]"权益"[④]"合法权益"[⑤]"财产性权益"[⑥]

① 参见黄细江:《涉企业数据竞争行为的法律规制》,载《知识产权》2021 年第 2 期。

② 广东省深圳市中级人民法院民事判决书,(2017)粤 03 民初 822 号。

③ 杭州铁路运输法院民事裁定书,(2019)浙 8601 民初 2435 号。

④ 如上海知识产权法院民事判决书,(2016)沪 73 民终 242 号;北京知识产权法院民事判决书,(2016)京 73 民终 588 号。

⑤ 上海市第二中级人民法院民事判决书,(2012)沪二中民五(知)初字第 130 号。

⑥ 浙江省杭州市中级人民法院民事判决书,(2018)浙 01 民终 7312 号。

“竞争优势”[①]“竞争优势＋合法权益”[②]，名称多样且混乱，竞争优势从一个窠臼陷入另一个窠臼。

例如，近几年不断出现的数据爬取类案例，行为者的目的在于获取数据，而非简单意义上的流量劫持，数据本身已经被当作一种资产，甚至可以用于交易，数据成了网络经营活动中的一项基本要素。在“生意参谋”数据不正当竞争案中，法院已经确认了淘宝公司对其旗下大数据产品中的数据享有竞争性财产权益。法院认为淘宝公司的数据产品虽源于网络用户信息，但它包含了淘宝公司的人力、物力、财力投入，最终呈现的数据内容已是独立于用户信息、原始网络数据的衍生数据。因此，法院认定网络运营者对其开发的大数据产品享有独立的财产性权益，同时也明确了个体对单一用户信息不享有独立的财产权或者财产性权益。[③]

再如，新浪微博数据案[④]中，微梦公司是否对涉案数据享有权益，一审法院认为，根据《民法总则》第 123 条之规定，知识产权是权利人依法就特定权利客体享有的专有权利；该条第 8 项关于“法律规定的其他客体”对知识产权权利客体保护做了兜底规定；《民法总则》（已失效）第 127 条规定，法律对数据、网络虚拟财产的保护有规定的，依照其规定。即便有前述规定，因我国立法尚未就数据进行单独立法，故数据是否能作为前述规定的知识产权权利客体而受民法或其他知识产权部门法保护仍有争议。但不可否认的是，在当前的市场环境下，数据已经逐渐成为经营者，尤其是互联网经营者之间相互竞争的基础性资源，获得数据意味着可据此进行分析并改进、完善产品功能，从而获得更多的经营利益。因此，司法不能以数据尚未成为一种法定权利为由而拒绝裁判。当经营者为收集、整理数据，以及维护其互联网产品中的数据运行和安全而付出成本，且该种数据整体上可为经营者进行衍生性利用或开发从而获得进一步的经营利益时，其他经营者未经许可擅自抓取且使用平台数据的行为，当然可以落入《反不正当竞争法》调整的范围。

---

① 上海知识产权法院民事判决书，(2017) 沪 73 民终 198 号。

② 北京知识产权法院民事判决书，(2019) 京 73 民终 1489 号。

③ 参见陈兵：《法治视阈下数字经济发展与规制系统创新》，载《上海大学学报（社会科学版）》2019 年第 4 期。

④ 参见北京市海淀区人民法院民事判决书，(2017) 京 0108 民初 24512 号。

据此,结合涉案数据系新浪微博产品的重要基础,微梦公司为运营新浪微博、维护涉案数据安全付出了相应成本(如前述部分明星要求其动态信息不予公开,微梦公司显然需要为此进行产品功能的设计),基于微梦公司对涉案数据进行衍生性利用或开发,以及《微博服务使用协议》中关于涉案数据归属的约定等因素,微梦公司可基于其对涉案数据享有的经营利益,依据《反不正当竞争法》对云智联公司擅自抓取并使用涉案数据的行为提出相应主张。

关于云智联公司提出的涉案数据的权益主体系微博用户之抗辩理由,微梦公司所主张的涉案数据虽系来源于微博用户数据,但并非该些零散且相对独立的数据的简单集合,而是微梦公司进行了数据安全保护等加工后形成的数据(例如,根据《微博服务使用协议》第1.2.3条的相关内容,用户可通过设置功能自行控制、把握查阅其信息的账号类型);此外,涉案数据中亦有非微博用户生产的数据,如涉案数据中的明星在线时间,显然系微梦公司根据微博用户在线时间计算、整理得出。因此,微梦公司主张的涉案数据系新浪微博平台数据,与微博用户个人数据存在本质不同;云智联公司该项辩称缺乏事实依据,法院不予采纳。

目前法律体系仅有数据确权趋势而无明确的数据确权安排。通常而言,数据的财产性权益系基于数据进行开发利用、交易或其他形式的商业化过程中获取经济利益的权利,主要包括:(1)交易权,即数据产生者(包括个人信息主体或产生数据的非个人主体等)决定与他人进行数据交易,使他人采集、获取其数据的权利,通常数据接收方会成为数据控制者;(2)使用权,即对数据进行开发、使用或处置的权利,同时受到数据主体对使用途径和方式的限制以及适用法律的规制;(3)收益权,即基于数据使用而获得财产利益的权利。①

杭州执掌公司、杭州利导公司与浙江中服公司不正当竞争案②中,法院认为,涉案经销商数据信息可给原告带来直接的经济利益,属于应当受法律保护的权益。其主要理由在于:"杭州执掌公司、杭州利导公司举证证明其通过宣传推广吸引经销商在'女装网'发布非公开的加盟意向,杭州执掌公司、杭州利导

① 参见傅广锐、袁嘉琦:《数据交易中的合规风险与应对(上篇)》,载贸法通2022年3月25日,http://www.ctils.com/articles/4202。

② 参见杭州铁路运输法院民事判决书,(2018)浙8601民初956号。

公司经过简要加盟信息之后，通过人工审核方式深度核实并获取更多的加盟信息进行分析及整合，加贴特殊标签，最终加工形成较为完善的加盟信息。杭州执掌公司、杭州利导公司认为单个的经销商数据库信息汇集成一定规模的数据之后，可以成为一种资源、要素、财产，涉案经销商数据库是杭州执掌公司、杭州利导公司长期经营的劳动成果，为此投入大量劳动及成本，系其核心竞争资源，具有商业意义和商业价值，应当属于《反不正当竞争法》所保护的财产性权益。”

（二）数据权

与前述相反的观点是认为存在数据权，并认为数据权是一种独立于个人信息权的权利类型。数据权意谓数据控制者对“数据集合”享有的占有、处理、处分的权利。首先，数据权的权利主体是“数据业者”，即依法开展数据收集、存储、加工、传输活动的商事组织及特定条件下的自然人。其次，数据权的权利标的是“数据集合”，即通过计算机技术形成、以二进制信息单元0/1 表示的半结构化或多结构化巨量电磁记录。与“数据库”不同，它不需要经过严格逻辑汇编（结构化），亦不要求原创性，并在规模、种类、更新的及时性和速度方面远超前者。最后，数据权的权利属性是对世性的财产权。这意味着它是可转让的具有经济价值的法律关系集合体；同时，凭借占有或登记的公示方法，它得以对抗任意第三人。①

理论界与司法界基本上都认同从数据权的角度对数据进行保护，即数据权是一种法律保护的利益，当合法权益受到侵害时，可以请求法律保护。数据权包括人格权益与财产权益。其中，数据财产权益指数据主体对于投入成本收集、处理、存储的数据享有财产性利益，其类似于用益物权，数据主体在不损害他人合法权益的基础上，可以对数据进行使用、收益。

如“生意参谋”数据不正当竞争案中，请求保护的数据为“生意参谋”，表现形式为对于产品购买者开展商业活动而言具有相当参考意义的趋势图、排行榜、占比图等。对于淘宝公司诉称其对涉案“生意参谋”数据产品享有财产所有权的诉讼主张，一审法院认为，“财产所有权作为一项绝对权利，如果赋予网络运营者享有网络大数据产品财产所有权，则意味不特定多数人将因此承担相应

① 参见许可：《浅析互联互通的层级架构及平台数据爬取的不正当性》，载知产力 2022 年 4 月 25 日，https://www.zhichanli.com/p/1923355584。

的义务。是否赋予网络运营者享有网络大数据产品财产所有权,事关民事法律制度的确定,限于我国法律目前对于数据产品的权利保护尚未作出具体规定,基于'物权法定'原则,故对淘宝公司该项诉讼主张,本院不予确认"。其实,《民法典》只是规定法律对数据、网络虚拟财产的保护有规定的,依照其规定,并未对于数据的财产属性进行定性,不宜将其归入物权的范畴。而且,正如该案一审判决所说,"信息是数据的内容,数据是信息的形式",数据权益保护兼及数据内容和形式,本质上属于无体财产保护,但又不同于著作权等知识产权保护。因此,数据权益究竟归入哪种权益,抑或作为单独权益,尚无定论。当前将其纳入《反不正当竞争法》保护,应该是一种过渡性举措,此种保护更接近于知识产权保护。①

(三)无形财产权

在"车来了"抓取数据不正当竞争案中,法院认为:随着查询数据越准确及时,使用该款查询软件的用户也就越多,软件的市场占有份额也就越大,这也正是元光公司抓取谷米公司数据的动机所在。鉴于"酷米客"App 后台服务器存储的公交实时类信息数据具有实用性并能够为权利人带来现实或潜在、当下或将来的经济利益,其已经具备无形财产的属性。在大众点评诉百度地图案二审判决中,法院认为,数据产品是网络开放平台投入了大量创造性劳动的成果,具有巨大的市场价值。同时,数据产品提供的是独立于自然人信息、原始数据以外的衍生信息,数据产品的使用与处分无碍信息主体对信息的控制权,赋予数据产品财产权,不会妨害信息主体的核心利益。故法院最后判定,网络运营者对于其开发的数据产品,应享有独立的财产权益。在"生意参谋"数据不正当竞争案中,法院认为淘宝公司所开发的产品"生意参谋"的数据是经过脱敏处理的数据,并且在研究开发过程中进行了大量的投入。法院认为美景公司侵犯了淘宝公司的财产性权益。② 在微信诉多闪案中,法院也认为网络开放平台的数据属于腾讯的财产利益。③

当前涵盖数据的互联网领域反不正当竞争案件裁判有一个有意思的现象,

① 参见孔祥俊:《〈民法典〉与知识产权法的适用关系》,载《知识产权》2021 年第 1 期。

② 参见浙江省杭州市中级人民法院民事判决书,(2018)浙 01 民终 7312 号。

③ 参见天津滨海新区法院民事判决书,(2019)津 0116 民初 2091 号。

即不区分权利和利益，而是笼统地称为权益，同时存在将竞争成果权利化、财产化的问题。虽然反不正当竞争权益只应由特定竞争者享有，难以与民法的绝对权相比，但司法审判对竞争关系解释愈加宽泛，使某种程度上竞争利益达到了与权利享受同等保护的效果。企业获得了类似所有人对所有物的使用权一般的权利，其可以排除任何第三人侵害。权利化范式过度强调了对经营者竞争成果的保护，忽略了消费者基于竞争享有的利益，且在互联网领域，亦未充分考虑到为竞争者创新预留足够空间这一特定领域最重要的利益。权利与利益区分的重要意义在于，司法确定《反不正当竞争法》的规则时，必须考虑受害人损害填补与加害人行为自由之间的平衡。从加害人角度来看，侵权法上的权利应具有社会典型公开性，该特征对于维护加害人的合理预期及保障其行为自由具有重要意义。①

第二节　信息与数据

一、信息和数据立法分列

数据和信息是迥然不同的两个概念，应当相互区别开来。我国《民法典》采取了对信息和数据分别做出规定的做法，《民法典》第 111 条规定：“自然人的个人信息受法律保护。任何组织或者个人需要获取他人个人信息的，应当依法取得并确保信息安全，不得非法收集、使用、加工、传输他人个人信息，不得非法买卖、提供或者公开他人个人信息。”而《民法典》第 127 条规定：“法律对数据、网络虚拟财产的保护有规定的，依照其规定。”此外，《数据安全法》将数据规定为任何以电子或者其他方式对信息的记录；而《个人信息保护法》则将个人信息定义为以电子或者其他方式记录的与已识别或者可识别的自然人有关的各种信息，不包括匿名化处理后的信息。从上述法律规定可以看出，数据和信息是二分的，应当分别看待。

---

① 参见仲春：《数据不正当竞争案件的裁判规则》，载《人民司法》2019 年第 10 期。

二、信息与数据法律上的混用

信息和数据概念在目前的法律表述上一直是混用的，主要体现为在诸多法律文件和资料中两者经常相互指代。有学者总结了信息和数据概念混用的三种表现形式，分别为信息包括数据型、数据包括信息型以及信息和数据并立型。① 国际标准化组织（ISO）对两者也只是提供了一个相对的定义，即"数据是信息的一种形式化方式的体现，该种体现背后的含义可被再展示出来，且该种体现适于沟通、展示含义或处理。因此，信息和数据是在内容和形式两个层面上对同一个对象的描述"。具体来说，数据是二进位的 0、1 编码方式形成的形式，并能够通过特定的设备或装置读取；而信息则是人对于该等数据的读取和解读。数据与信息之间仅仅存在一个"读取"与否的差别。②

三、信息和数据的区分

信息和数据在静态的概念表述上可能差别并不明显，但在实际法律纠纷中，这种差别会适时出现，并体现在不同的诉求和不同的裁判结果上。比如针对个人信息保护规则中用户对个人信息享有可携带权，就存在不同理解：一种理解是平台只要将用户想知晓的个人信息提供给个人即可，提供形式在所不论；另一种理解是平台应当允许用户通过账号在平台数字代码环境下，查阅和复制或要求平台更正和删除自己的个人信息，并且平台应提供适当的程序帮助用户将自己的个人数据导出。③ 这两种理解使信息和数据在不同诉求中的差异显现了出来。同样的情形存在于"政府信息公开"和"政府信息开放"的表达差异上，前者要求政府将相关公共信息公之于众即可，并不要求特定形式，而后者则更多地要求机构或公众能够通过数据平台进入数据库进行浏览、查询或公开分享。上述两种情形还只是局限于信息是否用数据来表达的问题，在另外一些

---

① 参见韩旭至：《信息权利范畴的模糊性使用及其后果——基于对信息、数据混用的分析》，载《华东政法大学学报》2020 年第 1 期。

② 参见梅夏英：《信息和数据概念区分的法律意义》，载《比较法研究》2020 年第 6 期。

③ 参见《民法典》第 1037 条规定："自然人可以依法向信息处理者查阅或者复制其个人信息；发现信息有错误的，有权提出异议并请求及时采取更正等必要措施。自然人发现信息处理者违反法律、行政法规的规定或者双方的约定处理其个人信息的，有权请求信息处理者及时删除。"该条并没有规定可携带权。

情形如对企业数据保护上也存在不同理解。比如对企业数据权益的保护，究竟是保护企业对其所控制信息的利益，还是保护企业对于数据的控制利益，不同的理解可能致使实践结果完全不同。[①] 在“生意参谋”数据不正当竞争案中，法院一方面认为信息与数据是内容与形式的关系，另一方面却指出大数据产品的价值在于用户信息内容，让人始终无法理解大数据究竟是数据还是信息。信息和数据区分的实际意义就在于可以帮助我们确定不同的法律问题类型，即是否属于“信息问题”或“数据问题”中的一种，并将不同类型法律问题的解决之道相互区别开来。[②]

如关于虚拟财产问题，实践中对于虚拟财产主要体现为对数据操作权限的诉求，这类问题就具有浓厚的数据问题色彩，其所显示的信息反而是次一级的问题；又比如在平台之间相互用爬虫攫取对方数据的问题，实际纠纷中涉及的情形非常复杂。通过非法数据操作（如“撞库”）获取他方的数据是较典型的数据问题，此时数据安全规则应为首选。[③] 非通过数据非法操作而获取他方数据，则可进行信息利益失衡所致不正当竞争方面的考量，这又回归到比较明显的信息本体问题领域。[④]

（一）纯粹信息问题

在现有的互联网数字环境中，属于纯粹信息的问题类型大致存在于下列情形：（1）网络侵害知识产权和人格权。网络侵害知识产权和人格权的情形，即《民法典》第 1195 条至第 1197 条规定的“避风港规则”和“红旗规则”。（2）个人信息保护。个人信息保护主要解决的是个人信息被非法收集、滥用和泄露的问题，以防止上述非法行为对个人和社会带来的风险。（3）网络安全中的信息安全。（4）电子交易。《民法典》合同编第 469 条、第 482 条等规定了电子交易的订立、效力和履行内容，这说明电子交易仍应受传统合同法规制，并遵从意思自治原则，在此电子手段只是服务于合同的技术条件，故应属于纯粹信息问题。

---

① 参见梅夏英：《信息和数据概念区分的法律意义》，载《比较法研究》2020 年第 6 期。

② 参见梅夏英：《信息和数据概念区分的法律意义》，载《比较法研究》2020 年第 6 期。

③ 参见杭州铁路运输法院民事判决书，（2018）浙 8601 民初 956 号。

④ 参见上海知识产权法院民事判决书，（2016）沪 73 民终 242 号。

(二)纯粹数据问题

纯粹数据问题类型体现为该类纠纷重在维护计算机和互联网工具系统中的合理数据操作秩序,这也是网络出现后新型的网上数据访问和控制秩序。纯粹数据问题具体包括:(1)虚拟财产问题。虚拟财产包括电子游戏装备、各种网络账号、网店和电子货币等。(2)网络安全中的网络运行安全,其中包括网络基础设施的运行安全、平台运行安全和用户网络运行安全等。(3)企业数据的法律保护。①

(三)混合问题

信息与数据问题的混合又分为两种情形:一种是单一的问题同时涉及两种范畴的诉求(如跨境电子数据流动);另一种是某一问题可能存在单独的两种类型(如平台的责任)。前者体现在下述问题领域:一是跨境数据流动问题;二是政府公共信息开放问题。某类法律问题存在信息和数据问题交错出现的情形,在目前的互联网法律问题中主要体现为不正当竞争。传统的竞争法中涉及信息领域的不正当竞争,比如对他人商业秘密的非法利用,对于他人商标标识的混淆使用等,这些都是对知识产权中权利人享有的知识信息相对垄断的侵害,并构成具体的不正当竞争类型;但在互联网环境中,企业之间的竞争发生了变化,即企业之间对数据争夺性分享。近年来,中外互联网行业出现了诸多案例,这些案例引起了学界的关注,在对数据权的探讨遇到阻力之后,司法裁判更倾向运用不正当竞争规则来解决数据竞争的问题。由于数据所承载的信息并不一定具有垄断性,故互联网企业数据竞争更应通过数据本身的操作秩序来判断,而非从信息角度切入。在既有的司法裁判中,法官更多地利用《反不正当竞争法》第2条来权衡不正当竞争的利益失衡,将其在数据操作中的行为违法性置于关键位置予以判断,就有效地说明了这一点。②

---

① 参见梅夏英:《信息和数据概念区分的法律意义》,载《比较法研究》2020年第6期。

② 参见梅夏英:《信息和数据概念区分的法律意义》,载《比较法研究》2020年第6期。

第三节　数据法律保护的立法

一、民法典

数据应是指“任何信息”或“通常和存储于计算机的信息结合使用的信息表现形式”[①]。《民法典》第127条[②]对“数据”仅作宣示性规定，对企业数据的收集和处理缺乏明确的行为指引和裁判规则。企业数据只有符合特殊客体的构成要件时，才可以获得诸如著作权、商业秘密的法律保护。然而，企业数据未有权利之规定，作品、商业秘密皆有特定条件，又因合同的相对性局限以及侵权的要件限制，企业往往用《反不正当竞争法》一般条款来保护企业数据。[③]

在数字经济时代，数据已经成为驱动创新发展的新引擎。《中共中央、国务院关于构建更加完善的要素市场化配置体制机制的意见》明确数据作为一种新型生产要素，提出要加快培育数据要素市场，在提升社会数据资源价值的同时，也要加强数据资源的整合和安全保护。

二、数据安全法

为了规范数据处理活动，保障数据安全，促进数据开发利用，保护个人、组织的合法权益，维护国家主权、安全和发展利益，2021年6月10日，中华人民共和国第十三届全国人民代表大会常务委员会第二十九次会议通过《数据安全法》，该法自2021年9月1日起施行。

《数据安全法》与《网络安全法》、《密码法》及《个人信息保护法》相辅相成，共同构成了中国数据安全的法律保障体系，成为推动我国数字经济持续健康发展的坚实“防火墙”。《数据安全法》要求任何组织、个人收集数据，应当采取合法、正当的方式，不得窃取或者以其他非法方式获取数据。

---

① 法国竞争管理局与德国联邦卡特尔局：《竞争法与数据》，2016年5月10日发表，第4页。

② 法律对数据、网络虚拟财产的保护有规定的，依照其规定。

③ 参见宁立志、傅显扬：《论数据的法律规制模式选择》，载《知识产权》2019年第12期。

三、反不正当竞争法

由于数据库特殊权利保护的失败经验，欧盟委员会以及欧盟学界的主流观点偏向于采用《反不正当竞争法》的防御性保护。[①] 较之于学理的赋权保护的主流主张，[②]司法实践中，通常采用《反不正当竞争法》中一般性条款的行为规制模式对非独创性互联网平台公开数据加以保护。[③] 在司法层面，对新涌现的新型权益，互联网平台公开数据利益诉求者通常以"新兴权利"（或"新型权利"）的名义请求法院对自身权益给予法律上的保护。进言之，互联网平台对公开数据的"新型权利"主张实质上不仅是数据权益主体在网络空间中对自身数据权益诉求的一种法律化表达，[④]也是"权利本位论"下数据权益主体的权利意识觉醒与权利话语权的争取，[⑤]更是差序格局下多样化利益诉求的一种外在表

---

① See Peter K. Yu, Data Producer' s Right and the Protection of Machine-Generated Data, TUL. L. Rev. 919(2019); See Guido Calabresi, *A Common Law for the Age of Statutes*, The Lawbook Exchange, LTD, 1999, p. 10; See H. Zech, *A Legal Framework for a Data Economy in the European Digital Single Market: Rights to Use Data*, 11 Journal of Intellectual Property Law & Practice, 460 – 470 (2016). Also see A. De Franceschi & M. Lehmann, *Data as Tradable Commodity and New Measures for Their Protection*, Italian Law Journal, 291(2015).

② 国内也有少数学者从公共领域的数据利用自由、数据流通自由、市场激励机制等视角建议用《反不正当竞争法》的模式保护互联网平台公开数据。他们开始意识到对"公开的企业数据"不宜采取绝对化与排他性的财产权保护，为了促进企业数据的共享与自由利用，对其应采取《反不正当竞争法》的保护路径。参见丁晓东：《论企业数据权益的法律保护——基于数据法律性质的分析》，载《法律科学（西北政法大学学报）》2020 年第 2 期；郝思洋：《知识产权视角下数据财产的制度选项》，载《知识产权》2019 年第 9 期；李扬、李晓宇：《大数据时代企业数据权益的性质界定及其保护模式建构》，载《学海》2019 年第 4 期。

③ 例如，"大众点评网"诉"爱帮网"不正当竞争纠纷案，北京市第一中级人民法院民事判决书，（2011）一中民终字第 7512 号；钢联电子公司诉纵横今日公司案，上海市第二中级人民法院民事判决书，（2012）沪二中民五（知）初字第 130 号；大众点评诉百度地图案，上海市浦东新区人民法院民事判决书，（2015）浦民三（知）初字第 528 号、上海知识产权法院民事判决书，（2016）沪 73 号民终 242 号；"脉脉"非法抓取使用微博用户信息不正当竞争纠纷案，北京知识产权法院民事判决书，（2016）京 73 民终 588 号；"生意参谋"数据不正当竞争案，杭州铁路运输法院民事判决书，（2017）浙 8601 民初 4034 号、浙江省杭州市中级人民法院民事判决书，（2018）浙 01 民终 7321 号；微播视界公司诉创锐文化公司等数据抓取行为保全案，北京市海淀区人民法院民事裁定书，（2019）京 0108 民初 35902 号；等等。

④ 参见陈林林：《反思中国法治进程中的权利泛化》，载《法学研究》2014 年第 1 期。

⑤ 新型权利或新兴权利是一种学术话语而不是实证的法律概念，它是司法机关根据现行法律规定、伦理道德、风俗习惯或自然本性等作为依据"推定认可"的新型权利。参见李晓宇：《权利与利益区分视点下数据权益的类型化保护》，载《知识产权》2019 年第 3 期。

达。在尚缺乏法律明文规定的前提下，网络平台数据权益主体希望以"新兴权利"的名义，将自身相关数据权益（未法定化的权利）通过司法途径扩张为受法律保护的权益。互联网平台公开数据权益作为司法中推定的受法律保护的利益，想要转化为法律权利还需要具备法定化的具体条件。在互联网平台数据权利法定化之前，除合同保护、技术保护之外，《反不正当竞争法》的行为规制模式不失为一种合理的法律救济路径。

"车来了"抓取数据不正当竞争案表明，如果盗用的大数据具有独创性，那么该数据信息可以受到著作权法的保护，但是在盗用的数据信息不具有独创性，不能受到著作权法保护的情况下，可以适用《反不正当竞争法》对经营者的具有商业价值的数据信息进行保护。在饭友 App 抓取微博数据不正当竞争案中，饭友 App 窃取新浪微博后台数据的行为，也属于典型的盗用型新型不正当竞争行为。

对于不符合商业秘密构成要素，也无法构成专利或作品的数据资产，当下的司法实践倾向于利用"额头出汗"原则确定数据权益归属。在以《反不正当竞争法》第 2 条进行数据保护的案件中，法院可能基于原告付出智力、人力、物力、财力对数据进行采集、挖掘、维护，该等数据资产能够带给企业竞争优势，从而判定数据享有反不正当竞争法所保护的权益。《反不正当竞争法》第 12 条，也在实务中发挥重要作用。

四、地方数据条例立法

在地方立法上，如《上海市数据条例》进一步指明"自然人、法人和非法人组织对其合法取得的数据，可以依法使用、加工。法律、行政法规另有规定或者当事人另有约定的除外"。一般而言，合法收集、自行产生、企业通过协议合法获取等渠道属于合法来源。该条例中提及对数据两种权益的划分，规定自然人对于与个人信息相关的数据享有人格权益，而对于除此以外的数据则由企业享有财产权益。根据《上海市数据条例》的相关规定，对于互联网平台上的数据，互联网平台经营企业享有财产权益，而个人仅享有人格权益。需要注意的是，对个人数据享有的人格权益实际上就是对个人信息享有的人格权益，在"个人信息"之上再叠加一层"个人数据"的概念并无意义，两者仅是同一问题的两个方面。[①]

五、反法新司法解释

最高人民法院2021年8月19日发布的《关于适用〈中华人民共和国反不正当竞争法〉若干问题的解释(征求意见稿)》进一步明确了对企业合法享有的数据提供法律保护的趋势,肯定了企业的数据权益,为数据保护提供了更直接的路径。其中第26条[②]明确了企业对于征得用户同意、依法收集且具有商业价值的数据的权益,如果其他经营者违背诚实信用原则和商业道德,擅用该等数据并足以实质性替代该等企业提供的相关产品或服务,损害公平竞争的市场秩序的,构成不正当竞争行为。

前述征求意见稿第26条通过规定受保护的数据应当是"征得用户同意、依法收集且具有商业价值"的数据,明确了数据权益的反不正当竞争法保护门槛,在一定程度上减少了数据权益受保护条件的不确定性。该征求意见稿第26条在一定程度上参考了司法实践的典型判例。例如"生意参谋"数据不正当竞争案中,一、二审判决对数据是否受保护进行分析时,也考虑了该征求意见稿中所提及的"征得用户同意""收集的合法性""数据的商业价值属性"等因素,同时也考虑了其他因素,如"使用数据的合法性""进行数据进一步分析加工"等。另外,该征求意见稿第26条还对数据使用行为的反不正当竞争法规制给出了指引。一是明确数据抓取使用行为不正当性的认定标准,即"违背诚实信用原则和商业道德""擅自使用受保护的数据""足以实质性替代"。其中,"实质性替代"一直是司法实践中认定数据抓取行为是否具有不正当性的重要因素,这一点在"大众点评网"诉"爱帮网"不正当竞争纠纷案与抓取阿里巴巴诚信通

---

① 许可:《浅析互联互通的层级架构及平台数据爬取的不正当性》,载搜狐网2022年3月26日,https://www.sohu.com/a/529161746_221481。

② 参见《最高人民法院关于适用〈中华人民共和国反不正当竞争法〉若干问题的解释(征求意见稿)》第26条规定:经营者违背诚实信用原则和商业道德,擅自使用其他经营者征得用户同意、依法收集且具有商业价值的数据,并足以实质性替代其他经营者提供的相关产品或服务,损害公平竞争的市场秩序的,人民法院可以依照《反不正当竞争法》第12条第2款第4项予以认定(即经营者不得利用技术手段,通过影响用户选择或者其他方式,实施妨碍、破坏其他经营者合法提供的网络产品或者服务正常运行的行为——作者注)。经营者征得用户同意,合法、适度使用其他经营者控制的数据,且无证据证明使用行为可能损害公平竞争的市场秩序和消费者合法权益,控制该数据的经营者主张属于《反不正当竞争法》第12条第2款第4项规定的行为的,人民法院一般不予支持。

200 万家企业数据案中均有体现。二是规定“征得用户同意，合法、适度使用其他经营者控制的数据，且不存在损害公平竞争的市场秩序和消费者合法权益”的数据抓取使用行为具有正当性。对于行为正当性的判断，司法实践中一直在不断摸索，如脉脉非法抓取微博用户信息案确立了“用户授权”+“平台授权”+“用户授权”的三重授权原则。然而，也许是考虑了日益强调“互联互通”的时代背景，在后数据使用行为是否应一律征得在先数据平台授权的问题上，该征求意见稿的条文表述并未完全采纳前述案例中的“三重授权原则”。作者推测，上述意见意在遵循对个人信息保护法律规则的同时，为数据的合理流动预留法律空间。总体而言，该征求意见稿第 26 条从司法实践出发，尝试明确数据权益的反不正当竞争法保护门槛以及为数据使用行为的反不正当竞争法规制作出指引，具有一定的探索意义。

作为此次司法解释制定过程中的一大亮点，《反法新司法解释》正式稿删除了该征求意见稿第 26 条规定，实属遗憾。可能制定者考虑到数据本身的多重属性、数据获取与使用行为的多样性和复杂性，并且结合互联网行业技术和商业模式更新发展快的特点，基于审慎的态度删除了该条款。

第四节　数据司法保护实践

我国各地法院审理的涉及数据纠纷的民事案件呈增多趋势，这些案件主要集中在知识产权领域，从各地法院的审判实践来看，涉及大数据的知识产权案件主要为著作权侵权和不正当竞争纠纷案件。2017 年由北京市海淀区人民法院中关村法庭和中国互联网协会调解中心联合发布的《大数据与知识产权司法保护的现状及展望调研报告》显示，在涉及大数据的相关典型案件中，著作权纠纷案件占比为 23.0%，不正当竞争纠纷案件占比为 46.2%。

一、数据不正当竞争的特点

（一）法律适用竞合性

在《反不正当竞争法》和《著作权法》交叉领域，关于数据不正当获取和利用行为的纠纷近年来也呈现多发趋势，最为典型的当属在聚合盗链领域的数据不正当竞争行为。所谓聚合盗链是指视频聚合软件通过破解视频网站的技术措施,访问视频网站的内容服务器获取视频文件,并向其用户提供视频的播放或下载服务的行为。聚合盗链行为中,存在实施方和被盗链方两个主体。① 聚合盗链行为是对于被盗链方所掌握数据的不正当获取和利用行为,但同时,这种数据又指向《著作权法》上的作品。当前理论界和实务界对于聚合盗链行为是否构成对被盗链方信息网络传播权的侵害仍存在一定的争议,因此聚合盗链行为存在不正当竞争与信息网络传播权侵权行为的竞合问题。②

如钢联电子公司诉纵横今日公司案③中,法院经审理认为,原告通过组建资讯团队形成的钢铁行业内完整钢材、特钢、炉料等各项数据库的数据信息系付出大量劳动所得,且该数据信息具有较强实用性和商业价值,曾在权威媒体上发布,具备较强的社会影响力和市场知名度,构成原告的竞争优势,原告对其数据信息应享有合法权益。两被告未能证明其信息的合法来源,且其网站上提供的信息与原告信息基本相同,构成实质性近似,其不劳而获的"搭便车"行为给原告合法权益造成损害,其行为违反了市场交易中应当遵守的诚实信用原则和公认的商业道德,构成对原告的不正当竞争。本案中涉及的数据信息多为原始数据,仅经过简单的收集、采编,未进行清洗、分析,不具备受著作权保护的作品属性;因为信息有公开性,也不能作为商业秘密受到保护。但法院根据信息获取难度、原告前期投入及信息的经济价值,认定该数据体现了原告的竞争优势,保护了原告的合法权益。

(二)法律适用差异明显

北京阳光数据公司诉上海霸才数据信息有限公司案(以下简称阳光诉霸才案)④拉开了数据不正当竞争纠纷的序幕。自 2011 年"大众点评网"诉"爱帮网"不正当竞争纠纷案后,数据不正当竞争纠纷陆续发生。有研究者发现从 1998 年至 2020 年统计的案例中,发生在互联网行业的数据不正当竞争案件高

① 参见田小军、曹建峰、朱开鑫:《从 10 件大数据侵权案看数据竞争规则》,载《竞争政策研究》2019 年第 4 期。

② 参见刘青、田小军:《移动视频聚合应用法律问题分析》,载《中国版权》2015 年第 2 期。

③ 参见上海市第二中级人民法院民事判决书,(2012)沪二中民五(知)初字第 130 号。

④ 参见北京市高级人民法院民事判决书,(1997)高知终字第 66 号。

达 23 例，占全部统计案件的 82%。[①] 在统计的数据不正当竞争案件中，除 4 例仅就行为保全做出裁定，其余案件的法律适用仍具较大差异。

（三）一般条款适用多

目前，适用一般条款规制企业间的数据不正当竞争行为不仅已在理论界达成共识，更是司法实践中的一种惯常做法。[②] 例如，"大众点评网"诉"爱帮网"不正当竞争纠纷案、大众点评诉百度地图案、"生意参谋"数据不正当竞争案、"车来了"抓取数据不正当竞争案、脉脉非法抓取微博用户信息案等典型数据不正当竞争纠纷案件皆援引一般条款予以裁判，认为非法获取、利用数据等行为因违反诚实信用原则和公认的商业道德而构成不正当竞争。

尤其如被称为大数据引发的不正当竞争第一案的脉脉非法抓取微博用户信息案，在该案中微博认为脉脉利用非法手段对微博的数据内容进行盗取。脉脉主要是一款移动 App，其通过用户上传手机通讯录的联系人之后，用抓取电话号码的方式与微博用户进行匹配，并非法抓取、适用微博平台的信息。该案脉脉的行为性质难以用传统不正当行为进行调整，新出台的"互联网专条"也难以将其定性，只能借助《反不正当竞争法》第 2 条一般条款认定其构成不正当竞争。

与类型化的数据不正当竞争案件不同，一般条款类数据不正当竞争案件裁判无法在不正当竞争法中找到类型化的依据，需要法官在个案中加以分析认定。由于没有成文法可以遵循，对边界模糊的商业道德认定以及非法定权益的不正当竞争保护存在不同认识，所以裁判结果的争议性较大。《反不正当竞争法》第 2 条是数据不正当竞争纠纷裁判的主要依据。在已有案例中，单独适用《反不正当竞争法》一般条款的案件数量高达 17 例，占比 70.8%。如果加上同时适用《反不正当竞争法》第 2 条和第 12 条的案例，该比例将提升至 79.2%。

（四）竞争关系认识不一

在数据不正当竞争纠纷中，法院对竞争关系存在三种认知：其一，以经营者间存在狭义竞争关系作为不正当竞争构成要件，如"大众点评网"诉"爱帮网"

① 参见胡迎春、廖怀学：《论数据不正当竞争的演进与规制》，载《竞争政策研究》2021 年第 2 期。

② 参见邓社民、侯燕玲：《企业数据竞争法保护的现实困境及其出路》，载《科技与法律（中英文）》2021 年第 5 期。

不正当竞争纠纷案、索引互动诉驿码神通案[①]。其二，以经营者间存在广义竞争关系作为不正当竞争构成要件，如大众点评诉百度地图案。其三，不以竞争关系作为不正当竞争的构成要件，如"微信群控"不正当竞争纠纷案。

（五）侵权认定比例高

在数据爬取方面，在中国裁判文书网、北大法宝和无讼案例三个数据库中（检索日期2021年2月25日），以"不正当竞争"与"爬取"、"不正当竞争"与"爬虫"为关键词进行全文检索，共检索到45个案例，排除视频广告/盗链案例、著作权相关案例、商业贿赂/诋毁等案例，剩余9个案例与数据爬取相关。在这些案件中，只要法院确认了原告商业机会和经济利益受到损失，被告的行为均被认定为不正当竞争。[②]

（六）适用兜底条款比例高

值得注意的是，无论是网络爬虫抓取数据、群控技术获取数据还是数据刷量行为，无一例外都是适用《反不正当竞争法》第12条的兜底条款。

"互联网专条"兜底条款对企业数据的保护在司法实践中，主要涉及数据抓取类不正当竞争行为，例如饭友App抓取微博数据不正当竞争案、新浪微博数据案、擅自抓取微博后台数据不正当竞争案等企业间数据纠纷。在前述案件中，法院在适用"互联网专条"兜底条款时均强调对技术手段的利用。并且，在评价数据抓取行为的正当性时，法院多以是否公开为标准对涉案数据进行区分，分别评判。对于非公开数据，在不存在合作关系的前提下，要获取该非公开数据，显然只能是利用技术手段破坏或绕开设定的访问权限，此种行为显然不具正当性；而对于公开数据，首先需考虑的是抓取该类数据的行为手段是否合法正当，如正当，再考虑后续使用行为的正当性。[③]

二、数据反不正当竞争法保护

（一）适用一般条款

适用《反不正当竞争法》处理数据纠纷，是目前数据权益保护最重要的

---

① 参见北京市第一中级人民法院民事判决书，(2013)一中民终字第6580号。

② 参见张占江：《论不正当竞争认定的界限》，载《政法论丛》2021年第2期。

③ 参见邓社民、侯燕玲：《企业数据竞争法保护的现实困境及其出路》，载《科技与法律》2021年第5期。

方法。我国司法机关在有关互联网企业数据方面的纠纷，更倾向于使用《反不正当竞争法》去处理相关的案件，特别是在缺乏明确的规范依据时，司法机关更乐意将《反不正当竞争法》第 2 条的一般规定作为裁判的规范依据。①

随着大数据时代的到来，数据已经成为企业的重要资产，企业数据权益逐渐成为一种可被法律保护的权益，互联网企业之间对数据的争夺也日趋激烈。近年来，互联网领域中出现了众多涉数据的不正当竞争案件，司法个案中所秉承的裁判规则，对于互联网行业的竞争秩序起到一定的规制和引导作用。数据已成为互联网企业重要的生产要素，数据抓取和分析应用技术已成为互联网企业重要的竞争手段，在数据权属仍缺乏明确法律规定的情况下，互联网企业纷纷转向《反不正当竞争法》以寻求保护，由此引发了一系列不正当竞争纠纷。但是，数据抓取行为相关的反不正当竞争典型案件显示，《反不正当竞争法》一般条款正在演变为拥有海量数据信息的互联网巨头用以限制或排除竞争的数据赋权条款，数据信息正当利用的边界亦愈发模糊，从而背离了通过《反不正当竞争法》来规制数据抓取行为的立法初衷。因此，需要分析数据抓取行为本身所涉的各方利益，回归《反不正当竞争法》一般条款恢复正当市场竞争秩序的立法本意，从而更充分地发挥市场在数据价值发现中的基础性作用。

适用《反不正当竞争法》一般条款保护互联网平台公开数据具备一定优势。作为行为规制法，它赋予法官在个案中一定的自由裁量权，从而应对因社会、科技、文化、经济发展产生的新型互联网平台数据纠纷。因此，适用《反不正当竞争法》调整互联网平台公开数据纠纷具备一定的开放性、灵活性以及适应性，缓解了赋权模式的封闭性与民法规范开放性之间的紧张关系。但是，司法裁判者习惯于将互联网平台公开数据生产者对数据的投资以及劳动，作为数据生产者

① 参见北京市第一中级人民法院民事判决书，(2012)一中民初字第 5718 号；北京市高级人民法院民事判决书，(2013)高民终字第 2352 号；北京市朝阳区人民法院民事判决书，(2017)京 0105 民初 10025 号；北京市高级人民法院民事判决书，(2017)京民终 5 号；上海知识产权法院民事判决书，(2017)沪 73 民终 287 号。参见张建文：《能动司法与网络平台公开数据法律制度的型塑——评“北京微梦创科网络技术有限公司与云智联网络科技(北京)有限公司不正当竞争纠纷案”》，载《上海政法学院学报(法治论丛)》2021 年第 3 期。

对数据成果享有财产权或受法律保护的依据,从而逐步形成"禁止榨取劳动成果"的裁判模式。此种"禁止榨取劳动成果"的裁判模式实质上根源于洛克的自然劳动财产理论,并将有体财产的保护逻辑与机理套用于无体的互联网平台公开数据,它所带来的弊端是互联网平台公开数据的"过度财产化"以及"法官造法"。因此,在个案具体场景中,法官运用宽泛的"诚实信用"或"商业道德"等法律原则裁判数据纠纷时,其必须保持一定程度的宽容,为维系正当性评判提供足够"权衡空间"。法官应尽量避免以"禁止榨取劳动成果"的权利侵害论作为裁判模式,简单地对他人利用互联网平台数据的行为动辄得咎与非难。鉴于此,适用《反不正当竞争法》作为互联网平台公开数据权益保护的方式,还须从如下三个维度进行改进:转变保护思维理念;提炼类型化保护方式;保持司法谦抑性以防止司法能动主义过度扩张。①

(二)商业秘密保护

企业数据如果符合商业秘密的"秘密性""价值性""保密性"构成要件,也可以运用商业秘密进行保护。例如,与技术有关的数据、与经营活动有关的数据等信息可以分别构成《反不正当竞争法》第 9 条第 4 款所称的技术信息和经营信息。② 司法实践诸多案例都对企业数据的价值性予以肯定。例如,在脉脉非法抓取微博用户信息案中,企业数据可以被界定为商业秘密,从而获得商业秘密条款的保护。并且,我国已有通过商业秘密条款保护数据财产权益的司法实践,③如衢州万联公司诉周某等侵犯商业秘密案④,安客诚公司与辰邮科技公司等侵害商业秘密案。⑤

《反不正当竞争法》第 32 条,就秘密性和侵犯商业秘密行为的证明责任问题作出了全新规定,极大地减轻了商业秘密权利人在民事诉讼中的举证负担,在一定程度上可以有效改善商业秘密权利人维权难的问题。

---

① 参见李晓宇:《大数据时代互联网平台公开数据赋权保护的反思与法律救济进路》,载《知识产权》2021 年第 2 期。

② 参见《最高人民法院关于审理侵犯商业秘密民事案件适用法律若干问题的规定》第 1 条的相关规定。

③ 参见邓社民、侯燕玲:《企业数据竞争法保护的现实困境及其出路》,载《科技与法律(中英文)》2021 年第 5 期。

④ 参见上海市高级人民法院民事判决书,(2011)沪高民三(知)终字第 100 号。

⑤ 参见上海市高级人民法院民事判决书,(2006)沪高民三(知)终字第 92 号。

三、著作权保护方式

在早期的数据纠纷案件中，数据持有人主要是以著作权受到侵害作为请求权基础提起诉讼，法院通过适用《著作权法》开始对数据保护进行实践探索。

以著作权路径保护数据权益，主要是通过将相关数据库或数据集合认定为汇编作品的方式。如果涉案数据库或数据集合符合“内容的选择或者编排体现独创性”的汇编作品要件，可认定为汇编作品。[①] 大数据之下的数据集合已非数据库意义上的数据汇编，存在涵盖上的困难。数据的价值在于其承载的内容，即使认定为汇编作品，其保护范围只能是独创性的选择或编排，而无法延展到编排的内容即数据本身，难以适应数据保护的正面需求。[②] 此外，也可能有关联性地归入某种作品进行保护的情形。如在四维图新与奇虎 360 电子地图侵权案[③]中，二审和再审法院均认定导航电子地图构成著作权所保护的图形作品，未经授权的使用行为是违反法律规定的，需要通过《著作权法》予以保护。这种保护同样基于个案和偶然，难以应对正面保护需求。

四、个人信息保护

数据竞争中，数据抓取一方未经用户同意抓取数据，这涉及对个人信息安全的侵犯。个人信息的法律纠纷，优先适用与个人信息保护相关的法律法规。《网络安全法》《民法典》《消费者权益保护法》对个人信息提供一定的保护，《个人信息保护法》于 2021 年正式公布并实施。脉脉非法抓取微博用户信息案中，被告获取原告所获用户信息数据，被告没有获得相关个人的同意，违反了个人信息数据利用的一般商业道德。

---

① 如在济南白兔信息有限公司与佛山鼎容软件科技有限公司侵害著作权纠纷案中，法院肯定了数据库可以作为汇编作品进行保护，并指出数据本身不构成作品，不具备独创性，但对数据的选择或者编排形成具有独创性的数据库，可以纳入汇编作品的范围。参见广东省佛山市中级人民法院民事判决书，(2016)粤 06 民终 9055 号。

② Research Handbook in Data Science and Law 139 - 145(Vanessa Mak, Eric Tjong Tjin Tai & Anna Berlee eds., Edward Elgar Publishing 2018). 参见苏志甫等:《司法裁判视角下企业数据权益保护的路径、门槛与边界——基于涉企业数据权益典型案例的分析》，载微信公众号“天同诉讼圈”2021 年 12 月 8 日，https://mp.weixin.qq.com/s/z7TqE0C1evtWfiYiDPWGLw。

③ 参见一审北京市海淀区人民法院民事判决书，(2016)京 0108 民初 27234 号；二审北京知识产权法院民事判决书，(2019)京 73 民终 1270 号；再审北京市高级人民法院民事裁定书，(2021)京民申 3995 号。

五、数据侵权的抗辩

实践中,爬取数据的一方,往往使用“用户授权”作为抗辩理由,对此,有两点值得思考:第一,现行法律下,“个人授权”是站不住脚的。《个人信息保护法》中,并未提到个人信息“授权”,而是用“同意”,同意并不是一个可以确定发生最终效果的法律行为,可以理解成是一个准法律行为,它仅仅代表一方的意愿,而不能代表对他方权益的有效处分。民事主体对其权利的处分不得超出自身所享有的权利范围,《个人信息保护法》保护的是个人信息背后的人格利益,就个人信息本身来说,个人并不享有能够授予第三方的权益,更不用谈个人将本不属于自己的平台数据,授权给第三方进行爬取。第二,爬取数据的行为,将帮助爬取者攫取竞争优势,极大损害被爬取平台利益,长远来看还将损害广大消费者利益,扰乱市场竞争秩序。爬取者将平台数据移植到自己的平台,使被爬取平台失去数据的源发优势、先发优势等,在用户之争日趋激烈的今天,这将使被爬取平台投入大量资金、技术、服务等成本建立起来的竞争优势遭到极大削弱。如果允许这种不劳而获、侵害他人权益建立自己市场优势的行为存在,将造成被爬取者无法从市场竞争中获得相应的回报和有效的激励,从而使其降低对相应产品和服务的研发与投入,甚至退出市场,还会间接鼓励其他经营者对其竞争资源不当攫取、坐享其成的行为,长期来看,将严重扰乱竞争秩序,引发市场激励机制失灵,导致符合社会需求的产品和服务供应不足,最终阻碍社会总体福利的提升,损害消费者的长远利益。①

以数据不正当竞争为例,司法者对抗辩提起以下几点建议。首先,竞争行为需基于提高社会整体福利的公共利益。评价竞争行为时,要从公共利益出发,评判其使用数据信息目的的公益性。若系出于公共利益目的,如使用数据信息以应对本次防控疫情需要的,可以着重从其使用目的的正当性考量其行为的正当性,作出肯定性评价。其次,竞争行为应实现对互联网行业发展的促进。“同花顺”软件数据不正当竞争案②中,同花顺公司对于经过收集、处理和分析

① 参见许可:《浅析互联互通的层级架构及平台数据爬取的不正当性》,载知产力 2022 年 4 月 25 日,https://www.zhichanli.com/p/192335558。

② 参见一审杭州市中级人民法院民事判决书,(2017)浙01民初703号;二审浙江省高级人民法院民事判决书,(2018)浙民终1072号。

的数据,付出了相当的劳动,系其竞争优势的体现,因此他人就不得不正当地获取和利用该些数据信息,否则便会使市场主体丧失主动收集和分析数据的内在激励,长期来看,将造成互相抄袭、复制、不当利用信息的恶性竞争后果,从而不利于数据产业的长期发展。最后,竞争行为应保障用户数据信息的安全。如"同花顺"软件数据不正当竞争案中,证据显示灯塔公司在使用评论数据时,将用户名、发表时间、发表内容等不加修改地予以使用,虽没有证据证明其使用了相应的个人信息,但此种使用个人信息的方式是有瑕疵的,也不利于用户发布和获取相关信息。

六、数据反不正当竞争的裁判

(一)数据反不正当竞争法救济理由

法院受理的数据不正当竞争案件案由大多为不正当竞争纠纷。被诉不正当竞争行为主要表现为以下两种类型:一是数据爬取,即互联网企业利用网络数据爬虫等技术手段获取其他企业收集积累的数据资源用于自身经营;二是数据污染,如通过刷单、炒信等方式虚构交易记录、用户评价等数据,扰乱正常的市场竞争秩序。①

数据技术的创新与平台经济的发展带来了新的竞争模式与竞争手段,对现有的反不正当竞争规则形成挑战。现实中也涌现出"腾讯诉上海蔚蓝擅自接入数据系统""新浪微博诉脉脉非法提取、使用微博用户数据信息""腾讯诉360隐私保护器不正当竞争"一类已经采用诉讼手段的案件,还有"今日头条爬取新浪微博内容争议""顺丰速递切断菜鸟网络数据接口""格兰仕遭淘宝数据屏蔽"等引起众议的数据竞争纠纷。②

新浪微博数据案中,司法裁判观点认为,其他经营者未经许可擅自抓取且使用平台数据的行为,当然可以落入《反不正当竞争法》调整的范围。其理由有二:第一,经营利益说,即经营者获得数据可以带来经营利益,"获得数据意味着

---

① 参见浙江省高级人民法院联合课题组:《关于企业数据权益知识产权保护的调研报告》,载百度文库2023年2月11日,https://wk.baidu.com/view/06dc74d1fbc75fbfc77da26925c52cc58bd690ae?_wkts_=1676080726063。

② 参见《2019中国大数据产业发展白皮书》,载大数据产业生态联盟2021年8月22日,http://www.bdinchina.com/Article/info/id/611/column_id/155.html。

可据此进行分析并改进、完善产品功能,从而获得更多的经济利益”,“该种数据整体上可为经营者进行衍生性利用或开发从而获得进一步的经营利益”。第二,付出成本说,即经营者为数据的衍生性利用和开发付出了成本,“经营者为收集、整理数据,以及维护其互联网产品中的数据运行和安全而付出成本”,如在该案中部分明星要求不予公开其动态信息,经营者需要为此进行产品功能的设计等。

(二)数据不正当竞争裁判方式

从法院处理数据不正当竞争案件的裁判思路来看,法院通常采用三步法分析论证,即原告是否享有涉案主张数据的财产权益、被告的被控行为是否构成不正当竞争、被告应否以及如何承担法律责任。如“生意参谋”数据不正当竞争案中,法院认定,淘宝公司收集的“生意参谋”数据产品符合法律规定且付出了劳动,淘宝公司对该数据产品享有竞争性财产权益。美景公司的行为具有不正当性,损害了淘宝公司的利益,并损害了市场竞争秩序,构成不正当竞争,法院责令其承担相应的法律责任。如此一来,法院认定数据持有人在个案中对数据享有数据财产权益,即确定其为数据权益的主体。

也有实务观点认为,数据不正当竞争行为的判断,要对多组不同价值取向进行衡量,如数据流通的价值、对数据开发行为的激励、对创新的保护,以及系统和数据安全、个人信息保护,最终落脚于维护竞争秩序、提升社会总福利。为了增强判断的可预期性,可以按照上述考量因素的强弱程度,对数据竞争行为不正当性的强弱进行谱系化排序,并进行类型化总结。首先,不正当性较强的数据竞争行为包括:(1)原告主张的数据类型为非公开数据或者衍生数据;(2)产生的损害后果是原告网站瘫痪无法经营,或者产生实质性替代原告产品或服务的后果;(3)就被诉数据获取行为而言,系以破坏技术措施的方式获取;(4)就被诉数据使用行为而言,未进行任何使用创新,直接照搬照用他人数据;(5)获取或使用行为违反个人信息保护相关法律规定。符合上述全部情形的,必然构成不正当竞争行为,即使仅符合其中一项,也极容易构成不正当竞争行为。其次,不正当性较弱的数据竞争行为包括:(1)原告主张的数据为公开数据;(2)对原告竞争利益虽有一定程度的影响,但未妨碍其自身经营的正常开展,也未产生替代性后果;(3)原告未对数据采取限制抓取的措施;(4)被诉数据使用行为具有创新性,产生了新的数据产品或服务,有利于提升社会福利;

(5)获取或使用行为符合个人信息保护相关法律规定。符合上述全部情形的，应认定行为具有正当性。最后，如果不具有第一大类所列情形，但具有第二大类所列部分情形，那么需要在具体考虑因素所涉及的不同价值取向之间进行利益衡量。例如，原告主张的数据为公开数据，原告也未设置限制抓取的措施，此时就需要考虑被告的使用行为是否具有创新价值，是否对原告数据产生了替代性后果。如果被告提供的是具有创新性的数据产品或服务，不会对原告数据产生实质替代后果，那么即使原告经济利益因此遭受损失，也不应认定被告的行为为不正当竞争行为。①

(三)数据保护新趋势

"生意参谋"数据不正当竞争案，不仅继续明确了适用《反不正当竞争法》维持数据竞争的司法实践，而且对于数据产品保护又有新发展：其一，朝承认数据产品主体的新型财产权继续迈进，对涉案数据产品使用"享有竞争性财产权益"的表述，该表述在类似判决中第一次出现；其二，特别强调原告前期的积累、付出及被告的不劳而获，主张需要对数据产品积极保护，以促进大数据产业的发展。案件判决厘清了网络运营者收集、使用、共享、开发用户数据的行为边界，同时也开创性地确认了网络运营者对其合法收集的用户数据进行二次开发而形成的大数据产品享有竞争性财产权益。

第五节　数据不正当竞争类型

一、公开数据

由于公开数据具有流通性、非独占性、以用户行为为数据来源的特点，其爬取难度低，而应用范围广泛，经济收益显著，因而此类数据成为数据爬取行为的主要对象。近年来，公开数据爬取纠纷演变成司法实践领域的重点与难点。

① 参见浙江省高级人民法院联合课题组：《关于企业数据权益知识产权保护的调研报告》，载百度文库 2023 年 2 月 11 日，https://wk.baidu.com/view/06dc74d1fbc75fbfc77da26925c52cc58bd690ae?_wkts_=1676080726063。

(一)公开数据特征

在新浪微博数据案中,公开数据的主要法律特征体现为:第一,公开数据具有私人控制的性质,也就是说,尽管在立法上和司法上都并没有明确公开数据在权属划定上归属于互联网平台企业,但是,说其属于互联网平台企业保存、控制和管理也无人有异议,因此,法院认为:"即便是涉案数据中的公开数据,亦因其具有较强的用户个人色彩,微梦公司对该部分数据有所投入等因素而并不当然成为通常意义上应当纳入互联互通的信息类型。"公开数据与公共数据具有明显的差别,公共数据实际上就是政府部门和事业单位等公共机构所保存和管理的数据。[①] 公共数据的范围大于政务数据的含义,政务数据仅指公共数据中由政府部门保存和管理的数据。《深圳经济特区数据条例(征求意见稿)》更进一步试图明确公共数据的本质和权属,将公共数据定位为新型国有资产,其数据权归国家所有。[②] 第二,公开数据的公开性具有私人公开的性质,其控制和管理者是出于自己的意愿(无论是何种考虑)而作出将其向不特定的人公开的决定,也就是说,对此类数据的控制者来说并无法定的必须公开的义务。因此,在该案中,司法机关也注意到了这一点,认为:原告对新浪微博相关网页享有一定的权益,故其可以自由决定是否对某些或某一具体的搜索引擎机器人开放数据的抓取。以此与政府信息公开法上的政府信息公开相区别,后者具有公共信息权的意味,涉及及时发布公共信息义务和有效获取公共信息的权利两方面。[③] 因此,我国政府信息公开立法就规定,行政机关负有"及时、准确地公开政府信息"的义务,而且,对政府信息而言,政府信息公开"以公开为常态、不公开为例外"。[④] 第三,公开数据负担容忍他人合法收集或利用的义务,即在该案中司法

① 参见《国务院关于印发促进大数据发展行动纲要的通知》(国发〔2015〕50 号)。比如,在自 2020 年 8 月 1 日起施行的《浙江省公共数据开放与安全管理暂行办法》(浙江省人民政府令第 381 号)第 2 条第 2 款就规定,公共数据是指各级行政机关以及具有公共管理和服务职能的事业单位,即公共管理和服务机构在依法履行职责过程中获得的各类数据资源。《上海市公共数据开放暂行办法》第 3 条第 1 款对公共数据的定义也与之相似。参见张建文:《能动司法与网络平台公开数据法律制度的型塑——评"北京微梦创科网络技术有限公司与云智联网络科技(北京)有限公司不正当竞争纠纷案"》,载《上海政法学院学报(法治论丛)》2021 年第 3 期。

② 参见 2020 年 7 月 15 日"深圳市司法局关于公开征求《深圳经济特区数据条例(征求意见稿)》意见的通告"所附《深圳经济特区数据条例(征求意见稿)》第 21 条第 1 句。

③ 参见张永和主编:《人权之门》,广西师范大学出版社 2015 年版,第 363 页。

④ 参见《政府信息公开条例》第 5 条和第 6 条第 1 款的规定。

机关所提出的网络平台对他人抓取其公开数据所应容忍的义务,即对于平台中的公开数据,基于网络环境中数据的可集成、可交互之特点,平台经营者应当在一定程度上容忍他人合法收集或利用其平台中已公开的数据,否则将可能阻碍以公益研究或其他有益用途为目的的数据运行,有违互联网互联互通之精神①。

与公开数据相对立,非公开数据则涉及平台商业策略的实现,数据安全的维护,以及用户隐私的保护等因素,平台经营者基于该部分数据所获得的经营利益显然系受法律保护的权益,对于此类"设置了访问权限的非公开数据",在新浪微博数据案中具体包括两种类型,即"新浪微博用户登录账号后才可访问或分享的部分涉案数据"和"因明星自身所做限制使得用户即便登录新浪微博账号亦无法从新浪微博产品前端获取的部分涉案数据",只要未获得数据控制者的许可,其获取非公开数据的行为即不具有正当性。②

蚂蚁金服集团等诉朗动公司商业诋毁案(以下简称蚂蚁金服诉企查查案)③中,原告是支付宝的经营主体,被告是企查查经营主体,2019 年 5 月 5 日至6 日,企查查通过发布和向特定用户推送的方式,发布了针对蚂蚁微贷清算的企业信息,媒体围绕蚂蚁微贷是否存在清算行为进行了广泛报道,还涉及了蚂蚁金服及其旗下花呗产品。短时间内新闻搜索条数达千万条。该条清算信息系企查查抓取自全国企业信用公示系统的公共数据,但系蚂蚁微贷 2014 年企业年度报告出现的历史信息。

法院认为,朗动公司的企业数据来源于公共数据,公共数据是促进经济发展的重要生产要素,应当鼓励市场主体积极利用并深入挖掘数据价值。但同时,对公共数据的利用应当合法、正当,不得损害国家利益、社会利益和其他主体合法权益,特别是不能损害数据原始主体的合法权益。朗动公司的行为违反了征信业法定义务和大数据行业规则,损害了其他经营者、原始数据主体企业和消费者的合法权益,损害了以信用为基础的市场竞争秩序,其行为存在过错,

---

① 参见北京市海淀区人民法院民事判决书,(2017)京 0108 民初 24512 号。

② 参见张建文:《能动司法与网络平台公开数据法律制度的型塑——评"北京微梦创科网络技术有限公司与云智联网络科技(北京)有限公司不正当竞争纠纷案"》,载《上海政法学院学报(法治论丛)》2021 年第 3 期。

③ 参见一审杭州铁路运输法院民事判决书,(2019)浙 8601 民初 1594 号;二审浙江省杭州市中级人民法院民事判决书,(2020)浙 01 民终 4847 号。

构成不正当竞争。

在该案中，法院还提出了互联网征信企业在从事企业信用信息的收集和发布活动中，应当坚持的基本原则：其一，数据来源合法原则，不得采集法律、行政法规禁止采集的企业信息。其二，注重信息时效原则，分为两个层次，一是信息更新的及时性，二是信息变动时间的准确性。其三，保障信息质量原则，信息质量是互联网企业征信机构的核心竞争力，高质量的信息既可以避免因征信行为给企业带来负面影响，也为信息使用者的科学决策带来价值。其四，敏感信息校验原则。一方面，针对非敏感数据，在发生数据偏差时应当允许征信机构通过事后救济的方式予以纠正；另一方面，针对敏感数据，特别是涉及企业清算、破产等重大负面信用信息，互联网征信机构应当建立差别化的技术处理原则，通过改进算法技术、数据复核、交叉验证等手段，提高数据推送质量，避免因不当的信息推送行为，为企业带来重大负面影响。

(二)公开数据保护的理念转变

运用《反不正当竞争法》保护互联网平台公开数据权益，还须从如下三个维度进行改进：转变保护思维理念；提炼类型化保护方式；保持司法谦抑性以防止司法能动主义过度扩张。(1)互联网平台公开数据保护思维的转变。如果由某一主体独占性享有，数据信息的价值将无法完全实现。互联网平台公开数据的充裕性原理更神奇的地方在于，这种具备巨大价值的海量数据是可以普遍存在又可以免费的东西。据此，我们在保护互联网平台公开数据时应转变思维模式，即由传统资源稀缺性思维转变为数据充裕性思维，由权利化赋权保护模式转变为谦抑的行为规制模式保护(法益保护)，由私权利保护转变为公共利益与市场竞争秩序在内的全面保护。(2)提炼归纳互联网平台公开数据不正当竞争行为类型。互联网平台公开数据不能权利类型化并不意味着侵害数据法益的行为不能类型化。在大量司法判例的基础上，可以抽象归纳总结出一定程度的类型化不正当竞争行为。(3)发挥司法保护谦抑性。在司法实务中，司法裁判者运用《反不正当竞争法》规制模式保护互联网平台公开数据时，应首先论证他人未经授权的爬取数据的行为是否破坏了数据市场竞争秩序。对于是否存在破坏数据市场竞争秩序的不正当竞争行为的判断，应从如下几个方面进行考量：互联网平台公开数据的权益主体与其他利用数据的经营者之间是否存在狭义的竞争关系；其他数据竞争者是否存在违法商业道德或诚实信用的不正当竞争行为;其他数据经营者的利用数据行为是否给互联网平台公开数据的主体造成实质性的损害,而不能简单地因竞争存在损失就推导出数据竞争行为具有不正当性;如果不对该不正当的数据利用行为进行规制,是否会诱发数据市场的恶性丛林竞争,破坏数据市场的良好竞争秩序,不利于数据产业的发展崛起。法官在运用《反不正当竞争法》解决互联网平台公开数据权益纠纷时,仍然怀有强烈的"家长"干预式情怀,运用"泛道德化"的标准对互联网平台公开数据给予强力度保护。这种做法其实是运用侵权式的判定方式,而不是《反不正当竞争法》的行为规制方式。它忽视了《反不正当竞争法》的内在"谦抑性"要求。①

如"生意参谋"数据不正当竞争案中,法院通过区分原始网络数据与数据产品的关系明确了淘宝的竞争优势。原始网络数据在形式上是用户浏览、收藏、购买等操作行为数据的数字化记录,在内容上是用户上网记录,仍属于用户数据信息,受制于用户对其数据信息的控制,网络运营者只能依据其与用户的协议约定享有对原始网络数据的使用权;而经营者在原始网络数据基础上进行深度分析、筛选过滤、提炼整合、匿名脱敏后形成的网络大数据产品则完全不同,其已与用户个人信息、原始网络数据完全独立,本质上属于一种衍生数据。此种衍生数据已具备商品的交换价值,也可带来经济效益,网络经营者理应对其享有独立的财产性权益。

擅自抓取微博后台数据不正当竞争案中,法院主张,微博平台中已经开放的公开数据应当允许他人合法获取和使用,亦不代表微梦公司对该部分数据即无合法权益。在司法实践中企业对于其公开数据享有权益的认定条件相对较为宽松。

(三)公开数据的容忍义务

新浪微博数据案中,一审法院认为,网络平台通过自身经营活动吸引用户所积累的平台数据对平台经营者具有重要意义,是其重要的经营资源;平台经营者能通过经营使用这些数据获得相应的合法权益。其中的非公开数据,涉及平台商业策略的实现,数据安全的维护,以及用户隐私的保护等因素,平台经营

---

① 参见李晓宇:《大数据时代互联网平台公开数据赋权保护的反思与法律救济进路》,载《知识产权》2021 年第 2 期。

者基于该部分数据所获得的经营利益显然系受法律保护的权益。

而对于平台中的公开数据，基于网络环境中数据的可集成、可交互之特点，平台经营者应当在一定程度上容忍他人合法收集或利用其平台中已公开的数据，否则将可能阻碍以公益研究或其他有益用途为目的的数据运用，有违互联网互联互通之精神。且无论是通过用户个人浏览或网络爬虫等技术手段获取数据，只要其遵守通用的技术规则，则其行为本质均相同，网络平台在无合理理由的情形下，不应对通过用户浏览和网络爬虫等自动化程序获取此类公开数据的行为进行区别性对待。当然，如果他人抓取网络平台中的公开数据之行为手段并非正当，则其抓取行为本身及后续使用行为亦难谓正当；如果他人抓取网络平台中的公开数据之行为手段系正当，则需要结合涉案数据数量是否足够多、规模是否足够大进而具有数据价值，以及被控侵权人后续使用行为是否造成对被抓取数据的平台的实质性替代等其他因素，对抓取公开数据的行为正当性做进一步判断。

二、独创性数据和非独创性数据

（一）独创性数据集合和非独创性数据集合

数据集合基于内容的呈现方式可以分为独创性数据集合和非独创性数据集合。独创性数据集合是指在满足数据集合要件的基础上，在数据集合内容的选择和编排上具有独创性的一类数据集合。而非独创性数据集合是指在数据库的呈现方式上不具有独创性的数据集合。概括而言，非独创性数据集合就是以非独创性方式呈现的能够单独检索的具有独立价值的信息集合体。这里需要注意的是所谓非独创性并不要求数据集合中的内容也不能具有独创性，而指的是该数据集合的开发者对于其中数据的选择和编排不符合著作权法上对于汇编作品的独创性要求。①

在数据经济时代，非独创性数据库已经是最为常见的数据财产形态，大量具有高度商业价值的事实信息类数据库如商业数据库、金融数据库等均以

① 参见赵宏颖：《非独创性数据集合的法律保护路径探讨》，载北京强企知识产权研究院2022年4月20日，http://www.qqip.org.cn/category/view?id=1094。

非独创性数据库形式出现,其真正的价值在于数据本身而非编排与结构。[①] 可以说,非独创性数据库作为信息开发、累计和应用所必不可缺的一种信息资源,具有重要的价值,虽然其在内容的选择和编排上没有体现独创性,但是其收集了大量的事实信息,而恰恰是此类数据才更具有使用价值和商业价值。举例而言,将来机器人通过学习各种病例,就可以实现机器人给人看病,这些病案大数据有当下的,也有过去的,谁来研究形成这些病例大数据,如果不将这些病案大数据列入知识产权的保护范畴并强化保护,就不会有人愿意在该领域投入并长期潜心研究。[②] "车来了"抓取数据不正当竞争案,说明了大数据属于应受《反不正当竞争法》保护的权益,而且,此案中的公交实时运行大数据属于缺乏《著作权法》要求的独创性的数据集合,即非独创性数据库,因此,该案体现了目前我国司法实践中对于非独创性数据库的法律保护手段。

《国务院反垄断委员会关于平台经济领域的反垄断指南》第 16 条第 1 款第 5 项规定,具有市场支配地位的平台经济领域经营者强制收集非必要用户信息,可能构成附加不合理交易条件的滥用市场支配地位行为。

（二）非独创性公开数据的司法保护

首先,与传统有体物相比,互联网平台公开数据具备"电子信息性""无体物性""客观非独占性""非物质损耗性"等特征,即互联网平台公开数据是需借助一定物理载体才能存在的、难以用登记形式独占的、以电子或非电子形式对信息的记录。从经济学角度上看,互联网平台公开数据本质上是一种非竞争性、非排他性的产品。对互联网平台公开数据的使用,既不会造成物理上的损害,也不会降低其经济价值。其次,相对于零散碎片化的个人数据(个人信息),互联网平台公开数据具备"海量(规模化)""经济财产属性""社会共享性""共益性""动态性"等特征。传统个人数据权益制度肇始于人格权中的隐私权,其关注的是个人的尊严、自由、隐私以及安定权等个人私权益的保护。个人数据把"可识别性"作为判定其内涵的构成要件,强调权益主体对自身个人数据享有自决权。与个人数据不同的是,在 Web3.0 时代,互联网平台公开数据最大的特征在于智能性、互动性、个性化性、精确应用服务以及动态变更性。受惠于深度学

① 参见郝思洋:《知识产权视角下数据财产的制度选项》,载《知识产权》2019 年第 9 期。
② 参见郭雁:《大数据的发展需要强化知识产权的保护》,载《福州党校学报》2018 年第 6 期。

习、机器算法的能力提升,互联网平台公开数据的经济价值得到空前的开发与利用。因此,互联网平台公开数据是由海量数据集合而成、具备巨大经济价值的、互动变化的数据池。①

如"微信群控"不正当竞争纠纷案中,法院认为,原告对于某个特定的单一微信用户数据并不享有专有权,但就微信平台数据资源整体而言,是经两原告投入大量人力、物力,长期经营积累聚集而成的衍生数据,且能带来商业利益与竞争优势,对此两原告应当享有竞争权益。

擅自抓取微博后台数据不正当竞争案中,蚁坊公司开发"鹰击系统",通过爬虫工具抓取、存储微梦公司的新浪微博平台后端数据,在"鹰击系统"中展示这些数据并基于此加工整理形成数据分析报告。法院认为,蚁坊公司开发的系统未经授权,通过技术手段破坏或者绕开新浪微博平台所作的技术限制,抓取、存储、展示网络平台数据,并基于这些数据进行加工整理形成数据分析报告的行为具有不正当性,破坏了网络平台服务的正常运行,违反了《反不正当竞争法》的相关规定,构成不正当竞争。

杭州执掌公司、杭州利导公司与浙江中服公司不正当竞争案中,法院认为,会员账号及密码使用权虽然归属用户,但账号所对应的经销商数据库的财产性权益应当属于平台,且涉案经销商数据库中数据内容虽然源于意向加盟商,但经过杭州执掌公司、杭州利导公司的深度开发已不同于普通的客户信息。第一,涉案经销商数据库所提供的数据内容不再是原始简单的意向加盟商信息,而是根据网站所留取的信息通过人工电话询问等深度审核方式进行分析及整合,加贴特殊标签、最终形成的完整加盟信息,凝结了杭州执掌公司、杭州利导公司人力和劳力付出。第二,涉案经销商数据信息涵盖了客户意向加盟模式、意向品牌类别、市场定位、意向说明、经销商姓名、所在地、从业经验、拥有门店、联系方式等信息内容,可直观地显示加盟商的各种意向信息,对服装品牌方联系、评价、洽谈乃至最终发展合作加盟具有较高的参考价值。第三,涉案经销商数据信息通过杭州执掌公司、杭州利导公司进行深度加工后,以有偿的方式向有需求的服装品牌方提供服务,登录网站的品牌方需要支付会员费且消耗点金

① 参见李晓宇:《大数据时代互联网平台公开数据赋权保护的反思与法律救济进路》,载《知识产权》2021年第2期。

豆才能对涉案经销商数据信息进行浏览。可见，涉案经销商数据信息可给杭州执掌公司、杭州利导公司带来直接的经济利益。

司法实践中，通常采用《反不正当竞争法》（一般性条款）的行为规制模式对非独创性互联网平台公开数据加以保护。[①] 2011～2021 年涉数据不正当竞争典型案件如表 9 所示。

表 9　2011～2021 年涉数据不正当竞争典型案件

案例	案号	审理法院
大众点评诉爱帮网	（2011）一中民终字第 7512 号	北京市第一中级人民法院
大众点评诉百度	（2015）浦民三（知）初字第 528 号	上海知识产权法院
新浪微博诉脉脉案	（2015）海民（知）初字第 12602 号	北京市海淀区人民法院
阿里巴巴诉码注	（2019）浙 0108 民初 5049 号	浙江省杭州市滨江区人民法院
谷米诉元光	（2017）粤 03 民初 822 号	广东省深圳市中级人民法院
淘宝诉美景	（2017）浙 8601 民初 4034 号	杭州铁路运输法院
微梦诉复娱	（2019）京 73 民终 2799 号	北京知识产权法院
腾讯诉微播视界商业贿赂不正当竞争纠纷	（2019）津 0116 民初 2091 号	天津市滨海新区人民法院
盛讯诉软媒商业诋毁纠纷	（2020）鲁民终 579 号	山东省高级人民法院
腾讯诉搜道和聚容通	（2020）浙 01 民终 5889 号	浙江省杭州市中级人民法院
微博诉微头条	（2017）京 0108 民初 24530 号	北京海淀法院
智联招聘诉上海逸世	（2019）沪 0110 民初 16688 号	上海市杨浦区人民法院
腾讯诉斯氏新媒体公司抓取微信公众号文章数据	（2021）浙 8601 民初 309 号	杭州互联网法院
抖音诉小葫芦直播数据抓取	（2021）浙 0110 民初 2914 号	杭州市余杭区人民法院

资料来源：陈波：《数据不正当竞争行为类型化研究——基于典型案例的实证分析》，载 https://view.inews.qq.com/a/20220329A0BEBF00。

---

① 参见“大众点评网”诉“爱帮网”不正当竞争纠纷案，北京市第一中级人民法院民事判决书，（2011）一中民终字第 7512 号。参见钢联电子公司诉纵横今日公司案，上海市第二中级人民法院民事判决书，（2012）沪二中民五（知）初字第 130 号。参见大众点评诉百度地图案，上海市浦东新区人民法院民事判决书，（2015）浦民三（知）初字第 528 号；上海知识产权法院民事判决书，（2016）沪 73 号民终 242 号。参见脉脉非法抓取微博用户信息案，北京知识产权法院民事判决书，（2016）京 73 民终 588 号。参见“生意参谋”数据不正当竞争案，杭州铁路运输法院民事判决书，（2017）浙 8601 民初 4034 号；浙江省杭州市中级人民法院民事判决书，（2018）浙 01 民终 7321 号。参见微播视界公司诉创锐文化公司等数据抓取行为保全案，北京市海淀区人民法院民事裁定书，（2019）京 0108 民初 35902 号等。

三、数据不当获取

根据《数据安全法》第3条第2款的规定,数据处理包括数据的收集、存储、使用、加工、传输、提供、公开等。随后,《上海市数据条例》第2条第2项沿用了这一规定;《深圳经济特区数据条例》第2条第6项则将“公开”替换为“开放”。

获取数据的手段有两种:一是数据所有权人通过采集、加工等事实行为取得,数据的采集加工要有用户的合法授权,数据收集方应当在网络安全法允许的范围内,制定用户服务协议,对数据的收集、授权使用等事项进行规定;二是通过共享、交易等方式继受取得,数据共享、交易要在合法范围内,不能通过技术手段破解其他数据主体的技术保护措施,采用违反行业惯例或对网络生态产生消极影响的手段。

数据纠纷依据不同方式有不同的分类,数据不当获取包括:(1)直接不当获取。如较为典型的例子便是“车来了”抓取数据不正当竞争案,元光公司攻破谷米公司“酷米客”App的加密系统,利用爬虫技术大量抓取并使用谷米公司后台公交运行数据,不仅该行为被法院认定构成不正当竞争,同时,元光公司员工邵某等人也被法院判决认定构成非法获取计算机信息系统数据罪。[①] (2)间接不当获取。如杭州执掌公司、杭州利导公司与浙江中服公司不正当竞争案中,法院认为,涉案经销商数据信息可给原告带来直接的经济利益,属于应当受法律保护的权益。被告以“撞库”方式,收集其他经营者的账号和密码信息,并以此获取经销商数据信息,给具有直接竞争关系的其他经营者造成损害的,构成不正当竞争,应当承担相应的民事责任。(3)擅自获取其他短视频平台视频和评论并向公众提供。如微播视界公司诉创锐文化公司等数据抓取行为保全案[②]中,创锐文化公司运营的刷宝App采用技术手段或人工方式抓取源于抖音App中的视频文件及评论内容,并在刷宝App上向公众提供。创锐文化公司的刷宝App未通过正常运营短视频App产品来吸引用户、培育市场、建立竞争优势,并获得经营利益,而直接采用技术手段或人工方式获取其他公司的视频资源、评

① 参见深圳市南山区人民法院刑事判决书,(2017)0305刑初153号。

② 参见北京市海淀区人民法院民事判决书,(2019)京0108民初35902号,北京市首例数据抓取禁令、2019年中国十大最具研究价值知识产权裁判案例。

论内容。创锐文化公司在未投入相应成本的情况下，直接获取上述资源，并以此与其他公司争夺流量和用户，削弱其他公司的竞争优势，此种行为违反诚实信用原则和公认的商业道德，构成不正当竞争。(4)加工整理形成数据，如擅自抓取微博后台数据不正当竞争案。

四、数据不当使用

数据不当使用分为以下几种情形：(1)数据的使用未遵循最少、必要原则，如大众点评诉百度地图案。(2)公共数据使用损害其他主体的合法权益。如公共数据不正当竞争首案中，企查查作为企业信用信息查询平台，对公共数据的利用应当合法、正当，不得损害国家利益、社会利益和其他主体合法权益，特别是不能损害数据原始主体的合法权益。[①] (3)破坏性使用。在“微信群控”不正当竞争纠纷案中，法院认为，原告对于某个特定的单一微信用户数据并不享有专有权，但就微信平台数据资源整体而言，是经两原告投入大量人力、物力，长期经营积累聚集而成的衍生数据，且能带来商业利益与竞争优势，对此两原告应当享有竞争权益。由于微信产品使用过程中社交信息安全性的用户体验获得，直接关系用户使用微信产品的意愿。所以被告通过涉案群控软件擅自收集、存储网络平台的用户数据，势必导致该平台用户对平台丧失应有的安全感及基本信任，减损平台对于用户关注度及用户数据流量的吸引力，进而会恶化网络平台既有数据资源的经营生态，损害平台的商业利益与市场竞争优势，对网络平台既有数据资源竞争权益构成实质性损害，其经营活动明显有违商业道德，构成不正当竞争行为。(4)不当利用。“生意参谋”数据不正当竞争案中，法院认为，开发者对数据产品享有竞争性财产权益，同行业竞争者不当利用他人数据产品获取商业利益，属于不劳而获的“搭便车”行为；该行为违反了诚实信用原则和公认的商业道德，破坏了正常的数据产品经济竞争秩序，损害了数据产品开发者的合法权益，属于《反不正当竞争法》第2条所规制的不正当竞争行为。(5)构成实质性替代，如大众点评诉百度地图案。(6)未经授权使用，如脉脉非法抓取微博用户信息案。

---

① 参见一审杭州互联网法院民事判决书，(2019)浙8601民初1594号；二审浙江省杭州市中级人民法院民事判决书，(2020)浙01民终4847号。

五、数据质量瑕疵

数据质量瑕疵，如腾讯诉微时空宝信刷量案[1]中，两被告通过利益诱惑以及技术手段，使大量第三方微信账号被用于批量化模拟用户真实操作行为，妨碍、破坏了微信平台在正常运行状态下可给予平台、平台经营者以及用户的准确和真实信息反馈功能，导致微信平台管理者、平台内的经营者和用户无法正常收集、统计相关用户真实行为数据，微信平台向微信软件用户以及服务商展示了错误的、虚高的相关数据，侵害了原告对于微信软件平台正常运营管理并为平台用户和服务商正常提供网络产品的权利。被告行为事实上削弱了微信平台共享信息的真实性和准确性，损害了两原告通过努力经营微信平台长期积累形成的竞争优势，妨碍了原告为微信平台使用者提供正常服务，长此以往必将导致多数用户降低对平台信息的信任，对平台声誉造成事实上的贬损效果，损害平台整体声誉，降低平台其他适用者对平台数据的信任度，从而损害了原告的正当权益。

六、数据侵权行为范式

互联网平台针对数据或利用数据技术做出的不正当竞争行为具有隐蔽性强、成本低下、正当性判定界限模糊、破坏性强的特征，主要呈现为以下四类行为范式：第一，擅自抓取复制竞争平台数据或数据产品。第二，拒绝竞争者无害数据接入，如“顺丰与菜鸟数据大战”。第三，屏蔽数据，如格兰仕“二选一”案件，2018 年“618 促销节”，格兰仕披露因格兰仕入驻拼多多，天猫要求其在两大平台间做出抉择，在遭到格兰仕拒绝后，天猫对其进行了数据屏蔽，剔除了其活动参加资格；其后，天猫又利用技术手段，屏蔽格兰仕在天猫平台上入驻的几大主要店铺，使消费者无法通过搜索查看到该店铺。至此格兰仕在天猫平台的主要店铺链接的点击量开始大幅度下滑。之后天猫又通过压低“销量排名”的方式屏蔽格兰仕主打产品。在格兰仕没有任何违规操作的前提下，天猫的一系列数据屏蔽行为，直接导致了格兰仕的经济利益受到严重损害。[2] 第四，数据劫

---

① 参见深圳市中级人民法院民事判决书，(2019) 粤 03 民初第 594 号。

② 参见蓝鲸财经：《格兰仕“二选一”犯难：诉天猫滥用支配地位，拼多多或为导火索》，载百度网 2019 年 12 月 22 日，https://baijiahao.baidu.com/s?id=1649408587476714773&wfr=spider&for=pc。

持。后三种行为范式皆为互联网平台利用技术优势阻断消费者与其他网络经营者之间的数据交流通道,损害经营者的预期利益与消费者的自由选择权。然而,现有不正当竞争规制体系对数据不正当竞争行为进行科学合理的认定存在困难。首先,互联网平台之间的竞争关系极其复杂,而以存在竞争关系为首要前提的认定理念会对行为确认过程形成掣肘,且竞争关系存在与否的判断标准亦无法与平台经济相适应。同时,司法实践中存在经营者利益优于其他利益的考量,对消费者利益、互联网平台用户利益以及社会公众利益的重视度不足。其次,2019 年修正后的《反不正当竞争法》在合理认定数据不正当竞争行为上仍然有不足之处,现有互联网专条中规定的行为范式种类无法涵盖上述数据不正当竞争行为,且“一般条款”的司法适用存在不确定性。最后,民事法律责任比重不足、种类单一,法律规制模式效能低下,不足以威慑不正当竞争行为人并维护公平竞争。[①]

第六节　数据抓取不正当性判定

一、数据爬取现状

以“爬虫”为关键字在中国裁判文书网进行检索,其中 3/4 的案件集中在民事领域,刑事案件和行政案件占比 1/4。民事案由主要为“知识产权与竞争纠纷”,而刑事案由主要为《刑法》第 253 条之一规定的侵犯公民个人信息罪和第 285 条、第 286 条规定的计算机网络犯罪。从技术中立的角度来看,爬虫技术本身并无违法违规之处,使用爬虫技术是否触犯法律底线,取决于主体如何使用、为何使用。如何使用爬虫技术,是判断爬虫行为是否正当的标准之一。[②] 在网络竞争领域中,一般常以 robots 协议对数据收集是否合法进行评述。国内判决中对 robots 协议的法律性质作较为完整论述的是微赛劫持优酷世界杯广告流

---

① 参见王思颖:《互联网平台数据不正当竞争行为的法律规制研究》,安徽财经大学 2020 年硕士学位论文。

② 参见丁学明:《律师视角下网络爬虫技术的罪与罚——网络爬虫? 你可能面临的法律责任》,载知乎网 2021 年 10 月 19 日,https://zhuanlan.zhihu.com/p/380697186。

量不正当竞争案。[①] 百度公司的 robots 协议不允许 360 爬虫抓取百度网页内容,但奇虎公司未遵守其 robots 协议,抓取了百度网站内容并作为搜索结果提供给用户。此后,在互联网协会牵头下,百度公司和奇虎公司作为共同发起人之一,签署《互联网搜索引擎服务自律公约》。

在该案件审理中,法院对 robots 协议的相关法律问题进行了评述:robots 协议是技术规范,并非法律意义上的协议;robots 协议系网站服务商或所有者自行编写,属于单方宣示,robots 协议不是强制禁止访问的技术措施;robots 协议已经成为一种国内外互联网行业内普遍通行、普遍遵守的技术规范;《互联网搜索引擎服务自律公约》并非法院可以直接参照适用的法律法规或规章,但其反映和体现了行业内的公认商业道德和行为标准,法院对于《互联网搜索引擎服务自律公约》所体现出的精神应予以充分考虑,即法院并不认为 robots 协议是具有法律约束力的合同,而是将其作为业内普遍遵守的"公认的商业道德"。

行为人通过爬虫获取第三方数据,从而削弱了第三方的竞争优势,破坏了第三方的商业模式。如大众点评诉百度地图案中,法院并未认可原告对数据享有直接权利,但认为原、被告之间存在竞争关系,且被告将爬取数据直接用于其经营的软件运营中,利用了原告的劳动成果,属于"搭便车"行为。此行为将削弱了原告的竞争优势,减少用户对原告软件的使用,损害原告的合法权益。

"车来了"抓取数据不正当竞争案中,法院认为,本案原、被告均从事向用户提供实时公交数据信息的 App 应用软件服务,双方存在同业竞争关系。原告深圳谷米公司研发出谷米 GPS 新技术,并通过与深圳东部公交公司签订协议,而获取深圳东部公交公司所属深圳市内行驶的公交车实时运行线路、到站时间等数据信息。该大数据信息经过原告收集、分析、编辑、整合,并配合 GPS 精确定位技术而成为用户较为需要的数据信息,具有较大的商业价值,能够为原告带来市场竞争优势,此属于我国《反不正当竞争法》保护的竞争权益。被告作为同行业竞争者,未经许可利用网络爬虫技术,破解原告"酷米客"App 软件的加密系统,大量爬取原告"酷米客"App 服务器中的公交车行驶实时数据,并直接在被告"车来了"App 竞争工具上使用,属于不劳而获扰乱公平市场竞争秩序的不

① 参见北京市第一中级人民法院民事判决书,(2013)一中民初字第 2668 号;北京市高级人民法院民事判决书,(2013)高民初字第 3755 号。

正当竞争行为，法院责令被告承担相应的法律责任是妥当的。

对于未经授权直接抓取网络平台用户数据的行为，我国法院采取一致的“构成不正当竞争”的裁判观点，相关案件存在以下几点共性：一是被诉一方均未经许可通过技术手段抓取原告方所控制的用户数据与信息；二是将收集与抓取的上述数据在自身网络平台上进行展示，并形成相应的数据分析报告，以此来吸引访问量、扩大影响力，替代被抓取平台的部分功能或挤占其市场份额获得经营利益等。这些共性构建起针对未经许可收集与抓取用户数据案件的不正当竞争行为认定标准。[①]

近年来数据抓取类的典型案件，如奇虎诉百度 robots 协议案[②]、脉脉非法抓取微博用户信息案、新浪微博数据案、大众点评诉百度地图案、“车来了”抓取数据不正当竞争案、“生意参谋”数据不正当竞争案、“同花顺”软件数据不正当竞争案、蚂蚁金服诉企查查案等，无一例外都适用《反不正当竞争法》一般条款判定被告的数据抓取行为构成不正当竞争。

二、爬虫技术的保护

倍通数据与崔某侵害技术秘密案[③]中，关于爬虫技术的合法性，二审中，崔某提交了网页新闻等证据拟证明爬虫技术不应受法律保护。对此，二审法院认为，即使爬虫技术曾被用于违法活动，但并不等于该项技术本身具有违法性，且崔某也未举证证明涉案技术信息具有违法信息。

综上，倍通数据请求保护的涉案技术信息符合商业秘密的法定要件，应受《反不正当竞争法》的保护，崔某的相关上诉主张缺乏事实和法律依据，法院不予支持。

三、正当性认定标准

（一）数据抓取的判断

根据《中国互联网络发展状况统计报告》，截至 2018 年 6 月，我国搜索引擎

---

① 参见王磊、贡绍海：《数据竞争中的个人信息处理规则问题研究》，载《法律适用》2021 年第 12 期。

② 参见北京市高级人民法院民事判决书，（2017）京民终 487 号。

③ 参见最高人民法院民事判决书，（2021）最高法知民终 1687 号。

用户规模达 6.57 亿,使用率为 81.9%;手机搜索用户数达 6.37 亿,使用率为 80.9%。[①] 正因搜索引擎超高使用率背后巨大的市场价值,互联网竞争在搜索引擎领域也分外激烈,主要可分为 robots 爬虫协议类与关键词类的竞争。

robots 协议首次成为人们关注的焦点是在 2012 年发生的"3B 大战"中,随着 2012 年 8 月奇虎360 公司推出 360 搜索引擎迅速占据市场份额,百度公司随后即对奇虎公司提起了诉讼,认为奇虎公司违反 robots 协议,在百度公司已禁止奇虎公司抓取百度网页内容的情况下仍违规抓取,构成不正当竞争。而奇虎公司则认为百度滥用 robots 协议,仅禁止 360 搜索抓取其网站内容,实施了滥用市场支配地位的行为。因为该案中国互联网协会于2012 年 11 月 1 日发布的《互联网搜索引擎服务自律公约》将 robots 协议上升为行业规定。法院在该案判决中认为,robots 协议被认定为搜索引擎行业内公认的、应当被遵守的商业道德,互联网企业应该遵守互联网行业协会组织订立的,代表大部分互联网意志的《互联网搜索引擎服务自律公约》。[②]

该案中,法院确立了 robots 协议作为商业道德评判标准的地位,搜索引擎在采集信息时,只要遵守 robots 协议一般不会被认定侵权行为。

但随着字节跳动诉微博案的二审宣判,这一鼓励互联互通、反对信息孤岛的司法价值取向似乎迎来了转变。同样是在 robots 协议中限制特定主体的抓取行为涉嫌不正当竞争,这次败诉的却是抓取方,而且还是一审胜诉后遭遇二审改判。北京市高级人民法院认为,微博通过设置唯一黑名单形式限制字节跳动抓取其网页内容的行为,是行使企业自主经营权的正当行为,不构成不正当竞争。同样是北京市高级人民法院的判决结果,该案判决与 360 搜索引擎案判词大相径庭,指出"尽管 robots 协议客观上可能造成对某个或某些经营者的'歧视',但在不损害消费者利益、不损害公共利益、不损害竞争秩序的情况下,应当允许网站经营者通过 robots 协议对其他网络机器人的抓取进行限制,这是网站经营者经营自主权的一种体现"。

我们是否可以据此而得出结论——司法对于"限制数据抓取"行为的态度发生了根本转变呢?显然不是。《反不正当竞争法》作为行为法,只能对涉诉的

① 参见第 42 次《中国互联网发展状况统计报告》。

② 参见北京市第一中级人民法院民事判决书,(2013)一中民初字第 2668 号。

具体行为的正当性作出评价，而并不对某一类权益的归属作证立或证伪，我们无法脱离具体情形去论证某一类行为正当与否。

正如北京市高级人民法院在字节跳动诉微博案判词最后提醒的那样，“本案被诉行为应被认定为行使企业自主经营权的行为，但这并不意味着对于互联网企业所设置的任何 robots 协议均能够基于企业自主经营权而当然地认定其具有正当性”，而应“结合 robots 协议设置方与被限制方所处的经营领域和经营内容、被限制的网络机器人应用场景、robots 协议的设置对其他经营者、消费者以及竞争秩序的影响等多种因素进行综合判断”。

以大众点评诉百度地图案为例，该案中，大众点评并未在其 robots 协议中限制百度公司的抓取，百度公司则在百度地图、百度知道中使用了大众点评网的用户评论信息。法院认为，“商业模式上的创新在一定程度上提升了消费者的用户体验，丰富了消费者的选择，具有积极的效果”，但“百度公司通过搜索技术抓取并大量全文展示来自大众点评网的信息，本院认为其已经超过必要的限度”。法院判定百度公司抓取行为超过必要限度的根本原因在于这种同质化行为将对竞争秩序造成扭曲：一方面，“这种行为已经实质替代了大众点评网的相关服务，其欲实现的积极效果与给大众点评网所造成的损失并不符合利益平衡的原则”；另一方面，“消费者利益的根本提高来自经济发展，而经济的持续发展必然依赖于公平竞争的市场秩序。就本案而言，如果获取信息投入者的利益不能得到有效保护，则必然使得进入这一领域的市场主体减少，消费者未来所能获知信息的渠道和数量亦将减少”。

针对此案的裁判结果，也有不同的观点，他们认为该案的关键是如何把握判断被告获取和使用原告数据信息的行为，该行为是否违反商业道德。一、二审判决基于争议数据信息具有市场价值、原告为此付出劳动和成本以及被告的替代性使用超出了必要的限度而导致利益失衡，由此构成违反商业道德，据此认定被告的行为构成不正当竞争。但是，如果换一些角度并运用另一些价值进行分析，也可以得出不同的商业伦理标准和判断结论。该案竞争行为正当性的认定，需要结合互联网的经营特点：其一，互联网经济的特点便是分享互通，如果信息提供者未采取一定的技术措施或者 robots 协议阻止他人获取该种信息，所有接入互联网中的个体均可以利用网络中的信息。仅以信息使用者获得信息是不劳而获，而认定其构成不正当竞争的做法在逻辑上并不周延。其二，该案原告本可以使用 robots 协议之类的技术措施和行业惯例限制或者禁止被告对其信息数据的抓取和使用，却并未采取这种做法，这应该是其趋利避害的市场决策结果。如果原告采取限制或者禁止抓取其信息数据的措施，可能会使其遭受利用被告搜索服务获取客户资源的损失，在因开放信息数据资源搜索遭受的被利用损失（被原告利用而遭受替代的损失）与由此获得的客户来源之间进行比较，或许原告的收益大于损失。尊重这种因市场选择的趋利避害而作出的市场决策，恰恰符合商业伦理。其三，信息数据的保护应当具有适当的门槛。例如，要求原告采取适当的管理措施，而不是在互联网上洞开他人可以自由获取的大门，自动受到法律保护。[①]

（二）公开数据保护的认定

擅自抓取微博后台数据不正当竞争案中，对于平台的公开数据，基于互联互通的精神平台经营者应当允许其他经营者搜集、利用此类数据。但是对于已经设置访问权限的非公开数据，经营者在没有获得许可的情况下，通过技术手段抓取和存储的行为本质上利用技术手段破坏或者绕开平台所设置的访问权限，此种行为不具有正当性。

新浪微博数据案中，从该案的裁判理由来看，平台经营者容忍他人收集和利用公开数据义务，主要包括目的正当性、手段正当性以及收集利用行为的正当性等。第一，目的正当性的要求，该要求意味着他人收集或利用其平台中已公开的数据，应当以公益研究或其他有益用途为目的。第二，手段正当性的要求，该要求意味着需考虑其抓取该部分数据的行为是否系使用了合法正当的行为手段，如果他人抓取网络平台中的公开数据之行为手段并非正当，则其抓取行为本身及后续使用行为亦难谓正当。在该案中，对抓取公开数据的行为正当性的判断，司法机关考虑到：涉案数据的公开部分亦有其特定的展示规则，如需用户触发才可查看更多已公开的微博内容或评论，通过破坏此种展示规则之手段获取该部分需用户行为触发的公开数据；通过伪装成用户登录，或模拟用户行为向新浪微博后台服务器发送请求，并按照浏览器规则进行解析等技术手段获取公开数据等，不是合法正当的。第三，收集和利用行为的正当性要求，该要

① 参见王艳芳：《商业道德在〈反不正当竞争法〉中的价值与标准二重构造》，载《知识产权》2020年第6期。

求意味着如果他人抓取网络平台中的公开数据之行为手段系正当，则需要结合涉案数据数量是否足够多、规模是否足够大进而具有数据价值，以及被控侵权人后续使用行为是否造成对被抓取数据的平台的实质性替代等其他因素，对抓取公开数据的行为正当性做进一步判断。

（三）合理性使用

根据原被告双方签订的 robots 协议，百度地图有权依照协议通过蜘蛛机器人抓取网站内的用户点评信息，但 robots 协议本身只涉及搜索引擎抓取网站信息的行为是否符合公认的行业准则的问题，不能解决搜索引擎抓取网站信息后的使用行为是否合法的问题，[①]并非只要搜索引擎遵守 robots 协议就一定不构成不正当竞争。也就是说，双方签订的 robots 协议只能解决信息抓取合法性问题，但无法解决抓取到的信息合理性使用问题。出于《反不正当竞争法》中规定的诚实信用原则和公认的商业道德，百度地图对抓取后信息的使用应符合合理性使用标准。[②]

（四）利益平衡

抓取阿里巴巴诚信通 200 万家企业数据案中，原告针对内贸企业量身打造了基于大数据技术的“诚信通”电子商务会员服务，以企业诚信体系为内核，阿里巴巴的企业诚信体系建立在用户授权搜集各类信息，并通过阿里巴巴设计的模型、逻辑、方法、流程，对搜集到的各类信息进行加工、整理或分析处理结果的基础之上，该等信息数据库成为阿里巴巴的核心资源。被告码注公司系“企业名搜索”网站经营者，未经原告同意，擅自获取原告平台数据建立自身数据库并用于商业开发和合作。原告认为被告行为攫取了本该属于原告的商业机会，具有明显的不正当性，构成不正当竞争行为。法院认为，本案涉及“数据”这一特殊客体，在数据的控制和分享之间，要考虑私人利益和公共利益的平衡。本案被告网站抓取原告网站数据后建立的自身网站甚至可以直接替代原告网站的部分功能，导致原告网站用户流失，损害了原告利益，并且并不能证明有利于市场效率和社会利益；被告将原告平台公布的商家数据直接用于其网站，也超过

① 参见上海市浦东新区人民法院民事判决书，（2015）浦民三（知）初字第 528 号。

② 参见邓文：《论网络环境中适用〈反不正当竞争法〉一般条款的“三要件”——以大众点评网诉百度不正当竞争案为切入点》，载《现代法治研究》2019 年第 3 期。

了合理限度,被告行为违反了公认的商业道德,构成不正当竞争。

本案中,法院强调数据的流通价值,并指出被告应当"本着善良、诚信的原则,在必要限度内使用涉案数据",但被告可以直接替代原平台部分功能的数据使用行为,超过了合理限度。

四、取得同意

(一)取得同意的判断

在我国法院处理的数据利用案件中,"取得同意"俨然是正当性判断的核心。譬如,在脉脉非法抓取微博用户信息案中,两级法院用大量精力调查被告是通过什么行为获取微博用户的信息,分析被告不按照微博的《开发者协议》收集信息的不正当性。但正如法院所列示的事实:"用户使用手机号或电子邮箱注册新浪微博账号,手机号需要验证,用户可以选择手机号向不特定人公开;用户头像、名称(昵称)、性别、个人简介向所有人公开,用户可以设置其他个人信息公开的范围,职业信息、教育信息默认向所有人公开,互为好友的新浪微博用户能看到对方的职业信息、教育信息。"对于使用未受专门法律①保护的、公开或部分公开的信息,法院却似乎认为"取得同意"仍是数据利用的唯一合法性,缺乏考虑不保护是否会导致原告遭遇市场失灵的情况。互联网公开的原始数据,是基于用户登录时留下的,不归属于原告,原告不对这些数据拥有控制权,这些数据原则上属于自由竞争的范畴。证成原告受损必须有坚实基础,应证成原告遭遇市场失灵,考虑数据产品(或数据利用方式)之间是否具有实质替代的效果,不能借保护消费者之名,行保护经营者之实。②

(二)协议采集数据

擅自抓取、复制竞争平台用户数据或数据产品可以以平台间是否签订了数据采集、使用合同区分为以下两种行为范式:第一,互联网平台之间签订了数据采集、使用合同一类行为合法化文件,而被授权方违反合同约定,从事了采集合同约定范围以外数据、违背合同约定数据使用方式、向合同外第三方提供数据的行为。第二,竞争平台之间不存在任何数据采集使用许可合同,一方使用爬

① 这里指保护企业信息权益的法律,而不是保护用户数据权益的法律。
② 参见黄武双、谭宇航:《不正当竞争判断标准研究》,载《知识产权》2020年第10期。

虫技术等大数据技术,径行复制、抓取竞争平台的用户数据,甚至复制抄袭平台的数据产品的行为。经营者之间的合作关系为被授权方取得数据提供了正当性,被授权方获取、使用数据,必须依据合同约定的方式,在合同约定的范围内进行,遵守合同约定的义务,诚信履约,不为有损交易的行为。当被授权方利用交易创造的便利,采集超越合同约定范围的数据、扩大数据的使用方式时,其采集使用数据的正当性及合法性已然丧失。①

第一种行为范式以新浪微博诉脉脉非法提取、使用微博用户数据信息一案为例。脉脉与新浪微博签署了《开发者协议》,合同中明确约定了脉脉从新浪微博提取数据的前提、范围以及方式、时限。根据合同条款规定,脉脉在获取数据前应当先行取得微博用户的明示许可,采集范围限于用户名称、性别、头像等公开基础数据,并在合同终止后立即停止数据采集行为。然而,脉脉超越了合同约定的数据采集范围,同时采集了微博用户的职业信息、教育信息等非公开基础数据,并且在使用数据时没有经过用户的同意便在其应用中公开其采集到的数据,且在合同终止后仍然继续采集数据。② 法院依据《反不正当竞争法》第2条认定脉脉此举违背合同约定,以不正当的手段获取、利用微博平台的用户数据,与诚实信用原则和基本商业道德相悖,是不正当竞争行为。

第二种行为范式则是行为人在没有与被采集数据平台经营者签订任何数据采集、使用合同的前提下,在对方毫不知情的情况下,利用爬虫技术等擅自采集、使用其平台数据,复制其数据产品的行为。此种行为相较前述行为在违法性、不正当性上尤甚,且造成的损害更大,代表性的案例有大众点评网不正当竞争纠纷案。大众点评网以为用户免费提供各类店铺信息、评价及店铺优惠活动的方式累积了丰富的用户店铺评价信息,而这些点评也是其主要的平台竞争优势。而百度公司未经其同意,擅自抓取了大众点评网上公开的用户评价数据,并直接放在了百度地图和百度知道两款产品中,使大众点评网的竞争优势受到损害,并遭受损失。在本案中,百度公司获取用户点评数据的手段缺乏正当性,成本付出与收获明显失衡,该行为是极为典型的数据不正当竞争行为。互联网

① 参见王思颖:《互联网平台数据不正当竞争行为的法律规制研究》,安徽财经大学2020年硕士学位论文。

② 参见许可:《数据保护的三重进路——评新浪微博诉脉脉不正当竞争案》,载《上海大学学报(社会科学版)》2017年第6期。

平台经营者利用技术抓取公开数据,即使不违反网站爬虫协议,也可能构成数据不正当竞争。①

(三)"三重授权原则"

脉脉非法抓取微博用户信息案中,在开放平台 Open API 合作模式下,法院均认可数据的获取和使用应当遵守"三重授权原则",该原则首次得到确认,即"用户授权+平台授权+用户授权"的"三重授权原则"成为互联网平台通过 Open API 模式调用用户信息的基本原则。在微信诉多闪案中,法院在裁定微信方提出的要求抖音停止调用微信用户信息向多闪等产品用户推荐好友的行为保全申请中,就引用了该"三重授权原则"作为论据,并指出在 Open API 开发合作模式中,第三方通过 Open API 获取用户信息时应坚持"用户授权+平台授权+用户授权"的三重授权原则。"生意参谋"数据不正当竞争案中,一审法院确认了"用户授权网络运营者+网络运营者授权第三方+用户授权第三方"的三重授权许可使用规则限制,认为美景公司的被诉行为构成不正当竞争。针对"淘宝收集并使用网络用户信息的行为是否正当"这一焦点问题,二审法院支持了一审观点,认为淘宝在原始痕迹数据的基础上,经综合、计算、整理才得到趋势、占比、排行等分析意见,其对信息的使用结果与原始痕迹信息本身已不具有直接关联,已远远脱出个人信息范畴,不属于对用户信息的公开使用。

"三重授权原则"在"生意参谋"数据不正当竞争案、腾讯诉某短视频 App 案、微信诉多闪案中均得到了援引。尤其在微信诉多闪案中,法院还进一步明确,"用户授权+平台授权+用户授权"的"三重授权原则",已成为开放平台领域网络经营者应当遵守的商业道德。②

中国政法大学民商经济法学院教授来小鹏认为,用户授权首先需要以用户有权为前提,否则不能谈及授权。比如,用户的个人信息分为可识别的信息和匿名化的信息,两者需要区别对待。《个人信息保护法》中提及的个人信息是可识别的信息,这些信息的收集、使用、加工、公开,务必要征得用户个人同意。如果个人信息经过匿名化处理,形成了数据的组成部分,无法对应到个人,就与自然人脱离了关系,且由于处理者对用户信息的匿名化有所投入,所以该数据应

① 参见李慧敏、孙佳亮:《论爬虫抓取数据行为的法律边界》,载《电子知识产权》2018 年第 12 期。

② 参见天津市滨海新区人民法院民事裁定书,(2019)津 0116 民初 2091 号。

当归属于企业,此时就不需用户授权。[①]

互联网平台本身就是逐利的,排除限制竞争是商业利益所驱使的本性。如果将在微博诉脉脉案二审判决中为充分保护用户个人隐私利益所诞生的"三重授权原则",不加以分析直接运用在所有情景的网络开放平台数据抓取案件中,会导致偏向于网络开放平台的利益保护,不利于维护自由竞争的市场交易环境。尤其是处于行业弱势地位或者是后期才参与竞争的经营主体,更加难以通过合法的手段获得用户的原始数据,反而会导致已经取得竞争优势的网络开放平台缺乏竞争者的合理激励而坐吃山空。网络开放平台可能因为商业模式和先发优势获得了回报,这使经营者获得了足够的激励。激励不足只是建立在法官推论上的,并没有被充分证明。何况弱激励未必对平台有害,由于数据的公共性,促进数据传播和利用的保护模式还可能为消费者带来更高的福利。[②]

在司法实践中,法院主要是通过《反不正当竞争法》第 2 条,即一般条款来规范爬取公开数据的不正当竞争行为。对爬取公开数据行为违法性的认定,多是分析爬取方是否违反诚信原则与商业道德,是否存在未经授权或超授权范围爬取数据的行为。其中,"未经授权"包括"禁止爬取",当爬取方在明知网站禁止其爬取的情况下,或者收到数据控制者发出的禁止爬取告知函以及受到反爬技术手段限制后,仍继续爬取网站公开数据的,将被认定为恶意爬取,其使用数据的行为若对原网站产生实质性替代将被认定为不正当竞争行为。这种裁判思路有两个缺陷:一是没有考虑公开数据意味着数据已向公众授权公开,其不属于"未经授权"的范围;二是没有考虑数据控制者禁止爬取的合法性问题。虽然实践中一般性观点认为,数据控制者为获取数据付出了人力、物力、财力等经营成本,其由此获得的利益应当受到法律保护。然而,这一观点忽视了数据控制者禁止爬取的利益属于竞争利益而非法定排他性利益范畴。[③]

微博诉脉脉案[④]中,法官使用"三重授权原则",即"用户授权 + 平台授权 +

---

① 参见《新经济时代,涉数据不正当竞争行为的前沿问题和法律路径》,载强企知识产权研究院 2022 年 4 月 23 日,http://www.qqip.org.cn/category/view?id=908。

② 参见王燃:《论网络开放平台数据利益分配规则》,载《电子知识产权》2020 年第 8 期。

③ 参见翟巍、刘一诺:《反不正当竞争法视角下公开数据爬取行为的合法性边界》,载《价格理论与实践》2021 年第 8 期。

④ 北京知识产权法院民事判决书,(2017)京 73 民终 2102 号。

用户授权”,该原则是针对半公开数据提出的,为仅限平台范围内使用的用户信息提供了较强的保护。这与《个人信息保护法》对个人信息的保护初衷相一致,该原则对公开信息也同样适用。用户选择公开个人信息仅意味着完成了第一次用户授权,即承认在平台范围内公开其个人信息。当第三方爬取公开个人信息,尤其是在大规模自动爬取公开个人信息时,还应当通过具有显著可识别性的告知路径(譬如,短信、弹窗、消息中心),事先取得用户的第二次授权规范使用用途。任何数据使用的行为都不得侵犯个人隐私和破坏生活安宁。任何数据使用也不应通过“精准画像”方式误导、诱导用户,不得妨碍影响用户做出理性商业决策。

第七节　数据使用不正当性判定

一、不正当性判定方法

大众点评诉百度地图案中,关于信息使用的市场竞争行为是否具有不正当性,法院主要从 4 个方面进行判断:第一,涉案信息是否具有商业价值,能否给经营者带来竞争优势;第二,信息获取的难易程度和成本付出;第三,对信息的获取及利用是否违法、违背商业道德或损害社会公众利益;第四,竞争对手使用信息的方式和范围等。[①]

该案二审法院认为,百度公司辩称其进行网络信息的抓取和使用是遵守互联网行业通用的 robots 协议,没有违反《反不正当竞争法》。对此,法院指出,robots 协议只涉及搜索引擎抓取网站信息的行为是否符合公认的行业准则的问题,而搜索引擎抓取网站信息后的使用行为是否合法,应该在法律上进行明确规制,即百度公司对于网站信息的使用应该符合《反不正当竞争法》的相关规定。在本案中,百度公司的搜索引擎抓取涉案信息的行为虽然没有违反 robots 协议,但不意味着百度公司抓取信息后任意使用大众点评上的点评信息的行为

① 参见田小静:《大数据时代互联网信息使用行为的竞争法规制——以大众点评诉百度不正当竞争纠纷案为例》,载《重庆科技学院学报(社会科学版)》2017 年第 2 期。

是合法的，百度公司应本着诚实信用的原则，遵守公认的商业道德，合理控制源于其他网站的信息的使用范围和使用方式。法院判决最终认定，百度公司假借搜索引擎名义以不当方式获取其他网站内容及流量来培植自己的"百度地图""百度知道"等相关业务内容的行为具有不正当性，违反了《反不正当竞争法》的规定。①

腾讯诉"5G 芝麻"云游戏平台侵害著作权及不正当竞争纠纷案中，腾讯主张，按照"5G 芝麻"云游戏平台的相关页面指示，游戏用户可选择将其游戏账号自动关联至平台账号进行自动登录等；"5G 芝麻"云游戏平台会采集用户的个人历史游戏信息，记录用户在该平台上启动的游戏并保存游戏数据，违反了《反不正当竞争法》第 2 条的规定，构成不正当竞争。

法院认为，本案中，腾讯收集的游戏用户的账号信息及参与游戏的相关数据，均属于原始数据。祺韵公司收集这些原始数据的行为，不构成对腾讯合法权益的损害。第一，在这些数据形成过程中，用户起主导作用，涉案数据是用户使用腾讯服务时附随而生的。《腾讯游戏用户协议》第 3.1 条载明用户同意并授权腾讯收集用户包括实名注册信息和用户游戏账号下的游戏数据等信息。由此可见，腾讯对于游戏用户数据的收集，是基于用户授权。第二，腾讯未举证证明其享有对游戏用户数据收集的专有权利。祺韵公司运营的"5G 芝麻"云游戏平台在收集游戏用户的账号及游戏相关数据时，亦获得了游戏用户的授权，且没有破坏腾讯的技术保护措施，并非违法取得。第三，腾讯未举证证明祺韵公司收集游戏用户相关数据的行为，妨碍了其对游戏用户数据的收集和使用，或者影响案涉网络游戏的正常运行。相反，祺韵公司提供的 5G 云游戏服务未切断用户与腾讯之间的关系，游戏用户通过"5G 芝麻"云游戏平台对游戏进行实时操作时，仍然是登录游戏客户端而与腾讯发生直接的关系，未使腾讯损失游戏用户的任何数据。综上，祺韵公司收集腾讯游戏用户账号信息并存储游戏数据的行为，不构成对腾讯的不正当竞争，对于腾讯的该项主张，法院不予支持。

① 参见上海知识产权法院民事判决书，(2016)沪 73 民终 242 号。

二、数据权益保护边界

“微信群控”不正当竞争纠纷案中，一审法院认为，网络平台方对于数据资源整体与单一原始数据个体享有不同的数据权益。两被告通过被控侵权软件擅自收集微信用户数据，存储于自己所控制的服务器内的行为，不仅危及微信用户的数据安全，且对腾讯公司基于数据资源整体获得的竞争权益构成了实质性损害。两被告的行为有违商业道德，且违反了网络安全法的相关规定，构成不正当竞争。一审法院遂判决两被告停止涉案不正当竞争行为，共同赔偿腾讯公司经济损失及为制止不正当竞争行为所支付的合理费用共计 260 万元。本案系涉及数据权益归属判断及数据抓取行为正当性认定的典型案件。本案判决兼顾了各相关方的利益，合理划分了各类数据权益的权属及边界，为数据权益司法保护提供了理性分析基础，也为防止数据垄断、完善数字经济法律制度、促进数字经济健康发展提供了可借鉴的司法例证。

近年来的数据权益保护案件基本上都是通过《反不正当竞争法》一般条款或者“互联网专条”进行调整。当前以《反不正当竞争法》保护数据，呈现了如下态势：首先，受保护数据及侵权行为的多样化。其次，数据权益的合法性和适格性是重点。由于数据集合的多样性，当前司法裁判对于不同数据的可保护性存在不同态度。总体上说，对于原始数据以及平台合法收集并深度加工后形成的数据，一般承认互联网平台享有数据权益。[①] 例如，脉脉非法抓取微博用户信息案中，法院实质上保护的是由原始个人信息集合而成的数据。[②] “生意参谋”数据不正当竞争案中，法院保护的是衍生数据产品。在许多案件中法院并未进行细化区分，认为即使是用户发布的原始数据、公开数据，仍具有可以为平台带来现实或者潜在、当下或者将来的经济利益的属性，属于平台可主张的受《反不正当竞争法》保护的法益。当然，有些法院对这类数据流通、使用的利益平衡问题进行了特别关注。如大众点评诉百度地图案中，二审判决指出，即使平台可以对用户发布的公开内容数据进行权益主张，但是考虑产业发展和互联网环境

---

① 参见孔祥俊：《商业数据权：数字时代的新型工业产权——工业产权的归入与权属界定三原则》，载《比较法研究》2022 年第 1 期。

② 参见北京知识产权法院民事判决书，(2016)京 73 民终 588 号。

所具有信息共享、互联互通的特点，需要兼顾信息获取者、信息使用者和社会公众三方的利益。这些案件也涉及如何对待数据权益的法律结构的问题，即数据集合是否一概可以作为单一的权利客体，是否均可以产生单一的权利；原始数据与衍生数据在界权上是否应该区别对待等。再次，行为判断模式导致数据权益保护具有较大的裁量性和不确定性。最后，司法裁判已出现将数据权利化的倾向。① 有法官在实证研究以后认为，竞争利益权利化趋势明显。比如，有些法院以私法自治为基础，根据诉争双方的合同约定确定数据权利边界；有些法院则遵循"劳动赋权"模式，直接将数据产品作为"劳动成果"保护；还有些法院则宽泛地以数据权益、商业模式受到侵害为论证起点，将经营者的竞争优势上升为权利加以保护。②

三、实质性替代标准

在大众点评网的系列数据不正当竞争案中，法院均运用实质性替代标准认定被告的行为具有不正当性。涉案被告未合理控制对大众点评网信息的使用方式和范围，充分展示绝大多数用户点评内容和商户信息的行为，使网络用户无须跳转链接进入大众点评网站即可获得足够的信息，这已实质性替代大众点评网的服务。③ 在饭友 App 抓取微博数据不正当竞争案中，饭友 App 抓取微博数据内容后进行完整展示并设置一致的界面设计，用户基于正常阅读习惯，不会再返回到微博查阅有关内容，饭友 App 的涉案行为对微博服务构成实质性替代。又如，在万得公司诉同花顺公司侵害著作权及不正当竞争案④中，法院认

---

① 参见孔祥俊：《商业数据权：数字时代的新型工业产权——工业产权的归入与权属界定三原则》，载《比较法研究》2022 年第 1 期。

② 参见北京知识产权法院民事判决书，(2016)京 73 民终 588 号；杭州铁路运输法院民事判决书，(2017)浙 8601 民初 4034 号；上海知识产权法院民事判决书，(2016)沪 73 民终 242 号。有法官在进行实证分析后认为，数据权益不正当竞争纠纷平均审理时间较长，说明法官对此审裁尤为谨慎，但从裁判结果上看，法官对新型竞争行为的判断又显得格外大胆且一致，认定案涉行为构成不正当竞争的比率明显偏高，达 88.3%。裁判中对竞争问题的论证多集中于行为"为什么是不正当的"，而不是优先考虑"为什么不是"，体现出积极干预思维。参见吴博雅、张竣宇：《未阐明的规则：数据权益不正当竞争的实证检视、路径重塑与具案证成》(全国法院第三十三届学术讨论会征文)(2021 年 8 月 24 日)。

③ 参见北京市海淀区人民法院民事判决书，(2010)海民初字第 24463 号；北京市第一中级人民法院民事判决书，(2011)一中民终字第 7512 号。

④ 参见上海市第一中级人民法院民事判决书，(2012)沪一中民五(知)初字第 247 号；上海市高级人民法院民事判决书，(2017)沪民终 39 号。

为,同花顺公司刻意模仿万得公司产品,使用近似的组织结构和表现形式,设置同样的模板转换功能,采用相同的函数公式,使两种产品得以兼容,以便用户将存储在万得公司产品中的数据直接导入同花顺公司产品中,维护了用户使用习惯的延续性,但此种方式实际实现了两产品的直接替代效果,有违商业伦理,构成不正当竞争。

由于实质性替代具有客观性,该标准既是违反诚实信用原则和公认商业道德的客观体现,也是《反不正当竞争法》"互联网专条"兜底条款的具体化。适用该兜底条款规定应当满足的条件之一便是使用技术手段影响用户选择或直接替代用户选择。①

"极致了"非法抓取微信数据案中,在从是否实质性替代其他经营者提供的相关产品或服务的角度分析时认为:(1)根据"极致了"网站展示的向第三方提供 API 接口数据服务情况,可以认定"极致了"网站直接抓取微信公众号的账号信息及用户在平台的数据信息,该行为使得网络用户无须登录微信账号、订阅微信公众号即可在"极致了"网站查看除了微信公众号文章以外的相关阅读数、点赞数等相关数据内容,影响微信用户协议的履行,破坏微信公众号数据的展示规则,对微信公众号点赞数、阅读数、公众号主体信息等部分数据内容构成实质性替代,分流了微信产品的部分潜在用户。(2)微信客户端不仅向网络用户提供可以直接访问微信公众号及文章的搜索链接,还可以向搜狗搜索提供引擎独家授权,允许搜狗提供公众号及文章搜索。"极致了"官网提供微信公众号及文章搜索、展示等服务,已经构成对微信公众号部分数据内容服务的实质性替代,进而损害两原告通过对外授权可获取的合作利益等商业利益,构成不正当竞争。

《最高人民法院关于适用〈中华人民共和国反不正当竞争法〉若干问题的解释(征求意见稿)》第 26 条规定:"经营者违背诚实信用原则和商业道德,擅自使用其他经营者征得用户同意、依法收集且具有商业价值的数据,并足以实质性替代其他经营者提供的相关产品或服务,损害公平竞争的市场秩序的,人民法院可以依照反不正当竞争法第十二条第二款第四项予以认定。经营者征得用户同意,合法、适度使用其他经营者控制的数据,且无证据证明使用行为可能损

① 参见上海市徐汇区人民法院民事判决书,(2018)沪 0104 民初 243 号。

害公平竞争的市场秩序和消费者合法权益，控制该数据的经营者主张属于反不正当竞争法第十二条第二款第四项规定的行为的，人民法院一般不予支持。”该条款仍依赖诚实信用和商业道德、公平竞争的市场秩序和消费者利益的个案判断，以实质性替代等不确定性标准，认定擅自使用他人数据的不正当竞争，不以事先采取管理措施为保护条件。从上述条款来看，有关数据竞争的正当性边界仍在于“实质性替代”和“合法、适度使用”的认定，在个案中如何对多元法益进行统筹兼顾和综合考量，尤其是如何防止脱离竞争法的目标进行泛道德化评判，似乎仍是未解难题。实质性替代仍有较大的不确定性，即这种以抓取数据信息的多少作为不正当竞争的实质判断标准，使数据信息的保护标准具有不确定性，且以不确定性标准限定公开置于网站之中的且未采取防护措施的数据信息的自由抓取，可能会不适当增加网络环境下获取数据信息的成本，进而增加数据抓取和利用的社会总成本。①

四、数据算法的规制

（一）算法价格歧视

针对“大数据杀熟”现象引发的案例和讨论，2021 年 8 月 17 日，国家市场监督管理总局发布的《禁止网络不正当竞争行为规定（公开征求意见稿）》第 21 条规定：“经营者不得利用数据、算法等技术手段，通过收集、分析交易相对方的交易信息、浏览内容及次数、交易时使用的终端设备的品牌及价值等方式，对交易条件相同的交易相对方不合理地提供不同的交易信息，侵害交易相对方的知情权、选择权、公平交易权等，扰乱市场公平交易秩序。交易信息包括交易历史、支付意愿、消费习惯、个体偏好、支付能力、依赖程度、信用状况等。”这被看作国家层面有关“算法价格歧视”可能构成不正当竞争的尝试性规定。

随着大数据、人工智能的飞速发展和广泛应用，算法已逐渐成为企业在市场竞争中不可或缺的工具。在算法驱动经济发展的同时，借助算法进行差异化定价、操控舆论、诱导沉迷与过度消费等不当利用同样对社会秩序与用户合法权益产生负面影响。在此背景下，2022 年 1 月 4 日，国家互联网信息办公室等

---

① 参见孔祥俊：《商业数据权：数字时代的新型工业产权——工业产权的归入与权属界定三原则》，载《比较法研究》2022 年第 1 期。

四部委联合发布《算法推荐规定》，该部门规章自 2022 年 3 月 1 日起正式施行。《算法推荐规定》首次对“互联网信息服务算法推荐”在法律法规等层面进行明确界定，全方位呼应《网络信息内容生态治理规定》《互联网新闻信息服务管理规定》《未成年人保护法》《国务院反垄断委员会关于平台经济领域的反垄断指南》等现有规定。

（二）算法推荐技术

依据《算法推荐规定》第 2 条的规定，应用算法推荐技术，是指利用生成合成类、个性化推送类、排序精选类、检索过滤类、调度决策类等算法技术向用户提供信息。由此可知，《算法推荐规定》的适用对象应满足三要素，即“提供互联网信息服务”“应用算法推荐技术”“向用户提供”。我们认为，《算法推荐规定》适用对象覆盖范围较广，除了为人熟知的平台经济领域运营者、互联网信息内容生产传播者等大型互联网公司，涉及使用算法处理大量个人信息的企业均可能落入《算法推荐规定》规制的范畴之内。《算法推荐规定》第 2 条第 2 款明确，算法推荐技术主要包括生成合成类、个性化推送类、排序精选类、检索过滤类、调度决策类等。关于企业提供的“互联网信息服务”，现行《互联网信息服务管理办法》第 3 条作出了“经营性”与“非经营性”的区分，经营性互联网信息服务，是指通过互联网向上网用户有偿提供信息或者网页制作等服务活动。非经营性互联网信息服务，是指通过互联网向上网用户无偿提供具有公开性、共享性信息的服务活动。向用户提供，指通过“信息触点”（建立消费者用户与品牌之间的连接，如发送短信、呈现搜索、个性化推荐、提供信息撮合等）直接向用户推送信息。以具体场景为例，电商平台中入驻的商家若仅依靠平台向消费者推送个性化信息，自身并非信息服务的直接提供者，则不落入《算法推荐规定》的适用范围。①

（三）大数据杀熟

大数据杀熟是算法歧视的一种较典型的表现形式，主要指基于长期积累的交易相对人的交易大数据，利用算法根据支付能力、消费偏好、使用习惯等，对交易条件相同的交易相对人实行差异性交易价格或者其他交易条件。大数据

① 参见杨锦文、高健：《企业算法推荐合规要点 40 条》，载君合网 2022 年 4 月 20 日，http://www.junhe.com/legal-updates/1659。

杀熟可能构成现行《反垄断法》第22条第1款第6项“没有正当理由,对条件相同的交易相对人在交易价格等交易条件上实行差别待遇”。

大数据杀熟主要是价格歧视,经营者通过大数据分析与用户画像,针对其认为的“对价格不敏感”用户实施差别定价,如经营者对“熟客”“富人”比“生客”“穷人”收取更高价格,借以吸引更多新用户、锁定目标用户群体、提升用户忠诚度等。互联网企业掌握大量个人信息、行为习惯等数据后,利用大数据实现“千人千面”,以大数据为“原料”借助算法技术对具有购买经历的消费者采取不利的个性化价格策略。①

目前我国学界和实务界对“大数据杀熟”的讨论,仍多在《消费者权益保护法》《电子商务法》等部门法框架内进行,并沿着传统侵权法路径来展开分析,如刘某诉三快科技公司侵权责任纠纷案②、胡某诉携程网侵权责任纠纷案③、郑某与携程公司侵权责任纠纷案(以下简称郑某诉携程网侵权责任纠纷案④)等。但在这些案件中,法院均未认定构成“价格歧视”,理由均是平台动态调整定价属于经营者自主权的范畴,原告未能完成“同等条件同等对待”中“同等条件”的证明,应承担举证不能的不利后果。

(四)营销活动算法合规指引

为减少算法技术对消费者权益的损害,保护竞争环境,部分区域市场监督管理部门出台有关规范性文件。如上海市市场监管局制定发布《上海营销活动算法应用指引》,规范网络交易平台网络营销活动算法应用行为,为平台经营者划出合规底线。网络营销活动算法应用是指通过互联网等信息网络销售商品或者提供服务时,应用算法技术实施各类自动化决策,包括向消费者个人进行信息推送或商业营销、提供搜索结果、开展交易等。《上海营销活动算法应用指引》仅限于网络交易平台网络营销活动,适用于上海市行政区域内的网络交易平台经营者,但利用信息网络提供金融类产品和服务、新闻信息、音视频节目、出版以及文化产品等商品和服务的网络交易平台经营者除外。

---

① 参见喻玲:《算法消费者价格歧视反垄断法属性的误读与辨明》,载《法学》2020年第9期。

② 参见湖南省长沙市中级人民法院民事判决书,(2019)湘01民终9501号。

③ 参见李玲:《个人信息保护法对“杀熟”说不! 多法规制,“杀熟”会消失吗?》,载微信公众号“反垄断前沿”2021年8月23日,https://mp.weixin.qq.com/s/K5Rj3peJ7PoA7VUceA7LpA。

④ 参见上海市长宁区人民法院民事判决书,(2020)沪0105民初9010号。

第八节　个人数据信息保护

信息和数据概念在目前的法律表述上一直混用,但在个人数据和信息保护方面,对二者进行区别,这有利于选择法律上的保护依据。

一、个人信息保护立法

(一)相关法律规定

《个人信息保护法》第 4 条和《民法典》第 1035 条第 2 款对个人信息处理进行了相似的定义。《个人信息保护法》要求对个人信息进行处理需要以合法、正当的方式,遵守公开、透明的原则。而《民法典》虽并未给予个人信息以具体的权利基础,但也为信息处理者的信息开发行为提供了法律依据,规定个人信息的处理包括收集、使用等多种行为,应当遵循合法、正当、必要原则,不得过度处理,同时要符合征得同意、公开规则等硬性条件。《网络安全法》第 35 条也对个人数据的收集和使用进行了规定,企业在收集数据时,应当符合这些法律规则。如果企业对数据的收集过程存在瑕疵,其收集数据的合法权益将无从得以认定。但对于数据收集过程中同意环节的理解不同,造成了个人数据在实践过程中存在较多争议。

(二)个人信息定义

《民法典》第 1034 条第 2 款将"个人信息"界定为"以电子或者其他方式记录的能够单独或者与其他信息结合识别特定自然人的各种信息",而《数据安全法》第 3 条第 1 款则将"数据"界定为"任何以电子或者其他方式对信息的记录"。据此,信息与数据各有所指,但本质上又两位一体。

《个人信息保护法》第 4 条规定,个人信息是以电子或者其他方式记录的与已识别或者可识别的自然人有关的各种信息,不包括匿名化处理后的信息。平台在用户内容基础上进行收集、存储、编排、管理、传播等一系列处理之后所形成的数据和数据集合,有赖于平台投入的经济成本、人力成本及智力劳动,这些平台数据的权益应归属于平台,而非个人。互联网平台经营企业对数据享有财产权益,这样的规定也沿袭了《民法典》第127条中将数据和虚拟财产并列提及的思路。司法实践中对这种财产权益有进一步的限缩,通常称为“竞争性财产权益”,而个人对于这些数据是不享有任何财产权益的。①

(三)个人信息与数据的关系

根据《民法典》和《数据安全法》的有关规定,个人信息与数据关系如下:(1)数据是信息的载体和形式,而信息是数据的实质和内容,即数据是任何以电子或者其他方式记录的信息。个人信息是数据的重要来源,但由于万物互联和传感器无处不在,构成数据的信息不限于个人信息,还包括其他行动或者物的信息。(2)数据的价值在于信息。信息是数据的来源,数据则以信息为内涵,无信息即无数据的存在价值。从本质上看,数据与信息是一种表里关系,以数据为表,以信息为理,因而又可以将数据与信息作为一种统一体。(3)数据的革命性意义在于数据集合即大数据,电子技术、算法、算力等使得大数据成为可能,同时又使其极具价值。数据保护的本质是保护大数据,以大数据的实质界定数据概念,使大数据场景下的数据必然超越原来的商业秘密和数据库等概念,并超越原来的法律保护框架。鉴于此,可以将数据与数据集合(数据集)画等号,并且为便利起见,有必要将个人信息与数据在概念上区分开,数据专指信息的集合体或者集合的信息。

(四)个人信息与重要数据

个人信息和重要数据的关系是一个被持续关注的话题。2019年《数据安全管理办法(征求意见稿)》没有将企业生产经营和内部管理信息、个人信息纳入重要数据范围内。2020年出台的《信息安全技术 重要数据识别指南(征求意见稿)》也是类似的做法,但是同时又提出基于海量个人信息形成的统计数据、衍生数据还是可能会属于重要数据。因此我们可以作如下理解,不是所有的个人信息都不是重要数据,部分特定的个人信息还是存在被认定为重要数据的可能性。就这一角度而言,重要数据与个人信息并非完全割裂。虽然《网络数据安全管理条例(征求意见稿)》将“个人信息”与“重要数据”分别专章规定实行重点保护,但是《网络数据安全管理条例(征求意见稿)》第26条规定了二者存

① 参见许可:《浅析互联互通的层级架构及平台数据爬取的不正当性》,载搜狐网2022年4月10日,https://www.sohu.com/a/529161746_221481。

在交叉时的适用规则，即数据处理者处理一百万人以上个人信息的，还应当遵守本条例第四章对重要数据的处理者作出的规定。因此，如果处理一百万以上个人信息，数据处理者在遵守个人信息保护规则以外，还应当对其加以与重要数据相同的保护措施并履行相应义务。[①]

二、个人数据竞争纠纷

在个人信息交易中，根据《个人信息保护法》的规定，对个人信息处理的目的、方式、种类、存储的时间和地点、共享等内容，都需要获得个人的授权，如果超出前述授权范围，将侵犯个人在个人信息处理活动中的权利，导致该数据来源不合规。在数据收集方向其他个人信息处理者提供个人信息的数据交易前，需要向个人信息主体告知数据接收方的名称或者姓名、联系方式、处理目的、处理方式和个人信息的种类，并取得个人的单独同意。此外，对于个人自行公开或者已经合法公开的个人信息，如果个人明确拒绝其他采集使用行为或者对个人权益有重大影响的，仍需要取得个人另行同意。

尽管与个人数据处理相关的数据竞争纠纷目前仍然主要集中于数据收集环节，但发生在数据处理链条后续环节的纠纷已经出现（见表10）。在腾讯公司等诉联络易公司等不正当竞争纠纷案（以下简称微信诉联络易微信管理系统软件案[②]）中，被告开发并运营了联络易微信管理系统软件及OK微信管家网站，腾讯公司主张被告研发了多项针对微信软件的特殊功能，用于监测、抓取微信用户数据并通过该系统在网页端及PC端集合操控、查看微信软件中的各类敏感隐私信息，并开发多项特殊功能，破坏了微信软件的商业模式，降低了微信软件的用户体验，降低了两原告的商业信誉，进而构成不正当竞争。[③]

在微信诉联络易微信管理系统软件案中，被告软件并未直接就微信中用户的个人数据进行抓取，其行为特点在于通过嵌套软件直接就微信中的用户数据进行处理分析。法院同样认识到了这一点，并在裁判中指出：虽然被告并未实

---

① 参见宁宣凤、吴涵、陈虹吕：《〈网络数据安全管理条例〉系列解读之重要数据篇》，载微博2022年6月3日，https://weibo. com/ttarticle/p/show? id =2309404712861136978169。

② 参见广州知识产权法院民事判决书，(2021)粤73民终153号。

③ 参见王磊、贡绍海：《数据竞争中的个人信息处理规则问题研究》，载《法律适用》2021年第12期。

施从微信软件服务器中窃取用户信息的行为,但这并不意味着该软件没有在信息安全层面对两原告构成不正当竞争。这无疑明确表示,涉案行为正当性判断的核心不在于数据收集行为。立足于数据处理环节,法院就涉案行为正当性的判断聚焦于数据安全风险。法院认为,原告作为微信的运营者,通过《腾讯微信软件许可及服务协议》《微信个人帐号使用规范》《微信隐私保护指引》等规范向微信用户作出数据安全保护承诺,微信用户向微信平台提供信息是基于其对微信平台信息安全保护能力的信赖,联络易微信管理系统软件具备的收集、存储及监控微信数据的功能,导致这部分数据存在高于其他数据的风险。此种风险已经威胁到微信平台的安全运行,故两被告的行为对两原告构成不正当竞争。

表 10　涉个人数据典型不正当竞争纠纷案

<table>
<tr><th>案件</th><th>不正当竞争行为</th><th>法院判决</th></tr>
<tr><td>2011 年汉涛诉爱指网案[1]</td><td rowspan="10">未经授权直接抓取数据</td><td rowspan="10">未经授权收集和抓取数据构成不正当竞争</td></tr>
<tr><td>2017 年谷米诉元光案[2]</td></tr>
<tr><td>2017 年汉涛诉百度案[3]</td></tr>
<tr><td>2018 年韩华诉五八案[4]</td></tr>
<tr><td>2019 年执掌诉中服案[5]</td></tr>
<tr><td>2019 年微梦诉蚁坊案[6]</td></tr>
<tr><td>2019 年微梦诉复娱案[7]</td></tr>
<tr><td>2020 年阿里巴巴诉码注案[8]</td></tr>
<tr><td>EarfhCam, Inr. v. OxBlue Corp.[9]</td></tr>
<tr><td>ColllegeSourec, Inc. v. AcademicOne, Inc.[10]</td></tr>
<tr><td>Facebook v. Power Ventures[11]</td><td rowspan="2">原来存在抓取权限,被禁止后仍继续抓取</td><td rowspan="2">需用户授权与平台授权相结合</td></tr>
<tr><td>Craigslist Inc. v. 3Traps Inc.[12]</td></tr>
</table>

资料来源:王磊、贡绍海:《数据竞争中的个人信息处理规则问题研究》,载《法律适用》2021 年第 12 期。

〔1〕参见北京市第中级人民法院民事判决书,(2011)中民终字第 7512 号。

〔2〕参见广东省深圳市中级人民法院民事判决书,(2017)粤 03 民初 822 号。

〔3〕参见上海知识产权法院民事判决书,(2016)沪 73 民终 242 号。

〔4〕参见北京知识产权法院民事判决书,(2017)京 73 民终 2102 号。

〔5〕参见杭州铁路运输法院民事判决书,(2018)浙 8601 民初 956 号。

〔6〕参见北京知识产权法院民事判决书,(2019)京 73 民终 3789 号。

〔7〕参见北京知识产权法院民事判决书,(2019)京 73 民终 2799 号。

〔8〕参见浙江省杭州市滨江区人民法院民事判决书,(2019)浙0108民初5049号。
〔9〕See Earth Cam, Inc. *v.* OxBlueCorp, 49f. Supp. 3d1210(11th Cir. 2014).
〔10〕See CollegeSource, Inc. *v.* AcademicOne, Inc. ,597Fed. Appx. 116(3th Cir. 2015).
〔11〕See Facebook, Inc. *v.* PowerVentures, Inc. ,844F. 3d1058(9th Cir. 2016).
〔12〕See Craigs1istInc. *v.* 3TapsInc. ,964F. Supp. 2d1178(9th Cir. 2013).

由上述案件可知,与个人数据处理相关的不正当竞争案件已经从数据收集阶段逐渐向数据处理全流程延展。

三、用户显著告知并同意

"微信读书"案①中,原告黄某在使用微信读书时发现,在其不知情的情况下,该软件获取原告微信好友列表,向原告共同使用该应用的微信好友公开读书信息,为原告自动关注微信好友并使得关注好友可以查看原告读书信息,黄某认为被告侵害了其个人信息权益及隐私权。

法院认为微信读书收集原告好友列表,向共同使用微信读书的微信好友公开读书信息这一整体行为,并未获得有效的用户知情同意。微信读书中的信息组合与人格利益较为密切,微信读书迁移微信好友关系、默认向未关注的微信好友公开读书信息等,存在较高的侵害用户隐私的风险,应就信息处理方式向用户显著告知并征得同意。而该案中微信读书没有征得原告有效的同意,构成对原告个人信息权益的侵害。在判决中,法院提出用户"合理预期"的概念,提出从微信读书与微信的关系来看,两个软件共用好友关系不符合一般用户的合理预期,存在较高的侵害用户隐私的风险。微信读书并未以合理的方式告知原告并获得原告同意,侵害了原告的个人信息权益。但具体到本案场景,原告阅读的两本涉案书籍不具有"不愿为他人知晓"的"私密性",故该案中对原告主张腾讯公司侵害其隐私权,法院不予支持。

对于互联网平台通过长期运营积累的数据资源,平台自然是可以在一定的限度内进行商业利用,而且即使是跨平台的数据使用,也不应被当然禁止。北京互联网法院提出,跨软件的数据使用应当根据具体场景,综合考虑软件之间的关系、数据使用的特点及数据的处理方式、获得用户知情同意的方式。判决

① 参见北京互联网法院民事判决书,(2019)京0491民初16142号,2019~2020年全国消费维权十大典型司法案例。

中，法院认为软件之间共用好友关系应符合一般用户的合理预期，并且还提出了用户知情同意的“透明度”标准，即一般理性用户在具体场景下，对信息处理主体处理特定信息的目的、方式和范围知晓的清晰程度，以及作出意愿表示的自主、具体、明确程度。

四、个人公开信息再利用

“校友录”头像被爬案[①]中，原告主张百度网讯公司非法收录并置顶原告在“chinaren 校友录”网站上传的个人账户头像，涉案图片为其本人肖像，涉案图片以及其与原告姓名的关联关系涉及个人隐私、个人信息。原告曾于 2018 年 10 月 23 日通知百度网讯公司删除证件照，百度网讯公司未处理。

法院认为，涉案信息属于个人信息，但系原告自行将涉案照片上传于社交网站中，主动向一定范围内的网络用户进行披露，可见，主观上原告并无强烈地将该信息作为隐私进行隐匿的意愿，客观上该信息亦未处于私密状态，更接近于在某些场景下支持积极使用的个人信息，不构成个人隐私。被告的行为在原告进行通知前不构成对原告个人信息权益的侵害，在原告进行通知后构成对个人信息权益的侵害，但不构成对原告隐私权的侵害。

2020 年 6 月 10 日，苏州市中级人民法院二审宣判了“启信宝”抓取裁判文书侵害个人信息案[②]，本案中，启信宝公司将中国裁判文书网发布的三条判决、裁定书和人民法院公告网上公开发布的送达判决的公告文书转载到了启信宝网站，任何人均可在该网站上搜索、查询到上述文书，本案原告系上述文书的案件当事人。本案的争议焦点之一是启信宝网站转载中国裁判文书网及人民法院公告网上发布的涉案文书是否侵犯原告的个人信息权益。法院认为，在原告通知启信宝网站删除相关文书之前，涉案文书已在互联网上合法公开，启信宝网站基于公开的渠道收集后在其合法经营范围内向客户提供、公开相关法律文书，属于对已合法公开信息的合理使用，原告对此负有容忍之义务。但在原告通知被告删除之后，被告拒绝删除则构成对原告个人信息的非法公开使用。个

① 参见北京互联网法院民事判决书，(2019)京 0491 民初 10989 号。

② 参见一审苏州工业园区人民法院民事判决书，(2018)苏 0591 民初 2244 号；二审江苏省苏州市中级人民法院民事判决书，(2019)苏 05 民终 4745 号。

人信息权益的核心在于自然人对其个人信息的知情同意权和对信息传播的控制权,应尊重原告本人对于其已被合法公开信息进行二次传播的个人意愿,赋予原告应有的选择权利。当原告通知要求网站删除后,网站不予处理,有悖于原告对已公开信息进行传播控制的意思表示,违反了合法性、正当性和必要性原则,对原告构成重大利益影响,侵犯了其个人信息权益。

前述两案均涉及个人公开信息的再利用问题,法院的总体观点倾向于认为,在合法公开的个人信息流通与个人信息主体对已公开个人信息的再次传播控制之间,个人信息主体对信息传播控制的人格权益显然高于已经合法公开的个人信息流通所产生的潜在财产权益,个人信息主体对其个人信息传播控制的权利不因个人信息已经合法公开而被当然剥夺。

五、个人信息侵权抗辩

在涉数据不正当竞争案件中,被告通常的抗辩理由是涉案的数据源于用户,企业对于用户数据不享有权利。

如在“生意参谋”数据不正当竞争案中,被告认为原告用以主张权利的是用户的原始数据,原告收集、使用大数据的行为已经违反了法律规定,故不具有合法权益。对此法院认为,数据产品是原告在前述原始痕迹数据的基础上,经综合、计算、整理而得到的趋势、占比、排行等分析意见,其对信息的使用结果与原始痕迹信息本身已不具有直接关联,已远远超过个人信息范畴。

在刷宝 App 抓取抖音 App 短视频案①中,被告主张涉案短视频均由用户上传,原告对此不享有权益。但法院认为被告应当对此主张承担举证责任,而被告没有证据证明其上述主张。最终法院认定原告 App 所展示的短视频内容、用户评论等资源均是其通过正当合法的商业经营所获得,由此带来的经营收益、市场利益及竞争优势等属于原告的合法权益,应当受到法律的保护。

① 参见《因非法抓取抖音 App 短视频,刷宝 App 被判赔 500 万元》,载海淀法院网,https://bjhdfy.chinacourt.gov.cn/article/detail/2021/01/id/5718184.shtml。原告北京微播视界科技有限公司诉北京创锐文化传媒有限公司不正当竞争纠纷案,未查询到裁决文书。

第十二章　互联网流量竞争规制

第一节　涉流量竞争裁判

一、原告胜诉比例高

刷流量中的流量也就是通常所说的网站流量或网站的访问量，即互联网用户访问互联网服务时产生的数据交互量，是用来描述访问某个网站的用户数量以及用户所浏览的网页数量等指标的，常用的统计指标包括网站的独立用户数量、总用户数量（含重复访问者）、网页浏览数量、每个用户的页面浏览数量、用户在网站的平均停留时间、用户点击量、活跃用户量等。有实务者统计的适用《反不正当竞争法》第12条的50件不正当竞争民事案件中，[①]涉流量案件共4件，[②]且原告4件胜诉。两件适用《反不正当竞争法》第8条的规定，在另两件认为构成虚假宣传而未适用互联网条款裁判的案件中，法院认为：被告的刷量行为侵害的是同一法益，《反不正当竞争法》第8条和《反不正当竞争法》互联网条款属于请求权规范竞合，只能择其一评价，且刷量技术手段本身是服务于虚假宣传的目的，故仅适用《反不正当竞争法》第8条虚假宣传条款予以裁判。

二、流量的商业利益

七牛公司网站“刷量”不正当竞争纠纷案中，法院认为原告诉称提及的视频

① 参见毛禾枫、吴怡辰：《〈反不正当竞争法〉互联网条款适用问题研究——基于50份案例的实证分析》，载知乎网2022年2月1日，https://zhuanlan.zhihu.com/p/371638110。

② 参见江苏省高级人民法院民事判决书，（2019）苏民终778号；深圳市罗湖区人民法院民事判决书，（2019）粤0303民初30076号；杭州市余杭区人民法院民事判决书，（2020）浙0110民初6257号；杭州市余杭区人民法院民事判决书，（2020）浙0110民初6262号。

访问数据对其网站正常运营的重要影响合乎情理，符合公众对该经营模式的认知，该类数据显然具有可观的商业价值，具有保护的必要性和正当性。对视频进行所谓“刷量”，致使爱奇艺网站的视频播放数据虚假增加，明显妨害原告对网站正常运营所产生的数据的采集，损害了爱奇艺公司基于视频访问数据对应的商业利益。

三、认定构成虚假宣传

在爱奇艺诉飞益科技刷量案中，上海市徐汇区人民法院认为，三被告分工合作，在爱奇艺网站上，通过技术手段恶意增加访问量以获取不正当利益。这种“刷量”行为，损害爱奇艺以及消费者的合法权益，违反市场经济竞争原则，依据《反不正当竞争法》第 2 条认定构成不正当竞争。

二审法院认为，判断涉案视频刷量行为应否适用《反不正当竞争法》第 2 条予以调整，首先应当判断涉案视频刷量行为是否属于《反不正当竞争法》第二章列举的不正当竞争行为，其他专门法未对该种行为作出特别的规定。对此，法院认为，《反不正当竞争法》第 9 条[①]规定，经营者不得利用广告或者其他方法，对商品的质量、制作成分、性能、用途、生产者、有效期限、产地等作引人误解的虚假宣传。本案中，虚构视频点击量的行为，实质上提升了相关公众对虚构点击量视频的质量、播放数量、关注度等的虚假认知，起到了吸引消费者的目的，因此，虚构视频点击量仅是经营者进行虚假宣传的一项内容，故应当按照虚假宣传予以处理，因此，法院认为，虚构视频点击量的行为属于《反不正当竞争法》第 9 条所规制的“虚假宣传”的不正当竞争行为，并依据《反不正当竞争法》第 9 条驳回上诉，维持原判。[②]

腾讯公司诉祈福公司组织刷量不正当竞争纠纷案中，祈福公司虽不直接从事刷量活动，但却为此类活动提供机会、场所并撮合交易，且通过向用户收取一

---

① 参见《反不正当竞争法》(1993)。

② 参见上海知识产权法院民事判决书，(2019)沪 73 民终 4 号。法院认为，原告对真实、清洁、可靠的平台数据及所产生的衍生性商业价值具有正当合法利益，而被告提供的“代运营”服务实际上为点评刷量，所产生的点评数据是通过付费方式取得，并非基于用户对商户服务的真实评价，属于虚假信息。这一行为会使得相关公众对商户服务质量及原告网站信誉产生虚假认知，亦严重破坏了市场竞争秩序以及互联网产业生态。故被告通过组织虚假交易，帮助其用户进行虚假或者引人误解的商业宣传，构成不正当竞争。参见庄滨滨:《名为“代运营”实为“刷好评”！大众点评起诉刷单公司获赔 70 万》，载《海报新闻》2021 年 12 月 28 日。

定比例服务费或提现手续费以实现盈利。同时,祈福公司在“蚂蚁平台”设置了人工审核环节,明知平台中存在大量浏览、点击微信公众号文章及广告的任务,仍允许用户上架此类任务,并设置奖励鼓励用户大量发单与接单。故应认定其行为属于《反不正当竞争法》第 8 条第 2 款规制的帮助他人虚假宣传的不正当竞争行为。

前述裁判与《网络交易监督管理办法》第 14 条①的规定是相一致的。

市场监管总局公布《2021 年度重点领域反不正当竞争执法典型案例——网络虚假宣传篇(第一批)》公布的浙江省杭州之壹品牌管理有限公司利用“大V”打造“网红店”帮助“刷单炒信”、广东省深圳市诺曜网络科技有限公司虚假到店点评帮助“刷单炒信”、浙江省台州市陈某利用技术软件帮助“刷单炒信”、福建省厦门市宗某利用技术手段帮助“刷单炒信”、广东省佛山市云梯信息科技有限公司雇佣“刷手”帮助“刷单炒信”,均适用《反不正当竞争法》第 8 条第 2 款的规定。而广东省深圳市浩通成网络科技有限公司冒充消费者评价“刷单炒信”、广东省佛山市麦淘电子商务有限公司委托刷单公司“刷单炒信”、福建省厦门市翰美互通(厦门)科技有限公司虚构产品下载量“刷单炒信”、广东省深圳市酷美传媒有限公司利用熟人“刷单炒信”、江苏省苏州衣轩峻领电子商务有限公司虚构收货地址“刷单炒信”均适用《反不正当竞争法》第 8 条第 1 款的规定。②

四、复合侵权行为

在“先锋云控引流系统”不正当竞争案③中,法院认为,根据《反不正当竞争

① 参见《网络交易监督管理办法》第 14 条规定:“网络交易经营者不得违反《中华人民共和国反不正当竞争法》等规定,实施扰乱市场竞争秩序,损害其他经营者或者消费者合法权益的不正当竞争行为。

网络交易经营者不得以下列方式,作虚假或者引人误解的商业宣传,欺骗、误导消费者:

(一)虚构交易、编造用户评价;

(二)采用误导性展示等方式,将好评前置、差评后置,或者不显著区分不同商品或者服务的评价等;

(三)采用谎称现货、虚构预订、虚假抢购等方式进行虚假营销;

(四)虚构点击量、关注度等流量数据,以及虚构点赞、打赏等交易互动数据。

网络交易经营者不得实施混淆行为,引人误认为是他人商品、服务或者与他人存在特定联系。

网络交易经营者不得编造、传播虚假信息或者误导性信息,损害竞争对手的商业信誉、商品声誉。”

② 参见《2021 年度重点领域反不正当竞争执法典型案例——网络虚假宣传篇(第一批)》,载市场监管总局网,http://www.gov.cn/xinwen/2021-07/23/content_5626744.htm。

③ 参见河南省郑州市中级人民法院民事判决书,(2021)豫 01 知民初 1051 号;河南省高级人民法院民事判决书,(2021)豫知民终 509 号。

法》第 8 条的规定,经营者不得对其商品的性能、功能、质量、销售状况、用户评价、曾获得荣誉等作虚假或者引人误解的商业宣传,欺骗、误导消费者。经营者不得通过组织虚假交易等方式,帮助其他经营者进行虚假或者引人误解的商业宣传。本案中,快手平台上关于快手用户粉丝数量及快手视频播放量、点赞量及评论量既是销售状况的直接或间接反映,也是用户评价的展示方式。飘度公司帮助快手用户对其作品的播放量、点赞量及评论次数等进行虚假宣传,容易误导相关公众,故飘度公司的刷量行为属于《反不正当竞争法》第 8 条第 2 款所规制的行为。《反不正当竞争法》第 12 条规定:“经营者利用网络从事生产经营活动,应当遵守本法的各项规定。经营者不得利用技术手段,通过影响用户选择或者其他方式,实施下列妨碍、破坏其他经营者合法提供的网络产品或者服务正常运行的行为:(一)未经其他经营者同意,在其合法提供的网络产品或者服务中,插入链接、强制进行目标跳转;(二)误导、欺骗、强迫用户修改、关闭、卸载其他经营者合法提供的网络产品或服务;(三)恶意对其他经营者合法提供的网络产品或者服务实施不兼容;(四)其他妨碍、破坏其他经营者合法提供的网络产品或者服务正常运行的行为。”本案中,飘度公司系“先锋云控引流系统”的著作权人及运营商,能一次控制多部手机进行点赞、关注、转发、评论等行为虚构访问数据,并从中赚取使用费,飘度公司开发销售的技术实际上是通过技术手段连接快手服务器后,模仿真实用户观看行为或通过其他方式,使快手服务器产生了用户观看、点赞、关注等记录,从而达到帮助其他经营者实施刷量的目的。在此过程中,快手服务器需要反复处理为刷量提交的大量请求,并占用网络带宽传输相关数据,这一方面占用了正常用户需要使用的网络资源,影响其他用户观看体验;另一方面快手公司、达佳公司需要提供更大的宽带、支出额外的流量费用以及安排更多服务器来处理这些虚假流量。综上,飘度公司的刷量行为从多个方面对快手公司、达佳公司造成影响,侵害了“快手”用户和快手公司、达佳公司等市场主体的合法权益,破坏了公平的市场竞争秩序,构成不正当竞争行为,依法应当承担法律责任。

第二节　涉流量的法律适用

一、不同法律同时适用

如在上海市徐汇区市场监管局查处上海玺犇新媒体科技有限公司组织“刷单炒信”案[①]中，当事人为提升客户在平台商铺星级评分，通过组织虚假团购交易、组织撰写虚假用户评价等方式为其三家客户在其网络平台上开设的商铺进行虚假宣传，共计虚假团购45次，撰写虚假用户评价共计54条（12条为虚假团购交易后的评价）。

市场监管部门认定当事人的上述行为违反了《电子商务法》第17条、《反不正当竞争法》第8条第2款和《上海市反不正当竞争条例》第30条的规定。根据《电子商务法》第85条、《反不正当竞争法》第20条和《上海市反不正当竞争条例》第30条的规定，徐汇区市场监管局依法对该公司处以罚款45万元。同时，徐汇区市场监管局依法对三家客户企业涉嫌虚假宣传的行为进行立案调查，并分别处以40万元、30万元、30万元的罚款。

二、适用电子商务法

（一）补充规制

《电子商务法》第17条不再区分宣传行为所涉对象，将“虚构交易”和“编造用户评价”两种行为类型均予以列举并明确禁止，澄清了《反不正当竞争法》的模糊之处。“虚构交易”（“刷销量”）和“编造用户评价”（“刷好评”）的行为是电子商务领域典型的虚假宣传行为，《电子商务法》予以明确禁止，这对保护消费者合法权益和维护公平竞争秩序具有积极意义。对于《电子商务法》第17条[②]和第

---

① 参见《上海2021网络市场监管专项行动典型案例公布》，载公平竞争网2022年4月24日，http://www.zggpjz.com/tiyu/8179.html。

② 参见《电子商务法》第17条规定：“电子商务经营者应当全面、真实、准确、及时地披露商品或者服务信息，保障消费者的知情权和选择权。电子商务经营者不得以虚构交易、编造用户评价等方式进行虚假或者引人误解的商业宣传，欺骗、误导消费者。”

22 条[①]规定的实施虚假或者引人误解的商业宣传等不正当竞争行为和滥用市场支配地位行为,《电子商务法》第 85 条明确指引适用有关法律即《反不正当竞争法》和《反垄断法》进行处罚,并未规定独立的法律责任,故认为属于补充规制。[②] 如北京市丰台区市场监管局处以 20 万元罚款,这也是该局查处的第一起“刷单炒信”案,[③]执法人员认为,《电子商务法》与《反不正当竞争法》相比,突出当事人作为电子商务经营者这一定位,符合法律竞合中特别法优于普通法的处理原则。当事人安排“刷手”虚构交易后,存在要求“刷手”撰写评价这一环节,《电子商务法》第 17 条恰好对这一点作出具体规制。最终,丰台区市场监管局认定当事人上述行为违反了《电子商务法》和《反不正当竞争法》,属于电子商务经营者以虚构交易、编造用户评价方式进行虚假或者引人误解的商业宣传,欺骗、误导消费者的违法行为。依据《反不正当竞争法》的规定,丰台区市场监管局责令当事人停止违法行为,并作出罚款 20 万元的行政处罚。

(二)独立规制

《电子商务法》通过第 19 条和第 35 条建立了对竞争行为的独立规制。《电子商务法》第 19 条规定:“电子商务经营者搭售商品或者服务,应当以显著方式提请消费者注意,不得将搭售商品或者服务作为默认同意的选项。”该条的立法目的仍在于保障消费者的知情权和选择权,其为电子商务经营者设定了两项义务:一是信息提示义务,即经营者将相关商品或者服务一并提供时,必须以显著方式提请消费者注意;二是禁止默认消费者同意勾选被搭售的商品或者服务,而应由消费者主动勾选同意。与《反垄断法》第 22 条第 1 款第 5 项关于禁止搭售的规定相比,该条的规定具有如下特点:一是主要从信息公开、防止欺骗消费者或者利用消费者疏忽的角度来预防强制搭售行为,而不是直接制止强制搭售行为本身;二是不以经营者具有市场支配地位为条件。同时,《电子商务法》第 77 条还对违反本法第 19 条规定的搭售行为规定了专门的行政处罚。可见,本

---

① 参见《电子商务法》第 22 条规定:“电子商务经营者因其技术优势、用户数量、对相关行业的控制能力以及其他经营者对该电子商务经营者在交易上的依赖程度等因素而具有市场支配地位的,不得滥用市场支配地位,排除、限制竞争。”

② 参见朱理、曾友林:《电子商务法与竞争法的衔接:体系逻辑与执法展望》,载《中国社会科学院研究生院学报》2019 年第 2 期。

③ 参见《20 多起消费纠纷牵出一起大案》,载澎湃网 2022 年月 30 日,https://m.thepaper.cn/baijiahao_4992232。

条对强制搭售行为的规制完全不同于《反垄断法》，而是在《反垄断法》之外对搭售行为提供一种特别规制。还应注意的是，与滥用相对优势地位理论通常要求受害人对优势地位拥有者形成较强依赖性不同，《电子商务法》第35条甚至没有为平台经营者相对优势地位的成立设定任何条件，因而极度扩展了其调整范围和打击对象。在立法者的设想中，《电子商务法》第35条对这种相对优势地位的规制具有如下特点：规制的法律关系为电子商务平台经营者与平台内经营者之间的关系，电子商务平台经营者的相对优势地位基于该种关系而天然成立；不以具有市场支配地位为条件；不以构成反不正当竞争为条件；具有独立的法律责任。可见，《电子商务法》第35条在《反不正当竞争法》和《反垄断法》之外，对滥用相对优势地位行为进行了独立规制。[①]

三、适用"互联网专条"之兜底条款

（一）兜底条款裁判现状

在腾讯诉数推虚假刷量不正当竞争案[②]中，被告数推公司及谭某通过其运营的网站，以虚假提高内容信息的点击量、点赞量、浏览量、阅读量、粉丝量为目的，借助其他网络营销平台，对腾讯包括"天天快报""腾讯视频""腾讯微视""QQ空间""QQ名片赞""微信""微信公众号"在内的产品或服务，以及其他运营商网站的产品或服务，提供有偿销售的刷量服务。法院就被告提供虚假刷量服务是否符合《反不正当竞争法》第12条第2款第4项规定的不正当竞争行为特征认为：其一，在本案中，刷量行为的直接实施者并非被告，且原、被告双方均未能举证证明刷量行为是通过何种"技术手段"来实现的；其二，原告指控被告的不正当竞争包括两种情形，一种是对原告产品或服务的刷量行为，另一种是对与原告有竞争关系的产品或服务的刷量行为。对于后者，因为不涉及原告的产品或服务，不直接与原告发生利益冲突，对于"妨碍、破坏"其"合法提供的网

① 参见朱理、曾友林：《电子商务法与竞争法的衔接：体系逻辑与执法展望》，载《中国社会科学院研究生院学报》2019年第2期。

② 参见重庆市第五中级人民法院民事判决书，（2019）渝05民初3618号。重庆市高级人民法院《重庆法院网络空间司法保障典型案例（第三批）》，最高人民法院发布十大反垄断和反不正当竞争典型案例、最高人民法院发布互联网十大典型案例之九、2020年中国法院50件典型知识产权案例。类似案件还有北京快手科技有限公司、北京达佳互联信息技术有限公司与河南飘度文化传媒有限公司不正当竞争纠纷案，详见河南省高级人民法院民事判决书，（2021）豫知民终509号。

络产品或者服务”性质也难以认定。

尽管如此，从被告接受客户委托有偿提供虚假刷量服务，并将委托订单交与他人代为实施刷量，直至完成刷量的整个过程来看，客户对于被告是否具有相关的技术手段和能力，能否独立完成刷量任务，是否借助他人技术手段或者网络平台实现刷量既不知情，也不关心。只要刷量任务完成，达到刷量的目的，就能满足客户的需求，达到客户订立合同的目的，被告与客户之间的合同义务也就履行完毕。至于被告转交他人采用何种技术手段完成刷量，本院认为，在没有获得互联网经营者允许情况下，为故意躲避互联网经营者监管，必然会采取互联网领域现有的插入、搭载、链接或者劫持等技术手段来暗中实施刷量行为，这是不言自明的。客户委托被告，被告委托或者转让他人实施刷量行为，是一个分阶段连续实施的过程。在被告接受客户委托前后，被告已经在网络技术手段方面做足准备，这个可以从被告在其经营网站上教授如何利用域名建立二级网站，如何代理刷量，利用刷量赚钱，回答客户有关刷量疑问和刷量技巧等问题方面得到印证。由此可见，被告从接受客户委托刷量时，为客户有偿提供虚假刷量服务就已经开始实施。

因此，被告有偿提供虚假刷量服务的行为特征，符合《反不正当竞争法》第12条第2款第4项关于“其他妨碍、破坏其他经营者合法提供的网络产品或者服务正常运行的行为”的规定，应受《反不正当竞争法》调整。法院一审判决两被告提供虚假刷量服务的行为构成不正当竞争，须立即停止不正当竞争行为，赔偿腾讯120万元，并刊登声明，消除影响。

此案成为全国首例对互联网虚假刷量服务行为直接适用《反不正当竞争法》“互联网专条”(第12条)的案件。

（二）兜底条款裁判理由

就腾讯诉数推虚假刷量不正当竞争案应当适用《反不正当竞争法》第12条第2款第4项进行规制之理由，本案承办法官撰文认为有三点[①]：(1)有偿提供虚假刷量服务行为内在技术特征的“不正当性”。依据《反不正当竞争法》第12条的规定，只要利用网络从事生产活动的经营者在行为上“利用技术手段”实施了“妨碍、破坏”的行为，在结果上侵害了“合法提供的网络产品或者服务正常运

---

① 参见杜东安：《提供虚假刷量服务是否构成不正当竞争？》，载《中国审判》2021年第18期。

行”,则构成不正当竞争。本案中,虽然直接实施刷量行为的并非两被告本身,且无证据证明刷量行为是通过何种技术手段来实现的,但从数推网络公司和谭某“接受客户委托—交与他人实施刷量—完成刷量”的整个侵权行为过程来看,客户对于被告是否具有相关的刷量技术手段和能力、是否借助他人技术手段或者网络平台实现刷量既不知情,也不关心。只要刷量任务完成,就能满足客户的委托需求,达到客户订立合同的目的,被告与客户之间的合同义务也就履行完毕。此外,在没有获得互联网经营者允许的情况下,两被告为躲避互联网经营者监管,必然会采取互联网领域现有的“插入”“搭载”“链接”“劫持”等技术手段进行暗中刷量行为。同时,法院审理还查明,两被告在接受客户委托实施刷量的前后时间段,已经开设了“企鹅代商网”等多个网站接受客户刷量委托订单,在网络技术手段方面做足了准备,客观上已经实施了虚假刷量行为。因此,数推公司和谭某有偿提供虚假刷量服务行为的内在技术特征,符合《反不正当竞争法》第 12 条第 2 款第 4 项关于“其他妨碍、破坏其他经营者合法提供的网络产品或者服务正常运行的行为”的规定,应受《反不正当竞争法》规制。(2)有偿提供虚假刷量行为损害互联网经营者的合法权益。流量的本质是用户,影响用户判断和选择的关键因素是数据,点击量则是最重要的数据之一。本案中,腾讯计算机公司与腾讯科技公司对其互联网平台经营模式及其提供的互联网产品服务享有合法权益,数推公司和谭某借技术进步创新之名,行干涉他人正当商业模式和经营、扰乱公平竞争秩序之实,针对两原告公司经营的互联网产品服务提供虚假刷量服务,导致两公司互联网产品服务访问量虚高,误导两公司将本不应优先推荐的网络产品服务及相关内容信息错误地优先推送,降低服务质量,其正当利益进而遭受损害。两被告的行为既不符合互联网提倡的竞争和创新之精神内核,也不符合互联网领域业已形成的商业道德规范,更不符合《反不正当竞争法》第 2 条所确立的诚实信用原则。(3)虚假刷量行为侵害了消费者的知情权和选择权。本案中,数推公司和谭某实施了对特定互联网产品服务的刷量行为,收集了广大网络消费者非本意的失真的浏览量、访问量、点击量、阅读量等数据,诱导消费者基于上述失实数据作出错误的消费行为,以虚高或虚假数据欺骗和误导消费者(网络用户),损害了消费者的消费信任度,导致消费者合法权益与正当利益遭受不可逆的损害,侵害了消费者的知情权和选择权。

深圳市智硕云科技有限公司因销售的“智硕云”群控管理系统，可制造网络平台的大量虚假访问和流量，妨碍、破坏抖音软件正常运行，被深圳市市场监管局行政调查。深圳市市场监管局认为，深圳市智硕云科技有限公司的行为，违反《反不正当竞争法》第 12 条第 2 款第 4 项“其他妨碍、破坏其他经营者合法提供的网络产品或者服务正常运行的行为”的规定。该局依据《不正当竞争法》第 24 条的规定，责令深圳市智硕云科技有限公司停止违法行为，并处 300 万元顶格处罚。[①] 由此可见，行政执法和司法裁判适用法条是相一致的。

四、适用一般条款

如在宝资公司与快乐阳光公司等不正当竞争案[②]中，关于原告主张的第二项不正当竞争事实，即在芒果 TV 网站内设置内容为“明明是 ta 先喜欢我的 2”的文本超链接，在链接的目标网页中排首位的视频资源为《明》剧，点击可播放该电影，鉴于该行为发生在芒果 TV 网站内，毋庸置疑，应属于网站运营方快乐阳光公司的完全控制范围。法院认为，被诉第二项不正当竞争事实将导致以观看涉案电影作为目标的网络用户在芒果 TV 网站内所设置的文本超链接的刻意引导下，进入到把《明》剧排在首位的视频资源列表页面，亦属于利用涉案电影片名实施的流量导入行为。基于两部电影近似的片名、相同的导演、部分相同的演员以及相同的播映平台，必定使部分网络用户抱着两者为同一电影或后者是前者续作的错误认识（从《明》剧的观众评论即可侧面论证此种错误认识的客观存在）从而选择点播观看《明》剧，即意味着基于两部电影本身具有的相似性，在非法导入《明》剧页面的全部用户流量中存在一定比例的流量将转化为快乐阳光公司的实际经营收益。

综上，快乐阳光公司擅自利用原告享有著作权的涉案电影的片名为在芒果 TV 网站播出的《明》剧导入用户流量，劫取了本应属于原告的用户流量和交易机会，损害了原告的合法权益，违反了诚实信用原则和公认的商业道德，属于《反不正当竞争法》所禁止的行为，并依据《反不正当竞争法》第 2 条的规定，认

① 参见黄劼：《制造虚假访问量，深圳智硕云科技公司被罚 300 万》，载和讯网，http://news.hexun.com/2022-01-18/205152742.html。

② 参见湖南省长沙市中级人民法院民事判决书，(2019) 湘 01 知民初 1527 号；湖南省高级人民法院民事判决书，(2021) 湘知民终 152 号。

定构成侵权。

如“我爱网”干扰搜索引擎算法不正当竞争案①,该案系全国首例涉人工刷量平台干扰搜索引擎算法不正当竞争纠纷案。原告诉称,被告通过设置广告任务发布平台,帮助诱导网站用户设置、点击搜索任务,利用百度搜索排序算法中用户点击行为占有一定算法比重的客观情况,帮助用户制造虚假点击数据,扰乱原有的客观排序结果。被告行为将不法网站推到搜索结果中的更高位置,进而损害消费者利益。被告通过从用户充值金币中抽成、流量变现的方式谋取不正当利益。被告的行为扰乱了竞争秩序,构成不正当竞争。法院认为,“我爱网”直接针对百度搜索引擎进行了定制式的运营,被告在明知原告搜索规则的情况下,引导用户进行了针对原告搜索规则的运营服务。“我爱网”网站中有明确的“任务”设置指引和“做任务”指引,不仅帮助“发任务”用户完成任务的设置,还帮助“接任务”用户做成任务拿到相应的奖励,最终实现帮助“发任务”用户完成向目标网站刷点击量提升在搜索引擎结果中排名的目的。

被告还通过设置 VIP 模式、竞价模式,扩大刷量的规模,使被告获得更高的经济收益。被诉行为的手段是帮助、指引流量需求方发布需求任务,通过“盈利”为诱饵,诱导“接任务”用户伪装成正常用户完成刷量任务,其目的是满足“发任务”用户的刷量需求,干扰搜索引擎算法,提升搜索排名,其行为实质是针对搜索引擎进行人工制造虚假点击量之行为。

被诉行为具有不正当性。百度公司通过算法分析点击搜索引擎相关结果的数据,如果基于不真实的访问数据,百度公司会作出错误的算法判断,使用户与其所需求网站之间的距离增大,最终导致其丧失在搜索引擎网络服务行业中的竞争优势。“我爱网”的商业模式会产生无效流量,不能真实地反映用户以及市场的需求度,从而使用户花费更大的时间成本搜索到其需求网站,或者根据虚假点击数据作出错误的判断,进而使百度公司丧失用户对其的信任度,降低其竞争优势。

对展现为搜索引擎搜索结果的网络用户而言,通过“我爱网”“做任务”获得所谓“流量”,这种流量本身不稳定也不真实,并不能使搜索结果网络用户获

① 参见北京市海淀区人民法院民事判决书,(2020)京0108民初43224号。

得真正的“客流量”。对于其他搜索结果网络用户来说,“做任务”所得流量也使得其他网络用户的搜索结果排位靠后,降低了未通过“做任务”获取流量的用户点击排序的相对位置,使其最终丧失公平的竞争地位和竞争机会。

被告的经营模式使得大量虚假数据流入搜索引擎的搜索逻辑中,造成市场信息传递的错误,扭曲搜索引擎的商业模式。从长远来看,如不对这种模式进行规制,将使得搜索引擎中充斥虚假点击量,严重干扰搜索引擎的算法和逻辑。

被告为虚增目标网站点击量所实施的行为,实质是制造虚假的用户搜索需求,使搜索结果呈现与关键词更加匹配,增加目标网站在搜索引擎中的权重,以干扰原告搜索引擎排序算法的行为,该行为不仅增加百度公司维护正常搜索运营服务的各项成本,破坏原告提供的正常服务环境,还扰乱了市场竞争秩序,构成《反不正当竞争法》第 2 条规制的不正当竞争行为。

五、法律适用分析

电子商务领域中出现了很多为谋取交易机会或竞争优势而虚假刷量的行为。《反不正当竞争法》第 8 条第 2 款明确规定了经营者不得通过组织虚假交易等方式,帮助其他经营者进行虚假或者引人误解的商业宣传,该条款对上述行为的规制提供了适用空间。例如,在快手公司起诉多名被告的系列案件中,其主张被告为快手 App 中的用户提供增加粉丝量、点赞量的行为构成虚假宣传。①

在适用法律时,首先应对具体行为进行定性,再考虑《反不正当竞争法》第二章中是否有具体条款能够与之对应,最后再考虑是否适用《反不正当竞争法》第 2 条。视频刷量行为的实质系提升相关公众对网络产品的质量、交易数量、关注度等的虚假认知,起到吸引消费者的目的,应按照《反不正当竞争法》第 8 条规定的“虚假宣传”予以规制。快禾公司诉多名被告系列案中对《反不正当竞争法》一般条款的适用条件、视频刷量行为的定性、反不正当竞争案件相关裁判思路的探索对同类案件审理具有参考价值。

---

① 参见北京市海淀区人民法院课题组、邵明艳等:《涉网络不正当竞争纠纷的法律适用问题研究——以知识产权司法保护推动营商环境优化为视角》,载《中国应用法学》2020 年第 2 期。

第三节　强制跳转法条适用

在“支付宝”唤醒策略不正当竞争纠纷诉前行为保全案和淘宝诉易车不正当竞争案中，斑马公司和易车公司通过利用应用跳转规则，强制用户从第三方平台直接跳转至自己的应用中，完全漠视了用户对于网络应用服务的选择权，干扰用户正常的网上购物。设置相同 URL Scheme 干扰 App 正常跳转行为不仅干扰经营者网络服务的正常运行，劫取了原本属于其他经营者的潜在交易机会，同时违背了用户的意愿，使其无法直接进入目标网页，最终损害互联网领域的正当竞争秩序。

司法实践中法院将利用 App 唤醒策略强制跳转的行为认定为不正当竞争行为，不过认定的思路存在较大区别，可以将判决思路分为三类，即适用一般条款(《反不正当竞争法》第 2 条)进行分析、“互联网专条”第 1 款进行认定、“互联网专条”类型条款进行规制。

一、一般条款

如在微赛劫持优酷世界杯广告流量不正当竞争案中，法院经审理认为，竞争必有损害，优酷公司的合法权益因被诉行为遭受损害不代表被诉行为必然构成不正当竞争。只有当被诉行为违反诚实信用原则和公认的商业道德，通过不正当手段攫取他人合理预期的商业利益时，才为《反不正当竞争法》所禁止。第一，被告作为互联网经营者，应当知悉 URL Scheme 对于实现手机应用之间的相互调用通信的作用，亦应当知悉在自己的软件跳转协议中添加他人的 URL Scheme 可能导致系统调用他人软件时错误地调用自己的软件……第二，涉案行为发生时，适逢世界杯期间，优酷公司在各大主流第三方手机应用投放了极具针对性的世界杯主题广告，花费了大量广告成本。根据谁投入谁收益的一般商业规则，上述广告吸引的用户流量理应由优酷公司享有……综上，被告涉案行为违反《反不正当竞争法》第 2 条的相关规定构成不正当竞争行为，应当承担相应的民事责任。

在爱奇艺诉飞益科技刷量案中，一审法院适用一般条款进行规制，二审法院却认为,视频刷量行为通过虚构视频点击量,实质上是使相关公众对视频的质量、播放数量、关注度等产生了虚假认知,属于虚假宣传行为,无须用一般条款进行评判。二审法院纠正了一审法院评价视频刷量行为的法律适用逻辑,但是维持了该行为属于不正当竞争行为的认定。一审、二审法院对视频刷量行为截然不同的认定逻辑,一方面体现了视频刷量行为的复杂性,另一方面也凸显了《反不正当竞争法》适用的难度。

二、"互联网专条"第1款

如在"支付宝"唤醒策略不正当竞争纠纷诉前行为保全案中,法院经审理认为,根据《反不正当竞争法》第12条之规定,经营者利用网络从事生产经营活动,不得利用技术手段,通过影响用户选择或者其他方式,妨碍、破坏其他经营者合法提供的网络产品或者服务的正常运行。被申请人斑马公司前述干扰第三方应用向"支付宝"App跳转的行为,阻碍了"支付宝"App在iOS系统内的正常跳转,严重干扰了"支付宝"App支付服务的正常运行,减损了支付宝公司提供支付服务本应获取的运营收益,损害了支付宝公司的流量利益。其应当知道URL Scheme技术原理和设置效果,却将自己"家政加"App的URL Scheme同样定义为"alipay://",该行为缺乏正当性,依据《反不正当竞争法》第12条第1款认定侵权成立。

三、"互联网专条"第2款

如在淘宝诉易车不正当竞争案中,法院认为:第一,从技术手段角度分析,易车App是否以技术手段妨碍、破坏iOS系统淘宝App的正常运行。第二,从行为正当性方面分析,被诉侵权行为是否违背用户选择权,是否违背诚实信用原则和商业道德。第三,淘宝网络公司、淘宝软件公司主张被诉侵权行为劫持了手机淘宝应用软件的流量,截取了淘宝网络公司、淘宝软件公司的交易机会,损害其合法权益和竞争秩序。综上,易车公司的上述涉案行为属于未经其他经营者同意,采用技术手段通过影响用户选择的方式强制进行目标跳转,妨碍、破坏淘宝网络公司、淘宝软件公司合法提供的手机淘宝网络产品或服务的正常运行,具有明显的不正当性,认定构成《反不正当竞争法》第12条第2款第1项规定的"插入链接、强制跳转"的侵权行为。

在追风“淘帮手”不正当竞争案[①]中，法院也是通过《反不正当竞争法》第 12 条第 2 款第 1 项来规制使用 App 唤醒策略实施流量劫持行为的。法院认为，安装淘帮手软件后，点击微信手机应用软件上分享的京东商品链接，或者网易新闻手机应用软件上投放的京东广告，会直接跳转至淘帮手软件。此种行为是为了自身的经营利益，在他人的广告投放页面强行实现自己的操作指令，无疑损害了京东公司的利益。

在利用 App 唤醒策略强制跳转相关案例中，法院认定思路为：因该行为发生在互联网领域，因此首先尝试用“互联网专条”进行分析，如果可以被类型化条款规制则无须下沉适用兜底条款。[②]

① 参见一审浙江省杭州市中级人民法院民事判决书，(2019)浙 01 民初 656 号；二审浙江省高级人民法院民事判决书，(2020)浙民终 330 号。

② 参见冯亚萍：《使用 App 唤醒策略实施流量劫持行为的探析——兼评支付宝诉“家政加”App 案、淘宝诉“易车”App 案》，载微信公众号“华政东方知识产权”2021 年 10 月 11 日，https://mp.weixin.qq.com/s/Fw89nt9slxTS8gSabzRoNQ。

第十三章　互联网干扰

按照网络市场竞争中所涉及的竞争要素、生产要素进行类型化分析，可以将干扰行为分为四大类，即流量劫持、数据掠夺、员工跳槽和通过技术手段的妨碍、破坏。鉴于网络干扰的类型包含本书中的数据不正当竞争、网络屏蔽、恶意不兼容等，故此处探讨的是除本书已经单独作为章节阐述以外的网络干扰侵权行为。

第一节　互联网干扰行为的分类和类型化

一、互联网干扰行为的分类

根据干扰对象与技术原理的不同，有学者将网络干扰行为分为以下三类：一是在自身软件中设置排斥其他软件的源代码；二是直接修改他人软件产品，包括直接修改他人软件源代码与通过提供"第三方插件"，在安装该插件的电脑客户端修改目标软件的"代码化指令序列所调用的运行数据"；三是通过第三方插件在软件客户端截获并修改他人网页数据。[①] "干扰"一词在立法上并无明确规定，司法实践中出现的软件干扰类案件，大致包括以下情形：(1)网络产品中插入软件、链接，弹窗及修改网页等纠纷；(2)刷单、刷量类纠纷；(3)屏蔽视频广告类纠纷；(4)阻碍软件正常安装与运行；(5)违反 robots 协议网页抓取纠纷；(6)搜索引擎下拉提示词纠纷等。[②]

---

① 这三类行为的典型案例如"金山网盾排斥 360 安全卫士案""3Q 大战""百度诉奇虎插标案"。参见宋亚辉：《网络干扰行为的竞争法规制——"非公益必要不干扰原则"的检讨与修正》，载《法商研究》2017 年第 4 期。

② 参见钱光文、范静波、邵望蕴：《软件干扰类案件的裁判模式重构》，载《人民司法》2021 年第 22 期。

不当评价属于网络干扰行为，在“用户为王”的互联网经济中，经营者对于用户评价的重视程度很高。为了争取更多的消费者(用户)，获取更多的竞争优势，进而获利，经营者利用各种技术手段，实施损害其他经营者利益的，违反公平、诚信原则和公认商业道德的行为，增加自己的正面评价，给予竞争对手负面评价。这类行为在本文中被统称为不当评价行为。结合司法及行政执法实践，不当评价行为包括如下几种主要行为：刷流量、刷评价、恶意风险提示等。[①]

二、互联网干扰竞争类型化

(一)设置深层链接

实践中常见的设置深层链接构成不正当竞争的情形有两种：第一种是故意屏蔽权利人的标识、权利管理电子信息等，使用户误认为系链接提供者提供了作品，造成作品来源混淆；第二种是通过屏蔽被链网站广告、以用自身广告替代被链网站广告、绕过被链网站会员收费环节等形式，攫取被链网站的广告收益及会员收费利益。上述两种情形同时均占用了被链网站的带宽资源，造成其流量的减损，对被链网站的经营利益造成损失，也使链接提供者获得不当利益。[②] 在乐视诉电视猫著作权侵权及不正当竞争案[③]中，法院认定被告盗链原告作品，去除原告播放页面广告及贴片广告，跳过会员收费环节的行为，使原告的广告投放及会员收费利益无法实现，且占用了原告的带宽资源，构成不正当竞争；在飞狐公司等与小蚁公司不正当纠纷案(以下称“搜狐视频”诉“电视粉”不正当竞争案[④])中，法院认定被告通过深层链接向公众提供视频播放时，去除原告广告而添加自身广告，并向用户提供下载服务的行为，系不正当地利用他人资源，增加自身竞争优势的同时削弱他人竞争优势，构成不正当竞争。

---

① 参见吴莉娟：《互联网新型不正当竞争行为的类型化研究——兼论〈反不正当竞争法〉类型化条款之完善》，载《竞争政策研究》2019 年第 6 期。

② 参见王迁：《论提供“深层链接”行为的法律定性及其规制》，载《法学》2016 年第 10 期。

③ 参见北京市朝阳区人民法院民事判决书，(2015)朝民(知)初字第 44290 号。

④ 参见一审北京市海淀区人民法院民事判决书，(2016)京 0108 民初 9831 号；二审北京知识产权法院民事判决书，(2017)京 73 民终 25 号。

（二）设置关键词

关键词类的网络不正当竞争主要可分为两类，关键词竞价排行和更改用户主页关键词，[①]第一种可归类于传统不正当竞争行为中的误导消费者行为，而第二种难以划分为传统不正当竞争，属于互联网专条所要调整的行为。百合佳缘公司与花前月老公司侵害商标权及竞价排名不正当竞争案[②]中，一审、二审法院认为，百合佳缘公司在百度、360、搜狗搜索引擎中将与“987”相同或近似的“987征婚网”“987 婚恋网”“987 交友网”等词语设置为推广关键词，且在搜索结果中，相较于花前月老公司的“福建 987 交友网”网站，百合佳缘公司的“百合网”链接获得了优先展示。百合佳缘公司的该种行为，不仅不当挤占了花前月老公司相应的网站链接展示顺位，也截取了原本希望访问花前月老公司网站的网络用户，提高了其网站的访问量和潜在的市场交易机会，百合佳缘公司未就其设置“987”相关标识作为关键词作出合理解释。同时，花前月老公司提交的在案证据能够证明其运营的“福建 987 交友网”于 2004 年已投入使用至今，并且经过花前月老公司的持续宣传和使用，其运营的“987 交友网”“987 婚恋网”已经在婚恋服务行业具有一定知名度和影响力。百合佳缘公司作为同行业竞争者，应当知晓“987 交友网”“987 婚恋网”系花前月老公司经营的婚恋网站。因此，百合佳缘公司的此种行为主观上具有利用“987”标识为自己争取交易机会的故意，违背了公认的商业道德和诚实信用原则，破坏了正常的市场竞争秩序，不具有正当性，构成不正当竞争。

但在米兰“金夫人”侵害商标权案[③]中，法院认为，使用同业经营者的商标或者字号作为关键词参加竞价排名推广服务，在搜索结果中不显示该关键词，是关键词的隐性使用行为。该使用方式不属于对商业标识的商标性使用，未损害其识别功能及广告宣传功能，亦未违反诚实信用原则和商业道德，不构成商标侵权和不正当竞争。

---

① 参见北京市海淀区人民法院民事判决书，（2018）京 0108 民初 68074 号；淄博市沂源县人民法院民事判决书，（2020）鲁 0323 民初 473 号；杭州互联网法院民事判决书，（2020）浙 0192 民初 1329 号；杭州互联网法院民事判决书，（2020）浙 0192 民初 1330 号。

② 参见一审北京市朝阳区人民法院民事判决书，（2019）京 0105 民初 75554 号；二审北京知识产权法院民事判决书，（2021）京 73 民终 955 号。

③ 参见一审南京市玄武区人民法院民事判决书，（2016）苏 0102 民初 120 号；二审南京市中级人民法院民事判决书，（2016）苏 01 民终 8584 号。

（三）广告屏蔽

在优酷诉深圳乐播不正当竞争纠纷案①中，原告起诉被告开发的“乐播投屏”App 突破了原告所设置的视频播放时长限制，并去除了相应的片头广告，原告认为该行为破坏了其经营模式的正常运行，挤占了“优酷视频”App 本应获得的下载量和市场份额，给其造成了包括广告费收入、用户流量、软件下载量在内的一系列重大损失。被告辩称其不需要使用原告的视频来吸引客户，没有屏蔽原告视频贴片广告的必要性，不存在屏蔽原告视频贴片广告的主观故意，因此其与原告不存在直接竞争关系。

一审法院认为，被告对原告提供的免费视频的播放时长进行限制，并且将片头广告去除，挤占了原本属于优酷网的视频下载量，给原告造成了一系列经济损失，比如广告费收入、会员费收入等。因此，一审法院认为，虽然被诉行为在表现形式上与互联网专条第 2 款第 1 项及第 2 项所规定的强制跳转以及强迫用户卸载等行为有所不同，但究其本质，都是利用技术手段损害其他市场主体合法权益的行为，具体表现为利用软件技术干扰其他经营者提供的互联网产品或服务，使其无法正常运行或有实质替代，造成了正当利益的损失，谋取了自身利益，这种行为扰乱了正常的市场竞争秩序，因此，一审法院依据《反不正当竞争法》第 12 条第 2 款第 4 项判定被告构成不正当竞争。被告不服，提起上诉。二审法院认为，被告经营的“乐播投屏”App 在将原告的视频内容投屏到电视时，利用网络技术手段屏蔽了视频片头广告，使其不受原告手机网页播放时长限制，并使普通用户直接观看会员用户的视频资源，干扰了视频网站的运营模式和盈利方式，使得广告商的预期商业目的无法实现，原告的营业收入受到实质影响，直接损害原告的经营收益，且破坏了竞争秩序和机制，依据《反不正当竞争法》第 12 条第 2 款的规定，判定被告的行为属于利用软件干扰技术妨碍、破坏原告的正当经营，该种行为构成不正当竞争，故维持原判。

在百度公司诉保定乐活公司不正当竞争案②中，法院认为：被告的行为超出了提供正常、通用技术服务的合理界限，干扰了百度公司合法提供的网络产品和服务，对百度公司的商业模式造成不利影响，并不当影响和吸引用户选择其

① 参见北京知识产权法院民事判决书，（2020）京 73 民终 1556 号。

② 参见北京市海淀区人民法院民事判决书，（2018）京 0108 民初 38881 号。

应用程序替代百度公司的产品,已构成不正当竞争。

(四)搜索引擎

有实务者统计的适用《反不正当竞争法》第 12 条的 50 件不正当竞争民事案件中,[①]该类型案件共 5 件。[②] 在原告败诉案件中,法院主要认为网站搜索结果为自然搜索结果,被告向搜索引擎开放自己官网以供抓取,不违背公认商业道德,也不违反“互联网专条”。[③] 法院认为,《反不正当竞争法》禁止的是无序的不正当竞争行为,而鼓励市场主体之间的自由竞争。案件证据仅能表明被告在搜索引擎后台设置相关词汇为搜索关键词,并不能表明该行为可诱导消费者做出错误选择,实际侵夺原告的交易机会。使用搜索引擎的消费者具有较高认知水平和判断能力,搜索结果出现与其目标不同的链接并不会妨碍消费者的判断能力,相反消费者更希望通过搜索引擎获得更多的相关信息进行比较。因此市场主体向目标客户进行自我推介、自我展示,并不等同于故意制造混淆的行为,不具有不当性。[④]

而在原告胜诉案件中,法院认为被告通过参与搜索引擎竞价排名活动的技术手段改变了自然搜索结果,使被告网站在关键词搜索结果中排名显著靠前,同时还设立了混淆性词语,容易造成混淆,构成不正当竞争。[⑤]

(五)第三方插件

平台企业与司法实践基本保持对于第三方插件一致否定的态度。不仅互联网平台普遍排斥第三方插件,法院在相关侵权诉讼中对第三方插件持否定态度的也占大多数,第三方插件侵权类型一般有:(1)规则舞弊。第三方插件通过虚拟服务器虚拟行为瞒过平台,但本身并未对平台功能进行直接修改或改变相应规则要求。如“飞流网”的视频刷量、“捉妖定位助手”的免费定位、“陆智投”

---

① 参见毛禾枫、吴怡辰:《〈反不正当竞争法〉互联网条款适用问题研究——基于 50 份案例的实证分析》,载知乎网 2022 年 2 月 1 日,https://zhuanlan.zhihu.com/p/371638110。

② 参见北京市海淀区人民法院民事判决书,(2017)京 0108 民初 37886 号;河南省郑州市中级人民法院民事判决书,(2018)豫 01 民初 2419 号;广东省深圳市宝安区人民法院民事判决书,(2018)粤 0306 民初第 1861 号;福建省高级人民法院民事判决书,(2020)闽民终 554 号;山东省即墨市人民法院民事判决书,(2020)鲁 0282 民初 5126 号。

③ 参见北京市海淀区人民法院民事判决书,(2017)京 0108 民初 37886 号;二审北京知识产权法院民事判决书,(2018)京 73 民终 2219 号。

④ 参见河南省郑州市中级人民法院民事判决书,(2018)豫 01 民初 2419 号。

⑤ 参见广东省深圳市宝安区人民法院民事判决书,(2018)粤 0306 民初第 1861 号。

的优先抢购皆属于此种行为。(2)修改功能。第三方插件通过阻止或修改平台运行指令,对于平台的特定功能进行修改。如"彩虹显"使得他人在腾讯 QQ 中设置的隐身效果失效。(3)功能叠加。第三方插件依附于平台界面上嵌套己方软件的功能,但不阻碍平台正常实现原有功能。这类行为常见于搜索引擎平台的搜索界面更改,如表 11 中"mysearch"篡改搜索词条和"360 安全卫士"在搜索界面插标警告。这类软件在整体上属于独立运营的软件,但针对特定平台进行的功能开发与第三方插件在运营的内在逻辑上是一致的。如果功能叠加属于平台规则未涉及的领域,则存在较大的争议;如果功能属于平台规则允许的行为则不存在侵权之虞,如"美团收款"在"二维火软件"上的功能叠加就被法院认定为合法行为。①

表 11　历年来第三方插件不正当竞争典型案件

案件名称	涉案行为	裁判结果	裁判文书
百度诉珠穆朗玛搜索引擎修改案	"mysearch"软件在百度搜索页面上增加搜索导航的链接、缩略图及非本网站信息等内容	侵犯著作权;根据《反不正当竞争法》第 2 条构成不正当竞争	北京市第一中级人民法院民事判决书,(2005)一中民初字第 5456 号
腾讯诉虹连社交软件隐身功能修改案	"彩虹显"软件显示腾讯 QQ 隐身网友和 IP 地址	侵犯著作权中的修改权;根据《反不正当竞争法》第 2 条,构成不正当竞争	最高人民法院民事判决书,(2013)民三终字第 5 号
腾讯诉"360 扣扣保镖"社交软件广告、隐私功能修改案	扣扣保镖屏蔽、修改腾讯 QQ 软件广告推送、隐私查看等	根据《反不正当竞争法》第 2 条,构成不正当竞争	北京市高级人民法院民事判决书,(2013)高民终字第 2352 号
百度诉 360 安全卫士搜索引擎插标、警示案	360 安全卫士在百度搜索界面上插上警示标志、向其自己运营的网站与软件导流	根据《反不正当竞争法》第 12 条,构成不正当竞争	武汉市中级人民法院民事判决书,(2011)武知终字第 6 号
爱奇艺诉大摩网络视频广告过滤案	"Adsafe"净网大师软件屏蔽爱奇艺视频的广告	根据《反不正当竞争法》第 2 条,构成不正当竞争	上海知识产权法院民事判决书,(2016)沪 73 民终 33 号

① 参见尹玉涵:《"互联网专条"的适用探析——以第三方插件行为的不正当竞争定性为视角》,载《吉林工商学院学报》2020 年第 6 期。

续表

案件名称	涉案行为	裁判结果	裁判文书
爱奇艺诉飞流网络视频刷量案	“飞流网”网站与“柠檬”挂机软件在爱奇艺上制造视频的虚假访问量	根据《反不正当竞争法》第2条，构成不正当竞争	江苏省常州市中级人民法院民事判决书，(2018)苏04民初51号
腾讯诉陈某游戏软件免费定位提供案	“捉妖定位助手”游戏外挂帮助玩家篡改《腾讯一起来捉妖》真实地理位置	根据《反不正当竞争法》第2条，构成不正当竞争	广东省深圳市南山区人民法院民事判决书，(2019)粤0305民初15313号
腾讯诉世界星辉视频广告过滤案	“世界之窗”浏览器过滤腾讯片头广告	根据《反不正当竞争法》第2条，构成不正当竞争	北京知识产权法院民事判决书，(2018)京73民终558号
优酷诉万凯达视频广告过滤和VIP片源泄露案	“电视控”软件过滤优酷片头广告并使用户可以观看VIP片源	根据《反不正当竞争法》第12条，构成不正当竞争	北京知识产权法院民事判决书，(2020)京73民终49号
迪火科技诉三快科技支付软件植入案	“美团收款”在“二维火收银”应用允许的范围内，通过自身的设置实现与“二维火收银”的对接	根据《反不正当竞争法》第2条、第12条，不构成不正当竞争	杭州市中级人民法院民事判决书，(2018)浙01民初3166号
陆金所诉陆智投优先抢购功能提供案	“陆智投”抢购服务帮助用户抢购陆金所平台的债权转让产品	根据《反不正当竞争法》第2条，构成不正当竞争	上海浦东新区人民法院民事判决书，(2019)沪0115民初11133号
腾讯诉杨某直播刷人气案	模拟“企鹅电竞”真实用户在企鹅电竞直播平台为主播刷直播观看量、涨粉、评论	根据《反不正当竞争法》第8条、第12条，构成不正当竞争	杭州市余杭区人民法院民事判决书，(2020)浙0110民初6257号

资料来源：尹玉涵：《“互联网专条”的适用探析——以第三方插件行为的不正当竞争定性为视角》，载《吉林工商学院学报》2020年第6期。

(六)刷评论

刷评论的行为包括刷好评和刷差评，刷好评的行为通常主要是通过“刷单”，也就是虚假交易或者删除差评的行为实现的，而刷差评通常由“职业差评师”执行,并往往具有敲诈胁迫的目的。①

《反不正当竞争法》将刷评论的行为同样纳入虚假宣传的规制范畴,即经营者实施刷评价的行为系对商品的用户评价等作虚假或者引人误解的商业宣传,欺骗、误导消费者;而职业差评师的刷差评行为则可以纳入通过组织虚假交易等方式,帮助其他经营者进行虚假或者引人误解的商业宣传的范畴。诚如国家工商总局反垄断与反不正当竞争执法局局长杨红灿所说,除对经营者产品的虚假宣传外,帮助他人进行刷单、炒信、删除差评、虚构交易、虚假荣誉等行为,也将受到严厉查处。

在电商诉刷单平台第一案②中,法院认为,被告简世公司经营专门组织刷手刷单炒信的傻推网平台,其行为显然违反诚实信用原则和公认的商业道德,损害两原告的合法权益,扰乱社会经济秩序。至于被告是否构成不正当竞争,法院从以下两方面进行考量:一是被告简世公司的行为是否具有损害两原告经营利益的可能性;二是被告简世公司是否会基于这一行为而获取现实或潜在的经营利益。本案中,一方面,两原告的信用评价体系系其核心竞争利益。两原告平台上的销量、评价等数据系经过长期交易积累而形成。两原告经营的淘宝网、天猫网两大平台系中国最大的网络零售交易平台,本院有理由相信该平台上的消费者在网络购物决策过程中已养成对信用评价数据的依赖和习惯。而被告简世公司经营的傻推网专门组织刷手实施虚假刷单,客观造成两原告平台上相关数据的不真实,直接影响、破坏了两原告构建的信用评价体系,因此导致消费者对两原告平台产生不信任,以致对经由两原告平台上所售的商品的质量产生合理怀疑,从而损害两原告的市场声誉与竞争力,亦损害了两原告的利益。另一方面,被告简世公司成立并经营组织虚假刷单的平台,其目的就是谋取利益,且确已获利。事实上,被告简世公司组织刷单会提升刷单商品在两原告平台上的搜索排名,会提高发布刷单任务的淘宝、天猫卖家的真实销量,从而增加利润,被告简世公司从中收取会员费、手续费,直接获取利益。因此,综合以上分析,可以认定被告的涉案行为对两原告构成

① 参见吴莉娟:《互联网新型不正当竞争行为的类型化研究——兼论〈反不正当竞争法〉类型化条款之完善》,载《竞争政策研究》2019 年第 6 期。

② 参见浙江省杭州市西湖区人民法院民事判决书,(2016)浙0106 民初11140 号,2017 年浙江法院知识产权司法保护十大典型案例之三。

不正当竞争。

《反不正当竞争法》将刷流量、刷单等行为纳入虚假宣传的范畴，即经营者实施该行为系对商品的销售状况等作虚假或者引人误解的商业宣传，欺骗、误导消费者，或者通过组织虚假交易等方式，帮助其他经营者进行虚假或者引人误解的商业宣传。这固然有一定道理，但是，刷流量行为并不仅仅是虚假宣传，也干扰了网站访问数据的真实性、完整性，导致网站经营者的经济利益和商业信誉受损。①

(七)恶意风险提示

风险提示分为针对软件的风险提示和针对网站的风险提示，针对软件的风险提示一般与软件冲突结合在一起，以弹窗形式出现；针对网站的风险提示通常以"插标"形式出现。互联网产品独特性决定了恶意风险提示主要表现为用户界面上出现的弹窗或插标。风险提示本身是个中性词汇，网站和软件通过设置风险提示语告知用户某些网站或者软件可能存在木马、病毒和不良信息等，提示慎重点击或安装。对杀毒软件、安全防护软件、系统优化工具等安全软件而言，风险提示恰恰体现了这些软件的基本功能。

但如果网站或软件为了维护其市场优势地位，抢占市场份额，在自有网站或者软件上对竞争对手的网站或者软件进行恶意风险提示或者捏造、散布虚假事实，损害竞争对手的商业信誉、商品声誉，则构成恶意风险提示。被誉为国内"插标第一案"的百度插标案中，二审法院认为，奇虎公司被诉的插标行为不仅限于在搜索结果网页上插标，还包括选择性地针对百度搜索结果网页进行插标、以插标为手段引导用户安装其经营的360安全浏览器产品等行为，上述行为干扰了百度搜索的正常运行。上述行为并非为了保护公共利益，而是为了实现奇虎公司的经营利益，该行为违反了非公益必要不干扰原则，损害了百度搜索服务提供者的合法权益，扰乱了互联网经营秩序。

(八)恶意投诉

如在王某诉江某恶意投诉不正当竞争纠纷案②中，王某在淘宝网经营淘宝

---

① 参见刘晗：《互联网新型不正当竞争行为研究》，中国政法大学2014年硕士学位论文。

② 参见杭州铁路运输法院民事判决书，(2018)浙8601民初868号。电商法实施后首例恶意投诉引发不正当竞争案。

店铺“雷恩体育 solestage”,该店铺主要销售“安德玛”牌运动服饰、运动鞋类等运动产品,“安德玛”商标由安德阿镆有限公司持有。王某经营的雷恩体育 Solestage 公司的运动产品来自安德阿镆公司的授权代理商,属于合法销售。江某伪造权利人的印章出具淘宝店铺“雷恩体育 solestage”的产品为假货的鉴定报告。淘宝网接到投诉后,认为投诉成立,并删除涉案淘宝店铺的涉案链接。王某向淘宝网提出申诉,经审核,申诉成立,恢复了涉案链接。后江某又以伪造的权利人签名、盖章及中文翻译件出具了终止业务关系函,称“授权代理商不是商标权利人的授权行销商”,并要求淘宝网删除链接并执行相应的处罚。淘宝网根据反申诉认为王某申诉不成立,判定王某经营的涉案淘宝店铺售假,按照售假进行处罚,删除涉案商品链接,并对涉案淘宝店铺进行了降权处罚。王某起诉请求判令江某赔偿王某因商品链接被删除造成的经济损失及合理开支。杭州铁路运输法院认为江某的行为违反了诚实信用原则和公认的商业道德,构成不正当竞争,判决江某赔偿王某经济损失及合理开支 210 万元。

线下的恶意举报或诉讼,也可能会认定不正当竞争,如街电公司来电公司不正当竞争案①。提起专利侵权之诉以及请求行政查处,是专利权人的权利,但专利权人行使权利应当适当,不能滥用。对于诉讼技巧或者行政查处请求技巧,专利权人既可以用之行使权利和保护权利,也可以用之进行市场竞争或者不正当竞争。人民法院鼓励专利权人通过善意的、正当竞争的方式形成市场格局。但如果专利权人为谋求市场竞争优势,滥用权利,将诉讼技巧或者行政查处请求技巧,当作打压竞争对手的工具,人民法院不予支持。《反不正当竞争法》第 2 条规定,经营者在市场交易中,应当遵循自愿、平等、公平、诚实信用的原则,遵守公认的商业道德。不正当竞争行为,是指经营者在生产经营活动中,违反本法规定,扰乱市场竞争秩序,损害其他经营者或者消费者的合法权益的行为。本案中,不同使用者在深圳、北京、广州提起 30 余起诉讼,并同时对不同使用者在河南省知识产权局、济南市知识产权局提起 20 余起的专利侵权行政处理请求。被告来电公司的前述所有行为,明显超过正当理由,借用司法与行政资源以专利权谋取不当利益,违背了诚实信用的原则,有悖正当维权的商业道德,扰乱了市场秩序,致使本案原告街电公司及合作商户的商业经营活动因

① 参见广东省深圳市中级人民法院民事裁定书,(2018)粤 03 民初 170 号。

此受到一定负面影响，故被告来电公司的上述行为，属于滥用权利行为，构成不正当竞争。

在刘某与武汉金牛公司等不正当竞争案[①]中，关于恶意投诉中“恶意”如何判定，法院认为，明知或应知通知错误，既不及时撤回也不更正错误通知，或者改变维权策略或方式，反而继续反复提交错误通知，恶意阻挠他人正常经营活动，即是符合恶意的情形。

(九)恶意诉讼

易动公司与圣壹门公司恶意提起知识产权诉讼损害责任及不正当竞争案[②]中，认定涉案行为是否构成恶意提起知识产权诉讼，应当考虑如下要件：一是行为人是否有主观恶意；二是行为人提起诉讼的行为是否具有违法性，即行为人是否提起了在事实上和法律上没有依据的诉讼；三是行为人恶意提起的知识产权诉讼是否给相对方造成了损害后果；四是行为人恶意提起知识产权诉讼的行为与相对人的损害后果之间是否有因果联系。关于行为人提起知识产权诉讼的主观要件即是否具有主观恶意的认定，虽然民事侵权行为的可归责意思状态通常包括故意和过失，但知识产权恶意诉讼在其意思状态表现上具有特殊性，这不仅表现在行为人对于其提起的诉讼缺乏事实和法律依据是明知的，还表现为其意图通过诉讼手段干预商业竞争者，从而使对方产生利益损失，即行为人提起诉讼具有侵害对方合法权益的不正当诉讼目的，其恶意不仅表现为主观故意，且这种主观故意是确定、明显的，故不应当包括各种过失行为。

在认定侵权主体方面，该案具有一定借鉴性，一审法院认为，虽然易动公司起诉的系列诉讼并非全部由其直接提起，但蔚蓝的海公司系易动公司的全资子公司，其在知晓易动公司提起相关诉讼后又提起后续诉讼的行为，易动公司必然知晓，蔚蓝的海公司提起诉讼的行为并非为维护其合法权益，而是与易动公司在先提起的诉讼共同构成不合理地损害圣壹门公司市场地位和商誉的起诉行为，因此蔚蓝的海公司的行为应当与易动公司的行为一并视为易动公司为制约、损害圣壹门公司利益的不当行为，圣壹门公司有权要求易动公司一并承担责任。

---

① 参见重庆市高级人民法院民事判决书，(2021)渝民终1083号。

② 参见一审北京市海淀区人民法院民事判决书，(2018)京0108民初18662号；二审北京知识产权法院民事判决书，(2019)京73民终50号。

第二节　互联网干扰竞争规制

一、"互联网专条"第2项

《反不正当竞争法》第12条规定,经营者利用网络从事生产经营活动,应当遵守本法的各项规定。经营者不得利用技术手段,通过影响用户选择或者其他方式,实施下列妨碍、破坏其他经营者合法提供的网络产品或者服务正常运行的行为:误导、欺骗、强迫用户修改、关闭、卸载其他经营者合法提供的网络产品或者服务。

《反不正当竞争法》第12条第2款第2项描述的行为是"误导、欺骗、强迫用户修改、关闭、卸载其他经营者合法提供的网络产品或者服务"。法院在解释该项时,应当在文本字面含义范围内从严认定干扰行为。限缩解释将使第2项的调整范围小于人们通常理解的软件冲突行为。按照司法界、产业界和学界多年来在网络不正当竞争纠纷过程中形成的认识,干扰包含了众多技术不同、表现各异的软件冲突行为。有研究认为:"从目前笔者搜集和整理的上百个互联网不正当竞争案件来看,多数涉及软件或者产品之间的互相干扰问题,而且预计未来产品间的干扰行为,仍将是互联网不正当竞争的主要类型。"[①]但在不拓展文义的情况下,一些产业界和司法界认定的干扰行为并不能被干扰条款覆盖。例如,干扰软件安装的行为尽管属于产业界和司法界认定的干扰行为,但却不受《反不正当竞争法》第12条第2款第2项的调整。在阻碍"一搜工具条软件"不正当竞争案[②]中,用户一旦安装了被告百度公司的搜索软件,便无法安装原告三七二一公司的搜索软件。被告会在原告软件的安装过程中弹出毫无必要的选择对话框进行干扰,选择其中的同时安装选项,仍无法实现在线安装;强行手动下载安装,依旧无法进行安装,法院认定被告行为构成不正当竞争。或有论者认为:如此典型的软件干扰行为,当然属于《反不正当竞争法》第12条

① 张钦坤:《反不正当竞争法一般条款适用的逻辑分析——以新型互联网不正当竞争案件为例》,载《知识产权》2015年第3期。

② 参见北京市第一中级人民法院民事裁定书,(2006)一中民终字第5642号。

第2款第2项的调整范围。但是根据对文本的正常解释,用户所能“修改、关闭、卸载”的对象是已经获得的网络产品或服务,而不包括尚未获得的网络产品或服务。因此,如果被告的“干扰”行为发生在用户获得其他经营者提供的产品或服务过程中,则该行为不符合《反不正当竞争法》第12条第2款第2项之规定。诚然,就对原告竞争利益的影响程度和对市场竞争秩序的破坏程度而言,干扰安装和干扰运行并无明显区别。但是,鉴于网络条款的理念缺陷、方法缺陷与技术缺陷,扩张解释不应受到鼓励。一旦法院在文本不能给出无异议解释的情况下采取扩张性解释(如将关闭对象解释为三七二一提供的软件安装服务),就面临着采用不合理认知模型变量获取合理认知结果的难题。《反不正当竞争法》第12条第2款第2项与同样致力于规范软件干扰行为的《规范互联网信息服务市场秩序若干规定》第5条第1款相比,缺少“恶意”要件。[①] 主观与客观要件的缺失很可能令《反不正当竞争法》第12条第2款第2项产生过度干预正常竞争的效果。与其在不完善的条款之下进行利益衡量,不如寻求更加完善的规则的指引,例如,尽量使用其他更加恰当或成熟的类型化条款,以及在缺乏恰当类型化条款的情况下回归一般条款,接受更加严格的责任认定理念的指引。[②] 只有当诉争行为在文义上确定构成“误导、欺骗、强迫用户修改、关闭、卸载其他经营者合法提供的网络产品或者服务”时,才落入《反不正当竞争法》第12条第2款第2项的调整范围。[③]

二、《反法新司法解释》

《反法新司法解释》第22条规定,经营者事前未明确提示并经用户同意,以误导、欺骗、强迫用户修改、关闭、卸载等方式,恶意干扰或者破坏其他经营者合法提供的网络产品或者服务,人民法院应当依照《反不正当竞争法》第12条第2款第2项予以认定。《反法新司法解释》第22条是针对《反不正当竞争法》第

---

① 参见《规范互联网信息服务市场秩序若干规定》第5条第1项规定,互联网信息服务提供者不得实施恶意干扰用户终端上其他互联网信息服务提供者的服务,或者恶意干扰与互联网信息服务相关的软件等产品的下载、安装、运行和升级等行为。

② 参见薛军:《互联网不正当竞争的民法视角》,载《人民司法(应用)》2016年第4期。

③ 参见蒋舸:《〈反不正当竞争法〉网络条款的反思与解释 以类型化原理为中心》,载《中外法学》2019年第1期。

12 条第 2 款第 2 项的解释，在“用户同意”方面为经营者施加了较重的义务。根据该条，经营者若想引导用户修改、关闭、卸载其他经营者提供的网络产品或服务，需要满足“事前明确提示”与“用户同意”的双重要件。同时，该《反法新司法解释》第 22 条在《反不正当竞争法》条文中“修改、关闭、卸载”之后新增了“等”字，将穷尽式列举改为非穷尽式列举，这体现了反不正当竞争司法面对未来新技术的灵活性，也与该法本身“行为法”的性质相契合。事实上，能够干扰网络产品或服务运行的技术远不止法条所列的 3 种。例如，在国家市场监督管理总局发布的《禁止网络不正当竞争行为规定（公开征求意见稿）》[①]中，列举了 6 种不同类型的干扰行为，误导、欺骗、强迫用户放弃使用其他经营者合法提供的网络产品或者服务也归属为干扰行为之一。

《反法新司法解释》第 22 条对“干扰用户使用”行为认定作出进一步解释和指引。《反法新司法解释》在反不正当竞争法基础上，增加了“经营者事前未明确提示并经用户同意”和“恶意干扰或者破坏其他经营者合法提供的网络产品或者服务”两个要件。同时，在“修改、关闭、卸载”行为后面增加“等”字，为未来规制网络环境下干扰用户使用的其他同类行为预留了解释空间。值得注意的是，在国家市场监督管理总局于 2021 年 8 月 17 日发布的《禁止网络不正当竞争行为规定（公开征求意见稿）》第 15 条中，对于干扰行为给出了更为详尽的行为列举，例如，违背用户意愿下载、安装、运行应用程序、阻碍用户卸载、对其他经营者的提供的网络产品或服务进行屏蔽、拦截等行为均构成“干扰用户行为”。由于《反不正当竞争法》第 12 条第 2 款第 2 项“干扰用户使用”适用范围较窄，由上述内容可以看出，《反法新司法解释》和《禁止网络不正当竞争行为规定（公开征求意见稿）》都倾向性地对该条款的适用情形作出从宽解释，以应对

---

① 参见《禁止网络不正当竞争行为规定（征求意见稿）》第 15 条规定：“经营者不得利用技术手段，实施下列干扰其他经营者合法提供的网络产品或者服务的行为：（一）误导、欺骗、强迫用户修改、关闭、卸载、放弃使用其他经营者合法提供的网络产品或者服务；（二）违背用户意愿下载、安装、运行应用程序，损害消费者合法权益或者影响其他经营者合法提供的设备、功能或者其他程序正常运行；（三）对非基本功能的应用程序不提供卸载功能或者对应用程序卸载设置障碍，损害消费者合法权益或者影响其他经营者合法提供的设备、功能或者其他程序正常运行；（四）无正当理由，对其他经营者合法提供的网络产品或者服务实施屏蔽、拦截、修改、关闭、卸载，妨碍其下载、安装、运行、升级、转发、传播等；（五）调整其他经营者的网络产品或者服务在搜索结果中的自然排序位置，并实施恶意锁定；（六）其他妨碍、干扰其他经营者合法提供的网络产品或者服务的行为。”

规制各种花样翻新行为的实践需求。

第三节　互联网干扰司法裁判

一、司法裁判现状

根据目前出现的司法案例统计，以软件干扰作为不正当竞争手段的行为出现的频次较高，法院也因此逐渐形成了较为成熟的原则，包括“非公益必要不干扰原则”“平等对待原则”“最小特权原则”等。[①]

涉及干扰的案例还有很多，阻碍“一搜工具条软件”不正当竞争案、奇虎安全卫士将雅虎助手软件标注为“危险”并从默认选项中清除、[②]QQ 输入法在安装过程中诱导用户删除搜狗拼音输入法快捷方式[③]等案例，都可能被贴上“恶意干扰”标签。最让人记忆犹新的是“三百”插标案中奇虎在百度搜索结果中添加警示图标的行为，[④]以及学界由此展开的关于非公益必要不干扰标准的沸沸扬扬的讨论。

二、传统侵权式裁判

在一些互联网不正当竞争案件中，法院参考“海带配额”不正当竞争案的裁判思路，将商业机会、商业模式等作为一种受法律保护的法益，并作为认定行为构成不正当竞争的前提条件。例如，在“360 扣扣保镖”软件商业诋毁纠纷案中，法院认为，免费平台与广告或增值服务相结合的商业模式，并不违反《反不正当竞争法》的原则精神和禁止性规定，以此谋求商业利益的行为应受保护，他人不得以不正当干扰方式损害其正当权益。在猎豹浏览器广告过滤不正当竞

① 参见陈兵、徐文：《优化〈反不正当竞争法〉一般条款与互联网专条的司法适用》，载《天津法学》2019 年第 3 期。

② 参见阿里巴巴诉三际无限公司侵犯著作权及不正当竞争案，北京市第二中级人民法院民事判决书，（2006）二中民初字第 16174 号。

③ 参见搜狗公司等诉腾讯公司等不正当竞争案，北京市第二中级人民法院民事判决书，（2009）二中民初字第 12482 号。

④ 参见百度插标案，北京市高级人民法院民事判决书，（2013）高民终字第 2352 号。

争纠纷案中，法院认为，正当的商业模式必然产生受法律保护的正当商业利益，合一公司对其经营的优酷网提供广告加免费视频的商业模式具有可受法律保护之利益。又如，在爱奇艺诉深圳聚网视不正当竞争纠纷案中，法院认为：(1)爱奇艺以“广告＋免费视频”的经营模式谋求商业利益的行为应受法律保护；(2)聚网视凭借技术使其用户在不付出任何成本的情况下观看视频，损害爱奇艺的利益；(3)聚网视事先知道实施该技术会出现自己得利、他人受损的后果，仍实施该技术，具有主观故意，违反了诚实信用原则和公认的商业道德，构成不正当竞争。①

三、非公益必要不干扰

非公益必要不干扰是百度插标案中法院创设的用以判断互联网领域新型不正当竞争行为正当性的规则，猎豹浏览器广告过滤不正当竞争纠纷案和“极路由”路由器不正当竞争纠纷案中，也都使用了非公益必要不干扰原则。非公益必要不干扰的裁判模式同样是在认定原告对商业模式具有合法权益的基础上以不干扰为原则。首先，这种裁判模式以干扰为例外，要求竞争者对干扰行为的合法性或必要性进行举证，证明其与竞争行为的本质特征相悖。企业在正常的市场竞争中，并不负有尊重他人的商业模式(受知识产权保护的除外)、维护其他经营者利益的义务，这正是市场经济竞争法则的体现。其次，该裁判模式中设置了公益标准，引入所谓的公益标准会干扰法官对相关案件进行正确的利益衡量和价值判断，把本来是私人之间的纠纷和利益划界问题转化为一个公共利益的确认与保护问题。最后，司法裁判中非公益必要不干扰原则的提出，没有实体法层面上的依据，适用于具体案件时仍然会面临许多可操作性的问题，将其作为行为效果的评价标准并没有实际意义。②

四、考虑消费者混淆因素

在这类案件的审理中，法官从经营者的主观意图出发，通过阐述软件干扰

① 参见钱光文、范静波、邵望蕴：《软件干扰类案件的裁判模式重构》，载《人民司法》2021 年第 22 期。

② 参见钱光文、范静波、邵望蕴：《软件干扰类案件的裁判模式重构》，载《人民司法》2021 年第 22 期。

行为是否导致消费者混淆误认,从而认定行为是否构成违反公认的商业道德以及经营者主观上是否存在恶意。例如,在搜狗输入法搜索不正当竞争纠纷案中,二审法院将被诉行为是否导致用户混淆作为认定行为是否具有正当性的标准,认为在被诉行为足以导致用户混淆的情况下,即便搜狗公司在任何使用环境下,针对任何搜索引擎均无歧视性地采用被诉方式提供下拉菜单搜索候选服务,该行为同样不具有正当性。因被诉行为的不正当性系源于该特定方式所产生的用户混淆,故如果附着于输入法的下拉菜单服务不存在混淆情形,且用户在该服务页面下可以很容易地切换到其正在使用的搜索引擎服务,从而有效地保护用户的选择权,则尽管其使用了该下拉菜单模式,且利用了现有用户习惯,亦不能据此认为其具有不正当性。

该裁判模式多见于增加下拉提示词、插标、广告拦截、搜索结果评级、弹出广告等案件的裁判中,法院基于消费者选择的角度判断干扰行为的正当性,禁止被告以可能导致用户混淆的方式作出选择。将消费者不受混淆误认作为衡量消费者利益、判断行为效果的标准具有借鉴意义,但不能以此作为判定软件干扰行为正当性的唯一因素。①

① 参见钱光文、范静波、邵望蕴:《软件干扰类案件的裁判模式重构》,载《人民司法》2021 年第 22 期。

第十四章　互联网直播不正当竞争

第一节　互联网直播概述

一、直播竞争规制的立法

2016 年以来，文化部、国家新闻出版广电总局、国家互联网信息办公室等先后发布了《文化部关于加强网络表演管理工作的通知》《国家新闻出版广电总局关于加强网络视听节目直播服务管理有关问题的通知》《互联网直播服务管理规定》等规范性文件，对网络直播平台市场进行规范。此外，还出台了《国家广播电视总局关于加强网络秀场直播和电商直播管理的通知》和《网络直播营销管理办法（试行）》。中国演出行业协会网络表演（直播）分会正在参与制定《主播账号分级分类管理规范》和《直播行业打赏行为管理规则》。

2021 年 3 月 18 日，中国广告协会正式发布《网络直播营销选品规范》，这是中国广告协会继 2020 年 6 月发布国内首份《网络直播营销行为规范》和国家市场监督管理总局在 2021 年 3 月 15 日公布的《网络交易监督管理办法》后，专门关于网络直播营销选品的自律规范，旨在为网络直播营销及在直播选品、直播销售和售后服务的活动提供指南。《网络直播营销选品规范》包括条文和附件《常见行业商家商品资质要求》两部分，涉及商家、商品资质，质量检验把控，商品的直播描述，直播后出现质量问题的消费者权益救济，主播和机构在选品方面的基本要求和导向等。

国家市场监督管理总局于 2021 年 3 月 15 日制定出台《网络交易监督管理办法》，该办法规定了网络交易经营者应当明示收集、使用消费者个人信息的目的、方式和范围，并经消费者同意；不得强迫或者变相强迫消费者同意收集、使用与经营活动无直接关系的信息；在收集、使用个人敏感信息前，必须逐项取得消费者同意;未经被收集者授权同意,不得向包括关联方在内的任何第三方提供。

二、直播带货现状

直播带货是直播行业与电商行业的天然融合。直播是目前互联网领域互动性最强的行业之一,而电子商务对互动交流具有天然的需求,在线客服、用户评价等机制均是围绕互动交流展开的。因此,电商选择了直播这个新的流量接口。数据显示,2019年“双11”期间,直播已经成为阿里巴巴的新战场。在预售阶段,有1.7万品牌开启直播,多款品牌单品预售成交破亿,其中更有6分钟预售破亿、1秒卖出55辆汽车的战绩。

三、直播案由复合性

(一)著作权与不正当竞争

如在网易公司诉华多公司侵害著作权及不正当竞争纠纷案[①]中,网易公司主张其享有“梦幻西游”网络游戏的著作权,其以华多公司擅自在其经营的YY、虎牙直播平台上开设直播专区、组织主播人员直播上述网络游戏,构成侵害著作权及不正当竞争为由诉至法院,请求判令华多公司停止侵权、赔礼道歉和赔偿网易公司1亿元等。法院认为,涉案游戏连续动态画面属于文学、艺术领域具有独创性并能以有形形式复制的智力成果,符合类电作品实质特征,可归入类电作品范畴。从作品使用行为的性质和目的、被使用作品的性质、被使用部分的数量和质量、使用对作品潜在市场或价值的影响等因素综合考虑,被诉游戏直播行为基于商业营利目的,使用涉案游戏的独创性表达,使用部分的比例超出合理限度,实质上不合理地损害游戏著作权人合法利益,不能认定为合理使用行为。在通过华多公司关联方披露的财务数据估算数额、合理认定涉案游戏因素对于被诉游戏直播平台获利的价值贡献的基础上,综合考虑涉案游戏类型和知名度、侵权行为性质和情节、与涉案游戏直播相关的授权许可市场

① 参见一审广州知识产权法院民事判决书,(2015)粤知法著民初字第16号;二审广东省高级人民法院民事判决书,(2018)粤民终137号。本案是全国首例游戏直播著作权侵权纠纷案件,被评为2019年度全国百大优秀庭审,2019年度广东省知识产权审判十大案件之二。

情况、涉案游戏因素对于游戏直播平台获利的贡献程度、权利人维权费用，酌情判定华多公司赔偿网易公司2000万元。

在“懂球帝”侵犯著作财产权及不正当竞争纠纷案中，央视网公司主张多格公司构成著作权侵权，一审、二审法院认为，多格公司的行为系通过互联网的直播行为，不符合信息网络传播的任意选定时间的交互式传播特点，且在传播过程中并未产生复制件，亦不符合广播组织者权的通过有线方式转播的特征，故不适宜于通过著作权法来保护，对于央视网公司该项主张，一审、二审法院不予支持。

（二）信息网络传播权及不正当竞争纠纷

在腾讯诉运城市阳光公司等侵害作品信息网络传播权及不正当竞争纠纷案①中，法院认为，在符合一系列有伴音或者无伴音的画面组成的特征，并且可以由玩家通过游戏引擎调动游戏资源库呈现出相关画面时，“王者荣耀”游戏的整体画面宜认定为类电作品。认可游戏用户的独创性使相关游戏用户有可能垄断其展示的操作技巧与战术，影响其他用户的利益，有悖于著作权法的立法精神，故游戏用户对“王者荣耀”游戏的整体画面不享有著作权。

被告阳光公司未经原告许可，将包含原告“王者荣耀”游戏画面的短视频以公之于众的方式展示在开放性的、不特定任何人均可浏览的西瓜视频平台上，使公众可以在其个人选定的时间和地点获得涉案“王者荣耀”游戏画面，该行为构成对原告信息网络传播权的侵害。被告未经许可，鼓励、引诱和帮助游戏用户在西瓜视频平台上传“王者荣耀”游戏进行传播并从中获利，的确有违诚实信用原则和商业道德，属于不正当竞争。一审判决如下：(1)被告应立即停止在西瓜视频平台上传播包含有“王者荣耀”游戏画面的视频（截至2019年9月4日已上传至平台的视频为限）；(2)被告于本判决生效之日起10日内，赔偿原告480万元及合理费用16万元；(3)驳回原告的其他诉讼请求。宣判后，被告提出上诉。二审驳回上诉，维持原判。

有观点认为，足球赛事直播节目适用《著作权法》抑或《反不正当竞争法》保护时，足球赛事直播节目属于《著作权法》规制的范围，《反不正当竞争法》并

① 参见一审广州互联网法院民事判决书，(2019)粤0192民初1092－1102、1121－1125号；二审广州知识产权法院民事判决书，(2020)粤73民终574－589号。

非解决此类纠纷的适当路径。首先,从《著作权法》和《反不正当竞争法》的适用关系来看,《反不正当竞争法》所提供的保护不能与《著作权法》立法政策相抵触,凡是《著作权法》已做穷尽性规定的领域,《反不正当竞争法》不应当再提供附加保护。当前,我国学术及司法界对足球赛事直播节目的性质主要有作品、录像制品、广播信号三种意见,但无论是通过作品的著作权、录像制作者权,还是广播组织权的相关邻接权加以保护,足球赛事直播节目均可以也应该在《著作权法》框架内予以解决,足球赛事直播节目的保护属于《著作权法》已做穷尽性规定的领域,《反不正当竞争法》不应再提供附加保护。其次,从足球赛事直播节目交易特点来看,通过《反不正当竞争法》规制足球赛事直播节目,将使足球体育赛事以授权、许可为核心的市场交易不稳定。最后,从履行国际条约的义务来看,我国已于 2006 年批准加入《世界知识产权组织版权条约》(WCT),该条约规定作者享有向公众传播权,即"以授权将其作品以有线或无线方式向公众传播,包括将其作品向公众提供,使公众中的成员在其个人选定的地点和时间可获得这些作品"。此处的"向公众传播权"明显包括通过网络直播的方式进行的传播。因此,将足球赛事直播节目的网络直播纳入《著作权法》的调整范围,亦是全面履行加入国际条约义务的应有之义。①

第二节　直播不正当竞争类型化

一、直播平台挖角

从《反不正当竞争法》第 12 条的角度分析,该条款规制的对象是利用网络从事生产经营活动的经营者,规制的行为是技术手段所引发的不正当竞争行为。挖角平台以高额报酬等吸引主播跳槽并签署服务协议,其挖角方式与传统挖角行为类似,但并非依靠互联网技术手段得以实现。因此,直播平台挖角行为不符合《反不正当竞争法》第 12 条的行为模式从而无法适用"互联网专条"进行规制,只能借助《反不正当竞争法》一般条款对其进行规制。

---

① 参见姜广瑞:《足球赛事直播节目的司法保护路径》,载《人民司法》2022 年第 5 期。

有两起因直播平台对挖角平台提起不正当竞争诉讼的案件，分别为斗鱼与全民 TV 不正当竞争案和七月网公司与龙曦传媒公司不正当竞争案[①]（见表 12）。在斗鱼与全民 TV 不正当竞争纠纷案中，斗鱼 TV 作为原直播平台针对全民 TV 擅自使用他人培养并独家签约主播的行为提起不正当竞争纠纷诉讼；七月网公司与龙曦传媒公司不正当竞争案是关于两经纪公司抢夺主播的案例。通过上述两起不正当竞争纠纷案件能够清楚得出，法院都依据《反不正当竞争法》第 2 条对主播跳槽行为进行认定，从商业道德以及经营者、消费者、竞争秩序三重法益的角度对竞争行为进行正当性分析，摒弃绝对权侵权行为的保护模式。不同之处在于，法官在斗鱼侵害著作权及不正当竞争纠纷案的判决中结合网络直播行业竞争特点，充分考虑直播平台盈利模式。另外，由于两个案件在案情方面存在些许不同，法院在论证商业道德方面也产生分歧，进而造成判决结果有一定差异。[②] 2018 年 11 月 20 日，广州虎牙信息科技有限公司诉江某网络服务合同纠纷案[③]的二审判决公布，法院判定江某需要向原告提供 4900 万元的违约金赔偿。

表 12　两例直播不正当竞争纠纷案裁判对比

对比因素	斗鱼与全民 TV 不正当竞争案	七月网公司与龙曦传媒公司不正当竞争案
案件区别	主播于合同履行期间内跳槽	两主播终止履行合同，未解除情况下入股其他经纪公司
法条依据	《反不正当竞争法》第 2 条	《反不正当竞争法》第 2 条
认定条款与因素	1993 年《反不正当竞争法》第 1 款与第 2 款结合：（1）商业道德：（行业效率、经营者、消费者、竞争秩序）；（2）网络直播行业竞争特点	2017 年《反不正当竞争法》第 1 款第 2 款：（1）商业道德（市场效率）；（2）经营者、消费者、竞争秩序
是否构成不正当竞争	构成	不构成

① 参见一审北京市西城区人民法院民事判决书，（2018）京 0102 民初 16058 号；二审北京知识产权法院民事判决书，（2019）京 73 民终 1928 号。

② 参见郭振豪：《论网络直播平台"恶意挖角"行为的反不正当竞争法律规制》，载《太原学院学报（社会科学版）》2020 年第 6 期。

③ 参见广东省广州市中级人民法院民事判决书，（2018）粤 01 民终 13951 号，广东高院发布 2018 年度涉互联网十大典型案例之四。

续表

对比因素	斗鱼与全民 TV 不正当竞争案	七月网公司与龙曦传媒公司不正当竞争案
判决主要区别之处	(1)商业道德:未促进行业效率的提升,行为违反网络直播行业公认的商业道德;(2)消费者:无序竞争可能导致投入的减少和行业发展的减缓,消费者的利益最终将受到损害	(1)商业道德:体现商业伦理市场效率的要求,符合商业实际和市场精神;(2)消费者:可能加剧竞争,提高消费者福祉

二、直播数据侵权

浙江省杭州市余杭区人民法院宣判抖音诉小葫芦直播数据抓取案,该案系首例涉直播数据权益不正当竞争案。原告微播视界公司系抖音 App 运营者。2017 年抖音 App 上线直播功能,平台数据显示,目前共有主播超千万,日活跃主播数十万。六界公司开发运营的"小葫芦"官网上公布了"直播红人榜""礼物星光榜""土豪排行榜"等,囊括抖音 App 在内的各大直播平台数据。通过这些榜单,可查看不同周期内"网红"主播的收益数据(包括单场收入、日收入、月收入、年收入等)以及"头部粉丝"打赏主播数据(具体到每位用户每一笔打赏的时间、打赏对象及金额等)。而普通用户观看抖音直播间主播直播时,最多只能查看 200 名打赏靠前的实时在线观众打赏的虚拟"音浪值",但无法知晓其具体打赏金额;直播间的用户打赏系以飘屏方式展示,亦未显示打赏礼物价值。微播视界公司认为,六界公司通过技术手段抓取其非公开数据的行为破坏抖音产品及其服务的正常运营,构成不正当竞争,遂诉至法院,请求判令六界公司立即停止不正当竞争行为,赔偿经济损失及合理费用共计 450 万元,并在"小葫芦"官网等处刊登声明,消除影响。法院认为被告违反《反不正当竞争法》第 12 条第 2 款第 4 项的规定,构成不正当竞争。综合考量被告的主观过错程度、侵权行为性质、情节以及原告为本案支出的合理费用等,判决被告立即停止涉案不正当竞争行为,在"小葫芦"官方网站刊登声明,消除影响,并赔偿原告经济损失(含合理费用)100 万元。[①]

① 参见《首例涉直播数据权益不正当竞争案宣判:"抖音"运营方获赔百万》,载百家号网 2022 年 6 月 4 日,https://baijiahao.baidu.com/s?id=1721922358427247985&wfr=spider&for=pc。

三、混淆行为

混淆行为的代表案例是2016年的“火猫TV”诉“斗鱼TV”著作权及不正当竞争案。当时2017年修订的《反不正当竞争法》尚未生效，上海知识产权法院作出的民事判决中以斗鱼公司违反《反不正当竞争法》(1993年)第2条规定的“经营者在市场中，应遵循自愿、平等、公平、诚实信用的原则，遵守公认的商业道德”为由驳回了斗鱼公司的上诉请求。而根据2017年修订的《反不正当竞争法》第6条第3项关于混淆行为的相关规定，该案涉及一个知名度极高的赛事，斗鱼公司未经耀宇公司许可，在直播页面采用火猫TV、MarsTV标识足以引起他人误解。此行为已实际造成了相关公众对斗鱼公司参与赛事转播或与赛事达成合作和授权的误解。这种公众对赛事转播来源的误解已经构成了《反不正当竞争法》第6条规定的引人误认为是他人商品或者与他人存在特定联系，应以混淆行为来认定斗鱼公司的不正当竞争行为。[①]

四、虚假宣传行为

《网络直播营销管理办法(试行)》第11条第2款明确指出“直播营销平台不得为直播间运营者、直播营销人员虚假或者引人误解的商业宣传提供帮助、便利条件”。

直播平台的盈利方式大致分为打赏分成、会员订阅、广告收入、游戏分发4种模式。[②] 现阶段由于对流量的看重，广告收入已经成为主流网络直播平台最新追求的收入模式，而广告收入主要包含观看视频前广告、页面投放、合作商营销节目等方式。2015年，国内知名英雄联盟电子竞技选手“微笑”直播时在线人气数在一段时间内竟然高达13亿人。此问题的背后是对真实观看人数的虚假宣传行为，在“人气值”等数据的宣传上，极易形成消费者和观众的从众心理。对人气值的计算方式不公开、宣传上不明确的做法会损害市场上其他不以“人气值”作为宣传依据的经营者的利益。而不同的计算公式也会引起市场的恶性

① 参见周杨、何泓宇:《我国〈反不正当竞争法〉对网络直播平台不正当竞争行为适用探究》,载《重庆邮电大学学报(社会科学版)》2018年第5期。

② 参见甘利:《从“打赏分成”到“游戏分发”——直播平台的赢利模式探讨》,载《中国记者》2016年第12期。

竞争,误导观众去关注其本不想关注的内容。《反不正当竞争法》第 8 条所列举的对商品的虚假宣传,如“性能、功能、质量、销售状况、用户评价、曾获荣誉”并未包含“人气值”等新型宣传方式。这种新型宣传方式并不属于传统意义上的销售状况或者用户评价。在这一点上,《反不正当竞争法》第 8 条的不完全列举会产生适用的不确定性。①

国家市场监督管理总局、国家网信办等部门先后牵头出台了《市场监管总局关于加强网络直播营销活动监管的指导意见》《网络直播营销管理办法(试行)》,旨在规范直播营销新业态健康发展。这两部部门规范性文件都主张对网络直播营销应具体问题具体分析,采用网络直播方式作宣传的,应当真实、合法,符合《反不正当竞争法》有关规定,同时发布的直播内容构成商业广告的,应当履行广告发布者、广告经营者或者广告代言人的责任和义务。执法实践中,对直播虚假宣传分别适用《反不正当竞争法》与《广告法》进行处罚。

如在×××淘宝直播虚假宣传案②中,2020 年 6 月,浙江省杭州市余杭区市场监督管理局根据掌握的涉案线索,对淘宝平台某电商直播间进行立案调查。调查人员经调查取证发现,2020 年 3 月 5 日,当事人在其本人开设的网店直播销售某款眼部精华液的过程中,口述“成分含有富勒烯还可以美白抗皱淡化色斑”等内容,且该产品直播中发送的链接交易快照第 1 页主图有“去皱淡斑”字样、第 14 页有“美白抗皱”字样,但当事人宣传祛斑美白无任何依据。

经调查,浙江省杭州市余杭区市场监督管理局认为,当事人在淘宝平台直播间和直播间的商品详情页中对其销售的眼部精华液的性能、功能等作了虚假的商业宣传,其行为违反了《反不正当竞争法》第 8 条第 1 款的规定,根据《反不正当竞争法》第 20 条的规定,对其作出行政处罚,鉴于当事人虚假宣传涉及的交易量较少,产品已下架,违法行为轻微,社会危害性较小,予以减轻处罚,故给予当事人罚款 10 万元的行政处罚。

该案中主播宣传普通化妆品具有美白祛斑功能,属于对商品的性能、功能

① 参见周杨、何泓宇:《我国〈反不正当竞争法〉对网络直播平台不正当竞争行为适用探究》,载《重庆邮电大学学报(社会科学版)》2018 年第 5 期。

② 参见张斌:《直播内容不宜简单认定为商业广告——×××淘宝直播虚假宣传案》,载国家市场监督管理总局网络交易监督管理司编著:《网络交易监管典型案例评析(2021)》,中国工商出版社 2021 年版。

作虚假宣传，不应认定为广告信息，属于虚假宣传的情形，适用《反不正当竞争法》第 8 条第 1 款的规定处理。

上海市青浦区市场监督管理局依法于 2020 年 5 月 15 日对上海某生物科技有限公司(以下简称当事人)进行立案调查。[①] 经查，当事人主要从事"矿宝牌矿物元素口服液"(以下简称矿宝产品)销售等经营活动。矿宝产品为进口保健食品，保健功能为"补充锌、硒"，功效成分及含量为"每 2ml 含：锌 3.0mg、硒 16.0μg"，适宜人群为"需要补充锌、硒的成人"，不适宜人群为"孕妇、乳母"。

另查，自 2020 年 3 月 6 日至同月 11 日，当事人通过"看点直播"平台开展了 5 次"好营养 慧家庭"直播活动。

当事人向"看点直播"平台支付"腾讯直播—技术服务费"以开通直播功能，总计 599 元，并通过手机等设备，自行于其住所开展上述直播，故涉案广告费用无法计算。当事人以直播的广告形式，对其经营的矿宝产品作安全性保证，表示其含消炎、治疗不孕不育等功效，明示其成分"天然"并暗示其为保障健康所必需等行为，构成了发布违法保健食品广告的行为。根据《药品、医疗器械、保健食品、特殊医学用途配方食品广告审查管理暂行办法》第 27 条、《广告法》第 58 条第 1 款第 3 项的规定，上海市青浦区市场监督管理局责令当事人立即停止发布广告，在相应范围内消除影响，并处罚款 15 万元整。当事人虽未直接在直播过程中销售产品，但其大量宣传产品疗效以及指导观众在疫情期间服用产品。考虑到当事人进行直播的主观目的等因素，上海市青浦区市场监督管理局认定涉案直播内容为广告，并按相关法律作出行政处罚。

《直播带货消费体验调查》显示，在 33 个违规样本中有 17 个是涉嫌虚假夸大宣传，在这方面，几大电商平台的监管都不到位。[②]

五、损害他人商誉

自奇虎 360 与腾讯于 2010 年为争夺安全软件市场份额而互相攻击后，"网

---

① 参见沈曦婷：《直播中的广告违法行为依据广告法律规定查处——某生物科技有限公司直播中发布违法保健食品广告案》，载国家市场监督管理总局网络交易监督管理司编著：《网络交易监管典型案例评析(2021)》，中国工商出版社 2021 年版。

② 参见《注意！多家电商平台直播带货涉嫌违法》，载百家号网 2022 年 4 月 12 日，https://baijiahao.baidu.com/s?id=1715777877389064819&wfr=spider&for=pc。

络水军”的恶劣影响开始被广泛研究。“网络水军”主要是指受雇于网络公关公司和组织,通过发帖等造势从而达到操控舆论的效果。随着直播弹幕的出现,对“网络水军”的监管更加无从下手,取证也越发困难。虽然此种行为在《反不正当竞争法》第 11 条、第 12 条中均予以规制,但是,问题的重点在于普通经营者和消费者通常无法通过诉讼来维护自己的权益。一方面,是因为“网络水军”的攻击来源难以查证,这种攻击行为的追查需要一定的技术能力,并且需要相关网络平台配合,开放其后台数据才可以实现;另一方面,是因为“网络水军”的攻击引起的商誉降低的损失难以估量。①

六、设置流氓软件

利用技术手段实施妨碍、破坏其他经营者运行行为中,最常见的是设置流氓软件。一方面,实行软件捆绑,将用户不需要使用的软件捆绑在用户常用的平台软件上,与平台软件一同下载;另一方面,加大软件清理难度,需要信息专业人员采取措施才能卸载和清理。虽然《反不正当竞争法》第 12 条对这种不正当行为进行了明确的概括,但是实务适用中,往往因为难以查明该不正当行为的财产侵害数额等法益损失而难以适用。现实中,流氓软件和软件捆绑这类行为,往往不会给消费者带来财产损失。此时,消费者难以主张民事赔偿,也难以通过《反不正当竞争法》第 12 条的规定向监督检查部门提供举报需要收集的相应证据。②

七、IPTV

在移动公司与天兴公司不正当竞争案③中,一审法院认为:目前移动公司在朝阳县内经营 IPTV 电视业务未获得相关的许可。自 2017 年起移动公司在天兴公司的经营范围内经营 IPTV 电视业务,其提供与天兴公司具有同质化的直播服务,且通过办理移动宽带即可免费看网络电视的营销手段吸引了极大的用

---

① 参见周杨、何泓宇:《我国〈反不正当竞争法〉对网络直播平台不正当竞争行为适用探究》,载《重庆邮电大学学报(社会科学版)》2018 年第 5 期。

② 参见周杨、何泓宇:《我国〈反不正当竞争法〉对网络直播平台不正当竞争行为适用探究》,载《重庆邮电大学学报(社会科学版)》2018 年第 5 期。

③ 参见一审朝阳市中级人民法院民事判决书,(2018)辽 13 民初 5 号;二审辽宁省高级人民法院民事判决书,(2019)辽民终 1493 号。

户量,致使有限电视用户数量下降。移动公司行为违反了诚实信用原则,损害了天兴公司的合法权益,扰乱了社会经济秩序,构成了不正当竞争。移动公司不服提起上诉,二审法院认为:被告未经电信、广电行业主管部门批复许可经营IPTV业务,系违反行政许可规定的行为;但根据国家相关部门"三网融合"文件,被告行为虽然未经许可,但符合国家战略部署和技术、市场发展方向,适应消费升级和产业转型,并不违反诚信原则和商业道德,也未损害公共利益;消费者可以自主选择适合其自身需求的服务,在其办理宽带的同时,即可享有免费观看网络电视节目的权利,无须付出其他资费,故被告行为没有损害消费者的合法权益,反而惠及消费者;原告依法取得的市场利益并非无限的,原告应当顾及公共利益、消费者利益和竞争自由,被告行为系基于一种全新的电视节目观看模式,具有资源丰富、视听清晰、按需点播、随看随停等智能化服务和资费较低的优势,如果对这种行为加以禁止,会影响科技创新发展和转化利用,抑制竞争公平和自由,有损消费者利益和公共利益;法院认为被告行为未违反《反不正当竞争法》原则性条款和"互联网专条"等规定。该案判决被告不构成不正当竞争的重点在于被告未实施技术破坏或妨碍的行为。

第三节　互联网直播案件裁判

一、互联网直播案件裁判特点

(一)劳动权与不正当竞争的认定

在"海带配额"不正当竞争案中,最高人民法院就充分考虑了马某的劳动权与经营者的竞争自由之间的平衡。法院的裁定指出,在没有法定和约定的竞业限制义务的情况下,企业职工通常具有择业自由,哪怕是为其原单位的竞争对手服务,削弱了原单位的竞争优势,也不宜认定为不正当竞争。最高人民法院专门从基本权利保护的角度作出了分析,强调劳动力或者说人才的流动也是市场竞争的必然要求和重要方面,人才流动或者说"职工跳槽"后与原企业争夺商业机会,可以有效地形成和促进竞争。在直播平台挖角类案件中,能否从劳动权这一基本权利角度考虑主播的利益,能否充分认识到人才流动的价值,成为此类案件裁判的关键。在斗鱼侵害著作权及不正当竞争纠纷案中,主播仅是被当作企业间争夺的一种资源,主播更换平台被认为只是工作地点的变化,作用并无不同,不会增加消费者选择,从而认定挖角构成不正当竞争。①

但到了“触手圣光转虎牙”直播案②,法院的裁判站在了维护人身自由、保障人才自由流动的高度,拒绝认定类似行为构成不正当竞争。法院指出,主播在与平台合作期间所积累的知识、经验和技能构成其人格的组成部分,法律并不能禁止主播运用自身的知识、经验和技能在其他平台进行直播。法院特别强调,主播知识、经验和技能在一个新环境下完全可能更充分地被展示,为消费者带来更好的体验。在快快乐动公司与友加友公司等不正当竞争案③中,法院表达了类似的观点。法院指出,劳动者在工作中掌握和积累的知识、经验和技能,除属于单位的商业秘密的情形外,构成其人格的组成部分,劳动者在离职后有自主利用的自由。在工作过程中通过学习、培训、实践等方式掌握和积累的知识、经验和技能,除属于原服务企业的商业秘密的情形外,是其自身能力积累的体现,属于员工内化的人格组成部分。员工离职并跳槽,运用自己在原单位学习到的知识、经验与技能服务于竞争对手是其权利和自由。

(二)侵权技术复合型

如在“同花顺”软件数据不正当竞争案中,同花顺公司认为灯塔公司运行的“灯塔表哥”软件利用技术手段窃取同花顺公司用户评论数据信息,复制到灯塔公司软件评论区,使人误认为这些用户系灯塔公司的活跃注册用户;在软件中设置“灯塔表哥”搜索引擎功能,利用技术手段将用户搜索请求链接到同花顺公司数据库,并作为自己的运行结果提供给用户,隐瞒数据来源。同花顺公司认为灯塔公司构成不正当竞争,遂向一审法院提起诉讼。浙江省杭州市中级人民法院经审理认为:灯塔公司使用同花顺公司搜索引擎产品及用户评论的行为,可以认定为不当使用了同花顺公司的独有经营资源,而该经营资源是同花顺公司投入巨额资金研发、维护的,灯塔公司未经许可和支付费用,也未在经营中声明前述资源来源于同花顺公司,而是作为自己的资源向用户提供,其行为显然

① 参见湖北省武汉市中级人民法院民事判决书,(2017)鄂01民终4950号。

② 参见浙江省高级人民法院民事判决书,(2020)浙民终515号。

③ 参见一审湖北省武汉市江岸区人民法院民事判决书,(2019)鄂0102民初9792号;二审湖北省武汉市中级人民法院民事判决书,(2020)鄂01民终636号。

不具有正当性，不仅导致同花顺公司潜在用户的减少，而且对同花顺公司的涉案经营利益构成严重损害。据此，判决灯塔公司立即停止侵权，并赔偿同花顺公司经济损失200万元及合理开支4万元。

灯塔公司不服一审判决，提起上诉。

浙江省高级人民法院经审理认为：同花顺公司提交的证据证明其投入了一定人力、物力将涉及股市各方面的综合信息进行搜集、整理，并经过一定方式进行编排和设置关键词后供用户搜索使用，这些搜索结果类数据资源系能为同花顺公司带来商业收益的竞争性资源。而灯塔公司采取的被诉跳链行为，直接将搜索结果跳转至同花顺公司的i问财页面，不仅没有附链接来源，在App页面亦没有设置相应地址栏，使本应通过同花顺公司i问财页面才能搜索到的结果直接通过灯塔公司"灯塔表哥"就能获取，影响了同花顺公司的经营利益。同时，灯塔公司直接将同花顺公司用户对相应股票的评论信息复制发布在自己网站上的行为，一定程度上起到使用户以为灯塔公司软件用户活跃度高从而扩大影响力的效果，对同花顺公司的用户亦可能形成拉拢、吸引的作用，影响了同花顺公司的经营利益。作为股票咨询类软件提供者的同花顺公司和灯塔公司，可以根据市场需要和消费者需求自由选择商业模式，但是均需遵守公认的商业道德，不得以不正当手段利用同业竞争者的信息来吸引客户或复制、抄袭同业竞争者的信息来增加自身信息量，谋取竞争优势和经营利益。本案中，同花顺公司为谋取市场利益，以i问财页面和股票分析系统为载体建立了一个互动性互联网股票信息咨询平台，吸引相关消费者体验、使用其业务，从而获得商业机会，取得经营利益。事实上，灯塔公司也采用这种商业模式。因此，作为同业竞争者，同花顺公司和灯塔公司竞争的关键在于用户量和信息量及便利度，而信息量、用户量及便利度是互为增长、互相促进的关系。信息量越大、便利度越高，则吸引用户越多；而用户越多，信息量也越大，便利度也会增加。灯塔公司的跳链行为和复制评论行为，不正当地利用了同花顺公司的数据资源和用户评论信息，从而增加自身信息量、用户量和便利度，对同花顺公司的经营利益造成影响。这样的行为有违该领域公认的商业道德，如不禁止，将造成互相抄袭、复制，不当利用信息的恶性竞争后果，不利于各经营者提高自身服务品质和维护良性市场竞争秩序，不利于用户发布和获取相关信息的便利度。因此，灯塔公司的跳链行为和复制评论行为违反了《反不正当竞争法》一般条款规定的诚实信用原则和公认的商业道德，构成不正当竞争行为。据此,二审法院判决驳回上诉,维持原判。

二、互联网直播案件法律适用

(一)适用一般条款

在"火猫TV"诉斗鱼著作权侵权及不正当竞争案中,关于被告是否构成不正当竞争,法院认为,被告直播涉案赛事的行为违反了诚实信用原则和公认的商业道德,构成对原告的不正当竞争。理由如下:第一,原告与涉案DOTA2游戏在中国(不含港、澳、台地区)的代理运营商完美公司签有相关合作框架协议,又与该公司的关联公司成都完美公司签有《完美世界DOTA2次级联赛及亚洲杯合作协议》,被告对完美公司有权就DOTA2游戏进行相关授权的资格并无异议,完美公司认可上述合作协议有效,故可以认定原告经有效授权而取得了DOTA2次级联赛及亚洲杯赛事在中国(不含港、澳、台地区)的独家视频转播权。虽然涉案赛事的名称DOTA2亚洲邀请赛与上述授权中的DOTA2次级联赛及亚洲杯赛事的名称并不相同,但鉴于原告在涉案赛事的筹备、举办过程中混用DOTA2亚洲邀请赛、DOTA2亚洲杯的名称,又无证据证明在上述合作协议有效期间另外举行了DOTA2亚洲杯比赛,且完美公司在DOTA2游戏官方中文网站中明确亚洲邀请赛由原告进行独家转播,故可以认定上述合作协议所约定的DOTA2亚洲杯赛事即为实际举行的涉案DOTA2亚洲邀请赛,原告对该赛事在中国(不含港、澳、台地区)独家享有视频转播权。第二,电子竞技网络游戏进入市场领域后具有商品属性,其开发商、运营商等相关主体可以组织、主办相关的赛事活动,可以将游戏比赛交由他人负责承办,可以通过合同约定、授权等方式由他人对游戏比赛进行独家的视频转播等,举办、转播比赛可以提高游戏本身及其开发商、运营商、比赛承办商、比赛转播商等相关主体的知名度、影响力,上述主体还可以通过投放广告、扩大网站流量、进行转授权等途径获得一定的经济利益。鉴于游戏比赛的举办、转播等行为受游戏开发商、运营商、承办商、转播商等相关主体的控制,且该些主体为举办、转播比赛须付出一定的财力等成本,而转播游戏可以获得一定的商誉及经济利益,故未获相关授权的主体不得擅自转播相关比赛,对于擅自转播比赛的行为应当依法予以规制。本案中,一方面,涉案赛事的转播权的授权约定并不存在违反法律、行政法规的强制性规定等导致合同无效的情形,故属合法有效;另一方面,我国法律法规虽然没有明文规定转播权为一种民事权利,但体育比赛的组织方、主办方包括类似体育比赛的电子竞技网络游戏比赛的开发商、运营商等对他人转播比赛行为进行相关授权许可系国际国内较长时期以来的通常做法、商业惯例。由于原告投入较大财力、人力等成本举办了涉案赛事,其可以获得的对价之一是行使涉案赛事的独家视频转播权,故涉案转播权无疑具有强烈的商业属性,承载着原告可以由此获得的商誉以及一定的经济利益,该种利益属于我国侵权责任法保护的一种财产性的民事利益,根据我国《反不正当竞争法》第 2 条的规定,结合原告的诉讼主张,可以依法给予制止不正当竞争的保护。第三,经营者在市场经营活动中,应当遵循自愿、平等、公平、诚实信用的原则和公认的商业道德,不得损害其他经营者的合法权益。根据查明的事实,原告、被告均系专业的网络游戏视频直播网站经营者,双方具有同业竞争关系,被告明知涉案赛事由原告举办、原告享有涉案赛事的独家视频转播权、原告付出了较大的办赛成本,明知转播他人举办的游戏比赛须获得相关授权许可系视频网站行业的商业惯例,但被告在未取得任何授权许可的情况下,向其用户提供了涉案赛事部分场次比赛的视频直播。因此,法院认定,被告直播涉案赛事的行为直接损害了原告独家行使转播权能够为原告带来的市场竞争优势,侵害了该市场竞争优势能够为原告带来的商誉、经济利益等合法权益,亦损害了网络游戏直播网站行业的正常经营秩序,严重违反了诚实信用原则和公认的商业道德,具有主观恶意,构成对原告的不正当竞争。

该案系全国首例电竞游戏赛事直播纠纷案,主要涉及电子竞技游戏赛事转播权的法律保护,以及未经许可擅自直播电子竞技游戏赛事的法律认定。该案的裁判为以电竞游戏为冲突点,为产业更新过渡期内版权业与互联网产业利益冲突提供了一个新的解决思路,即从竞争关系角度平衡版权业与互联网产业的利益,肯定电子竞技游戏赛事的网络直播具有商品属性,赛事转播权承载着播出商因播出行为而可以获得的商誉和经济利益,属于一种财产性的民事权益,并根据我国《反不正当竞争法》一般条款的规定,从制止不正当竞争的立场对擅自转播赛事的行为予以规制。该案的审理对于我国迅猛发展的电子竞技游戏产业具有引导和规制作用。①

在主播“陪伴式”直播奥运赛事节目不正当竞争纠纷案中,法院同样适用一

① 参见《2016 年上海法院知识产权司法保护十大案件》,载搜狐网 2022 年 3 月 23 日,https://www.sohu.com/a/136382130_221481。

般条款对不正当竞争行为予以规制。①

（二）适用“互联网专条”兜底条款

在抖音诉小葫芦直播数据抓取案中，微播视界公司主张六界公司利用技术手段非法获取抖音用户直播打赏记录及主播打赏收益相关数据，违反《反不正当竞争法》第2条、第12条第4项规定，构成不正当竞争，向法院申请行为保全，请求责令六界公司立即停止抓取抖音平台打赏及收益数据，并删除存储于服务器中的上述非法抓取自微播视界公司的涉案数据。法院认为：首先，涉案数据具备商业价值。尽管单一的直播系由具体的用户开展，其权益应当归属于具体用户，但微播视界公司作为抖音产品的运营者，就该些直播数据投入了大量运营成本，并通过运营该些数据实现其商业策略，该些数据整体能够为微播视界公司带来竞争优势，微播视界公司就直播数据整体享有竞争法上的合法权益。微播视界公司就抖音产品的运营及该些数据资源能够为其带来的商业价值及竞争利益应予以保护。其次，微播视界公司主张该些数据权益具备合法性基础。用户注册登录抖音App，在抖音App上进行充值、直播时均需同意相应协议。《抖音隐私政策》明确载明抖音平台可能收集点击、关注、收藏、搜索、浏览、分享等用户必要的行为信息、用户主动发布的信息及其昵称、头像等；《用户充值协议》明确载明抖音平台会收集记录用户充值购买抖币并在平台相关产品或服务中使用抖币所产生的数据，包括但不限于充值、购买虚拟礼物，打赏主播及创作者等行为信息；《直播主播入驻协议》明确载明平台对主播个人的人身形象、身份标识以及账号内容拥有权利，且有权保留主播因使用平台而存储在服务器中的数据。鉴于直播收益数据和用户打赏数据系抖音App直播功能运行中必然产生的数据，且微播视界公司收集涉案数据征得了用户同意，微播视界公司基于其与用户的相关协议及抖音产品的运营需要，对涉案数据亦具有相应的管理责任，故微播视界公司主张该些数据权益具备合法性基础。尽管我国法律目前尚无明确的“数据权利”概念，但就竞争法维度而言，直播平台经营者对其依法收集的直播数据整体享有竞争法上的合法权益。

① 参见1993年《反不正当竞争法》第2条，被诉不正当竞争行为发生在2018年1月1日前，且无证据证明涉案行为持续到2018年1月1日后，故应适用修改前《反不正当竞争法》的规定，即1993年《反不正当竞争法》。

第十五章　互联网“二选一”

第一节　“二选一”概述

一、“二选一”定义

电商平台的强制性“二选一”是指平台经营者利用其平台优势对平台系统内的商家(提供商品和服务的卖家)在平台内从事经营活动时,单方面设定或改变合约规则,限制商家入驻其他平台的活动行为。[①] 电商平台的“二选一”指商家可以选择是否与平台签“独家”协议,并不是“二选一”的字面意思,即商家不签“独家”,就必须离开平台。电商平台的“二选一”即拥有市场优势的电商平台要求商家用户只能在自己的平台做促销活动,并利用独家交易协议要求商家只能在该平台售卖产品,不得入驻其他竞争对手平台。商家与平台是否签“独家”协议,待遇会存在差别。对于自愿签约“独家”协议的商户来说,其能够获得相对于“非独家”商户更丰富的活动资源和更高级的搜索权益。

“二选一”实质是独家交易,其表现是:互联网平台要求商户承诺只能在两个竞争性平台中选择其一进行交易。[②] “平台二选一”,规范的称谓是“平台独家交易行为”。[③] 限定交易(俗称“二选一”)行为最初针对的是市场,所说的交易是市场交易,在这种情况下,“二选一”往往违法。但新制度经济学派将交易扩大到企业,视为一种有交易费用的产权交易,这时“二选一”可能合法。在互联网平台经济条件下,组织形式发生了变化,从市场变成了具有企业行为特征

---

① 参见金福海:《电商平台经营者“二选一”行为的竞争法分析》,载《经济法研究》2018 年第 2 期。

② 参见王晓晔:《论电商平台“二选一”行为的法律规制》,载《现代法学》2020 年第 3 期。

③ 参见曲创:《平台经济模式下“二选一”后果与规制刍议》,载《中国市场监管报》2019 年 9 月 10 日,第 5 版。

的网络。[①] 电子商务领域“二选一”行为乃传统“二选一”行为在电子商务领域的延续,即经营者要求交易相对人只能与其交易,而不得与其他经营者进行交易。[②]

自2014年最高人民法院就奇虎360公司诉腾讯公司强制要求QQ用户“二选一”一案[③]作出最终判决后,这种在商业活动中一方当事人要求交易相对人不得同时与该当事人的特定竞争者缔约交易的交易安排逐渐演变为一种商业现象,并被约定俗成地称为“二选一”。其在《反垄断法》上对应的术语应当是第22条第1款第4项所说的限定交易行为。[④]

国内法学界最先关注到排他性交易的当推江平教授、高富平教授,其在1996年发表的一篇论文中指出:“在经济生活领域,效率或效益准则是第一位的。就排他销售权体制的出现而言,也正是因为它是制造商和中间商之间有效的体制安排。……既然排他销售权是一种有效率的体制安排,那么自然有其存在的理由;同时,也由于它既有益于产销双方当事人,也有利于社会,因此它被认为是适当的、合理的,法律应予以认可和保护。”[⑤]随着改革开放和市场经济的演进,独家代理、排他性交易等商业行为和案例也逐渐被国人认识和讨论,如2004年华润雪花啤酒公司与多家天津啤酒批发商达成排他性契约,约定批发商不得销售其他品牌的啤酒;对“二选一”的合法性与规制路径,无论学者还是实务界,观点差异都较大。在反垄断法理论上,“二选一”被称为排他交易,是一种线下市场也普遍存在的传统垄断行为。当“二选一”发生在电商领域或以技术手段实施时,又与电子商务法和反不正当竞争法发生关联。

要理解平台“二选一”的概念,必须从“平台”“二”“一”这三个维度进行整体把握。首先,这里的“平台”特指提供服务的互联网电商平台,“一般由互联网企业的基础产品或核心产品建立一个良好的用户基础,以此吸引其他边‘的’用户群,逐渐形成多样化、多层次、不同于传统的双边交易市场”[⑥]。其次,其中的

① 参见姜奇平:《限定交易行为的学理与法理》,载《互联网周刊》2019年第23期。

② 参见袁波:《电子商务领域“二选一”行为竞争法规制的困境及出路》,载《法学》2020年第8期。

③ 参见张广亚、周围:《规制“二选一”行为的反垄断法适用》,载《中国应用法学》2020年第2期。

④ 参见许光耀:《互联网产业中排他性交易行为的反垄断法分析方法》,载《中国应用法学》2020年第1期。

⑤ 江平、高富平:《论排他销售权》,载《法律科学(西北政法学院学报)》1996年第5期。

⑥ 孙晋、钟瑛嫦:《互联网平台型产业相关产品市场界定新解》,载《现代法学》2015年第6期。

“二”也并非仅表明平台内经营者只有两个交易对象，实际上这里的“二”泛指两个及以上的多个潜在的交易对象。最后，此处的“一”指只能选择一个交易对象，而不得再与其他交易对象进行交易。①

二、“二选一”主体

排他性交易是指经营者要求交易相对人只能与自己（或自己指定的人）进行交易，而不得与其竞争者进行交易。这种交易发生在卖方和买方（生产商与经销商）之间，体现为一种纵向协议关系，根据行为人的不同，可以区分为排他性销售协议、排他性购买协议两种类型。②

从法律关系的结构来讲，“二选一”涉及的三方主体包括：提出并促成“二选一”交易安排的行为人、被要求作出“二选一”选择的交易相对人以及被排斥的竞争对手。③ “二选一”的表现形式主要为，行为人要求被限制方只能与自己合作，或者不与特定的竞争对手合作。在互联网领域，“二选一”行为的实施者主要是平台企业，被限制方主要是入驻平台的商家。

与传统领域的“二选一”行为人相比，“电子商务平台”是一种很特殊的主体，并且，这种特殊性还会直接地反映在作为一个整体的“平台”的经营策略、竞争手段的选择，甚至现代信息网络环境下市场竞争模式的变革上。对互联网环境下“平台”的认识，将关乎市场竞争乃至整个市场监管制度的变革与发展方向。“平台”本身即代表了一种多元化经营领域、经营手段以及盈利方式的集合。这种“集合式”的经营，会使“二选一”行为的识别和认定更复杂。④

需要注意的是，虽然统称为“二选一”，但是十几年前那场要求用户“二选一”的“3Q 大战”和近期相继遭遇执法的电商平台“二选一”显然是存在差异的。这种差异最主要的表现就是“3Q 大战”中被优势网络平台要求作出选择的对象是用户，而在电商平台中需要选择的则是平台内经营者（商户）。但普遍的

---

① 参见伍富坤：《竞争法法域下平台“二选一”的困境与应对》，载《北京化工大学学报（社会科学版）》2019 年第 4 期。

② 参见许光耀：《互联网产业中排他性交易行为的反垄断法分析方法》，载《中国应用法学》2020 年第 1 期。

③ 参见焦海涛：《“二选一”行为的反垄断法分析》，载《财经法学》2018 年第 5 期。

④ 参见最高人民法院中国应用法学研究所课题组：《电子商务中“二选一”的性质与法律适用问题研究报告》。

看法认为,由于平台经济双边市场特性的存在,这种差异在本质上是趋同的,都是应受到《反垄断法》规制的限定交易行为。

三、"二选一"的法律规制

(一)反不正当竞争法

《反不正当竞争法》2017 年修订后,新增的第 12 条被称为"互联网专条"。该条一共列举了四类互联网领域的反不正当竞争行为,第一类是强行插入链接、跳转类,第二类是误导退出类,第三类是恶意不兼容,第四类为兜底类。该条也可作为电子商务平台限定交易行为的规制条款。

《反不正当竞争法》第 2 条即一般条款也可适用于电子商务领域"二选一"行为,在"海带配额"不正当竞争案中,最高人民法院提出《反不正当竞争法》一般条款的适用条件有三:一是《反不正当竞争法》对该种竞争行为未作出特别规定;二是该种竞争行为给其他经营者的合法权益造成了损害;三是该种竞争行为确属违反诚实信用原则和公认的商业道德而具有不正当性,不制止不足以维护公平竞争的市场秩序。

虽然 2017 年修订的《反不正当竞争法》删除了与"二选一"直接相关的第 6 条与第 12 条,使得实务中行政执法机关难以依据该法处罚实施"二选一"的电商平台企业。但是因"二选一"行为导致合法权益遭受损害的其他经营者或消费者仍有权依据《反不正当竞争法》第 2 条第 2 款兜底条款,要求实施"二选一"行为的电商平台企业承担民事责任。

2017 年修订的《反不正当竞争法》第 12 条规制的新型网络不正当竞争行为具有"利用技术手段"和"具有不当性"两个重要特征,但是互联网行业竞争激烈,各种新兴商业模式和竞争方法层出不穷,第 12 条并不能适用于非通过技术手段但可能会产生妨碍、破坏市场公平竞争的行为。

(二)电子商务法

作为世界上为数不多的电子商务领域综合性立法,[①]中国《电子商务法》的

---

① 有专家称,中国电子商务法草案是世界此领域首部综合性立法。中国电子商务法起草专家:《中国"原创智慧"有望引领世界电子商务立法》,载环球网 2022 年 4 月 2 日,https://m. huanqiu. com/article/9CaKrnJZkvE。

调整范围及其对象几乎涵盖与电子商务有关的所有行为,因此不可避免地与其他法律发生关联。在这一背景下,当涉及《电子商务法》与其他法律的交叠领域时,立法者首先本着避免重复规定的原则处理,通过必要的转介规定指引适用其他法律。[①] 立法者还在《反不正当竞争法》和《反垄断法》之外,建立起了独立的规范竞争行为的法律制度。

《电子商务法》对竞争法的补充规定主要体现在第 17 条和第 22 条。《电子商务法》第 17 条在《反不正当竞争法》第 8 条的基础上作了如下调整:不再以行为对象即经营者对自身产品的宣传或对他人产品的宣传为标准对虚假或者引人误解的商业宣传行为进行区分,将“虚构交易”和“编造用户评价”两种行为类型均明确予以禁止。

《电子商务法》第 22 条则对《反垄断法》调整的滥用市场支配地位行为进行了补充规定,即“电子商务经营者因其技术优势、用户数量、对相关行业的控制能力以及其他经营者对该电子商务经营者在交易上的依赖程度等因素而具有市场支配地位的,不得滥用市场支配地位,排除、限制竞争”。该条与《反垄断法》第三章相衔接,但其重心在于补充规定在电子商务环境下认定市场支配地位时应当考量的具体因素。

《电子商务法》通过第 19 条和第 35 条建立了对竞争行为的独立规制。《电子商务法》第 19 条规定:“电子商务经营者搭售商品或者服务,应当以显著方式提请消费者注意,不得将搭售商品或者服务作为默认同意的选项。”该条的立法目的在于保障消费者的知情权和选择权,其为电子商务经营者设定了两项义务:一是信息提示义务,经营者将相关商品或者服务一并提供时,必须以显著方式提请消费者注意;二是禁止默认消费者同意勾选被搭售的商品或者服务,而应由消费者主动勾选同意。与《反垄断法》第 22 条第 1 款第 5 项关于禁止搭售的规定相比,该条的规定具有如下特点:一是主要从信息公开、防止欺骗消费者或者利用消费者疏忽的角度来预防强制搭售行为,而不是直接制止强制搭售行为本身;二是不以经营者具有市场支配地位为条件。同时,《电子商务法》第 77

---

① 《全国人民代表大会宪法和法律委员会关于〈中华人民共和国电子商务法(草案)〉修改情况的汇报》在介绍立法原则和思路时曾指出:“处理好与有关民事法律和行政管理法律的关系,对现行法律已有明确规定的,不再作重复规定。”

条还对违反第 19 条规定的搭售行为规定了专门的行政处罚。可见,本条对强制搭售行为的规制完全不同于《反垄断法》,而是在《反垄断法》之外对搭售行为提供一种特别规制。①

(三)反垄断法

《反垄断法》第 22 条第 1 款第 4 项禁止没有正当理由,限定交易相对人只能与其进行交易的滥用市场支配地位行为。《国务院反垄断委员会关于平台经济领域的反垄断指南》第 15 条规定了限定交易类型。

"二选一"行为本质上是独家交易。独家交易是商事活动中广泛运用的纵向限制,即两个企业间订立协议,其中一方对另一方承诺,在某个市场或者某个领域只与对方进行交易,而不与对方的竞争对手进行交易。独家交易在很多情况下有助于提高企业的效率,如改善商品流通,扩大产品销售。对中小企业来说,独家交易在很多情况下是其进入市场的有效方式,有时甚至是唯一方式。②在违法性认定上,主流观点认为"二选一"行为涉嫌构成垄断;至于构成何种垄断,大多数文献援引我国《反垄断法》第 22 条的"限定交易"。"二选一"行为由此在理论上也被称为限定交易。我国《反垄断法》关于限定交易的表述是,具有市场支配地位的经营者"没有正当理由,限定交易相对人只能与其进行交易或者只能与其指定的经营者进行交易"。限定交易行为的目的非常明确,既不是为了"剥削",也不是为了限制上下游市场的竞争,就是为了排挤竞争对手,即通过将交易相对人锁定在己方身上,限制行为人所在市场的竞争。

垄断下的限定交易行为存在下列两种违法类型:涉嫌《反垄断法》第 22 条所禁止的滥用市场支配地位或第 18 条所禁止的垄断协议(纵向非价格限制)。区分前两种限定交易行为的一个重要的判断标准是:限定交易行为人和相对人之间是否达成了合意。电子商务平台经营者与平台内经营者之间不存在合意时,如果平台经营者具备市场支配地位并且强制性地对平台内经营者实施限定交易,则有可能适用《反垄断法》第 22 条的规定。因此,判断非基于合意的限定交易行为的违法性时,需要判断行为人的市场势力,如果行为人不具备

---

① 参见朱理、曾友林:《电子商务法与竞争法的衔接:体系逻辑与执法展望》,载《中国社会科学院研究生院学报》2019 年第 2 期。

② 参见王晓晔:《论电商平台"二选一"行为的法律规制》,载《现代法学》2020 年第 3 期。

市场支配地位，则无法适用《反垄断法》第22条。当限定交易的行为人不具有市场支配地位且其与相对人之间存在明示、默示协议时，则有可能构成《反垄断法》第18条规定的“垄断协议”。适用该条需要满足形式要件，即存在协议，协议的有无决定了能否适用该条规定。证明协议存在后，再对限定交易的行为后果、行为人的抗辩理由等进行综合分析，认定限定交易是否涉嫌《反垄断法》第18条所禁止的行为以及有无豁免的情形。适用《反垄断法》第18条的好处在于无须进行烦琐的滥用市场支配地位的认定。但需要注意的是，与滥用市场支配地位的行为对象不同，《反垄断法》第18条的适用对象为经营者，如果电子商务平台经营者对消费者实施限定交易行为，则不构成“垄断协议”下的纵向非价格限制。①

（四）其他规范性文件

为了规范网络交易活动，维护网络交易秩序，保障网络交易各方主体合法权益，促进数字经济持续健康发展，《网络交易监督管理办法》（国家市场监督管理总局令第37号）第32条规定，网络交易平台经营者不得违反《电子商务法》第35条的规定，对平台内经营者在平台内的交易、交易价格以及与其他经营者的交易等进行不合理限制或者附加不合理条件，干涉平台内经营者的自主经营。具体包括：(1)通过搜索降权、下架商品、限制经营、屏蔽店铺、提高服务收费等方式，禁止或者限制平台内经营者自主选择在多个平台开展经营活动，或者利用不正当手段限制其仅在特定平台开展经营活动；(2)禁止或者限制平台内经营者自主选择快递物流等交易辅助服务提供者；(3)其他干涉平台内经营者自主经营的行为。

《禁止网络不正当竞争行为规定（公开征求意见稿）》在《反不正当竞争法》第12条的基础上，对“二选一”行为进行了细化规定，明确互联网企业利用技术手段实施“二选一”行为构成不正当竞争，并且不要求实施者具有市场支配地位，因此具有更为广泛的适用性。《禁止网络不正当竞争行为规定（公开征求意见稿）》第19条规定，经营者不得利用技术手段，通过影响用户选择、限流、屏蔽、商品下架等方式，减少其他经营者之间的交易机会，实施“二选一”行为，妨

---

① 参见王健、季豪峥：《电子商务平台限定交易行为的竞争法分析》，载《中国应用法学》2020年第1期。

碍、破坏其他经营者合法提供的网络产品或者服务的正常运行,扰乱市场公平竞争秩序。经营者不得利用技术手段,通过限制交易对象、限制销售区域或时间、限制参与促销等方式,影响其他经营者的经营选择,实施“二选一”行为,妨碍、破坏具有依赖关系的交易相对方合法提供的网络产品或者服务的正常运行,扰乱市场公平交易秩序。

第二节 “二选一”执法实践

一、反不正当竞争行政执法

(一)适用“互联网专条”

海盐县市场监督管理局对嘉兴市洞洞拐网络科技有限公司的“二选一”处罚案[①]中,嘉兴市洞洞拐网络科技有限公司(以下简称嘉兴市洞洞拐公司)于2017年7月成为国内某知名外卖平台海盐地区的代理商,负责海盐地区代理和管理商家入驻平台等事宜,并通过后台管理软件进行包括划定商家配送范围等内容的商家维护。2018年4月初,嘉兴市洞洞拐公司从总部得知其代理的外卖平台在海盐地区的市场占有率有所下降,从2月的62.83%下降至3月的61.66%。嘉兴市洞洞拐公司调查发现,部分签约其代理外卖平台的商家同时上线“闪电小哥”平台。嘉兴市洞洞拐公司于4月上旬起通过下属业务员,以电话、微信等方式通知同时上线两个平台的商家,要求其关闭或停止在“闪电小哥”平台上的经营,否则将暂停相关商家在当事人代理的外卖平台的经营。随后大部分商家关闭或暂时停止在“闪电小哥”平台上的经营。因无正当理由直接关停签约商户服务无法通过总部审批,自4月11日起,嘉兴市洞洞拐公司对不愿关闭或停止在“闪电小哥”平台上经营的部分商家,通过使用后台管理软件修改后台数据的方式,缩小相关商家在当事人代理的外卖平台上的配送范围,将原本正常半径为2.5公里至3公里的配送范围缩小到0.2公里至1.5公里,

① 参见海盐县市场监督管理局盐市监处字〔2018〕160号行政处罚决定书,本案是浙江省海盐县市场监督管理局适用新增的互联网不正当竞争条款查处的首起案件。市场监管总局公布的2018年查处不正当竞争行为典型案例之一。

迫使商家关闭或暂时停止在“闪电小哥”平台上的经营,之后才予以恢复。在此期间,相关商家在当事人代理外卖平台上的接单量显著下降,上线或使用“闪电小哥”平台商家的数量明显减少。

海盐县市场监督管理局认为,嘉兴市洞洞拐公司为维持其市场占有率,采用修改商家配送范围等不当技术手段,强迫其平台商家关闭或停止在“闪电小哥”平台经营的行为,违反了《反不正当竞争法》第 12 条第 2 款第 2 项的规定,属不正当竞争行为,根据《反不正当竞争法》第 24 条之规定,对嘉兴市洞洞拐公司处以人民币 20 万元罚款。

国家市场监督管理总局对该案的处罚决定予以充分肯定,指出“这是全国第一例网络不正当竞争案,具有里程碑式的重要意义”。①

（二）适用一般条款和“互联网专条”

通江县市场监督管理局对通江县飞达电子商务有限公司的“二选一”处罚案②中,2017 年 1 月,通江县飞达电子商务有限公司(以下简称通江县公司)与北京三快在线科技有限公司(以下简称美团外卖总部)签订《美团外卖合作协议》,合同约定由美团外卖总部为商户提供外卖展示与交易的网络服务平台,通江县公司通过自有渠道、资源及人员独立负责在通江县范围内从事美团外卖业务推广、运营、商家资质审核及上单、商家上下线日常管理,并依靠自身资源组织配送人员独立负责所推广运营商家的在线外卖订单配送业务。通江县公司取得授权后持有美团外卖合作商账(W—zhouguoqiong),具有独立管理权限,能够自主调整商家配送范围,调整服务费,并通过合作商账号在通江设立外卖代理商分账号,分账号负责通江辖区日常业务管理、与美团外卖总部进行日常工作联络、区域的市场开拓、商户入网操作和日常信息反馈等。商户入驻美团外卖平台由通江县公司完成入网商户的资质及实际经营情况的审查、服务费与配送距离的协商等,并协助商户在美团外卖平台后台录入相关信息再由美团外卖总部进行审核通过后,入网商户分别与美团外卖总部和通江县公司签订电子版《美团外卖服务合同》和《代理服务合同》。合同对双方权利和义务及服务费、

---

① 参见《海盐成功办结全国首例网络不正当竞争案》,载《嘉兴日报》2018 年 9 月 14 日。

② 参见通江县市场监督管理局通市监管罚字〔2019〕3037 号行政处罚决定书,嘉兴市海盐县市场监督管理局处罚的上海友昂投资有限公司其他不正当竞争行为案,处罚事由和依据基本相同,详见盐市监处字〔2018〕182 号行政处罚决定书。同类案例还有盐市监处字〔2018〕160 号行政处罚决定书。

配送范围等进行约定，美团外卖总部按照1%固定收取平台服务费，代理商收取服务费标准由通江县公司与商家自行确定，但最多不高于22%；配送范围按照美团外卖总部要求一般为店面半径2～3公里，通江县公司承担通江县城区商户配送服务、物料供应等其他相关服务，入网商户则进入美团外卖开展经营活动，通过美团外卖平台发布外卖信息，与外卖用户进行交易。目前，通江县公司在通江县范围内共发展入网商户180家（动态数据），外卖服务类别主要有餐饮、副食、鲜花、水果。外卖用户通过美团外卖App或微信小程序等在入网商户提供的外卖商品中选择所需商品，由通江县公司配送人员送到外卖用户订单上的预留地址处，外卖用户接受服务则完成外卖配送交易。外卖用户支付的所选商品费用、配送费和餐盒费由美团外卖总部代收，美团外卖总部扣除上述合同中约定的"菜品原价总额（不包含餐盒费、配送费）"平台服务费和代理商服务费，被扣除后的营业额及餐盒费由美团外卖总部在合同约定的3个工作日时间内通过银行转账的方式结算给入网商户，配送费及代理商服务费通过合同约定时间以银行转账的方式结算给通江县公司。2018年4月以来，通江县公司为更好地拓展外卖业务，排挤其他外卖平台，达到其独家经营的目的，利用其市场占有率及优势地位，多次以独家协议的方式，要求已入网商户和新入网商户签订独家协议，协议内容为："签订入网商户享受服务费率为原合同约定费率（鲜花和餐饮为21%，副食和水果为13%），获得通江县公司物料支持，配送距离根据入网商户品类相应扩大；入网商户不得与通江县公司经营的网络服务平台存在竞争关系的其他第三方平台或集团公司等进行相同或类似业务合作；入网商户不得在店铺内或店铺其他推广渠道展示与通江县公司经营网络服务平台存在竞争关系的其他第三方平台的有关标识、物料等内容。"如商户违反约定或拒绝签订独家协议，通江县公司主要采取以下几种方式。（1）调整服务费：通江县公司用其W—zhouguoqiong账户登录后台系统，选择所管理的外卖商户，并选择修改合同，设置调整合作商向商家收取的商业支持服务费率，设置完成后保存，同步生成商家短信，通过商家收到短信并确认后，调整后的合同和费率最终生效。但通江县公司在未与入网商户平等协商且不明确告知入网商户上调服务费需经本人同意，而是自行发送修改服务费的合同短信链接，在入网商户不知情的情况下或者以开展其他活动的名义，以误导或欺骗的方式让商户自行点击确认或让商户将手机交与通江县公司业务员自行操作，致使服务费调整成功。

(2)缩小或扩大配送范围:通江县公司用其 W—zhouguoqiong 账户登录后台系统,选择其所管理的外卖商户,然后选择所要修改的配送服务信息修改配送信息,编辑商家配送范围的边界,调整完毕并保存后向对应的商家生效。为了保证餐品质量及配送时效,通江县公司通常会基于运营区域爆单、恶劣天气等因素结合实际调整商家配送范围,但通江县公司在操作中不经入网商户同意,也未因上述爆单、恶劣天气等因素,仅仅因为商户未与通江县公司签订独家协议,单方缩小商户配送范围,甚至将商户的配送范围缩小为 0 米,致使外卖用户无法点餐,或将商户的配送范围调整到城区边界外卖用户极少的区域;对县城区内较偏远但签订独家协议的商户采取了将配送范围扩大至城区外卖用户较多的区域。通江县公司利用技术手段提高服务费、调整配送范围影响了入网商户选择其他外卖平台,导致多家入网商户被迫放弃使用其他外卖平台。通江县市场监督管理局认为,通江县公司的行为,违反了《反不正当竞争法》第 2 条第 1 款、第 12 条第 1 款、第 12 条第 2 款第 2 项(误导、欺骗、强迫用户修改、关闭、卸载其他经营者合法提供的网络产品或者服务)及第 12 条第 2 款第 4 项(其他妨碍、破坏其他经营者合法提供的网络产品或者服务正常运行的行为)之规定,依法责令其停止违法行为,并处以罚款人民币 25 万元。

(三)适用兜底条款

在唯品会(中国)有限公司不正当竞争案①中,2021 年 2 月 8 日,国家市场监督管理总局对唯品会(中国)有限公司不正当竞争作出行政处罚决定,经查明:2020 年 8 月至 12 月,当事人为获取竞争优势及交易机会,开发并使用巡检系统,获取同时在本公司和其他公司上架销售的品牌经营者信息,利用供应商平台系统、智能化组网引擎、运营中台等提供的技术手段,通过影响用户选择,及限流、屏蔽、商品下架等方式,减少品牌经营者的消费注意、流量和交易机会,限制品牌经营者的销售渠道,妨碍、破坏了品牌经营者及其他经营者合法提供的网络产品和服务正常运行,违背了自愿、平等、公平、诚信原则,扰乱了公平竞争市场秩序。当事人的上述行为违反了《反不正当竞争法》第 12 条第 2 款第 4 项经营者不得利用技术手段,通过影响用户选择或者其他方式,实施其他妨碍、破坏其他经营者合法提供的网络产品或者服务正常运行的行为的规定。依据

① 参见国家市场监督管理总局行政处罚决定书,国市监处〔2021〕3 号。

《反不正当竞争法》第24条“经营者违反本法第十二条规定妨碍、破坏其他经营者合法提供的网络产品或者服务正常运行的，由监督检查部门责令停止违法行为，处十万元以上五十万元以下的罚款；情节严重的，处五十万元以上三百万元以下的罚款”之规定，决定对当事人处以罚款人民币300万元。

（四）适用地方性法规

电子商务平台实施的限定交易行为还可以适用地方性法规即省级反不正当竞争条例进行规制。如2017年浙江“红盾网剑”专项执法行动十大典型案例之一的“美团网不正当竞争案”。美团外卖为金华地区市场占有量最大的外卖平台，其利用这一优势地位以“合作承诺书”的方式要求入驻商家与其签订协议，约定商家只能在其平台上独家经营。2016年下半年，美团网为推广线上业务，在知道自己的签约商户同时与“饿了么”“百度外卖”等同类在线外卖平台合作后，强制关停商户在美团外卖上的网店，停止美团外卖商家客户端账户的使用，迫使商户关闭其他外卖平台上的网店后才能允许商户重新登入美团外卖平台。2017年6月12日，金华市市场监督管理局根据《浙江省反不正当竞争条例》（现已修改）第17条①的规定，对美团网的限定交易行为合计罚没52.6万元。② 需要指出的是，金华市市场监督管理局处理该案未适用《反不正当竞争法》，而是适用了《浙江省反不正当竞争条例》。因为该条例2000年发布时《反垄断法》尚未颁布，该条例有很多反对限制竞争的条款，如根据其第17条规定，经营者不得采取下列不正当手段，操纵市场、妨碍公平竞争：（1）胁迫他人与自己进行交易，或者放弃与自己竞争；（2）胁迫他人放弃与竞争对手交易；（3）阻碍他人与竞争对手正常交易；（4）干扰或者妨碍竞争对手的正常经营活动。这说明，金华市市场监督管理局依据上述第17条的规定，很容易把美团网强迫商户实施的“二选一”定性为不正当竞争行为。③

无独有偶，2018年5月16日，江苏省淮安市清江浦区市场监督管理局淮中

① 参见2011年修正的《浙江省反不正当竞争条例》第17条规定：“经营者不得采取下列不正当手段，操纵市场、妨碍公平竞争：（一）胁迫他人与自己进行交易，或者放弃与自己竞争；（二）胁迫他人放弃与竞争对手交易；（三）阻碍他人与竞争对手正常交易；（四）干扰或者妨碍竞争对手的正常经营活动。”

② 参见《2017浙江“红盾网剑”专项执法行动十大典型案例》，载浙江省人民政府网，http://www.zj.gov.cn/art/2017/12/13/art_1553494_24916227.html。

③ 参见王晓晔：《论电商平台“二选一”行为的法律规制》，载《现代法学》2020年第3期。

分局认定，美团在经营美团外卖平台时，针对部分同时在美团和饿了么外卖平台经营的商家，以调高费率、置休、设置不合理条件等手段，强迫商家下架饿了么外卖平台店铺，其行为违反了《江苏省实施〈反不正当竞争法〉办法》第 15 条第 4 项的规定，构成不正当竞争，依法对美团处以罚款 7 万元的决定。[①] 由此可见，市场监督管理部门适用地方性不正当竞争法规或规章规制电子商务平台经营者实施的限定交易行为的案例增多。

二、反垄断行政执法

国家市场监督管理总局对阿里巴巴“二选一”行为做出的行政处罚决定，是依据我国 2008 年实施的《反垄断法》第 17 条[②]。据此，占市场支配地位的经营者如果“没有正当理由，限定交易相对人只能与其进行交易或者只能与其指定的经营者进行交易”，这种行为构成滥用市场支配地位，违反 2008 年《反垄断法》。阿里巴巴违法行为的构成要件是：第一，它在电商中介服务市场具有支配地位；第二，它采取了不正当手段强迫供货商在它的平台和竞争对手的平台之间“二选一”；第三，“二选一”行为不合理地排除和限制市场竞争。[③] 美团和上海食派士商贸发展有限公司滥用市场支配地位案行政处罚中，市场监督管理部门同样适用了 2008 年《反垄断法》第 17 条第 1 款第 4 项的规定，禁止没有正当理由，限定交易相对人只能与其进行交易的滥用市场支配地位行为，并根据 2008 年《反垄断法》第 47 条、第 49 条的规定作出处罚。2008 年《反垄断法》第 17 条第 1 款第 4 项是对案件的定性，第 47 条、第 49 条为案件罚款标准和考量因素。

三、电子商务行政执法

（一）适用《电子商务法》第 35 条

对交易进行不合理限制可适用《电子商务法》第 35 条的规定：“电子商务平

---

① 参见《江苏省实施〈中华人民共和国反不正当竞争法〉办法》第 15 条规定：“经营者在经营活动中不得实施下列行为：……，（四）阻碍他人之间建立正常的交易关系……”

② 《反垄断法》（2022 年修订）已修订为第 22 条。

③ 参见王晓晔：《电商平台“二选一”是平台经济领域反垄断执法的热点和重点》，载江必新主编：《中国法治实施报告（2022）》，人民法院出版社 2022 年版。

台经营者不得利用服务协议、交易规则以及技术等手段,对平台内经营者在平台内的交易、交易价格以及与其他经营者的交易等进行不合理限制或者附加不合理条件,或者向平台内经营者收取不合理费用。”

如在赣州耀奇贸易有限公司福泉分公司强迫商家们“二选一”案①中,经查明,当事人于 2018 年 5 月到福泉市开展经营活动,作为美团外卖福泉市区域的代理商开展外卖平台服务。当事人与北京三快在线科技有限公司(美团外卖总部)签订有《美团外卖合作协议》,合同约定由美团外卖总部为商家提供运营、配送所需的外卖后台系统,当事人负责美团外卖平台市场开发、商家入驻、商家运营维护、配送及用户投诉处置等各项工作。商家入驻美团外卖平台由当事人完成入网商家的资质及实际经营情况的审查、服务费收取等,并协助商家在美团外卖平台后台录入相关信息再由美团外卖总部进行审核通过后,入网商家分别与美团外卖总部和当事人签订电子版《平台商家入驻服务框架协议》和《代理服务合同》。入网商家进入美团外卖平台开展经营活动,通过美团外卖平台发布外卖信息,与外卖用户进行交易。2020 年年底至 2021 年 4 月,当事人以入网餐饮商家展示的商品价格线上(美团外卖平台)与线下(实体店)不一致、违反管理规定等为由,对平台内餐饮商家设置点满 500 元起送交易条件,进行不合理限制或者附加不合理条件。当事人对美团外卖平台商家设置点满 500 元起送条件的行为,违反了《电子商务法》第 35 条“电子商务平台经营者不得利用服务协议、交易规则以及技术等手段,对平台内经营者在平台内的交易、交易价格以及与其他经营者的交易等进行不合理限制或者附加不合理条件,或者向平台内经营者收取不合理费用”的规定,构成利用技术手段对平台内经营者在平台内的交易行为进行不合理限制或者附加不合理条件的行为。依据《电子商务法》第 35 条、第 82 条,《行政处罚法》第 5 条的规定,责令当事人改正违法行为,并处以罚款 10,000.00 元。

四川省南充市南部县市场监督管理局在调查处理美团外卖平台限定交易案件时认为,当事人在经营活动中,对入驻美团平台商户提供相同服务情况下,对只入驻美团外卖平台的商户按 18% 的标准收取平台服务费,对既入驻美团外卖平台又入驻饿了么外卖平台的商户按 23% 的标准收取平台服务费。当事人

① 参见黔南州福泉市市场监督管理局行政处罚决定书,福市监处〔2021〕6027 号。

的行为违反了《电子商务法》第 35 条之规定。①

（二）适用《电子商务法》第 22 条

滥用市场支配地位可适用《电子商务法》第 22 条。作为世界上为数不多的电子商务领域综合性立法，《电子商务法》第 22 条规定了"电子商务经营者因其技术优势、用户数量、对相关行业的控制能力以及其他经营者对该电子商务经营者在交易上的依赖程度等因素而具有市场支配地位的，不得滥用市场支配地位，排除、限制竞争"，但《电子商务法》没有规定违反上述规定的行政处罚措施。

在司法实践中认定网络平台具有市场支配地位往往较为困难。而《电子商务法》不以认定市场支配地位为前提，更侧重于对平台违法行为的认定，《电子商务法》第 35 条就直接对电商平台经营者不合理限制、附加不合理条件或者收取不合理费用的违法行为进行了规制。《电子商务法》与《反垄断法》在规制超级网络平台限制交易行为上一脉相承，且《电子商务法》在《反垄断法》基础上进一步延伸以弥补其规制的不足，除此之外，两者在惩罚机制上也相辅相成。当超级网络平台无法或难以被认定具有市场支配地位时，《电子商务法》能够有效弥补《反垄断法》规制失灵的缺口，不会因为《反垄断法》的适用门槛高而放弃对限制交易行为的追究。在司法实践中，逐步形成以《反垄断法》为主、《电子商务法》为辅的对超级网络平台"二选一"行为进行有效规制的组合方式。

中国人民大学法学院教授孟雁北认为，《电子商务法》第 22 条具有宣誓倡导性的作用，结合行业特点丰富了《反垄断法》中对于市场支配地位认定的考量的要素，即技术优势、用户数量、对相关行业的控制能力以及其他经营者对该电子商务经营者在交易上的依赖程度等。在对电商平台"二选一"的违法性进行判断时，应遵循个案分析原则，综合考虑平台经营者所处行业的市场竞争状况并结合大量数据，对是否构成市场支配地位以及是否存在滥用市场支配地位的情形加以分析。需要注意的是，相关市场界定的准确性直接决定了市场份额的准确性，而是否符合《反垄断法》的相关规定是界定经营者是否具有市场支配地位的关键。互联网相关市场及主体的市场支配地位的认定比较复杂，这与行业特性相关，对相关市场主体支配地位的认定需要以大量的数据及行业分析作为支撑，因此在实际执法时需要进行个案分析。对于《电子商务法》第 35 条，无论

① 参见川市南南罚字〔2019〕537 号行政处罚决定书。

是司法机关还是行政执法机关，在实际适用该法条时都遇到两个挑战：一个是对电商平台作出明确定位，对其经营自主权是否要作出特殊限制；另一个是对“不合理”的认定，该法条给了司法机关和行政执法机关很大的自由裁量空间，司法机关和行政执法机关在审理或查处案件时，需要结合大量的证据、分析，才能作出合理的判断。①

四、反不正当竞争司法裁判

2021 年 4 月，江苏省淮安市中级人民法院一审宣判“饿了么”诉美团淮安“二选一”不正当竞争案②，北京三块科技有限公司等因不正当竞争行为赔偿上海拉扎斯科技有限公司 35.2 万元。江苏省淮安市中级人民法院在判决书中认定了被告多起强制商户“二选一”，其通过涨佣金、置休、缩小配送范围等手段强制商户与其“独家合作”。法院首次适用 2018 年 1 月 1 日起施行的《反不正当竞争法》第 12 条认定构成侵权并赔偿。被告不服提起上诉，二审法院认为，因现有证据可以证明北京三快科技有限公司淮安分公司实施被控侵权行为至少持续至 2018 年 3 月，故该案应适用 2017 年修订的《反不正当竞争法》。该法第 12 条规定：“经营者利用网络从事生产经营活动，应当遵守本法的各项规定。经营者不得利用技术手段，通过影响用户选择或者其他方式，实施下列妨碍、破坏其他经营者合法提供的网络产品或者服务正常运行的行为：……（四）其他妨碍、破坏其他经营者合法提供的网络产品或者服务正常运行的行为。”该案中，北京三快科技有限公司淮安分公司对部分同时在美团和饿了么外卖平台经营的商户，通过实施调高费率、置休服务、设置不合理交易条件等手段，迫使商户签署只与美团外卖在线平台进行合作的约定，不正当地阻碍商户与饿了么外卖平台进行合作的机会，剥夺了商户的选择权，并妨碍、破坏了上海拉扎斯科技有限公司等同业竞争者的网络产品及服务正常运行，排除了其竞争机会，扰乱了正常的市场竞争秩序，不仅损害了商户的合法权益，更损害了上海拉扎斯科技

---

① 参见《法律规制电商平台“二选一”的挑战——〈电子商务法〉热点问题研讨会要点》，载《中国市场监管报》2019 年 2 月 19 日，第 6 版。

② 参见一审江苏省淮安市中级人民法院民事判决书，（2019）苏 08 民初 309 号；二审江苏省高级人民法院民事判决书，（2021）苏民终 1545 号。美团诉饿了么温州“二选一”不正当竞争案，温州市中级人民法院民事判决书，（2020）浙 03 民初 407 号；浙江省高级人民法院民事判决书，（2021）浙民终 731 号。

有限公司的合法权益，应认定其违反了《反不正当竞争法》第 12 条第 2 款第 4 项的规定，构成不正当竞争行为。一审判决依据《反不正当竞争法》第 12 条认定涉案行为构成不正当竞争行为正确。

五、行政公益诉讼案①

2020 年年初，贵州省黔西县某甲网络餐饮平台代理商要求黔西县多家网络餐饮经营者只能接受其一家提供的平台服务。如果餐饮经营者坚持在某乙或其他网络餐饮平台经营，某甲网络餐饮平台将对其作下线处理，提高服务费收取标准、下调星级指数、通过技术手段限制交易等，强制商家在某甲和某乙之间进行“二选一”，以此方式排挤竞争对手。

2020 年 4 月，贵州省黔西县人民检察院（以下简称黔西县院）经群众举报获悉该案线索后，依法立案进行调查核实。检察机关经审查认为，该案中的“二选一”行为既破坏了公平竞争的市场秩序，也损害了网络餐饮经营者和消费者的合法权益，侵害了社会公共利益。2020 年 5 月 28 日，黔西县院向黔西县市场监督管理局发出行政公益诉讼诉前检察建议，督促该局对黔西县某甲网络餐饮平台代理商涉嫌实施不正当竞争行为查证后依法处理，对辖区内网络餐饮平台存在的不正当竞争违法行为开展全面排查整治。

黔西县市场监督管理局收到检察建议后，随即召开专题会议研究部署，成立专项执法调查组展开调查。2020 年 6 月 12 日，对某甲网络餐饮平台代理商开展行政约谈，送达行政告诫书，要求其对照《反不正当竞争法》《电子商务法》等相关法律法规尽快自行整改，并督促某甲、某乙等网络餐饮平台代理商共同签订了《关于促进黔西县网络餐饮服务经营健康有序发展的联合声明》。

2020 年 6 月底，黔西县院开展跟进监督，对涉案平台企业及部分商户和消费者进行回访，并调查了解平台商户上线情况，确认某甲网络餐饮平台代理商已经取消“二选一”相关不合理限制，某乙网络餐饮平台的上线商户量上升至与某甲商户量持平，公平竞争的市场秩序和相关主体的合法权益得到保障。为巩固治理成效，黔西县院联合黔西县市场监督管理局对辖区内网络餐饮平台企业开展

① 参见《最高检工作报告点名这 18 个重点案例 网络餐饮平台强制“二选一”入选》，载杭州网，https://news.hangzhou.com.cn/gnxw/content/2021-03/09/content_7923752.html。

守法合规培训。检察官通过以案释法,阐述了不正当竞争等破坏市场秩序行为造成的不利后果及面临的法律责任,倡导企业在合法经营情况下,创新活力、良性竞争,以优质、高效的服务赢得广大商户和消费者的信赖,实现多赢共赢。

截至2020年年底,已有18个省级人大常委会授权检察机关在互联网领域探索公益诉讼实践。检察机关作为公共利益代表,要充分履行公益诉讼检察职能,通过诉前检察建议、支持起诉、提起公益诉讼等方式,推动行政机关加强行政监管、严格执法,督促平台履行治理责任、崇法守法、合规经营,保障互联网经济规范健康发展。

第三节 “二选一”法条竞合处理

一、违法多元性

以目前讨论较多的“二选一”行为规制为例,学界基本观点是,“二选一”可能具有“多元违法属性”,《反垄断法》《反不正当竞争法》《电子商务法》等多部法律都可以适用,但存在适用门槛、适用顺序、侧重点等方面的差异,每部法律也可能具有各自的适用局限(见表13)。例如,有学者认为,《反不正当竞争法》的适用门槛最低,《反垄断法》的适用门槛最高。[①] 有学者主张,若相关行为损害消费者利益,则适用《反不正当竞争法》;若限制市场竞争,则适用《反垄断法》。[②] 也有观点认为,可以把适用哪部法律的权利交给当事人,由当事人自主选择依据哪部法律来起诉。[③] 目前学界的一个普遍看法是,垄断行为损害竞争自由,不正当竞争行为损害竞争公平,所以,《反垄断法》重在维护竞争自由,《反不正当竞争法》重在维护竞争公平。[④] 上述区分在理论上是成立的,但实践中仍

---

① 参见王先林:《电子商务领域限定交易行为的法律适用》,载《中国市场监管研究》2019年第11期。

② 参见王健、季豪峥:《电子商务平台限定交易行为的竞争法分析》,载《中国应用法学》2020年第1期。

③ 参见伍富坤:《竞争法法域下平台“二选一”的困境与应对》,载《北京化工大学学报(社会科学版)》2019年第4期。

④ 参见王晓晔:《再论反不正当竞争法与其相邻法的关系》,载《竞争政策研究》2017年第4期;孔祥俊:《论新修订〈反不正当竞争法〉的时代精神》,载《东方法学》2018年第1期;李胜利:《反不正当竞争法与反垄断法的关系:实然现状与应然选择》,载《社会科学辑刊》2019年第3期。

无法为垄断行为与不正当竞争行为的区分及两法的适用提供清晰的标准，因为竞争的自由与公平很多时候难以分开。有学者主张依据竞争损害的程度选择法律。首先，从实施方式看，反垄断执法属于中央事权，只有国务院反垄断执法机构及其授权的省级市场监管部门才有垄断案件的执法权，而不正当竞争行为的执法机构则是县级以上人民政府履行工商行政管理职责的部门。其次，根据我国现行法，垄断行为的法律责任主要是承担上一年度销售额1% ~10%的罚款，这是非常重的法律责任，可能会高达数亿甚至几十亿元人民币；不正当竞争行为的法律责任要低得多，大多只有几万、几十万罚款。不正当竞争行为和垄断行为的关系，也可从这个角度进行理解：不正当竞争是一种违法性相对偏轻的损害竞争秩序行为，垄断行为则是一种违法性更为严重的损害竞争秩序行为；如就不兼容行为来说，尽管理论上《反垄断法》和《反不正当竞争法》都可以适用，但在具体个案中，两法的适用只能是选择关系而非并存关系；不兼容行为如果违法，则要么是不正当竞争行为，要么是垄断行为，不能认定为双重违法。①

表13　"二选一"行为属性与法条适用

行为属性	法条适用
滥用市场支配地位	《反垄断法》第22条、《电子商务法》第22条
不正当竞争	《反不正当竞争法》第12条、《江苏省实施〈中华人民共和国反不正当竞争法〉办法》第15条第4项、《浙江省反不正当竞争条例》第17条
对交易进行不合理限制	《电子商务法》第35条

二、特别法与一般法

在电子商务领域限定交易行为的法律适用方面，《反不正当竞争法》《反垄断法》与《电子商务法》是一般法与特别法的关系。《反不正当竞争法》和《反垄断法》调整发生在所有市场的竞争行为，不分线上还是线下，都可以一体适用，当然也包括电子商务领域。按照特别法优先于一般法的原理，在《电子商务法》有特别规定时，优先适用该法的规定。《立法法》第92条规定："同一机关制定

① 参见焦海涛：《互联网不兼容行为的规制路径选择》，载《财经法学》2020年第5期。

的法律、行政法规、地方性法规、自治条例和单行条例、规章,特别规定与一般规定不一致的,适用特别规定;新的规定与旧的规定不一致的,适用新的规定。”此处适用的前提是针对同一问题有不同的规定,因此判断是否为同一问题就是关键。而这就需要对法条进行具体分析,特别是结合法律责任的规定。其中,《电子商务法》第 82 条规定:“电子商务平台经营者违反本法第三十五条规定,对平台内经营者在平台内的交易、交易价格或者与其他经营者的交易等进行不合理限制或者附加不合理条件,或者向平台内经营者收取不合理费用的,由市场监督管理部门责令限期改正,可以处五万元以上五十万元以下的罚款;情节严重的,处五十万元以上二百万元以下的罚款。”《电子商务法》第 85 条规定:“电子商务经营者违反本法规定,销售的商品或者提供的服务不符合保障人身、财产安全的要求,实施虚假或者引人误解的商业宣传等不正当竞争行为,滥用市场支配地位,或者实施侵犯知识产权、侵害消费者权益等行为的,依照有关法律的规定处罚。”据此,《电子商务法》第 35 条规定的附加不合理的限制条件,就不是《反垄断法》规定的搭售和附加不合理的限制条件行为,可以将其看作对《反垄断法》和《反不正当竞争法》的补充。而《电子商务法》第 22 条规定的滥用市场支配地位行为,也就是 2008 年实施的《反垄断法》第 17 条所规定的滥用市场支配地位行为的细化规定,可以看作针对电子商务的特点而对这个领域的滥用市场支配地位所做的进一步规定。总之,电子商务领域的限定交易行为涉及不同法律的适用,在其涉及技术手段时存在适用《反不正当竞争法》第 12 条的空间,但更多的还需在《反垄断法》的分析框架下进行适用,《电子商务法》第 22 条则是在进行这种具体分析时的特别考虑因素,而《电子商务法》第 35 条是对电子商务平台经营者(相对于电子商务经营者)相对优势地位的专门规定。①

从逻辑上讲,电商平台“二选一”问题首先应考虑适用 2019 年生效的《电子商务法》,因为这是针对电子商务的特别法。但该法第 22 条明显借鉴了 2008 年实施的《反垄断法》第 17 条的相关规定,对原告来说,要适用该条款,一方面与适用 2008 年实施的《反垄断法》第 17 条一样,需要界定相关市场,认定被告具有市场支配地位,进而证明被告存在滥用行为,即原告的举证责任与适用

① 参见王先林:《电子商务领域限定交易行为的法律适用》,载《中国市场监管研究》2019 年第 11 期。

2008 年实施的《反垄断法》第 17 条一样很沉重；另一方面该条款没有就违法行为规定任何法律责任。《电子商务法》第 35 条也可适用于电商平台的“二选一”行为，但该条款存在明显缺陷：一方面，就其规定的“不合理限制”“不合理条件”“不合理费用”均缺乏明确的解释，在实务中可操作性不够；另一方面，考虑到平台商户大多数是中小企业，它们对平台有很强的依赖性，因为害怕失去交易机会，一般不敢把平台经营者的不公平交易行为诉诸法律程序。[①]

三、依据适用难度选择法律

寻求对电商平台“二选一”排他性交易行为的法律救济时，权利主体提起法律救济首先需要最大可能地保证救济的实现，而实现最终的救济，必须考虑法律适用的难度问题，其次要考虑相关法律条文（见表 14）与行为的关联度，即可适性的问题，最后当然也要考虑可获得的赔偿金额问题。综合此三方面因素，根据表 15 进行对比分析，作者认为《电子商务法》应当是权利人实现救济的最优先选择，其次是《反不正当竞争法》，最后才是《反垄断法》，因为《反垄断法》的适用难度是最高的，适用该法实现救济的成本也是最大的，而且在民事责任承担上，三部法律的规定是一致的，《反垄断法》也并没有规定更高的赔偿责任，至于侵权者受到更高的行政处罚，对于寻求救济的被动平台或者平台内经营者而言，并不具有实际意义。另外，《电子商务法》是电子商务领域的基本法，相对于其他几部法律，也可以将其理解为电子商务领域的特殊法，根据特殊法优先于一般法的法律适用原则，发生在电子商务领域的问题，也应当优先适用《电子商务法》进行规范。我国是世界范围内电子商务最为发达的国家之一，《电子商务法》相对于《合同法》《反垄断法》《反不正当竞争法》而言是更具中国特色的一部法律，在电子商务最发达的国家适用最具本国特色的《电子商务法》规范最具直接针对性的电商平台“二选一”排他性交易行为，无论从学理上，还是从实践上，都应当是最优选择。[②]

---

① 参见王晓晔：《论电商平台“二选一”行为的法律规制》，载《现代法学》2020 年第 3 期。

② 参见郭宗杰、崔茂杰：《电商平台“二选一”排他性交易法律适用研究》，载《中国应用法学》2020 年第 2 期。

表 14　电商平台“二选一”排他性交易法律适用及责任条文对应

适用法律	适用条文	责任形式	责任内容	责任援引条文
反不正当竞争法	第 2 条	民事责任		第 17 条
	第 12 条	民事责任 行政责任	处 10 万元以上 50 万元以下的罚款;情节严重的,处 50 万元以上 300 万元以下罚款	第 17 条、第 24 条
反垄断法	第 56 条	民事责任 行政责任	没收违法所得,并处上一年度销售额百分之一以上百分之十以下的罚款	第 60 条、第 57 条
电子商务法	第 5 条	民事责任		
	第 35 条	行政责任	可以处 5 万元以上 50 万元以下的罚款	第 82 条

资料来源:郭宗杰、崔茂杰:《电商平台“二选一”排他性交易法律适用研究》,载《中国应用法学》2020 年第 2 期。作者已按《反垄断法》2022 年修订内容对原文进行了调整。

表 15　电商平台“二选一”排他性交易适用不同法律对比

对比项	排序	备注
条文与行为关联度	电子商务法→反垄断法→反不正当竞争法	由近渐远
法律适用难度〔1〕	电子商务法→反不正当竞争法→反垄断法	由易渐难
主导平台责任轻重〔2〕	电子商务法→反不正当竞争法→反垄断法	由轻渐重

资料来源:郭宗杰、崔茂杰:《电商平台“二选一”排他性交易法律适用研究》,载《中国应用法学》2020 年第 2 期。

〔1〕系指相应法律适用时证据获取难易、规则理解差异、原告方获胜机率等,关于《反垄断法》适用门槛最高前文也已有论及;

〔2〕系指行政责任,民事责任方面由于三部法律均没有规定具体的责任形式,可以理解为责任相同。

四、受保护的法益选择

“二选一”类型众多,当出现一种行为同时落入《反不正当竞争法》和《反垄断法》甚至《电子商务法》规范的范围时应如何适用,这一问题尤其值得关注。三部法律之间,《电子商务法》行业特色明显,《反不正当竞争法》更加注重私权的保护,而《反垄断法》则更关注公共利益。当发生竞合时,应当优先适用《电子商务法》,而《反不正当竞争法》《反垄断法》之间优先适用哪部法律,则视当事人的诉求而定。①

① 参见伍富坤:《竞争法法域下平台“二选一”的困境与应对》,载《北京化工大学学报(社会科学版)》2019 年第 4 期。

从不正当竞争行为的判定逻辑以及《反不正当竞争法》保护之法益看，互联网行业中的“二选一”行为可以认定为不正当竞争行为而从《反不正当竞争法》角度加以规制。[①] 具体而言，《反不正当竞争法》第2条和第12条，均可以用作规制电子商务平台经营者“二选一”行为的制度工具，但其之于电子商务平台经营者“二选一”行为的契合度要低于《电子商务法》第35条。尽管如此，《反不正当竞争法》仍有其独立的适用意义。这是因为，《电子商务法》第82条作为该法第35条的责任条款，其罚款的额度最高是200万元人民币，而《反不正当竞争法》中的罚款额度可以提升至300万元人民币。[②]

① 参见袁嘉、刘维俊：《互联网行业滥用相对优势地位规制研究——以“二选一”行为为视角》，载《价格理论与实践》2016年第5期。

② 参见最高人民法院中国应用法学研究所课题组：《电子商务中“二选一”的性质与法律适用问题研究报告》。

中　篇

互联网不正当竞争程序篇

第一章　互联网不正当竞争案件管辖

第一节　行政执法管辖

一、行政执法地域管辖

《中共中央关于坚持和完善中国特色社会主义制度　推进国家治理体系和治理能力现代化若干重大问题的决定》强调"强化竞争政策基础地位,落实公平竞争审查制度,加强和改进反垄断和反不正当竞争执法"。为强化反垄断工作,国家专门组建国家市场监管总局,统一行使反垄断执法权。但统一的反不正当竞争执法体系还不完善,还存在执法管辖权的冲突、重叠和争议,不利于加强和改进反不正当竞争执法。

《反不正当竞争法》第4条规定:"县级以上人民政府履行工商行政管理职责的部门对不正当竞争行为进行查处;法律、行政法规规定由其他部门查处的,依照其规定。"此处采取的是统一执法与例外授权相结合的部门分工执法模式。

《禁止网络不正当竞争行为规定(公开征求意见稿)》第23条规定,对网络不正当竞争案件,一般情况下,应当按照2021年修正的《市场监督管理行政处罚程序规定》(已修正)①进行管辖。网站建立者或者管理者住所地、经营者实

① 参见2021年修正的《市场监督管理行政处罚程序规定》第7条规定:"行政处罚由违法行为发生地的县级以上市场监督管理部门管辖。法律、行政法规、部门规章另有规定的,从其规定。"第10条规定:"网络交易平台经营者和通过自建网站、其他网络服务销售商品或者提供服务的网络交易经营者的违法行为由其住所地县级以上市场监督管理部门管辖。平台内经营者的违法行为由其实际经营地县级以上市场监督管理部门管辖。网络交易平台经营者住所地县级以上市场监督管理部门先行发现违法线索或者收到投诉、举报的,也可以进行管辖。"第11条第2款、第3款规定:"对于互联网广告违法行为,广告主所在地、广告经营者所在地市场监督管理部门先行发现违法线索或者收到投诉、举报的,也可以进行管辖。对广告主自行发布违法互联网广告的行为实施行政处罚,由广告主所在地市场监督管理部门管辖。"

际经营地、违法结果发生地的市场监管部门先行发现违法线索或者收到相关举报的,也可以进行管辖。此处需要注意的是,“违法行为发生地”与“违法结果发生地”含义不同,“违法结果发生地”更有利于消费者和用户。

另外,《价格法》第 14 条、第 40 条规定,经营者捏造、散布涨价信息,哄抬价格的,利用虚假的或者使人误解的价格手段,诱骗消费者或者其他经营者与其进行交易的,由价格主管部门处罚。根据中央关于深化党和国家机构改革的决定和方案,价格监督检查与反垄断执法职责已从国家发展和改革委员会划入市场监管总局。国家发展和改革委员会自 2019 年 4 月 1 日起,废止《价格行政处罚程序规定》1 部规章和《关于印发〈价格主管部门提请工商行政管理部门吊销价格违法经营者营业执照的规定〉的通知》等 5 部规范性文件。[①]

二、行政执法专门管辖

(一)司法实践观点

一般认为,《反不正当竞争法》第 4 条规定的“法律、行政法规规定由其他部门查处的,依照其规定”,需要同时满足以下条件:一是只有法律、行政法规可以做出例外规定,地方性法规、规章等都无权做出例外规定;二是法律、行政法规的例外规定必须是明确、具体的,需要同时做到明确规定特定的不正当竞争行为、明确规定不正当竞争行为的罚则、明确规定处罚机关。[②]

如最高人民法院在本溪绿盾征信有限公司、辽宁省本溪市桓仁满族自治县人民政府再审审查与审判监督案[③]中支持了市场监管部门所持的“具体授权论”,认为虽然《征信业管理条例》第 4 条规定,中国人民银行及其派出机构依法对征信业进行监督管理,但是并不因此排除本溪绿盾征信有限公司作为企业法人在从事经营活动时要受到其他行政机关依法进行的行政管理。因此,市场监管部门具有对本溪绿盾征信有限公司的不正当竞争行为进行查处的法定职权。

(二)电信和网络法律法规

电信行业和互联网领域的其他主要法律、行政法规有《网络安全法》《电子

① 参见中华人民共和国国家发展和改革委员会令第 24 号。

② 参见何茂斌:《关于反不正当竞争法执法管辖权争议的思考》,载《中国市场监管研究》2020 年第 6 期。

③ 参见最高人民法院行政裁定书,(2019)最高法行申 4297 号。

商务法》《电信条例》《互联网信息服务管理办法》。除《电信条例》外，其他两部法律、一部行政法规均没有关于不正当竞争行为查处权的例外规定。因此，在电信行业和互联网领域，只有《电信条例》第 40 条第 4 项规定，电信业务经营者在电信服务中对"电信用户"的虚假宣传，应由电信管理机构依据《电信条例》查处。还需要注意的是，要区分电信用户和互联网用户的区别。根据《电信业务分类目录(2015 年版)》，电信业务范围十分广泛，既包括基础电信业务，又包括增值电信业务，所有互联网企业的主营范围基本都可以归为增值电信业务。《电信条例》第 40 条、第 41 条规定的行为基本都是针对"电信用户"的，不适用于针对互联网用户的互联网领域。①

多数观点认为，原则性规定不能排除市场监管部门的执法权。《行政处罚法》第 17 条规定："行政处罚由具有行政处罚权的行政机关在法定职权范围内实施。""××部门负责对××行业实施监督管理""××行业不得从事不正当竞争行为"等原则性规定，仅仅是对行业监管的一般授权和对行业行为的原则性要求，有关行业监管部门不能因此排除市场监管部门的反不正当竞争执法管辖权。

再如，金融领域内的《商业银行法》第 74 条；《保险法》第 161 条、第 165 条；《证券法》(2014 年修订)第 78 条、第 191 条、第 192 条、第 193 条、第 206 条、第 207 条，均规定由其他主管机构查处。

《全国人民代表大会常务委员会执法检查组关于检查〈中华人民共和国反不正当竞争法〉实施情况的报告》指出，相关法律存在交叉重叠，法律适用存在难点堵点。维护公平竞争秩序、保护经营者消费者合法权益，既要发挥《反不正当竞争法》的作用，也涉及其他领域的相关专门法律。既有市场监管部门作为执法主体的《反不正当竞争法》《反垄断法》《广告法》《消费者权益保护法》《电子商务法》《商标法》等 20 余部法律，也包括其他行业主管部门作为执法主体的《商业银行法》《保险法》《电信条例》等方面的专门法律法规。这些法律法规从不同角度规范市场主体经营行为，在违法行为认定、行政处罚设置等方面存在交叉重叠。法律适用的协调性不足影响监管。如《反不正当竞争法》第 4 条规定，县级以上人民政府履行工商行政管理职责的部门对不正当竞争行为进行查

① 参见何茂斌：《关于反不正当竞争法执法管辖权争议的思考》，载《中国市场监管研究》2020 年第 6 期。

处,法律、行政法规规定由其他部门查处的,依照其规定。反不正当竞争的执法权分属多个部门,随之带来竞争法律实施的不正常现象。一方面,由于权益驱动,对容易监管的一些传统不正当竞争行为,相关部门都愿意管,有的甚至抢着管;同时,由于新型不正当竞争行为监管难度大,相关部门不愿意管,经常出现相互推诿现象而造成监管真空。另一方面,由于涉网案件的主要行为发生地与行为主体所在地不一致,有的案件管辖权难以确定,导致立案难、取证难、执行难,甚至有的出于地方利益保护,以管辖权争议为由对异地执法维权协调配合不够。①

三、行政执法级别管辖

《市场监督管理行政处罚程序规定》第 7 条规定,行政处罚由违法行为发生地的县级以上市场监督管理部门管辖。法律、行政法规、部门规章另有规定的,从其规定。该部门规章第 8 条规定,县级、设区的市级市场监督管理部门依职权管辖本辖区内发生的行政处罚案件,法律、法规、规章规定由省级以上市场监督管理部门管辖的,从其规定。

理解此处需要掌握的是:(1)中共中央办公厅、国务院办公厅印发的《关于深化市场监管综合行政执法改革的指导意见》确立了以县级、设区的市级市场监督管理部门管辖为主的原则,以进一步减少执法层级,推进执法力量下沉。明确县级、设区的市级市场监督管理部门依职权管辖本辖区内的行政处罚案件。(2)法律、法规、规章规定由省级以上市场监管部门管辖的案件应当由省级以上市场监管部门管辖,如对垄断行为的查处,对药品、医疗器械和化妆品研制、生产环节的查处,以及对药品批发许可、零售连锁总部许可、互联网销售第三方平台的查处等,分别应由国家级和省级市场监管部门管辖。

四、电商案件执法管辖

(一)对"也可以进行管辖"的理解

《市场监督管理行政处罚程序规定》第 10 条规定了对电子商务违法行为的

① 参见徐绍史:《全国人民代表大会常务委员会执法检查组关于检查〈中华人民共和国反不正当竞争法〉实施情况的报告》,第十三届全国人民代表大会常务委员会第二十四次会议,2020 年 12 月 23 日。

管辖,电子商务平台经营者和通过自建网站、其他网络服务销售商品或者提供服务的电子商务经营者的违法行为由其住所地县级以上市场监督管理部门管辖。平台内经营者的违法行为由其实际经营地县级以上市场监督管理部门管辖。网络交易平台经营者住所地县级以上市场监督管理部门先行发现违法线索或者收到投诉、举报的,也可以进行管辖。

无论是电子商务违法行为管辖还是广告违法行为管辖,实际上都没有脱离违法行为发生地这一地域管辖原则。比如,《市场监督管理行政处罚程序规定》第 10 条第 1 款中的住所是市场主体主要办事机构所在地,是企业进行经济活动的中心,也可能同时是其经营地,属于广义的"违法行为发生地"。存在关于电子商务违法行为和大众传媒违法广告行为的所谓"特别管辖",是因为电子商务行为和广告行为具有一定的特点,通过法律规范在本应都具有管辖权的部门预先设定了管辖的优先顺序。

如何理解电子商务平台经营者住所地市场监督管理部门先行发现违法线索或者收到投诉、举报的,也可以进行管辖。"也可以进行管辖"是不是意味着也可以不进行管辖?不应当这样理解。"也可以"的意义在于,在前一句所确定的平台内经营者的违法行为由其实际经营地市场监督管理部门管辖这一基础上,确立了电子商务平台经营者住所地市场监督管理部门在特定情形下也具有管辖权。在电子商务平台经营者住所地市场监督管理部门先行发现违法线索或者收到投诉、举报的情形下,该部门不仅可以,而且应当进行管辖。

综上,电商经营者合规或法务部门,需要正确理解电商平台的管辖规定,对于涉嫌的投诉、举报等,依据管辖规定作出相应的反应,否则会增大行政执法管辖的地域范围。

(二)"二选一"执法管辖

绝大多数"二选一"行为发生在网络平台之间,但其影响范围并非都可扩展至全国。不同案件的影响范围和平台的具体服务特征密切相关。地方行政机关予以管理的"二选一"案件平台具有区域性市场的特征,比如外卖市场上,双边市场的双方为商家和其配送范围内的消费者,其市场份额、对市场的支配能力和竞争能力在地域范围内有较为明确的界限。而有些平台提供的服务,比如软件和信息技术服务业,其服务范围往往没有地域界限,地域范围往往是全国。

"二选一"行为一般涉及的违法类型为不正当竞争行为、违反《反垄断法》

的滥用市场支配地位、违反价格法的价格不正当竞争、不正当高价行为等。针对“二选一”不正当竞争行为，实务中均是由违法行为地进行管辖，如针对上海食派士商贸发展有限公司在互联网餐饮外送平台服务市场实施“二选一”垄断行为，上海市市场监管局依法对上海食派士商贸发展有限公司处以其2018年销售额3%的罚款，合计人民币116.86万元。

第二节　互联网不正当竞争诉讼管辖

一、关于地域管辖的立法

（一）《民事诉讼法司法解释》

《民事诉讼法》第29条规定，因侵权行为提起的诉讼，由侵权行为地或者被告住所地人民法院管辖。

《民事诉讼法司法解释》第20条规定，以信息网络方式订立的买卖合同，通过信息网络交付标的的，以买受人住所地为合同履行地；通过其他方式交付标的的，收货地为合同履行地。合同对履行地有约定的，从其约定。该司法解释第24条规定，《民事诉讼法》第28条规定的侵权行为地，包括侵权行为实施地、侵权结果发生地。该司法解释第25条规定，信息网络侵权行为实施地包括实施被诉侵权行为的计算机等信息设备所在地，侵权结果发生地包括被侵权人住所地。

（二）《反法新司法解释》

《反法新司法解释》第26条规定，因不正当竞争行为提起的民事诉讼，由侵权行为地或者被告住所地人民法院管辖。当事人主张仅以网络购买者可以任意选择的收货地作为侵权行为地的，人民法院不予支持。《反法新司法解释》第27条规定，被诉不正当竞争行为发生在中华人民共和国领域外，但侵权结果发生在中华人民共和国领域内，当事人主张由该侵权结果发生地人民法院管辖的，人民法院应予支持。

二、反法新司法解释管辖解读

（一）任意选择的收货地

《反法新司法解释》第 26 条规定中的“任意选择的收货地”如何认定，成为司法审判的争议焦点。

在马内尔公司等与新百伦公司不正当竞争管辖异议案[①]中，最高人民法院认为，侵犯知识产权案件和不正当竞争案件均属于侵权类案件，2012 年修正的《民事诉讼法》第 28 条规定，因侵权行为提起的诉讼，由侵权行为地或者被告住所地人民法院管辖。2015 年《民事诉讼法司法解释》第 24 条和 2012 年修正的《民事诉讼法》第 28 条规定的侵权行为地，包括侵权行为实施地、侵权结果发生地。侵犯知识产权案件中，由于附着了商标或者其他权利的商品具有大范围的可流通性，如何确定侵权行为地有不同于一般民事纠纷案件的特殊性。2020 年修正的《最高人民法院关于审理商标民事纠纷案件适用法律若干问题的解释》第 6 条规定，因侵犯注册商标专用权行为提起的民事诉讼，由 2001 年修正的《商标法》第 13 条、第 52 条所规定侵权行为的实施地、侵权商品的储藏地或者查封扣押地、被告住所地人民法院管辖。根据该条规定，在侵犯商标权案件中，除大量侵权商品的储藏地以及海关、工商等行政机关依法查封、扣押侵权商品的所在地外，侵权行为的实施地或者被告住所地可以作为管辖依据，而不再依据侵权结果发生地确定管辖。本案中，新百伦公司认为马内尔公司的侵权行为是基于周某的授权，通过“百伦 BOLUNE”微信公众账号销售被诉侵权产品，参照前述司法解释的规定，新百伦公司可以在马内尔公司被诉侵权行为的实施地以及该公司住所地的人民法院提起诉讼。马内尔公司住所地位于广东省广州市天河区，新百伦公司亦无其他证据证明其在公司住所地之外的其他地区实施了侵权行为，故该住所地是行为管辖地。2015 年《民事诉讼法司法解释》第 20 条规定：“以信息网络方式订立的买卖合同，通过信息网络交付标的的，以买受人住所地为合同履行地；通过其他方式交付标的的，收货地为合同履行地。合同对履行地有约定的，从其约定。”该条规定是对《民事诉讼法》（2012 年修正）第 23 条、第 34 条关于合同履行地的补充规定。对于以信息网

① 参见最高人民法院民事裁定书，（2016）最高法民辖终 107 号。

络方式订立的买卖合同,确定被告住所地或者合同履行地存在一定的困难,故司法解释该条进行了明确。由于合同案件与侵犯知识产权及不正当竞争案件存在较大的不同,合同案件一般发生在合同当事人之间,且其影响基本仅限于特定的行为和特定的当事人,而在侵犯知识产权和不正当竞争案件中,当事人通过网络购物方式取得被诉侵权产品,虽然形式上与"以信息网络方式订立买卖合同"并无区别,但其所提出的侵权主张并非仅针对这一特定的产品,而是包含了特定权利的所有产品;其主张也并非仅针对合同的另一方主体,而可能是与此产品相关的、根据法律规定可能构成侵权的其他各方主体。考虑到上述区别,并考虑到侵犯知识产权案件和不正当竞争案件中对侵权行为地的确定有专门的规定,在此类案件中,如果原告通过网络购物方式购买被诉侵权产品,不宜适用 2015 年《民事诉讼法司法解释》第 20 条的规定来确定案件的地域管辖。一审法院援引 2015 年《民事诉讼法司法解释》第 20 条的规定认定南京市既是马内尔公司的侵权行为实施地,也是侵权结果发生地,适用法律不当,予以纠正。

《反法新司法解释》第 26 条规定,因不正当竞争行为提起的民事诉讼,由侵权行为地或者被告住所地人民法院管辖。当事人主张仅以网络购买者可以任意选择的收货地作为侵权行为地的,人民法院不予支持。这实际上就是新百伦公司诉马内尔公司等不正当竞争纠纷案的司法实践,即原告通过网络购物取得被诉侵权产品,不能以网络购物收货地作为侵权行为地确定管辖。该解释实施后,网购者的所在地不一定认定为"侵权结果发生地",即对"侵权结果发生地"进行限缩性解释,"任意选择的收货地"不应作为管辖连带点,但如何理解"任意选择的收货地"又会变成新的司法裁判难题和热点。

(二)涉外不正当竞争管辖

《反法新司法解释》第 27 条明确了对于被诉侵权行为发生在中国领域外,但侵权结果发生在境内的,侵权结果发生地法院具有管辖权。关于此条中"侵权结果发生地"如何理解,有观点认为,其目的系更好地贯彻"两便原则",其内涵应当包括"原告/被侵权人住所地",故在判断原告/被侵权人住所在是否为侵权结果地时,考量的因素可能包括:(1)被诉侵权行为的实施方式,比如是否属于《民事诉讼法司法解释》第 25 条规定的“信息网络侵权行为”[①],该类行为原告往往难以确定被告住所地,甚至在起诉时连被告的真实身份信息也无法确定,以原告住所地为侵权所在地可以保障当事人的诉权,提高司法效率。(2)被侵害的权益类型,比如商业诋毁类型的不正当竞争行为直接导致原告的商誉受损,认定原告住所地为侵权结果地合乎情理。(3)对于被告住所地在境外且侵权行为也发生在境外的情形,可考虑比照《最高人民法院关于审理侵害信息网络传播权民事纠纷案件适用法律若干问题的规定》第 15 条的规定,[②]直接以原告所在地或原告发现侵权行为的终端设备所在地为侵权结果地。[③]

《反法新司法解释》第 27 条解决了涉外不正当竞争纠纷的管辖问题,但国内不正当竞争纠纷地域管辖仍旧是一大难题。

三、地域管辖连结点

(一)合同签订地

在京东诉阿里不正当竞争纠纷案[④]中,最高人民法院驳回了阿里提出的管辖权异议上诉。京东主张自 2013 年以来,阿里旗下的天猫平台和淘宝平台不断以各种手段实施不正当竞争行为,包括但不限于要求在天猫商城开设店铺的服饰、家居等众多品牌商家不得在京东商城参加“6·18”“双 11”等促销活动、不得在京东商城开设店铺进行经营,甚至只能在天猫商城一个平台开设店铺进行经营行为。2017 年,京东向北京市高级人民法院提起诉讼,主张阿里滥用市场支配地位实施“二选一”行为,损害了正常的市场竞争秩序,构成不正当竞争。其主张阿里的侵权行为包括但不限于签订独家合作协议,要求品牌商家不得在京东开设店铺、参加促销活动等。

---

① 参见《民事诉讼法司法解释》第 25 条规定:“信息网络侵权行为实施地包括实施被诉侵权行为的计算机等信息设备所在地,侵权结果发生地包括被侵权人住所地。”

② 参见《最高人民法院关于审理侵害信息网络传播权民事纠纷案件适用法律若干问题的规定》第 15 条规定:“侵害信息网络传播权民事纠纷案件由侵权行为地或者被告住所地人民法院管辖。侵权行为地包括实施被诉侵权行为的网络服务器、计算机终端等设备所在地。侵权行为地和被告住所地均难以确定或者在境外的,原告发现侵权内容的计算机终端等设备所在地可以视为侵权行为地。”

③ 参见何玮、张艳冰、王锦东、陈绮新、詹华伟:《新〈反不正当竞争法司法解释〉亮点快评》,载百家号网 2022 年 3 月 20 日,https://baijiahao.baidu.com/s?id=1727633998483306708&wfr=spider&for=pc。

④ 参见最高人民法院民事裁定书,(2019)最高民辖终 130 号。

根据当时生效的《民事诉讼法》第28条和《民事诉讼法司法解释》第24条的规定，侵权诉讼由侵权行为地或被告住所地人民法院管辖，而侵权行为地既包括侵权行为实施地，又包括侵权结果发生地。基于此，阿里主张涉案独家合作协议并非在北京签订，即京东主张的侵权行为并非发生在北京，侵权结果也没有发生在北京，因此北京市高级人民法院无权审理本案，本案应移送浙江省高级人民法院管辖。而北京市高级人民法院则认为，虽然阿里"二选一"行为的直接对象是各品牌商家，但基于网络平台的特性，这对市场竞争秩序的影响并不限于被告的住所地或被告实施上述行为的直接行为地。在反垄断法意义上，上述行为将对该相关市场内的自由竞争产生影响，这当然涵盖了一审法院管辖的北京市，因此驳回了阿里提出的管辖权异议。阿里不服一审裁定，上诉至最高人民法院，对北京市高级人民法院的观点提出了不同的意见：滥用市场支配地位行为产生影响地不同于法定的侵权结果发生地，不能作为管辖确定标准，否则将过分扩大有管辖权法院的范围，使得管辖权无法预期，也将破坏民事诉讼法的管辖制度，打破双方当事人权益、诉讼负担的平衡。

但最高人民法院并没有直接回应"滥用市场支配地位行为产生影响地"是否属于"侵权结果发生地"的问题，而是从侵权行为地的角度进行了裁决。最高人民法院指出，京东提供的新闻报道等证据表明阿里与朗姿公司旗下品牌阿卡邦、万家帝品、ChemistWarehouse等品牌在北京签订独家合作协议。阿里主张相关协议系在杭州签署，但未能提供充分的证据予以证明。因此，北京市高级人民法院认定北京市属于被诉侵权行为地，对本案具有管辖权并无不当，驳回阿里的上诉。

对于管辖权的转移变化，电商经营者难以控制，如果移送至外地行政执法调查或司法审理，对于企业而言，不可控事由明显增加，须引起重视。

（二）网购收货地

在李某与厦门麦驰公司侵害商标权案[①]中，法院认为，当事人通过网络购物方式取得被诉侵权产品，如果将购买方任意选择的网络购物收货地作为侵权结果发生地来确定管辖，有可能导致以被侵权人住所地作为管辖连结点，不仅不利于法院查清事实以及被告应诉，而且在客观上也将变相产生"被告就原告"的

① 参见河北省保定市中级人民法院民事裁定书，(2021)冀06知民初112号。

局面,容易导致原告滥用诉权。《最高人民法院关于审理商标民事纠纷案件适用法律若干问题的解释》(2002 年)第 6 条第 1 款规定:“因侵犯注册商标专用权行为提起的民事诉讼,由商标法第十三条、第五十二条所规定侵权行为的实施地、侵权商品的储藏地或者查封扣押地、被告住所地人民法院管辖。”对因侵犯注册商标专用权行为提起民事诉讼的侵权行为地作出了专门规定,除大量侵权商品的储藏地以及海关、工商等行政机关依法查封、扣押侵权商品的所在地外,侵权行为实施地或者被告住所地可以作为确定管辖的依据,不宜再以侵权结果发生地作为确定案件管辖的依据。综上,原告并无证据证明本辖区为侵权行为实施地、侵权商品储藏地或者查封扣押地,因此,本院对本案并不具有管辖权,应当由被告住所地人民法院管辖,即福建省厦门市湖里区人民法院作为有知识产权管辖权的法院,对本案具有管辖权。

在陈某与九牧厨卫公司等侵害商标权纠纷案①中,二审法院认为,九牧厨卫公司系通过公证方式在手机软件“拼多多”中名称为“陶陶世家”的网店购买了花洒一套,购买后将物品寄到福建省泉州市海峡公证处。最高人民法院在已生效的(2018)最高法民辖终 93 号案件中指出,在网络环境下,知识产权侵权案件中的销售行为地原则上包括不以网络购买者的意志为转移的网络销售商主要经营地、被诉侵权产品储藏地、发货地或者查封扣押地等,但网络购买方可以随意选择的网络购物收货地通常不宜作为网络销售行为地。故本案原审法院将案涉侵权产品的收货地即福建省泉州市认定为侵权行为发生地明显不当。2017 年修正的《民事诉讼法》第 28 条规定,因侵权行为提起的诉讼,由侵权行为地或者被告住所地人民法院管辖。2002 年《最高人民法院关于审理商标民事纠纷案件适用法律若干问题的解释》第 6 条第 1 款规定:“因侵犯注册商标专用权行为提起的民事诉讼,由商标法第十三条、第五十二条所规定侵权行为的实施地、侵权商品的储藏地或者查封扣押地、被告住所地人民法院管辖。”该案上诉人的户籍地在广东省潮州市,故被上诉人可以在上诉人的住所地,即广东省潮州市中级人民法院提起诉讼。综上,上诉人要求将本案移送广东省潮州市中级人民法院管辖的上诉理由成立,法院予以支持。据此,法院裁定如下:(1)撤销福建省泉州市中级人民法院(2019)闽 05 民初 785 号民事裁定;(2)本案由广

① 参见福建省高级人民法院民事裁定书,(2019)闽民辖终 134 号。

东省潮州市中级人民法院管辖。

（三）服务器所在地

在“360 扣扣保镖”软件商业诋毁纠纷案中，广东省高级人民法院受理后，奇虎公司提出管辖权异议，主要理由是：奇虎公司在北京运营 www.360.cn 网站，且仅在位于北京的服务器上传并存储“360 扣扣保镖”软件供客户下载，侵权行为实施地应当为北京。原告利用“Ping”命令获取的 IP 地址仅为第三方北京蓝汛通信技术有限责任公司宽带服务器的地址，而非上诉人服务器地址。该案不得适用关于名誉侵权案件的管辖规定来确定管辖。最高人民法院终审裁定认为，中转服务器起到了传播“360 扣扣保镖”软件的作用，该中转服务器所在地属于被诉侵权行为的实施地。另外，在两被告上传存储“360 扣扣保镖”软件之后，只有用户主动连接服务器和用户主动下载，两被告才能实现为用户提供“360 扣扣保镖”软件的目的，也才会对原告产生其所诉称的不正当竞争损害事实，被诉侵权行为才得以最终完成，故广东省属于被诉侵权行为的实施地。

最高人民法院进一步认为，我国法律和司法解释并未明确区分商誉权与法人名誉权。因此，将商业诋毁行为解释为侵犯法人名誉权的行为，并不违反当前相关法律和司法解释的规定，适用名誉侵权中的“原告所在地”来确定本案管辖，并无明显不当。最后，最高人民法院终审驳回了奇虎公司的管辖权异议。①

（四）被告所在地

将被告住所地作为管辖连接点无任何争议，但实务中，如何认定法人被告住所地存在较大争议。《民法典》第 63 条规定，法人以其主要办事机构所在地为住所。该内容与《民法总则》（已失效）第 63 条的规定完全相同。最高人民法院在沙微谷公司与晟启公司等侵害专利权纠纷管辖权异议案②中阐明：“企业法人申请登记时，应当根据《民法总则》（已失效）第六十三条的规定，将主要办事机构所在地登记为住所。该登记信息具有公示效力，能够作为确定诉讼管辖的依据。一方当事人基于法人登记信息确定法人住所地，并据此确定管辖法院寻求司法救济，人民法院应予支持，否则将使公众不得不自力调查法人的各项情

① 参见最高人民法院民事裁定书，（2012）民三终字第 3 号。

② 参见最高人民法院民事裁定书，（2019）最高法知民辖终 151 号。

况与登记信息是否一致，增加社会成本及当事人负担。本案中，沪创公司是企业法人，其可能存在多个进行业务活动的经营场所，但其将'广州市天河区林和西路167号1445房'登记为住所，应认定其主动选择将该场所作为其法律意义的住所，注明'仅限办公'的事实不足以否定上述认定。对于沙微谷公司该上诉主张，本院不予采纳。"

最高人民法院直接采用登记地标准认定法人住所地的在先裁定还有点挂公司与百益百利公司专利权纠纷案[①]，翼殿信息公司等与娱美德公司等侵害计算机软件著作权案[②]等。法人依法登记后，又以其登记的住所与其主要办事机构所在地不一致为由，提出管辖异议的，有违诚实信用原则，不予支持。[③]

登记地标准是基于法人登记的公示公信力推定法人住所地。相对人根据法人的登记地选择管辖法院的，法院首先应当基于法人登记的公示公信力推定法人登记地为法人住所地，但这并非绝对。如果法人能够同时提供3种相反证据：(1)法人不在登记的地址经营或办公的证据；(2)法人实际经营或办公地址的证明材料，以及该实际经营地或办公地是其主要办事机构所在地的证据；(3)法人的相对当事人明知法人登记住所与实际情况不一致的证据，[④]那么将法人住所地认定为不同于其登记地的主要办事机构所在地也不无可能。

四、涉信息网络侵权管辖

（一）最高人民法院的观点

2015年《民事诉讼法司法解释》第24条规定，《民事诉讼法》第28条规定的侵权行为地，包括侵权行为实施地、侵权结果发生地。该司法解释第25条规定，信息网络侵权行为实施地包括实施被诉侵权行为的计算机等信息设备所在

---

① 参见最高人民法院民事裁定书，(2019)最高法知民辖终49号。

② 参见最高人民法院民事裁定书，(2019)最高法知民辖终164号。

③ 参见北京市高级人民法院执行裁定书，(2020)京执复66号；北京市三中级人民法院民事裁定书，(2018)京03民辖终152号；上海市高级人民法院民事裁定书，(2018)沪民辖终80号；上海市一中级人民法院民事裁定书，(2017)沪01民初1385号；江苏省高级人民法院民事裁定书，(2019)苏民辖终290号；山东省高级人民法院民事裁定书，(2018)鲁民辖终235号；天津市高级人民法院民事裁定书，(2020)津民辖终124号；新疆维吾尔自治区高级人民法院民事裁定书，(2020)新民辖终24号；云南省高级人民法院民事裁定书，(2018)云民辖终142号等。

④ 参见茆荣华主编：《〈民法总则〉司法适用与审判实务》，法律出版社2017年版，第381页。

地,侵权结果发生地包括被侵权人住所地。根据上述法律规定,可以看出 2015 年《民事诉讼法司法解释》第 25 条明确表述侵权结果发生地包括被侵权人住所地,那么在《反法新司法解释》实施前,司法实践中是否可以适用该条解决商标侵权及不正当竞争纠纷?

小米公司诉奇虎公司管辖异议案①是针对 2015 年《民事诉讼法司法解释》第 25 条理解和适用的案件。奇虎公司认为小米公司生产的小米手机对其经营的 360 安全卫士进了阻碍安装、强制卸载等不正当竞争行为,故以不正当竞争为由将小米公司诉至法院。奇虎公司认为根据 2015 年《民事诉讼法司法解释》第 25 条的规定,侵权结果发生地包括被侵权人住所地,故向其住所地法院提起了诉讼。小米公司认为该案不应由原告住所地法院管辖,故提起管辖异议。法院认为,2015 年《民事诉讼法司法解释》第 25 条所称信息网络侵权行为,是指侵权人利用互联网发布直接侵害他人合法权益的行为,比如,侵权人在互联网上发布的信息直接侵害权利人对作品享有的信息网络传播权等,而非凡是案件事实与网络有关的侵权行为或不正当竞争行为均属于信息网络侵权行为。该案系不正当竞争纠纷,是以被控不正当竞争的计算机软件或网站是否设置了妨碍他人正当竞争的功能设置为判定基础,并非信息网络侵权行为,该案不属于 2015 年《民事诉讼法司法解释》第 25 条规制的范畴。

管辖权的确定对当事人而言至少应当具有确定性和可预期性。确定管辖权,主要依据"两便原则"以及为防止原告滥用诉权而规定的"原告就被告原则"。对不正当竞争纠纷而言,由被控侵权人进行相关设置的服务器所在地、进行相关设置所使用的计算机终端所在地或者被告住所地确定管辖,都相较于起诉人住所地更有利于法院对被控不正当竞争行为进行审查以及相应判决的执行。倘若以相关计算机软件可以在互联网下载运行为由准许原告住所地法院对本案管辖,不仅不利于法院对被控不正当竞争行为的审查以及相应判决的执行,不符合管辖权确定的基本原则,而且可能使以"被告住所地"确定管辖的制度设计落空。法院裁定将该案已移送至被告住所地法院审理。

该案综合考虑了 2015 年《民事诉讼法司法解释》第 25 条的立法目的,明确

---

① 参见北京知识产权法院民事裁定书,(2015)京知民终字第 2276 号,2016 年北京市法院公布 2015 年度知识产权十大创新性案例之八。

了信息网络侵权的内容和范围,在综合考虑了管辖权的确定性和可预期性、“两便原则”、“原告就被告原则”的前提下,以是否便于解决纠纷为标准,最终认定了该案不适用2015年《民事诉讼法司法解释》第25条确定管辖。

随后,最高人民法院在贝豪公司与美之路公司侵犯商标权及不正当竞争纠纷案①中持相同观点:法院认为,由于商标权等知识产权案件涉及无形财产的保护,商品商标或者其他权利附着于商品上,具有在全国范围的可流通性,故此类案件侵权行为地的确定具有不同于一般民事纠纷案件的特殊性。在侵犯商标权案件中,除大量侵权商品的储藏地以及海关、工商等行政机关依法查封、扣押侵权商品的所在地外,侵权行为实施地或者被告住所地可以作为确定管辖的依据,而不再依据侵权结果发生地作为确定案件管辖的依据。

因不可适用的2015年《民事诉讼法司法解释》第25条裁定系最高人民法院作出,对于全国法院均有一定的指导意义,故在该案裁定作出之后,全国各地法院涉网络商标侵权及不正当竞争纠纷对于2015年《民事诉讼法司法解释》第25条的适用全面收紧,逐渐形成不可适用的共识。

(二)地方法院的观点

不同地方法院有着不同的理解与认定,部分法院认为可以适用2015年《民事诉讼法司法解释》第25条的规定,例如在赛邦电气与美的生活公司侵害商标权案②裁定中认定:被上诉人美的生活公司主张上诉人赛邦电气实施了在阿里巴巴网站的店铺内销售侵害被上诉人商标权的电热水壶产品的行为,由于上诉人赛邦电气的被诉侵权行为系利用在网络上发布相关信息的方式所实施,故应属于2015年《民事诉讼法司法解释》第25条规定的“信息网络侵权行为。”因此,该案被侵权人美的生活公司的住所地作为侵权结果发生地,其所在的人民法院即原审法院依法对本案有管辖权。

四川省高级人民法院在成都好医生与平安健康商标侵权及不正当竞争案③中作出裁定,认定根据成都好医生的起诉请求,该案案由应为侵害商标权及不正当竞争纠纷,案涉驰名商标认定以及被诉网络环境下使用他人注册商标侵权

① 参见最高人民法院民事裁定书,(2017)最高法民辖29号。

② 参见广东佛山市中级人民法院民事裁判书,(2015)佛中法立民终字第1754号。

③ 参见四川省高级人民法院民事裁定书,(2018)川民辖终138号。

行为，是基于利用信息网络行为侵害商标权而产生的纠纷。信息网络侵权行为是指侵权人利用互联网直接侵害他人合法权益的行为，并非案件事实与网络有关的侵权行为，不存在侵权商品储存地或者查封扣押地的管辖连结点。成都好医生选择向其住所地有管辖权的原审法院提起诉讼，符合法律规定。

在该案中成都好医生主张平安健康在其 App 中使用“好医生”商标的行为构成商标侵权，而该 App 的主要功能涵盖在线的医疗咨询、线下挂号等，App 所承载的服务行为均是通过互联网完成，并不涉及实体的商品，自然也不会有商品的流转，如果在此种案件中依旧坚持适用商标民事纠纷司法解释，将使原告只能选择被告住所地作为管辖地。

（三）信息网络侵权管辖排除竞争纠纷

通过对于网络不正当竞争立法条文以及裁判文书的梳理，我们可以看出，2015 年《民事诉讼法司法解释》第 25 条不能适用于商标侵权及不正当竞争纠纷，主要原因有以下几个方面：(1) 如最高人民法院的裁定中所述，商标权系无形财产，需附着于商品上，具有流通性，故此类案件具有特殊性，侵权行为实施地或被告住所地可以作为确定管辖的依据，不再依据侵权结果发生地确定管辖；(2)除信息网络人身权司法解释以外，商标法司法解释与信息网络传播权司法解释均未将侵权结果发生地（被侵权人住所地）作为可选择的管辖地，而信息网络传播权侵权与商标侵权和人身权损害有着明显不同的法律内涵，信息网络人身权司法解释主要考虑“侵害人身权益的损害后果，恰恰突出表现在以受害人所在地为中心的地域范围内”，而商标侵权以及侵害信息网络传播权则具有更多的不确定性；(3) 如果涉网络知识产权纠纷可以无条件地适用被侵权人住所地管辖，使得原告可以过于随意地选择管辖法院，也违背了民事诉讼的“两便原则”及“原告就被告原则”。①

（四）管辖竞合的处理

部分当事人以知识产权侵权进行起诉时，可能将不正当竞争案由与信息网络侵权、商标等知识产权侵权作为案由一并起诉，就会出现管辖竞合，比如北京

① 参见张涵：《从“好医生”案看“信息网络侵权行为”的项下“商标侵权行为”的管辖确定》，载 LEXOLOGY 网 2021 年 7 月 4 日，https://www.lexology.com/library/detail.aspx?g=5e6007ba-ae33-45d0-a1d7-5f4b15e45ed1。

快手公司与北京字节跳动公司等侵害作品信息网络传播权纠纷[①]二审管辖异议裁定中指出，知识产权司法实务中当事人以不正当竞争及侵害著作权为案由提起诉讼的，应当根据《最高人民法院关于印发〈民事案件案由规定〉的通知》（已失效）精神，确定相关案由。经营者的被控行为只侵害《著作权法》明文规定的权利，不宜再适用《反不正当竞争法》。《反不正当竞争法》相对于《著作权法》起到兜底和补充的作用，争议法律关系、被控侵权行为已由《著作权法》明文规定的，不应再适用《反不正当竞争法》。该份裁定书指出北京快手公司在无合法授权的情况下自行或纵容、帮助用户大量上传、传播涉案作品，侵害了其作品信息网络传播权，同时构成不正当竞争。理由如下：其一，涉案作品系首次发表于互联网上，被诉侵权行为系线上行为，对此北京快手公司不持异议，因此北京字节跳动公司、北京微播视界科技有限公司对于侵害作品信息网络传播权的起诉符合具有直接利害关系、有具体的诉讼请求和事实理由等条件。其二，北京字节跳动公司、北京微播视界科技有限公司起诉时虽增列不正当竞争纠纷案由，但其所谓的竞争利益实质仍为其享有涉案作品信息网络传播权所带来的利益，被诉侵权行为仍为同一侵害作品信息网络传播权行为，缺乏其增列的不正当竞争纠纷案由下的具体的诉讼请求和事实、理由，该份裁定书最终认定该案属于在互联网上侵害在线发表或者传播作品的信息网络传播权纠纷，应当属于北京互联网法院管辖。[②]

五、约定管辖

《民事诉讼法司法解释》中关于约定管辖的规定中，有部分条款对于各类合同文本中的约定管辖的表述有直接影响，应当引起充分重视。《民事诉讼法司法解释》第32条规定“管辖协议约定由一方当事人住所地人民法院管辖，协议签订后当事人住所地变更的，由签订管辖协议时的住所地人民法院管辖，但当事人另有约定的除外”。《民事诉讼法司法解释》第30条第2款规定“管辖协议约定两个以上与争议有实际联系的地点的人民法院管辖，原告可以向其中一个

---

① 参见北京知识产权法院民事裁定书，（2020）京73民辖终305号。

② 参见叶胜男：《网络不正当竞争法律规制路径选择——以“互联网专条”为视角》，载《网络信息法学研究》2020年第2期。

人民法院起诉”。有研究者统计2012年至2019年,共有901件案件属于“约定由被告住所地法院管辖”或“由网络服务商/网络经营者所在地法院管辖”的格式管辖条款争议(网络平台格式管辖条款的实证样本如表16所示)。在网络消费者合同中订立格式管辖条款,符合电子商务的效率需求,但产生了不可协商的管辖协议是否有效的争议。在901件纠纷案件中,共有133件由法院根据2017年修正的《民事诉讼法》第34条的规定进行形式合法性审查。其中129件因格式专属管辖条款符合书面形式的要求,约定由被告所在地法院或网络经营者所在地法院管辖符合“与争议有实际联系”的规则,管辖约定内容具体明确,且不违反专属管辖和级别管辖的规定,故而合法有效,根据协议管辖优先于法定管辖原则而予以适用。①

实践中,网络平台格式管辖条款见表16。

表16　网络平台格式管辖条款的实证样本

网络服务提供者	是否协商前置	是否排除诉讼	约定专属管辖
淘宝	是	否	被告所在地法院
京东	是	否	协议签订地(北京市大兴区)法院
国美	是	否	被告所在地法院
苏宁	否	否	平台运营方所在地法院
百度	是	否	百度公司所在地北京市海淀区法院
360	是	否	被告住所地法院
盛趣游戏	是	是	上海仲裁委员会
1号店	是	否	上海市长宁区法院
小米商城	是	否	被告住所地法院
网易邮箱	是	否	中国国际经济贸易仲裁委员会
网易考拉	是	否	中国国际经济贸易仲裁委员会
搜狐	是	否	搜狐所在地法院
新浪	是	否	新浪所在地法院

① 参见胡安琪、李明发:《网络消费格式管辖条款三维规制体系论:方式、对象及逻辑顺位》,载《河北法学》2020年第11期。

续表

网络服务提供者	是否协商前置	是否排除诉讼	约定专属管辖
58 同城	是	否	北京市朝阳区法院作为第一审法院
携程	否	否	上海长宁区法院
天涯社区	否	否	本社区所在地法院
腾讯 QQ	是	否	本规则签订地（广东省深圳市南山区）法院

资料来源：胡安琪、李明发：《网络消费格式管辖条款三维规制体系论：方式、对象及逻辑顺位》，载《河北法学》2020 年第 11 期。其中除去 4 起案件由于约定法院不明确、唯一，或与争议没有实际联系，而被法院否定管辖条款的效力。

在佘某与唯品会公司网络购物合同案[①]中，本案上诉人需点击确认《唯品会服务条款》注册成为会员后才能购买被上诉人的商品。该《唯品会服务条款》注明“如发生争议或者纠纷，双方可以友好协商解决；协商不成的，任何一方均可向本协议签订地广州市荔湾区人民法院管辖”。《唯品会服务条款》中的管辖条款，属于当事人为了重复使用而预先拟定、并在订立合同时未与对方协商的条款，即属于格式条款。依据法律规定，经营者使用格式条款与消费者订立管辖协议，必须采取合理方式提请消费者注意。经营者如在合同订立时采用足以引起对方注意的文字、符号、字体等特别标识，并按照对方要求对该格式条款予以说明的，人民法院应当认定符合《合同法》（已失效）第 39 条所称“采取合理的方式”。《唯品会服务条款》通过首页、独段、并采用黑体字、加粗并画横线等方式对约定管辖权条款予以特别说明，故该条款应认定有效，对双方当事人具有约束力。《唯品会服务条款》协议管辖确定的法院为广州市荔湾区人民法院，原审人民法院对本案无管辖权。广州互联网人民法院集中管辖广州市辖区内应当由基层人民法院受理的通过电子商务平台确定或者履行网络购物合同而产生的纠纷的第一审案件，因此原审人民法院将本案移送广州互联网人民法院处理并无不当。河北省保定市中级人民法院（2019）冀 06 民终 2106 号民事裁定书是针对原审人民法院作出的不予受理裁定指令原审人民法院立案受理的民事裁定。根据 2017 年修正的《民事诉讼法》第 127 条规定，被上诉人在原审人民法院受理本案后在提交答辩状期间提出管辖权异议不存在“一事不再理”的

① 参见河北省保定市中级人民法院民事裁定书，（2019）冀 06 民辖终 391 号。

问题。综上,上诉人的上诉请求理据不足,法院不予支持。

六、提级管辖

2021年10月1日实施的《关于完善四级法院审级职能定位改革试点的实施办法》(法〔2021〕242号)规定了提级管辖,即该办法第5条规定,中级人民法院对所管辖的第一审民事、刑事、行政案件,认为属于下列情形之一,需要由高级人民法院审理的,可以报请上一级人民法院审理:(1)具有普遍法律适用指导意义的;(2)上一级人民法院或者其辖区内各中级人民法院之间近三年裁判生效的同类案件存在重大法律适用分歧,截至案件审理时仍未解决的;(3)由高级人民法院一审更有利于公正审理的。

高级人民法院对辖区中级人民法院已经受理的第一审民事、刑事、行政案件,认为属于上述情形之一,有必要由本院审理的,应当决定提级管辖。腾讯和抖音侵害作品信息网络传播权及不正当竞争纠纷案系四级法院审级职能定位改革试点启动以来,浙江省高级人民法院首例适用依职权提级审理的案件,也是截至目前(2022年6月14日)浙江法院受理的标的额最大的知识产权案件。①

七、管辖权异议与处罚

管辖权异议无非有以下几种情况:一是原告恶意争管辖权;二是被告为了拖延诉讼时间采取的对策;三是被告对管辖权存在理解上的差异。无论何种情形,均应按照法律规定的诉讼程序进行。但近年来,因被告提出管辖异议明显不成立,被人民法院提出批评或处罚的情况时有发生,这应当引起当事人和代理人重视。

在新元美达公司与达利(中国)公司商标许可合同纠纷管辖异议案②中,法院指出,针对两位专业代理律师依靠其专业素养可以得知北京市朝阳区人民法院有管辖权的情况下,仍提异议并坚决请求将案件移送到北京市第三中级人民

---

① 参见《浙江高院依职权提级审理一知识产权案件》,载澎湃网2022年6月25日,https://www.thepaper.cn/newsDetail_forward_18566493。

② 参见北京知识产权法院民事裁定书,(2016)京73民辖终29号。

法院审理的请求，法院认为其罔顾业内众所周知的基本常识，其行为不仅增加了对方当事人的诉累，而且浪费了宝贵的司法资源，还有可能伤及社会公共利益，并希望类似行为，在今后的诉讼中不再发生。

在玩家文化公司与逗游网络公司著作权权属、侵权纠纷二审民事裁定书[①]中，法院对涉嫌滥用管辖权异议的案件相关人员也提出了批评，该裁定指出在专业律师代理参讼的情况下，却依据完全无关的法律规定提出管辖权异议申请，明显是草率的、不负责任的。代理人作为执业律师，在为当事人提供专业法律服务时，本应遵守法律规定，恪守职业道德，在该案中却未体现出职业律师应具备的最基本的敬业精神和专业素养，这种行为在诉讼中应予以避免。

针对部分法院对管辖权异议还进行了处罚的问题。最高人民法院在林某复议决定案[②]中认为，管辖权异议不在《民事诉讼法》(2017 年修正)第 111 条规定的可以采取罚款等强制措施之列，且该条规定系完全列举的封闭条款，无“兜底条款”的规定，公法制裁行为需要严格贯彻“法无明文规定不处罚”的基本原则。法院依据诚实信用原则，对当事人滥用管辖权异议行为科以罚款，适用法律不当，故撤销江西省高级人民法院(2019)赣民初 54 号罚款决定。

自此，管辖权异议不能被处以罚款，但管辖权异议明显不成立被批评是否有依据，笔者还未看到最高人民法院判例。

① 参见北京知识产权法院民事裁定书，(2016)京 73 民辖终 182 号。

② 参见最高人民法院复议决定书，(2019)最高法司惩复 6 号。江西省高级人民法院认为，林某在已有合同明确约定且无其他专属管辖等事由的情况下，仍提出管辖权异议，存在拖延诉讼的主观恶意，滥用诉讼权利，违反了民事诉讼法中的诚实信用原则。依照《民事诉讼法》(2017 年修正)第 13 条、第 115 条之规定，于 2019 年 5 月 20 日作出(2019)赣民初 54 号罚款决定，决定对林某罚款 10 万元。

>> 第二章　互联网不正当竞争案由竞合处理

第一节　案由竞合有关规定

一、《反法新司法解释》的规定

《反法新司法解释》第 1 条规定："经营者扰乱市场竞争秩序，损害其他经营者或者消费者合法权益，且属于违反反不正当竞争法第二章及专利法、商标法、著作权法等规定之外情形的，人民法院可以适用反不正当竞争法第二条予以认定。"《反法新司法解释》第 24 条规定："对于同一侵权人针对同一主体在同一时间和地域范围实施的侵权行为，人民法院已经认定侵害著作权、专利权或者注册商标专用权等并判令承担民事责任，当事人又以该行为构成不正当竞争为由请求同一侵权人承担民事责任的，人民法院不予支持。"

司法实践中，原告往往难以判定一个行为是侵害著作权、商标权、专利权等知识产权，还是构成不正当竞争行为，为了尽可能得到法院支持，当事人往往会在一个诉讼案件中主张多个案由，例如，针对一个行为，同时主张侵害注册商标权及不正当竞争两个案由，法院在立案时也会将案由表述为"侵害注册商标权及不正当竞争纠纷"。被告实施一个侵权行为，是否同时可以认定侵害注册商标权和不正当竞争行为？两个案由是否可以得到支持？司法解释对司法实践做出了回应。如"快手公司已明确主张三被告开发运营涉案 App 破坏涉案水印的行为违反《反不正当竞争法》第十二条第二款第四项，故本院将不再适用《反不正当竞争法》第二条予以评述"①。只有《反不正当竞争法》第二章或是知识产权专门法无法评价被控不正当竞争行为时，才会适用《反不正当竞争法》第 2

① 北京市海淀区人民法院民事判决书，(2020)京 0108 民初 9993 号。

条，如“鉴于暴风体育公司和暴风集团公司的行为不构成侵犯著作权的行为，故本案有必要对被诉行为是否违反聚力公司所主张的《反不正当竞争法》第二条之规定进行评述”①。“率土之滨”游戏模拟器案②中，原告同时提起著作权侵权及不正当竞争复合案由，法院经审理认为《反不正当竞争法》对于《著作权法》起到补充作用，倘若被诉行为可以纳入《著作权法》予以保护，就不宜再适用《反不正当竞争法》予以救济。如果被诉不正当竞争行为与著作权侵权行为系同一行为，其主张被诉不正当竞争行为所产生的损害后果亦未超出著作权侵权损害范围，在被诉行为不构成独立行为及独立后果前提下，该损害结果仅是著作权侵权的损害后果之一，司法不宜再给予双重评价与双重保护。同时，在《反不正当竞争法》上，受《反不正当竞争法》所包含的法益本身并非一种法定权利，所以一种利益应受保护并不构成该利益的受损方获得民事救济的充分条件，交易的达成往往需要交易双方的合意，所有人应当自由参与竞争来争夺交易机会。

二、《反法新司法解释》解读

按照《反法新司法解释》的规定，同一行为案由竞合的处理原则是二选一规则，即不得重复支持二种案由。适用该规定应符合下列条件：(1)同一侵权人针对同一主体在同一时间和地域范围实施的侵权行为，即四同原则，同一侵权人，针对同一被侵权主体，同一时间和同一地域范围实施侵权。(2)人民法院已经认定侵害著作权、专利权或者注册商标专用权等并判令承担民事责任。(3)当事人又以该行为构成不正当竞争为由请求同一侵权人承担民事责任的，人民法院不予支持。此意为当事人又另行起诉侵权，而并不是众多的实务者解读的同时起诉主张。如果同时起诉主张众多案由如何解决？我们认为，法官应当先评价和判断是否侵害著作权、专利权或者注册商标专用权等行为，如果不构成具体知识产权的侵权行为，再评价和判断是否构成不正当竞争行为。

---

① 北京市高级人民法院民事判决书，(2018)京民初221号。

② 参见杭州互联网法院民事判决书，(2019)浙0192民初8128号。游戏模拟器侵权纠纷第一案、杭州互联网法院2020年度知识产权司法保护十大案例之六、2020年中国十大最具研究价值知识产权裁判案例。

第二节 案由竞合司法处理规则

司法实务中,常有以下几种对待案由竞合的处理方式:分别认定、不重复评价、法律性质判断、立法原则判断。

一、分别认定

如果侵权人多个行为分别构成不同侵权行为的,不受案由竞合的限制。如蓝火焰公司等与迪士尼公司等侵犯著作权、不正当竞争纠纷上诉案①中,法院认为,如果同一侵权人的多个行为分别构成著作权侵权和不正当竞争,各行为彼此独立,产生不同的法律后果,则可分别予以赔偿。

二、不重复评价

如在新感易搜公司与聚力公司足球赛事导播著作权侵权及不正当竞争案②中,聚力公司还主张新感易搜公司在其经营的"云图 TV"iPad 客户端及网页端实时直播涉案足球赛事节目的行为同时构成对聚力公司的不正当竞争。对此,一审法院认为,同一行为不能进行法律上的重复评价,在认定新感易搜公司的涉案被诉行为已构成著作权侵权的情况下,一审法院对新感易搜公司的涉案被诉行为不再进行《反不正当竞争法》上的评价。再如,在"迷你世界"著作权侵权及不正当竞争案③中,法院认为:游戏中元素的名称叫法、合成物品的名称叫法及合成的数值、生物元素的攻击规则、游戏数值的比例等均是游戏的核心玩法的具体表达,应得到著作权法保护。两款游戏的 267 个基础核心元素的玩家操作、使用、合成元素的步骤和方式几乎完全一致,构成实质性相似。根据两款

---

① 参见一审上海市浦东新区人民法院民事判决书,(2015)浦民三(知)初字第 1896 号;二审上海知识产权法院民事判决书,(2017)沪 73 民终 54 号。全国法院百篇优秀裁判文书、2017 年上海法院知识产权司法保护十大案件、2018 年度上海法院 100 个精品案例、2018 年度上海法院 100 篇优秀裁判文书、2018 年上海法院 100 个示范庭审。

② 参见一审上海市浦东新区人民法院民事判决书,(2019)沪 0115 民初 44265 号;二审上海知识产权法院民事判决书,(2021)沪 73 民终 131 号。

③ 参见深圳市中级人民法院民事判决书,(2019)粤 03 民初 2157 号。

游戏中267个基础核心元素构成实质性相似，可以认定“迷你世界”与“我的世界”游戏整体画面构成实质性相。最终，法院认定了“迷你世界”侵害了原告就“我的世界”享有的改编权和信息网络传播权。基于已支持原告有关著作权保护主张，法院没有再适用《反不正当竞争法》对涉案行为进行重复评判。

三、法律性质判断

在腾讯公司等诉点云公司等侵害作品信息网络传播权及不正当竞争案[①]中，法院认为在点云公司运营的涉案各客户端中，相关公众可根据个人选定的时间和地点，通过信息网络获得涉案作品，符合信息网络传播行为的特征。点云公司未经许可在被诉侵权平台运营涉案两款游戏并获得相关盈利，影响原告对涉案游戏的正常使用，造成涉案游戏的运行脱离了权利人的控制，损害其合法利益，不符合著作权法上合理使用的情形。

针对点云公司限制游戏外部链接，导致游戏充值等功能的不可用的行为，杭州市互联网法院认为该行为已影响游戏功能的正常运行，会对游戏运营模式和盈利方式造成干扰和影响，进而挤压了腾讯平台的盈利空间，直接导致腾讯公司对相关游戏的合法利益受损，且该行为已经超过了信息网络传播行为的涵盖范围，应通过《反不正当竞争法》予以规制。

最终，法院认定：被告的涉案行为侵犯原告对“QQ飞车”游戏以及“英雄联盟”游戏享有的信息网络传播权。其限制涉案两款游戏外部链接跳转功能，已妨碍、破坏了二原告合法提供的涉案游戏正常运行，构成不正当竞争。判令被告点云公司立即停止侵害、并赔偿两原告共计107万元的经济损失和合理开支。

四、立法原则判断

在《欢乐颂》不正当竞争案中，法院认为，《反不正当竞争法》本质上属于规范市场竞争行为、维护市场竞争秩序的法律，同时在有限的范围内对知识产权专门法未涉及的知识产权客体以制止不正当竞争的手段提供补充保护。因此，一般情况下，在适用《反不正当竞争法》时，首先应当着眼于对竞争行为的评价

---

① 参见杭州互联网法院民事判决书，(2020)浙0192民初1329号。

和判断，即该竞争行为是否违反了竞争原则，是否扰乱了社会经济秩序、损害了其他经营者和消费者的合法权益，而非主要首先判断原告是否享有某一知识产权。只要被诉竞争行为可能给其他经营者造成竞争利益的损害，或者破坏其他经营者的竞争优势，该其他经营者即与该被诉竞争行为具有了法律上的利害关系，该其他经营者就有权利提起不正当竞争诉讼，请求法院适用《反不正当竞争法》对该竞争行为进行评价和规范。该案中，尽管正午阳光公司是涉案电视剧的制片者之一，但其提起该案诉讼的法律基础并不是其对涉案电视剧享有的著作权本身，而是涉案电视剧在市场竞争中可能会给正午阳光公司带来的竞争利益。正午阳光公司认为太平人寿公司涉案被诉不正当竞争行为可能会损害到该竞争利益，故正午阳光公司与涉案被诉不正当竞争行为具有法律上的利害关系，其有权提起本案诉讼，请求法院依照《反不正当竞争法》对涉案被诉不正当竞争行为进行审查。太平人寿公司提出正午阳光公司不享有涉案电视剧及相关元素的著作权，故无权提起该案诉讼的答辩意见于法无据，法院不予支持。

第三节　案由竞合法律选择

一、《反不正当竞争法》与知识产权法律选择

（一）请求权竞合的选择

1. 权利人选择

如新百伦公司与纽巴伦公司不正当竞争①案，在 N 字母已经取得注册商标权的前提下，新百伦公司能否以反不正当竞争法为法律依据主张保护鞋两侧 N 字母装潢？“有一定影响的商品装潢”系《反不正当竞争法》明确规定的受保护权益，其与注册商标权分属彼此独立的知识产权类型。相关司法解释也明确在先取得的合法权益包括商标权、知名商品特有装潢等。商标权与“有一定影响的商品装潢”在构成要件、形成时间、权利客体、保护范围及期限等方面均不同。

① 参见上海市浦东新区人民法院民事判决书，(2017)沪 0115 民初 1798 号；二审上海市知识产权法院民事判决书，(2020)沪 73 民终 327 号。

特别是根据《商标法》第36条之规定,经审查异议不成立而准予注册的商标,商标注册申请人取得商标专用权的时间自初步审定公告三个月期满之日起计算。自该商标公告期满之日起至准予注册决定做出前,对他人在同一种或者类似商品上使用与该商标相同或相近似的标志,无法通过商标侵权进行法律救济。因此,在被诉行为可能同时构成商标侵权及不正当竞争时,即请求权竞合时,权利人可以明确择一法律关系对涉案行为进行主张。新百伦公司明确主张通过《反不正当竞争法》而非《商标法》保护其权益,已经就法律保护依据进行了选择,并无不当。

2. 特别法优先

《关于当前经济形势下知识产权审判服务大局若干问题的意见》规定,"妥善处理专利、商标、著作权等知识产权专门法与反不正当竞争法的关系,反不正当竞争法补充性保护不能抵触专门法的立法政策,凡专门法已作穷尽规定的,原则上不再以反不正当竞争法作扩展保护。凡反不正当竞争法已在特别规定中做穷尽性保护的行为,一般不再按照原则规定扩展其保护范围"。如在华中时讯公司与武汉花生游公司不正当竞争案①中,一审法院认为,我国著作权法等知识产权特别法,与我国反不正当竞争法之间,系特别法与一般法的关系。凡是知识产权特别法已经保护的领域,一般情况下,《反不正当竞争法》不再给予重复保护。该案中,华中时讯公司诉请保护的对象中,有一部分(如软件页面设计、游戏规则、话术等)应属于我国知识产权特别法保护的客体。对于使用、复制、抄袭上述客体的行为,依法应由相应知识产权特别法予以调整。因此,对于华中时讯公司要求适用《反不正当竞争法》来调整前述被诉侵权行为的诉讼主张,法院不予支持。二审法院认为,华中时讯公司认为武汉花生游公司不正当竞争的表现形式为"戏次元"小程序抄袭了"名人朋友圈"软件核心皮编系统,但是否抄袭一般属于著作权法保护的内容,不适用反不正当竞争法一般条款给予重复保护。

3. 有限保护

"知识产权专门制度有意排除的对象不能再由反不正当竞争法来保护。"比

---

① 参见湖北省武汉市中级人民法院民事判决书,(2020)鄂01知民初102号;二审湖北省高级人民法院民事判决书,(2021)鄂知民终106号。

如,“那些利用他人作品中的构思或创意但对表达形式进行实质性修改的行为不构成版权侵权……这些情形虽然属于明显的‘搭便车’行为,但相应的知识产权专门制度对之有意放任,对此,反不正当竞争法同样也不应介入”。如在“王城英雄”与“热血传奇”著作权侵权及不正当竞争案①中,法院认为,通过反不正当竞争法进行保护不能抵触著作权法等专门法的立法政策,否则将架空专门法,影响整个法律体系的平衡。就本案而言,“王城英雄”游戏与“热血传奇”在整体上作为类电作品是否构成实质性相似、是否侵犯原告对“热血传奇”享有的改编权等问题,都已经在著作权法的框架下进行审理并作出否定评价,此时,原告享有的改编权和信息网络传播权的控制范围在本案中已经有了清晰的边界,这种专有权利的控制范围本身体现了著作权法的公共政策考量,在专有权利控制范围外的行为原则上应纳入公有领域,不应再针对同一行为进行重复判断。

而在早期,法院持相反观点,如在《此间的少年》著作权侵权及不正当竞争案中,原告作品元素虽然不构成具有独创性的表达,不能作为著作权的客体进行保护,但并不意味着他人对上述元素可以自由、无偿、无限度地使用。该案中,原告作品及作品元素凝结了原告高度的智力劳动,具有极高的知名度和影响力,在读者群体中这些元素与作品之间已经建立了稳定的联系,具备了特定的指代和识别功能,具有较高的商业市场价值。原告作品元素在不受著作权法保护的情况下,在整体上仍可能受我国反不正当竞争法调整。

(二)复合案由的裁判思路

因为知识客体可以获得多重保护,侵权责任法和行为规制法可独立并行实施,虽然一般条款秉承谦抑性,但是并不排除不同法律从各自的规范功能对被告行为给予评价。被告侵害知识产权,并不因此当然排除一般条款的适用。在游戏直播画面涉及装备、人物单幅画面作品、音乐作品、连续整体画面作品及不正当竞争案件中,法院对游戏整体画面给予作品保护,却由于相关权益依照《著作权法》获得足够保护,不再依据《反不正当竞争法》进行审查。② 在腾讯公司诉盈讯公司案③中,法院认为对于侵犯著作权的行为,依照《著作权法》的具体

① 参见广州互联网法院民事判决书,(2019)粤0192民初38509号,2021年度AIPPI中国分会版权十大热点案件。

② 参见广东省高级人民法院民事判决书,(2018)粤民终137号。

③ 参见广东省深圳市南山区人民法院民事判决书,(2019)粤0305民初14010号。

条款对原告予以了救济，也就不再符合《反不正当竞争法》的适用条件。但在“白垩纪之殇”仿冒其他游戏 App 图标案①中，法院认为，SCD 公司（化名）的游戏应用程序图标“侧脸战神”、宣传图“祈祷侧脸战神”具备独创性，同时体现了艺术美感，均属于我国《著作权法》保护的美术作品，SCD 公司享有相关著作权。“白垩纪之殇”“止战冰川期”两款游戏应用程序图标经叠加后基本重合，人物局部不同，英文仅有一字之差，整体构成实质性相似。两款游戏的宣传图也构成实质性相似，且 SCD 公司涉案图片更早发布，叮叮叮公司、咚咚咚公司有接触可能性。应认定叮叮叮公司、咚咚咚公司对 SCD 公司两图片进行局部添改，未经许可通过互联网传播，侵犯了 SCD 公司美术作品的改编权。在已认定叮叮叮公司、咚咚咚公司行为侵犯 SCD 公司著作权的情况下，是否仍有必要适用《反不正当竞争法》。法院认为，《著作权法》与《反不正当竞争法》的保护角度和保护要件不同，若叮叮叮公司、咚咚咚公司对图片的使用导致消费者对商品来源误认，损害 SCD 公司的竞争利益，则有必要在认定著作权侵权之外，发挥《反不正当竞争法》的保护作用。最终判决叮叮叮公司、咚咚咚公司停止侵犯 SCD 公司享有的美术作品“侧脸战神”“祈祷侧脸战神”著作权的行为，停止不正当竞争行为并赔偿 12 万元。

承办法官认为：“著作权法的立法目的主要在于激励创作，从而划定法律保护的专有控制范围。而《反不正当竞争法》主要在于鼓励和保护公平竞争，制止不正当竞争行为，保护经营者和消费者的合法权益。两者有独立的保护对象、规制方式和保护重点，并非一般法与特别法的关系。对于同一行为是否可同时运用两法予以评价，关键在于具体案情中是否有应受两法保护的独立法益。假设仿冒应用程序图标的行为因图标不构成著作权法意义上的作品等情况，已被著作权法排除保护，但由于《反不正当竞争法》的保护角度和保护条件不同，进行补充保护不会与著作权法的立法目的相抵触，则有通过《反不正当竞争法》保护的必要性。同理，即便仿冒应用程序图标已认定为侵犯著作权，但该行为损害了被仿冒者的竞争利益及消费者的权益，以《反不正当竞争法》再次予以评价

① 参见高泽玮、陈琳钰：《仿冒其他游戏 APP 图标，一游戏公司被判赔 12 万元》，载搜狐网 2022 年 4 月 27 日，https://www.sohu.com/a/516466539_221481。

不会造成两法的冲突,也不导致对同一行为重复追究。"①

在易联伟达公司与腾讯公司侵害作品信息网络传播权案中,二审法院明确指出:"侵害著作权案件与不正当竞争案件具有完全不同的审理逻辑及规则……不正当竞争案件并不涉及权利范围的确定,不要首先判断被诉行为是否落入原告权利范围,而更多地着眼于被诉行为本身的正当性,强调被告的主观恶意。"一般条款由侵权转向行为规制,前提不再是原告的具体权益受到侵害,而是被告的行为造成了什么影响,不正当竞争行为的认定取决于竞争行为的正当性判断。②

二、《反不正当竞争法》与《消费者权益保护法》选择

《反不正当竞争法》保护消费者的机理区别于《消费者权益保护法》。相关行为只有损害了竞争秩序,质言之,只有在消费者自由决定的基础受到经营者行为的"实质性扭曲",导致消费者因此作出了其在理性条件下不可能作出的决定,并使经营者不合理地获取竞争优势的情况下,这类行为才被纳入《反不正当竞争法》的规制范围。侵害消费者知情权、选择权,但没有造成特定企业享有不合理竞争优势的行为,无法落入《反不正当竞争法》的规制范围。因此,《反不正当竞争法》对消费者的保护是一种整体性保护,而《消费者权益保护法》对消费者的保护是个体性保护。例如,只是造成个别消费者受到损害的虚假宣传,最终的救济依据只能是《消费者权益保护法》上关于禁止欺诈消费者行为的规定。一旦扭曲了消费者决策并损害竞争秩序(导致企业不合理地获得竞争优势),就跨进了《反不正当竞争法》的规制门槛。③

北京市海淀区人民法院于 2017 年至 2019 年三年间受理一审涉网络不正当竞争民事纠纷 500 余件,在全国法院中名列前茅。所受理的案件呈现数量多、类型新、案情复杂、审理难度大的特点,其中不乏涉及与新商业模式、新市场

---

① 高泽玮、陈琳钰:《仿冒其他游戏 APP 图标,一游戏公司被判赔 12 万元》,载搜狐网 2022 年 4 月 27 日,https://www.sohu.com/a/516466539_221481。

② 参见谢兰芳、黄细江:《互联网不正当竞争行为的认定理念》,载《知识产权》2018 年第 5 期。

③ 参见王某诉京东案,北京市朝阳区人民法院民事判决书,(2014)朝民(商)初字第 44832 号;北京市第三中级人民法院民事判决书,(2015)三中民(商)终字第 05302 号。转引自张占江:《不正当竞争行为认定范式的嬗变　从"保护竞争者"到"保护竞争"》,载《中外法学》2019 年第 1 期。

行为、新技术发展相关的案件。[①] 例如，百度公司与搜狗公司流量争夺案[②]、饭友 App 抓取微博数据不正当竞争案、亿通达公司与 58 同城分类平台行为边界案[③]、"爱奇艺账号"不正当竞争纠纷案等。这类纠纷由于涉及新型竞争行为合法性的判断，对于竞争秩序和行业规则具有规范和指引作用，故受到企业的广泛关注。

在互联网平台竞争领域，《反不正当竞争法》所强调的消费者合法权益与《消费者权益保护法》有所不同，其主要是关注消费者知情权、选择权和隐私权。基于消费者知情权、选择权、隐私权进行的行为规制，也可以参照《规范互联网信息服务市场秩序若干规定》第 7 条至第 13 条中列举的条款，其所规范的行为种类更细致。

三、案由司法实践建议

(一)复合案由为宜

《反法新司法解释》第 1 条意在解决司法实践中频繁"向一般条款逃逸"的问题，将《反不正当竞争法》第 2 条的适用细化为下述要件：一是经营者的行为扰乱市场竞争秩序；二是该行为损害其他经营者或者消费者合法权益；三是属于《反不正当竞争法》第二章具体行为及《著作权法》《专利法》《商标法》等规定之外的情形。

张伟君教授认为，知识产权专门法保护与《反不正当竞争法》救济是两种平行存在的不同的保护路径，知识产权专门法与《反不正当竞争法》可以平行适用，当事人可以同时主张也可以选择适用，不存在谁优先于谁的问题，更不能因为知识产权专门法不加保护就必然排斥《反不正当竞争法》的救济。正是因为忽视了《反不正当竞争法》与知识产权专门法之间存在的这个平行保护关系，很多知识产权业内人士仅仅从《反不正当竞争法》给知识产权提供了基础保护或

---

① 参见北京市海淀区人民法院课题组、邵明艳等：《涉网络不正当竞争纠纷的法律适用问题研究——以知识产权司法保护推动营商环境优化为视角》，载《中国应用法学》2020 年第 2 期。

② 参见一审北京市海淀区人民法院民事判决书，(2017)京 0108 民初 7967 号；二审北京知识产权法院民事判决书，(2019)京 73 民终 2312 号。

③ 参见一审北京市海淀区人民法院民事判决书，(2018)京 0108 民初 1832 号；二审北京知识产权法院民事判决书，(2019)京 73 民终 245 号。

者说兜底保护的角度出发，把《反不正当竞争法》理解为是一般法，把知识产权法律想象成是特别法，然后按照“特别法优于一般法”的原理，得出知识产权法律必须优先于《反不正当竞争法》适用的结论。事实上，依据《反不正当竞争法》的请求权与依据知识产权专门法的请求权，是两个各自独立的平行的请求权，两者殊途同归，并不存在两个请求权之间的相互冲突，也不存在规范的竞合，根本谈不上谁必须优先于谁适用的问题，而是当事人自己如何选择适用的问题。①

虽然《反法新司法解释》明确了按照请求权竞合处理《反不正当竞争法》与一般法的关系，但在实践中案件当事人不宜直接“择一主张”。这是因为侵犯知识产权行为和不正当竞争行为的认定存在一定模糊，特别是随着技术与商业的发展，近年来出现了很多新型的侵权行为，法院对其属于侵犯知识产权行为还是不正当竞争依然存在不同理解。如果原告择一主张，则在法院对其法律性质理解不同的情况下，可能产生不利的诉讼后果。为此，我们建议原告在实践中依然按照复合案由提起诉讼，以避免陷入被驳回起诉的尴尬境地。②

如在中超联赛体育赛事直播侵犯著作权及不正当竞争纠纷案③中，新浪公司认为，天盈九州公司未经许可，在其网站设置中超频道，非法转播中超直播视频，侵犯了其享有的以类似摄制电影的方法创作的作品著作权并构成不正当竞争。一审法院认为，涉案体育赛事节目构成作品，被诉行为侵害了新浪公司的著作权，应承担赔偿责任。二审法院认为，《著作权法》中的“其他作品”需要以“法律、行政法规规定”为前提，法院在规定的作品类型之外无权设定。电影作品至少需具有固定及独创性两个要件，该案中赛事直播信号所承载的连续画面在直播时尚未被稳定地固定在有形载体上，体育赛事直播中存在的诸多客观因素限制，使得公用信号所承载的连续画面通常情况下不符合电影作品所要求的

① 参见张伟君：《从“金庸诉江南”案看反不正当竞争法与知识产权法的关系》，载《知识产权》2018年第10期。

② 参见孙彦、武悦、李昀锴：《规范市场竞争秩序，鼓励公平有序竞争——新〈反不正当竞争法司法解释〉要点解读》，载北大法宝2022年4月30日，https://www.pkulaw.com/lawfirmarticles/c3ac044c6621cd39bd18eb1d32a644a3bdfb.htm。

③ 参见一审北京市朝阳区人民法院民事判决书，(2014)朝民(知)初字第40334号；二审北京知识产权法院民事判决书，(2015)京知民终字第1818号；再审北京市高级人民法院民事判决书，(2020)京民再128号。本案被称为体育赛事直播第一案。

独创性高度,故其未构成电影作品,不构成对新浪公司著作权的侵犯。二审法院撤销一审判决,驳回新浪公司全部诉讼请求。新浪公司申请再审,再审法院认为,该案中,新浪公司针对天盈九州公司通过信息网络向公众同步转播正在直播的涉案赛事节目的行为同时提出了侵犯著作权和构成不正当竞争的诉讼主张。一般而言,在知识产权客体的保护上,《反不正当竞争法》相对于知识产权专门法仅起补充保护作用。如果知识产权专门法已作穷尽规定,不再以《反不正当竞争法》作扩展保护;如果知识产权专门法无法提供保护的,在与知识产权专门法的立法政策相兼容的范围内,可以从制止不正当竞争的角度给予保护。因此,对于当事人针对同一被诉侵权行为同时主张被告侵犯著作权和构成不正当竞争的情形,可以一并进行审理。如果原告的诉讼主张能够依据《著作权法》获得支持,则不再适用《反不正当竞争法》进行处理;如果原告关于侵犯著作权的诉讼主张未获得支持,在与《著作权法》立法政策不冲突的情况下,才有必要考虑是否从制止不正当竞争的角度给予保护。该案宜认定被诉直播行为侵犯了新浪公司对涉案赛事节目享有的"著作权人享有的其他权利"。在此前提下,对新浪公司关于被诉直播行为亦构成不正当竞争的主张,已不存在进行处理和认定之必要,对新浪公司就此提出的相关再审主张,法院不予支持。法院据此判决:(1)撤销北京知识产权法院(2015)京知民终字第1818号民事判决;(2)维持北京市朝阳区人民法院(2014)朝民(知)初字第40334号民事判决。

(二)侵权与违约竞合处理

在"蔓蔓看"共享会员侵害作品信息网络传播权与不正当竞争案中,蔓蓝公司辩称其与优酷公司订立有会员协议。法院认为,首先,蔓蓝公司违反优酷公司VIP会员协议中仅限会员个人使用的限制,故不能以该协议来解释其行为的正当性;其次,蔓蓝公司违反优酷公司VIP会员服务协议并将其账号用于经营牟利,侵害优酷公司合法财产权益,存在违约责任与侵权责任的竞合,权利人有权提起侵权之诉。

而在"爱奇艺账号"不正当竞争纠纷案中,关于爱奇艺公司是否应当提起违约之诉,法院同样认为,该案中,双方均认可涉案App中的爱奇艺VIP账号均系龙魂公司、龙境公司通过合理对价购得;亦即就涉案App中的爱奇艺VIP账号,爱奇艺公司与龙魂公司、龙境公司之间成立了合同关系。《合同法》(已失效)

第122条规定，如一方违约而侵害对方财产权益的，受损害方既可根据《合同法》要求违约方承担违约责任，也可依照其他法律要求违约方承担侵权责任，即在违约责任与侵权责任竞合的情况下，受损害方有权任择其一请求权。该案系不正当竞争纠纷，本质上属侵权之诉。因此，即便双方存在合同关系，爱奇艺公司并不必然应当提起违约之诉，其选择提起不正当竞争纠纷之诉亦符合《合同法》前述规定。

平台在用户协议、会员服务协议等公示协议中往往会对会员账号的权益、获取及使用等作出明确限制性约定。此类约定具有合同相对性，如在"蔓蔓看"共享会员侵害作品信息网络传播权与不正当竞争案中，被告本身就是购买会员账号的主体，其与原告平台构成合同关系，此时存在违约与侵权的竞合，对于侵权主张下主观过错的认定较为容易。如在"生意参谋"数据不正当竞争案中，被告本身与平台并无协议，但此时公示协议约定仍可作为认定被告存在主观过错的重要因素。[①]

① 参见季江聪：《如何处理涉平台会员账号不正当竞争纠纷？》，载网易，https://www.163.com/dy/article/GMJ7PUUG051187VR.html。

第三章　互联网不正当竞争行为保全

第一节　行为保全概述

一、行为保全概念

禁令在我国被称为行为保全制度。在我国的立法进程中，自始至终没有采用过“禁令”的名称。我国的诉前禁令制度最早规定在知识产权法律体系中，被称为“诉前责令停止有关行为”，这是我国加入 WTO 后根据 TRIPs 的要求所建立起来的一种临时性救济措施。

行为保全，又称为临时禁令，是指在终审判决作出前，法院责令当事人作出一定行为或者禁止其作出一定行为，①具有“暂时性”“程序简易性”等特征，能够达到及时制止“侵权行为”的效果。根据申请保全的时间不同，行为保全又可以分为“诉中行为保全”和“诉前行为保全”。由于互联网不正当竞争行为一般会造成权利人商誉受损害、相关市场份额明显减少等难以弥补的损害，所以临时禁令通过及时制止侵权人的侵权行为，可以有效制止侵权行为并防止损失进一步扩大。司法机关颁发临时禁令是有效保护网络环境下的知识产权，及时制止互联网不正当竞争行为的一种便捷的救济措施，是优化互联网营商环境的重要手段。

我国在 2012 年的《民事诉讼法》中，仍然放弃“禁令”而使用行为“保全”的表述，我国法律语境下使用“诉前禁令”概念实指“诉前行为保全”。

① 参见宋鱼水、杜长辉、冯刚、蒋利玮：《知识产权行为保全制度研究》，载《知识产权》2014 年第 11 期。

二、行为保全起源

根据《巴黎公约》第 10 条的规定，对于非法带有商标或厂商名称、假冒原产地和生产者标记和不正当竞争行为的侵权行为，各成员有保证权利人采取适当的法律补救措施以有效制止侵权行为的义务。根据《保护文学和艺术作品伯尔尼公约》第 36 条的规定，各成员有义务采取必要措施来制止侵权行为以保护作者对其作品所享有的权利。一般认为，知识产权诉前禁令属于上述两个国际公约规定的“适当的法律补救措施”和“必要措施”。随后，在历经 20 世纪末期多轮谈判等诸多波折后，我国在 21 世纪初加入了 WTO。作为 WTO 最重要的法律文件之一的 TRIPs 第 50 条规定，权利人为保护其权利而采取的临时措施包括临时禁令、财产保全和证据保全，其中临时禁令包括诉前禁令和诉中禁令。

三、互联网不正当竞争行为保全的现状

2013 年至 2019 年互联网不正当竞争中适用诉前禁令的案例，共收集到 39 件有效案例，其中 37 例申请获得法院支持，1 例被法院驳回，1 例申请人主动撤回申请，申请禁令的支持率达到 94.87%。[①] 根据最高人民法院的不完全统计，2013 年至 2017 年，5 年间，全国法院分别受理知识产权诉前停止侵权和诉中停止侵权案件 157 件和 75 件，裁定支持率分别为 98.5% 和 64.8%。

自 2013 年 1 月至 2018 年 10 月，通过知产宝、公开媒体报道及部分法院官方网站等渠道统计显示，全国共发生 220 余例不正当竞争纠纷涉及行为保全的案例，剔除非实质案例后，有效的典型案例共 47 例。在 47 例有效典型的行为保全案例中，诉中行为保全类型略多于诉前行为保全，分别是 53% 和 47%。值得注意的是，2012 年我国第二次修正《民事诉讼法》时确定行为保全制度，行为保全案例在 2015 年迎来了第一个高峰，达到 12 例。据知产宝统计，所有不正当竞争纠纷行为保全案例中，涉及互联网行业的案件占全部案件的 64%，共计 30 例。[②]

---

① 参见许秋鸣：《互联网不正当竞争中的诉前禁令适用研究》，上海财经大学 2020 年硕士学位论文。

② 参见廖怀学：《行为保全制度在互联网不正当竞争中的适用——基于全国 47 例典型行为保全案例实证分析》，载《电子知识产权》2019 年第 4 期。

第二节　行为保全立法

一、《民事诉讼法》

2000年修正的《专利法》第61条确立了类似的禁令制度，2001年7月最高人民法院颁行《关于对诉前停止侵犯专利权行为适用法律问题的若干规定》（已失效），首次明确了"诉前停止侵权行为"的表述。上述规范是为了落实我国加入WTO而签署的TRIPs第50条"临时措施"制度，从而新增的一项临时性救济措施，也称为"诉前临时措施"，可纳入行为保全的范围。此后在2001年修正的《商标法》及《著作权法》同样增加了相类似的禁令制度，最高人民法院也针对3部知识产权实体法分别颁布了司法解释，为诉前停止侵权行为的适用提供细化标准，共同搭建了知识产权侵权诉讼中诉前停止侵权行为的规范体系。2012年的《民事诉讼法》将诉前行为保全制度从单纯的知识产权领域扩展至整个民事诉讼领域，与此同时，还在原有的诉中保全中新增加了行为保全。①

2012年《民事诉讼法》在总结知识产权法律中诉前禁令法律规定与司法实践的基础上，进一步将诉前禁令扩展到了与侵权法相关的民事诉讼领域，其中第101条规定："利害关系人因情况紧急，不立即申请保全将会使其合法权益受到难以弥补的损害的，可以在提起诉讼或者申请仲裁前向被保全财产所在地、被申请人住所地或者对案件有管辖权的人民法院申请采取保全措施。申请人应当提供担保，不提供担保的，裁定驳回申请。人民法院接受申请后，必须在四十八小时内作出裁定；裁定采取保全措施的，应当立即开始执行。申请人在人民法院采取保全措施后三十日内不依法提起诉讼或者申请仲裁的，人民法院应当解除保全。"

2018年12月12日，最高人民法院发布《知产行为保全规定》，该司法解释

① 2012年的《民事诉讼法》第100条第1款规定："人民法院对于可能因当事人一方的行为或者其他原因，使判决难以执行或者造成当事人其他损害的案件，根据当事人的申请，可以裁定对其财产进行保全、责令其作出一定行为或禁止其作出一定行为；当事人没有提出申请的，人民法院在必要时也可以裁定采取保全措施。"

于2019年1月1日起正式生效。《知产行为保全规定》从两个专门领域(专利权、商标权)保全司法解释升级为覆盖所有知识产权领域的体系化司法解释,将使行为保全申请、审查、裁定、复议更有依据。

2017年修订的《反不正当竞争法》增加了互联网领域不正当竞争条款;在法律责任规定方面,明确民事赔偿责任优先的原则,同时加大了行政处罚力度。遗憾的是,相关法律法规仍未提及诉前禁令制度在互联网不正当竞争案件中的具体适用。

二、行为保全相关司法解释

由于互联网自身具有开放互通性,以致新型互联网不正当竞争行为给他人造成损害的蔓延速度快、辐射范围广。在新型互联网不正当竞争纠纷案件中,一方面,当恶意侵权的互联网企业开始实施新型不正当竞争行为时,会使得其他互联网企业的用户点击率或下载量急速下降、流失,从而造成较大的短期经济利益损失;另一方面,如果恶意侵权的互联网企业故意拖延诉讼进程,则将会给无辜受害的互联网企业造成难以弥补的长期经济利益损失。因此,目前最有效的方法就是构建互联网诉前禁令制度,发挥法院诉前禁令的司法紧急救济功能。① 我国最早在知识产权法律领域中规定了有关诉前禁令制度的内容,它是指人民法院在权利受害人起诉之前依照其请求,责令恶意侵权人必须立即停止某些行为的保全类措施,具有临时性。② 虽然《反不正当竞争法》增设了互联网专项条款,同时在相关法律责任上加大了行政处罚力度,确立了民事优先原则,但很可惜,在全篇法律条文中并未规定法院应如何具体运用诉前禁令制度来合理解决互联网不正当竞争案件。因此,法院在处理新型互联网不正当竞争案件时只能参照类比或直接依据知识产权法律中的诉前禁令制度进行适用,这并不科学。

2018年11月26日,最高人民法院《知产行为保全规定》应运而生。该规定共21条,细化了知识产权行为保全的范围、申请主体、管辖权法院、保全必要性

---

① 参见臧阿月:《竞争法视野下新型互联网不正当竞争行为的规制——兼论新〈反不正当竞争法〉"互联网专条"》,载《吉林工商学院学报》2018年第4期。

② 参见吴太轩、王思思:《互联网新型不正当竞争案件诉前禁令制度的适用研究——以162份司法文书为视角》,载《竞争政策研究》2017年第4期。

的考量因素、申请书及载明的事项、审查程序、申请错误的归责原则等方面的内容，为行为保全在知识产权领域的适用提供了更强有力的法律依据。《知产行为保全规定》第 1 条明确将《民事案件案由规定》中的知识产权与竞争纠纷纳入诉前行为保全的范围，突破了此前的司法解释仅适用于商标、专利两个领域这一局限性，为植物新品种、网络域名、不正当竞争与垄断等领域的诉前行为保全提供了明确的法律适用规范，避免了前期诉前行为保全在上述领域适用难的问题。

三、互联网不正当竞争行为保全的司法适用

诉前禁令是指在案件实质争议解决前，为了预防即将发生的侵权或者防止侵权损失的扩大，法院根据申请发出的要求被申请人实施或禁止实施一定行为的强制命令。目前，法院已在不正当竞争纠纷领域建立起诉前禁令司法临时保护机制，提高了司法救济的及时性和有效性。诉前禁令对规制互联网不正当竞争行为有着独特的作用，应引起业界重视。同时法院也应当完善诉前禁令在互联网不正当竞争案件中的可操作性，使诉前禁令制度在流量劫持等类型的互联网不正当竞争诉讼中发挥更大作用。在互联网不正当竞争中，行为保全制度适用较多的原因在于当前互联网的发展状况和竞争格局。互联网已经融入我们生活的方方面面，从生活类的 O2O 到金融类的 P2P，从社交媒体、在线娱乐、新闻门户等内容产业，再到数据网络、电子商务、搜索引擎、应用商店、输入法等工具应用，各个细分领域的竞争都异常激烈。而互联网产业本身的经营盈利模式有限，产品同质化严重，竞争领域狭窄更进一步激化互联网竞争。[①] 行为保全制度与互联网不正当竞争共生共长，互联网商业机会转瞬即逝，商业机会的减少意味着市场份额、竞争优势的丧失。[②] 因此，互联网不正当竞争纠纷中适用行为保全制度案例最多。

---

① 参见张钦坤：《中国互联网环境下不正当竞争规制研究》，中南财经政法大学 2015 年博士学位论文。

② 参见王艳芳：《〈反不正当竞争法〉在互联网不正当竞争案件中的适用》，载《法律适用》2014 年第 7 期。

第三节　行为保全条件

一、行为保全考量因素

《知产行为保全规定》第 7 条吸收了司法实践中法院对诉前行为保全申请的认定标准，人民法院审查行为保全申请，应当综合考量下列因素：(1)申请人的请求是否具有事实基础和法律依据，包括请求保护的知识产权效力是否稳定；(2)不采取行为保全措施是否会使申请人的合法权益受到难以弥补的损害或者造成案件裁决难以执行等损害；(3)不采取行为保全措施对申请人造成的损害是否超过采取行为保全措施对被申请人造成的损害；(4)采取行为保全措施是否损害社会公共利益；(5)其他应当考量的因素。

诉前行为保全一般应满足以下条件：(1)申请人具有胜诉可能性；(2)不采取保全措施会对申请人造成难以弥补的损害；(3)采取保全措施不损害社会公共利益；(4)申请人提供了有效担保。

但司法实践中，个案处理中各法院具有一定的差异，如支付宝唤醒策略不正当竞争纠纷诉前行为保全案[①]中，法院认为，对诉前行为保全的审查应重点考量如下因素：(1)申请人的请求是否具有事实基础和法律依据；(2)不采取行为保全措施是否会对申请人的合法权益造成难以弥补的损害；(3)采取行为保全措施是否会导致当事人间利益显著失衡；(4)采取行为保全措施是否损害社会公共利益。此案中，法院就没有考虑是否胜诉的可能性条件。

(一)事实依据和法律依据

如在支付宝唤醒策略不正当竞争纠纷诉前行为保全案中，该案涉及不正当竞争纠纷，根据《知产行为保全规定》第 7 条之规定，法院认为，根据《反不正当竞争法》第 12 条之规定，经营者利用网络从事生产经营活动，不得利用技术手段，通过影响用户选择或者其他方式，妨碍、破坏其他经营者合法提供的网络产品或者服务的正常运行。被申请人斑马公司前述干扰第三方应用向支付宝 App

① 参见上海市浦东新区人民法院民事裁定书，(2020)沪 0115 行保 1 号。

跳转的行为,阻碍了支付宝 App 在 iOS 系统内的正常跳转,严重干扰了支付宝 App 支付服务的正常运行,减损了支付宝公司提供支付服务本应获取的运营收益,损害了支付宝公司的流量利益。其应当知道 URLScheme 技术原理和设置效果,却将自己家政加 App 的 URLScheme 同样定义为"alipay://",该行为缺乏正当性。综上,该案采取诉前行为保全措施具有相应的事实基础和法律依据。

在腾讯公司等与武汉骏网行为保全案[①]中,互联网不正当竞争纠纷临时禁令的请求是否具有事实基础,法院认为应当从以下 4 个要素进行认定:一是被申请人存在涉案竞争行为,对被申请人合法权益造成损害。二是该竞争行为损害了消费者权益。要审查对网络用户个人数据权利是否造成严重威胁,损害网络用户的自主选择权、知情权、隐私权等消费者权利以及可能被涉案竞争行为制造的虚假营销信息欺骗甚至被诈骗的危害进行风险评估。三是该竞争行为违反诚信原则和公认的商业道德而具有不正当性。互联网的发展有赖于自由竞争和技术与商业模式的创新,但是自由竞争应当以不侵犯他人合法权益为边界,不是所有新出现的技术与商业模式都属于创新,任何人不能以自由竞争和创新为名任意干涉他人的技术产品或者服务,实施"丛林法则"。依据技术中立原则,仅是无法认定涉案竞争行为使用的技术是否具有违法性,但并不妨碍对使用该技术开发的相应功能行为是否违法予以认定。四是该竞争行为属于妨碍、破坏微信正常运营的行为,破坏了公平竞争的互联网市场秩序。[②]

(二)权利基础是否稳定

腾讯与阳光文化公司等侵害计算机软件著作权及不正当竞争行为保全案[③],关于申请人的行为保全申请是否有依据的问题,阳光文化公司、今日头条公司、字节跳动公司辩称:该案涉及新类型的网络游戏直播侵权纠纷,对于网络游戏直播中所包含的著作权问题存在争议,申请人所申请的权利并非如专利权、商标权一样显而易见,申请人是否有合法有效的权利及其权利范围需经法院审理才能确定。申请人提交的证据未能证明涉案文字作品、美术作品的权属及被申请人实施的侵权行为和不正当竞争行为。法院认为,首先,根据相关司

① 参见广东省深圳市中级人民法院民事裁定书,(2019)粤 03 民初 1914 号之二。

② 参见钟小凯:《互联网不正当竞争纠纷中临时禁令的适用》,载《人民司法》2020 年第 14 期。

③ 广州知识产权法院民事裁定书,(2018)粤 73 民初 2858 号之一。被媒体称为中国游戏直播行业第一个行为保全禁令。

法解释的规定，判断申请人的行为保全申请是否有依据，包括要考量请求保护的知识产权效力是否稳定。申请人在该案中主张被申请人的行为侵犯了涉案游戏的著作权，并构成不正当竞争。因《反不正当竞争法》是行为法，法院审查的是被诉侵权行为的合法性，并不涉及请求保护的知识产权效力是否稳定，故只需要考量涉案游戏的著作权效力是否稳定。该案申请人腾讯成都公司、腾讯深圳公司提交了涉案游戏"王者荣耀"的计算机软件著作权登记证书、"王者荣耀"游戏部分标志、地图、角色等游戏主要元素美术作品的作品登记证书以及"王者荣耀"游戏代理及维权授权书。从登记至今，包括该案被申请人在内，未有人提出相反证据证明涉案游戏"王者荣耀"的著作权不属于腾讯成都公司。上述证据足以证明腾讯成都公司对"王者荣耀"游戏软件及相关游戏主要元素美术作品享有著作权，腾讯深圳公司是经腾讯成都公司合法授权的被许可人。综上，该案中申请人要求保护的涉案游戏"王者荣耀"的著作权稳定性较高。

（三）胜诉可能性

《知产行为保全规定》第 8 条规定，人民法院审查判断申请人请求保护的知识产权效力是否稳定，应当综合考量下列因素：（1）所涉权利的类型或者属性；（2）所涉权利是否经过实质审查；（3）所涉权利是否处于宣告无效或者撤销程序中以及被宣告无效或者撤销的可能性；（4）所涉权利是否存在权属争议；（5）其他可能导致所涉权利效力不稳定的因素。

在载和"帮 5 淘"购物插件行为保全案①中，法院认为，申请人要求保护的利益系其作为互联网购物平台拥有的用户流量所带来的竞争优势。被申请人通过技术手段嵌入申请人网页，引导用户与自己发生交易，且易使用户产生混淆，具有不正当竞争的表面特征，有可能构成不正当竞争行为。因此，满足"胜诉可能性"这一条件。该案申请人经营的"淘宝网"具有较高的用户流量，其提出诉前行为保全申请时，正值具有购物狂欢节之称的"双 11"来临之际，如果涉嫌侵权行为不能被有效制止，可能导致申请人的竞争优势、市场份额发生变化，且难以在短时期内恢复，因此，满足"难以弥补的损害"这一条件。被申请人的行为有可能导致消费者产生混淆，与公共利益相悖，该案适用诉前行为保全并不会损害消费者的利益或其他公共利益。申请人根据法院要求，就其诉前行为保全提供了有效担保。综上，法

---

① 参见上海市浦东新区人民法院民事裁定书，（2015）浦禁字第 1 号。

院根据申请裁定被申请人立即停止将“帮5淘”插件嵌入“淘宝网”网页的行为。[①]

在审查权利人的“胜诉可能性”时，主要审查两点：一是申请人为其主张的知识产权的权利人，具有可受保护的权利或利益，需提交相关权属证据；二是被申请人的行为有构成侵权的可能性，需提交被申请人正在实施或者即将实施侵权行为的证据。在排除明显没有胜诉可能性的情形后，对于“胜诉可能性”的判断应采取一个相对灵活的标准，在保护权利人及避免保全错误之间寻求平衡，并结合是否造成难以弥补的损害、双方利益及公共利益的平衡、申请人是否提供有效担保等其他因素综合考虑，整体判断。[②] 多数学者认为法院在判断申请人胜诉可能性时，应当采取“相对实质性审查”的标准，如韩天岚法官认为，对申请人所提供证据的审查，将胜诉可能性纳入审查范围，只要求能提供初步的证据证明侵权存在即可。[③] 吴太轩副教授认为不正当竞争行为与一般侵权行为不同，尤其是互联网新型不正当竞争行为，依托于层出不穷的新技术，使对互联网新型不正当竞争行为类型缺乏明文规定，在无法套用知识产权领域诉前禁令规则时，判定不正当竞争行为的侵权可能性存在较大困难。另外，由于互联网不正当竞争行为既损害了其他合法经营者的利益，也损害了消费者利益和社会经济秩序，所以法院应重点审查不正当竞争行为的违法性。[④]

互联网不正当竞争纠纷的司法实践中，法院仍然将“胜诉可能性”标准作为重要审查标准之一予以考虑。在2013年至2019年互联网不正当竞争中适用诉前禁令的案例统计的39个有效案例中，有10例的裁判文书中明确提到应考虑申请人的“胜诉可能性”。[⑤] 腾讯与步步高、vivo公司行为保全案[⑥]，法院在考量该标准时是从被申请人的行为是否构成不正当竞争的角度分析。法院认为，申请人腾讯公司运营的“应用宝”和被申请人步步高、vivo公司运营的“vivo应

① 参见叶菊芬：《不正当竞争诉前行为保全的司法审查》，载《人民法院报》2016年4月28日，第7版。

② 参见叶菊芬：《不正当竞争诉前行为保全的司法审查》，载《人民法院报》2016年4月28日，第7版。

③ 参见韩天岚：《知识产权诉讼中诉前禁令的适用》，载《电子知识产权》2004年第4期。

④ 参见吴太轩、王思思：《互联网新型不正当竞争案件诉前禁令制度的适用研究——以162份司法文书为视角》，载《竞争政策研究》2017年第4期。

⑤ 参见许秋鸣：《互联网不正当竞争中的诉前禁令适用研究》，上海财经大学2020年硕士学位论文。

⑥ 参见南京市中级人民法院民事裁定书，(2017)苏01行保1号。

用商店”系存在竞争关系的产品,被申请人通过在 vivo 手机上设置反复弹窗提示、设置倒数计秒默认取消安装以及设置跳转到“vivo 应用商店”链接按钮等引导行为,企图影响用户的选择,干扰“应用宝”软件的使用,并且涉嫌利用“应用宝”的市场影响提升自身产品的知名度,其行为可能构成不正当竞争。鉴于此,实践中对“胜诉可能性”的判断要求并不高,而从互联网不正当竞争案件而言,只要在案件事实的基础上,能够认定被申请人的行为存在不正当竞争的可能性即可。①

(四)情况紧急

《知产行为保全规定》第 6 条,有下列情况之一,不立即采取行为保全措施即足以损害申请人利益的,应当认定属于《民事诉讼法》第 103 条、第 104 条规定的“情况紧急”:(1)申请人的商业秘密即将被非法披露;(2)申请人的发表权、隐私权等人身权利即将受到侵害;(3)诉争的知识产权即将被非法处分;(4)申请人的知识产权在展销会等时效性较强的场合正在或者即将受到侵害;(5)时效性较强的热播节目正在或者即将受到侵害;(6)其他需要立即采取行为保全措施的情况。

法院应当更加全面地认定案件是否属于“情况紧急”。例如,在腾讯与步步高等行为保全案②中,2017 年腾讯向成都中院申请诉前禁令,腾讯认为 vivo 手机用户在下载腾讯旗下软件“应用宝”时,步步高和 vivo 公司采用技术手段向 vivo 用户手机反复发送弹窗提示,并设置跳转至 vivo 商城的链接,引导用户放弃下载“应用宝”。该案是腾讯与 vivo 针对各自旗下应用商城所产生的竞争纠纷,应用商城作为关键的流量入口,是当前各家互联网企业的必争之地,也体现出互联网企业对于流量入口的争夺已进入白热化阶段。成都市中级人民法院在审查该案诉前禁令的紧迫性时认为,vivo 手机市场占有率很高,并且在春节期间是手机销售旺季,结合近期被申请人展开了大规模的销售推广活动,可以预见 vivo 手机的销量和市场占有率可能继续上升。因此,如不尽快制止被申请人,可能会对申请人的相关市场内的优势及市场份额带来难以弥补的损害。该案中,法院对于“情况紧急”的考量十分全面,从手机的市场占有率、特殊的春节时间点,甚至被申

① 参见许秋鸣:《互联网不正当竞争中的诉前禁令适用研究》,上海财经大学 2020 年硕士学位论文。

② 参见成都市中级人民法院民事裁定书,(2017)川 01 行保 1 号。

请人的销售推广力度方面综合认定 vivo 手机的市场地位及市场前景，从而认定“应用宝”的潜在市场空间巨大，步步高和 vivo 公司的行为可能给“应用宝”的市场地位和市场份额带来难以弥补的损失，因此认定该案符合“情况紧急”的条件。

（五）难以弥补的损害

《知产行为保全规定》第 10 条，在知识产权与不正当竞争纠纷行为保全案件中，有下列情形之一的，应当认定属于《民事诉讼法》第 104 条规定的“难以弥补的损害”：（1）被申请人的行为将会侵害申请人享有的商誉或者发表权、隐私权等人身性质的权利且造成无法挽回的损害；（2）被申请人的行为将会导致侵权行为难以控制且显著增加申请人损害；（3）被申请人的侵害行为将会导致申请人的相关市场份额明显减少；（4）对申请人造成其他难以弥补的损害。

在实务中，有以下情形可以认定为将造成难以弥补的损害：（1）侵权行为涉及著作人身权内容或者涉及商誉；（2）侵权行为的发生或将继续严重抢占申请人的市场份额，影响申请人的重大利益；（3）侵权行为如不及时制止，将严重扩大侵权行为的范围和损害后果；（4）被申请人缺乏足够的偿付能力。在反不正当竞争案件中，“难以弥补的损害”主要是指申请人的竞争优势、市场份额等因被申请人的被控不正当竞争行为遭受难以恢复的损害。[①] 以可否采用金钱赔偿作为衡量标准，难以弥补或造成案件裁决难以执行的损害可以大致分为 3 类：（1）无法用金钱赔偿；（2）用金钱赔偿时难以计算损失；（3）损害一旦扩大，被申请人将没有足够的资产进行赔偿。其中第一类与第二类在实践中存在交集，行为保全司法解释中列举的难以弥补的损害也主要集中在这两类。我们认为，在说明损害的不可弥补性这一问题上，申请人可以采取的、较为有效的具体说理方式主要包括：强调申请人的市场规模，借以推论可能产生的损害巨大；[②]强调侵权行为对于申请人商誉的影响（根据我们的经验，无论是在商标纠纷还是在不正当竞争纠纷中，主张侵权行为将对申请人商誉产生不良影响都是极有说服

---

① 参见叶菊芬：《不正当竞争诉前行为保全的司法审查》，载《人民法院报》2016 年 4 月 28 日，第 7 版。

② 参见天津市滨海新区人民法院民事裁定书，（2019）津 0116 民初 2091 号；江苏省南京市中级人民法院民事裁定书，（2019）苏 01 民初 687 号；北京市海淀区人民法院民事裁定书，（2019）京 0108 民初 35902 号。

力的切入点）；[1]强调侵权行为在短时间内有可能快速扩大，难以控制；强调某项侵权行为具有一定的时效性，在特定时间期限将产生特别巨大的损失。

由于知识产权侵权纠纷案件本身就具有损失难以计算的特点，实务中，法院对申请人“难以弥补的损害”的举证要求相对较低。这就意味着被申请人如果一味强调损失并非难以弥补，将很难说服法院。事实上，行为保全相关司法解释也注意到了这个问题，故在审查损害是否难以弥补之外，法院还需要衡量“不采取行为保全措施对申请人造成的损害是否超过采取行为保全措施对被申请人造成的损害”。因此，我们认为，对被申请人而言，举证的重点应当在于论述实施保全行为可能给被申请人带来巨大损害，且此种损害亦是难以弥补的。[2]

如抖音诉小葫芦直播数据抓取案[3]中，对“不采取行为保全措施是否会使申请人的合法权益受到难以弥补的损害”时，法院认为，首先，现有证据显示，“小葫芦官网”上所提供的数据覆盖整个抖音平台的用户打赏及主播直播数据，体量极大，随着该网站用户的增多，如不及时制止涉案行为可能使涉案行为的规模和损害后果进一步扩大；其次，申请人提交的证据显示，其曾于 2020 年 9 月 23 日向六界公司发送邮件，要求六界公司立即停止前述行为，对方回复邮件称“已收到贵方相关需求，我司正在按需修改相关的内容展示，修改完毕之后会回复处理结果”，但截至听证时，“小葫芦官网”上仍然能够查看到前述数据；再次，法院于听证时随机选取 2021 年 3 月 2 日上午 10 点 20 分正在直播的一位抖音主播，并在“小葫芦官网”上查找到该名主播，其头像显示“正在直播中”，能够查看到的该名主播的礼物收入情况已更新至 2021 年 3 月 2 日上午 9 点 40 分，可见被申请人在收到申请人关于停止涉案行为的通知后，不仅未停止获取申请人数据，且在不断更新其获取的数据并以较快速度对外提供，存在主观恶意的可能性较大；最后，何种数据公开、何种数据不公开，本应是申请人商业模式选择的一部分，该种选择也是其基于产品运行逻辑所进行的考量，并以此在同类产品竞争中获得相应竞争优势，但申请人前述选择不予公开的数据，却被六界公司获取后用于公开展示，而数据一旦公开便是不可逆的。在瞬息万变的互联

---

① 参见天津市滨海新区人民法院民事裁定书，(2019)津 0116 民初 2091 号。

② 参见喻劼、童皓明：《观韬视点：知识产权行为保全案件的攻守策略设计》，载搜狐网 2019 年 8 月 27 日，https://www.sohu.com/a/335717088_658347。

③ 参见杭州市余杭区人民法院民事裁定书，(2021)浙 0110 民初 2914 号。

网竞争中，该种破坏申请人数据展示规则的行为极有可能因此使申请人的竞争优势受到不可估量的打击和损害。综上，如不及时采取行为保全措施，可能会对申请人造成难以弥补的损害。

腾讯与阳光文化公司等侵害计算机软件著作权及不正当竞争行为保全案中，法院认为，首先，网络游戏及其直播市场具有开发成本高、市场生命周期短、传播速度快、影响范围广的特点，如不及时制止被诉侵权行为可能会导致申请人的市场份额减少和市场机会丧失，给申请人造成难以计算和量化的损害。其次，被申请人阳光文化公司、今日头条公司、字节跳动公司持续组织直播涉案游戏，挤占申请人的市场份额，如不及时制止被诉侵权行为可能会显著增加申请人损害。最后，司法救济程序由于制度的设计，从申请人起诉到法院作出终审判决需要一定的时间周期。而网络游戏及其直播时效性较强，市场生命周期较短，如不及时制止被诉侵权行为可能会导致申请人胜诉后已经过了网络游戏及其直播的有效市场生命期，给申请人造成难以弥补的损害。

吴太轩副教授从互联网不正当竞争角度分析了"难以弥补的损害"的标准，她认为对于互联网企业，"难以弥补的损害"通常是非财产性的损害，具体包括用户数量和流量的巨大损失、竞争优势的丧失、商业模式的破坏等，因此申请人需要证明被申请人的行为造成上述非财产性损害后果，以证明损害难以弥补。[①]

39 个有效案例中，有 11 个案例的裁判文书中明确提及了应当考虑采取诉前禁令是否会造成"难以弥补的损害"，是提及次数最多的一项审查标准，但是在互联网不正当竞争领域中认定"难以弥补的损害"仍存在困难。有学者对计算难以弥补的损失提出了两种定量分析的方法，试图预估损害的范围：一是"权利位阶比较法"，即从保护法益的价值位阶上判断损害的严重程度。二是"投影定价法"[②]，即通过替代品对难以弥补的损失进行估算。其优势在于能够量化损失，便于快速比较，缺点则是保护的法益难以完全货币化，只能在情况紧急时作为权宜之计。[③]

---

① 参见吴太轩、王思思：《互联网新型不正当竞争案件诉前禁令制度的适用研究——以 162 份司法文书为视角》，载《竞争政策研究》2017 年第 4 期。

② "投影定价"是经济学家用于在没有市场定价或者定价扭曲时对货物进行估价的方式。

③ 参见毕潇潇：《利益衡量视角下行为保全适用条件研究》，载《当代法学》2019 年第 4 期。

（六）不损害社会公共利益

统计的39个有效案例中，明确考虑“公共利益”因素的有8例，其中对该因素的分析较为简单，例如，在“腾讯诉华为不正当竞争行为保全案”①、“玄霆娱乐诉掌阅科技不正当竞争行为保全案”②等案件中，法院都仅是表示该项诉前禁令不会对消费者利益、社会公共利益和经济秩序产生任何不利影响，并未具体分析该项禁令会给消费者、社会带来哪些风险，以及对社会经济秩序可能产生的正面、负面影响。如在“王者荣耀”网络游戏不正当竞争纠纷行为保全案③中，关于采取保全措施是否会损害社会公共利益时，法院认为，涉案“代练帮”App系一款市场化产品，并不具有社会公共产品的属性，故对被申请人采取诉前行为保全措施不会损害社会公共利益。反之，及时采取保全措施，可有效保障游戏运营的正常秩序，并可保证未成年人“防沉迷”机制的落实，有利于社会公共利益。支付宝唤醒策略不正当竞争纠纷诉前行为保全案中，法院认为，诉前行为保全虽系当事人之间的民事诉讼法律行为，但人民法院对社会公共利益的考量应从严审查。当事人申请诉前行为保全，不得对公众健康、环境保护及其他重大社会利益造成影响。该案中，家政加App对支付宝App支付功能的干扰，不仅损害了支付宝公司的竞争优势和经济利益，亦导致相关用户无法使用支付宝App完成支付，降低了用户进行电商交易的便捷性，并对用户就支付渠道自主选择的权利进行了不当限制。因此，对斑马公司就涉案行为采取诉前行为保全措施，不仅不会损害社会公共利益，而且有利于保障用户利益并增进整体社会福祉。

在考虑是否作出诉前行为保全这一直接影响一方当事人利益的措施时，亦应对公共利益进行权衡。在不正当竞争案件中，公共利益往往是指众多消费者的利益。诸多申请人都在进行围绕社会公共利益方面的说理尝试，其中一些取得了良好的效果。比如，在微信诉多闪案中④，法院结合《网络安全法》，采纳了申请人提出的被申请人一方的行为可能“使网络用户的个人信息安全难以得到

---

① 参见重庆市第一中级人民法院民事裁定书，（2017）渝01行保1号。

② 参见上海市浦东新区人民法院民事裁定书，（2015）浦禁字第3号。

③ 参见上海市浦东新区人民法院民事裁定书，（2021）沪0115行保1号，2021年上海法院知识产权司法保护十大案件之七。

④ 参见天津市滨海新区人民法院民事裁定书，（2019）津0116民初2091号。

有效保障，并使用户对申请人在隐私保护、数据安全保障等方面的信赖降低”的观点，以此增强了法院作出行为保全的理由。

廖怀学律师则从互联网的特点及互联网不正当竞争的角度出发，认为不正当竞争动辄影响数以亿计的用户利益，具体到互联网不正当竞争中即“公共利益”，诉前禁令至少应当不对公共利益造成损害，才能保证其合法性。①

二、利益平衡

39 个有效案例中只有 4 例考量“双方利益平衡”，在微信诉多闪案中，法院认为，本案禁令只影响抖音和多闪在使用推荐好友功能时对用户个人信息的利用，并不妨碍其他产品和业务，对已使用微信 QQ 登录抖音、多闪产品的用户也没有负面影响，故法院认定对申请人而言，颁布禁令产生的损害反而更小，因而可以颁布禁令。

三、提供担保

《知产行为保全规定》第 11 条再次重申了诉前禁令申请人应该提供担保的规定，并且没有例外情形，即法院应当驳回未提供担保的诉前禁令申请。

要求提供担保是为了保证被申请人遭受损害后得以全额弥补，因此绝大部分诉前禁令的担保形式是财产担保。但是在涉及家庭、人身性权利等非财产利益纠纷时，法院可以依情况要求第三方（一般为律所和担保公司）为申请人提供信用担保，实现了担保形式的多样化。②《知产行为保全规定》第 11 条第 2 款明确了担保额与被申请人可能遭受的损失应相等。该款规定是以法院错误实施诉前禁令为前提，以足额弥补被申请人损失为标准认定担保数额。多数学者认为确定担保数额可以采用灵活的态度，申请人在申请诉前禁令时如果在实质要件上存在缺失，可适度提高担保额予以弥补。相反，若申请人的胜诉可能性远高于被申请人，抑或申请人因经济能力无法足额担保，允许适当降低其担保

---

① 参见廖怀学：《行为保全制度在互联网不正当竞争中的适用——基于全国 47 例典型行为保全案例实证分析》，载《电子知识产权》2019 年第 4 期。

② 参见刘君博：《保全程序中担保的提供与担保数额的确定——〈民事诉讼法〉司法解释第 152 条的意义及其解释适用》，载《法律适用》2015 年第 8 期。

数额。[①]

通过对案例的梳理可知，在裁判文书中明确提及申请人提供足额担保的，法院最终全部裁定支持诉前禁令，由此反映出实践中一种潜在的倾向，即法院审查诉前禁令的其他标准被边缘化，而以担保情况作为审查的实质标准，即用担保条件替代了原本的审查过程，实质上免除了申请人的释明义务。[②]

诉中禁令的颁布并未要求“情况紧急”及“难以弥补的损害”，仅要求“可能因某些原因致使判决难以执行或给当事人造成其他损害”。

第四节 行为保全程序

一、管辖法院

我国《民事诉讼法》第104条第1款[③]规定了提起保全申请的3个管辖连结点，然而具体到诉前禁令制度，应当将“被保全财产所在地”排除，即诉前禁令的管辖连结点包括“被申请人住所地”和“对案件有管辖权的法院”。《知产行为保全规定》第3条第1款也明确了上述两个管辖连结点。而《民事诉讼法》和《民事诉讼法司法解释》规定对侵权之诉有管辖权的法院有侵权行为实施地、侵权结果发生地及被告住所地的法院。互联网不正当竞争属于信息网络侵权，享有管辖权的法院有被申请人住所地、被侵权人住所地及实施侵权行为的信息设备所在地，在此类案件中原告、被告关于管辖法院的争议也时常出现。[④]

二、裁定前的询问

《知产行为保全规定》第5条第1款规定，人民法院裁定采取行为保全措施

---

① 参见宋鱼水等：《知识产权行为保全制度研究》，载《知识产权》2014年第11期。

② 参见李仕春：《民事保全程序基本问题研究》，载《中外法学》2005年第1期。

③ 《民事诉讼法》第104条第1款：利害关系人因情况紧急，不立即申请保全将会使其合法权益受到难以弥补的损害的，可以在提起诉讼或者申请仲裁前向被保全财产所在地、被申请人住所地或者对案件有管辖权的人民法院申请采取保全措施。申请人应当提供担保，不提供担保的，裁定驳回申请。

④ 参见许秋鸣：《互联网不正当竞争中的诉前禁令适用研究》，上海财经大学2020年硕士学位论文。

前,应当询问申请人和被申请人,但因情况紧急或者询问可能影响保全措施执行等情形除外。这一规定,明确了“询问为原则,不询问为例外”。实践中,由于没有在裁定前询问被申请人,法院往往只是听了一面之词,甚至可能被申请人所“蒙蔽”,贸然作出诉前禁令裁定,待被申请人提出复议后,才发现事实有偏差,补救性地裁定解除诉前禁令或者由被申请人反担保解除诉前禁令。可见,裁定前询问申请人和被申请人是规范诉前禁令裁定的必要程序。然而,相关司法解释中并未就“询问”程序作出具体的规定,询问采取何种形式?是听证形式还是庭审形式?若询问过于简单,可能流于形式,无法实现询问的目的;过于复杂,询问可能替代了未来的庭审,变成庭审的提前,也就失去了诉前禁令审查的意义。因此“询问”程序还有待于司法实践中探索总结。①

如重庆自由贸易试验区人民法院在腾讯与今日头条的游戏直播著作权纠纷中作出的行为保全裁定未采取听证程序。②

三、管辖异议与行为保全

处理知识产权案件时,被告律师的常见应诉“套路”之一是程序抗辩,例如申请管辖权异议。这一策略能为被告赢得准备应诉的时间,有时可以使诉讼程序延迟数月之久。然而,如果案件受理后原告提起了行为保全申请,由于行为保全制度具有较高的及时性要求,法院就可能将审查管辖异议与审查行为保全申请进行区分,进而单独就行为保全作出裁定。例如,在微播视界公司诉创锐文化公司等数据抓取行为保全案③中,聚美优品的代理人提出北京市海淀区人民法院对于案件没有管辖权,不应由该院作出行为保全裁定。对于这一观点,一审北京市海淀区人民法院认为“本院将在管辖异议程序中另行予以处理,但不影响本院依法做出行为保全裁定”。

---

① 参见许春明:《规范诉前禁令申请　防止陷入“诉前禁令怪圈”》,载《上海法学研究》集刊2019年第6卷。

② 《今日头条:重庆自贸区法院支持腾讯游戏禁令涉嫌程序违法》,载新浪财经网,http://finance.sina.com.cn/stock/relnews/hk/2019-06-05/doc-ihvhiqay3797333.shtml。

③ 参见一审北京海淀区人民法院民事裁定书,(2019)京0108民初35902号;二审北京知识产权法院民事裁定书,(2019)京73民辖终381号。

四、行为保全的执行

诉前禁令该如何执行，在《民事诉讼法》中没有相应的执行程序规则，因此目前诉前禁令的执行既缺乏明确的执行规则，也缺乏对执行措施的保障。专利权相关司法解释中对于不执行诉前禁令裁定的当事人明确了法律责任，[①]对其处以罚款、拘留等强制措施，甚至可追究刑事责任。然而，《知产行为保全规定》第 15 条只是概括性地规定，没有明确相关司法解释的内容是否适用于其他领域的诉前禁令执行中。所以如何对不执行诉前禁令的行为进行处罚，还要有待于相关司法解释的进一步明确。

互联网不正当竞争纠纷诉前禁令的执行难问题往往体现在，被申请人在裁定后能快速通过修改数据及其他多种技术手段掩盖禁令所指向的不正当竞争行为，并以此为由提出执行异议，拖延案件审理进度，达到继续攫取不法利益的目的。以腾讯诉上海挚娜公司等著作权侵权及不正当竞争行为保全案[②]为例，腾讯以上海挚娜公司的涉案游戏“阿拉德之怒”抄袭了“地下城与勇士”为由申请了诉前禁令，法院亦裁定准许。但上海挚娜公司随后以“已经更新了游戏内容，被控元素已不存在”为由提起执行异议，尽管最终法院认为被申请人的改动行为只能影响案件实体问题审理，驳回了异议请求，但在禁令异议的期间涉案游戏仍在保持运营，侵权行为仍在持续。因此目前诉前禁令的执行效率及后续冗长的诉讼程序对于制止互联网企业侵权来说难以达到理想效果，且法院的裁定事实上无法强制禁止互联网企业的运营行为，诉前禁令的执行存在现实困难。

在“新百伦”诉中行为保全司法制裁案[③]中，美国新平衡体育运动公司（以下简称新平衡公司）享有第 4207906 号“NEW BALANCE”、第 G944507 号注册商标专用权。该公司相关运动鞋的装潢设计已由多个生效民事判决、行政处罚

---

① 《最高人民法院关于对诉前停止侵犯专利权行为适用法律问题的若干规定》（已失效）第 15 条规定：被申请人违反人民法院责令停止有关行为裁定的，依照《民事诉讼法》第 102 条（2021 年《民事诉讼法》第 114 条）的规定处理。

② 参见长沙市中级人民法院民事裁定书，（2017）湘 01 民初 4883 号。

③ 江苏省高级人民法院复议决定书，（2018）苏司惩复 4 号，最高人民法院发布 2018 年中国法院 10 大知识产权案例之九。

决定书认定为知名商品特有装潢。新平衡公司授权原告新百伦贸易(中国)有限公司在中国境内非独占地使用相关知识产权生产销售其品牌运动鞋,并对侵犯新平衡公司知识产权的行为单独或与其共同提起诉讼。2014 年,郑某在美国成立名为“USA New BaiLun Sporting Goods Group Inc”公司,其将该公司名称翻译为“美国新百伦体育用品集团有限公司”。该美国公司授权国内郑某个人独资的深圳市新平衡运动体育用品有限公司(以下简称深圳新平衡公司)、郑某经营的个体工商户晋江市青阳新钮佰伦鞋厂及莆田市荔城区搏斯达克贸易有限公司(以下简称搏斯达克公司)等生产销售涉案被控侵权运动鞋并进行宣传。新百伦公司认为深圳新平衡公司等被告的行为侵犯其商标权并构成不正当竞争,向苏州市中级人民法院提起诉讼。

新百伦公司在起诉时,申请了诉中行为保全,要求深圳新平衡公司等被申请人立即停止在其官网上使用涉案商标,立即删除其官网、微信、微博等有关虚假宣传的内容。苏州市中级人民法院作出(2016)苏 05 民初 537 号行为保全裁定书,责令深圳新平衡公司等被申请人立即停止生产、销售涉案鞋类产品,立即删除在官网、微信、微博等虚假宣传的有关内容等,并向相关被申请人送达。在涉案被申请人拒绝履行生效裁定后,苏州市中级人民法院又通过直接送达和邮寄送达的方式向被申请人送达了告知书,告知其应立即履行生效裁定及拒不履行的法律后果。深圳新平衡公司、搏斯达克公司、新钮佰伦鞋厂、郑某仍未履行。苏州市中级人民法院据此作出(2017)苏 05 司惩 001 号决定书,决定对深圳新平衡公司处以 100 万元罚款;对搏斯达克公司处以 50 万元罚款;对新钮佰伦鞋厂处以 10 万元罚款;对郑某处以 10 万元罚款。新钮佰伦鞋厂、郑某以及搏斯达克公司不服罚款决定,分别向江苏省高级人民法院申请复议。江苏省高级人民法院分别作出(2017)苏司惩复 19 号、(2018)苏司惩复 4 号复议决定书,驳回新钮佰伦鞋厂、郑某以及搏斯达克公司复议请求,维持苏州市中级人民法院(2017)苏 05 司惩 001 号决定书。

由该案可知,在被申请人拒不履行诉中行全裁定的情况下,人民法院又依据《民事诉讼法》关于妨害民事诉讼措施的相关规定,对被申请人的行为进行了罚款。

第五节　反向行为保全

一、反向行为保全的规定

《电商平台知产民事案件意见》第9条第2款规定，因情况紧急，电子商务平台经营者不立即恢复商品链接、通知人不立即撤回通知或者停止发送通知等行为将会使其合法利益受到难以弥补的损害的，平台内经营者可以向人民法院申请采取保全措施，这被称为"反向行为保全"的规定。反向行为保全措施在司法实践中多体现为恢复链接，①徐某山与田某红、刘某波、山东世博文化传播有限公司申请诉前行为保全案②中，原告徐某山销售的阿胶商品上的图片分别被3位通知人田某红、刘某波、山东世博文化传播有限公司投诉图片著作权侵权，法院经审理认为，3位通知人存在关联关系，且在案证据表明其有伪造、变造权属证明、授权证明等材料之嫌，而被投诉侵权产品具有时令性，若删除链接所造成的巨大损失将不可逆，不采取保全措施对被投诉人造成的损害远远超过采取保全措施可能对3位通知人造成的损害；另外，考虑到案件审理过程将会持续较长时间，且采取保全措施并无损害社会公共利益之情形，故而在责令被投诉人提供担保的前提下，法院裁定3位通知人立即停止针对徐某山在淘宝店铺所售商品提起知识产权侵权投诉的行为。

二、反向行为保全的考量因素

（一）事实基础和法律依据

在司法实践中，判断申请人的请求是否具有事实基础和法律依据主要是为了判断申请人是否具有胜诉的可能性，考虑胜诉可能性的目的在于避免作出错误的行为保全，避免当事人滥用申请权。考虑到行为保全裁定属于程序性裁定，而且《民事诉讼法》第103条和第104条规定本身也含有可能的因素，因此，

---

① 参见江苏省南京市中级人民法院民事裁定书，（2019）苏01民初687号。

② 参见浙江省杭州市余杭区人民法院行政裁定书，（2019）浙0110行保1号。

对于胜诉可能性的程度把握达到优势可能性即可。

依据《民法典》《电子商务法》的规定，电商平台经营者知道或者应当知道平台内经营者利用其网络服务平台实施侵权行为而未采取必要措施的，应与平台内经营者承担连带责任。但在不正当竞争纠纷中，由于不正当竞争判定具有一定的专业性，电商平台难以对是否侵权作出准确判断。因此，在收到侵权投诉后，平台经营者常常处于两难状态：一方面担心删除链接会影响平台商户的正常经营，另一方面又担心不删除链接会被认定“知道或应当知道侵权”而并被判令承担连带责任。为了解决这个问题，实践中，平台经营者多要求投诉时提供详细的专家论证意见，但专家论证意见仍然不同于专利侵权中的专利权证书、著作权侵权中的著作权登记证书作用明显。

（二）难以弥补的损害

对不恢复链接是否会对申请人造成难以弥补的损害的认定通常是行为保全案件审理中的难点。“难以弥补的损害”通常是指损失难以计算或难以通过金钱予以救济。在涉电商平台的知识产权纠纷中，“难以弥补的损害”可以考量以下因素：(1)不采取行为保全措施是否会使申请人的商誉等人身性质的权利受到无法挽回的损害；(2)不采取行为保全措施是否会导致申请人市场竞争优势或商业机会严重丧失，导致即使因错误删除链接等情况可以请求金钱赔偿，但损失非常大或者非常复杂以至于无法准确计算其数额。如在联悦工贸公司与天猫公司、博生塑料制品公司侵害实用新型专利权纠纷行为保全案[①]中，法院认为，联悦工贸公司提起行为保全申请时正值“双 11”购物节即将来临，该购物节是“天猫网”平台的促销季，也是被诉侵权产品恢复销售的窗口恢复期。如不恢复被诉侵权产品链接，将使联悦工贸公司的访问量及账户评级进一步降低，失去网络公平竞争的机会，且将使此后的销量及评级恢复更加困难，故应认定会对申请人造成“难以弥补的损害”。

（三）利益平衡

在决定采取行为保全措施时是否要考虑申请人和被申请人的利益平衡问题，对于双方当事人损害的权衡是是否采取该措施的重要考虑因素。

---

① 参见一审浙江省宁波市中级人民法院判决书，(2019)浙 02 知民初 367 号；二审最高人民法院裁定书，(2020)最高法知民终 993 号。

(四)损害社会公共利益

公共利益是否采取行为保全措施的重要考量因素。即使前几个因素满足,如果行为保全措施会损害公共利益,也不应采取。

(五)不宜恢复链接的其他情形

如是否还有未结的诉讼和行为保全正在进行中,是否提供担保及担保是否符合要求。

第四章　互联网不正当竞争证据保全

第一节　证据保全

一、证据保全相关立法

（一）《民事诉讼法》的规定

知识产权具有无形性的特点导致侵害知识产权的各种侵权行为往往较为隐蔽，权利人对于侵权行为举证难是知识产权审判实践中普遍存在的问题。为此，用好《民事诉讼法》中的证据保全制度，对于缓解知识产权侵权诉讼中的举证难问题具有重要意义。

《民事诉讼法》第 84 条第 1 款规定，“在证据可能灭失或者以后难以取得的情况下，当事人可以在诉讼过程中向人民法院申请保全证据，人民法院也可以主动采取保全措施”。该条规定了当事人向人民法院申请保全证据的主要条件或者说人民法院审查证据保全申请的主要考虑因素是“证据可能灭失或者以后难以取得”。《专利法》等其他法律和司法解释中关于证据保全的规定，也同样使用了“证据可能灭失或者以后难以取得”这一考虑因素。但这一考虑因素较为抽象和原则。

但《民事诉讼法》第 84 条没有明确具体保全的标准和程序，对于证据保全申请的审查，各地法院掌握的标准各有不同。

（二）《知产证据规定》

《知产证据规定》第 11 条对证据保全申请的各项审查因素进行了细化列举。需要注意的是，对证据保全申请的审查应当以必要性为基本标准。为平衡申请人与被申请人的利益，《知产证据规定》第 12 条规定了证据保全的实施原则及措施。对于证据保全的实施,除坚持传统的及时、必要原则外,还应当把握好两方面的关系,一是有效固定证据,全面、真实反映证据状况,二是防止保全导致不必要的损失,保持在“最低强度”,通过拍照足以证明的,无须查封;通过查封足以证明的,无须扣押,以此类推,尽量减少对保全标的物的损害和对证据持有人的干扰。对于知识产权民事诉讼中普遍存在的涉及技术方案的证据保全,该条第 2 款给出保全措施的指引,以贯彻上述实施原则。

在中隧桥公司与恒天公司等专利纠纷证据保全案①中,最高人民法院认为,人民法院应当综合考虑申请证据保全所依据的初步证据与拟证明的案件事实之间的关联性、证据保全的必要性和可行性等因素作出判断。证据保全必要性可以考虑申请保全的证据是否与案件事实存在关联性、申请保全的证据是否存在灭失风险或者以后难以取得,以及申请人是否已经穷尽了合理合法的取证手段等因素作出判断,这对于证据保全申请提出了更加全面的审查标准,且与最高人民法院《知产证据规定》第 11 条关于证据保全申请的 4 个审查因素严格契合。

二、多种保全申请的处理

《知产行为保全规定》第 19 条规定,申请人同时申请行为保全、财产保全或者证据保全的,人民法院应当依法分别审查不同类型保全申请是否符合条件,并作出裁定。为避免被申请人实施转移财产、毁灭证据等行为致使保全目的无法实现,人民法院可以根据案件具体情况决定不同类型保全措施的执行顺序。

依据该条规定,申请人在申请时应当注意分别起草法律文件,分别申请,而不能将所有申请作为一件申请提交。

三、证据保全申请程序

在证据保全实施过程中,当事人或其诉讼代理人到场,可以当场确认所保全的证据是否为其申请的证据,防止在后续证据交换和质证过程中产生争议。

---

① 参见一审河北省石家庄市中级人民法院民事判决书,(2019)冀 01 民初 348 号;二审最高人民法院民事裁定书,(2020)最高法知民终 2 号。

为此,《知产证据规定》第 15 条对证据保全的参与人作出规定。同时,知识产权诉讼证据常常涉及专业的技术问题,为准确保全证据,根据证据情况,该条规定必要时当事人可以申请有专门知识的人参与证据保全,人民法院也可以指派技术调查官参与证据保全。另外,当拟保全证据为案外人所持有时,例如,当事人的电子数据保存在第三方所有的服务器等情形下,该条规定人民法院可以直接向证据持有人保全证据。

为规范证据保全,防止当事人质疑证据保全过程,《知产证据规定》第 16 条对证据保全的记录作出操作性规定。同时明确,在场的有关人员拒绝签名或者盖章的,不影响保全效力。为保障证据保全被申请人的权利,《知产证据规定》第 17 条对其异议程序作出规定,明确被申请人有权对证据保全的范围、措施、必要性等提出异议并提供相关证据,人民法院应对此进行审查并视情况作出处理。

当事人申请证据保全行为本身,意味着其愿意并期望在已经开始或将要开始的诉讼程序中使用该证据,但是,当出现被保全证据对其不利等情形时,其往往会放弃使用被保全证据。为防止证据保全制度的滥用,《知产证据规定》第 18 条规定,被保全证据涉及案件基本事实查明或者其他当事人主张使用的,即使申请人放弃使用被保全证据,人民法院也可以对该证据进行审查认定,以便准确查明案件事实。

四、诉讼参与人出庭

由于技术事实、损害赔偿等事实查明的客观需要,专家辅助人制度、技术调查官制度等在知识产权民事诉讼中被广泛应用。《知产证据规定》第 27 条至第 29 条分别对证人、有专门知识的人、技术调查官出庭作出规定。

《知产证据规定》第 27 条旨在强调证人以出庭作证为原则,双方当事人同意并经人民法院准许,不出庭作证的证人,其证言必须进行质证。需要注意的是,远程在线参加庭审也是证人出庭作证的方式之一,不属于证人未出庭的情形。第 28 条明确规定有专门知识的人仅对专门性问题提出意见,经法庭准许,当事人可以对自己申请出庭的有专门知识的人询问,也可以对对方当事人申请出庭的有专门知识的人询问。司法实践中,还有双方当事人申请出庭的有专门知识的人互相质询的情形,对于准确查明案件事实具有重要作用。第 29 条是对技术调查官出庭的规定，强调其可以在庭上就案件所涉技术问题询问当事人和相关诉讼参与人。技术调查官制度是知识产权领域较为特殊的事实查明制度，技术调查官的身份定位、具体职责、意见效力等适用《最高人民法院关于技术调查官参与知识产权案件诉讼活动的若干规定》的有关规定。

如在新浪微博数据案①中，该案审理过程中，双方均申请专家辅助人对被诉不正当竞争行为涉及的专门性问题发表意见，合议庭依法予以准许。微梦公司委派其公司微博安全部门高级经理崔某豪、微博研发中心研发经理牛某杰，云智联公司委派其公司首席技术官刘某作为专家辅助人出庭。微梦公司专家辅助人指出，前端数据应是肉眼可见的数据，应用或浏览器渲染前的数据均属于后端数据；而涉案数据系以结构化形式存储在微博服务器中，只有经授权访问特定链接，选择特定源选项才可看到，故系后端数据。云智联公司对此不予认可，其专家辅助人称，前端数据应是通过公开 URL 地址可以获取的信息，后端数据则是需要身份认证或破解技术措施后才能获取的数据。

五、法庭勘验

涉网络不正当竞争纠纷往往涉及网络环境中形成的证据，此类证据一方面有易篡改的天然劣势，另一方面也因其留存“行为痕迹”而有查清之可能性。针对于此，北京市海淀区人民法院积极通过法庭勘验查明诉争行为是否停止、诉争行为的具体表现，以及判赔额计算依据等关键争议事实。例如，在 UC 浏览器与搜狗输入法流量劫持案②中，在双方均认可勘验流程步骤、勘验数据时间段及相应数值的确定之前提下，通过对原告保存在阿里云服务器中的日志数据记录进行当庭勘验，查明了被搜狗输入法劫持的用户流量，并最终以该数值作为适用裁量性赔偿计算的依据，判令被告赔偿原告 2000 余万元。

在抖音诉小葫芦直播数据抓取案的诉讼过程中，承办法官赴六界公司住所地现场勘验，双方均申请专家辅助人出庭。

---

① 参见北京市海淀区人民法院民事判决书，(2017)京 0108 民初 24512 号。

② 参见北京市海淀区人民法院民事判决书，(2016)京 0108 民初 16044 号。

第二节　公证证据保全

一、公证证据保全的规定

《民事诉讼法》第 72 条规定,经过法定程序公证证明的法律事实和文书,人民法院应当作为认定事实的根据,但有相反证据足以推翻公证证明的除外。面对知识产权客体的特殊性带来的取证困难,基于公证证据高于一般证据的证明效力,公证取证成为知识产权民事诉讼中最为常见的取证方式。通常情况下,人民法院会对公证证据予以采纳。但是,有些公证文书存在制作程序错误、不合常理等情形,对方当事人会提出异议。为此,《知产证据规定》第 30 条规定,如果对方当事人提出异议的同时提供了足以推翻公证文书的相关证据,人民法院不得采纳该证据。如果对方当事人提出异议但没有提供足以推翻公证文书的相关证据,人民法院经审查认为异议成立的,基于《民事诉讼法》赋予公证证据的较高效力,可以要求公证机构出具说明或者补正公证书,同时结合其他相关证据对公证文书进行审核认定。

二、公证证据保全的意义

针对知识产权侵权采取证据保全公证,已成为权利人固定证据、维护合法权益的重要手段之一。根据《公证法》及相关规定,证据保全公证是指公证机构根据自然人、法人或者其他组织的申请,依法对与申请人权益有关的、有法律意义的证据、行为过程加以提取、收存、固定、描述或者对申请人的取证行为的真实性予以证明的活动。《公证法》第 36 条规定:“经公证的民事法律行为、有法律意义的事实和文书,应当作为认定事实的根据,但有相反证据足以推翻该项公证的除外。”我国《民事诉讼法》第 72 条规定:“经过法定程序公证证明的法律事实和文书,人民法院应当作为认定事实的根据,但有相反证据足以推翻公证证明的除外。”由此可见,经公证保全的证据凭借法定的公信力,更有利于保护商标权利人的合法权益。同时,鉴于网络环境的复杂、多变性,网络中的侵权证据随时可能被修改或删除。因此,在商标权利人遭遇网络不正当竞争侵权时,及时采取证据保全公证就显得尤为重要。

在聪明狗与淘宝不正当竞争纠纷案[1]中,二审法院经审理认为,根据上诉人聪明狗公司的主张,其应提交证据证明二被上诉人对购物党插件共同实施了屏蔽或其他破坏、妨碍购物党插件正常运行等行为的事实,其提交的证据仅是现象结果,而造成该现象结果的原因较多。如聪明狗公司提交的证据显示,用户反映"在天猫、淘宝、京东等网站根本无法比价,chrome、UC、腾讯、firefox 浏览器全部不行!"等情况,表明购物党比价插件存在因自身原因无法与相关网站兼容的可能性,从这个角度讲,聪明狗公司的初步举证责任并未完成。因此,现有证据不足以证明二被上诉人实施了屏蔽行为,一审法院审理中亦明确指出聪明狗公司对二被上诉人实施屏蔽行为负有举证责任,不存在举证责任倒置的情况。此案系因侵权证据不足而败诉的案例,聪明狗公司提交的证据中,存在用户反映其比价插件产品无法在众多浏览器上运行的内容,而该等内容恰恰被法院用来反证该比价插件可能系自身问题才不被兼容,而并非因被告实施了不正当技术手段所致。

三、公证证据保全的主体

《公证程序规则》第 9 条规定:"公证当事人是指与公证事项有利害关系并以自己的名义向公证机构提出公证申请,在公证活动中享有权利和承担义务的自然人、法人或者其他组织。"第 11 条第 1 款规定:"当事人可以委托他人代理申办公证,但申办遗嘱、遗赠扶养协议、赠与、认领亲子、收养关系、解除收养关系、生存状况、委托、声明、保证及其他与自然人人身有密切关系的公证事项,应当由其本人亲自申办。"在实务中,品牌方对于公证购买的流程可能不甚熟悉。因此,品牌方可委托知识产权代理公司等其他主体进行证据收集等事项。若品牌方委托了其他主体进行证据收集,则品牌方可以自己的名义作为公证申请人,而受托主体作为代理人载入公证书中。品牌方亦可让受托主体直接以受托主体名义作为公证的申请人。

如在"青花瓷"商标侵权案[2]中,被上诉人委托的某知识产权代理公司直接作为公证的申请人在公证员的监督下进行了公证购买。上诉人称公证的申请

---

① 参见北京知识产权法院民事判决书,(2019)京 73 民终 1105 号。

② 参见江苏省高级人民法院民事判决书,(2019)苏民终 437 号。

人与被保全行为没有法律上的利害关系，因此公证程序违反《公证程序规则》第9条。然而，法院并未采纳上诉人的意见，并认为由于被上诉人与公证事项有利害关系，由其委托的知识产权代理公司申请并办理公证，并不违反不正当竞争法律与行政法规的强制性规定，亦不影响公证事实的真实性和合法性。[①]

四、证据“三性”审查

（一）合法性方面

（1）申请公证的申请人须与公证事项具有利害关系是申请人申办保全证据公证的前提条件。在实践中申请商标网络侵权公证的当事人一般为商标权利人或其代理人。商标权利人无疑与申请公证的事项具有法律上的利害关系，其代理人如果已经得到商标权利人的合法授权，那么其代表权利人申请的公证也同样具有利害关系。（2）互联网具有延展性和跨地域性，任何一地的公证机构都可以通过互联网发现商标侵权行为，但能发现侵权行为的公证机构并非都享有公证的管辖权。《公证法》第25条第1款规定，“自然人、法人或者其他组织申请办理公证，可以向住所地、经常居住地、行为地或者事实发生地的公证机构提出”。也就是说商标权利人可向其所在地或侵权行为地的公证机构申请证据保全公证。在实践中，综合考虑取证便捷、成本、保密等因素，建议首选申请人所在地的公证机构办理网络证据保全公证。

（二）真实性方面

（1）为避免使用个人电脑或网络，因缓存、存储等因素可能引起的公证证据真实性存疑的问题。在办理证据保全公证时，应尽可能选择到公证机构并使用公证机构的电脑进行操作。操作前应先由公证员对网络的连接情况以及计算机存储设备进行确认检查。公证书中应体现此次公证的时间、地点、操作人员、操作过程、操作文件、网络连接、存储设备清洁度、连接过程等关键问题的描述。（2）针对不同类型的电子证据，应选择适当的证据保存方式。对于一般的网页页面和图片，建议采取实时打印的方式进行证据保存。如打印效果不佳，也可同时请公证员将网页页面和图片另存为电子格式拷贝至光盘中保存；对于网页中嵌有FLASH或其他网页插件

---

① 参见湖北省孝感市中级人民法院民事判决书，（2017）鄂09民初132号。该判决书中也有类似认定。

的页面(打印无法正常显示),建议采取先截屏再打印的方式进行证据保存;对于软件或游戏类等程序文件和多媒体文件建议将相关程序数据拷贝至U盘或光盘中进行证据保存。电子证据的存储介质应进行封存并粘贴至公证书中。

(三)关联性方面

(1)针对侵权主体信息,需要公证的内容主要包括侵权主页、侵权主体名称、单位简介、经营规模、联系方式、联系人、电子邮件等;涉及电子商务平台的,还需将侵权主体的注册账号、ID、QQ、旺旺、微信以及电子商务平台所公示的主体信息等一并公证。(2)针对侵权客体信息,需要公证的内容主要包括商标侵权页面、侵权产品规格、种类、型号、包装、售价等以及其他容易造成消费者混淆的宣传等;涉及搜索引擎竞价排名侵权的,还应对侵权网页源代码公证;涉及网络销售商标侵权产品的,除对网络购买的线上交易流程(询价、洽谈、下单、支付)进行公证,还要对线下的提货、确收的流程公证,以保证网络购买交易证据链的完整性。(3)针对侵权赔偿信息,需要公证的内容主要包括侵权主体的注册资本、年产量、销售额、侵权产品的销量、销售时间及销售区域等;涉及软件、手机游戏名称或游戏元素引发的商标侵权案件还应对其宣传、价格、点击率、下载量、游戏内消费、用户评价等信息进行公证。尽管其中公司规模、产量、销售额、用户评价等存在一定夸大宣传的情况,法院在确定赔偿数额时会打折扣,但对于确定赔偿数额仍有一定积极参考意义。①

第三节　证据提供令制度

一、证据提供令的规定

《民事诉讼法司法解释》第112条就书证提出令作出规定,但是,知识产权民事诉讼中,除了书证,还有大量侵权实物、生产现场等证据为侵权人所掌握,书证提出命令难以解决此种情形下知识产权权利人举证难的问题。基于此,

① 参见任晓东:《遭遇商标网络侵权应如何做好证据保全公证》,载微信公众号"康信知识产权"2016年5月24日,https://mp.weixin.qq.com/s/HLLMLaf3a5WYPRQFRmDI4w。

《知产证据规定》第 24 条将“书证提出命令”扩大到“证据提供令”，规定主张权利的当事人因客观原因对其权利主张难以举证的，可以书面申请人民法院责令控制证据的对方当事人提交证据，申请理由成立的，人民法院应当作出裁定责令对方当事人提交。

2018 年 2 月，中共中央办公厅、国务院办公厅印发《关于加强知识产权审判领域改革创新若干问题的意见》，明确提出“建立符合知识产权案件特点的诉讼证据规则”的改革目标。2019 年 11 月，中共中央办公厅、国务院办公厅印发《关于强化知识产权保护的意见》，明确要求“严格规范证据标准”“制定知识产权民事诉讼证据规则司法解释”。2020 年 11 月 9 日，最高人民法院审判委员会第 1815 次会议讨论通过《知产证据规定》，该司法解释于 2020 年 11 月 18 日起施行。

二、证据提供令的意义

《民事诉讼法》第 67 条规定，当事人对自己提出的主张，有责任提供证据。“谁主张，谁举证”是民事诉讼的基本举证原则，但是，在知识产权民事诉讼中，权利人取证、举证较为困难，由此导致知识产权民事案件事实查明难度大，证据持有人故意不提供证据反而获利的现象较为突出。为破解知识产权权利人“举证难”问题，《知产证据规定》第 2 条在坚持“谁主张，谁举证”的举证原则的基础上，适用《民事诉讼法》第 68 条第 2 款有关“人民法院根据当事人的主张和案件审理情况，确定当事人应当提供的证据及其期限”的规定，结合知识产权民事审判实践，进一步细化其中的“案件审理情况”的具体情形，明确知识产权民事诉讼中人民法院根据当事人的主张及待证事实、证据持有情况、举证能力等，可以要求当事人提供有关证据。其中，“待证事实”主要指待证事实成立的可能性，是确定当事人是否承担有关举证义务的重要考量因素。需要注意的是，《知产证据规定》第 2 条规定旨在强化掌握证据一方当事人的举证义务，促使各方当事人积极举证，避免证据持有人故意不提供证据反而获利的状况，保证人民法院准确查明事实，正确作出裁判。人民法院应当加强释明权的行使，向承担举证义务的当事人释明要求其提供证据的原因和理由。[①]

---

① 参见林广海、李剑、吴蓉：《系列解读之三〈最高人民法院关于知识产权民事诉讼证据的若干规定〉的理解与适用》，载《法律适用》2021 年第 4 期。

三、证据提供令与举证

证据提供令制度是破解知识产权权利人“举证难”的有力举措，能够促进案件事实查明和实现裁判结果客观公正。需要注意的是，证据提供令不同于《知产证据规定》第2条所规定的人民法院依职权要求有关当事人承担举证义务，其适用依当事人申请，对申请人和被申请人也有明确的主体资格要求：申请人为承担举证责任的当事人，被申请人为控制证据的对方当事人。申请证据提供令的当事人应当在其书面申请书中明确其要求对方提供的证据、申请理由、待证事实等。证据提供令是对当事人课以的举证义务，在形式上应当正式严谨，以书面裁定为宜，当事人拒不履行证据提供令的，将会承担相应的法律后果。

如“恋舞”商标侵权纠纷案①作出二审判决，认定犀牛公司、畅梦公司的行为构成对点点乐公司的商标侵权。法院运用证据出示令并综合确定赔偿额，将一审判决中两公司赔偿点点乐公司经济损失20万元及合理费用5万元改判为犀牛公司、畅梦公司赔偿点点乐公司经济损失300万元。

在二审审理中，上海知产法院向犀牛公司、畅梦公司发出证据出示令，要求两公司提供被控侵权游戏收入的明细账册、该游戏中游戏设备的销售数量及销售总金额以及证明有关被控侵权游戏获利的其他证据。畅梦公司拒绝向法院提交有关被控侵权游戏获利的证据。犀牛公司向法院提交了3份与畅梦公司游戏分成的确认函，以及相应的增值税专用发票，证明在2017年8月1日至2019年2月28日，被控侵权游戏实际上线获得营收为62,794.31元。

上海知产法院审理后，确认犀牛公司行为构成对点点乐公司的商标侵权行为，但不构成不正当竞争行为。根据《商标法》第63条规定，人民法院为确定赔偿数额，在权利人已经尽力举证，而与侵权行为相关的账簿、资料主要由侵权人掌握的情况下，可以责令侵权人提供与侵权行为相关的账簿、资料；侵权人不提供或者提供虚假的账簿、资料的，人民法院可以参考权利人的主张和提供的证据判定赔偿数额。该案中，关于损害赔偿数额的确定，点点乐公司已经尽力举证，而与侵权行为相关的证据由犀牛公司、畅梦公司掌握。上海知识产权法院

---

① 参见上海知识产权法院民事判决书，(2019)沪73民终130号。2019年上海法院加强知识产权保护力度典型案件之三、2019年“中国十大最具研究价值知识产权裁判案例”。

以证据出示令的方式责令两公司提交有关被控游戏营收的证据，畅梦公司拒不提交任何证据，犀牛公司所提交的证据不能真实反映被控游戏的营收情况。上海知识产权法院认为，畅梦公司作为被控游戏的运营方，理应掌握相关游戏的收入数据，但其拒不提供，存在刻意隐瞒游戏收入的主观故意。

据此，上海知识产权法院综合考虑点点乐公司游戏的知名度、营收情况以及“梦幻恋舞”游戏的下载数量和犀牛公司、畅梦公司具有攀附点点乐公司商誉、侵权故意等情况，判令犀牛公司、畅梦公司赔偿点点乐公司经济损失300万元。

四、证据提供令的申请

责令侵权人提供相关材料的主动权并非专属于法院，《民诉证据规定》和《知产证据规定》都明确当事人可以向法院申请“书证提出命令”。申请人应向法院说明：(1)申请提交的书证名称或者内容；(2)该书证证明的事实及事实的重要性；(3)对方当事人控制该书证的根据(《民诉证据规定》第45条)，申请理由成立的，法院应当裁定侵权人提交对应书证(《知产证据规定》第24条)。

如在小米科技公司诉深圳小米公司等侵害商标权及不正当竞争纠纷案[①]中，深圳市中级人民法院根据原告的申请，向天猫平台调取了被告店铺的被诉商品交易记录，对被告2年多、超1.5亿元、近560万条的详细销售记录进行准确查明认定，由此查实被告的侵权经营数额。为了确定侵权经营产生的利润，法院以书面裁定书的形式向被告作出书证提出命令，责令被告在指定时间内提交自己进货的交易凭证、付款凭证等，用以解决赔偿基数的事实认定问题。审理中，由于深圳小米公司无正当理由拒不提供证明利润率的证据，法院就此推定小米科技公司就该证据所涉证明事项的主张成立，以同行业企业的利润率30.78%确定本案利润率。书证提出命令的适用使该案顺利解决了利润率的认定问题，而利润率是计算赔偿基数的要件之一，利润率算不出来赔偿基数无法计算，赔偿基数又关系着惩罚性赔偿的适用。书证提出命令制度的合理有效适用不仅限于利润率，还有助于认定赔偿相关的很多其他要件。一审法院考虑被告故意侵权，侵权时间长、范围广、规模大，被告结合多种侵权行为实施、以招商

---

① 参见广东省深圳市中级人民法院民事判决书，(2020)粤03民初7080号。

行为扩大范围实施、在有被投诉经历后对类似行为再次实施、被告的巨大获利容易导致心存侥幸继续实施等因素,酌情适用3倍惩罚性赔偿。[①]

第四节 电子数据证据调取

一、竞争执法电子数据证据现状

全国人民代表大会常务委员会执法检查组《关于检查〈中华人民共和国反不正当竞争法〉实施情况的报告》指出,网络经济的迅速发展给监管执法提出更高的技术要求,尤其在调查取证、获取数据、固定证据、大数据分析等方面,现有执法技术力量、技术手段、装备和监管水平等都难以提供有效支撑,客观上制约执法工作的深入开展。[②]

二、电子数据证据立法规定

为保护电子商务参与各方权益,《民法典》赋予数字文件、电子数据等证据效力,将数据电文类归入书面形式,但未界定数据电文概念及归入书面形式理由。《电子签名法》规定了数据电文、电子签名的证据效力,如第3条、第7条明确了电子文件证据的可采性;第4条对视为符合法律法规要求书面形式的数据电文进行了界定;第5条、第6条解释了电子文件"原件"的内涵要件,明晰了电子文件证据效力在司法实践中判断的形式要件。在对电子文件证据真实性鉴定上,第8条规定"生成、储存或者传递数据电文方法可靠""保持内容完整性方法可靠""用以鉴别发件人方法可靠"及其他相关因素,提供了电子文件证据真实性鉴定维度。作为单轨制管理模式开展中电子文件真实、完整、可信、可用、可证性保障的技术要件,电子签名可靠性影响电子文件可证性。该法第13条

---

① 参见章宁旦、唐荣、吁青:《"小米案"适用3倍惩罚性赔偿——深圳中院首用书证提出命令解决侵权利润率计算难题》,载《法治日报》2022年3月16日,第6版。

② 参见徐绍史:《全国人民代表大会常务委员会执法检查组关于检查〈中华人民共和国反不正当竞争法〉实施情况的报告——2020年12月23日在第十三届全国人民代表大会常务委员会第二十四次会议上》。

提出具有可证性的电子文件签名要件，即属于电子签名人专有；签署时电子签名制作数据仅由电子签名人控制；签署后对电子签名及数据电文内容和形式的任何改动可被发现。对于单轨制管理模式下电子文件传输中的证据效力保全，该法第 17 条、第 19 条对时间戳授时机构、CA 认证等第三方电子认证服务机构的资质条件和电子认证业务规则范围作出规定。[①]

在国家电子文件管理“十二五”“十三五”工作规划及电子文件管理试点工程推动下，国家部委和地方政府积极探索文件档案数字转型之路，电子文件证据效力问题逐步体现在行业法律中。如《档案法》赋予了电子档案证据效力，对电子档案提出了来源可靠、程序规范、要素合规三方面的要求，但未阐明电子档案证据的形式要件，存在司法实践中电子档案证据采集、质证上可操作性不强等问题。

三、电子数据证据取证程序

程序法为使电子文件证据效力获得程序支持，民事、刑事、行政诉讼法等程序法从司法认证和证据保全维度设定了电子文件证据采集、质证程序。

（一）《刑事诉讼法》

《刑事诉讼法》第 50 条将视听资料、电子数据纳入可采证据的第八类，相较于此前归入书面形式的做法，该调整可提升电子文件的证据地位。但因视听资料有别于电子文件证据，《刑事诉讼法》所指电子文件证据类型、效力，仍需结合具体应用场景调整电子文件证据组成及类型，设定采证、质证流程，以适应司法实践。

《最高人民法院、最高人民检察院、公安部关于办理刑事案件收集提取和审查判断电子数据若干问题的规定》规范了电子文件证据的取证、举证、质证、认证、数据保全环节，是目前我国电子文件证据收集、移送、展示、审查、判断等较详尽的规定，其将电子文件证据界定为案发中形成的以数字化形式存储、处理、传输的，能够证明案件事实的数据，包括网络平台发布、网络应用服务通信及用户注册、身份认证、电子交易记录等信息，并提出了扣押、封存电子文件原始存储介质；计算电子数据完整性校验值；制作封存电子文件证据备份；冻结电子文

---

① 参见李海涛、郭静：《单轨制视角下国内外电子文件证据立法研究》，载《档案学研究》2021 年第 1 期。

件等电子数据证据完整性保全方法，可操作性强。

（二）《民事诉讼法》

2012年《民事诉讼法》第63条将电子数据作为新的证据形式列入，赋予其独立证据地位。2015年《民事诉讼法司法解释》对电子数据范畴做了原则性界定，即电子邮件、手机短信、博客、微博、网页、电子交易记录、数字证书、计算机程序等均属电子数据范围。随着大数据、云计算、区块链技术发展，民事诉讼中电子文件证据形式将逐渐增多，进一步挑战民事诉讼中电子文件证据的适用性。为解决民事诉讼电子文件证据的取证问题，《民诉证据修改决定》将视听资料与电子数据纳入“书证提出命令”的范围。为解决电子文件证据真实性判断的难点，《民诉证据修改决定》设定了电子文件证据真实性的形式要件，即电子文件生成、存储和传输的计算机系统的硬软件环境、监测手段完整、可靠；保存、传输、提取主体和方法可靠。如在商业活动中，电子文件产生于业务活动，由第三方平台记录、保存与提供，所处信息系统软硬件环境完整可靠，其真实性较强，证据效力就高。上述电子文件内容公证后其真实性由司法机关确认，形成完整的证据效力。电子文件作为独立证据类型，从其内涵界定到采证、质证过程完善，《民事诉讼法》及其司法解释，《民诉证据修改决定》等的出台，表明司法界关注信息技术对于民事审判影响，加强电子文件证据规则适用性研究，引导公众运用电子文件证据形式，降低诉讼成本，合理使用审判资源。①

（三）《行政诉讼法》

《行政诉讼法》将电子数据列为一项单独的证据类型，位于证据类中的第四位，证据地位仅次于书证、物证和视听资料，增强了电子文件证据的重要性，提升了电子文件证据的地位。②

电子文件证据效力在刑法民法行政法中均有司法解释，对于审判与检察机关具有普遍约束力。如最高人民法院《民诉证据规定》③放宽了对电子文件证

---

① 参见金辉：《信息技术在民事诉讼程序和审判管理中的运用和研究》，华东政法大学2008年硕士学位论文。

② 参见李海涛、郭静：《单轨制视角下国内外电子文件证据立法研究》，载《档案学研究》2021年第1期。

③ 第23条规定：人民法院调查收集视听资料、电子数据，应当要求被调查人提供原始载体。提供原始载体确有困难的，可以提供复制件。提供复制件的，人民法院应当在调查笔录中说明其来源和制作经过。人民法院对视听资料、电子数据采取证据保全措施的，适用前款规定。

据原件的限制，复制件被纳入取证范畴。但在证据效力与采信次序上，电子文件证据属特定采信程序，包括复制件来源及制作调查记录。《最高人民法院关于行政诉讼证据的若干问题的规定》第12条规定计算机数据应提供有关资料的原始载体，当提供原始载体困难时可提供复制件，并要注明制作方法、制作时间、制作人和证明对象等。第64条规定以有形载体固定或者显示的电子数据交换、电子邮件以及其他数据资料，其制作情况和真实性经对方当事人确认，或者以公证等其他有效方式予以证明的，与原件具有同等的证明效力。这一规定扩充了"原件"的范围，使得电子文件证据更好地适用于最佳证据规则。①

四、刑事提取电子数据

（一）电子数据刑事取证规定

公安部《公安机关办理刑事案件程序规定》第59条、第63条、第66条、第67条、第71条。2016年10月1日，《最高人民法院、最高人民检察院、公安部关于办理刑事案件收集提取和审查判断电子数据若干问题的规定》施行。2017年2月16日，公安部《公安机关鉴定规则》（公通字〔2017〕6号）施行。2019年2月1日，公安部《公安机关办理刑事案件电子数据取证规则》施行。

（二）刑事提取电子数据程序

依据前述公安部的相关规定，刑事提取电子数据证据，应当遵守以下程序要求。

1. 扣押、封存原始存储介质

（1）明确哪些电子数据应当扣押封存原始存储介质。在侦查活动中发现的可以证明犯罪嫌疑人有罪或者无罪、罪轻或者罪重的电子数据，能够扣押原始存储介质的，应当扣押、封存原始存储介质，并制作笔录，记录原始存储介质的封存状态。（2）封存原始存储介质的新要求。保证在不解除封存状态的情况下，无法使用或者启动被封存的原始存储介质，必要时，具备数据信息存储功能的电子设备和硬盘、存储卡等内部存储介质可以分别封存；封存前

① 参见肖秋会、段斌斌：《我国电子文件证据地位及效力立法研究》，载《图书情报知识》2018年第1期。

后应当拍摄被封存原始存储介质的照片。必要时,照片还要清晰反映电子设备的内部存储介质细节。(3)笔录特别注明事项及录像。对无法确定原始存储介质持有人(提供人)的,应当在有关笔录中注明,由见证人签名或者盖章。由于客观原因无法由符合条件的人员担任见证人的,应当在有关笔录中注明情况,并对扣押原始存储介质的过程全程录像。(4)扣押原始存储介质时应在笔录中记录相关收集情况。扣押原始存储介质时,可以向相关人员了解、收集并在有关笔录中注明以下情况:原始存储介质及应用系统管理情况,网络拓扑与系统架构情况,是否由多人使用及管理,管理及使用人员的身份情况;原始存储介质及应用系统管理的用户名、密码情况;原始存储介质的数据备份情况,有无加密磁盘、容器,有无自毁功能,有无其他移动存储介质,是否进行过备份,备份数据的存储位置等情况。(5)应当同步收集关联证据。扣押原始存储介质,应当收集证人证言以及犯罪嫌疑人供述和辩解等与原始存储介质相关联的证据。

2. 现场提取电子数据

(1)可以不扣押原始存储介质,采取现场提取电子数据的法定情形。增加如下情况:案件情况紧急,不立即提取电子数据可能会造成电子数据灭失或者其他严重后果的;关闭电子设备会导致重要信息系统停止服务的;需通过现场提取电子数据排查可疑存储介质的;正在运行的计算机信息系统功能或者应用程序关闭后,没有密码无法提取的;无法扣押原始存储介质的情形消失后,应当及时扣押、封存原始存储介质。(2)现场提取电子数据可以采取的保护措施。及时将犯罪嫌疑人或者其他相关人员与电子设备分离;在未确定是否易丢失数据的情况下,不能关闭正在运行状态的电子设备;对现场计算机信息系统可能被远程控制的,应当及时采取信号屏蔽、信号阻断、断开网络连接等措施;保护电源;有必要采取的其他保护措施。(3)应遵守的相关规定。不得将提取的数据存储在原始存储介质中;不得在目标系统中安装新的应用程序。如果因为特殊原因,需要在目标系统中安装新的应用程序的,应当在笔录中记录所安装的程序及目的;应当在有关笔录中详细、准确记录实施的操作。对提取的电子数据可以进行数据压缩,并在笔录中注明相应的方法和压缩后文件的完整性校验值。(4)电子数据现场提取笔录及电子数据提取固定清单的制作要求。现场提取电子数据,应当制作电子数据现场提取笔录,注明电子数据的来源、事由和目的、对象、提取电子数据的时间、地点、方法、过程、不能扣押原始存储介质的原因、原始存储介质的存放地点，并附电子数据提取固定清单，注明类别、文件格式、完整性校验值等，由侦查人员、电子数据持有人（提供人）签名或者盖章；电子数据持有人（提供人）无法签名或者拒绝签名的，应当在笔录中注明，由见证人签名或者盖章。

3. 网络在线提取电子数据

（1）可以通过网络在线提取电子数据的情形。境内外公开发布的电子数据及境内远程计算机信息系统上的电子数据。（2）网络在线提取电子数据的要求。网络在线提取应当计算电子数据的完整性校验值；必要时，可以提取有关电子签名认证证书、数字签名、注册信息等关联性信息。（3）网络在线提取笔录及固定清单。网络在线提取电子数据应当在有关笔录中注明电子数据的来源、事由和目的、对象，提取电子数据的时间、地点、方法、过程，不能扣押原始存储介质的原因，并附电子数据提取固定清单，注明类别、文件格式、完整性校验值等，由侦查人员签名或者盖章。（4）应当进行网络远程勘验的情形。网络在线提取时需要进一步查明下列情形之一的，应当对远程计算机信息系统进行网络远程勘验：需要分析、判断提取的电子数据范围的；需要展示或者描述电子数据内容或者状态的；需要在远程计算机信息系统中安装新的应用程序的；需要通过勘验行为让远程计算机信息系统生成新的除正常运行数据外电子数据的；需要收集远程计算机信息系统状态信息、系统架构、内部系统关系、文件目录结构、系统工作方式等电子数据相关信息的。（5）见证人。网络远程勘验应当由符合条件的人员作为见证人。由于客观原因无法由符合条件的人员担任见证人的，应当在远程勘验笔录中注明情况，并按照规则的规定录像，录像可以采用屏幕录像或者录像机录像等方式，录像文件应当计算完整性校验值并记入笔录。（6）远程勘验笔录。远程勘验结束后，应当及时制作远程勘验笔录，详细记录远程勘验有关情况以及勘验照片、截获的屏幕截图等内容。由侦查人员和见证人签名或者盖章。远程勘验并且提取电子数据的，应当按照规则的规定，在远程勘验笔录注明有关情况，并附电子数据提取固定清单。远程勘验笔录应当客观、全面、详细、准确、规范，能够作为还原远程计算机信息系统原始情况的依据，符合法定的证据要求。对计算机信息系统进行多次远程勘验的，在制作首次远程勘验笔录后，逐次制作补充远程勘验笔录。网络在线提取、远程勘验使用代理服务器、点对点传输软件、下载加速软件等网络工具的,应当在网络在线提取笔录或者远程勘验笔录中注明采用的相关软件名称和版本号。(7)远程计算机信息系统访问权限。网络在线提取或者网络远程勘验时,应当使用电子数据持有人、网络服务提供者提供的用户名、密码等远程计算机信息系统访问权限。(8)应当全程同步录像的情形。严重危害国家安全、公共安全的案件;电子数据是罪与非罪、是否判处无期徒刑、死刑等定罪量刑关键证据的案件;社会影响较大的案件;犯罪嫌疑人可能被判处五年有期徒刑以上刑罚的案件。

4. 电子数据的检查

(1)新增电子数据检查方式。对扣押的原始存储介质或者提取的电子数据,除可通过数据恢复、破解、关联、统计、比对等方式外,还可通过搜索、仿真等方式进行电子数据检查。(2)电子数据内部移交完整性要求。电子数据检查应当保护在公安机关内部移交过程中电子数据的完整性。移交时,应当办理移交手续,并按照以下方式核对电子数据:①核对其完整性校验值是否正确;②核对封存的照片与当前封存的状态是否一致。对于移交时电子数据完整性校验值不正确、原始存储介质封存状态不一致或者未封存可能影响证据真实性、完整性的,检查人员应当在有关笔录中注明。(3)检查电子数据新原则。①通过写保护设备接入到检查设备进行检查,和通过制作电子数据备份、对备份进行检查是二选一的关系,而不再同步要求;②检查前解除封存、检查后重新封存前后应当拍摄被封存原始存储介质的照片,清晰反映封口或者张贴封条处的状况;③检查具有无线通信功能的原始存储介质,应当采取信号屏蔽、信号阻断或者切断电源等措施保护电子数据的完整性。(4)电子数据检查笔录内容。①基本情况。包括检查的起止时间,指挥人员、检查人员的姓名、职务,检查的对象,检查的目的等。②检查过程。包括检查过程使用的工具,检查的方法与步骤等。③检查结果。包括通过检查发现的案件线索、电子数据、等相关信息。④电子数据提取固定清单。电子数据检查时需要提取电子数据的,应当制作电子数据提取固定清单,记录该电子数据的来源、提取方法和完整性校验值。

第五节　行政及刑事证据运用

一、行政证据运用

（一）行政投诉证据

行政投诉是使用较低成本处理中小规模侵权目标的有效手段。在有关行政执法部门认定侵权目标构成知识产权侵权后，如未能使其完全停止侵权，则可以进一步在民事诉讼中主张惩罚性赔偿，根据《知产惩罚性赔偿司法解释》，经行政处罚后再次实施相同或者类似行为的可以认定“情节严重”。同理，在对侵权目标做调查时，除去与本案直接相关的证据或线索之外，还要留意侵权目标在调查日之前是否有过行政处罚记录，甚至刑事犯罪记录。需要额外指出，能够灵活运用的行政投诉还包括以消费者身份进行产品质量投诉。以商标侵权为例，如果侵权目标生产质量不合格的侵权产品，除去使消费者混淆商品或服务来源的一般损害外，给权利人带来的负面评价还会导致权利人长久努力建立的商誉受损，这种负面评价可以视为“情节严重”，从而适用惩罚性赔偿。尤其是需要国家强制认证的其他产品，其质量不合格时还将构成《知产惩罚性赔偿司法解释》第 4 条第 6 项的“危害公共利益或者人身健康”。①

（二）行政处罚证据

1. 后续民事赔偿

知识产权或反不正当竞争侵权案件，往往存在在先的行政执法程序下的维权，通常为将侵权人之违法行为举报至市场监管部门，由此侵权人可能被市场监管部门责令停止违法行为，并处以罚款、吊销营业执照等行政处罚，之后再依据行政处罚证据提起民事诉讼（见表 17）。

---

① 参见何为、张校铨：《商标、不正当竞争惩罚性赔偿司法解释》，载威科先行网 2022 年 4 月 25 日，https://www.wkinfo.com.cn。

表 17　行政执法与民事诉讼有关赔偿的区别

对比项	行政执法程序	司法程序
证据收集	行政机关接举报后进行调查取证	谁主张谁举证
处理周期	立案起 90 日作出决定,复杂可延长 30 日	自立案之日 6 个月内审结,可延长 6 个月
侵权人法律责任	构成侵权的停止侵权,处罚款,没收侵权产品、吊销营业执照等处罚	构成侵权的停止侵权、赔偿损失等
权利人救济	无法获得赔偿	获得民事赔偿

2. 举证不足风险

在行政证据调取与民事诉讼衔接中,一定需要注意提交《行政处罚决定书》及其行政调查证据。仅提供决定书会被认定未提供足够证据证明侵权行为。市场监管部门作出的《行政处罚决定书》并非《民事诉讼法司法解释》第 93 条规定的法院判决、仲裁裁决或公证文书。而《最高人民法院关于审理商标案件有关管辖和法律适用范围问题的解释》第 10 条亦规定:"人民法院受理的侵犯商标权纠纷案件,已经过行政管理部门处理的,人民法院仍应当就当事人民事争议的事实进行审查。"因此,《行政处罚决定书》确认的事实,当事人仍需举证证明,若当事人仅提交《行政处罚决定书》作为侵权行为之证据,可能会被法院认定未提供足够证据证明侵权行为。司法实践中,山东、河南、云南等地均有因原告未提供除《行政处罚决定书》外的其他证据(如侵权产品的实物)而被法院驳回诉讼请求的案例。①

3. 调取全部证据

原告可申请法院调取行政执法案件卷宗,并将卷宗材料作为证据。② 行政机关在行政执法案件办案过程中,一般会对有违法嫌疑的物品或场所进行现场检查,也可能询问涉案人员,对相关物品进行鉴定等,③由此会形成相关的证据复制(提取)单、询问笔录、鉴定报告等文件,前述文件在行政执法案件结案后将

---

① 如山东省高级人民法院民事判决书,(2018)鲁民终 778 号;河南省洛阳市中级人民法院民事判决书,(2017)豫 03 民初 111 号;云南省昆明市中级人民法院民事判决书,(2013)昆知民初字第 418 号。

② 参见顾巍巍、邹倩明:《品牌维权如何实现"行""民"双管齐下》,载北大法宝 2021 年 5 月 25 日,https://szlx.pkulaw.com/lawfirmarticles/6a67d0e018f02293ab16bbd007d725babdfb.html。

③ 参见《市场监督管理行政处罚程序暂行规定》(已被修改)第 25 条、第 26 条及第 29 条。

被办案人员立卷归档,但通常不会主动披露给举报人或案涉产品的权利人。然而,权利人可在诉讼中申请法院从市场监管部门调取行政执法案件卷宗,并将卷宗中的证据复制(提取)单、询问笔录等作为证据。[①]

但值得注意的是,虽然法院通常会认可从市场监管部门调取的卷宗文件的真实性,但对于卷宗文件中记载的事实,法院并非完全采信,而仅采信有其他证据佐证之事实。如在宁波方太公司与黄某侵害商标权案[②]中,法院认为,由于案涉《行政处罚决定书》中记载的被控侵权产品的进货渠道及库存情况,除侵权人在笔录中作出的陈述之外,无其他证据佐证,故法院对于该部分事实不予采信;但是对于《行政处罚决定书》中载明的侵权人销售被控侵权产品及具体获利金额的事实,由于有询问笔录、产品价牌照片等相关证据进行佐证,故法院对该部分事实予以采信。

在“饿了么”诉美团淮安“二选一”不正当竞争案中,法院对行政处罚的证据全部采信,该案基本案情为:2017 年 9 月 20 日,淮安市清江浦区市场监督管理局接举报反映,三快科技公司运营的“美团”外卖平台在经营过程中有不正当竞争行为,该局随即展开调查。经调查发现,三快科技公司淮安分公司告知部分同时在“美团”外卖和“饿了么”外卖经营的商家,必须与“美团”进行独家合作,否则网店就可能被关停;与商家协商未果后,“美团”便在用餐高峰期停止显示该部分商家,并通过调高起送金额、配送费用、平台提成等手段逼迫商家与“美团”进行独家合作,导致商家只能放弃与其他平台的合作。根据调查情况,淮安市清江浦区市场监督管理局对三快科技公司淮安分公司作出行政处罚,要求该公司立即停止违法行为,并处罚款 7 万元。拉扎斯公司作为“饿了么”平台的运营商,以三快科技公司、北京三快在线科技有限公司(为“美团”平台提供技术支持,以下简称三快在线公司)为被告,向法院提起诉讼,请求判令两被告停止实施强迫商户独家合作的不正当竞争行为,并赔礼道歉、消除影响,赔偿经济损失 106 万元。淮安市中级人民法院一审认为,三快科技公司淮安分公司以调高费率、置休服务、设置不合理交易条件等手段,限制、阻碍商户与“饿了么”平台进行合作,构成不正当竞争,因分公司已被注销,法院在综合考虑侵权行为发生的范围、持续时间及侵权人主观

① 如深圳市罗湖区人民法院判决书,(2016)粤 0303 民初 12200 号;湖北省汉江中级人民法院判决书,(2016)鄂 96 民初 17 号;湖北省孝感市中级人民法院判决书,(2016)鄂 09 民初 15 号。

② 参见湖北省汉江中级人民法院民事判决书,(2016)鄂 96 民初 17 号。

过错等因素的基础上,判令三快科技公司赔偿原告拉扎斯公司经济损失合计352,243.5元,并驳回了原告的其他诉讼请求。拉扎斯公司、三快科技公司不服一审判决,提起上诉。江苏省高级人民法院驳回上诉,维持原判。

二、刑事证据运用

(一)在先刑事证据

我国《刑法》第285条规定了"非法侵入计算机信息系统罪","违反国家规定,侵入国家事务、国防建设、尖端科学技术领域的计算机信息系统的,处三年以下有期徒刑或者拘役。违反国家规定,侵入前款规定以外的计算机信息系统或者采用其他技术手段,获取该计算机信息系统中存储、处理或者传输的数据,或者对该计算机信息系统实施非法控制,情节严重的,处三年以下有期徒刑或者拘役,并处或者单处罚金;情节特别严重的,处三年以上七年以下有期徒刑,并处罚金"。因此,通过破坏技术措施等方式获取竞争对手系统内数据信息的行为,有可能需要承担刑事责任,在不满足《刑法》相关规定的情况下则需要承担民事责任,还可以同时承担刑事和民事责任。

在"车来了"抓取数据不正当竞争案中,原告谷米公司与被告元光公司分别为实时公交信息查询App"酷米客"和"车来了"的运营者。原告谷米公司为提高公交信息准确度,与公交公司达成合作,通过安装定位器获取实时公交位置数据。元光公司为避免公交信息延迟、获取精准数据,破解了谷米公司的"酷米客"App加密系统,并利用爬虫技术爬取了"酷米客"App内实时数据。被告元光公司邵某、陈某、刘某1、刘某2等人被依法追究刑事责任,之后谷米公司以不正当竞争为由起诉元光公司。

我们承办在先刑事处罚后的民事赔偿案件中,部分法院愿意给当事人提供刑事卷宗,但多数法院采取拒绝的态度。还有部分法院,尽管当事人提交刑事卷宗,但仍然因审判的需要再次自行调取刑事卷宗。

(二)刑民交叉程序

在钧正公司等与鸿途公司等不正当竞争案[1]中,上诉人钧正公司、钧丰公司

[1] 参见一审上海市徐汇区人民法院民事裁定书,(2018)沪0104民初29510号之二;二审上海知识产权法院(2020)沪73民终220号。相关刑事判决书见深圳市大展鸿途科技有限公司、李某等人破坏计算机信息系统案,上海市闵行区人民法院刑事判决书,(2020)沪0112刑初821号。

向一审法院起诉请求:(1)判令鸿途公司、创品公司、点点公司立即停止涉案不正当竞争行为;(2)判令鸿途公司、创品公司、点点公司发表声明,以消除对公众的不良影响;(3)判令鸿途公司、创品公司、点点公司共同赔偿钧正公司、钧丰公司经济损失及维权支出的合理费用共计500万元。事实和理由:钧正公司、钧丰公司运营的“哈罗单车”(后更名为“哈啰单车”)向注册用户有偿提供互联网共享单车服务。鸿途公司、创品公司、点点公司未经许可,通过运营“全能车”的互联网平台向用户有偿提供钧正公司、钧丰公司的互联网共享单车服务,其用户在不使用“哈啰单车”App、不成为“哈啰单车”注册用户、不向“哈啰单车”支付任何费用的情况下,便可以通过“全能车”互联网平台不正当获得钧正公司、钧丰公司提供的互联网共享单车服务。此外,鸿途公司、创品公司、点点公司还通过给予“共享收益”的方式恶意引诱钧正公司、钧丰公司的注册用户违反用户协议将“哈啰单车”的注册账号等信息提供给“全能车”不正当使用。上述行为给钧正公司、钧丰公司造成了包括但不限于如下损害:首先,鸿途公司、创品公司、点点公司的上述行为导致了相关公众的混淆,使得相关公众误认为鸿途公司、创品公司、点点公司同钧正公司、钧丰公司存在授权许可、关联或合作关系,不正当地利用了钧正公司、钧丰公司在共享单车领域内的知名度和美誉度,获取了不正当竞争优势;其次,鸿途公司、创品公司、点点公司获取了本应归属于钧正公司、钧丰公司的经济利益,不正当地加重了钧正公司、钧丰公司的运营成本;最后,鸿途公司、创品公司、点点公司的上述行为也导致了钧正公司、钧丰公司用户访问量的降低及用户、潜在用户的流失。综上,鸿途公司、创品公司、点点公司的上述行为妨碍、破坏了钧正公司、钧丰公司的互联网共享单车服务的正常运行,给钧正公司、钧丰公司造成了巨大经济损失,违反了诚实信用原则,也扰乱了正常的市场竞争秩序,构成不正当竞争。一审法院认为,钧正公司、钧丰公司主张鸿途公司、创品公司、点点公司通过其共同运营、管理的“全能车”互联网平台,采取破解“哈啰单车”App,窃取通信加密协议内容及端口信息,攻破服务器加密防火墙等手段,模拟“哈啰单车”注册用户向“哈啰单车”所属服务器发送请求,实现非法分配“哈啰单车”授权账户提供给“全能车”注册用户使用,并借此牟取巨额非法利益。上海市公安局闵行分局已就钧正公司、钧丰公司前述之主张以涉嫌破坏计算机信息系统罪为由对相关犯罪嫌疑人予以刑事立案侦查。《最高人民法院关于在审理经济纠纷案件中涉及经济犯罪嫌疑若干问题的规定》第11条规定，人民法院作为经济纠纷受理的案件，经审理认为不属于经济案件而有经济犯罪嫌疑的，应当裁定驳回起诉，将有关材料移送公安机关或检察机关。一审法院认为，该案可能涉嫌刑事犯罪，应当由公安机关先行处理。若经有关部门认定不构成犯罪的，当事人可另行主张权利。依据《民事诉讼法》第157条第1款第3项、《最高人民法院关于在审理经济纠纷案件中涉及经济犯罪嫌疑若干问题的规定》第11条的规定，裁定：驳回钧正公司、钧丰公司的起诉。

二审法院认为，《最高人民法院关于在审理经济纠纷案件中涉及经济犯罪嫌疑若干问题的规定》第1条规定，同一公民、法人或非法人组织因不同的法律事实，分别涉及经济纠纷和经济犯罪嫌疑的，经济纠纷案件和经济犯罪嫌疑案件应当分开审理。第11条规定，人民法院作为经济纠纷受理的案件，经审理认为不属经济纠纷案件而有经济犯罪嫌疑的，应当裁定驳回起诉，将有关材料移送公安机关或检察机关。根据上述规定，民刑交叉案件一般应遵循分别受理、分别审理的原则。若案件虽作为民商事纠纷案件立案，但案件实质为刑事犯罪案件，民事诉讼的当事人之间并无民商事法律关系的，则应裁定驳回起诉，将全案移送公安机关或检察机关。就该案而言，根据上诉人向一审法院起诉请求及所依据的事实和理由，该案纠纷属于不正当竞争纠纷。被上诉人在实施涉案不正当竞争行为时，其所使用的技术手段涉嫌构成犯罪。该案的实质不是刑事犯罪案件，不正当竞争纠纷案件和相关刑事案件可分别处理。一审裁定适用法律错误，上诉人的上诉请求成立，可予以支持。依照《民事诉讼法》第178条、《民事诉讼法司法解释》第332条规定，裁定如下：(1)撤销上海市徐汇区人民法院(2018)沪0104民初29510号之二民事裁定；(2)该案指令上海市徐汇区人民法院审理。

在实践中，涉刑的侵权行为往往已经因刑事程序而停止，民事判决认定的债权又因为执行困难而失去意义，权利人总是缺乏启动刑事案件相关的民事诉讼的动力(包括存有争议的知识产权刑事附带民事诉讼或者后续的民事诉讼)。

然而，随着《知产惩罚性赔偿司法解释》的实施，不难发现刑事案件非常容易符合惩罚性赔偿的适用要件：假冒即是“故意”，达到入刑标准可能直接符合“情节严重”。因此刑事附带民事诉讼能够获得巨额赔偿判决的可能性大大增加，加之我国民事赔偿优先于刑事罚金的执行分配原则，今后值得考虑更多地启动刑事附带民事诉讼。①

第六节　网络取证的方式

一、微信指数和百度指数

微信指数和百度指数可以用于作品、商标，或者商品名称、企业名称等的知名度举证，也可用于商业诋毁纠纷中对被告诋毁行为负面影响的证明。微信指数计算范围包含且只包含微信搜索、公众号文章及朋友圈公开转发的文章。输入关键词就可以获得“检索”字段7日、30日与90日在微信内的热度情况。百度指数关键词在被百度指数收录前的数据默认为0。

如在四季优美公司与皇健医药公司侵害商标权及不正当竞争案②中，原告向法院提交了百度指数和微信指数等证据，主张可用于进一步证明其生产的“随便果”糖渍青梅商品的知名度。广州知识产权法院最终认定“随便果”属于《反不正当竞争法》规定的有一定影响的商品名称。

再如，在飞狐信息公司等与杭州硕文公司不正当竞争案中，本案被告研发的乐网软件可用于屏蔽原告旗下软件播放的视频广告，原告以被告构成不正当竞争行为，向法院起诉。原告提交的证据中，包括百度指数页面，用于证明硕文公司软件的影响力在迅速增加，越来越多的用户搜索乐网软件（硕文公司开发软件）进行使用。杭州市中级人民法院对该证据予以认可。二审维持原判。

二、淘宝指数

淘宝指数现名“生意参谋”，是阿里公司推出的针对淘宝平台内部交易数据的分析产品。在新百伦公司与周某等侵害商标权案③中，原告在诉讼中提交了淘宝指数和百度指数，证明：（1）淘宝指数曲线显示，“新百伦”、“纽巴伦”和

---

① 参见何为、张校铨：《商标、不正当竞争惩罚性赔偿司法解释》，载威科先行网2022年4月25日，http://www.wkinfo.com.cn。

② 参见广州知识产权法院民事判决书，(2017)粤73民初2103号。

③ 参见广东省高级人民法院民事判决书，(2015)粤高法民三终字第444号。

"NewBalance"搜索指数曲线完全一致，意味着在淘宝商城内，凡是搜索"新百伦""纽巴伦"，搜索结果都指向"NewBalance"产品。(2)新百伦公司的上述行为构成不正当竞争，不仅侵害了周某的"新百伦"商标权益，同时还损害了"纽巴伦"商标权人的商标权益，可见新百伦公司的侵权行为特别霸道、恶劣。(3)百度指数曲线显示，"新百伦"的搜索量远远高于"NewBalance"及"纽巴伦"，这也意味着"新百伦"商标标识对新百伦公司产品销量和利润的贡献率远远高于"NewBalance"及"纽巴伦"。法院最终认定被告新百伦公司构成对原告周某的商标侵权。

三、微博指数

微博指数是对微博上关键词的提及量、阅读量、互动量加权得出的综合指数，更加全面地体现关键词在微博上的热度情况。在网易公司与韦某等侵害作品信息网络传播权案①中，被告韦某通过其微信账号公开发布了网易公司尚未官宣的两涉案新美术形象图。被告梁某通过其微博号在新浪微博上予以发布，导致涉案"SP 荒川之主""玉藻前－净魂狐焰"两个新美术形象在网络上被大量转发及散布。网易公司起诉两被告侵害网易公司的作品发表权、作品复制权和信息网络传播权。法院在事实认定中，采纳了原告提交的近 7 日的微博指数，认为从微博指数来看，"阴阳师"(涉案游戏)依然热度较高，因此，认为其具备较高的知名度。

四、巨量算数

巨量算数数据来源是字节旗下的头条和抖音产品。在金堤公司与苏州朗动公司不正当竞争案②中，原告金堤公司认为其首创"查公司，查老板，查关系"(以下简称三查)广告语用于宣传"天眼查"，被告在宣传时将三查广告语用于自身广告宣传，并采用与天眼查整体相似的广告装潢设计(以蓝色作为背景色、白色作为广告字体色、广告主画面为自然人夸张迷茫表情的设计)，造成相关消费者混淆误认，转移和淡化了"天眼查"依据相应广告享有的权益，获得本不应

① 杭州互联网法院民事判决书，(2020)浙 0192 民初 1638 号。

② 参见北京市海淀区人民法院民事判决书，(2019)京 0108 民初 54091 号。

享有的竞争优势，违背诚信原则和商业道德，构成不正当竞争。

原告提交了百度指数、TalkingData 移动观象台、头条指数中“天眼查”关键词的整体日均值、移动日均值、整体同比和环比、移动同比和环比多数高于“企查查”；“天眼查”App 的排名亦高于“企查查”（被告苏州朗动公司经营产品）App；抖音短视频 App 中，“天眼查”账号的获赞和粉丝数远高于“企查查”账号。金堤公司据此认为，“天眼查”产品及服务的影响力和知名度大于“企查查”。北京市海淀区人民法院最终认定被告构成不正当竞争。

五、Alexa 网站排名

Alexa 中文可以提供中文网站排名，官方数据查询，网站访问量查询，网站浏览量查询，排名变化趋势数据查询等服务。金堤公司与苏州朗动公司不正当竞争案中被告提交了 Alexa 排名，显示网站 www. qichacha. com 的全球综合排名第 1665 位，中文网站排名第 350 位，常用查询排名第 15 位；网站 www. tianyancha. com 全球综合排名第 2954 位，中文网站排名第 363 位，常用查询排名第 16 位，证明其运营的“企查查”产品及服务知名度较高，并无攀附金堤公司或其“天眼查”产品及服务的故意。

六、区块链

在华泰一媒公司与道同公司侵害作品信息网络传播权案①中，法院认为，对于采用区块链等技术手段进行存证固定的电子数据，应秉承开放、中立的态度进行个案分析认定，具体应以电子证据审查的法律标准为基础，结合区块链技术用于数据存储的技术原理，审查确认区块链电子存证符合以下 4 个要素时，可认定该电子证据的法律效力：（1）审查电子数据来源的真实性，即产生电子数据的技术可靠、路径可查等；（2）审查电子数据存储的可靠性，即区块链技术作为电子数据存储方式是否具有难以删除、篡改的特征；（3）审查电子数据内容的完整性，包括初始上链的电子数据是否系涉案侵权文件所对应的电子数据及各区块链中所对应的涉案电子数据是否一致；（4）审查电子证据与其他证据相互印证的关联度。

① 参见杭州互联网法院民事判决书，（2018）浙 0192 民初 81 号。

七、可信时间戳

最早的与时间戳相关的法律规定是2005年施行的《电子签名法》,对数据电文和电子签名与认证进行了相应的规定,指出了判断数据电文是否完整、有效以及电子签名是否可靠的一般标准,其中第7条明确指出“数据电文不得仅因为其是以电子、光学、磁或者类似手段生成、发送、接收或者储存的而被拒绝作为证据使用”。

2010年最高人民法院、最高人民检察院等联合发布的《关于办理死刑案件审查判断证据若干问题的规定》第29条规定,电子邮件、电子数据交换、网上聊天记录、网络博客、手机短信、电子签名、域名等属于电子证据。2012年修订的《民事诉讼法》第63条将“电子数据”作为独立的证据类型予以规定。2013年1月1日起正式施行的修订后的《刑事诉讼法》第48条,2015年5月1日起正式施行的修订的《行政诉讼法》第32条均认定“电子数据”作为独立的证据类型。2020年最高人民法院发布的《民事诉讼法司法解释》第116条明确区分了电子数据和视听资料,对于电子证据在民事诉讼法领域的运用作了详细界定。因此,可信时间戳作为电子数据形式的一种,可以在诉讼程序中作为证据使用。

为证明待证事实,使用可信时间戳收集、固定的证据内容属于电子数据类证据。

尤其《最高人民法院关于互联网法院审理案件若干问题的规定》以司法解释形式对哈希值校验、可信时间戳及区块链存证方式进行了法律确认。相较于传统的公证存证方式而言,可信时间戳等电子存证方式具有成本低、效率高、易操作等优势,在涉网知识产权纠纷的取证中得到了广泛运用。

2008年深圳市龙岗区人民法院审理的“利龙湖”不正当竞争案①,是我国首例在司法审判中应用时间戳的案件。该判决书中记载:“原告申请法院对上述网页打印资料真实性予以核实。本院在案件审理过程中,依据原告提供的网址线索,分别登录上述网站进行浏览核查,分别以打印浏览网页资料及保存浏览网页数据并加盖时间戳的方式固化调查内容。被告方对经法院调查核实的网页资料真实性无异议。”可见,时间戳在此案中的应用并非案件当事人主动提交

① 参见深圳市龙岗区人民法院民事判决书,(2008)深龙法民初字第5558号。

的证据,而是法院依照当事人申请进行的调查中所采用的手段。

根据深圳市龙岗区人民法院的宣传,法院与由国家授时中心负责授时与守时的时间戳服务机构组成联合调研组,就电子证据固化领域的专业问题进行技术及法理、应用等多重研讨,成功构建"人民法院 TSA 电子证据固化系统"并开始在涉及数据电文证据的案件中展开应用。"利龙湖"不正当竞争案就是这一系统运用的成果之一。通过这一措施,减少了当事人在相关证据调查及开示程序中的异议、降低权利人因此而支出的维权费用与取证成本。

在"微信表情"和"微信红包"侵权案①中,针对主要争议焦点,根据当事人提交的包含可信时间戳认证证书在内的多重证据,北京互联网法院作出认定:(1)原告腾讯科技公司(以下简称原告)对涉案微信表情享有著作权;(2)被告青曙网络科技公司(以下简称被告)相关行为侵犯了原告腾讯科技公司的信息网络传播权;(3)"微信红包聊天气泡和开启页"构成作品,被告侵犯了原告的信息网络传播权;(4)"微信红包"相关页面构成"有一定影响的装潢",被告有关行为构成不正当竞争。

第七节　举证妨碍司法实践

一、举证妨碍的规定

关于举证妨碍制度,2013 年 8 月第三次修正的《商标法》首次在知识产权实体法领域引入,如《商标法》第 63 条第 2 款规定:"人民法院为确定赔偿数额,在权利人已经尽力举证,而与侵权行为相关的账簿、资料主要由侵权人掌握的情况下,可以责令侵权人提供与侵权行为相关的账簿、资料;侵权人不提供或者提供虚假的账簿、资料的,人民法院可以参考权利人的主张和提供的证据判定赔偿数额。"为了便捷当事人适用,同时考虑到《反不正当竞争法》《种子法》没有对举证妨碍制度作出规定,《知产证据规定》第 25 条和《知产惩罚性赔偿司法

① 参见北京互联网法院民事判决书,(2019)京 0491 民初 16794 号。2019 年度北京市法院知识产权司法保护十大案例之九。

解释》第 5 条第 3 款都依法作出相应的细化规定，规定人民法院要求提交的情形下，如果当事人具有无正当理由拒不提交或者提交虚假证据等情形的，就可以适用举证妨碍制度。

二、举证妨碍后果

不正当竞争案件具有多样化、隐蔽化等特点，其构成侵权的证据往往难以获取，尤其是发生在以内部数据为主的互联网领域，内部数据证据往往由网站的开办者掌握，其他当事人难以获得完整准确的信息。

司法实践中，拒不配合和妨害证据保全的现象时有发生，为增强法律权威，督促当事人履行诉讼义务，保障证据保全的顺利实施，《知产证据规定》第 13 条、第 14 条明确了当事人无正当理由拒不配合或者妨害证据保全，致使无法保全证据的，或者破坏已经采取保全措施的证据，致该证据不能使用的，人民法院可以确定由其承担不利后果。《知产证据规定》第 25 条明确了证明妨碍规则的适用。对于经人民法院依法要求提交有关证据的当事人，如果其无正当理由拒不提交、提交虚假证据、毁灭证据或者实施其他致使证据不能使用行为的，人民法院可以推定对方当事人就该证据所涉证明事项的主张成立。构成《民事诉讼法》第 114 条规定的“伪造、毁灭重要证据”“拒不履行人民法院已经发生法律效力的判决、裁定”等情形的，人民法院可以依法予以制裁，对其采取妨害民事诉讼的强制措施，情节严重构成犯罪的，还会面临刑事责任的追究。

《知产证据规定》第 25 条规定，“人民法院依法要求当事人提交有关证据，其无正当理由拒不提交、提交虚假证据、毁灭证据或者实施其他致使证据不能使用的行为，人民法院可以推定对方当事人就该证据所涉证明事项的主张成立”。《知产证据规定》第 25 条的证明妨碍规则既适用于第 2 条人民法院依职权要求当事人提供证据的情形，也适用于第 24 条人民法院依当事人申请签发证据提供令的情形。当事人对其妨害诉讼和不诚信诉讼的行为，既要承担事实推定上的不利后果，还有可能被采取妨碍民事诉讼的强制措施，情节严重构成犯罪的，还会面临刑事责任的追究。

如在腾讯诉微时空宝信刷量案中，原告通过公证取证的方式能够证明的是被告存在上述行为并进行牟利，但原告不可能掌握被告通过“宝信”平台利用托管微信账号为微信公众号、小程序提供刷量服务、添加粉丝以及发表评论获取利益的全部数据。法院依据原告申请,调取被告微时空公司开立的支付宝账户,但不可能调取所有用于侵权行为的交易账户。对于该案被告的实际获利金额的证据,无论从后台网站数据还是被告掌握的收入账户来看,均由被告控制。综合分析双方当事人的举证能力,深圳市中级人民法院认定原告已经尽可能穷尽举证方式证明被告的侵权获利,如无被告诚实举证,该案无法准确查明被告实施侵权行为获利的实际金额。被告就"宝信"平台侵权行为实际发生的时间和交易金额、赵某个人支付宝账户是否在 2018 年 9 月之前用于微时空公司奖励提现,被告均在庭审中作了不实陈述,在庭后才予以部分澄清;关于交易账户,合议庭在庭审中讯问被告是否已提交全部用于"宝信"平台收款及发放奖励提现的账户,被告称已全部出示。但事实上针对法院第二次通过支付宝公司调取的交易流水已经显示在被告承认的用于返现和收取交易费用的两个交易账户之外至少存在其他账户的情况下,被告仍然予以否认法院调取的深圳海智睿科技有限公司账户系用于"宝信"平台奖励提现的账户。被告的上述行为已违反民事诉讼中当事人应当遵循的诚实信用原则。针对原告在公证取证中在相关网站中出现的对涉案"宝信"平台的宣传文章中展示的其他交易记录信息,在支付宝公司回函明确其无法全部查实后,合议庭庭审中明确询问两被告"宝信"平台后台数据储存情况是否能提供,且向双方当事人释明原被告双方都有如实向法庭作证和提交证据的责任和义务,被告回答仍称不清楚且没有提供合理的解释理由。被告行为即表明拒绝向法院提供所有真实流水交易的信息。被告的行为已经构成故意妨碍案件事实查明。法院综合考虑微时空公司隐瞒收款账户、隐瞒支付奖励提现账户、隐瞒持续侵权周期等情节的诉讼中违背诉讼诚信原则,无正当理由拒不提交人民法院要求提交的证据,以及其侵权主观恶意,腾讯公司微信生态的社会知名度和影响力等分析意见,裁量确定微时空公司应当赔偿腾讯公司经济损失 23,745,080 元,并消除影响。一审判决后,双方当事人均未上诉,一审判决生效。①

针对涉及网络不正当竞争纠纷中经济损失赔偿数额"举证难"的问题,合理适用证据规则,依法保护权利人合法利益。在原告已经提供与被告获利相关的

① 参见蒋筱熙、兰诗文:《挂机刷量行为构成不正当竞争:深圳中院引入证据妨碍规则判决被告赔偿 2300 余万元》,载《人民法院报》2020 年 12 月 29 日,第 3 版。

初步证据，且与诉争行为相关的账簿、资料由被告掌握的情形下，责令被告予以提交；如其无正当理由拒不提供或提供虚假材料，则在判断原告提出的赔偿数额计算方式具有合理性的基础上，作出充分支持原告主张的裁判结果。在“爱奇艺账号”不正当竞争纠纷案中，在二被告无正当理由拒不提供其与游戏开发商之间的分成协议的情形下，结合原告主张的其会员收费损失计算方式、涉案App积分购买价格、涉案App下载量等因素，综合判定支持原告主张的全部经济损失290余万元；在BBC与爱语吧公司侵害商标权及不正当竞争案①中，合议庭再三释明并要求被告提交证据证明其真实收益，但被告仍坚称仅有100余美元的收入，且拒不提交相关财务账簿等能够客观、全面反映其获利的证据，法院最终结合涉案侵权情节、侵权后果、侵权恶意等因素，全额支持了原告主张的经济损失及合理开支共计100余万元。②

举证妨碍实际上包括拒不提供证据和提供不完整或虚假的证据情形。尤其在广东永泉阀门公司（以下简称广东永泉公司）与东莞永泉阀门公司（以下简称东莞永泉公司）等侵害商标权及不正当竞争案③中，法院认为，广东永泉公司仅能举证东莞永泉公司、申核公司在网络平台上的销售单价、行业利润率、概括性的侵权规模以及相关维权支出等初步证据，未能据此确定权利人的实际损失、侵权人的侵权获利或者相关权利许可使用费。并且因广东永泉公司已尽力举证，而与侵权行为相关的账簿、资料主要由侵权人掌握的情况下，法院根据《商标法》第63条第2款的规定，责令东莞永泉公司、申核公司向法院提交与侵权行为相关的账簿等资料。东莞永泉公司、申核公司虽有提交，但所提交的账簿明显缺失广东永泉公司所举证证实的北京大兴机场等相关工程材料款、该案公证购买被诉产品款以及周某账户收取的多笔材料款等账目，故东莞永泉公司、申核公司并未完整、全面、真实提供财务账簿、资料，未如实履行证据披露义务，构成举证妨碍，依法应承担相应不利法律后果。据此，综合该案证据，由于各方当事人的举证均难以确定其因侵权行为所遭受的损失或其侵权获利所得，

---

① 参见北京市海淀区人民法院民事判决书，(2018)京0108民初5197号；北京知识产权法院民事判决书，(2020)京73民终1557号。

② 参见北京市海淀区人民法院课题组等：《涉网络不正当竞争纠纷的法律适用问题研究——以知识产权司法保护推动营商环境优化为视角》，载《中国应用法学》2020年第2期。

③ 参见广东省高级人民法院民事判决书，(2020)粤民终1588号。

亦无可参照的权利许可使用费，故法院适用裁量性赔偿方式，依法对该案赔偿数额进行酌定。由于东莞永泉公司的侵权主观恶意明显，侵权行为情节严重，综合以上因素并体现惩罚性，对于东莞永泉公司的商标侵权行为以及不正当竞争行为，法院依法按法定赔偿上限确定该案赔偿数额，即法院认定东莞永泉公司侵犯广东永泉公司注册商标专用权需向广东永泉公司赔偿经济损失及为制止侵权支出的合理维权费用合计500万元，东莞永泉公司因实施不正当竞争行为需向广东永泉公司赔偿经济损失及为制止侵权支出的合理维权费用合计500万元，以上两项共计1000万元。

三、妨害诉讼与举证妨碍区分

需要注意的是，《知产证据规定》第13条、第14条规范的是证据保全中妨害诉讼秩序的行为，与第25条规定的证明妨碍规则在制度目的、适用对象等方面有所不同，相应的法律后果也有所区别。在证据保全的实施过程中，为防止证据持有人事先转移、销毁或者篡改证据，保全裁定可以不事先送达。同时为保障其知情权，保全人员到达证据保全现场实施保全措施之前，应当先向其送达证据保全裁定书，告知其相关权利义务，尽可能减少抵触情绪，争取其主动配合，防止拒不配合和妨碍保全等情形的出现。

如果当事人擅自转移、处分保全证据的，其法律后果可以推定侵权成立，并可以对被诉侵权人采取罚款等民事强制措施。如在周某与无锡瑞之顺机械设备制造有限公司侵害发明专利权纠纷案①中，法院从诚信诉讼和证据规则入手，针对被诉侵权人擅自转移、处分被法院保全的证据进而导致无法查明相关技术事实的情形，依法推定权利人就该证据所涉证明事项成立。与此同时，对于侵权人擅自转移、处分被法院保全证据的妨害民事诉讼行为，依法予以罚款。

---

① 参见一审江苏省苏州市中级人民法院民事判决书，(2019)苏05知初1122号；二审最高人民法院民事判决书，(2021)最高法知民终334号。

第五章　互联网通知—删除规则

第一节　电商平台通知—删除规则

一、通知—删除规则立法

《民法典》第 1195 条规定，网络用户利用网络服务实施侵权行为的，权利人有权通知网络服务提供者采取删除、屏蔽、断开链接等必要措施。网络服务提供者接到通知后，应当及时将该通知转送相关网络用户，并根据构成侵权的初步证据和服务类型采取必要措施；未及时采取必要措施的，对损害的扩大部分与该网络用户承担连带责任。

2020 年 9 月 10 日，最高人民法院发布了《电商平台知产民事案件意见》，该司法解释是对 2019 年 1 月 1 日起生效的《电子商务法》的进一步补强。《电子商务法》第 42 条第 3 款规定了“知识产权权利人恶意发出错误通知，造成平台内经营者损失的，加倍承担赔偿责任”。这也是诚实信用原则的体现。该司法解释进一步明确了上述所称的“恶意”，其可以考量的因素包括：提交伪造、变造的权利证明；提交虚假侵权对比的鉴定意见、专家意见；明知权利状态不稳定仍发出通知；明知通知错误仍不及时撤回或者更正；反复提交错误通知等。与此相对的，还列举了判断平台内经营者进行申诉时是否具有恶意的一些考量因素。除上述与诚实信用原则相关的内容以外，该司法解释还进一步明确了权利人在发起投诉时需要提交的相关资料，以及平台内经营者进行申诉时需要提交的相关资料等。

该司法解释的发布，给电商平台、平台内经营者以及知识产权权利人这三方都提供了明确的指引。

二、平台知识产权保护义务

平台知识产权保护规则在《电子商务法》第41条有明确规定，即“电子商务平台应当建立知识产权保护规则”，这是平台的法定义务。如果未建立知识产权保护规则，平台即违反了《电子商务法》的规定。

三、通知—删除规则理解

在腾讯计算机公司等与微播视界公司等诉前行为保全案①中，法院认为，通知—删除规则系在特定技术条件之下，基于平衡权利人与平台之间的利益而制定。该条款的目的在于既要为互联网行业提供发展空间，又要保护权利人的利益。在此规则下，网络服务提供者对于网络用户利用其平台实施的侵权行为，只要其接到通知后采取了删除、屏蔽及断开链接等必要措施制止侵权行为，可不承担赔偿责任。但需明确的是：首先，网络服务提供者不得利用该免责条款而对明知或应知的网络用户侵权行为不予制止，继而损害权利人的利益。是而，通知—删除规则适用的前提是网络服务提供者不知也不应知侵权行为的存在，否则不适用。其次，在通知—删除规则下，网络服务者对于网络用户利用其平台实施的侵权行为并非只负删除义务，而是负有采取删除、屏蔽、断开链接等必要措施的义务。至于必要措施的界定，则与技术发展密切相关。在现有技术无法实现过滤、拦截等功能或使用该现有技术的成本无法承受的情况下，该技术当然不应纳入必要措施范围，但当该技术本身已成为可能且成本可承受时，则平台在知道新侵权视频仍在不断上传的情况下，其在删除已有侵权视频外承担过滤、拦截义务则是理所当然。若法院不考虑技术发展现状而一味机械适用通知—删除规则并狭隘理解平台只有删除已发现侵权视频义务，不考虑技术发展使平台发现侵权和避免侵权能力提升的现实，这将使权利人和平台之间陷入通知—删除—再通知—再删除的无意义循环，使该规则成为平台怠于履行保护权利人义务的“护身符”，不当增加权利人维权成本，使权利人的合法权益持续

① 参见重庆市第一中级人民法院民事裁定书，(2021)渝01行保1号之一。重庆市高级人民法院《重庆法院网络空间司法保障典型案例(第三批)》、重庆法院2021年知识产权司法保护十大典型案例、2021年中国法院十大知识产权案件和50件典型知识产权案例。

受到损害。基于此,必要措施的内容并非固定的、不变的、机械的,而是动态的、可变的与发展的,必须兼顾技术发展现状及当事人之间利益格局的变化。为了防止侵权行为的继续和侵害后果的扩大,当新的技术出现且该新技术可能实现的情况下,应当将新的技术纳入必要措施范畴。

第二节　通知—删除规则指引

一、发出通知的要求

《电商平台知产民事案件意见》第5条对合格通知的判断进行了规定:“知识产权权利人依据电子商务法第四十二条的规定,向电子商务平台经营者发出的通知一般包括:知识产权权利证明及权利人的真实身份信息;能够实现准确定位的被诉侵权商品或者服务信息;构成侵权的初步证据;通知真实性的书面保证等。通知应当采取书面形式。通知涉及专利权的,电子商务平台经营者可以要求知识产权权利人提交技术特征或者设计特征对比的说明、实用新型或者外观设计专利权评价报告等材料。”

《专利法》修改时,曾经有一个草案规定了电商平台在处理专利侵权投诉时要引入通知—删除规则,但是,该条文引发了巨大争议。主要反对观点认为,电商平台很难判断专利侵权是否存在以及成立,因此不应该苛责平台承担删除的义务。基于这个原因,该规定最后在《专利法》修改定稿时并未被采纳。

《电商平台知产民事案件意见》第5条的规定,是平台经营者“可以”要求知识产权权利人提交技术特征的材料,而不是“应当”,这就需要平台根据具体情况进行具体判断。

实务中有效通知的材料一般包括:(1)权利人信息,联系方式和地址;(2)侵权链接等;(3)构成侵权的初步材料。[①]

实际上,实务中就经常出现投诉人向平台经营者提交的证据因证明力不足

---

① 参见李金招、张晓鹏、蒋晓焜:《手把手教你拆解“避风港”原则》,载北大法宝2020年5月25日,http://gdlawyer.chinalawinfo.com/fulltext_form.aspx? Gid=1778417632&Db=lawfirmarticles。

而不被认可的情形，如在淘宝公司与济南佐康公司侵害商标权案[①]中，法院认为，济南佐康公司仅以跨渠道销售的理由不能证明相关商品为侵权商品，其主张相关商家侵犯其商标权的理由并不充分，要求淘宝公司删除相关链接并下架商品将使其不必要地承担被经营者追究违约或侵权责任的风险。在淘宝公司要求济南佐康公司提供商标侵权的具体理由与依据后，济南佐康公司并未提交相关证据，因此济南佐康公司向淘宝公司发送的投诉材料及律师函欠缺初步的侵权证据支持，不属于有效通知。

二、电商平台的审查

在通知环节中，电商平台经营者实际上履行的是形式审查义务，即只要平台经营者在审查投诉人的通知时，认为其符合构成侵权的初步证据，就可以采取必要措施制止侵权行为的进一步扩大。即使后面发现投诉人的通知是错误通知，此时平台经营者也已经驶入“避风港”之中，无须再承担责任。至于此时平台内经营者所遭受的损失，《电子商务法》第 42 条规定：因通知错误造成平台内经营者损害的，投诉人依法承担民事责任。[②]

如杭州曼波鱼诉台州康贝厂不正当竞争纠纷案[③]便是因为投诉人的错误通知，导致电商平台经营者删除被投诉人的淘宝信息，被投诉人因遭受损失提出诉讼的例子。

全国首例苹果商店投诉行为禁令案[④]，斗鱼平台认为自己旗下的 3 名独家签约游戏主播在合同履行期内在虎牙公司旗下的两大平台上进行游戏直播，而虎牙公司未经斗鱼平台授权，擅自对自己享有著作权的音视频作品进行传播，相关行为涉嫌构成著作权侵权。基于此，斗鱼平台关联公司鱼行天下公司自 2018 年 8 月 28 日至 2019 年 2 月 15 日向苹果公司发起 23 次投诉，要求苹果公司将虎牙公司旗下两个直播程序从苹果应用商店下架。虎牙公司被其骚扰得防不胜防，为此，虎牙公司向广东省广州市南沙区人民法院提起不正当竞争诉

① 参见山东省济南市中级人民法院民事判决书，(2017)鲁 01 民终 3439 号。

② 参见李金招、张晓鹏、蒋晓焜：《手把手教你拆解“避风港”原则》，载北大法宝 2020 年 5 月 25 日，http://gdlawyer.chinalawinfo.com/fulltext_form.aspx? Gid = 1778417632&Db = lawfirmarticles。

③ 参见浙江省高级人民法院民事判决书，(2010)浙知终字第 196 号。

④ 参见广东省广州市南沙区人民法院民事裁定书，(2019)粤 0115 民初 1339 号。

讼,并申请行为保全,请求法院责令鱼行天下公司立即停止针对虎牙公司在苹果公司的投诉。广东省广州市南沙区人民法院作出裁定,要求在双方纠纷判决生效前,鱼行天下公司立即停止针对虎牙公司的投诉。该裁定是国内法院作出的首份“停止投诉”裁定书。①

三、通知—删除规则的例外

在微信小程序案②中,原告刀豆公司经授权享有“得到”软件上专栏作品的复制权、发行权、信息网络传播权,被告一百赞公司开发运营的“在线听阅”“咯咯呜”“回播”三个微信小程序中均有上述收听栏目,经比对,微信小程序收录的相关音频内容与“得到”软件上相对应的作品一致。根据小程序管理后台数据显示,2018 年 3 月至 9 月,三个小程序合计产生广告收入 21,227 元。被告二腾讯公司在诉讼过程中就微信小程序技术原理等内容进行了公证保全。庭审中,被告一确认涉案三个小程序已由其自行完成下架。该案涉及微信小程序服务提供者的责任界定,称为“微信小程序”第一案,也是全国首例新类型网络服务提供者不适用通知—删除规则的司法认定。该案中,一审、二审法院对于腾讯公司向开发者提供的小程序服务的服务内容及性质的界定虽然存在不同的论证观点,但最终结果都认定本案中微信小程序的网络服务提供者不适用通知—删除规则。从终审法院的判决可以看出,该案明确了微信小程序的法律属性,确定了因技术问题以及法律要求的必要限度内不能实现定点删除具体内容的新型网络服务提供者所需要采取的必要措施。需要注意的是,本案中的微信小程序的网络服务提供者虽然不适用通知—删除规则,但并非没有任何法定义务,腾讯公司理应在权利人发出有效的通知后,在技术可行范围内采取必要措施。同时,应对小程序开发者主体信息进行实名认证并予以公布,而对于重复侵权的小程序开发者应当采取必要的措施来防止侵权行为的再次发生。

---

① 参见付斌、王君:《通过判决引导行业规范竞争——广州发出全国首例投诉行为禁令》,载中国法院网 2019 年 4 月 22 日,https://www.chinacourt.org/article/detail/2019/04/id/3847973.shtml。

② 参见一审杭州互联网法院民事判决书,(2018)浙 0192 民初 7184 号;二审杭州市中级人民法院民事判决书,(2019)浙01 民终4268 号。杭州互联网法院2021 年涉电子商务平台十大典型案例、2019 年中国法院 50 件典型知识产权案例、2019 年度浙江法院十大知识产权案件。

第三节　通知—删除规则程序

一、必要措施

对于何为必要措施,《电商平台知产民事案件意见》第 3 条规定:“电子商务平台经营者知道或者应当知道平台内经营者侵害知识产权的,应当根据权利的性质、侵权的具体情形和技术条件,以及构成侵权的初步证据、服务类型,及时采取必要措施。采取的必要措施应当遵循合理审慎的原则,包括但不限于删除、屏蔽、断开链接等下架措施。平台内经营者多次、故意侵害知识产权的,电子商务平台经营者有权采取终止交易和服务的措施。”

此条规定赋予电商平台在接到投诉通知后对必要措施的充分选择权,电商平台要根据侵权的初步证据和服务类型而采取相应的必要措施。尽管列举的主要措施是删除链接、屏蔽或者断开链接,最严重的情况是终止商家的服务,但这些措施列举不是穷尽性的,电商平台还可以根据情况选择其认为应该选择的其他合理而必要的措施。

“必要措施”和“转通知”两者都是平台内经营者必须履行的义务,二者不可偏废。如果平台经营者只采取“必要措施”而没有“转通知”,或者只采取“转通知”而没有采取“必要措施”,都应该对继续扩大的损失承担对应的责任。在威海嘉易烤公司诉金仕德公司、天猫公司侵害发明专利权案①中,法院认为,天猫公司作为电子商务网络服务平台的提供者,基于其公司对于发明专利侵权判断的主观能力、侵权投诉胜诉概率以及利益平衡等因素的考量,并不必然要求天猫公司在接受投诉后对被投诉商品立即采取删除和屏蔽措施,对被诉商品采取的必要措施应当秉承审慎、合理原则,以免损害被投诉人的合法权益。但是将有效的投诉通知材料转达被投诉人并通知被投诉人申辩当属天猫公司应当采取的必要措施之一。否则权利人投诉行为将失去任何意义,权利人的维权行

① 参见浙江省高级人民法院民事判决书,(2015)浙知终字第 186 号。2017 年最高人民法院发布第十六批指导性案例之八十三、2015 年浙江法院十大知识产权保护案件、最高人民法院发布 2015 年十大知产案件和 50 件典型知产案例。

为也将难以实现。网络服务平台提供者应该保证有效投诉信息传递的顺畅,而不应成为投诉信息的黑洞。而天猫公司对于其未履行上述基本义务而导致被投诉人未收到任何警示从而造成损害后果的扩大,应负相应责任。

现行法律规定网络服务提供者接到权利人通知后有义务删除侵权视频,但其是否有义务采取对平台上无法确定位置的侵权内容进行清理与拦截,并无明确规定,司法实践中亦存在争议。平台基于自身利益,对平台上用户上传的大量侵权内容视而不见,并利用前述规则逃避责任,严重损害权利人权利。如腾讯计算机公司等与微播视界公司等诉前行为保全案是全国首例支持著作权人要求短视频平台采取过滤、拦截等措施阻止侵权视频上传的行为保全裁定,首次确立了通知—删除规则下动态界定平台义务的裁判规则。

在爱奇艺诉字节公司首例算法推荐案①中,主要争议焦点为:作为信息存储空间和信息流推荐技术提供者的字节公司,对于侵权视频的传播是否构成明知或应知、是否采取了必要合理措施;字节公司在采用信息流推荐技术为用户提供服务的过程中,是否对涉案侵权后果的产生具有过错,应否承担相应的侵权责任。

最终法院认定,字节公司具有充分的条件、能力和合理的理由知道涉案侵权行为的存在,主观上构成"应知";客观上,其针对侵权行为所采取的措施,并不符合有效制止、预防明显侵权的实质要求,尚未达到"必要"的程度。因此构成帮助侵权,应当与用户承担连带责任。字节公司在采用算法推荐技术获得更多流量和竞争优势的同时,应负有更高的注意义务。

北京市海淀区人民法院对爱奇艺诉字节公司首例算法推荐案一案作出判决,经审理,法院认定字节公司具有充分的条件、能力和合理的理由知道其众多涉案软件用户大量地实施了涉案侵权行为,属于法律所规定的应当知道情形。字节公司在该案中所采取的相关措施,尚未达到"必要"程度。字节公司不仅是信息存储空间服务,而且同时提供了信息流推荐服务,理应对用户的侵权行为负有更高的注意义务。最终,字节公司的涉案行为构成帮助侵权,并判定赔偿原告经济损失 150 万元及诉讼合理开支 50 万元,共计 200 万元。

---

① 北京市海淀区人民法院民事判决书,(2018)京 0108 民初 49421 号。2021 年中国新文娱十大影响力案例。

二、通知—删除规则流程

《电子商务法》设计了一个全新的通知—删除流程，即权利人发出通知（第42条第1款）—电子商务平台经营者收到通知后采取必要措施、转送通知（第42条第2款）—被通知的被控侵权人提交不侵权的声明（第43条第1款）—电子商务平台经营者收到不侵权声明向权利主张人发出反通知、告知其投诉或起诉（第43条第2款）—反通知15日后权利主张人未投诉或起诉的，终止措施（第43条第2款）。《电子商务法》第42条至第45条设定了通知—删除的新机制，并没有规定其仅适用于某一特定的知识产权类型。一般认为，通知—删除机制适用于版权、商标权、专利权和《反不正当竞争法》。

15天等待期的设置是《电子商务法》的特别规定，要求通知人必须在15日之内起诉或投诉，否则无法维持必要措施。这个15日等待期的规定引发了业界激烈的讨论。

《民法典》第1196条第2款对15日的等待期进行了软化处理，该款规定："网络服务提供者接到声明后，应当将该声明转送发出通知的权利人，并告知其可以向有关部门投诉或者向人民法院提起诉讼。网络服务提供者在转送声明到达权利人后的合理期限内，未收到权利人已经投诉或者提起诉讼通知的，应当及时终止所采取的措施。"《民法典》将"等待期"的长度改为弹性规定，在一定程度上软化了15日等待期所造成的僵局，相对来讲更为合理，[①]也给平台灵活处理具体情形以更大的自治空间。

三、通知—删除规则存在的问题

从《电子商务法》第41条至第45条的内容来看，电子商务平台至少要在以下三个方面承担知识产权保护的义务：一是建立知识产权规则保护知识产权的义务；二是处理通知时及时采取必要措施的义务和反通知时及时公示的义务；三是在知道或者应当知道平台内存在知识产权侵权时采取必要措施的义务。《侵权责任法》（已失效）第36条发展而来的通知—删除规则，将电子商务平台

① 参见杜颖、刘斯宇：《电商平台恶意投诉的构成分析与规制创新》，载《中国应用法学》2020年第6期。

限缩在一个上传下达的信使功能上，电子商务不同于《侵权责任法》第 36 条所针对的网络服务。

《电子商务法》中的知识产权通知—删除规则，正是缺乏类似诉前禁令的三个要件而问题突出。第一，通知没有经过实质审查，导致滥用和错误的可能性较高，平台内经营者只能接受通知后的“删除”，既没有选择空间，也有没有法院的公信力和权威性，难免会产生“不公”质疑。第二，没有设置事前担保，损失难以弥补的风险较大。尽管规定了事后赔偿救济，但事后要求赔偿的维权成本和举证难度都会较大，与担保金相比弥补损失的效果欠佳。第三，对知识产权权利人的要求较低，很多时候权利人没有充足把握也会发送通知，无论是 15 日后不起诉还是起诉错误进行赔偿，都会导致社会总收益的减少，给电子商务发展带来不利影响。这三点正是电子商务通知—删除规则问题产生的根源。

下　篇

互联网不正当竞争损害赔偿篇

第一章　互联网不正当竞争损害

第一节　竞争损害性质和认定

一、竞争损害性质

2017年修订的《反不正当竞争法》第2条将不正当竞争行为界定为"扰乱市场竞争秩序,损害其他经营者或者消费者利益的行为"。反不正当竞争案件中的损害要件具有经营者或者消费者利益双重功能。一方面,权益受损是提起诉讼的基础,无损害即无救济;另一方面,损害也是判断互联网新型竞争行为是否构成不正当竞争行为的要件之一。

竞争利益受损并不必然构成不正当竞争,只有竞争行为同时具有不正当性时,才需要适用《反不正当竞争法》进行规制。例如,在"流量劫持"的语境下,争夺流量的行为先天被贴上了负面标签,但在互联网产业内,流量实质上与一般等价物无异,属于经营者普遍争夺的目标,最终归于某特定市场主体仅系竞争结果的客观表现,以此反向推论竞争法意义上的损害尚不具备充分条件。互联网行业具有更强的技术性、跨界性和动态性。因此,在判定互联网领域竞争行为的不正当性需要将商业伦理放在互联网产业背景下进行考量,对被诉行为是否违反市场经营者普遍遵循的商业惯例、被诉产品或技术是否具有实质性非侵权用途、被告是否具有实施不正当竞争行为的主观故意、被诉产品或技术是否有利于保护公共利益或增进消费者福祉以及权利人可否通过适当的技术手段消除被诉行为带来的影响等因素予以综合判定。①

---

① 参见徐俊、姜广瑞、徐弘韬:《互联网经济视角下的产业实践与法律逻辑——关于互联网专条兜底条款适用的调研报告》,载搜狐网2021年7月18日,https://www.sohu.com/a/478210579_121123759。

需要特别注意的是,《反不正当竞争法》第 2 条第 2 款规定的是“损害其他经营者或者消费者的合法权益的行为”,使用的是“或者”关系,说明不是将其他经营者合法权益和消费者合法权益进行并列,即可以根据案情分析其他经营者合法权益,也可以分析消费者合法权益,当然,案件确有需要,也可以将其他经营者合法权益和消费者合法权益一并进行分析。其他经营者的合法权益和消费者的合法权益都是《反不正当竞争法》要保护的对象,当然这里所称的“保护”既可以涵盖直接保护,也可以包括间接保护。

如在腾讯公司诉祈福公司组织刷量不正当竞争纠纷案中,上海市浦东新区人民法院认为,在法益损害的判定中,应将互联网市场秩序、互联网经营者利益和网络用户利益“三元叠加”进行综合考量。

二、竞争损害实际性

在百度关键词广告不正当竞争纠纷案①中,原告诉称其交易机会可能会因被告同创蓝天公司将其 URL 设置为关键词的行为而减少。对此,法院认为,这种具有一定概率性的交易机会的损害并不当然获得法律保护。商业机会虽然作为一种可以受到《反不正当竞争法》所保护的法益,但其本身并非一种法定权利,而且交易的达成并非完全取决于单方意愿而需要交易双方的合意,因此他人可以自由参与竞争来争夺交易机会。作为理性的市场参与者,其与谁达成市场交易仍取决于相对方的产品质量、价格、售后服务等因素,也就是说原告是否获得该交易机会,其关键还在于自身产品质量、价格、售后服务等相较于被告同创蓝天公司是否更具有竞争力。被告同创蓝天公司隐性使用原告 URL 的行为并不必然导致原告交易机会的丧失。同时,原告若要获得救济,需要证明其所受的损害的实际性,而不是具有一定概率性的损害。

在 Visa 案②中,法院认定 Visa 在信用卡网络服务市场拥有市场势力并且实施了排他行为之后,认定该排他行为对竞争构成损害。法院认为,该排他行为减少了消费者和发卡行使用信用卡网络服务的数量,妨碍了几家网络服务企业

---

① 参见一审上海市浦东新区人民法院民事判决书,(2020)沪 0115 民初 3814 号;二审上海知识产权法院民事判决书,(2021)沪 73 民终 772 号。浦东法院互联网不正当竞争典型案例之十。

② 美国司法部诉 Visa 和 MasterCard 案。

之间的价格竞争,总体上"减少了信用卡发行数量,降低了信用卡应当发挥的效能"①。法院指出,证明 Visa 的排他行为损害竞争最有说服力的证据是:一方面,美国境内有两万多家银行发行信用卡;另一方面,美国只有四家企业提供信用卡网络服务。就在这种条件下,Amex 和 Discover 还在相当大范围内被排挤出这个网络服务市场之外。这个案件中的被告 Visa 和 MasterCard 同属一个金融集团,但它们相互间存在竞争,而且都对它们网络上的发卡行支付了数百万美元的价格折扣,目的是通过降低服务费获取更多的交易机会。② 法院指出:"两个竞争者之间的价格竞争和服务竞争的程度毕竟有限。如果四家企业都能够充分参与竞争,它们为吸引发卡行的价格竞争和服务竞争的程度会大幅提高。"③因此,法院认定 Visa 强制其会员银行实施"二选一"行为,削弱了支付卡网络服务市场的竞争,违反了《谢尔曼法》第 2 条。④ 被告不服,提起上诉。2003 年,美国联邦第二巡回法院对该案作出终审判决,判决作出之后,Visa 网络服务平台上两万多家发卡行进入了 Amex 的网络平台。⑤

三、竞争损害中立性

竞争是一种创造性的毁灭,一方优势的确立即意味着另一方劣势的产生。竞争造成的损害是中性的,损害本身并不具有是与非的色彩,不构成评价竞争行为正当与否的倾向性要件,充其量不过是对不正当竞争行为认定的一个考量因素。⑥《反不正当竞争法》对竞争损害的态度,取决于其立足于对竞争(而不是竞争者)保护的机理。而竞争意味着对抗,有竞争就必有损害。所以,《反不正当竞争法》上的竞争损害本身是中性的,不具有是与非的色彩。正当竞争的损害必然是允许的,《反不正当竞争法》只是确保竞争者免受不正当竞争之害,而不是确保竞争者不受任何竞争的损害。孔祥俊教授认为,由竞争行为给其他

---

① United States v. Visa U. S. A. ,Inc. ,344 F. 3d 229 (2d Cir. 2003).

② See Visa U. S. A. ,163 F. Supp. 2d, at 382.

③ See United States v. Visa U. S. A. ,Inc. ,344 F. 3d 229(2d Cir. 2003).

④ See United States v. Visa U. S. A. ,Inc. ,344 F. 3d 229(2d Cir. 2003).

⑤ See Michael L. Katz, Exclusionary Conduct in Multi-Sided Markets, in OECD, Rethinking Antitrust Tools for Multi-Sided Platforms, p. 119.

⑥ 参见孔祥俊:《论反不正当竞争的基本范式》,载《法学家》2018 年第 1 期。

竞争者造成损害是常态，损害本身通常不构成评价竞争行为正当性的倾向性要件，[①]如在腾讯诉世界星辉不正当竞争纠纷案中，法院谈到了“竞争损害观”的适用。北京市朝阳区人民法院认为，“市场竞争具有天然的对抗性，也必然导致损害，但损害本身不具有是与非的色彩，只要该损害并非直接针对性的、无任何可躲避条件或选择方式的特定性损害，就不单独构成评价竞争行为正当性的倾向性要件。因此有竞争就必然有损害，绝对不能因为有损害结果就简单推导竞争行为具有非正当性。换言之，一般而言，市场竞争产生的损害也即竞争性损害是中性的，不具有是与非的色彩。竞争要在发展中考量，这种发展也要体现在行业的发展上，由此‘免费＋广告’的商业模式，也不应是不变的，而是要顺应技术、社会、网络用户的需要进行调整。‘商业模式’本身作为市场经济条件下自由竞争的产物，就是要将其留在自由竞争的领域，让优胜劣汰的市场机制决定其命运”[②]。

换言之，“在《反不正当竞争法》上，一种利益应受保护并不构成该利益的受损方获得民事救济的充分条件”[③]。无损害即无不正当竞争。竞争损害并不意味着行为的不正当性，但不正当竞争一定是以存在竞争损害为前提，只是这里的损害必须是“显著损害”。[④] 基于竞争固有的属性看待竞争损害，才能最大限度地促进自由竞争。

例如，在二维火诉美团浙江侵权案中，迪火公司在诉讼请求中称，三快公司非法侵入其运营的二维火智能收银一体机系统，劫持该系统和商户的第三方支付流量，构成不正当竞争。但该请求未获支持，法院认为，“竞争的天性决定有竞争必有损害，但不是有损害就必然是不正当竞争”，“不正当竞争行为的成立需考虑市场竞争秩序是否受到破坏，或其他经营者或消费者的合法权益是否受到侵害”。“在迪火公司（二维火）与三快公司（美团小白盒）提供的产品与服务之间，消费者（商铺经营者）可以自由作出选择”。“从长远来看，通过竞争，也敦促迪火公司和三快公司分别进一步优化自身提供的产品和服务，以更加贴合

---

① 参见孔祥俊：《论反不正当竞争的基本范式》，载《法学家》2018 年第 1 期。

② 徐清霜：《反不正当竞争领域公认商业道德的认定与验证》，载《法律适用》2019 年第 10 期。

③ 二审山东省高级人民法院民事判决书，（2008）鲁民三终字第 83 号；再审最高人民法院民事裁定书，（2009）民申字第 1065 号。

④ 参见张占江：《论不正当竞争认定的界限》，载《政法论丛》2021 年第 2 期。

消费者的需求”,“本案中三快公司与迪火公司之间的竞争使得消费者的选择更加丰富,消费者利益并未受到损害”。

再如,在“神武”与“梦幻西游”不正当竞争重审案①中,法院认为,竞争自由是一项最基本的竞争政策,市场竞争中的相互争夺性损害是被允许的和常态的,对于竞争行为的干预是例外。而《反不正当竞争法》一般条款的适用,更应当秉持谦抑的司法态度,对竞争行为坚持有限干预和司法克制理念,严格把握一般条款的适用条件,以避免不适当干预而阻碍市场的自由竞争。“造成损害是不正当竞争构成中的基本要素,无损害即无不正当性。市场竞争是一种争夺市场资源、抢夺商业机会的行为,市场竞争行为具有天然的对抗性,必然会导致某一方市场参与主体交易机会的丧失和利益受损。但构成不正当竞争的市场损害不是简单的竞争优势、商业机会等竞争利益的损害,而必须是与《反不正当竞争法》的立法目的相协调,构成竞争性损害,特别是构成对于市场竞争机制的损害。”正是由于竞争性损害的中性,即便是故意实施不兼容并给第三方造成损害,也并不当然具有不正当性,也即故意不兼容不属于一概禁止的范围,因而需要以“恶意”作为限制性的主观要素。

由于竞争是争夺交易机会的活动,“竞争总是对强者有利,因为它使经济活动变得如同战斗一样”②。市场经济条件下的“损人利己”恰恰是竞争本质逻辑。维护合法经营活动不是《反不正当竞争法》追求的目标,经营者的正常经营活动不断遭受竞争性损害恰是竞争的常态,“损人利己”经常是“竞争特权”的合法范围,而如果将其表达为不受不正当竞争的侵害或者不受非法侵害,才符合《反不正当竞争法》在例外的情况下制止特定损害性竞争行为的本意。任何竞争都有损害,竞争损害发生并不当然地构成不正当竞争。我国法院在这一问题上的态度却并非一以贯之。在海带配额不正当竞争案中,最高人民法院指出:“一种利益应受保护并不构成该利益的受损方获得民事救济的充分条件。”但到了百度插标案中,法院却将“良好竞争秩序”解释为“避免引起经营者之间的冲突和对立”,无异于将损害竞争对手利益等同于对竞争秩序的损害。直至

① 参见广州知识产权法院民事判决书,(2018)粤 73 民初 684 号。

② [比]保罗·纽尔:《竞争与法律:权力机构、企业和消费者所处的地位》,刘利译,法律出版社 2004 年版,第 130 页。

到了大众点评诉百度地图案,法院才有机会将对这一问题的认识重新拉回到正确的方向。该案二审法院在判决中旗帜鲜明地指出:“在自由、开放的市场经济秩序中,……经营者的权益并非可以获得像法定财产权那样的保护强度,必须将损害作为一种竞争结果予以适当的容忍。”

法律对竞争损害的态度决定了自由竞争的空间,仅仅因原告受到损害就认定被告的行为构成不正当竞争,大大降低了不正当竞争行为的门槛。

“海带配额”不正当竞争案再审裁定还指出:“竞争对手之间彼此进行商业机会的争夺是竞争的常态,也是市场竞争所鼓励和提倡的。对于同一交易机会而言,竞争对手间一方有所得另一方即有所失。利益受损方要获得民事救济,还必须证明竞争对手的行为具有不正当性。只有竞争对手在争夺商业机会时不遵循诚实信用的原则,违反公认的商业道德,通过不正当的手段攫取他人可以合理预期获得的商业机会,才为《反不正当竞争法》所禁止。”

四、竞争损害的司法裁判

(一)显著损害

不正当竞争损害必须是竞争利益尤其是竞争机制的损害。我国有的判决已经开始对于损害问题有比较准确的认识。对竞争者利益的关注主要是看其竞争自由是否受到足以扰乱竞争秩序的“显著损害”。“显著损害”就是强调任何竞争者对自身自由的主张不能侵害其他竞争者的自由。反过来,“非显著损害不禁止”等于是赋予了其他竞争者更多的行为自由,避免了将特定竞争者已经取得的市场利益“权利化”。

我国法院在大众点评诉百度地图案一审判决中极具开创性地强调:“认定行为是否构成不正当竞争行为,需以该行为是否会给行为人带来竞争优势或者足以给其他经营者造成损害为条件。对于不会造成实际损害或者损害极其轻微的行为,司法不应予以干预。因汉涛公司的证据尚不足以证明其因百度公司的微博回复而受到了损害,故汉涛公司关于百度公司构成虚假宣传的主张,本院不予支持。”这种明确以不具有损害或者损害轻微为由,不认定构成不正当竞争,在我国不正当竞争案裁判中很少见,但确实契合适用竞争法的思维和方式。[①]

(二)竞争秩序严重受损

法律对竞争损害的态度决定了竞争发挥作用的空间。仅仅因为导致竞争损害就认定行为构成不正当竞争,实际上就是打着保护竞争的旗号阻断竞争的过程;而对竞争损害的宽容,则给予了更多的竞争自由。目前我国采用的权利侵害式侵权法思维(尤其是非公益必要不干扰原则)或抽象的道德评价标准天然地有利于主张正当商业模式的一方,任何与之冲突的商业模式都被认定为“干扰”或不正当竞争,这显然是落入了“竞争者保护”的逻辑,仅仅因为原告受到损害就草率地认定被告的行为构成不正当竞争,而不考虑对竞争秩序的损害。“致使构成不正当竞争行为的门槛降低,使不正当竞争的范围易于事实上扩大化。”[②]

损害交易相对人的合法权益是违背交易相对人意愿、限制交易相对人选择的必然结果。损害的合法权益既可能是经济利益,包括因停止与其他经营者交易,消费者的减少等造成的经济损失;也可能是非经济权利,如经营者的交易自由、经营自主等。损害交易相对人的合法权益属于经营者与交易相对人的“内部关系”,可以通过合同、侵权等予以解决,因此仍属于限制交易手段行为的组成部分,而不是限制交易行为的外部后果。如果仅有损害交易相对人的合法权益的结果,而没有损害其他经营者、消费者、社会公共利益等结果,则不宜通过《反不正当竞争法》规制。如果没有损害交易相对人的合法权益,但造成了其他经营者、消费者、社会公共利益的损害,仍有可能构成不正当限制交易行为,如通过不合理补贴、折扣、优惠、流量资源支持等激励性方式实施的针对特定竞争对象交易相对人的唆使违约行为。[③] 此处实际上是评价竞争秩序受到严重损害。

(三)损害的容忍义务

在玫琳凯侵害商标权及不正当竞争纠纷案[④]中,法院认为,“市场竞争是在

---

① 参见孔祥俊:《论新修订〈反不正当竞争法〉的时代精神》,载《东方法学》2018 年第 1 期。

② 孔祥俊:《论反不正当竞争的基本范式》,载《法学家》2018 年第 1 期。

③ 参见卢均晓:《论类型化的不正当限制交易行为——以“二选一”行为规制为视角》,载《价格理论与实践》2020 年第 8 期。

④ 参见一审浙江省杭州市中级人民法院民事判决书,(2017)浙 01 民初 972 号;二审浙江省高级人民法院民事判决书,(2020)浙民终 479 号。

市场引导下动态进行的，因竞争产生竞争性损害是市场经济的常态，创新更多地来自经营者技术或商业模式之间的激烈竞争，竞争者在市场竞争中需要容忍适度的干扰和损害，实现消费者福利最大化，以此实现公共利益”。

（四）非公益不干扰原则

我国法院在涉互联网领域的不正当竞争判断中，曾提出所谓的“非公益不干扰”原则，即非因特定公益（如杀毒）的必要，不得直接干预竞争对手的经营行为。[①] 在当时，该原则已成为“网络不正当竞争审判中得到遵循普遍认同的一项原则”[②]。

北京市高级人民法院在2013年百度插标案的判决中，首倡非公益不干扰原则，即“虽然确实出于保护网络用户等社会公众的利益的需要，网络服务经营者在特定情况下不经网络用户知情并主动选择以及其他互联网产品或服务提供者同意，也可干扰他人互联网产品或服务的运行，但是，应当确保干扰手段的必要性和合理性。否则，应当认定其违反了自愿、平等、公平、诚实信用和公共利益优先原则，违反了互联网产品或服务竞争应当遵守的基本商业道德，由此损害其他经营者合法权益，扰乱社会经济秩序，应当承担相应的法律责任。前述规则可以简称为非公益必要不干扰原则”。

在2013年猎豹浏览器广告过滤不正当竞争纠纷案、2015年“极路由”路由器不正当竞争纠纷案判决中均重申该原则。北京市高级人民法院在将“极路由”路由器不正当竞争纠纷案作为典型案例予以公布时的评论指出，“技术革新应当鼓励，但对技术的使用不能突破法律限制。非因公益必要，经营者一般不得直接干预他人的经营行为。使用‘屏蔽视频广告’插件看似符合消费者眼前利益，但长此以往必将导致视频网站经营者‘免费广告’的商业模式难以为继，从而向收费模式转变，最终也将损害消费者的长远利益”。但之后，该原则因受到众多异议，现在已经很少再有裁判引用其观点。

（五）司法谦抑规则

近几年的网络不正当竞争典型案件中，我们会看到法官在判决中流露出关

---

① 例如，百度插标案、猎豹浏览器广告过滤不正当竞争纠纷案、“极路由”路由器不正当竞争纠纷案。转引自孔祥俊：《论反不正当竞争的基本范式》，载《法学家》2018年第1期。

② 海淀法院课题组：《北京市海淀区人民法院关于网络不正当竞争纠纷案件的调研报告（三）》，载微博2017年10月25日，https://weibo.com/ttarticle/p/show?id=2309404008662174711167。

于“技术归技术、市场归市场”的司法观点，主张对市场干预采取谨慎态度。例如，在“极路由”路由器不正当竞争纠纷案中，法官谈道：“法律对经营模式的保护要谨慎，要给予市场最大的竞争环境。应当注意严格把握适用条件，以避免不适当干预而阻碍市场自由竞争。……如果经营者经营依托的产品或者服务确实有利于消费者、广大的网络用户，保护该利益同时也不至于损害公共利益，该行为不应受到法律的禁止。”脉脉非法抓取微博用户信息案的二审判决中指出，基于互联网行业中技术形态和市场竞争模式与传统行业存在显著差别，为保障新技术和市场竞争模式的发展空间，在互联网行业中适用《反不正当竞争法》第2条更应秉持谦抑的司法态度，强调了推定竞争行为合法的有限干预和司法克制理念。

北京法院在《关于网络不正当竞争案件审理难点的调查研究》[①]中提出：“司法应保持谦抑的态度，不能对市场竞争造成不当干预，故当法院主动提炼出竞争规则并判定竞争行为构成不正当竞争时，需要对所提炼的竞争规则做详细的论证。”也有法官谈道，“对于一种商业行为或者商业模式，法律上作出哪一种评价，取决于这种商业行为、商业模式的经济效果，而经济效果通常是在市场竞争中体现，司法一般不要提前干预。这一点给我们的启示是，在市场面前，司法一定要保持谦抑，尤其是对于经济效果复杂的行为，必须慎之又慎”[②]。

《中共中央关于全面深化改革若干重大问题的决定》指出：“经济体制改革是全面深化改革的重点，核心问题是处理好政府和市场的关系，使市场在资源配置中起决定性作用和更好发挥政府作用。市场决定资源配置是市场经济的一般规律，健全社会主义市场经济体制必须遵循这条规律，着力解决市场体系不完善、政府干预过多和监管不到位问题。”从这一政策规定，可以解读出我国《反不正当竞争法》立法的基调仍然是使市场在资源配置中起决定性作用和更好发挥政府作用，而不是干预越多、管制越多越好。

（六）竞争损害可能性

在“同花顺”软件数据不正当竞争案中，同花顺公司和灯塔公司竞争的关键

① 参见北京法院课题组：《关于网络不正当竞争案件审理难点的调查研究（全）》，载搜狐网2017年8月21日，http://www.sohu.com/a/166181834-726435。

② 丁文联：《市场的归市场：为技术、商业模式的自律发展留出足够的市场空间》，载搜狐网2017年6月12日，http://www.sohu.com/a/148104315-733564。

在于用户量和信息量及便利度,而信息量、用户量及便利度是互为增长、互相促进的关系,信息量越大、便利度越高,则吸引用户越多,而用户越多,信息量也越大,便利度也会增加。灯塔公司复制同花顺公司评论信息的行为,不正当地利用了同花顺公司的数据资源和用户评论信息,增加自身信息量、用户量和便利度,从而给同花顺公司的经营模式带来干扰。这种干扰只是一种可能性,因为互联网企业遭受实际损害的因素可能源于各个方面,出现此消彼长的情况也较为常见,因此原告只需证明有该种可能性即可。同时,对于损害的落脚点,不仅仅在于对原告造成损害,还需要考量是否会对其他经营者、整个市场竞争秩序乃至消费者利益造成影响,这也是对网络不正当竞争行为进行评价时的应有之义,即需要平衡各方利益之后作出正确的评价。[①] 此案观点与百度关键词广告不正当竞争纠纷案裁判观点存在差异。

五、竞争损害的评估因素

竞争关系的存在,仅说明被告可能对原告的竞争利益造成损害,但是否造成了实际损害或即将造成损害则是评估因素须考虑的。实践中,通常考虑以下几点评估因素:(1)不能以消费者利益受损直接证成原告利益受损。原告(经营者)、消费者、其他市场参与主体利益立场不同,《反不正当竞争法》提供的保护模式亦不同,除非竞争行为对其他利益主体的某种影响已经波及原告的竞争利益,否则转而造成不相同主体的损害是不妥当的。注重不正当竞争纠纷诉求主体的差异,要求法官论证因消费者利益受损而致原告竞争利益受损时,更加注重对因果关系展开分析。(2)“搭便车”中性意味着应谨慎认定竞争利益受损。我国法院往往以维护“商业道德”为依据,反对“不劳而获”“食人而肥”的“搭便车”行为。此类观点系简单地基于“劳动价值理论”“如果有价值,就有权利”作出推理,存在不足之处。简单理解“劳动价值理论”“如果有价值,就有权利”均不正确,应当承认“搭便车”中性,必须要作出更多的考量,才能更为恰当地确定利益边界和自由限度。也有学者认为,如运用《反不正当竞争法》一般条款保护互联网平台公开数据具备一定优势。作为行为规制法,它赋予法官在个案中一定的自由裁量权,从而应对因社会、科技、文化、经济发展产生的新型互联网平

---

① 参见陈为:《抓取网络用户评论性信息构成不正当竞争的认定》,载《人民司法》2020年第32期。

台数据纠纷。因此，运用《反不正当竞争法》调整互联网平台公开数据纠纷具备一定的开放性、灵活性以及适应性，缓解了赋权模式的封闭性与民法规范开放性之间的紧张关系。但是，司法裁判者习惯于将互联网平台公开数据生产者对数据的投资以及劳动，作为数据生产者对数据成果享有财产权或受法律保护的依据，从而逐步形成"禁止榨取劳动成果"的裁判模式。此种"禁止榨取劳动成果"的裁判模式实质上根源于洛克的自然劳动财产理论，并将有体财产的保护逻辑与机理套用于无体的互联网平台公开数据，它所带来的弊端是互联网平台公开数据的"过度财产化"以及"法官造法"。因此，在个案具体场景中，法官运用宽泛的"诚实信用"或"商业道德"等法律原则裁判数据纠纷时，其必须保持一定程度的宽容，维系正当性评判的足够"权衡空间"。法官应尽量避免以"禁止榨取劳动成果"的权利侵害论作为裁判模式，简单地对他人利用互联网平台数据的行为动辄得咎与非难。[①] (3)竞争利益受损意味着遭遇市场失灵。"搭便车"中性提出了"不能怎样作判断"的观点，"应当怎样作判断"仍需分析。在动态竞争的市场中，损害是常态，不损害才是例外，[②]类似非公益必要不干扰的规则已广受学界批判。[③] 另外，要求竞争损害为超过"必要限度""合理限度"的观点始终不够清晰简明。竞争利益受损仍有待证成。竞争利益是财产性权益，不是财产，不是法定权利，认定竞争利益是否受损时，不采用保护财产规则。(4)竞争评估。前述三个评估因素的证立，可初步证明原告值得保护的竞争利益受到了来自被告竞争行为的损害，被告具有不正当性。但考虑到《反不正当竞争法》作为市场调控法，还应结合比例原则，考虑消费者、其他市场参与主体等利益，对竞争行为作进一步评估。[④]

有实务者提出另一种思路：(1)市场竞争秩序优先。《反不正当竞争法》保护竞争而不是竞争者，从《反不正当竞争法》第2条第2款规定的顺序上即可看出，将扰乱市场竞争秩序规定在先，在序位上先于损害其他经营者或者消费者

① 参见李晓宇：《大数据时代互联网平台公开数据赋权保护的反思与法律救济进路》，载《知识产权》2021年第2期。

② 参见孔祥俊：《论反不正当竞争法的竞争法取向》，载《法学评论》2017年第5期。

③ 参见周樨平：《竞争法视野中互联网不当干扰行为的判断标准——兼评"非公益必要不干扰原则"》，载《法学》2015年第5期；薛军：《质疑"非公益必要不干扰原则"》，载《电子知识产权》2015年第Z1期。

④ 参见黄武双、谭宇航：《不正当竞争判断标准研究》，载《知识产权》2020年第10期。

合法权益。虽然竞争的过程会推动技术的发展、增进消费者福利,但这是知识市场主体竞争活动的附带性后果,而不可能是企业竞争直接追求的目的。消费者权益保护并不是《反不正当竞争法》立法的主要目的,《反不正当竞争法》所保障的消费者合法权益最终体现为市场信息传递功能、市场选择功能不被扭曲和破坏,因此在评价行为是否符合消费者利益时,需要围绕互联网竞争的特点进行。(2)比例原则限定干预边界。应对不断出现又无法全部类型化的新型互联网竞争行为,运用比例原则的分析框架,可以将"海带配额"不正当竞争案确定的模糊的可责性标准转化为客观化的利益衡量,并在具体的个案中进行举证责任的合理分配。比例原则一般包括三个子原则:一是妥当性原则,即所采取的措施可实现追求的目的;二是必要性原则,即除采取的措施外,无其他给关系人或公众造成更少损害的适当措施;三是相称性原则,即采取的必要措施与其追求的结果之间并非不成比例。在互联网不正当竞争纠纷中,将比例原则作为一个普适性的分析框架,判断竞争行为是否具有积极的效果,是否超过必要限度以及超出限度是否会影响竞争秩序,为技术创新和市场主体自由竞争预留足够的空间。同时,通过比例原则限定干预边界,还需紧密结合个案的具体情况。①

在考量市场竞争秩序这一要素时,需着重把握两个方面:一是市场竞争秩序承载的利益不能简单地等同于消费者利益,《反不正当竞争法》中所考虑的社会公共利益(或社会总福利)既包括消费者利益,亦包括经营者利益。而其中的经营者,则不仅包括个案中的当事人,亦包括其他同业或相关经营者。② 二是在讨论市场竞争秩序时,这里的市场竞争并非完全没有边界的自由竞争,而是指有序竞争,即以尊重他人的合法权益为前提展开的竞争。③

在购物党比价插件案中,购物党比价插件能够在多种浏览器运行,消费者登录不同的网购网站浏览相关商品服务时,能够实时比较不同购物平台上的商品价格。法院认可比价插件向用户提供相应的搜索、比价服务,如果比价插件能够如实准确地反馈给消费者、经营者相关商品价格的变化趋势信息、促销优

① 参见钱光文、范静波、邵望蕴:《软件干扰类案件的裁判模式重构》,载《人民司法》2021年第22期。

② 参见北京知识产权法院民事判决书,(2018)京73民终558号。

③ 参见刁云芸:《商事领域中反不正当竞争法互联网专条的适用困境及出路》,载《法学杂志》2021年第1期。

惠信息、商品及服务的评论信息等，对保护消费者利益及社会公共利益、促进市场经营者公平竞争均有意义。[①] 然而这并不意味着，外观上具有正当竞争关系的行为就不会对市场竞争造成不良影响。判断行为是否构成不正当竞争，要谨防将一般合理的竞争行为认定为不正当的误区，仍需要结合其他行为属性判断。尽管购物党比价插件具有正当竞争外观，但在该案中，购物党比价插件的相同功能在不同电商平台上展现内容不一致，对淘宝公司的设置明显不利于消费者获得真实准确的信息，因而对淘宝公司的商业信誉造成损害，构成不正当竞争。[②]

必须要警惕的是，在包括斗鱼侵害著作权及不正当竞争纠纷案这样的依据一般条款处理涉互联网新型不正当竞争案件中，我国的一些法院对待竞争损害的态度仍然是值得商榷的。相关法院习惯于先确定一种受保护的合法权益（论证基于特定商业模式产生竞争的利益受法律保护），再从该权益受到损害推论侵害行为的不正当性；或者以权益是否受到侵害作为论证是否构成不正当竞争的出发点和立足点，对于行为本身的正当性仅作摆设性、象征性或者套路式的论述，对认定其正当性的相关元素并无实质性考量。这样的裁判思路天然地有利于主张竞争优势受损的一方，显然是落入了“竞争者保护”的逻辑，致使构成不正当竞争行为的门槛降低，不正当竞争的范围在事实上被扩大。[③]

由于互联网领域的特殊性使消费者成为不可忽视的一环，而在 2017 年修订的《反不正当竞争法》第 2 条中又明确了其他经营者利益、消费者利益和竞争秩序三位一体的概念，鉴于市场的不确定性和法律的滞后性，法官在判案时不应局限于保护同一主体，应当同时考量是否对其他经营者产生了实质性损害，还应综合考虑其他方面的影响，如是否损害消费者利益，是否破坏市场竞争秩序，是否对未来竞争环境产生潜在不利影响等。[④]

---

① 参见一审北京市海淀区人民法院民事判决书，(2016)京 0108 民初 5132 号；二审北京知识产权法院民事判决书，(2019)京 73 民终 1489 号。

② 参见傅建晶：《第三方辅助软件提供行为的不正当竞争认定》，载《河南牧业经济学院学报》2021 年第 2 期。

③ 参见张占江：《论反不正当竞争法的谦抑性》，载《法学》2019 年第 3 期。

④ 参见游天娇：《“互联网专条”视角下网络领域不正当竞争行为的法律规制》，华东政法大学 2019 年硕士学位论文。

第二节 损害经营者利益

一、经营者利益受损的考量因素

(一)损害结果的意义

在判定互联网环境下法益损害的过程中,首先,需要考量是否真正产生了损害。例如,助手类辅助软件的安装与运行,虽然需要适配其他基础软件,在一定程度上利用了基础软件的分发渠道和客户资源,但其本质是为提升用户的操作便利性,故不可因其依附属性而推定损害。是否对基础软件开发者的利益造成直接损害,是否可能形成各方共赢,需结合市场结果具体考量。其次,需要考量是否产生了竞争法意义上的损害。需要正视的是,市场竞争极大可能导致一方主体经济利益的减损,而纯粹的利益减损并不必然等同于竞争法意义上的损害。同时,《反不正当竞争法》作为行为法,损害结果仅是构成不正当竞争的必要条件而非充分条件,其亦无法将市场主体经营行为中任一损失纳入保护范围。①

损害是构成不正当行为的根本要件,无损害即无不正当性,在有损害的前提下,才判断其是与非。在认定结果不正当时,不仅需要对是否造成损害进行定性分析,还需要对各方损害的大小进行必要的定量分析,对造成损害与积极效应进行必要的竞争效果分析,在经营者、交易相对人、其他经营者、消费者以及社会公共利益之间进行利益平衡。②

(二)损害程度的比较

我国相关判决着重把损害放在原告的法益上,缺乏对于竞争双方之间利益损害的实质性比较,这种判断方式不符合竞争性损害的属性。例如,猎豹浏览器广告过滤不正当竞争纠纷案二审判决认定,"相当比例的该浏览器用户会选

① 参见徐俊、姜广瑞、徐弘韬:《互联网经济视角下的产业实践与法律逻辑——关于互联网专条兜底条款适用的调研报告》,载搜狐网2021年7月18日,https://www.sohu.com/a/478210579_121123759。

② 参见卢均晓:《论类型化的不正当限制交易行为——以"二选一"行为规制为视角》,载《价格理论与实践》2020年第8期。

择这一功能，因此，这一浏览器的使用会使得合一公司优酷网中正常播放的视频片头广告有相当比例会被过滤”，“合一公司的广告收入必然会受到实质影响，故这一过滤功能显然会对合一公司的经营活动造成直接影响”。该判决主要基于这种单方损害而认定竞争行为的不正当性，并未深究该损害究竟达到何种程度，也未从更宽范围的利益因素进行考量。问题的实质不在于现有经营活动是否被破坏，而在于破坏的程度，以及在多种利益因素背景下如何评价该损害，这是利益衡量的重点。

二、经营者利益衡量的司法经验

《反不正当竞争法》保护的是社会公平竞争，经营者利益、消费者利益以及社会公共利益均是这一保护目的下的反射性利益，在判定不正当竞争行为时，过分强调经营者利益会陷入“权利化”保护范式，过分强调消费者利益则混淆了《消费者权益保护法》与《反不正当竞争法》的保护界限，而社会公共利益比重过大会抑制竞争者的创新。[①]

在国内审理互联网新型不正当竞争案件的司法实践中，利益衡量方法已开始应用。例如，大众点评诉百度地图案就是运用利益衡量方法的典型案例。在该案中，百度抓取汉涛公司运营的大众点评软件中的商户与评价信息，使用户不用进行界面跳转即可在百度地图看到大众点评上有关商户的大部分信息。法院在具体分析被告百度的抓取行为是否造成实质损害之后，考虑到商业道德在互联网领域尚未达成共识，从行为的积极效果、行为是否超过必要限度、行为的消极效果、被告技术中立的抗辩是否成立四个方面出发，结合被损害经营者及其代表的经营者的利益、消费者短期与长期利益、竞争秩序、行业生态等多方面进行利益衡量。在“损害＋违背诚实信用原则和公认的商业道德”的框架内认定被告的抓取行为构成不正当竞争。[②]

① 参见付贤会、阮开欣：《应用商店流量“争夺战”的竞争法问题研究》，载《上海法学研究》2020年第18卷。

② 法院认为，百度未经允许利用汉涛公司的数据信息的行为，损害了汉涛公司的利益，在地图上显示商户信息具有一定的创新性，一定程度上增进了用户的使用体验，但这种信息使用，对大众点评造成了实质的替代，会导流其用户、威胁其生存，也并未创造出可以替代大众点评的新模式，损害了公共利益，仍属于不正当竞争。

我国法院在部分案件中进行利益衡量，多数只是认为若视频拦截工具合法，会对视频行业造成无法挽回的打击，因此支持原告，这与德国法院的考量方式与因素相似，不过结果相异。德国法院判决从利益平衡的角度入手，综合全案考察原告、被告双方，消费者及其他竞争者的利益，认为支持原告的诉请会给被告企业造成毁灭性的打击，会影响被告企业的生存，因此未支持原告的诉请。而对于原告来说，被告广告屏蔽工具的出现并不会导致其企业陷入生死存亡之境，只是会对其生产运营造成负面影响。"电视精灵案"着重考量了消费者利益，分析了被告行为尚未影响原告的生存以及被告进行市场应对的可能性。[①] 如"认定是否构成对竞争者广告营销的阻碍关键是看该阻碍行为是否剥夺了消费者的自主决定权。本案中电视观众完全有权决定是否使用对原告提供的服务带来直接或间接妨碍竞争影响的产品，观众可以选择是否屏蔽广告，被告只是为电视观众提供了一个技术帮助让他们离开其本来就不想看的节目而已"[②]。

三、经营者利益衡量的裁判方法

（一）层次分析法

"任何法律规则背后都需要有妥当的价值判断"[③]，利益衡量成为公认的认定竞争行为是否违法的方法。该方法认为，竞争本身好坏交织的矛盾性与《反不正当竞争法》行为规制模式的独特性，决定了依据一般条款认定某一行为正当与否时必须进行利益衡量。强调以行为的竞争效果为判断标准，通过对竞争行为"利"与"弊"，"损"与"益"的对比衡量，实现判断竞争行为正当与否的目的。[④] 不过，在具体进行利益衡量的过程中，又有以下两种不同的认定方法。一种对竞争行为关涉的全部利益进行综合权衡，各方利益处于同等地位。如果权衡各方利益得失的结果显示相关行为有助于利益衡量目标的实现，则相关行为被认定为具有正当性，反之则不被认定为具有正当性。例如，针对猎豹浏览器

---

① 参见孔祥俊：《论反不正当竞争的基本范式》，载《法学家》2018 年第 1 期。

② BGH, Urteil *v*. 24. 06. 2004, Az. I ZR 26/02［联邦德国最高法院（BGH）判决书（1ZR26/02）2004 年 6 月 24 日］。

③ 许德风：《论基于法教义学的案例解析规则》，载张双根、田士永、王洪亮主编：《中德私法研究》（总第 6 卷），北京大学出版社 2010 年版，第 27 页。

④ 参见孔祥俊：《论反不正当竞争的基本范式》，载《法学家》2018 年第 1 期。

广告过滤不正当竞争纠纷案[①],有学者通过观察广告屏蔽行为引起的损益变化情况,即公共利益增进、视频网站的利益可能遭受损害、广告屏蔽商的交易机会增多、消费者体验改善,得出该案中的广告屏蔽行为能够实现竞争利益最大化这一目标,属于正当竞争行为的结论。[②] 另一种则通过对比经营者利益与竞争者利益的受损情况,从而判断行为的正当性,包含消费者利益在内的公益效果可成为违法性阻却事由。例如,假设认为消费者利益强化了被诉行为的利益加总,则被诉行为具有了正当化的基础。[③] 该方法将竞争行为的违法性认定集中于对市场竞争者之间的利益权衡。如果利益权衡的结果是认为被诉竞争行为背后的竞争利益更值得保护,则可初步判断涉案竞争行为不具有违法性,反之则认定具有违法性。[④]

例如,在猎豹浏览器广告过滤不正当竞争纠纷案中,法院认定猎豹浏览器屏蔽视频广告行为构成不正当竞争行为的主要原因在于"猎豹浏览器屏蔽视频广告的行为破坏了优酷的正常经营活动并不当利用优酷的经营利益",同时认为"该行为虽然在相当程度上满足了用户需求,但并非毫无代价:其一,就短期来看,视频网站的主要商业模式可能因此而产生变化,从而对用户(长远)利益产生影响;其二,就长期来看,这一情形可能导致视频网站丧失生存空间,从而客观导致用户(长远)利益受到损害"。

有观点认为,确立新的利益衡量层次结构与利益衡量思维。在不正当竞争行为认定中,法院应当将经营者利益、消费者利益与公共利益划分为两大类型与两个层次:"第一级次利益"(消费者利益与公共利益)和"第二级次利益"(经营者利益)。具体到司法实践中,法院应当首先分析广告屏蔽行为是否符合消费者利益以及公共利益(第一序位)需要,其后才是考察广告屏蔽行为给视频网

---

① 该案的核心争议点在于金山猎豹浏览器内置广告屏蔽软件,使得消费者在观看优酷网视频时可以跳过广告的行为是否构成不正当竞争行为。参见叶明、张洁:《〈反不正当竞争法〉视角下互联网平台屏蔽行为的违法性认定研究》,载《中国应用法学》2020 年第 4 期。

② 参见王磊:《法律未列举的竞争行为的正当性如何评定——一种利益衡量的新进路》,载《法学论坛》2018 年第 5 期。

③ 参见周樨平:《竞争法视野中互联网不当干扰行为的判断标准——兼评"非公益必要不干扰原则"》,载《法学》2015 年第 5 期。

④ 参见宋亚辉:《网络干扰行为的竞争法规制——"非公益必要不干扰原则"的检讨与修正》,载《法商研究》2017 年第 4 期。

站经营者利益(第二序位)造成或者可能造成的损害。利益衡量应当立足于国内与国际两方面的现实考察。就前者而言,法院在分析广告屏蔽行为对视频网站经营者以及对行业造成的损害时,必须紧密结合国内这一行业发展的现状,尤其是考察商业模式本身正在经历的动态调整现实,否则就有可能得出缺乏可接受性的片面化观点。①

(二)公共利益优先

法院通过利益衡量的方法选择优先保护的利益从而判定涉案行为正当与否的先例。例如,在腾讯诉世界星辉不正当竞争纠纷案中,法院在判决书中称,"《反不正当竞争法》同样具有社会法的属性,在认定竞争行为正当与否时,不能仅考虑竞争者的利益,还要考虑整个社会公众的利益"。一审法院将消费者利益等同于社会公共利益进行论述,认为"在互联网产业下,广大网络用户利益即为社会公共利益"。二审裁判则认为,"不具有正当性的行为并不会因为其符合用户需求而具备正当性","用户天然希望一切产品或服务免费"不意味着"经营者采取任何措施将其他经营者的收费产品或服务变成免费的行为均被认定具有正当性",且即便需要考虑用户需求,世界星辉公司的行为亦并非真正符合用户的长期需求,长期来看,成本最终仍会转嫁到消费者身上。

公共利益具体表现为两个方面:一是竞争机制是否受损;二是使社会福利最大化的目标是否受损。例如,游戏外挂导致的游戏内"作弊"行为,严重破坏游戏的公平性,将使竞争机制严重受损。同时,网络游戏运营商为治理此类"作弊"行为又需投入巨额维护支出。上述不良影响将减损游戏生命周期,导致游戏开发商和运营商的投入与产出不成正比,最终影响整个游戏市场的产出效能,打击游戏市场主体创新的积极性,不利社会福利最大化的提升。②

在淘宝公司与载和公司等不正当竞争纠纷案中,就涉案软件所提供的帮购、比价等服务而言,虽然一定程度上利于消费者在购物时进行价格比较,作出最优的交易决定,使消费者以更低的价格购买到产品,具有提升消费者购买欲望的积极效应。但是,涉案软件运行后在淘宝商城页面的中心位置中插入图标

① 参见黄军:《视频网站商业模式竞争法保护的反思与完善》,载《时代法学》2019 年第 3 期。

② 参见徐俊、姜广瑞、徐弘韬:《互联网经济视角下的产业实践与法律逻辑——关于互联网专条兜底条款适用的调研报告》,载搜狐网 2021 年 7 月 18 日,https://www.sohu.com/a/478210579_121123759。

和按钮,并引导消费者至其网站进行交易,严重影响了淘宝的经营秩序,使消费者对交易主体产生混淆,容易造成淘宝商城商誉受到损失,同时提高了交易风险,给售后服务带来障碍,其对原告所造成的损害与其欲实现的正面效应显然不符合比例原则。因此,虽然两被告的行为会给消费者带来一定的福利,但其过度妨碍原告商城正常经营,不仅有损原告的利益,长此以往也会给电子商务网站的商业投入和创新带来负面影响,进而破坏电子商务和比价、帮购等服务共存的生态,消费者也难以获得长期持续的利益,并且,被告提供比价、帮购等服务并非必须要通过该手段来实现,从利益平衡的角度,其应当通过更为适当的方式开展相应的服务。①

(三)利益平衡

如在大众点评诉百度地图案中,法院判定百度公司抓取行为超过必要限度的根本原因在于这种同质化行为将对竞争秩序造成的扭曲:一方面,“这种行为已经实质替代了大众点评网的相关服务,其欲实现的积极效果与给大众点评网所造成的损失并不符合利益平衡的原则”。另一方面,“消费者利益的根本提高来自经济发展,而经济的持续发展必然依赖于公平竞争的市场秩序。就本案而言,如果获取信息投入者的利益不能得到有效保护,则必然使得进入这一领域的市场主体减少,消费者未来所能获知信息的渠道和数量亦将减少”。在腾讯诉世界星辉不正当竞争纠纷案中,北京知识产权法院同样采用利益平衡的方法判定涉诉广告屏蔽行为是否构成不正当竞争。

(四)直接损害的扩张

尽管实践中损害消费者利益和市场经济秩序是认定行为不正当性的根本因素,但不正当竞争更直接的表现是损害经营者的合法权益。而认定经营者是否因被告的不当行为遭受损害,不再仅限于直接损害,如当前互联网核心竞争力流量损失,司法裁判在不正当竞争的要件认定上会延伸损害的范围。在“微信群控”不正当竞争纠纷案中,法院论述微信软件经营者腾讯的合法权益受损从四个方面展开:(1)腾讯因大量投入到微信而获取的网络用户注意力的互联网市场竞争优势和与此相关的交易机会;(2)群控系统增加的虚假流量会损害

① 参见刘依佳、焦清扬:《流量劫持的不正当竞争认定问题研究——评淘宝诉“帮5买”不正当竞争纠纷案》,载《法律适用(司法案例)》2018年第24期。

微信产品的商誉;(3)群控系统的刷量功能会影响广告主投放广告的积极性,进而导致腾讯损失广告收入等增值服务交易机会;(4)微信服务器的运营负担加大,造成实际损失。微信群控系统的效果主要在于通过批量化营销的方式增加微信流量,主要能够实现“刷公众号阅读量”“批量加微信好友”“监控自动回复消息”等功能。微信向广告主提供广告机会,向用户收取增值服务费用,这种商业模式正是基于其免费提供的通讯服务积攒的流量,群控系统增加虚假流量必然会对微信运营模式产生影响。因而群控系统插件的显性损害是会增加微信运营负担,而可延伸的隐性损害体现在微信利用流量运营的特定商业模式上,即进一步的市场竞争推广机会。因而在互联网不正当竞争行为损害的认定上,根据不同商业模式,不当竞争行为造成的损害范围在一定程度上会得到延伸,不仅限于直接利益损害。例如,在游戏中使用作弊性质的第三方辅助软件,直接损害游戏运营商与玩家之间的交易机会,与此同时会影响游戏公平性,进一步导致游戏玩家流失。但对损害范围的延伸也需要保持谨慎,在判断不正当竞争行为是否构成的语境下讨论不当行为的损害范围,应当与赔偿保持一致。当前互联网不正当竞争案件的损害赔偿按照被侵权人的实际损失、侵权人因侵权所获利益以及法定赔偿数额确定,如果在要件认定中过分扩大不当行为造成的损害范围,可能会与赔偿认定中实际损失的认定产生矛盾。①

四、其他经营者的合法权益

在互联网场景下,“其他经营者的合法权益”主要体现为:经营者合法的经营模式与通过诚实劳动和经营所得应受到《反不正当竞争法》保护。首先,经营者合法的经营模式应受到《反不正当竞争法》保护,是指当所涉经营模式没有违反相关法律法规时,它就不应被他人恶意干扰、破坏或者妨碍。在“360 扣扣保镖”软件商业诋毁纠纷案中,最高人民法院明确将腾讯公司所提供的免费 QQ 平台与广告增值服务相结合的商业模式认定为应受保护的合法权益。其次,经营者通过诚实劳动和经营所得应受到保护,是指经营者在遵守法律和商业道德的情况下,通过投入人力、物力和财力所获得的大量的有价值的资源,包括用

① 参见傅建晶:《第三方辅助软件提供行为的不正当竞争认定》,载《河南牧业经济学院学报》2021年第2期。

户、流量、数据、公司的声誉和产品的声誉等,应受到《反不正当竞争法》保护。在“生意参谋”数据不正当竞争案中,法院认为经由诚实劳动和经营所得的数据产品应受到《反不正当竞争法》保护。

第三节 损害消费者利益

一、保护消费者利益相关立法

(一)反不正当竞争示范条款

1996年,世界知识产权组织发布了《反不正当竞争示范条款》,为统一反不正当竞争法国际标准并发展各国国内相关立法提供指引。《反不正当竞争示范条款》列明消费者利益应受保护,并将有权提出权利救济诉求的主体扩展为权利遭受侵害或存在遭受侵害风险的一切自然人或者法人。这一表述明确了消费者及消费者协会及其他公益团体在不正当竞争案件中的原告主体资格。①

(二)反不正当竞争法

从法律规定层面来看,我国2017年修订的《反不正当竞争法》第2条第2款将不正当竞争行为的范围扩展到了“损害其他经营者或者消费者的合法权益”的行为,这种做法强调了消费者的利益保护,符合世界范围内反不正当竞争立法的总体趋势。

但也有不同观点,认为由于互联网平台经营模式的特殊性,个人在许多情形下可以免费使用产品、获得服务,而无须支付对价,故而难以成为《反不正当竞争法》一般条款中所述的“消费者”。而在第12条互联网条款中“用户”一词也只出现在“通过影响用户选择”的行为方式描述中,而非行为结果中,可见当前用户的利益受损并非认定互联网不正当竞争的法律构成要件。②

---

① 参见中国信息通信研究院互联网法律研究中心、腾讯研究院法律研究中心:《网络空间法治化的全球视野与中国实践》,法律出版社2016年版,第75页。

② 参见孙晋、闵佳凤:《论互联网不正当竞争中消费者权益的保护——基于新修〈反不正当竞争法〉的思考》,载《湖南社会科学》2018年第1期。

(三)司法实践先例

以数据保护为例,应当明确合法利益受损的消费者、互联网用户及社会公众针对数据不正当竞争行为提起民事诉讼的权利。并且由于在数据不正当竞争的案件中,一旦对以上民事主体的利益造成损害,被侵权主体的数量极为庞大,如果一一审理对司法资源会造成严重浪费。而且消费者、互联网用户与实施不正当竞争行为的经营者之间力量悬殊,导致其损失难以得到救济,主动维权的积极性较低。因而可以引入公益诉讼制度,均衡诉讼双方力量,节约司法资源,并对数据不正当竞争的潜在行为人形成有效的威慑。①

但实际上我国司法实践中,早在2010年的"海带配额"不正当竞争案中,消费者利益成为判断正当性与否的关键因素的先例。最高人民法院在该案再审裁决中提出,"在互联网行业中,适用《反不正当竞争法》,应秉持谦抑的司法态度,除需符合一般商业行为正当性判别的条件外,还需满足以下三个条件:第一,该竞争行为所采用的技术手段,确实损害了消费者的利益;第二,该竞争行为破坏了互联网环境中的公开、公平、公正的市场竞争秩序,从而引发恶性竞争,或具备这样的可能性;第三,对于互联网中利用新技术手段或新商业模式的竞争行为,应首先推定具有正当性,不正当性需要证据加以证明"。也就是说,保护消费者利益,既是《反不正当竞争法》的终极价值目标,当然也是影响行为正当性判断的重要因素。

在脉脉非法抓取微博用户信息案中,该案的二审法院以脉脉通过用户上传手机通讯录展示非脉脉用户的微博信息,"损害了非脉脉用户的知情权和选择权"作为独立判断的依据,认定其行为构成不正当竞争。②

二、消费者利益损害的裁判

(一)消费者利益考量现状

有学者统计1999年至2015年互联网新型不正当竞争行为判决书135件。在互联网新型不正当竞争行为的审判实践中,法官逐渐重视考量消费者因素,

① 参见王先林:《我国〈反不正当竞争法〉修订中若干基本问题初探》,载《竞争法律与政策评论》2017年第3期。

② 参见孔祥俊:《反不正当竞争法的创新性适用》,中国法制出版社2014年版,第85~86页。

将消费者利益作为行为正当性的重要判断标准。其中有 43.5% 的判决书将消费者利益作为涉诉行为的正当性判断标准，几近占有效样本的一半比重。① 但在数据不正当竞争纠纷中，大多数案件并未提及对消费者利益的保护，1998 年至 2020 年网络行业数据不正当竞争案件 23 例中，仅有 39.3% 的案件专门论述了对消费者利益的保护。在不同的案件类型中，对消费者利益的考量也并不相同，在涉及刷量的数据不正当竞争纠纷中，消费者利益体现为消费者的知情权和选择权，虚假流量会使消费者产生错误认知，并进而影响其决策和其产品体验；在涉及用户个人信息的案件中，消费者利益更多体现为隐私保护和数据安全，网络服务提供者需尊重用户意愿，事先取得用户授权同意，方可获取和利用数据信息；在涉及用户生成内容的案件中，需保护付出了人力、财力、物力和时间的信息投入者利益，促进公平的市场竞争，从而保障消费者未来获取信息的途径和数量。②

（二）消费者利益改善与侵权认定

在腾讯诉世界星辉不正当竞争纠纷案和 720 浏览器不正当竞争纠纷案这两件案件一审中，法院均认为消费者利益改善而拒绝认定被告屏蔽行为构成不正当竞争。尽管二审均改判侵权成立，但一审观点仍值得研究。

在淘宝诉上海载和案中，一审法院认为，对一项竞争行为是否予以规制，应综合考虑经营者、消费者等各方的利益，并对其他经营者因被诉行为遭受的损害与停止被诉行为对行为者利益造成的损害进行衡量。竞争的利益均衡的功能特性决定了无论哪一种利益都不具有抽象意义上的绝对优先地位。该案的二审法院在进行更精细的利益衡量后特别指出，消费者在竞争过程中的地位固然重要，但“可以提升消费者利益的行为并不能当然被排除在不正当竞争行为之外，仍要就被控行为的正面效果与对被干扰者所造成的损害进行衡量”。

再如，在搜狗“搜索候选”不正当竞争纠纷案中，法院认为，该案被控行为对消费者利益的影响具有一定的复杂性。一方面，被控行为未能完全避免用户产生混淆；另一方面，被控行为也会在一定程度上增加消费者的福利。当用户在

① 参见陈耿华：《互联网新型不正当竞争行为规制理念的实证考察及比较分析》，载《广东财经大学学报》2017 年第 5 期。

② 参见胡迎春、廖怀学：《论数据不正当竞争的演进与规制》，载《竞争政策研究》2021 年第 2 期。

点击“搜索候选”后,网页会跳转至搜狗搜索引擎,其提供了更多的搜索结果供用户选择,此时用户可自主选择返回爱奇艺网站或者继续停留在搜狗搜索引擎进行进一步的操作。并且,网络环境与实体环境相比,用户选择重新返回爱奇艺网站的成本是很小的,相对于为用户所增加的选择而言,整体上消费者的福利有所提高。此外,《反不正当竞争法》所关注的消费者的合法权益是一种消费者群体利益,即保障消费者整体上获得正确充分的信息,以及交易决定的自由。在维护市场竞争秩序的角度上,《反不正当竞争法》所保障的消费者合法权益最终体现为市场信息传递功能、市场选择功能不被扭曲和破坏。对于该案所涉及的网络用户而言,其目的是在网络上观看相应的影视视频,用户实际所要做出的交易决定是在某一家视频网站观看视频。在此之前,用户基于对搜狗输入法提供“搜索候选”所产生的混淆,与用户最终所需做出的交易决定之间并无直接关系。即使有部分消费者被误导点击搜狗输入法提供的“搜索候选”而进入搜狗搜索引擎,此时也已明确知晓该搜索结果与爱奇艺网站并无关联,其可以自主选择返回爱奇艺网站,市场选择功能并没有被真正地破坏。

（三）侵害消费者知情权

在全国首例刷机（重装手机系统）不正当竞争纠纷案中,法院指出,互联网环境下手机厂商、软件经营者之间在竞争过程中确实难免存在一定的相互干扰和影响,但这种干扰和影响应具有一定的限度;彼此的竞争行为应当在法律规定的范围内,必须遵守诚实信用和公认的商业道德,从有利于手机市场的发展、秩序的稳定和消费者利益的维护出发,而非打着“维护消费者利益”的旗号,通过技术手段破坏他人正常的经营活动的方式推进。手机厂商基于其开发的手机操作系统而形成的商业模式及带来的经济利益固然应予以保护,但并不意味手机厂商据此形成一种排他性的垄断性权利,其无权禁止其他软件经营者独立开发手机操作系统并提供刷机服务,更无权限制手机用户的自主选择权和知情权。法律所禁止的是通过不正当手段对手机厂商的操作系统进行破坏或干扰的非法刷机行为。随着手机市场竞争的发展和手机消费者需求的提高,手机厂商势必会不断改进商业模式和提高服务质量,吸引更多用户,获取更好的商业利益;手机软件经营者通过自身的技术创新给手机用户提供更好的体验和更充分的选择,与手机厂商形成良性竞争来获取经济利益的模式,应当予以肯定和尊重。但经营者在提供应用软件分发服务时,应当充分保障用户的知情权、选择权,以用户体验为参考,在合理范围内依法、合规提供服务。而对于以保护用户知情权、选择权为由,通过破坏其他经营者技术保护措施、合法商业模式的竞争行为,应及时予以制止,依法保护手机厂商的合法权益。形成兼顾手机厂商、软件经营者和消费者三方利益为导向的新型手机市场,才能最终促进手机行业有序发展、增加消费者福利。

与此案观点一样,实务中较多的持侵害消费者知情权或选择权等就认定对消费者权益(利益)具有损害并构成侵权的观点。

三、消费者利益损害分析

在互联网语境下,消费者利益主要体现为消费者的知情权、隐私权和选择权。[①]《反不正当竞争法》语境下的消费者权益是整体的而并非局部利益,是长期的而并非短期利益,是一种终极意义上的保护,而非停留于特定、直接或具体的财产损害以及人身伤害之保护层次上。[②] 在腾讯公司诉世界星辉不正当竞争纠纷案中,法院认为:"虽然视频广告过滤功能看似有利于消费者利益,但其至多仅限于现阶段利益,对于长远利益则可能存在不利影响。"还需指出的是,消费者利益具有多元化的特点,应适当弱化消费者的多样化选择在认定不正当竞争行为中的作用,最高人民法院在"360 扣扣保镖"软件商业诋毁纠纷案的判决中曾指出:"消费者的需求多种多样,不能简单地以某一或者部分消费者的感受和选择,特别是不能以上诉人自己的标准来认定 QQ 软件商业模式是否具有侵害性。"

从消费者角度对不正当竞争行为的认定,主要考虑其自由决策的利益是否受到损害。以消费者决策基础为中心的考量,旨在增加市场的透明度和提升消费者基于真实的意思表示进行自主决策的能力。这尤其需要关注:(1)消费者自由决定所依赖的基本条件是否受到破坏。禁止虚构交易记录、不透明的促销手段、不透明的有奖销售、不当的比较广告及误导等可能导致消费者作出错误交易决定的行为。(2)消费者作出交易决定的过程是否受到干扰。禁止在消费

---

① 参见北京知识产权法院民事判决书,(2016)京 73 民终 588 号。

② 参见陈耿华:《互联网时代消费者在中国竞争法中的角色重塑与功能再造——兼论〈反不正当竞争法〉的修改》,载《江西财经大学学报》2018 年第 2 期。

者作出交易决定的过程中,施加压力、制造恐惧或实施情势强迫等,导致消费者作出他本不希望作出的交易决定。(3)消费者的私人领域是否受到侵害。禁止无法合理预期的可能侵害消费者的一般人格权及其健康权的骚扰。①

需明确的是,竞争过程中的消费者是一个整体形象,对消费者的自由决策的“实质性扭曲”,指的是企业因此不合理地获得了竞争优势的行为,而不是侵害消费者个体利益的个别行为。行为“足以影响交易秩序”是其纳入《反不正当竞争法》而不是《消费者权益保护法》的界限,这也正是《反不正当竞争法》作为经济法所具有的公共属性的体现。对“足以影响交易秩序”的考量集中在受影响人数的多寡、造成损害的范围及程度、是否会对其他企业产生警惕效果及是否为针对特定团体或组群所进行的欺诈或显失公平的行为等因素,但不以其对交易秩序已实际产生影响为限。②

技术与经营模式的创新,不能以牺牲其他竞争者对于市场发展及消费者福利的贡献力为代价,消费者福祉的根本改善也非仅靠一次创新即能实现。消费者福祉的改善最根本的保障是可预期、可持续的市场创新发展。如果一项网络竞争行为在竞争效能上破坏性大于建设性,即便其能够给消费者带来某些福利,但最终损害了其他市场主体的创造积极性,进而会影响消费者的整体、长远利益的提升。在“微信群控”不正当竞争纠纷案中,法院认为,网络经济条件下的竞争应允许在他人在既有网络产品基础上创新性地开展自由竞争。就该案而言,如果被告是在合法、适度、征得用户同意的前提下,合理利用微信产品,通过自己的创新劳动开发出新的软件产品且能够给消费者带来全新体验的,这样的竞争行为难谓不正当。但创新竞争,不能以牺牲其他竞争者对于市场发展及消费者福利的贡献力为代价。该案中,微信产品在国内外拥有巨量的活跃用户,其对于市场的贡献力是显而易见的。被控侵权软件虽然提升了少数经营性用户使用微信产品的体验,但恶化了多数用户使用微信产品的体验,如不加禁止会危及微信产品的整体效能发挥与后续发展,进而会影响广大消费者的福祉。被告此种所谓创新竞争活动,在竞争效能上对市场整体而言明显弊大于

① 参见范长军:《德国反不正当竞争法研究》,法律出版社 2010 年版,第 68 页。

② 参见杨宏晖:《欧盟不当交易行为指令与德国不正竞争防止法的新变革——以消费者保护的强化为中心》,载《公平交易季刊》第 2 期(2010 年)。

利,难谓系有效率的竞争,并不具有正当性。

四、整体利益与个体利益

司法实践中对互联网新型不正当竞争行为法律理念的认识存在分歧,有"保护社会整体利益"与"保护消费者利益"两种认知。两者在内容上有所交叉,但各有侧重,前者的内涵和外延更广,包括但不限于消费者利益,也保护经营者利益、商业模式、行业惯例等内容,而后者着眼于消费者利益,权益主体较为单一。虽然多数判决书在论证互联网新型不正当竞争行为的违法性时并未明显提及"社会整体利益",然从其论证表述看,在认定涉诉行为的性质时,法官综合考虑了经营者利益、消费者利益、正当的商业模式、行业惯例,以及涉诉行为对市场竞争秩序、商业伦理的影响,从而对其行为是否构成不正当竞争作出进一步评判。比如,在"360 扣扣保镖"软件商业诋毁纠纷案的终审判决中,最高人民法院认为,原告"免费平台 + 广告增值服务"的商业模式有合理理由,他人不得采取不正当手段加以干涉。经营者采用哪种商业模式最终取决于市场竞争状况和消费者抉择,任一竞争者不可任意予以评判,更不可以此为借口肆意破坏。法院判决的基本思路是,正当的商业模式应受到法律支持。原告采用的是互联网行业内较为普遍的经营模式,且不违反竞争法的立法宗旨及禁止性规定,不超越法律保护范畴。若竞争者不当干涉其他经营者正当的商业模式,则应认定构成不正当竞争。由此得知,法官综合考虑正当的商业模式、行业惯例、市场竞争状况及消费者选择,对行为是否构成不正当竞争作出进一步定性,而非单纯考虑行为是否侵害了其他经营者利益或单方面有损消费者利益。①

当前互联网产业背景下信息和资源自由流通,新型互联网竞争方式层出不穷,竞争界限淡化,竞争正当与否的认定以商业道德为标准,仅凭经营者利益受损这一因素不足以支撑竞争自由的市场动态变化需求,因为有的竞争可能使经营者利益受损,对消费者而言却是有利的。正如购物党比价插件案②,正常运行下的第三方辅助软件对消费者是有益的,使用比价插件会更加明显反映出不同

---

① 参见陈耿华:《互联网新型不正当竞争行为规制理念的实证考察及比较分析》,载《广东财经大学学报》2017 年第 5 期。

② 参见北京知识产权法院民事判决书,(2019)京 73 民终 1489 号。

平台所提供商品的价格区别,以便消费者做出选择,虽然这会导致购物平台流量流失,但也属于正当竞争的范畴。只有当该比价插件展示错误的信息,误导消费者的判断,恶意损害购物平台的利益,对正当的市场竞争秩序造成影响,才需要受到《反不正当竞争法》的规制。在互联网产业竞争的法益位阶排序中,更加看重消费者利益和市场利益,而经营者利益则是相对处于最末端的法益。因为从最深层次的因素看,《反不正当竞争法》的最终目的还是维护市场竞争秩序与社会稳定。①

"U 号租"账号租赁不正当竞争案,从不当夺取交易机会或损害其他经营者合法利益方面看,被诉行为破坏了腾讯公司对高级用户(Very Important Person,VIP)会员账号设置的权限,损害了腾讯公司通过会员制度进行的正常经营行为所获的合法权益。猎宝公司出租腾讯 VIP 会员账号的行为,一方面破坏了腾讯公司基于经营自主权对 VIP 会员账号所做的限制,另一方面亦导致普通用户无须向腾讯公司支付会员费用,或观看广告获取免费视频,而可以通过租赁账号的方式获得腾讯公司对应的会员视频资源,不仅干扰了腾讯公司视频网站的运营模式和盈利方式,也使腾讯公司的交易机会、会员收入及用户流量等受到实质影响,直接损害了腾讯公司基于会员视频服务所产生的经营收益,从长远看,也将逐步降低市场活力,破坏竞争秩序和机制,阻碍网络视频市场的正常、有序发展,并最终造成消费者利益的减损。

从社会公众角度对不正当竞争行为的认定,主要考虑其从"不受扭曲的竞争"中可获得的利益(竞争秩序所产生的利益)。《反不正当竞争法》将"扰乱市场竞争秩序"置于其他经营者和消费者权益之前,这不能理解为一种价值序位的重新排定,而是作为将一种行为纳入《反不正当竞争法》规制的前提限定。对不正当竞争行为的认定,是多元利益综合考量的结果,公共利益不能绝对优先于消费者和竞争者利益。如果依据不同利益标准对行为的评价发生了冲突,需要进一步遵循比例原则的分析框架进行判断。当然,利益权衡是有限度的,对不正当竞争行为的认定不能侵害宪法上的基本权利。②

---

① 参见傅建晶:《第三方辅助软件提供行为的不正当竞争认定》,载《河南牧业经济学院学报》2021 年第 2 期。

② 参见张占江:《不正当竞争行为认定范式的嬗变　从"保护竞争者"到"保护竞争"》,载《中外法学》2019 年第 1 期。

第四节　比例原则与竞争损害

一、比例原则的作用

利益衡量的方法无非有二，一是参考权利位阶，二是诉诸比例原则。[①] 如果权利位阶存在高低之分，那么位阶高的权利通常会被视为具有更高的价值并得到优先保障。但是，经营者的营业利益无时无刻不与自由竞争相冲突，这两种冲突的利益无所谓谁更“高阶”，没有哪一方必须在冲突中获胜，[②]故此，只有采用比例原则才能在个案中确定哪种利益更值得保护。

比例原则认定方法是利益衡量的重要方法之一。适用比例原则判断竞争行为的正当性时，要求依循比例原则的三个子原则——适当性原则、必要性原则与均衡性原则，以此对涉案行为进行逐步分析，以实现各方利益均衡。其中，适当性原则关注手段与目的的联系，要求相关行为有助于正当目的之达成（包括部分有助于正当目的之达成）；必要性原则要求在能够同等实现该目的的诸多方式中，选择对其他利益损害最小的一种方式；均衡性原则则要求权衡追求目的所要达到的收益与为实现这一目的而对相冲突利益造成的损害之间是否符合比例。在造成的损害与实现的收益相比并不明显失衡时，则认为相关行为符合均衡性原则。[③] 如果相关行为不能同时满足这三个要件，则相关行为具有不正当性，属于不正当竞争行为。相较于“对多元利益进行定性比较”的方法而言，比例原则虽然在本质上仍以竞争效果作为行为正当性的判断标准，在某一行为利大于弊时，作出肯定性评价，反之则作出否定性评价，但比例原则更强调手段与损益结果的比例性，同时关注了行为目的、行为手段与行为后果，有助于克服利益衡量的主观性与肆意性，确保利益衡量的客观化与规范化。[④]

---

① 参见梁迎修：《权利冲突的司法化解》，载《法学研究》2014 年第 2 期。

② 参见于飞：《权利与利益区分保护的侵权法体系之研究》，法律出版社 2012 年版，第 30 页。

③ 参见张占江：《论反不正当竞争法的谦抑性》，载《法学》2019 年第 3 期。

④ 参见兰磊：《比例原则视角下的〈反不正当竞争法〉一般条款解释——以视频网站上广告拦截和快进是否构成不正当竞争为例》，载《东方法学》2015 年第 3 期；史欣媛：《利益衡量方法在屏蔽视频广告行为正当性判定中的适用》，载《中南大学学报（社会科学版）》2017 年第 1 期。

二、比例原则的评估

考虑到《反不正当竞争法》具有市场调控法的“底色”,因此还需结合比例原则,考虑消费者、其他市场参与主体等利益,对竞争行为作进一步评估:第一,考虑竞争行为对相关消费者福利的影响,主要在于保护相关消费者的知情权、选择权,但不应持“家长式”监管风格,假想消费者利益的受损严重性,提出不合理的监管要求;第二,惯例、道德尽管可能会是社会利益的反映,但证成路径不清晰明了,很难作为单独原因去分析行为不正当,应谨慎适用;第三,考虑竞争行为的禁止是否会使原告获得超额利润,人为造成不必要的垄断和市场封锁,造成寒蝉效应,减损竞争自由,即减损被告、其他市场参与主体展开营业的自由。[1] 在“一起来捉妖”虚拟定位插件不正当竞争案中,法院在法益损害的判定中,将互联网市场秩序、互联网经营者利益和网络用户利益进行了“三元叠加”。

比例原则的适用,能够通过考察不同行为方式对相冲突利益的影响,确定使诸种相互冲突的法益实现均衡的行为方式,作为行为合法性的认定的基准。其分析框架包括三个层次:妥当性,即所采取的措施可以实现所追求的目的;必要性,即除采取的措施之外,没有其他给关系人或公众造成更少损害的适当措施;相称性,即采取的必要措施与其追求的结果之间并非不成比例(狭义的比例性)。[2]

三、比例原则的裁判方法

大众点评诉百度地图案的二审法院,依据比例原则在判决中指出,百度将从大众点评网上爬取的点评信息用于百度地图,用户在搜索到商户位置的同时,虽然还可以了解其他消费者对商户的评价,一定程度上提升了用户体验。但由于其本可以通过较少显示大众点评信息或部分显示信息内容的方式,在基本保证用户体验的前提下降低对大众点评网的损害,却并未采取这样的方式。同时,其行为已经实质性地取代了大众点评网的相关服务,积极效果与对大众点评网的损害相比并不相称。更重要的是,这种行为还可能使得其他市场主体

---

① 参见黄武双、谭宇航:《不正当竞争判断标准研究》,载《知识产权》2020年第10期。

② 参见[德]哈特穆特·毛雷尔:《行政法学总论》,高家伟译,法律出版社2000年版,第238页。

不愿再就信息的收集进行投入，破坏正常的产业生态，并对竞争秩序产生一定的负面影响。因此，百度的行为构成了不正当竞争。

关于如何运用比例原则，有研究者从腾讯诉世界星辉不正当竞争纠纷案中整理出裁判方法：[①]第一步，进行适当性审查。适当性原则并不要求行为方式能基本（甚至完全）实现立法目的，只要求行为手段有利于达到立法意旨便可。反之，如行为手段丝毫无益于实现立法意旨，则对该手段应予以根本性的否定评价。该案中，被告推送的浏览器为消费者提供了过滤广告功能，消费者可借助过滤功能自主设置选项，具体选项包括"不过滤任何广告"、"强力拦截页面广告"、"仅拦截弹出窗口"以及"自定义过滤规则"。消费者在观看原告视频时有权选择是否拦截片头广告或暂停广告，大大优化了消费者的使用体验，而提升消费者使用体验可归入正当目的范畴，故涉诉行为符合第一环节适当性原则的要求。第二步，进行必要性审查。该环节的审查重点在于，在确保目的实现的相同条件下采用最温和的手段。具体到该案中，为维护消费者利益，要求不存在损害更小且能实现同等助益之替代方案。经分析，该案被告行为导致原告无法就网站影片的片头和暂停广告谋取直接的经济效益，破坏了以免费为主的商业模式，导致原告竞争利益受损，对视频业的发展带来了一定冲击。但是，从被告的过滤广告设置看，消费者得以自主设置过滤广告功能，且存在多个选项。此外，该损害并不具有直接针对性，于原告而言，并非无任何可躲避条件。综合来看，确实不存在损害更小且能够获得相同助益之替代方案，故屏蔽行为契合必要性原则之要求。第三步，进行平衡性审查。与必要性原则同理，为防止过于苛责行为主体，唯有所导致的损害直观上显然超越可得收益，才被视为有违狭义比例原则。在该案中，虽然被告屏蔽广告的行为对视频行业的发展带来一定冲击，或许无益于消费者免费观阅视频网站，然而被告这种为消费者提供多元设置选项的屏蔽行为，是一种不断探索、尝试新型商业模式的行为，可以鼓励原告通过与广告经营者一起努力激发并维持观众对广告节目的兴趣，抑或主动凭借技术革新化解屏蔽广告问题。从长远来看可能倒逼经营者变革、改进其商业模式，反而有利于优化行业环境，为新技术的市场尝试保留空间和机会，契合

---

① 参见陈耿华：《我国竞争法竞争观的理论反思与制度调适——以屏蔽视频广告案为例》，载《现代法学》2020 年第 6 期。

动态竞争观念,也更有利于提升消费者的整体、长期福利。任一行业的商业模式均呈现阶段性特点,并非一成不变。对快速发展的互联网类行业而言,更为如此。彰显社会法属性的《反不正当竞争法》必须考虑社会公众的利益,并确保公众享有技术创新及科技进步福利,基于此,被告的屏蔽行为契合比例原则第三环节平衡性原则之要求。

如果竞争行为虽然对个体经济利益造成实质性损害,对行业利益却具有积极意义,或者对个体经济利益或者行业利益造成了颠覆性的损害,对公共利益及社会进步却有显著进步,那么其行为就并不当然具有非正当性。司法作为最后一道防线,在规制企业数据行为中,透过判决归纳出活的法律。[①] 如大众点评诉百度地图案中一审法院认为,对于不会造成实际损害或者损害极其轻微的行为,司法不应予以干预。在 Linked In 案中,[②]3HIQ 在 Linked In 数据基础上创造出新的服务模式,而非简单重复 Linked In 业务,虽然对 Linked In 的潜在利益和预期发展有冲击,但于社会整体利益有益,其行为并非不正当。在网约车案[③]中,网约车的存在,虽然冲击传统出租车行业利益,但财产权并非免于竞争的权利,网约车有利于促进市民出行交通选择的多样性和便捷性,政府有意推动各种商业模式的竞争,[④]以促进社会整体福利,其经济模式具有正当性。在搜狗"搜索候选"不正当竞争纠纷案中,搜狗输入法同时具备"搜索候选"和"输入候选"两种功能,在技术上具有创新之处,具有一定的正面市场效应。虽然在爱奇艺网站界面使用搜狗输入法,可能导致爱奇艺网站失去一定的流量;或者说搜狗输入法借助爱奇艺网站为自身带来一定流量,但这种看似介入爱奇艺网站产品的行为本身并不足以说明其具有不正当性。首先,随着互联网市场竞争的日趋激烈,以及信息技术和互联网技术的发展,互联网市场领域的各种产品或者服务关联性和依附性不断加深,经营者不可能固守已有的市场或技术领域,以各种方式进入竞争对手领域参与竞争是不可避免的。其次,鼓励市场竞争的重

① 参见吴从周:《概念法学、利益法学与价值法学:探索一部民法方法论的演变史》,中国法制出版社 2011 年版,第 233 ~ 234 页。

② Hi Q Labs, Inc. *v.* LinkedIn Corp. ,938 F. 3d 985(9th Cir. 2019).

③ Illinois Transportation Trade Association *v.* City of Chicago,839 F. 3d 594(7th Cir. 2016).

④ 参见施立栋:《波斯纳法官谈网约车的规制——伊利诺伊州运输贸易协会诉芝加哥市案》,载《苏州大学学报(法学版)》2017 年第 4 期。

要目的是为促进创新,创新往往并不来自闭门造车式的自我修炼,其更多地来自经营者技术或商业模式之间激烈的撞击。如果仅仅因为某种技术或商业模式介入竞争对手的经营而否定其正当性,无疑将会极大挫伤创新动力。如前所述,该案被控行为并未过度妨碍爱奇艺网站的正常运营,也未破坏正常的市场选择功能,尚未达到扰乱市场竞争秩序的程度。依据比例原则,被控竞争行为总体上仍然是一种效能竞争。

竞争是市场经济最基本的运行机制,也是市场活力的源泉。互联网产业之所以能够获得蓬勃发展,正是来自相对充分和自由的市场竞争。践行《反不正当竞争法》的立法精神,不仅需要司法制止扰乱市场秩序的不正当竞争行为,也需要某种程度上的司法克制,赋予市场自由竞争的空间。这种自由竞争的空间,不仅为搜狗公司所需,也为爱奇艺公司及所有的市场竞争者所需。

审查该竞争行为对于市场整体竞争力、贡献力的损益对比关系,即在竞争行为的客观效果(竞争效能)上慎重权衡竞争者、其他经营者以及消费者的利益得失比例关系。其一,如果该项竞争行为具有一定创新性,能够给消费者带来一定福利,且仅是给原权利人经营活动带来困扰的,该竞争行为难谓不正当;其二,如果该项竞争行为具有显著创新性,能够给消费者带来全新体验的,即便对原权利人经营活动带来一定破坏性损害的,该竞争行为也难谓不正当;其三,如果该项竞争行为无实质性创新贡献的,即便未给原权利人经营活动带来困扰的,仍具有不正当性。[①]

四、竞争损害的域外经验

德国法院通过受损害的利益对比的方式,决定损害的正当性。而且,决定是否受到损害时考量多种因素。例如,在电视精灵案中,法院认为,“被告的广告屏蔽装置的销售虽然加重了原告的经营负担,但并未威胁到其生存”,“系争竞争行为是否构成应予禁止的一般市场阻碍,只能基于对竞争者利益和一般公众利益的权衡对个案中的所有因素进行总体考量。这种总体考量应将当事人在基本法上相互冲突的地位考虑在内”。该案上诉法院在其判决中认为,“妨碍

① 参见沙丽:《互联网不正当竞争案件裁判路径的构建——基于杭州互联网法院审判实践探索的启示》,载《网络信息法学研究》2021 年第 1 期。

竞争要求存在对竞争者竞争发展机会的影响。是否存在竞争妨碍要考虑以下要素:销售、广告、采购、生产、融资及人员等。但是,由于任何竞争都会对其他竞争者产生影响,要认定某个单独的竞争行为应予禁止,必须考虑多方面的因素,并对个案进行综合考量,权衡竞争者、消费者、其他市场竞争者的利益"。"基于对上述利益的综合考量,不存在与产品相关的不正当竞争妨碍"①。在白名单案中,德国法院判决认为,"带有白名单功能的广告屏蔽软件的提出,是第一被告建立销售市场的前提。这就是说,任何一家企业,都会因此产生收入。因此,原告的销量受损是此事的伴随现象,这是纯粹的正常竞争,不能因此证明存在不公平竞争"②。法益损害的比较方式更符合动态竞争和竞争性损害的特性和要求,而单向的和静态的损害认定会导致不正当竞争行为扩大化,致使对于竞争行为的管控过于严格,不利于营造宽松和有效率的市场竞争环境。

① BGH, Urteil *v.* 24. 06. 2004, Az. I ZR 26/02[联邦德国最高法院(BGH)判决书(1ZR26/02)2004年6月24日]。

② 416 HKO 159/14.

第二章　互联网不正当竞争损害法定赔偿和酌定赔偿

第一节　法定赔偿的规定

一、《反不正当竞争法》与《反法新司法解释》

（一）法定赔偿定义

法定赔偿，也称固定赔偿，意指当实际损失、侵权获利等数量计算规则无法适用时，可在法定幅度内确定判赔额的计算方法，这是一种替代性赔偿方案。[①] 理论上，对于法定赔偿也有学者称为酌定赔偿，二者内涵是否相同，学理上尚存在争议。

（二）《反不正当竞争法》赔偿规定

《反不正当竞争法》第17条规定，经营者违反本法规定，给他人造成损害的，应当依法承担民事责任。经营者的合法权益受到不正当竞争行为损害的，可以向人民法院提起诉讼。因不正当竞争行为受到损害的经营者的赔偿数额，按照其因被侵权所受到的实际损失确定；实际损失难以计算的，按照侵权人因侵权所获得的利益确定。经营者恶意实施侵犯商业秘密行为，情节严重的，可以在按照上述方法确定数额的1倍以上5倍以下确定赔偿数额。赔偿数额还应当包括经营者为制止侵权行为所支付的合理开支。经营者违反《反不正当竞争法》第6条、第9条规定，权利人因被侵权所受到的实际损失、侵权人因侵权所获得的利益难以确定的，由人民法院根据侵权行为的情节判决给予权利人500万元以下的赔偿。

① 参见张广良：《知识产权损害赔偿惩罚体系的构建》，载《法学》2020年第5期；王迁、谈天、朱翔：《知识产权侵权损害赔偿：问题与反思》，载《知识产权》2016年第5期。

尤其《反不正当竞争法》第 17 条第 3 款确定:“实际损失”和“获得的利益确定”赔偿原则,对于“情节严重的,可以在按照上述方法确定数额的一倍以上五倍以下确定赔偿数额”。

《反不正当竞争法》第 17 条第 4 款仅规定仿冒商业标识和侵害商业秘密两种行为可适用法定赔偿,《反法新司法解释》第 23 条增加了适用法定赔偿的不正当竞争行为类型,依据该条规定,虚假宣传、商业诋毁、网络不正当竞争行为和未类型化的不正当竞争行为所引发的损害赔偿责任,均可适用《反不正当竞争法》第 17 条第 4 款规定的法定赔偿,此举无疑消除了该条规定的漏洞,有利于加强对权利人的保护。《反不正当竞争法》第 17 条规定的不正当竞争案件损害赔偿计算规则,其中法定赔偿仅适用于仿冒行为和侵害商业秘密行为。[1]

(三)《反法新司法解释》

2007 年施行的《最高人民法院关于审理不正当竞争民事案件应用法律若干问题的解释》(已失效)第 17 条规定,法官可以参照《专利法》和《商标法》的相关规定,在没有证据证明原告损失和被告获利时,根据侵权情况分别在法定最高限额 100 万元和 300 万元以下确定赔偿数额。2009 年 4 月 21 日《最高人民法院关于当前经济形势下知识产权审判服务大局若干问题的意见》出台,其中第 16 条指出:“积极引导当事人选用侵权受损或者侵权获利方法计算赔偿,尽可能避免简单适用法定赔偿方法。对于难以证明侵权受损或侵权获利的具体数额,但有证据证明前述数额明显超过法定赔偿最高限额的,应当综合全案的证据情况,在法定最高限额以上合理确定赔偿额。”

《反法新司法解释》第 27 条进一步明确,对于《反不正当竞争法》第 12 条规定的利用网络实施的不正当竞争行为以及《反不正当竞争法》第 2 条兜底条款规定的不正当竞争行为,因被侵权所受到的实际损失、侵权人因侵权所获得的利益难以确定的,法院可以参照适用《反不正当竞争法》第 17 条第 4 款确定赔偿数额,即法院将根据侵权行为的情节判决给予权利人 500 万元以下的赔偿。

但此次《反法新司法解释》第 23 条扩大了适用范围,规定虚假宣传行为、商

---

① 经营者违反《反不正当竞争法》第 6 条、第 9 条规定,权利人因被侵权所受到的实际损失、侵权人因侵权所获得的利益难以确定的,由人民法院根据侵权行为的情节判决给予权利人 500 万元以下的赔偿。

业诋毁行为、涉互联网不正当竞争行为，以及适用《反不正当竞争法》第 2 条原则性条款的不正当竞争行为，如实际损失、侵权获利难以确定的，也可以适用法定赔偿。以往实践中，不正当竞争案件中本身很难具体举证具体的赔偿数额，绝大多数案件由法官依据证据酌定，因此数额普遍偏低。此次《反法新司法解释》对法定赔偿适用范围的规定，实质上属于对《反不正当竞争法》规定的一定突破，为实践中的举证困境提供了明确的指引，但可能也存在未来案件中当事人举证的"懈怠"和法定赔偿滥用的风险。

遗憾的是，《反法新司法解释》删除了《最高人民法院关于审理不正当竞争民事案件应用法律若干问题的解释》(已失效)第 17 条第 1 款[①]的规定，而该条规定正是仿冒商业标识行为适用惩罚性赔偿的法律依据。由于《反不正当竞争法》第 17 条仅规定了侵害商业秘密行为适用惩罚性赔偿，实践中对于仿冒商业标识行为可否适用惩罚性赔偿颇有争议，支持的做法一般是援引《最高人民法院关于审理不正当竞争民事案件应用法律若干问题的解释》(已失效)第 17 条第 1 款，参照《商标法》第 63 条规定适用惩罚性赔偿，如鹰航公司椰树牌椰汁案[②]、意虎公司与欧派公司不正当竞争案[③]等，《反法新司法解释》删除该条规定后，无疑会增加仿冒商业标识行为适用惩罚性赔偿的不确定性。

笔者认为，鉴于《反不正当竞争法》第 6 条与《商标法》保护对象的性质类似，[④]保护力度应该统一协调，司法实践中仿冒商业标识行为适用惩罚性赔偿仍需要以《民法典》第 1185 条、《知产惩罚性赔偿司法解释》等规定为准，以实现法律适用的统一性，但司法实践究竟将如何发展，则有待进一步观察。

知识产权损害赔偿在计算上还存在一定的适用顺序。目前的观点主要分为平行适用和顺位适用两种模式。一方面，权利人的实际损失、侵权人违法获利和许可使用费倍数这三种传统的损害计算规则在立法设计逻辑上理应优先适用于

---

① 《最高人民法院关于审理不正当竞争民事案件应用法律若干问题的解释》(已失效)第 17 条第 1 款规定：确定《反不正当竞争法》第 10 条规定的侵犯商业秘密行为的损害赔偿额，可以参照确定侵犯专利权的损害赔偿额的方法进行；确定《反不正当竞争法》第 5 条、第 9 条、第 14 条规定的不正当竞争行为的损害赔偿额，可以参照确定侵犯注册商标专用权的损害赔偿额的方法进行。现已失效。

② 参见江苏省高级人民法院民事判决书，(2019)苏民终 476 号。

③ 参见广东省中山市中级人民法院民事判决书，(2021)粤 20 民终 679 号。

④ 参见人民法院出版社编：《解读最高人民法院司法解释(含指导性案例)》，人民法院出版社 2019 年版，第 366 页。

法定赔偿,也即顺位适用模式;另一方面,惩罚性赔偿以补偿性赔偿额为适用前提,在案件中可能适用也可能不适用惩罚性赔偿,也即平行适用模式。[①]

二、法定赔偿的现状

在"360扣扣保镖"软件商业诋毁纠纷案中,最高人民法院对奇虎360作出500万元的高额赔偿判决之后,又在北京奇虎科技有限公司等与北京搜狗信息服务有限公司不正当竞争纠纷案(以下简称搜狗诉360不正当竞争案)[②]中,360安全卫士又被判赔510万元。

以上不正当竞争案件都突破了法定赔偿的最高限额,它们都涉及互联网领域,由此则引发了值得深思的问题:在竞争形式多样化、复杂化的不正当竞争案件中,法官作出超越法定赔偿限额的判决是否具有合法性与合理性?如果是,那么超越了法定的约束,法官到底该如何合理地确定赔偿数额?

对比表18发现,在互联网不正当竞争案件中原告诉请的赔偿数额巨大,但基本上又没有证据证明自己所受损失和对方所获利润,于是法院适用法定赔偿,酌情确定赔偿数额。法院所判赔的数额,总体上呈增长趋势,特别是"360扣扣保镖"软件商业诋毁纠纷案和搜狗诉奇虎案,已经明显超出法定赔偿最高额。

表18　典型互联网不正当竞争案例赔偿数额和确定依据统计

单位:万元

年度	案件名称	案件类型	原告诉请赔偿数额	法院判决数额	赔偿数额确定依据
2010	黄金假日诉携程	虚假宣传	500	驳回原告	无
2010	百度诉奥商网络、联通青岛、联通山东、鹏飞航空	利用技术手段,强行投放广告	480	20	根据原告支出的合理费用、被告不正当竞争行为的情节、持续时间等酌定
2011	开心人诉千橡互联、千橡网景	使用知名社会性网络服务特有名称	1000	40	综合考虑被告的侵权行为方式、期间、规模、后果及主观过错程度等因素酌定

① 参见胡轩珲:《反不正当竞争案件中损害赔偿问题探究——以司法实践为中心》,载微信公众号"华政东方知识产权"2022年6月15日,https://mp.weixin.qq.com/s/-umduFJec9wPOq-s3uFKVQ。

② 参见北京市高级人民法院民事判决书,(2015)高民(知)终字第1071号。

续表

年度	案件名称	案件类型	原告诉请赔偿数额	法院判决数额	赔偿数额确定依据
2011	金山软件诉三际无限、奇虎科技	阻止安装、损害商誉	2000	30	根据被告不正当竞争行为的具体情节、所造成影响的范围等因素，酌情予以确定
2011	北京奇虎、奇智诉北京金山、珠海金山	阻止安装、诋毁商誉	1000	驳回原告	无
2011	汉涛公司诉爱帮科技公司	“搭便车”垂直搜索、虚假宣传	900	50	综合考虑被告主观过错、经营规模、不正当竞争行为性质等因素酌定
2012	尚杜·拉菲特罗兹施德民用公司诉金鸿德公司、生物医药公司	域名侵犯注册商标专用权	50	30	考虑原告的知名度、侵权情节、主观故意及必要费用等情况综合确定
2013	北京趣拿公司诉广州去哪公司	擅自使用在先注册域名	300	25	综合考虑原告经营规模、盈利能力、被告侵权方式、持续时间、侵权后果、合理费用等因素酌定
2013	百度、百度在线诉北京奇虎、奇智软件	恶意插标、流量劫持	1000	40	根据被告不正当竞争行为具体情节、所造成影响范围等因素，酌情确定
2013	谷歌诉爱思美	擅自使用知名域名、虚假宣传	30	5	依据本案具体事实对赔偿数额予以酌定
2014	百度诉北京奇虎、奇虎三六零	恶意传播插件	50	20	综合考虑原告与被告的市场份额、侵权结果和侵权时间等因素酌情确定
2014	央视国际诉我爱聊公司	擅自在线传播电视节目	100	40	综合考虑被告过错、行为后果、持续时间等因素酌定
2014	暴雪娱乐公司等诉网之易公司、游易公司	擅自使用知名商品特有装潢	500	33.5	综合被告营销手段、影响程度、原告投入、知名度等因素酌情确定

续表

年度	案件名称	案件类型	原告诉请赔偿数额	法院判决数额	赔偿数额确定依据
2014	百度诉奇虎	违反搜索引擎 robots 协议	10,000 多	70	原告未指出被告的不当行为给两原告造成了何种商业信誉上的损失,故法院不予支持
2014	腾讯诉奇虎、奇智	破坏软件及其服务、诋毁商誉等	12,500	500	确定损失超过法定赔偿限额,酌情确定
2015	搜狗信息、搜狗科技诉奇虎科技、奇虎360	阻碍安装、设置浏览器	4950	510	酌情确定经济损失,根据合理性与必要性原则,酌情支持合理支出

资料来源:刘钰婕:《不正当竞争案件中法定赔偿的超越与限度——基于互联网不正当竞争案例的整理与研究》,载《电子知识产权》2015 年第 11 期。

通过《反不正当竞争法》第 17 条可知,在不正当竞争纠纷案件中,若原告方不能举证证明“原告损失”“被告获益”,能直接适用法定赔偿,在 500 万元以下进行裁判的,仅限于《反不正当竞争法》第 6 条、第 9 条所涉及的行为。《反不正当竞争法》第 6 条所规定的混淆客体接近商标,第 9 条所规定的商业秘密则类似专利,在《商标法》《专利法》均将法定赔偿上限提高至 500 万元之后,针对混淆行为、侵害商业秘密的赔偿问题,做出上述《反不正当竞争法》第 17 条的制度安排,自然非常符合逻辑,也容易理解。

三、法定赔偿的考量因素

依据法律规定,涉网络不正当竞争案件损害赔偿数额的计算方式有按照经营者因被侵权所受到的实际损失、侵权人的违法所得、法定赔偿等方式。经营者的实际损失可以依据不正当竞争行为使经营者实际减少的正常情况下可以获得的利润、预期利润损失等方法进行计算;侵权人的违法所得通常依据侵权人因侵权行为获得的利润计算。由于当事人在实际损失和侵权获利方面举证不足,使得这两种计算方式难以确定。尤其是在网络环境下,经营者对数据、流量的争夺愈演愈烈,但数据和流量的价值却难以估量,因此,当前案件多以法定赔偿的计算方式来确定赔偿数额。确定法定赔偿数额,一般考虑经营者的知名度、经营者相关权益的市场价值、侵权人的主观过错、侵权方式、时间、范围、后果等多种因素。

2009 年,最高人民法院在《关于当前经济形势下知识产权审判服务大局若干问题的意见》第 16 条指出:“对于难以证明侵权受损或侵权获利的具体数额,但有证据证明前述数额明显超过法定赔偿最高限额的,应当综合全案的证据情况,在法定最高限额以上合理确定赔偿额。”最高人民法院陶凯元副院长亦指出,“要善于运用根据具体证据酌定实际损失或侵权所得的裁量性赔偿方法,引导当事人对于损害赔偿问题积极举证,进一步提高赔偿计算的合理性”。

近几年,一方面,因商业模式的进一步固定使原本难以量化的因素(如页面访问量、访客的访问次数、日活跃用户数量、月活跃用户数量等),逐渐在行业内有通行的计算方法;另一方面,法院充分运用举证责任转移、合理分配证明责任等方式,鼓励当事人充分有效地举证,如提交财务账册、经济学分析报告、用户数、流量损失等证据,并明确计算方法,以使法院能尽可能多参数、多维度、多层次地进行取值估算,准确量化不正当竞争行为造成的经济损失。因此,海淀区人民法院在涉网络不正当竞争案件中适用裁量性赔偿的计算方法在多起案件中合理确定了经济损失数额。①

有实务者统计近年适用互联网专条的 50 件不正当竞争民事案件②,发现多数案件裁判时考量了以下因素:③(1)侵权行为持续时间。除公证证据外,法院还会依据运营网站或 App 上线时间、软件著作权登记证书确定的首次发表时间等来确定侵权行为持续时间。如原告无法举证证明具体侵权行为的开始节点,法院会参考自收到原告诉状之日起向前按不正当竞争纠纷时效推算三年计算。④ (2)侵权规模。如侵权网站、App、账号对应月日均访问量、下载量,用户数与用户范围,是否包含不同终端类型(如苹果 IOS、安卓 App、网页版等),原被告在相关市场中的规模、影响力、品牌渗透率等。(3)侵权所造成的影响。如原告业务范围和经营模式,侵权行为或业务本身的市场价值,侵权行为对原告

① 参见北京市海淀区人民法院课题组等:《涉网络不正当竞争纠纷的法律适用问题研究——以知识产权司法保护推动营商环境优化为视角》,载《中国应用法学》2020 年第 2 期。

② 截至 2021 年 4 月 16 日,通过威科法律信息库(http://www.wkinfo.com.cn)检索的实际适用互联网条款的全部不正当竞争民事案件。同一案件一审、二审判决为一个案件,共计 50 件案件。

③ 参见毛禾枫、吴怡辰:《〈反不正当竞争法〉互联网条款适用问题研究——基于 50 份案例的实证分析》,载知乎网 2021 年 5 月 12 日,https://zhuanlan.zhihu.com/p/371638110。

④ 参见上海知识产权法院民事判决书,(2019)沪 73 民终 241 号。

商业价值的影响，侵权获利是否为被告主要现金流来源，原告用户数减损程度，侵权行为经历特殊期间（如“京东618”“天猫双11”等购物节活动等）损害较大等。（4）侵权人的主观过错。如是否采取技术手段破坏、绕开或规避，是否采取行为对抗原告的监管规范和技术反制，是否差别化设置、是否默认开启或关闭侵权功能，是否在多个版本中均具有涉案侵权功能，被告是否未及时停止侵害甚至在收到侵权告知函后继续侵权行为，被告是否就侵权功能进行专门推荐和宣传，被告是否不断开设网站分站或开设专门公司从事涉案侵权行为等。（5）原告为制止侵权所支付的合理费用。法院在计算合理开支时，会从行为是否具有较强欺骗性和隐蔽性、案件取证难度、案件专业性和难易程度、原告律师执业成本等方面综合判断。（6）减少赔偿的酌定因素：法院会就一些积极因素酌定考虑减少被告的赔偿责任，如被告收到侵权告知函后对存在问题给予修正，[①]或在收到原告起诉状后停止侵权行为，[②]被告积极履行了法院的行为保全民事裁定书避免损失进一步扩大等。[③] （7）特殊情况的处理：在一些案件中，如法院综合情节裁量确定被告就涉案行为所获利益或违法所得还涉及其他尚未起诉的相关经营者时，法院认为应在原告就该案所得赔偿中进行分配，预留份额。[④]

四、法定赔偿和惩罚性赔偿的关系

法定赔偿与惩罚性赔偿的比较见表19。

表19　法定赔偿与惩罚性赔偿的比较

法条	法定赔偿与惩罚性赔偿关系	惩罚性赔偿计算基数	数量计算规则与法定	赔偿标准
《商标法》第63条	分开适用	实际损失、侵权获利、许可使用费的倍数	严格顺位，依次适用	500万元以下

① 参见北京市海淀区人民法院民事判决书，（2018）京0108民初38881号。

② 参见天津市第一中级人民法院民事判决书，（2019）津01民初1319号。

③ 参见北京知识产权法院民事判决书，（2019）京73民终1675号。

④ 参见一审北京市海淀区人民法院民事判决书，（2016）京0108民初16044号；二审北京产权法院民事判决书，（2019）京73民终2312号。

续表

法条	法定赔偿与惩罚性赔偿关系	惩罚性赔偿计算基数	数量计算规则与法定	赔偿标准
《专利法》第71条	分开适用	实际损失或侵权获利、许可使用费的倍数	实际损失与侵权获利无顺序要求，其他计算规则依次适用	3万元以上500万元以下
《反不正当竞争法》第17条	分开适用	实际损失、侵权获利	严格顺位，依次适用	500万元以下
《种子法》第72条	分开适用	实际损失、侵权获利、许可使用费的倍数	严格顺位，依次适用	500万元以下
《著作权法》第54条	分开适用无顺序要求	实际损失或违法所得、权利使用费实际损失与违法	计算规则依次适用所得	500元以上500万元以下

资料来源：刘军华、叶明鑫：《知识产权惩罚性赔偿与法定赔偿的协调适用》，载《中国应用法学》2021年第1期。

（一）两者的区别

在司法实践中应明确划分法定赔偿和惩罚性赔偿两种模式，避免交叉混同，原因如下：（1）二者计算基数不同。前者基于举证困难，基数难以确定，法院需综合上述因素形成自由心证以酌定赔偿数额，此基数并无明确依据和相应公式，但应在法定最高赔偿数额之下；后者适用前提须是被侵权人损失、侵权人获利或许可费用已明确，法院仅在此基数上结合侵权人故意或恶意程度，以确定相应倍数计算出赔偿数额，但无法定最高数额。[①]（2）二者举证责任要求存在差异。前者举证责任较轻，被侵权人仅需证明自身权利合法以及侵权行为已经实际发生，对于实际损失、侵权人违法所得、许可使用费以及侵权人的主观状态等并不需要承担全部举证责任；而后者举证责任较重，在法定赔偿举证责任之外，还要对侵权人的主观状态、情节严重程度、实际损失、侵权人违法所得或许可使用费等承担举证责任。[②]（3）二者立法设定功能各异。前者是对民法传统理论中“填平原则”的践行，旨在解决侵权事实明显存在但被侵权人举证困难之

① 参见广东省深圳市福田区人民法院课题组、王欣美：《商标侵权惩罚性赔偿的制度构建》，载《知识产权》2020年第5期。

② 参见程宇明：《〈民法典〉视域下的知识产权惩罚性赔偿司法适用探析》，载《聊城大学学报（社会科学版）》2021年第3期。

情势,确定赔偿数额以“填平”被侵权人实际损失为主要目的,惩罚意味并不明显;后者尽管在一定程度上兼具“填平”功能,但主要着重于“惩罚”故意侵权或恶意侵权,带有更为强烈的惩罚色彩和震慑功能,旨在向公众宣示对侵权人的强烈道德责难,以遏制类似行为再次发生。①

(二)两者的三种样态

惩罚性赔偿的适用需要以确定的补偿性损害赔偿额为前提,但是法定赔偿又在实践中占据绝对优势,导致惩罚性赔偿制度在相应的个案中丧失适用的土壤。所以,法定赔偿适用的泛化是惩罚性赔偿制度无法适用的重要原因之一。“大润发”案②即为此例,一审法院认为,既然商标法已经确立损害赔偿制度应当坚持填补损失和惩罚侵权双重目标的情况下,作为计算损害赔偿兜底方式的法定赔偿制度,同样应兼具补偿和惩罚的双重功能,法定赔偿已经具有补偿和惩罚功能,不能再适用惩罚性赔偿。

目前在比较法上惩罚性赔偿与法定赔偿的关系存在三种样态,即单一模式、融合模式和分立模式。③ 我国知识产权立法对补偿性损害赔偿与惩罚性赔偿采取了分立模式,即补偿性损害赔偿额可以作为惩罚性赔偿额的计算基数。但其中较为特殊的是法定赔偿制度,虽其属于补偿性损害赔偿体系的范畴,但在现行法律框架下法定赔偿额不能作为惩罚性赔偿的计算基数。主要理由是法定赔偿的酌定考量因素中已经对当事人的主观因素进行了评价,如果在惩罚性赔偿的适用中再次评价,则会导致重复评价问题,违背法治的基本原则。

(三)法定赔偿作为惩罚性赔偿的计算基数

将法定赔偿作为惩罚性赔偿的计算基数。虽然法律没有将法定赔偿额作为惩罚性赔偿的计算基数进行明确,但是在实践中也有一些法院将其作为基数进行计算,如在德尔公司与创伟公司侵害商标权案④中,一审法院判决法定赔偿10万元,山西省高级人民法院的二审判决适用3倍惩罚性赔偿条款,调整赔偿

---

① 参见胡海容、王世港:《我国商标侵权适用法定赔偿的新思考——基于北京知识产权法院2015—2019判决的分析》,载《知识产权》2020年第5期。

② 参见上海知识产权法院民事判决书,(2016)沪民终409号。

③ 参见焦和平:《知识产权惩罚性赔偿与法定赔偿关系的立法选择》,载《华东政法大学学报》2020年第4期。

④ 参见山西省高级人民法院民事判决书,(2018)晋民终555号。

数额为 30 万元，将法定赔偿作为 3 倍损害赔偿的基数。其实，法定赔偿与惩罚性赔偿之间并不必然互斥，在同一侵权案件中对二者并行适用不应存在理论障碍。重复评价问题并非法定赔偿所独有，而是法官在知识产权侵权损害赔偿裁量过程中所面临的共同性问题。虽然法定赔偿和惩罚性赔偿都具有主观因素的考量，但二者的侧重点不同，因而不能以补偿中的主观因素去混淆惩罚性赔偿中的主观恶意。[①]

第二节　法定赔偿方式

一、权利人实际损失

比较典型的有以下几种观点：

一是法院认定的实际损失包含因销售流失而损失的利润、因价格侵蚀而损失的利润、未来销售利润损失、商誉损害即合理维权开支等。如浙江生活家巴洛克地板有限公司与巴洛克木业（中山）有限公司等侵害商标权纠纷案（以下简称浙江巴洛克公司与巴洛克公司等商标权纠纷案）[②]中，法院二审判决指出：一审判决确定该案的赔偿数额时采用了因销售流失而损失的利润及因价格侵蚀而损失的利润两种计算方法，并考虑了巴洛克公司因侵权行为而遭受的未来销售利润损失、商誉损害、为禁止侵权而支出合理维权费用以及浙江巴洛克公司侵权的恶意、严重情节等多方面因素，认定浙江巴洛克公司因侵权行为给巴洛克公司造成的损失（包括合理维权开支）远超过人民币 1000 万元。该认定有理有据，方法科学，因果关系妥当，推理合理、清晰。同时，一审判决采用的这些计算方法及多重考虑因素之间具有互补性而非互相排斥。二审法院认为，权利人的实际损失除司法解释规定的销售量乘以利润率的基数计算方式外，还可以包

① 参见胡轩珲：《反不正当竞争案件中损害赔偿问题探究——以司法实践为中心》，载微信公众号“华政东方知识产权”2022 年 6 月 15 日，https://mp.weixin.qq.com/s/-umduFJec9wPOq-s3uFKVQ。

② 参见江苏省高级人民法院民事判决书，(2017) 苏民终 1297 号。

括广告费损失。①

二是降价损失、侵权导致合同不能履行的预期利润损失等，只要权利人举证证明该损失的真实性及与侵权行为之间的因果关系，法院即可进行合理的认定。如在红日商标侵权及不正当竞争纠纷案，以及中超联赛体育赛事直播侵犯著作权及不正当竞争纠纷案中，法院均持此观点。还有法院指出，由于在实际经营活动中，权利人、侵权人以及整个行业商品的成本、盈利能力、销售能力等并不完全相同，有时权利人提供的商品价格、利润和行业利润不能作为计算赔偿基数的依据，但是可以作为参考。②

在最高人民法院公报所载的江苏天容集团诉湖南昊华公司不正当竞争纠纷③案中，法院认为：不正当竞争侵权损害赔偿数额可以根据权利人在被侵权期间因侵权行为受到的损失予以确定。权利人的实际损害可以根据侵权商品的销售量乘以权利人商品的单位利润所得之积进行计算。在查明侵权商品销售量年度区间分布时，可以侵权商品年度销售量乘以权利人商品该年度单位利润所得之积计算。权利人的实际损失是其在正常情形下应该获得的产品利润部分。但是，侵权行为发生前后市场竞争程度往往会发生变化，特别是竞争通常会导致产品价格的下降。因此，侵权人的获利与权利人的实际损失一般是不等价的。所以，在计算损害赔偿时还要关注侵权行为和实际损失之间的关联性，充分考量权利人自身以及市场因素对其所受损失可能产生的影响。④

二、侵权人获利

由于实践中权利人损失通常无法计算，法院因此依照相关法律规定通过侵权获利的计算来确定赔偿基数，这种情况下，根据侵权损害赔偿的“填平”理念，

---

① 参见广东省广州市中级人民法院民事判决书，(2017)粤73民初2239号；北京知识产权法院民事判决书，(2018)京73民终1818号。

② 参见江苏省高级人民法院民事判决书，(2017)苏民终220号；江苏省高级人民法院民事判决书，(2016)苏民终718号。

③ 参见上海市浦东新区人民法院民事判决书，(2015)浦民三(知)初字第1887号。

④ 参见商建刚：《知识产权侵权损害赔偿中实际损失的司法认定》，载《电子知识产权》2020年第4期。

实际上是以侵权获利替代实际损失确定赔偿。[1] 在关于侵权获利的确定中，法院基本形成如下主流观点：侵权获利应当是被控侵权商品销售量和被控侵权商品单位利润的乘积，并且强调要对商品单位利润与企业营业利润进行区分。如刘某等与斐乐体育有限公司侵害商标权及不正当竞争案[2]二审北京知识产权法院即持此观点。网易公司诉华多公司侵害著作权及不正当竞争纠纷案中，广东省高级人民法院也认为，从字面解释，"所得"显然不是指侵权人的销售收入，"违法所得"应指违反《著作权法》规定而获得的"利润"，即扣除必要成本之后的合理利润。从知识产权法律体系角度解释，同为侵害知识产权的赔偿，《著作权法》中的"违法所得"与专利法中的侵权获利应作一致的理解。[3]

在最高人民法院发布2021年中国法院十大知识产权案件之一的"香兰素"侵害技术秘密案[4]二审中，原告主张了三种赔偿数额计算方式。第一种是按照营业利润计算，即用原告在2011年至2017年随机抽样年平均销售单价乘以被告在该期间内的销售数量再乘以原告的营业利润率得到该期间原告因为被告的侵权所获得的实际利益，合计为116, 804, 409元。第二种计算方式为按销售利润计算，即原告在2011年至2017年销售利润率及销售价格乘以被告在同期生产和销售的总量得出原告在该期间因为被告实际利用商业秘密获得利益的总额，合计为155, 829, 455. 20元。也就是被告因为侵权所获得的利益，由于该案本应当按照被告的实际产量乘以被告的销售价格所获得的销售额乘以利润率得出侵权利益，但是被告拒不提交相关账目，所以法院按照原告提供的价格去推算其可能的获利。第三种计算方式为按价格侵蚀[5]计算，这一计算方法是由专门的经济分析机构进行的经济方法分析，类似于专业认定机构做出的鉴定报告，因该报告考虑的因素较为复杂，计算方式也较复杂，仅以结果说明，得出侵权损害790, 814, 699元。

第一种计算和第二种计算的主要区别在于一个是从权利人的角度考量，另

---

① 参见丁文严、张蕾蕾：《知识产权侵权惩罚性赔偿数额的司法确定问题研究》，载《知识产权》2021年第2期。

② 参见北京知识产权法院民事判决书，(2017)京73民终1991号。

③ 参见广东省高级人民法院民事判决书，(2018)粤民终137号。

④ 参见最高人民法院民事判决书，(2020)最高法知民终1667号。

⑤ 参见商建刚：《知识产权侵权损害赔偿中实际损失的司法认定》，载《电子知识产权》2020年第4期。

一个是从侵权人的角度考量。但是这种计算比较模糊,因为涉及的侵权行为时间跨度长,账目不清晰,资料不完全,导致以此得出较为准确的计算是不太现实的。法院认为,第一种计算方式和第二种计算方式采用的原告嘉兴中华化工公司原审证据 78 等证据真实可靠,计算出的赔偿数额均有一定合理性;第三种计算方式中相关数据和计算方法的准确性受制于多种因素,仅将其作为参考。

部分法院根据侵权人旗下实体店的相关经营数据,推算出侵权人的经营获利,在法定上限(商标侵权法定赔偿最高额 + 不正当竞争法定赔偿最高额)确定经济损失数额。如在“索菲亚”商标侵权及不正当竞争案①中,二审法院认为,一审法院综合了索菲亚公司的第 1761206 号商标的知名度、雅努斯公司主观恶意、雅努斯公司的经营情况、侵权时间、侵权产品单价对赔偿损失进行考虑,适用法律正确。一审法院仅从线下已查明的雅努斯公司 73 家实体店一年的相关经营数据,推算雅努斯公司的经营获利至少为 8,088,400 元[10,800 元(物料费)×73(实体店数量)+500,000 元(加盟费)×20%(利润率)×73(实体店数量)],进而在法定上限确定经济损失的数额为 800 万元,该认定有充分依据。雅努斯公司等上诉认为不应当参考欧派公司公布的利润率进行计算,二审法院对此认为,首先,雅努斯公司不能提供自身完整的财务数据证明其利润情况,其次,雅努斯公司在经营过程中侵害他人的商标权及不正当竞争,不需要支付开拓市场的成本,且财务制度不规范,其利润率极有可能比上市公司更高。雅努斯公司等又上诉认为不应当将 73 家加盟店视为全部已交物料费,亦不应当视所有加盟商完成了 1 年 50 万元的销售预期。二审法院对此认为,是否已交物料费以及是否完成 1 年 50 万元销售额,这本属雅努斯公司持有且最清楚的事实,但是雅努斯公司提交的财务资料不能真实反映其经营情况,在此情况下,考虑加盟商合同的约定内容,再考虑雅努斯公司 www.sfy8888.com 网站所标示的木门价格,从 1000 元至 11,000 元,应当认定实体店交付物料费并完成 50 万元的年销售额属于合理商业预期范围。二审中雅努斯公司自行提交的证据显示有 385 家业务单位,总销售为 16,812,835.14 元,亦可佐证加盟商年销售额可达 50 万元。

---

① 参见广东省广州市海珠区人民法院民事判决书,(2018)粤 0105 民初 8055 号;二审广州知识产权法院民事判决书,(2019)粤 73 民终 5945 号。

三、间接损失赔偿

当前我国规定的赔偿范围只包括实际的、直接的损失，而实践中法院在判决赔偿数额时一定程度权衡了互联网案件中不同于一般案件的损失因素，即间接损失，主要包括商誉损失和可期待利益损失。(1)商誉损失。互联网不正当竞争案件通常发生在大规模互联网企业之间，如果按照直接损失来计算，在免费用户这一市场上的损失几乎为零，但其商誉损失却是巨大的。例如，在尚杜·拉菲特罗兹施德民用公司与深圳金鸿德公司等侵害商标权及不正当竞争案[①]中考虑了"商标和知名商品特有的名称之知名度"；在暴雪娱乐公司等与分播公司等侵害美术作品著作权案[②]中考虑了"原告产品的商业价值和知名度较高的事实"；在"360 扣扣保镖"软件商业诋毁纠纷案中，一审法院考虑了"上诉人实施的侵权行为给被上诉人造成的损失包括业务收入、广告收入、社区增值业务收入和游戏收入，QQ. com 网站的流量减少，QQ 新产品推广渠道受阻，被上诉人品牌和企业声誉因商业诋毁而受损"。[③] 由此，"商誉损失"得到了最高人民法院的支持。(2)可期待利益损失。有学者提出如何计算可期待利益损失的疑问，如果说商誉损失可以通过点击量、流量等数据进行量化以及商誉账面净值反映，那么可期待利益本身就具有不确定性。邓志松律师提出一种计算思路："建议对于互联网行业中可期待利益的计算，应当综合考虑免费服务和收费服务这两方面，并将其视为一个整体予以考量。"[④]在"360 扣扣保镖"软件商业诋毁纠纷案中，最高人民法院支持了一审法院对于互联网环境下侵权行为的迅速扩大及蔓延这一特征的考虑，"尤其需要指出的是，被告对原告的商业诋毁所造成的严重后果并不会随着软件的召回或者原告对 QQ 软件的升级而终止，商业诋毁一旦在互联网环境下广泛传播，其影响必须经过一个较长的沉淀期，并

---

① 参见湖南省高级人民法院民事判决书，(2011)湘高法民三终字第 55 号。2011 年中国法院知识产权司法保护十大案件。

② 参见广东省高级人民法院民事判决书，(2016)粤民终 1719 号。2017 年广东法院知识产权审判十大案件。

③ 最高人民法院民事判决书，(2013)民三终字第 5 号。

④ 邓志松：《基于互联网行业对反不正当竞争案件损害赔偿计算的若干建议》，载《电子知识产权》2013 年第 11 期。

且在各方面努力之下，才能逐渐消除”①。

最高人民法院在“360 扣扣保镖”软件商业诋毁纠纷案中指出：“上诉人发布扣扣保镖的行为给被上诉人造成的损失已经明显超过了法定赔偿的最高限额，本案依法不适用法定赔偿额的计算方法，而应当综合案件的具体证据情况，在法定赔偿最高限额以上合理确定赔偿额。”②

原最高人民法院法官王艳芳也在其论文中阐述：“需要特别指出的是，对于难以证明侵权受损或侵权获利的具体数额，但有证据证明前述数额明显超过法定赔偿最高限额的，可以根据《最高人民法院关于当前经济形势下知识产权审判服务大局若干问题的意见》之规定，综合全案的证据情况，在法定最高限额以上合理确定赔偿额。当然，此时赔偿计算方法已经发生变化，不再是法定赔偿而是实际损失的一种计算方法。”③

四、参照许可使用费用

以许可使用费的倍数作为惩罚性赔偿数额计算的基数，在司法适用中存在一定困难，主要在于权利人须举证证明侵权商品销售量、权利人因侵权所造成商品销售减少量、商品的单位利润等项目，但这些证据往往很难准确、完整地提供，由此导致适用许可使用费倍数作为惩罚性赔偿基数的情形较少。④ 除上述的因素外，没有可参照的商标许可使用费、没有充分发挥第三方评估的作用也是导致较少适用许可费倍数确定赔偿的主要原因。同时，对适用许可使用费还是适用许可使用费倍数作为基数，实务界存在较大分歧。如广东省深圳市中级人民法院于 2020 年 12 月公布的《关于知识产权民事侵权纠纷适用惩罚性赔偿的指导意见（试行）》中明确规定可以“许可使用费的合理倍数”作为惩罚性赔偿的基数。而天津市高级人民法院于 2020 年印发的《关于知识产权侵权案件惩罚性赔偿适用问题的审判委员会纪要》则明确规定可以“许可使用费”作为损

---

① 最高人民法院民事判决书，(2013)民三终字第 5 号。

② 最高人民法院民事判决书，(2013)民三终字第 5 号。

③ 王艳芳：《〈反不正当竞争法〉在互联网不正当竞争案件中的适用》，载《法律适用》2014 年第 7 期。

④ 参见一审广东省佛山市中级人民法院民事判决书，(2015)佛中法知民初字第 8 号；二审广东省高级人民法院民事判决书，(2017)粤民终 2347 号。该案为 2018 年中国十大最具研究价值知识产权裁判案例。重庆市第一中级人民法院民事判决书，(2020)渝 01 民终 192 号。

害赔偿的基数。①

如在巴布豆中国公司与泉州巴布豆公司等侵害商标权及不正当竞争案②中，二审法院认为，一审法院在巴布豆中国公司未能举证证明其因被侵权所受到的实际损失及泉州巴布豆公司因侵权所获得的利益的情况下，综合考虑巴布豆中国公司涉案商标的市场知名度，泉州巴布豆公司的侵权行为及不正当竞争行为的性质、情节，参照巴布豆中国公司与案外人的商标许可费，确定泉州巴布豆公司赔偿巴布豆中国公司经济损失 500 万元并无不当，二审法院予以维持。

五、司法层次分析法

浙江省高级人民法院的"司法层次分析法"是指在对权利信息和侵权信息进行综合评估分析的基础上，对评估要素进行全面整合，设置相应权重指标系数，设定层级目标（如高、较高、适中、较低、低），最终通过规范行使自由裁量权来确定法定赔偿数额。其中权利信息的层次分析因素，包括主体信息、产业经营信息、权利类型、权利稳定情况、权利的使用情况、市场价值、剩余保护期限等。侵权信息的层次分析因素是指侵权主体和侵权行为因素，包括主观过错、行为情节、侵权类型、地域范围与时间、诉讼行为等。浙江省高级人民法院通过两类信息综合评判、相互修正，确定最终的评估层次。③ 浙江省高级人民法院提出的"司法层次分析法"具有重要的实践意义，然而在权利信息和侵权信息综合修正方面该方法并没有给出具体操作指向性。对此，有实务者提出在具体司法实践中还可以根据影响因子的不同权重具体细化区分（见表 20）。

---

① 参见丁文严、张蕾蕾：《知识产权侵权惩罚性赔偿数额的司法确定问题研究》，载《知识产权》2021 年第 2 期。

② 参见一审河南省郑州市中级人民法院民事判决书，（2019）豫 01 知民初 1230 号；二审河南省高级人民法院民事判决书，（2020）豫知民终 696 号。河南法院 2021 年知识产权司法保护十件典型案例。

③ 参见《西门子股份公司与新昌县西门子生活电器有限公司、绍兴市邦代电器有限公司、吴炳均侵害商标权及不正当竞争纠纷——适用"司法层次分析法"确定知识产权法定赔偿数额的首次司法实践》，载浙江法院网，http://www.zjcourt.cn/art/2017/1/10/art_86_10632.html。

表 20　法定赔偿档次分类及影响因子层次分类及类型

档次(商标侵权为例)	初步定档(高级)	二次修正(中级)	档内确定数额(初级)
150 万元以上	侵权行为的情节性质、侵权主体的诉讼行为、权利人受侵权影响情况、类似情形的合理许可费倍数	侵权主体的主观过错、侵权主体的性质及规模、权利对侵权利润的贡献度	权利人的主体信息、权利类型及所处行业、所处地区经济水平因素
100 万～150 万元			
50 万～100 万元			
10 万～50 万元			
10 万元以下			

资料来源:黄熠:《知识产权法定赔偿量化规范构建——基于 2015 至 2017 年泉州中院商标侵权案件的调研分析》,载搜狐网 2019 年 6 月 4 日,https://www.sohu.com/a/318577692_120054912。

六、电商恶意投诉的赔偿

如在刘某与武汉金牛公司等不正当竞争案中,对于电子商务领域的不正当竞争行为如何认定,法院认为,首先应适用特别法《电子商务法》予以调整,其次适用《民法典》关于侵权责任的规定,同时应受《反不正当竞争法》的规制。对于恶意投诉行为,其与《反不正当竞争法》中的“商业诋毁”具有相似之处,但行为特征又存在区别,行为本质和危害后果都已超过“商业诋毁”。应适用《反不正当竞争法》第 2 条予以规制。关于损害赔偿,可以适用《电子商务法》的加倍赔偿规定。《电子商务法》第 42 条第 3 款规定“恶意发出错误通知,造成平台内经营者损失的,加倍承担赔偿责任”。法院综合考虑被告恶意投诉行为的恶意程度、情节与后果,以及原告可能因此产生的营业额下降和商誉损失,确定赔偿基数为 20 万元,并加倍至 40 万元。

第三节　损失赔偿计算

一、以流量计算

例如,在 UC 浏览器与搜狗输入法流量劫持案中,法院经过勘验综合考量涉案行为的持续时间长、被告通过涉案行为获得的用户流量及竞价收益、流量入口导流价格、被告在行业中所占比例及被告的主观恶意等因素裁量确定了被告的违法所得,判赔数额达到 2000 万元。如流量劫持案件中,对于流量损失的计算可以采取以下两种方式。(1)直接计算法。对于通过插入链接、产品等方式将已经到达某网站的流量引导至第三方网站。此类案件的损失即因不正当竞争行为而被劫持走的流量所引起的损失,这部分损失既可按流量价值计算,亦可按流量所带来的收入计算,计算公式为:流量损失 = 被劫持流量数 × 流量单价或流量损失 = 被劫持流量数 × 日均每单位流量带来的收益。首先,被劫持流量数,因流量已经到达被劫持网站,因此该数据可以通过后台记录、监测机构的监测记录等进行统计。其次,流量单价,根据相关行业惯例来确定价格,如移动端的搜索流量单价为千次 50 元。当然,相应价格可能会随着时间、市场等因素发生变化,具体需要结合当下的情况而定。而日均每单位流量带来的收益可以通过以往网站每日收入与日均流量数得出。(2)趋势对比法。对于通过混淆等方式,实现流量劫持目的的行为,其所造成的流量损失依然通过被劫持流量数与流量单价的乘积或被劫持流量数与日均每单位流量带来的收益获得,不过该部分流量由于可能尚未到达被劫持网站,因此需要通过趋势对比法对被劫持流量数进行估算,如通过对比流量劫持行为发生前后相应网站的访问量、App 下载量,同时结合劫持网站对相关产品上线时间、用户数、下载量等报道,以及排除流量劫持外的其他原因引起的流量减少,如网站的内容、运营并没有较之前发生大的变化(甚至更为优质)、其他网站相应的流量导入数据、趋势未发生变化(甚至上升)综合确定相应数据。此外,实施流量劫持的网站对于该部分流量可能会有记录,因此也可以通过法庭勘验等方式要求其提供相应数据。[①]

二、以技术贡献率计算

我国司法实践中,有的案件没有考虑技术的贡献率,如在正泰股份公司诉施耐德电气低压(天津)有限责任公司专利侵权案[②]中,对于施耐德公司各时间段销售侵权产品的销售额,二审法院在判决中采用施耐德公司提供的数据计算

① 参见马晓明、翟静芳:《网络不正当竞争损害赔偿研究——以流量、数据为视角》,载《电子知识产权》2019 年第 12 期。

② 参见一审浙江省温州市中级人民法院民事判决书,(2006)温民三初字第 135 号;二审浙江省高级人民法院调解书,(2007)浙民三终字第 276 号。

出施耐德公司所获得的营业利润为355,939,206.25元。但是,鉴于正泰股份公司对施耐德公司提出的诉讼请求金额低于该金额,而判决的赔偿金额不得高于诉讼请求,因此法院确定施耐德公司的赔偿金额为正泰股份公司请求的334,869,872元。大部分的案件则考虑技术贡献率问题,如在新辰陶瓷公司与英特莱公司专利侵权案①中,法院认为,在以侵权人因侵权所获得的具体利益来确定赔偿额时,应排除防火卷帘中无机布基防火卷帘产品利润比例。

非技术类知识产权案件,可以考虑品牌或商标在涉案商品上的贡献率。如"全民枪战"游戏地图侵权案,关于赔偿数额,二审法院按照"全民枪战"获利×游戏地图对于游戏整体贡献率×侵权游戏地图在全部游戏地图中使用率的方式计算,最终认定侵权游戏地图获利2500多万元。现在更多的是采取多种方式综合认定,如在涉"威乐"侵害商标权及不正当竞争案②中,二审法院认为,被诉侵权泵类产品的产量、销量及利润情况。参考江苏威乐公司在其官网和"1688"网站上宣称的其主营业务为各类泵产品及泵产品月产量5万台、年营业额1亿元、年出口额1亿元等数据,结合威乐中国公司审计报告显示的其作为泵类生产企业的净利润率约为10%等数据,可以初步估算出江苏威乐公司的年利润为1亿元×10%=1000万元;以该年利润数据作为计算参考,即使假定威乐中国公司的"wilo""威乐"品牌贡献仅占江苏威乐公司年利润的20%,则从2017年至今,江苏威乐公司因实施涉案商标侵权及不正当竞争所获利润也已超过威乐中国公司在本案中主张的经济损失赔偿数额500万元,故综合考虑前述各项因素,二审法院对威乐中国公司主张的经济损失赔偿数额500万元予以全额支持。

---

① 参见北京市高级人民法院民事判决书,(2003)高民终字第503号。法院查明,新辰陶瓷公司的增值税发票显示产品名称为"防火卷帘"的,包括被控侵权产品无机布基特级防火卷帘产品及与该案无关的无机布基防火卷帘产品,结合新辰陶瓷公司提供的北京市新型防火设备厂出具的证明,可以证明审计报告所审计的部分产品不是被控侵权产品,故审计报告计算出的毛利1,079,251.61元应扣除不涉及侵权的产品之销售毛利168,416.8元,新辰陶瓷公司2001年3月至2002年5月销售被控侵权产品所得毛利为899,163.1元。新辰陶瓷公司提出的审计报告计算出的相当部分不是涉嫌侵权的毛利的上诉请求,应予支持。

② 参见北京市西城区人民法院民事判决书,(2019)京0102民初5224号;北京知识产权法院民事判决书,(2021)京73民终1191号。

三、以宣传数据计算

在考拉公司微信诱导分享不正当竞争案中，法院认为，原告未能举证证明其因被告不正当竞争行为造成的损失，亦未能提交充分证据证明被告考拉公司因其侵权行为获利情况，法院综合考虑被告考拉公司实施侵权行为时间较长，侵权软件品种多样，考拉公司宣称的客户数量已超过10,000、产品单价较高，部分侵权行为主观故意明显，以及原告运营的微信平台知名度、商业价值、运营模式情况等因素，并酌情考虑考拉公司所宣称客户数量中可能存在的不实部分和其开发、运营、维护成本等，确定被告考拉公司应赔偿原告经济损失和维权合理开支共计500万元（考拉公司宣称客户数量最低值10,000/2X最低单价“个人号裂变”980元/年≈500万元）。

在山特电子公司等与长沙铭威公司等侵害注册商标专用权及不正当竞争案[①]中，法院认为，虽然网站显示的库存数量不等于产品的实际销售量，网站显示的单价也不等于产品的实际成交价，但原告在一审、二审中均申请法院调查被诉侵权产品的销售数量，在相关销售数据为被告掌握且其未能提交任何审计报告等获利数据的情况下，山特电子公司已竭尽举证能力多方举证证明被诉产品的营业额和利润率，其获利计算方式具有一定的合理性和科学性。故上述库存数量和销售单价可作为销售数量的参考。在“省钱招”插件不正当竞争案中，法院明确了经营者宣传信息在损害赔偿中证明中的推定作用。在无相反证据证明的情况下，经营者应当承担基于宣传所产生的事实推定后果，相关宣传可以作为计算损害的依据。

如在百益百利公司与点挂公司等侵害实用新型专利权案[②]中，最高人民法院依据侵权人对外宣传业绩计算赔偿全额支持权利人，二审法院认为，被诉侵权产品是点挂公司和张某积极推广的所谓第三代点挂安装技术产品配件，点挂公司和张某在2017年宣称其累计施工面积已达200万平方米以上，且其通过宣传册和官方网站对相关工程案例进行了宣传展示，点挂公司副总经理在2019

① 参见广东省佛山市中级人民法院民事判决书，(2019)粤06民初30号；二审广东省高级人民法院民事判决书，(2020)粤民终1429号。

② 参见上海知识产权法院民事判决书，(2019)沪73知民初21号；最高人民法院民事判决书，(2021)最高法知民终1066号。

年 2 月 24 日仍通过微信朋友圈对第三代点挂施工工程进行宣传展示。点挂公司和张某对上述事实虽持有异议,认为 200 万平方米为夸大宣传,相关工程案例为借鉴合作方的案例,且相关工程并未使用被诉侵权产品。但是,点挂公司和张某并未提交有效反证证明其实际施工量,其主张夸大宣传依据不足;点挂公司和张某亦不提交其实际使用的锚栓配件,其主张未使用被诉侵权产品与事实不符,不能成立。法院对点挂公司和张某上述异议不予采纳。在以上事实基础上,参考百益百利公司主张的每平方米所需被诉侵权产品平均用量约为 5 根,专利产品销售单价为 3. 57 元、3. 27 元不等以及合理利润率认定赔偿数额,点挂公司和张某侵权获利应不低于 250 万元。综合考虑点挂公司和张某经营规模,因其侵权时间长、侵权范围广、侵权恶意明显,以及百益百利公司为本案支出的律师费、公证费等合理维权费用等因素,法院依法对百益百利公司主张的 250 万元赔偿数额予以全额支持(含合理维权费用 24,000 元)。

但目前司法实践中,存在部分法院不在裁判文书中明确计算方式,而仅是将裁判理由陈述如侵权时间、侵权方式、主观故意等,从而酌情裁判赔偿较高金额。如在百强家具公司与上海朗聚等商标侵权及不正当竞争案①中,法院依据其自宣传所产生的事实及行政诉讼中提供的证据,裁判赔偿百强家具公司 1196 万元。

四、以交易数据计算

在"优酷诉租号玩"后台交易数据不正当竞争案②中,由于优酷公司的实际损失和刀锋公司的侵权获利无法确定,一审法院综合考虑如下因素酌情判定赔偿数额:第一,被诉平台以租号为主要业务,刀锋公司应当知晓优酷公司的会员服务以及针对会员账号设置的限制和规则,但其仍提供租号平台用于营利,主观过错明显。第二,刀锋公司的被诉行为不仅造成优酷公司相关会员收入减少,也造成其流量损失。第三,被诉行为持续时间较长,且涉及苹果端刀锋平台 App、安卓端租号玩 App 和租号玩网站三个平台,其中第三方网站

---

① 参见上海市高级人民法院民事判决书,(2020)沪民终 256 号。

② 参见北京市海淀区人民法院民事判决书,(2020)京 0108 民初 2913 号;二审北京知识产权法院民事判决书,(2021)京 73 民终 3955 号。

显示安卓端租号玩 App 下载量达 2570 万余次。第四,刀锋公司围绕租号服务提供了多项收费服务。第五,苹果端刀锋平台 App 中共存在 141 个与优酷会员账号租赁相关的商品,最近租赁次数共 46,505 次;安卓端租号玩 App 中共存在 260 个与优酷会员账号租赁相关的商品,近期交易共 45,460 次;租号玩官方网站中共存在 180 个与优酷会员账号租赁相关的商品,近期交易共 39,677 次;部分商品所含有的服务项目对交易次数有所影响。第六,刀锋公司提供的后台交易数据虽然存在部分瑕疵,但能够在一定程度上反映刀锋公司的获利情况,具有一定参考性。第七,被诉平台亦提供其他视频网站的会员账号、游戏账号的租赁服务。

五、以评论数据计算

如在侵害“阿玛尼”商标权案①中,法院认为,原告主张计算基数为该案被告利登公司、邓某公司及案外人经营店铺的侵权获利,即侵权产品销售量×销售价格×原告子公司正品毛利润计算为 530 万元,并在此基础上主张 1 倍的惩罚性赔偿,实际主张赔偿 250 万元。对此,法院认为,原告计算基数将案外人经营店铺获利计入该案被告侵权获利,将原告关联公司毛利润率作为被告公司毛利润率,不符合《知产惩罚性赔偿司法解释》第 5 条的规定,鉴于两被告因侵权所获得的利益难以确定,法院对于原告的这一主张不予认可。鉴于法院调取的销售数据期间为 3 年,销售数据低于店铺显示的累计评论数、已拼单数及成交数,无法完整反映涉案店铺交易情况,原告主张以店铺评论数作为销售情况参考,法院予以支持。三被告关于店铺存在刷单的抗辩,无证据证实,法院不予采信。法院综合考虑原告涉案注册商标的知名度(有较高影响力)及数量(3 枚)、三被告的主观过错(侵权恶意明显),侵权形式(生产并通过网络平台销售被诉侵权产品,共同实施侵权行为)、期间(时间较长)、后果(被告经营店铺评论数及销售价格的乘积为 5,779,340 元)以及权利人为制止侵权行为所支付的合理开支等因素,酌情认定三被告因商标侵权行为的共同赔偿数额为 1,000,000 元(含合理费用)。

---

① 参见广东省广州市白云区人民法院民事判决书,(2021)粤 0111 民初 5836 号。

第四节 酌定赔偿

一、酌定赔偿定义和适用条件

(一)酌定赔偿定义

适用惩罚性赔偿条款的前提条件一般是能够按照法律规定的路径(权利人实际损失、侵权人获利或者许可使用费的倍数)确定一个基础数额,如不能确定,即排除惩罚性赔偿的适用。[①] 但也有法院在不能确定实际损失、侵权获利或获许可使用费具体数额时,根据在案证据概括计算实际损失或侵权获利的数额,从而可以确定一个概括的惩罚性赔偿的基数。[②] 这种损失计算方法也被称为裁量性赔偿。裁量性赔偿不同于法定赔偿,其适用需要一定的证据条件。"裁量性赔偿方法"定义为"是在计算赔偿所需的部分数据确有证据支持的基础下,人民法院根据案情运用裁量权,确定计算赔偿所需要的其他数据,从而确定公平合理的赔偿数额"。[③] 本质上仍属于"对权利人的实际损失或侵权人的获利的概括计算"[④]。所谓酌定赔偿计算方法,是在计算赔偿所需的部分数据确有证据支持的基础下,人民法院根据案情运用裁量权,确定计算赔偿所需要的其他数据,从而确定公平合理的赔偿数额。

(二)酌定赔偿适用条件

法定赔偿在权利人实际损失和侵权人的侵权获利都缺乏证据而无法确定的情况下,根据侵权的情节在法定赔偿的最低限额和最高限额之间确定赔偿。而酌定赔偿实际上根据权利人实际损失或者侵权人侵权所得来确定赔偿。所

---

① 参见丁文严、张蕾蕾:《知识产权侵权惩罚性赔偿数额的司法确定问题研究》,载《知识产权》2021年第2期。

② 参见浙江省金华市中级人民法院民事判决书,(2019)浙07民终721号;北京知识产权法院民事判决书,(2018)京73民终2132号;最高人民法院民事判决书,(2010)民三终字6号。

③ 2013年10月22日最高人民法院召开"人民法院加大知识产权司法保护力度的有关情况新闻发布会"。

④ 参见《北京市高级人民法院关于侵害知识产权及不正当竞争案件确定损害赔偿的指导意见及法定赔偿的裁判标准》。

以,酌定赔偿和法定赔偿的适用条件不同,酌定赔偿不受法定赔偿最高限额的限制。可以说,酌定赔偿的计算方法更加符合实际,更加接近权利人所受的损失,更加可以准确地确定赔偿数额。

(三)酌定赔偿存在的问题

目前司法实践中存在的问题,就是同一案件事实,一审、二审赔偿额差别较大,如在腾讯公司与上海新茶公司引诱用户洗稿案[①]中,一审法院认为,本案证据不能确定原告的实际损失及被告的侵权获利,综合考虑被告主观恶意程度、侵权行为性质、后果等情节,酌定被告赔偿原告经济损失和维权合理开支 20 万元。一审宣判后,腾讯系统公司、腾讯科技公司、新茶公司均不服,提起上诉。二审法院认为,由于腾讯系统公司、腾讯科技公司与新茶公司均未提供腾讯系统公司、腾讯科技公司因新茶公司侵权受损或新茶公司因侵权获利数额的确切证据,故综合考虑以下因素:(1)腾讯系统公司、腾讯科技公司经营的企鹅号等自媒体平台具有较高的知名度,流量大,获利程度较高;(2)"有专自媒体助手"为新茶公司经营的唯一软件产品服务;(3)新茶公司在其网站上广泛宣传、推广其"有专自媒体助手"软件服务,并对用户进行使用说明、指导;(4)"有专自媒体助手"在众多软件平台提供下载服务,侵权规模大、范围广;(5)在互联网中搜索新茶公司的"有专自媒体助手",显示结果"有专自媒体助手"50 万 + 的人都在用的自媒体一键发布工具;(6)新茶公司提交的 2019 年 10 月至 2020 年 9 月 30 日财务报表明显失真,其通过不断变化第三方平台爱发卡、91 发卡、910 发卡等来获取收益,在法院责令其提交通过爱发卡网、91 发卡网、910 发卡网及其他第三方平台收款的财务数据时,新茶公司拒不提交;(7)新茶公司侵权的主观过错程度较高;(8)腾讯系统公司、腾讯科技公司为本案维权支付了律师费、公证费等合理开支。基于以上考量因素,一审判决酌定赔偿的数额明显过低,故予以改判,全额支持腾讯系统公司、腾讯科技公司要求新茶公司赔偿经济损失及维权合理费用 490 万元的诉讼请求。

再如,在"威乐"侵害商标权及不正当竞争案[②]中,二审将一审判决中关于

---

① 参见一审深圳市南山区人民法院民事判决书,(2020)粤 0305 民初 19052 号;二审深圳市中级人民法院民事判决书,(2021)粤 03 民终 26107 号。

② 一审北京市西城区人民法院民事判决书,(2019)京 0102 民初 5224 号;二审北京知识产权法院民事判决书,(2021)京 73 民终 1191 号。

江苏威乐公司赔偿威乐中国公司经济损失的金额由50万元改为500万元。广东永泉阀门公司与永泉阀门公司等侵害商标权及不正当竞争案从一审判决的70万元到二审顶格判赔1000万元。

二、酌定赔偿的特征

有研究者统计了1999年至2014年,这16年间的互联网领域不正当竞争案件判决书,以共计312份有效样本作为文本进行实证研究的对象。

从表21可知,法官在审理互联网不正当竞争案件时,大多采用酌定赔偿方式,酌定赔偿所占比例高达73%,由此可见,酌定赔偿成为此类案件主要的赔偿方式。这一现象产生的原因主要是互联网环境下对于原告无形财产的侵害后果没有明确的判定界限因而难以计算,查证被告的侵权获利较传统的不正当竞争案件而言也更为棘手。互联网不正当竞争行为更为隐蔽、多样,带有明显的技术特征,被告的侵权获利特别难以核实,这给原告举证及法院查证都增加了难度。在无法证明原告的损害额时,考虑到损害已客观存在,损害赔偿的基础已然具备,单纯因原告无法证明损害的具体程度从而驳回其赔偿请求无疑与权利保护原则相左。①

表21 互联网不正当竞争案件赔偿依据

样本	赔偿依据	数量/份	百分比/%	有效百分比/%
有效	原告损失	62	19.9	26.6
	被告获利	1	0.3	0.4
	酌定赔偿	170	54.5	73.0
	合计	233	74.7	100.0
缺失	系统	79	25.3	—
合计		312	100.0	—

资料来源:吴太轩:《互联网不正当竞争案件酌定赔偿考量因素的实证研究——以312份法院判决为样本》,载李昌麒、岳彩申主编:《经济法论坛》(第18卷),法律出版社2017年版。

从表22统计结果来看,在所收集的312件互联网不正当竞争案件中,法官在适用酌定赔偿方法时考量的因素主要有:(1)反映原告财产损失和被告获利

① 参见胡晶晶:《知识产权"利润剥夺"损害赔偿请求权基础研究》,载《法律科学》2014年第6期。

的相关事实;[①](2)企业形象或商誉受损程度;(3)主观过错程度;(4)侵权持续时间;(5)侵权范围、规模与能力;(6)合理开支;(7)侵权的方式与手段;(8)其他。然而,法官在适用这些考量因素时缺乏统一标准,造成这些因素对确定损害赔偿额的影响权重各异,具体表现如下:同一考量因素在类似案件中适用情况不一。比如,对于企业形象或商誉受损这一考量因素的认定,仅有7.0%的案件将其作为酌定赔偿的考量因素,而多达93.0%的案件对此因素则不加以考虑。对侵权持续时间这一因素,也只有58.9%的案件将其纳入酌定赔偿考量体系。相比之下,在研究的案例群中,以主观过错作为酌定赔偿考量因素的判决书较多,占60.8%,但仍有39.2%的案件在适用酌定赔偿时对主观过错这一因素不予考量。与此类似的是,对于侵权范围、规模与能力以及反映原告损失与被告获利相关事实这两个因素,法官在适用酌定赔偿时也未给予应有的重视。[②]

表22　互联网不正当竞争案件酌定赔偿主要考量因素

单位:%

考量因素	是	否
主观过错	60.8	39.2
侵权持续时间	58.9	41.1
侵权范围、规模与能力	44.3	55.7
侵权方式与手段	72.6	27.4
反映原告损失与被告获利的相关事实	52.9	47.1
企业形象或商誉受损程度	7.0	93.0
合理开支	88.6	11.4

资料来源:吴太轩:《互联网不正当竞争案件酌定赔偿考量因素的实证研究——以312份法院判决为样本》,载李昌麒、岳彩申主编:《经济法论坛》(第18卷),法律出版社2017年版。

① 如收入、月度活跃用户数量、用户覆盖率、新注册用户数量、合作伙伴数量、软件下载量、软件受欢迎程度排行榜等。

② 参见吴太轩:《互联网不正当竞争案件酌定赔偿考量因素的实证研究——以312份法院判决为样本》,载李昌麒、岳彩申主编:《经济法论坛》第18卷,法律出版社2017年版。

第五节　流量、数据竞争损害赔偿[①]

因流量、数据所引发的不正当竞争案件中，原告损失主要包括广告收入损失、会员收入损失及数据损失等，当然并非一个案子中会同时存在这几种损失，具体包括哪一种或哪几种损失需要结合具体案件具体分析。

一、广告收入损失

典型案例如视频广告过滤案件、流量劫持等，另外，著作权侵权案件中，广告费损失也是其损失的一部分。对于广告费收入损失，需要根据不同的广告费计费方式确定。

1. CPM(Cost Per Mille)方式，按千次展示付费，此种计费方式情况下，广告损失的计算应该为：广告损失＝广告展示量×广告刊例价。其中展示量需要通过广告监测公司获得，广告刊例价在实际执行中会有相应的折扣，同时，广告计费通常以一千次动作为单位。因此，在具体案件中计算广告费用时，既要考虑广告刊例价折扣的问题，也要考虑千次为单位的问题，下文涉及广告刊例价的均需考虑折扣和千次为单位的问题，不再赘述。

2. CPC(Cost Per Click)方式，一般针对精准广告，此类广告按照用户点击付费，由于并非所有用户都会进行点击行为，因此需要统计流量向点击量的转化率，此时，损失计算方式为：广告损失＝流量×CPC 转化率×广告刊例价。

3. CPA(Cost Per Action)方式，按实际效果付费，如按照下载量或激活量、注册量进行计费，此类计费方式对于广告完成度要求较高，因此，需要考虑流量到有效 CPA 的转化率问题，此种情况下，广告损失＝网站流量×CPA 转化率×广告刊例价。此外，在计算广告费损失时，需要注意以下几个问题。

首先，定向投放与普通投放的问题前述广告计费式仅适用于定向投放的情况，即广告主与网站约定将广告定向投放于某个广告资源，如某部影视剧中，此

① 参见马晓明、翟静芳：《网络不正当竞争损害赔偿研究——以流量、数据为视角》，载《电子知识产权》2019 年第 12 期。

时一部剧中相应广告展示情况可以通过监测公司获得，然而，如果广告主与网站约定其广告以普通投放，即全平台投放（如投放平台包括视频平台、媒体平台等）的方式，则具体到某个平台（如视频平台）产生的广告费用无法通过前述公式计算得出。

其次，重复计算的问题：(1)著作权侵权案件，该类案件中，原告在主张损失时一般会举证影视剧许可费以及广告损失成本，但是理论上一旦影视剧授权许可给第三方，则后续广告费收入相当于让渡给被许可方，理论上权利人不可重复主张。不过，鉴于实践中版权许可费一般很难被法院采信，而广告费损失也多作为原告损失以及影视剧价值的一种参考，因此，尽管有重复主张之嫌但对于赔偿结果而言不会有太大的影响。(2)流量劫持案件，流量劫持涉及的损失主要包括流量本身的费用，但该部分流量后续可能产生的收益，如广告收益，不应当重复计算。这个观点也可以从导流协议中获得印证，如搜索引擎与浏览器的导流协议中，搜索引擎通常仅需为浏览器带来的流量付费，而不需进一步支付该部分流量未来可能带来的广告收益。因此，如果这部分流量被劫走，浏览器损失的也仅是流量本身的费用，而损害赔偿遵循填平原则，因此，此种情形下浏览器运营商不应当再主张流量可能带来的广告收益。

最后，计费不全的问题：(1)当被劫持的页面中含有多个广告资源位时，需要统计各个资源位的广告计费方式，然后分别计算其广告收入，最后将各个资源位广告收入相加获得广告费损失。(2)视频广告过滤案件，由于过滤软件并非针对某部剧，事实上也无法统计到观看哪部剧的多少用户使用了过滤功能，从而过滤了多少广告，因此，除根据 CPM 或者 CPA 等方式计算某个广告损失外，还需要统计一部剧中的广告资源位，当然还要计算相应广告位的展示率。同时需要结合被过滤视频网站的收入对比、用户覆盖率以及广告过滤软件用户覆盖率、过滤功能开启率、侵权期间等情况，以此估算广告费损失。

二、会员收入损失

典型案例如视频广告过滤案件，也包括著作权侵权案件，如视频盗播案件，该类案件会导致版权方会员收入以及用户数的流失，特别是一些独播剧，对独播剧而言，拉动新增用户是其主要的目的之一，而盗播行为会使得其损失依该剧可以获得的用户。对于会员损失，其计算方式应为：会员收入损失 = 损失会员数×会员费。首先，关于会员费，每个视频都有自己独特的价格体系，可以直接按照相应网站的会员价格确定。其次，关于损失会员数，由于同级别的影视剧用户付费转化率可能处于基本相近的范围。因此，可以考虑通过比对同级别影视剧中用户付费转化率进行估算。此时，将相应视频播放量与付费转化率相乘可以获得损失会员数。

在“极致了”非法抓取微信数据案中，两原告主张以被告因侵权行为的获利作为赔偿的依据，一是以每月付费会员收费为计算维度，（2020）厦鹭证内字第102658号公证书载明被控网站截至原告公证时付费用户会员为8197人，付费会员分为三个等级（高级会员为每月89元，豪华会员为每月149元，超级会员为每月299元），仅以每月89元为计算基数，则“极致了”网站每月收取的会员费用为8197人×89元每月=729,533元。根据两原告提交的就“极致了”网站对付费会员提供服务情况等进行的公证，即“极致了”网站对网站会员进行收费截至2021年8月至少已经10个月，考虑付费会员可能在不断增长变化的前提下，暂以729,533元的50%为基数，“极致了”网站仅仅在10个月就付费会员获利为：729,533元每月×50%×10个月=3,647,665元。此外，综合“极致了”网站实际收费会员制度运行时间远远早于2020年9月，故“极致了”网站实际获利情况远远不止于此。二是以单次监控/采集收集为计算维度，“极致了”网站最低一级的付费会员费用为每月89元，含300次阅读数监控和300次数据回采，即平均每次监控/回采收益约为0.15元。（2020）厦鹭证内字第102658号公证书载明被控网站截至原告公证时“极致了”网站已回采超过6亿公众号文章，即仅数据回采部分获利为6亿×0.15元=9,000,000元，考虑“极致了”网站还提供阅读数监控等其他服务，“极致了”网站实际获利不止于该金额。综上，两原告主张被告赔偿经济损失及合理支出共计300万元。因被告未提供证据，法院酌定被告连带赔偿两原告经济损失及为制止不正当竞争行为所支付的合理费用共计60万元。

三、数据损失

数据损失不同于流量损失，有相应的浏览量、点击量、下载量等作为计算依据，数据具有体量大、种类多、价值密度低等特点，因此数据加工、整理程度的不同其所蕴含的价值也不可同日而语，所以，可以区分基础数据、数据产品进行计算。

1. 数据产品。企业通过对原始数据进行提炼整合,将碎片化数据信息通过分析处理得到的衍生数据,通常会有明确的定价。如"生意参谋"数据不正当竞争案,淘宝对其数据产品"生意参谋"市场行情标准版年使用费定价为 900 元,专业版年使用费定价为 3600 元。

2. 基础数据。指的是未经过加工或未形成数据产品的数据,该类数据价值同时受时效性、行业相关性等因素的影响,在确定价值时存在难度。

(1)数据价值的确定需要考虑多种因素,如数据资产成本、数据资产收益、市场价格等。其中,数据资产成本需要结合数据商品成本、数据经营成本确定,数据资产收益,需要考虑数据变现因子、溢价率系数、平台用户数、网络节点距离、数据活跃系数等因素,数据资产价值需要通过市场调节系数确定。①

(2)数据损失计算方法的探索在考虑多种因素后,对于数据价值的最终确定依然需要通过具体的计算方法得出,目前,无形资产的评估方法主要包括成本法、收益法、市场法等,②数据的价值评估也可以参照前述方法。第一,成本法。通过计算企业获取特定数据的成本,以此计算该部分数据被无偿抓取带来的损失也是可以考虑的方法。不过,尽管一定时期内的获客成本、运营成本可以比较精确的计算,但企业获客成本可能随着企业知名度、品牌信誉以及市场占有率的提升而有所降低,因此,此方法计算获得的成本并不能真实反映数据的市场价值。第二,收益法。常见的数据抓取行为的目的在于吸引用户或者说吸引流量并获取由此带来的利益。因此最恰当的方法应该是对相应数据产生的市场收益进行评估,从而确定赔偿数额。然而,除非实施侵权行为的网站数据全部抓取自被侵权网站,否则,即使能得到侵权网站的收益,也无法对其进行分割从而获得因抓取数据获得的收益。第三,市值参考法。如前所述,数据作为企业最重要的资产。目前互联网企业的估值多会参考企业的用户数以及所持有的数据,以此估算企业的市值。比如,前述提到的 2012 年 Facebook 上市时,估值高达 1040 亿美元,近 1000 亿美元源于数据,据报道其持有 2.1 万亿条

---

① 参见黄乐、刘佳进、黄志刚:《大数据时代下平台数据资产价值研究》,载《福州大学学报(哲学社会科学版)》2018 年第 4 期。

② 参见《资产评估准则——无形资产》(已失效)第 25 条、第 26 条、第 27 条。

信息,每条定价4美分。由此,可以参考企业上市时或者财务披露的市值以及所持有的数据来估算每条数据的价值。第四,专业评估法。目前已有数家大数据资产评估中心,从事数据资产登记确权、数据资产评估等业务,未来可能能够依据专业数据评估机构的报告来确定数据的价值。

第六节　损害赔偿方式

在知识产权侵权案件中,侵权主体大部分是公司,而实际上侵权行为的实施者除生产商、销售商,还包括躲藏在公司背后的股东或实际控制人。将股东或实际控制人作为共同被告,有利于实现赔偿。

一、连带赔偿

(一)帮助侵权行为

如在广东永泉阀门公司与永泉阀门公司等侵害商标权及不正当竞争案中,关于周某1的民事责任,法院认为,《民法典》第1169条第1款规定,教唆、帮助他人实施侵权行为的,应当与行为人承担连带责任。周某1作为周某2的家庭成员,同时担任东莞永泉公司的监事、销售联络人以及申核公司的员工,并且在东莞永泉公司对外销售被诉侵权产品中提供周某1个人账户收取货款,构成帮助他人实施侵权行为,依法应当与行为人东莞永泉公司承担连带责任。

但互联网不正当竞争中,网络服务提供者常构成共同侵权。网络服务提供者一般分为内容服务提供者和技术服务提供者。内容服务提供者是指通过互联网向用户提供各种信息内容服务的主体。该类主体应当对其编辑、组织、展示的信息的真实性、合法性负责,确保不侵害他人合法权益,否则应承担直接侵权责任。技术服务提供者是指为用户提供包括自动接入、自动传输、信息存储空间、搜索、链接以及文件分享技术等的主体。该类主体不直接向网络用户提供信息或对信息进行组织、筛选和审查,只提供传输通道或展示平台,相关内容由网络用户提供,故一般不对权利人单独承担责任,但如果因为其过错为他人的侵权行为提供了技术帮助，须对权利人承担连带责任。[①]

（二）法人人格混同

如在“数据精灵”不正当竞争案中，法院认为，腾讯科技公司、腾讯系统公司主张微源码公司、商圈公司、侯某共同实施不正当竞争行为。对此法院在全案证据反映的事实基础上对其行为作出分析认定：（1）“数据精灵”网站（××）Icp/IP登记备案信息表明，涉案网站由深圳微信软件开发有限公司即微源码公司主办，网站负责人为微源码公司原法定代表人周某。“数据精灵分销平台”微信公众号的账号主体为深圳微信软件开发有限公司即微源码公司。（2）涉案网站上提供“数据精灵”相关二维码，扫描该二维码跳转指向商圈公司，二维码跳转后的内容涉及“数据精灵”的售后服务，此外商圈公司的微信公众号中还有推广宣传“数据精灵”的内容。（3）被诉行为发生时，侯某同时为微源码公司持股占比99%的控股股东和监事，亦为商圈公司的监事。微源码公司和商圈公司注册成立时登记的邮箱相同，为499×××@qq.com。（4）涉案“数据精灵”网站、公众号提供的软件付款方式包括微信、支付宝和工商银行账号，收款人均为侯某，即并非公司账户，均为侯某的个人账户。以上事实情况反映，微源码公司、商圈公司、侯某在公司注册成立以及经营活动中存在诸多关联关系，就被诉行为而言，主观上存在意思联络，行为上存在密切的分工、合作。商圈公司以“导流”和“不知情”为由抗辩，因“导流”系其分工行为的一种表现形式，现有证明亦不能认定其主观上无过错，商圈公司的抗辩事由理据欠缺；而侯某的行为也已超出员工的职务行为范畴，其抗辩理由亦不成立。综上，微源码公司、商圈公司、侯某共同实施了被诉不正当竞争行为。被告深圳微源码公司、商圈公司、侯某于法院判决生效之日起10日内共同连带赔偿原告腾讯科技公司、腾讯系统公司经济损失及必要合理维权费用人民币500万元。

在韩美公司与鑫镒堂公司等侵害商标权及不正当竞争纠纷案[②]中，法院认为，根据公司独立承担责任原则，如果原告主张相关主体承担连带侵权责任，需要对侵害行为的关联性进行充分的举证。在原告已经提供初步证据充分举证的情况下，被告需要提供反证证明各个被告是独立的。本案中，法院基于企业

① 参见田双莉、任琳：《以近两年典型案例为样本——分析网络服务提供者的责任认定》，载搜狐网2022年5月16日，https://www.sohu.com/a/547628632_221481。

② 参见北京市高级人民法院民事判决书，（2021）京民终953号。

工商登记信息显示的被告之间存在初始登记注册地址及法定代表人相同，股东、法定代表人、监事等主要人员存在交叉任职、被告官网网站内容高度雷同等证据，认定被告的法定代表人、发起人股东及企业高管人员之间在侵害商标及不正当竞争行为发生期间存在相互混同，结合被告共同参加展会、推广宣传被诉侵权产品以及被诉侵权产品上对主体信息的标注，进一步证明被告在企业经营业务范围方面存在混同，共同实施了侵权行为，应当承担连带侵权责任。

如广东永泉阀门公司与永泉阀门公司等侵害商标权及不正当竞争案中，申核公司共有两名股东，分别为周某、吕某夫妻二人。《公司法》第 57 条第 2 款规定："本法所称一人有限责任公司，是指只有一个自然人股东或者一个法人股东的有限责任公司。"夫妻二人出资成立的公司，注册资本来自夫妻共同财产，公司的全部股权属于双方共同共有，即公司的全部股权实质来自同一财产权，并为一个所有权共同享有和支配，股权主体具有利益的一致性和实质的单一性。在此情况下，该公司与一人有限责任公司在主体构成和规范适用上具有高度相似性，系实质意义上的一人有限责任公司。基于此，应参照《公司法》第 63 条规定，将公司财产独立于股东自身财产的举证责任分配给作为股东的夫妻二人。本案中，由于周某、吕某未举证证明申核公司的财产独立于股东自身的财产，故周某、吕某应对申核公司的上述债务承担连带清偿责任。广东永泉公司在本案中起诉请求吕某对申核公司的赔偿责任承担补充清偿责任，在上述责任范围之内，法院予以支持。

（三）以侵权为主业

在苏州樱花公司与樱花卫厨公司等侵害商标权及不正当竞争纠纷再审案①中，最高人民法院认为，苏州樱花公司、原苏州樱花科技发展有限公司中山分公司、中山樱厨公司以及中山樱普公司自成立以来即以侵权经营为主业，这四家公司对其行为构成商标侵权及不正当竞争是明知的，存在共同侵权的意思联络，且其经营的产品种类和范围相近，侵权方式、手段相同，实施了共同侵权的行为，进而导致本案诉讼的发生。屠某和余某是前述公司的法定代表人，对侵权行为起到了重要作用，其二人与苏州樱花公司、原苏州樱花科技发展有限公司中山分公司、中山樱普公司、中山樱厨公司构成共同侵权，应对由此给樱花卫

① 参见最高人民法院民事裁定书，(2017)最高法民申 1406 号。

厨公司造成的损害结果承担连带责任。

（四）法定代表人与公司共同赔偿

2021年度最高人民法院十大案件“香兰素”侵害技术秘密案中，最高人民法院认为：王某自身积极参与本案被诉侵权行为，既体现了王龙科技公司的意志，也体现了王某的个人意志。同时，鉴于王某专门为实施被诉侵害涉案技术秘密行为成立王龙科技公司，该公司已成为王某实施被诉侵害涉案技术秘密行为的工具，且王某与王龙集团公司、王龙科技公司、喜孚狮王龙公司、傅某存在密切的分工、协作等关系，从而认定王某个人实施了侵权行为，具体包括以不正当手段获取、披露、使用及允许他人使用该商业秘密，并与王龙集团公司、王龙科技公司、喜孚狮王龙公司、傅某构成共同侵权应承担连带责任。

而在“耳光馄饨”不正当竞争纠纷案①中，法院认为，本案证据足以认定控股股东及法定代表人、美亚公司的唯一股东王某主观上有实施仿冒行为的故意，客观上通过其控制的美亚公司、再高公司实施了仿冒行为，涉案不正当竞争行为体现了王某的个人意志，美亚公司和再高公司客观上成为王某实施涉案不正当竞争行为的工具，故其与美亚公司、再高公司构成共同侵权，并应当与美亚公司、再高公司承担连带责任。该案件与股东人格混同承担连带责任不同。

二、按份赔偿责任

艾默生电气公司与厦门和美泉公司等不正当竞争案②中，关于兴浚公司是否构成侵权及应当承担的法律责任。法院认为，根据《商标法》第19条规定：“商标代理机构应当遵循诚实信用原则，遵守法律、行政法规……委托人申请注册的商标可能存在本法规定不得注册情形的，商标代理机构应当明确告知委托人。商标代理机构知道或者应当知道委托人申请注册的商标属于本法第四条、第十五条和第三十二条规定情形的，不得接受其委托。”本案中，和美泉公司、海

① 参见一审上海市徐汇区人民法院民事判决书，(2018)沪0104民初18665号；二审上海知识产权法院民事判决书，(2020)沪73民终444号。最高人民法院2021年中国法院50件典型知识产权案例、2021年上海法院加强知识产权保护力度典型案件之四。

② 参见一审福建省厦门市中级人民法院民事判决书，(2020)闽02民初149号；二审福建省高级人民法院民事判决书，(2021)闽民终1129号。

纳百川公司申请注册的48个涉案商标中，除第11671228号商标外，其余47个涉案商标所委托的商标代理机构均为兴浚公司。作为专业的商标代理机构，其对于所接受委托申请注册的商标本应尽到积极的审查注意义务，对于委托人申请注册的商标可能存在商标法规定不得注册情形的，商标代理机构应当明确告知委托人。兴浚公司在明知委托人所委托注册是商标违反《商标法》规定，系不以使用为目的的恶意商标注册申请的情况下仍接受委托，其行为属于帮助侵权行为，应当就其所实施的帮助行为，与被告王某、安吉尔水精灵公司、海纳百川公司共同承担法律责任。最后判决：代理商标注册的兴浚公司被判帮助侵权连带赔偿64万元。

三、违法减资补充责任

如在纳恩博（北京）公司与重庆小猴科技公司（以下简称小猴科技公司）等侵害外观设计专利权案[①]中，二审法院认为，一审法院于2020年5月12日向小猴科技公司公告送达了诉讼材料。根据《民事诉讼法》第92条关于"自发出公告之日起，经过六十日，即视为送达"的规定，虽然自2020年5月12日至7月2日并未经过60日，但小猴科技公司于2020年4月14日向重庆市公证处申请办理用于本案诉讼的保全证据公证以及2020年6月24日委托律师作为本案一审诉讼代理人的行为均表明其于2020年7月2日办理减资登记前已经知晓了本案诉讼情况。由于纳恩博公司确系小猴科技公司减资前的合法债权人且小猴科技公司在办理减资登记前已经知晓了本案诉讼情况，因此其在未通知纳恩博公司的情况下办理减资登记的行为不符合《公司法》第177条关于公司减资程序的规定，一审法院据此判决小猴科技公司的股东李某1、李某2在其减资范围内对该公司债务不能清偿的部分承担补充赔偿责任，并无不当，本院予以维持。

① 参见一审重庆市第一中级人民法院民事判决书，（2020）渝01民初27号；二审重庆市高级人民法院民事判决书，（2021）渝民终801号。该案系知识产权侵权诉讼中首例认定股东违法减资并由股东承担补充连带责任的案件。

第七节 赔偿司法实践新动向

一、各案由分开计算赔偿

在广东永泉阀门公司与永泉阀门公司等侵害商标权及不正当竞争案中,“侵害商标权”及“不正当竞争纠纷”作为两个不同侵权行为的共同案由在同一个诉讼中进行审理较为常见。但是,由于侵害商标权及不正当竞争行为的关联性,绝大多数情况下判决书关于侵权责任承担的方式是采取概括性的陈述,最终亦是采用概括性的赔偿额判赔。本案中,广东省高级人民法院对被告的侵害商标权及不正当竞争行为需要承担的责任进行分开认定及判赔,最终形成本案的双顶格判赔合计 1000 万元。该案对侵害商标权及不正当竞争纠纷这一共同案由下的不同行为需要承担的赔偿责任进行单独认定具有重大指导意义。该案还详细阐述了侵害知识产权行为采用计量性方式还是裁量性方式确定赔偿数额的标准。同时明确无论采用计量性方式还是裁量性方式确定赔偿数额,均可体现合理的“惩罚”,以实现惩罚、遏制侵权行为的功能,依法严格保护知识产权,维护正常的市场竞争秩序。对于侵权行为人具有明显主观恶意、侵权行为情节严重,但由于权利人未明确主张适用惩罚性赔偿或无法确定赔偿计算基数等原因不可适用惩罚性赔偿的,可结合具体案情,将侵权人的侵权故意和侵权行为情节作为惩罚性考量因素,在法定赔偿范围内从重赔偿,直至按法定赔偿上限确定赔偿数额。

二、复合式赔偿

全国首例同时适用惩罚性赔偿 + 法定赔偿的案例,即腾讯公司与越秀区任我行电子游戏机商店侵害商标权及不正当竞争案①,法院认为,惩罚性赔偿与法定赔偿可并行适用。依照《商标法》第 63 条关于商标侵权损害赔偿额的计算方法的规定,如果能确定部分损失或侵权获利,应当先以部分损失或侵权获利计算赔偿金额,符合适用惩罚性赔偿要件的,以该部分损失或获利确定惩罚性赔

① 参见广东省广州市越秀区人民法院民事判决书,(2020)粤 0104 民初 46217 号。

偿数额；不能确定损失或侵权获利的部分，仍应当适用法定赔偿；最终的赔偿金额是该两种计算方法所得出的赔偿数额之和。惩罚性赔偿和法定赔偿的计算基数、考虑因素、制度功能均存在区别，两者是不同的计算侵权损害赔偿数额的方式。在实际损失或侵权获利可部分查清情况下，确定侵权损害赔偿数额时，可同时适用惩罚性赔偿和法定赔偿。依据《民法典》第1185条，《商标法》第57条第7项、第63条，《反不正当竞争法》第2条、第17条，《知产惩罚性赔偿司法解释》第1条、第4条、第6条，判决停止侵权、赔偿经济损失及合理维权开支合计204,129元。

在JUKI株式会社与浙江巨凯公司侵害商标权纠纷案①中，法院同样同时适用惩罚性赔偿+法定赔偿。

三、约定赔偿

《最高人民法院关于审理著作权民事纠纷案件适用法律若干问题的解释》第25条第3款和《最高人民法院关于审理商标民事纠纷案件适用法律若干问题的解释》第16条第3款都规定了“当事人按照本条第一款的规定就赔偿数额达成协议的，应当准许”②。《最高人民法院关于审理侵犯专利权纠纷案件应用法律若干问题的解释（二）》第28条规定，“权利人、侵权人依法约定专利侵权的赔偿数额或者赔偿计算方法，并在专利侵权诉讼中主张依据该约定确定赔偿数额的，人民法院应予支持”。根据《关于审理侵犯专利权纠纷案件应用法律若干问题的解释（二）》第28条相关规定，约定赔偿既包括侵权行为发生后的事后约定，也包括侵权行为发生前的事先约定。事先和事后约定赔偿同样适用于其他知识产权侵权，如商标侵权、著作权侵权、不正当竞争纠纷和植物新品种权侵权纠纷等案件。如在“六个核桃”不正当竞争案③中，法院认为“由于果琪公司与养元智汇公司曾在（2017）苏05民初28号案件中达成调解协议，明确约定果琪公司若再次实施侵害养元智汇公司商标权或实施不正当竞争行为的，果琪公司

---

① 参见上海市浦东新区人民法院民事判决书，（2020）沪0115民初85435号。

② 参见《关于审理著作权民事纠纷案件适用法律若干问题的解释》第25条第1款和《关于审理商标民事纠纷案件适用法律若干问题的解释》第16条第1款都规定了基本相同的用语，即在三种基础赔偿均难以确定时，法院可以根据当事人的请求或者依职权适用法定赔偿确定赔偿数额。

③ 参见浙江省高级人民法院民事判决书，（2020）浙民终302号。

直接赔偿养元智汇公司 100 万元。该约定系当事人自愿达成,不损害社会公共利益和第三人利益,也不存在法律规定的其他无效情形,应确认有效。现果琪公司再次擅自使用养元智汇公司知名商品包装装潢,属于恶意侵权、重复侵权,调解协议所确定的赔偿责任条件已经成就,果琪公司应当按照调解协议的约定承担赔偿责任,养元智汇公司据此主张要求果琪公司赔偿其赔偿经济损失及合理费用 100 万元于法有据,且与果琪公司的侵权行为性质相适应,应予支持”。

我国现行的《专利法》《商标法》《著作权法》等知识产权法律都规定了权利人因被侵权所受到的损失、侵权人因侵权所获得的利益或违法所得、许可使用费的倍数、法定赔偿作为侵权损害赔偿数额的四种计算方式,其中前三种计算方式可统称为“基础赔偿”。在侵权人存在“故意”且“情节严重”的情形下,权利人可以请求法院要求侵权人承担惩罚性赔偿责任,即按前述基础赔偿加上基础赔偿乘以惩罚性倍数得到的总金额来确定侵权赔偿数额。《知产惩罚性赔偿司法解释》第 5 条规定了惩罚性赔偿数额的计算基数包括三种基础赔偿,并不包括事先约定赔偿。

四、在先判例参考

(一)人民法院判例

我国指导案例具有应当参照适用和作为类似案件裁判理由的效力,可以在静止法律和进步社会之间发挥调适作用。《最高人民法院关于案例指导工作的规定》第 7 条规定:“最高人民法院发布的指导性案例,各级人民法院审判类似案例时应当参照。”《民法典》颁行后仍需与时俱进、不断发展,民商事指导案例的作用空间会越来越大,甚至有学者主张司法解释的主要价值和功能要让渡给指导性案例。但是指导案例具有个案性、类案性和往后看的特点,指导案例无法完全替代系统性、前瞻性的司法解释。

根据指导案例中法律适用的类型特点,可以将指导案例划分为直接适用型指导案例、解释型指导案例和漏洞填补型指导案例,80% 的指导案例都是解释型指导案例,所有的漏洞填补型指导案例都是民商事案件。[①]

虽然我们不是判例法国家,但目前最高人民法院指导案例制度的建立、各

① 参见王雷:《民法典适用衔接问题研究动态法源观的提出》,载《中外法学》2021 年第 1 期。

级法院发布典型案例以及案例检索的便利化，使律师在代理案件时会提供有利于自身的同类案例，法官也会关注同类案例的说理和判决，在面对类似案件时，很自然会通过类比推理将待决案件与先例相连接，甚至通过归纳推理的方法从先例中抽象出法律原则，从而使得在先案例对裁判产生直接指引的效果，司法中的法律拟制在互联网不正当竞争领域表现突出。

如在百度诉奇虎违反 robots 协议不正当竞争案[①]中，该案被告在推出搜索引擎的伊始阶段，为了对原告网站抓取以便向网络用户提供最全面的搜索结果，未遵守行业内公认的、应当被遵守的商业道德，即未遵守原告网站的 robots 协议，其行为明显不当。云智联公司认可 robots 协议打印件、网页打印件和民事判决的真实性，但不认可其证明目的。微梦公司另提交两份民事判决书，称法院认定的被告抓取数据的不正当行为与涉诉案件类似。云智联公司认可这两份民事判决书的真实性，但认为此两份判决书中所呈现的基础事实与涉诉案件基础事实存在差别，其裁判不能适用于涉诉案件。

（二）人民检察院案例

2010 年 7 月发布的《最高人民检察院关于案例指导工作的规定》（以下简称《案例指导规定》），标志着案例指导工作制度正式建立。2015 年 12 月和 2019 年 3 月，最高人民检察院分别对《案例指导规定》进行修订，检察机关案例指导工作进入快速发展阶段。近几年检察指导性案例的发布也呈现逐步增加的趋势。截至 2020 年 12 月 31 日，最高人民检察院已发布 24 批 93 例指导性案例。其中 2020 年新发布 8 批 30 例，相比 2019 年（12 例）和 2018 年（13 例），发布数量明显增多。已被应用于司法实践的检察指导性案例共有 14 例，尚未被应用的有 79 例。援引指导性案例的案例，即应用案例共有 52 例，其中 2020 年新增 16 例。其中刑事检察指导性案例有 12 例被应用于 50 例案例，民事检察和公益诉讼检察指导性案例各有 1 例被应用于 1 例案例，行政检察指导性案例尚未发现应用案例。应用最为集中的是第十二批正当防卫主题的检察指导性案例，总占比 53.8%。[②]

---

① 参见北京市第一中级人民法院民事判决书，（2013）一中民初字第 2668 号。

② 参见郭叶、孙妹：《最高人民检察院指导性案例司法实践研究》，载《中国检察官》2022 年第 5 期。

第三章　互联网不正当竞争损害惩罚性赔偿

第一节　知识产权惩罚性赔偿制度

一、惩罚性赔偿现状

有实务者统计，在2014年5月1日至2020年12月1日审结的商标侵权案件中，严格按照法律规定适用惩罚性赔偿的案件，也就是在满足恶意且情节严重的前提下，以数量计算规则确定惩罚性赔偿计算基数，继而增加1～5倍判赔的案例只有15件。[①] 针对知识产权侵权案件普遍存在的赔偿低等问题，人民法

---

① 参见刘军华、叶明鑫：《知识产权惩罚性赔偿与法定赔偿的协调适用》，载《中国应用法学》2021年第1期。阿迪达斯有限公司（adidas AG）与阮某等侵害商标权纠纷案，浙江省温州市中级人民法院民事判决书，（2020）浙03民终161号；欧普照明股份有限公司诉广州市华升塑料制品有限公司商标侵权纠纷案，广东省高级人民法院民事判决书，（2018）粤民申10709号；广州市红日燃具有限公司与陕西爱博贸易有限责任公司等侵害商标权纠纷、不正当竞争纠纷案，广东省高级人民法院民事判决书，（2019）粤民终477号；铜梁区龙门街镇山关火锅城与重庆镇三关餐饮文化有限公司侵害商标权纠纷，重庆市第一中级人民法院民事判决书，（2020）渝01民终192号；小米科技有限责任公司等诉中山奔腾电器有限公司等侵害商标权及不正当竞争纠纷案，江苏省高级人民法院民事判决书，（2019）苏民终1316号；重庆慢牛工商咨询有限公司与谭庆重庆亿联金汇管理咨询有限公司侵害商业秘密纠纷案，重庆市第五中级人民法院民事判决书，（2019）渝05民初1225号；丹阳市天宇五金磨具有限公司等与上海长江砂轮厂有限公司等侵害商标权纠纷案，江苏省高级人民法院民事判决书，（2019）苏民终95号；平衡身体公司（BALANCED BODY INC.）诉永康一恋公司侵害商标权案，上海市浦东新区人民法院民事判决书，（2018）沪0115民初53351号；"斐乐体育"诉中远鞋业等四被告侵犯"FILA"系列商标权及不正当竞争案，北京市高级人民法院民事判决书，（2018）京民申4666号；巴洛克木业公司诉浙江巴洛克公司等侵害商标权及不正当竞争纠纷案，江苏省高级人民法院民事判决书，（2017）苏民终1297号；吉尼斯世界纪录有限公司与奇瑞汽车股份有限公司等侵害商标权纠纷案，广东省高级人民法院民事判决书，（2017）粤民终2347号；商务印书馆有限公司与华语教学出版社有限责任公司侵害商标权及不正当竞争纠纷案，北京知识产权法院民事判决书，（2016）京73民初277号；约翰迪尔（北京）农业机械有限公司等与迪尔等侵害商标权及不正当竞争纠纷上诉案，北京市高级人民法院民事判决书，（2017）京民终413号；内蒙古鄂尔多斯资源股份有限公司诉北京米琪贸易有限公司侵害商标权纠纷案，北京知识产权法院民事判决书，（2015）京知民初字第1677号；河南丰产种业有限公司与河南泉星创世纪种业有限公司侵害商标权纠纷上诉案，河南省高级人民法院民事判决书，（2015）豫法知民终字第143号。

院通过适用惩罚性赔偿等,不断提高赔偿数额,共有895件案件的侵权人被判处惩罚性赔偿。[①]

二、惩罚性赔偿相关立法

(一)惩罚性赔偿的意义

惩罚性赔偿也是保护市场交易、营造良好市场环境的重要手段,对于情节严重的不正当竞争行为,包括主观恶意极其严重、大规模侵权及重复侵权的情况,还应当考虑适用惩罚性赔偿确定赔偿数额。

我国知识产权领域的惩罚性赔偿自2013年由商标权领域树立,后逐步扩展至专利权、著作权等其他知识产权领域。[②] 2015年修正的《种子法》在立法上同样确立了惩罚性赔偿规则。

2018年11月5日,习近平总书记在首届中国国际进口博览会上提出,中国将引入惩罚性赔偿制度。此后,惩罚性赔偿制度的法律修订和政策制定工作加速推进。2019年,再次修订的《商标法》将惩罚性赔偿限额由最高3倍提升至最高5倍,2019年修正的《反不正当竞争法》对侵害商业秘密规定了惩罚性赔偿。2020年修正的《专利法》《著作权法》增加了惩罚性赔偿条款;《民法典》第1185条[③]首次明确权利人之请求权基础,即请求侵犯知识产权的惩罚性赔偿。2020年1月1日起施行的《优化营商环境条例》第15条也提及国家将建立知识产权侵权惩罚性赔偿制度。2020年11月30日,习近平总书记在主持中央政治局第二十五次集体学习时强调:"抓紧落实知识产权惩罚性赔偿制度。"

适用惩罚性赔偿首先应当满足法定性条件,即只有法律明确规定的可以适用惩罚性赔偿的情形才可以适用;其次是满足惩罚性赔偿的主观要件和客观要件,即"故意或者恶意"和"情节严重"条件;最后是明确惩罚性赔偿数额,即要有具体而确定的惩罚性赔偿基数,以便根据基数计算最终的惩罚性赔偿结果。

---

① 参见最高人民法院知识产权审判庭编:《中国法院知识产权司法保护状况(2021年)》,人民法院出版社2022年版。

② 2013年修正的《商标法》第63条中首次规定了惩罚性赔偿制度。2019年修正的《反不正当竞争法》在第17条中规定了侵害商业秘密的惩罚性赔偿。《民法典》出台后,《著作权法》《专利法》也相应修订,分别在第54条、第71条中规定1倍以上5倍以下的惩罚性赔偿。

③ 《民法典》第1185条规定:"故意侵害他人知识产权,情节严重的,被侵权人有权请求相应的惩罚性赔偿。"

(二)惩罚性赔偿相关规定

《专利法》第 71 条第 1 款规定:“对故意侵犯专利权,情节严重的,可以在按照上述方法确定数额的一倍以上五倍以下确定赔偿数额。”《著作权法》第 54 条第 1 款规定:“对故意侵犯著作权或者与著作权有关的权利,情节严重的,可以在按照上述方法确定数额的一倍以上五倍以下给予赔偿。”《商标法》第 63 条第 1 款规定:“侵犯商标专用权的赔偿数额,按照权利人因被侵权所受到的实际损失确定;实际损失难以确定的,可以按照侵权人因侵权所获得的利益确定;权利人的损失或者侵权人获得的利益难以确定的,参照该商标许可使用费的倍数合理确定。对恶意侵犯商标专用权,情节严重的,可以在按照上述方法确定数额的一倍以上五倍以下确定赔偿数额。赔偿数额应当包括权利人为制止侵权行为所支付的合理开支。”《反不正当竞争法》规定侵犯商业秘密的行为可以适用惩罚性赔偿,并未规定其他不正当竞争行为可以适用惩罚性赔偿。主要依据是《反不正当竞争法》第 17 条。除此之外,惩罚性赔偿相关法律及司法解释见表 23。

表 23　惩罚性赔偿相关法律及司法解释

规定名称	内　　容
《民法典》第 1185 条	故意侵害他人知识产权,情节严重的,被侵权人有权请求相应的惩罚性赔偿
《种子法》第 2 条第 3 款	故意侵犯植物新品种权,情节严重的,可以在按照上述方法确定数额的 1 倍以上 3 倍以下确定赔偿数额
《商标法》第 63 条第 1 款	对恶意侵犯商标专用权,情节严重的,可以在按照上述方法确定数额的 1 倍以上 5 倍以下确定赔偿数额
《反不正当竞争法》第 17 条第 3 款	经营者恶意实施侵犯商业秘密行为,情节严重的,可以在按照上述方法确定数额的 1 倍以上 5 倍以下确定赔偿数额
《专利法》第 71 条第 1 款	对故意侵犯专利权,情节严重的,可以按照上述方法确定数额的 1 倍以上 5 倍以下确定赔偿数额
《著作权法》第 54 条第 1 款	对故意侵犯著作权或者与著作权有关的权利,情节严重的,可以在按照上述方法确定数额的 1 倍以上 5 倍以下给予赔偿
《优化营商环境条例》第 15 条第 1 款	国家建立知识产权侵权惩罚性赔偿制度
《外商投资法实施条例》第 23 条第 1 款	加大对知识产权侵权行为的惩处力度
《知产惩罚性赔偿司法解释》	惩罚性赔偿的适用条件及考虑因素

续表

规定名称	内　　容
《中共中央办公厅、国务院办公厅关于强化知识产权保护的意见》	引入惩罚性赔偿、提高法定赔偿上限、加大损害赔偿力度
《最高人民法院关于全面加强知识产权司法保护的意见》	完善举证责任分配规则、举证妨碍排除制度;减轻当事人的举证负担;提高侵权赔偿数额
《最高人民法院关于依法加大知识产权侵权行为惩治力度的意见》	充分弥补权利人损失、责令侵权人提供其掌握的侵权获利证据、惩罚性赔偿、合理确定法定赔偿数额、从高确定法定赔偿数额
《最高人民法院关于涉网络知识产权侵权纠纷几个法律适用问题的批复》	网络侵权人恶意提交声明的惩罚性赔偿等
《最高人民法院关于知识产权民事诉讼证据的若干规定》	合理分配举证责任、责令提供证据、不提供证据或提供虚假证据的法律后果等

2022 年 1 月 19 日,《国务院办公厅关于促进内外贸一体化发展的意见》(国办发〔2021〕59 号)指出,健全知识产权侵权惩罚性赔偿制度,加大损害赔偿力度,实行严格的知识产权保护,提高企业创新和产品内销的积极性。

各地方法院也制定惩罚性赔偿的司法文件,如 2005 年 11 月《江苏省高级人民法院关于知识产权侵权损害适用定额赔偿办法若干问题的指导意见》(已失效),其中第 23 条第 2 款规定:“原告提供的证据虽不能准确计算出因侵权所受到的损失或被告因侵权所获得的利益,但足以证明其受到的损失或被告获得的利益超过定额赔偿最高限额,而原告非唯一请求适用定额赔偿办法的,可以参照其他赔偿原则在最高限额以上酌情确定赔偿数额。”2009 年 10 月《浙江省高级人民法院关于审理侵犯专利权纠纷案件适用法定赔偿方法的若干意见》第 3 条规定了几种不适用法定赔偿方法确定赔偿数额的情况,其中第 4 项规定:“权利人虽不能举证证明因被侵权所受到的实际损失或侵权人因侵权获得的利益的具体数额,但是根据产品数量、市场份额、广告宣传以及向工商、税务管理部门提供的财务报表资料等相关证据,可以确信因被侵权所受到的实际损失或侵权人因侵权获得的利益明显超过100万元的。”2010年8月《上海市高级人民法院关于知识产权侵权纠纷中适用法定赔偿方法确定赔偿数额的若干问题的意见(试行)》第1条第2款规定:“对于难以证明权利人受损或者侵权人非法获利的具体数额,但有证据证明前述数额确已超过法定赔偿最高限额的,不应适用法定赔偿方法,而应综合全案的证据情况,在法定赔偿最高限额以上合理确定赔偿数额。”可以看出以上3个高级人民法院在应对损失和获利难以确定的情况下,都不再要求严格遵守法定最高限额,但是在具体适用上存在些许差别。

2022年4月25日,北京市高级人民法院发布的《关于侵害知识产权民事案件适用惩罚性赔偿审理指南》主要包括一般规定、法定要件、惩罚性赔偿的计算、惩罚性赔偿对网络服务提供者的适用、程序规定5部分内容,进一步规范了知识产权侵权民事案件中惩罚性赔偿的适用标准,依法加大了知识产权司法保护力度。

《知产惩罚性赔偿司法解释》共7个条文、对知识产权民事案件中惩罚性赔偿的适用范围、请求内容和时间、故意和情节严重的认定、计算基数和倍数的确定、生效时间等作出了具体规定。《反不正当竞争法》第17条规定的惩罚性赔偿仅限于“侵犯商业秘密”,但是,根据《最高人民法院关于涉网络知识产权侵权纠纷几个法律适用问题的批复》可知,恶意提交声明导致电子商务平台经营者终止必要措施并造成知识产权权利人损害的,也可以主张惩罚性赔偿。

第二节　惩罚性赔偿方式

一、惩罚性赔偿程序

(一)启动主体

对于惩罚性赔偿是依据权利人申请而适用还是可以由法院依职权而适用的问题,《知产惩罚性赔偿司法解释》对于该问题虽未明确提及,但从第1条的规定以及已有司法实践来看,惩罚性赔偿应依据权利人申请而适用,而不宜由法院依职权适用。这一规则更符合《民事诉讼法》"不告不理"的基本原则,亦与法院作为中立裁判者的地位相符。《北京市高级人民法院关于侵害知识产权民事案件适用惩罚性赔偿审理指南》规定,惩罚性赔偿的适用以权利人请求为前提,法院不得主动适用。

(二)启动时间

权利人应当在起诉时就明确提出适用惩罚性赔偿,如果在起诉时未提出,最迟应在一审法庭辩论终结前提出。这一规定也与《民事诉讼法》关于增加、变更诉讼请求的时间规定保持一致。如果当事人在一审中未主张适用惩罚性赔偿,而在二审中提出,根据《知产惩罚性赔偿司法解释》第 2 条的规定,如果调解不成则应告知当事人另行起诉。这一规定也是为了避免惩罚性赔偿的裁判结果出现"一审终审"的问题,有利于双方当事人诉讼权利的保障。[①]

《知产惩罚性赔偿司法解释》第 2 条明确惩罚性赔偿最晚可以在一审法庭辩论终结前提出,对此人民法院应当准许。也就是说,在充分提交证据的前提下,权利人可以选择在起诉状中仅主张基数的计算方式,当庭再主张适用惩罚性赔偿。但需要注意,二审中才增加惩罚性赔偿请求的,应先调解,如调解不成当事人应另行起诉。对于该"另行起诉"的理解,目前还尚无相关案例出现,但可以在逻辑上推断出,此"另行起诉"不需要撤回原诉讼。关于审理侵害知识产权民事案件适用惩罚性赔偿的解释结构严格遵循:认定侵权成立→判断主观故意→判断情节严重→确定赔偿基数→确定赔偿倍数的过程,在未来的司法实践中,法官应该也会遵循此思路。其中重点明确了主观故意和情节严重的判断,这决定了是否可以适用惩罚性赔偿。[②]

(三)提出方式

《知产惩罚性赔偿司法解释》中并未明确提出惩罚性赔偿是以口头方式还是书面方式提出。权利人可以以书面形式主张适用惩罚性赔偿,也可以在庭审过程中,当庭口头要求适用惩罚性赔偿。对于权利人当庭口头要求适用惩罚性赔偿的,法院应将权利人的口头申请记入庭审笔录,并要求权利人签字予以确

① 参见北京市海淀区人民法院课题组:《知识产权惩罚性赔偿的适用问题研究》,载搜狐网 2021 年 12 月 13 日,https://www.sohu.com/a/507867650_121123527。

② 参见何为、张校铨:《商标、不正当竞争惩罚性赔偿司法解释》,载威科先行网 2022 年 4 月 25 日,wkinfo.com.cn。

认。上述处理方式不仅有助于提高庭审效率,亦保证了启动惩罚性赔偿审查这类重大事项有据可查。

二、违法所得与侵权获利

“被告违法所得数额”和“因侵权所获得的利益”的含义相同。《知产惩罚性赔偿司法解释》之所以规定“以被告违法所得数额或者因侵权所获得的利益作为计算基数”,是因为立法不一致造成的,《专利法》《商标法》《种子法》《反不正当竞争法》相关条文均采用“侵权人因侵权所获得的利益”或者“侵权人获得的利益”,但是《著作权法》采用了“侵权人的违法所得”的表述。虽然法律文本表述有所不同,但“被告违法所得数额”和“因侵权所获得的利益”的含义相同。就其计算而言,在平衡身体公司诉永康一恋运动器材有限公司商标侵权案①中,人民法院根据产品单位利润 = 产品售价 - 产品成本,计算得出侵权产品的单位利润在 678 ~930 元;再根据侵权获利 = 侵权产品销售量 × 产品单位利润,推算出被告对侵权产品的获利至少在 101.7 万 ~139.5 万元。②

侵权损害赔偿数额按照侵权人因侵权所获得的利益确定时,侵权人的侵权获利应当与侵权行为之间具有因果关系,因其他权利和生产要素产生的利润应当合理扣减,即在计算侵权损害赔偿额时,应考虑涉案知识产权在被诉侵权产品生产中所占的技术比重及其对销售利润的贡献。例如,在广州天赐高新材料股份有限公司等与安徽纽曼精细化工有限公司等侵害技术秘密纠纷案③中,最高人民法院知识产权法庭认为,“原审法院在确定侵权获利时,未考虑涉案技术秘密在卡波整体工艺流程中的作用,同时也未充分考虑除涉案技术秘密信息之外的其他生产要素在卡波产品生产过程中的作用,有所不当,在此本院依法予以纠正。综合考虑涉案被侵害技术秘密在卡波产品生产过程中所起的作用,本院酌情确定涉案技术秘密的贡献程度为 50% ,因此对于安徽纽曼公司的侵权获

① 参见一审上海市浦东区人民法院民事判决书,(2018)沪 0115 民初 53351 号;二审上海知识产权法院民事再审裁定书,(2020)沪 73 民申 1 号。上海浦东法院涉外知识产权司法保护典型案例、2019 年中国法院十大知识产权案件和 50 件典型知识产权案例。

② 张鹏:《知识产权惩罚性赔偿制度基数和倍数认定》,载强企知识产权研究院网 2021 年 3 月 16 日,http://www.qqip.org.cn/category/view? id =256。

③ 参见最高人民法院民事判决书,(2019)最高法知民终 562 号。

利，本院根据原审法院确定的数额并考虑涉案技术秘密所起作用，取整数确定为600万元”。由此可知，知识产权惩罚性赔偿的基数不包括法定赔偿、为制止侵权所支付的合理开支。[①]

第三节 赔偿基数的理解

一、赔偿额计算的理解

最高人民法院法官曾撰文对《关于审理侵害知识产权民事案件适用惩罚性赔偿的解释》加以阐释，[②]并发表在《人民司法》上。作者在该文章中指出，在适用惩罚性赔偿时“填平性赔偿数额即基数和惩罚性赔偿数额应当分别单独计算。也就是说，如果惩罚性赔偿的倍数确定为1倍，那么被诉侵权人承担的赔偿总额应当为填平性赔偿数额加上惩罚性赔偿数额之和，即为基数的两倍”。

最终赔偿额的计算方式为基数×(1+惩罚性赔偿倍数)。然而，这种理解又明显与最高人民法院审理的广州天赐公司等与安徽纽曼公司等侵害技术秘密纠纷案的先例不一致，在现有法律规定中也难以找到充分的依据。

中国人大网公布的《中华人民共和国商标法释义》(2013年修改)，对第63条(侵犯商标专用权赔偿数额确定方法条款)指出，“本次修改，包括以下五个方面的内容……三是增加了对恶意侵犯商标专用权、情节严重的，规定了在已确定的赔偿数额的基础上，可以再加1倍至3倍确定赔偿数额”。该解释认为，惩罚性赔偿数额的计算方式为惩罚性赔偿基数再加上惩罚性赔偿额。

全国人大常委会法工委编写并由法律出版社正式出版的《中华人民共和国商标法释义》中对于该条的解释为“可以在权利人因侵权受到的损失……的1倍到3倍的范围内确定赔偿数额”，与法律规定中的用语相一致，并没有采用全

---

① 参见张鹏：《知识产权惩罚性赔偿制度基数和倍数认定》，载强企知识产权研究院网2021年3月16日，http://www.qqip.org.cn/category/view?id=256。

② 参见林广海、李剑、秦元明：《〈关于审理侵害知识产权民事案件适用惩罚性赔偿的解释〉的理解和适用》，载《人民司法》2021年第10期。

国人大网站上公布的"再加1倍至3倍确定赔偿数额"的解释，且书中也没有对惩罚性赔偿计算方式再作出进一步的解释。[①]

目前各部门法中对于惩罚性赔偿规定的用语均为"对故意(恶意)侵犯专用权，情节严重的，可以在按照上述方法确定数额的一倍以上五倍以下确定赔偿数额(给予赔偿)"。按照文义解释的方法以及现代汉语的通常理解习惯，"确定数额的1倍以上5倍以下"的字面含义应当就是将该确定数额直接乘以相应的倍数，显然并不能读出"基数+基数×倍数"的意思。

除适用"一倍"惩罚性赔偿的案件的计算规则不明外，其他案件均是采用了"基数×倍数"的计算方法得出赔偿总额。而在"惠氏"侵害商标权及不正当竞争案[②]二审宣判后不久，该案一审法院杭州市中级人民法院则在原告山特电子(深圳)有限公司与杭州菱冠电子有限公司商标侵权案件[③]中，采用了"基数+基数×倍数"的方式来计算赔偿总额。

二、赔偿基数的司法实践

(一)二倍以上惩罚性赔偿计算

"惠氏"侵害商标权及不正当竞争案作为浙江省适用《知产惩罚性赔偿司法解释》的第一案广受关注。该案经过两级法院审理，最终全额支持了原告惠氏公司3000余万元的索赔金额。然而，在惩罚性赔偿的具体计算方式上，一审、二审法院却存在不同观点。

一审法院杭州市中级人民法院认定惩罚性赔偿的倍数为3倍，并计算得出赔偿总额为被告侵权所获利润的3倍。二审法院浙江省高级人民法院虽然同意一审法院所认定的惩罚性赔偿的3倍倍数，但是却认为，赔偿总额应当为被告侵权所得利润，再另外加上被告侵权所获利润的3倍作为惩罚性赔偿，即最终的赔偿总额为被告侵权所获利润的4倍。

显然，本案一审和二审法院采用了不同的惩罚性赔偿计算方式：一审法院采用的是基数×倍数的计算方式；二审法院采用的则是，基数+基数×倍数或

---

① 参见郎胜主编：《中华人民共和国商标法释义》，法律出版社2013年版，第122页。

② 参见浙江省高级人民法院民事判决书，(2021)浙高民终294号。2021年度浙江法院十大知识产权案件之三、2021年中国法院十大知识产权案件之六。

③ 参见浙江省高级人民法院民事判决书，(2021)浙01民终1364号。

者基数×(倍数+1)这样的计算方式。[①]

最高人民法院2022年公布的典型案件百度公司与北京京百度公司等侵害商标权及不正当竞争案[②]中,法院计算方式为“京百度公司及其涉案分公司应承担的赔偿经济损失数额为308,903.54元(年平均营业利润额)×5.25年(侵权时长)×35%(品牌贡献率)×4=2,270,441.019元”。前述浙江省高级人民法院赔偿计算方式与最高人民法院相同。

在广州天赐高新材料股份有限公司等与安徽纽曼精细化工有限公司等侵害技术秘密纠纷案中,最高人民法院在判决中认定被告应当承担的赔偿额基数为600万元,并且应该适用5倍的惩罚性赔偿,最终根据基数×倍数,即600万元×5=3000万元的方式计算得出的该案被告应当承担的赔偿总额。

在刘某等与斐乐体育有限公司侵害商标权及不正当竞争纠纷一案中,法院经过计算得出原审被告中远鞋业公司两年侵权所获得的利润为2,638,322元,并适用3倍的惩罚性赔偿,根据基数×倍数的计算方式,得出被告赔偿斐乐体育有限公司经济损失791万元。

在北京炎黄盈动公司与北京光环新网公司等侵害商标权案[③]中,北京市高级人民法院认定光环新网公司和亚马逊通公司因被控侵权行为的获利,即其应当承担的损害赔偿的基数为38,231,500元,并适用2倍的惩罚性赔偿,确定光环新网公司和亚马逊通公司最终应当承担的损害赔偿数额为76,463,000元。

在小米科技公司等与中山奔腾公司等侵害商标权及不正当竞争案[④]中,中山奔腾公司销售的侵权商品数量多,规模大,一审法院苏州市中级人民法院确定被告惩罚性赔偿基数为2773万余元,倍数为2倍,根据基数×倍数的方法,计算得出赔偿数额为5546万元,因此全部支持了原告5000万元的诉讼请求。二审法院江苏省高级人民法院“以侵权获利额为赔偿基数,按照三倍酌定本案损害赔偿额”,虽然调整了惩罚性赔偿的基数与倍数,但在计算方式上与一审法

① 参见梁思思、苏和秦、梁哲琛:《关于惩罚性赔偿“倍数”适用问题的研究》,载澎湃网2021年11月30日,https://www.thepaper.cn/newsDetail_forward_13710031。

② 参见北京市高级人民法院民事判决书,(2022)京民终170号。

③ 参见北京市高级人民法院民事判决书,(2018)京民初127号。

④ 参见江苏省高级人民法院民事判决书,(2019)苏民终1316号。侵害知识产权民事案件适用惩罚性赔偿典型案例、2019年江苏法院知识产权司法保护十大典型案例。

院相同。

在阿迪达斯公司与阮某等侵害商标权案①中,法院认定原告阿迪达斯公司因被告侵权行为所遭受的损失为 345,779.28 元,并根据被告侵权行为的严重性,确定惩罚性赔偿倍数为 3 倍,在判决书中明确指出“本院决定以上述经济损失 345,779.28 元的 3 倍,即 1,037,337.84 元为赔偿数额”。

（二）一倍惩罚性赔偿计算

在施耐德电气(中国)有限公司与苏州施耐德电梯有限公司侵害商标权及不正当竞争纠纷案②中,对于被告恶意侵犯商标权的行为,法院决定适用一倍的惩罚性赔偿,法院指出“……以上计算得出数额(被告侵权所得利润)为 2000 万元,再依法适用一倍的惩罚性赔偿,最终确定被告在本案中应承担的赔偿数额为 4000 万元”。

在“大自然”商标侵权及不正当竞争案③中,法院保守计算被告侵权获利至少 805 万元,由于被告侵权恶意且情节严重,法院适用一倍的惩罚性赔偿,全额支持了原告要求赔偿 1500 万元的诉讼请求。

在上述两个适用一倍惩罚性赔偿的案件中,法院虽然没有说明具体的计算方式,但显然法院所得出的赔偿总额是用基数 ×2 所计算得到的。考虑现代汉语的常用表达中“某数的几倍就是用几乘某数”这样的解释,笔者猜测上述两个案件的法院似乎是采用了与“惠氏”侵害商标权及不正当竞争案以及《关于〈审理侵害知识产权民事案件适用惩罚性赔偿的解释〉的理解和适用》这篇文章中提到的方法④,即用基数 + 基数 × 惩罚性的倍数。因为,如果法院采用的是基数 × 倍数(1 倍)的计算方法,明显得不出判决中所认定的赔偿金额。如果作此理解,那么目前的司法实践在适用惩罚性赔偿的案件中,对于适用 1 倍惩罚性赔偿和 2 倍及以上的惩罚性赔偿的案件的赔偿额计算方式显然存在巨大差异。这种差异无疑会严重影响司法裁判的可预见性,进而最终影响惩罚性赔偿立法

① 参见温州市中级人民法院民事判决书,(2020)浙 03 民终 161 号。浙江法院发布 2020 年度加强知识产权保护八大典型案例。

② 参见苏州市中级人民法院民事判决书,(2019)苏 05 知初 643 号。

③ 参见江苏省高级人民法院民事判决书,(2021)苏民终 549 号。

④ 参见林广海、李剑、秦元明:《〈关于审理侵害知识产权民事案件适用惩罚性赔偿的解释〉的理解和适用》,载《人民司法》2021 年第 10 期。

宗旨的实现。①

第四节　赔偿基数的确定

一、计算方法

(一)基数计算的几个问题

1. 不包括合理费用

知识产权惩罚性赔偿的基数包括权利人的实际损失、侵权人的违法所得、许可使用费的倍数;知识产权惩罚性赔偿的基数不包括法定赔偿、为制止侵权所支付的合理开支。《知产惩罚性赔偿司法解释》第 5 条第 1 款、第 2 款规定,"人民法院确定惩罚性赔偿数额时,应当分别依照相关法律,以原告实际损失数额、被告违法所得数额或者因侵权所获得的利益作为计算基数。该基数不包括原告为制止侵权所支付的合理开支;法律另有规定的,依照其规定。前款所称实际损失数额、违法所得数额、因侵权所获得的利益均难以计算的,人民法院依法参照该权利许可使用费的倍数合理确定,并以此作为惩罚性赔偿数额的计算基数"。可见,知识产权惩罚性赔偿的基数包括权利人的实际损失、侵权人的违法所得、许可使用费的倍数。

2. 计算顺序和无法计算的后果

关于惩罚性赔偿数额的计算基数问题。我国知识产权法律大抵规定以数量计算方法的确定数额为基数,即以实际损失、侵权所得、许可使用费作为计算基数。在司法实践中,有如下问题值得思考:一是上述数量计算方法有无适用的先后顺序;二是诸多数量计算方法均无法计算时如何确定赔偿数额;三是当无法确定赔偿数额时是否还可适用惩罚性赔偿。《知产惩罚性赔偿司法解释》第 6 条对上述有关问题作出了回答:第一,规定了数量计算方法的先后顺序。人民法院计算惩罚性赔偿数额时,应当以原告实际损失数额或者被告违法所得

---

① 参见梁思思、苏和秦、梁哲琛:《关于惩罚性赔偿"倍数"适用问题的研究》,载澎湃网 2021 年 11 月 30 日,https://www.thepaper.cn/newsDetail_forward_13710031。

数额作为基数。原告的实际损失数额或者被告违法所得数额难以计算的,可以参照权利使用费确定基数。第二,规定了数量计算方法不能时的补救方法。原告实际损失数额、被告违法所得数额、权利使用费均难以计算的,可以参照类似权利的使用费合理确定基础。第三,在上述计算方法已经穷尽,又无类似权利使用费作为参照,是否还可以适用惩罚性赔偿,司法解释未予解答。笔者认为,该类极端情况并非不可能存在,当无法以确定数额作为基数选择时,惩罚性赔偿因其数额计算的前提条件未能成就而不能适用。在这种情况下,具有一定惩罚性功能且作为数量计算方法的替代性方式的法定赔偿,可以由法官作出裁量。① 依据《知产惩罚性赔偿司法解释》第5条规定,惩罚性赔偿有三种计算基数的方法:一是依据原告实际损失数额;二是依据被告违法所得数额或者因侵权所获得的利益;三是前两种均难以计算的,参照该权利许可使用费的倍数合理确定。该三种计算方法在学理上归为补偿性赔偿,贯穿其中的价值均是填平权利人的损失。惩罚性赔偿数额的计算,涉及计算基数和确定倍数两大问题。

3. 基数与倍数

在百度公司与北京京百度公司等侵害商标权及不正当竞争案中,法院认为,惩罚性赔偿计算所得数额应为填平性赔偿与惩罚性赔偿数额相加之和,即适用惩罚性赔偿的赔偿总额为基数及基数与倍数乘积之和。第一,应确定基数。首先要确定基数的确定方法。按照法律规定,惩罚性赔偿基数的确定方法有适用顺序,如果在先方法难以确定的,权利人可以选择在后的方法确定惩罚性赔偿的基数。该案一审法院根据百度公司请求按照侵权获利计算基数,侵权获利可以依侵权人的营业利润计算。其次要考虑知识产权贡献度。在按侵权获利方法确定惩罚性赔偿基数时应根据案件具体情况,适当考量权利人知识产权对于商业价值的贡献程度或比例,合理确定知识产权贡献度。第二,应确定惩罚性赔偿的倍数。法律规定了惩罚性赔偿的倍数区间,具体案件中需要结合侵权人主观故意程度、侵权严重程度等因素后确定。对惩罚性赔偿的适用应强调依法适用、积极审慎的原则,注重赔偿基数的相对准确性、倍数的合理性。

---

① 参见吴汉东:《知识产权惩罚性赔偿的私法基础与司法适用》,载《法学评论》2021年第3期。

（二）判赔金额与诉请金额的关系

1. 诉请金额宜高不宜低

在“惠氏”侵害商标权及不正当竞争案中，法院作出了惩罚赔偿基数的区间从而适用了惩罚性赔偿。浙江省高级人民法院经审理认为，因各被诉方侵权故意明显，情节严重，在权利人明确请求适用惩罚性赔偿的情况下，应适用惩罚性赔偿方式确定该案赔偿数额。根据二审查明的侵权商品销售收入以及参考同行业的平均利润率，以侵权人提交的财务数据计算出侵权期间的营业总收入以及以经销商数量与年购货指标计算销售收入确定该案惩罚性赔偿基数的区间为789.08万~5193.19万元，再综合考虑侵权方主观过错程度、侵权行为的情节严重程度（侵权行为持续时间长达7年、恶意注册商标后在全国100多个地级市发展经销商、在线上开设多家店铺实施销售侵权行为）等因素，确定以3倍作为惩罚性赔偿计算的倍数，故该案赔偿总额应为基数的4倍。据此，该案损害赔偿总额的区间为3156.32万~20,772.76万元，该区间的下限已超出损害赔偿诉讼请求的数额，故对惠氏公司、惠氏上海公司关于赔偿数额的诉讼请求予以全额支持。

因此，对于请求适用惩罚性赔偿的案件，代理人必须在起诉时，明确其计算基数和方式。如在阿尔塞拉公司诉柯派公司侵害商标权纠纷案[①]中，阿尔塞拉公司明确主张以“侵权人因侵权所获得的利益”来计算赔偿数额，具体公式为“侵权获利=产品销售量×侵权产品单位利润”，柯派公司对此不予认可，但并未就赔偿数额的计算提出自己的依据及方法。法院认可阿尔塞拉公司所主张的计算公式，并根据已查明之事实逐一确定上述公式中各项参数的具体数值，最终确定侵权获利数额。具体理由如下：（1）关于侵权产品销售量的确定。856号刑事判决书查明柯派公司生产、销售的含“6S”的商品均为标有“ULTHERA”注册商标的商品，上述商品销售数量为2355台，销售总价为2,480,610元，据此计算商品单价为1053元（2,480,610元除以2355台），856号刑事判决书最终认定构成侵犯涉案注册商标专用权的商品总销售额为2,290,410元，据此计

① 参见一审广东省广州市白云区人民法院民事判决书，（2019）粤0111民初23340号；二审广州知识产权法院民事判决书，（2020）粤73民终2442号。2021年度广州知识产权法院十大典型案例之一、广东高院首次发布知识产权惩罚性赔偿典型案例之四。

算,柯派公司实际销售侵权商品数量达 2175 台(2,290,410 元除以 1053 元)。(2)关于侵权商品的单位利润。856 号刑事判决书查明时任柯派公司法定代表人卢某供述"每卖出一台假冒 ULTHERA 超声刀大约能有三四百元钱的利润",可见,侵权商品单位利润为 300 元至 400 元。(3)侵权获利 = 产品销售量 × 侵权产品单位利润,据此计算,柯派公司侵权获利大约在 652,500 元(2175 台 × 300 元)至 870,000 元(2175 台 × 400 元)。考虑到柯派公司主观恶意明显、侵权情节严重,应加大对柯派公司的惩罚力度,故在该案中确定 2 倍的惩罚性赔偿比例。根据 856 号刑事判决书查明的事实,柯派公司生产、销售的侵权商品中"6S"的商品均为侵权商品外,含"HF6"的商品中亦包含部分侵权商品,即该案侵权获利的计算基数已经排除了上述含"HF6"的侵权商品。在此情况下,根据含"6S"的侵权商品确定的侵权获利金额的两倍已超过 100 万元,鉴于阿尔塞拉公司在该案中主张包含合理支出在内总计 100 万元的损害赔偿金额,故对其主张,法院予以全额支持。

2. 积极全面地举证

目前在司法实践中,已有多个适用惩罚性赔偿的案件判赔额超过千万元。另外,也已有多个案例,法院适用惩罚性赔偿计算得到的金额超出权利人的主张的赔偿金额,但最终法院只能全额支持权利人主张的赔偿金额。如小米科技公司等与中山奔腾公司等侵害商标权及不正当竞争案中,江苏省高级人民法院认定赔偿数额约为 6119 万元,超出了权利人诉请赔偿的 5000 万元;在"欧普"侵害商标权纠纷案[①]中,广东省高级人民法院认定赔偿数额为 383.25 万元,超出了权利人诉请赔偿的 300 万元。对于权利人应当做到以下几点:(1)积极全面地举证,从被侵权人损失、侵权人获利、许可费倍数三种基数计算方式中至少选择其中一种计算方式全面举证、尽可能精确计算,避免法院适用法定赔偿,并围绕"故意"和"情节严重"的情形全面举证。(2)适当增加请求的赔偿金额,以免法院计算的惩罚性赔偿金额高于权利人主张的金额而仅支持主张的金额。(3)如有必要,可申请财产保全、证据保全或行为保全。上述行为一方面可以实现上述保全的各自目的,另一方面如果对方拒不履行保全裁定,将可能被认定

① 参见广东省高级人民法院民事判决书,(2019)粤民再 147 号。

情节严重,有利于主张惩罚性赔偿。①

《知产惩罚性赔偿司法解释》给了权利人一个积极利用保全申请的理由。当侵权人的侵权行为事实清楚,无可争议时,权利人可以考虑积极申请行为保全、证据保全以及财产保全。尤其是行为保全,无论侵权人配合停止侵权行为,还是侵权人拒不配合从而符合"情节严重",对权利人维权而言都是有利的。

(三)基数计算不出不采纳

实践中对于惩罚性赔偿的适用主要集中在计算基数上,如在"大润发"案中,原告康成公司请求对大润发公司进行惩罚性赔偿的诉讼请求,一审法院认为,根据《商标法》第63条第1款的规定,"对恶意侵犯商标专用权,情节严重的,可以在按照上述方法确定数额的一倍以上三倍以下确定赔偿数额"。该案中,大润发公司实施的行为满足"恶意侵犯商标权,情节严重"的要求,但由于该案无法按照康成公司的损失、大润发公司的获利以及"大润发"商标的许可使用费确定赔偿数额,故计算惩罚性赔偿数额基础的"上述方法确定数额"并不存在,进而惩罚性赔偿数额亦无法确定。由此否定了对于惩罚性赔偿的请求。

《北京市高级人民法院关于侵害知识产权民事案件适用惩罚性赔偿审理指南》规定,对于故意侵权且情节严重的侵害知识产权案件,权利人请求适用惩罚性赔偿的,因赔偿基数难以确定而需要适用法定赔偿时,法院酌情从高确定法定赔偿数额。

二、损失计算类型

(一)原告实际损失

关于原告实际损失数额的确定,原告首先需要证明其损失与侵权行为具有因果关系,在此前提下考量的因素可以包括:(1)权利人商品销售减少量或侵权商品销售量与权利人商品单位利润的乘积;(2)权利人商品价格下降数与权利人商品单位利润与该商品销售数量的乘积;(3)权利人因用户数量下降所导致

① 参见穆颖、谷利云:《知识产权惩罚性赔偿司法解释的解读》,载环球律师事务所网,http://www.glo.com.cn/Content/2021/03-30/1044265991.html。

的损失;(4)权利人为其所诉请保护的知识产权已实际支出的研发成本;(5)权利人为修复商誉已实际支出的合理广告费等。[①] 如浙江巴洛克公司与巴洛克公司等商标权纠纷案中,法院确定该案的赔偿数额时采用了因销售流失而损失的利润及因价格侵蚀而损失的利润两种计算方法,并考虑了巴洛克公司因侵权行为而遭受的未来销售利润损失、商誉损害、为禁止侵权而支出合理维权费用以及浙江巴洛克公司侵权的恶意、严重情节等多方面因素,认定浙江巴洛克公司因侵权行为给巴洛克公司造成的损失(包括合理维权开支)远超过人民币1000万元。

在不同的知识产权部门法中,法律对于实际损失和所得利益的适用规定有所不同。《专利法》、《著作权法》以及《民法典》中对于二者没有先后适用的顺序规定,而《反不正当竞争法》与《商标法》则规定了先按照实际损失,再去考虑所得利益的适用。这一区别带来的问题是,原告是否有权利选择实际损失或者所得利益进行计算,因为实践中很多公司企业的账目并不清楚,这导致准确计算销售利润或者销量损失存在困难,因而如果赋予原告选择权,则可以根据案件的具体情形去收集证据,而不用按照顺序机械的证明。这种区别应当是法律修订的变化造成。在2020年之前修改的《商标法》和《反不正当竞争法》规定了先后顺序,而2020年之后的《民法典》、《著作权法》和《专利法》都没有规定适用顺序,可以看出法律有意改变二者适用顺序,将先后适用改为平行适用,让权利人可以根据所收集的证据自行决定适用哪一种更方便计算和保护自己的权利。[②]

《北京市高级人民法院关于侵害知识产权民事案件适用惩罚性赔偿审理指南》明确规定了确定"赔偿基数"的方法。法定赔偿数额不得作为计算惩罚性赔偿的基数,具体包括:(1)权利人因侵权行为所受到的实际损失;(2)侵权人因侵权行为所获得的利益(财产性利益);(3)许可使用费的合理倍数或者权利使用费。三者在适用时的顺序为先"实际损失"后"侵权利益";在前两项难以计算时,参照许可使用费的合理倍数或者权利使用费确定赔偿基数。此外,《北京市高级人民法院关于侵害知识产权民事案件适用惩罚性赔偿审理指南》还具体

① 参见《深圳市中级人民法院关于知识产权民事侵权纠纷适用惩罚性赔偿的指导意见(试行)》第10条。

② 参见胡轩玶:《反不正当竞争案件中损害赔偿问题探究——以司法实践为中心》,载微信公众号"华政东方知识产权"2022年6月15日,https://mp. weixin. qq. com/s/ – umduFJec9wPOq-s3uFKVQ。

规定了计算实际损失、侵权利益、商品单位利润、许可使用费或者权利使用费、许可使用费倍数、权利人对知识产权的贡献度等考量因素。

(二)侵权人获利

实践中常用的侵权人获利的计算公式为:基本公式为年销售数量×年销售单价×利润率×侵权时长(年)×贡献度(如有)。销量与单价确定方式:侵权人自认(包括在案外)、公证书记载、行政查处记录、电商平台后台数据。利润率:同行业类似公司公布的数据,当诉讼当事人双方提交不同的利润率数据时,法院会采信与侵权人经营范围、规模更接近的证据(参见"惠氏"侵害商标权及不正当竞争案)。在估算侵权人获利时,采用毛利率(销售利润)还是净利率(营业利润,如FILA案)取决于侵权人是否以侵权为业(参考"情节严重"一节)。因为对以侵权为业的侵权人来说,其营业成本因傍名牌效应而大大缩减,可用毛利率替代净利率。在商标领域的典型案例中,采用毛利率进行计算的占多数。其依据是,《商标法》及其司法解释未作规定的,亦可参照其他知识产权法律及司法解释(参见刘某等与斐乐体育有限公司侵害商标权及不正当竞争纠纷一案),而《最高人民法院关于审理专利纠纷案件适用法律问题的若干规定》第14条第2款规定,当侵权人完全以侵权为业时,可以按照销售利润计算因侵权所获得的利益。侵权产品单位利润无法查明:以权利人商品的单位利润为准(参见《最高人民法院关于审理商标民事纠纷案件适用法律若干问题的解释》第14条)。贡献度:由法院根据侵权人除侵权行为之外的其他带来获利的市场资源综合酌定。此外,还可以考虑以下因素:侵权人相关专用账户的资金流水情况;侵权人纳税情况、增值税开具及认证情况;侵权人网站、宣传资料、年度报告等公开披露的相关数据。①

(三)利润和利润率

1. 非上市公司利润率

在侵犯"黑牛"商标权纠纷案②中,广东省高级人民法院认为,我国现行《商

---

① 参见何为、张校铨:《商标、不正当竞争惩罚性赔偿司法解释》,载威科先行网2022年4月25日,wkinfo. com. cn。

② 参见一审汕头市中级人民法院民事判决书,(2010)汕中法知初字第36号;二审广东省高级人民法院民事判决书,(2011)粤高法民三终字第143号。2011年广东法院知识产权司法保护十大案件之案件一。

标法》及实施条例和最高人民法院司法解释均没有明确以毛利润或者纯利润作为商标侵权获利。

在江苏天容公司诉湖南昊华公司不正当竞争纠纷案中,法院详细说明了利润率的计算方式。法院认为,企业在经营中需缴纳相应的税金,支出相应的费用,尤其是销售费用、管理费用、财务费用在企业正常支出中通常占有相当大的比例。由于计算毛利润时未扣除营业税金及附加、销售费用、管理费用、财务费用,故企业的毛利润和营业利润一般都存在较大的差距。因该案被告除生产销售侵权商品外,还有其他正常的经营业务,涉案商品的货值仅占其营业收入的一小部分,被告并非以侵权为业,故该案按照营业利润计算赔偿金额更为合理。原告天容公司的年度审计报告中有"杀螟丹"(涉案商品)的营业收入和营业成本,计算"杀螟丹"的营业利润时,还应根据"杀螟丹"的营业收入占企业营业收入的比例,扣除相应的营业税金及附加、销售费用、管理费用、财务费用。"杀螟丹"的营业利润率=["杀螟丹"的营业收入-"杀螟丹"的营业成本-(营业税金及附加+销售费用+管理费用+财务费用)×"杀螟丹"的营业收入÷企业总营业收入]÷"杀螟丹"的营业收入。以2012年度为例,原告营业收入为人民币199,980,695.72元,营业成本为164,659,114.76元,营业税金及附加、销售费用、管理费用、财务费用共计19,495,987.72元,"杀螟丹"的营业收入为110,427,932.34元,"杀螟丹"的营业成本为87,794,178.03元。

根据上述计算公式,该年度原告有关"杀螟丹"的营业利润率为10.75%。根据上述计算公式,同样可计算出原告2013年度"杀螟丹"的营业利润率为11.45%,2014年度"杀螟丹"的营业利润率为33.24%。

2. 上市公司利润率

如果原告是上市公司,可以直接提交上市公司的年度报告中公布的利润率作为证据。如在"老板"商标案①中,根据原告老板电器公司2015年、2016年年度报告,其公司2014年、2015年、2016年的营业利润分别为17.93%、20.98%和23.02%。法院认为,被告香港老板电器、厦门乐保德公司和嵊州乐保德公司作为专门以生产销售"ROBAND"系列侵权产品为业的企业,其利润率理应高

① 参见浙江省绍兴市中级人民法院民事判决书,(2016)浙06民初758号;二审浙江省高级人民法院民事判决书,(2018)浙民终20号。浙江省高级人民法院2018年度十大知识产权案件。

于规范经营的上市公司,故权利人关于按照老板电器公司的营业利润率计算侵权获利的主张应予支持。

也有法院采纳行业利润计算。如在巴洛克木业公司与生活家巴洛克地板公司等侵害商标权案①中,法院认为,据中国林产工业协会出具的证明可见,巴洛克木业公司在地板行业中处于领先地位,其行业地位与大自然家居、大亚圣象、德尔地板等公司在某种程度上具有一定的可比性。而德尔公司和巴洛克木业公司在业务结构上相似,两者均是以地板类产品作为主营业务,地板类产品的销售收入均占总营业收入的90%以上。两公司在公司规模上相似,德尔公司2015年总营业收入约8.4亿元,2014年约6.8亿元,巴洛克木业公司2015年总营业收入约6.3亿元,2014年约6.5亿元。两家在业务结构和公司规模上均相似的企业关于同类产品的净利润率的数据应具有一定的可参考性。德尔公司地板产品2015年的净利润率为16.25%,2014年为18.97%。巴洛克木业公司在该案中按照10%的净利润率进行主张,远低于同行业同类企业,也低于其经销商到庭陈述的数据。综上,苏州市中级人民法院认为巴洛克木业公司主张以10%的净利润率计算其销售收入减少的实际损失有事实依据,应予支持。

3. 自认利润率

如在建秋公司与西门子公司不正当竞争案②中,根据二审法院调查的证据,建秋公司2011年至2016年开票总额为人民币61,540,516元,该数额可以认定为其公司营业收入。关于利润率,建秋公司法定代表人二审庭审中陈述其公司利润率为5%,建秋公司再审申请主张该利润率不准确,并主张其已在二审第二次开庭时提供了审计报告和原始账簿予以证明。对此再审法院认为,建秋公司对其当庭陈述予以否认,但所提交的证据与二审法院调取的国家机关出具的材料不符,且未对此作出合理解释,故对建秋公司的该项主张,不予支持。而根据西门子公司、西门子中国公司二审提供的电梯行业相关上市公司的财务报表,能够佐证该行业毛利润率在35%左右,即使扣除相关费用,利润率也应该高于建秋公司自认的5%,故二审法院确认建秋公司的利润率应不低于5%并无不妥。

---

① 参见一审江苏省苏州市中级人民法院民事判决书,(2016)苏05民初41号;二审江苏省高级人民法院民事判决书,(2017)苏民终1297号。苏州知识产权法庭十大典型案例。

② 参见最高人民法院民事裁定书,(2018)最高法民申1517号。

4. 侵权性质与利润率选择

侵权人的侵权获利一般包括产品的销售利润、营业利润和净利润三种方式。由于三种利润相应的计算方式有所区别,计算后的金额也差别较大。一般情况下,考虑到财务费用、管理费用一般在企业支出中占有相当大的比例,而正常情况下这些费用确实为被告的实际支出,因此应当将其从被告侵权所获利润中相应减掉,即以被告的营业利润作为赔偿数额;如果被告侵权情节或侵权后果严重,或者完全以侵权为业,可以以侵权产品销售利润作为赔偿数额;如果侵权情节轻微,且诉讼期间已经主动停止侵权的,可以考虑以净利润作为赔偿数额。①

如在小米科技公司等与中山奔腾公司等侵害商标权及不正当竞争案中,"关于利润率"二审法院认为,一审判决参考格力公司、美的公司年度报告显示的小家电行业毛利率,以中间数 33. 35% 作为该案被控侵权商品利润率并无不当。二审法院确定以侵权获利额为赔偿基数,按照 3 倍酌定该案损害赔偿额,对一审判决确定 2 倍的惩罚倍数标准予以适当调整。计算方式:销售额为 61, 158, 213. 3 元,以 33. 35% 的利润率计算,侵权获利额为 20, 396, 264. 1 元,按照 3 倍计算为 61, 188, 792. 4 元,故一审判决对小米科技公司、小米通讯公司主张赔偿 5000 万元的诉讼请求予以全额支持,并无不当。对于统计范围和折算利润,该案二审法院认为,涉案 23 家店铺的销售额可以纳入该案侵权获利额的计算范围。但是,不能直接以经销商的全部销售额作为该案侵权获利额,应将中山奔腾公司、中山独领公司自营店与经销商的销售额分别计算。从部分经销商从中山奔腾公司进货的销售发票记载的商品单价看,与中山奔腾公司、中山独领公司直营店价格相比,在 6 ~ 7 折,结合其在官网中关于"网店未做活动情况下,按网络零售价(价格以公司下设的淘宝网店为准)的 6. 5 折供货"的内容,酌情按照经销商销售额的 6 折计算该案侵权获利额。基于上述分析,法院确定涉案 23 家网店的销售额总计为 61, 158, 213. 3 元。关于利润率,一审判决参考格力公司、美的公司年度报告显示的小家电行业毛利率,以中间数 33. 35% 作为该案被控侵权商品利润率并无不当。

---

① 参见北京市海淀区人民法院课题组:《知识产权惩罚性赔偿的适用问题研究》,载搜狐网 2021 年 12 月 13 日,https://www.sohu.com/a/507867650_121123527。

5. 利润考量因素

关于被告违法所得数额或者因侵权所获得的利益的确定,可以考量的因素有:(1)侵权产品销售量与该产品单位利润的乘积;侵权产品单位利润无法查明的,按照权利人商品的单位利润计算;(2)侵权人的营业利润与被诉产品所占比重与该产品销售数量的乘积;(3)侵权人自认的销售数量及价格;(4)公证书显示的产品销售数量、评价数量及价格;(5)侵权人被行政管理部门查处的侵权产品数量及价格;(6)侵权人相关专用账户的资金流水情况;(7)侵权人纳税情况、增值税开具及认证情况;(8)侵权人网站、宣传资料、年度报告等公开披露的相关数据等。[①] 司法实践中被告违法所得数额或者因侵权所获得的利益可以根据销售量乘以该产品的单位利润计算。在侵害鄂尔多斯商标案[②]中,法院认定:被告实施被控侵权行为的获利可以通过侵权产品销售总数、产品单价以及产品合理利润率三者之积确定。在单位利润无法获取的情况下,也可先按照售价计算出全部销售额,再以行业平均利润率进行折算。在小米科技公司等与中山奔腾公司等侵害商标权及不正当竞争案中,法院认定:侵权人获利为被告销售额与利润率之积。

(四)许可费倍数

以许可费倍数作为计算基数。关于许可费倍数的确定,重点在于确定许可费用的真实性和可比性。可以考量以下因素:(1)有无签订许可合同,许可合同是否备案;(2)许可合同是否实际履行,有无支付凭证;(3)许可合同的对象、许可的方式、范围、权限与被诉侵权行为的关联性;(4)许可人与被许可人之间是否存在亲属关系、关联关系等利害关系或交叉许可等特殊商业关系;(5)许可费是否受到外在因素的影响,如许可人或被许可人受到破产清算、并购重组或涉及重大诉讼等因素影响。[③]

在“欧普”侵害商标权纠纷案中,法院根据在案证据认定涉案商标每年的许

---

① 参见《深圳市中级人民法院关于知识产权民事侵权纠纷适用惩罚性赔偿的指导意见(试行)》第11条。

② 参见北京知识产权法院民事判决书,(2015)京知民初字第1677号。北京知识产权法院2017年发布建院两周年典型案例之九(加大知识产权司法保护力度类)、北京法院知识产权惩罚性赔偿典型案例之五、侵害知识产权民事案件适用惩罚性赔偿典型案例之二。

③ 参见《深圳市中级人民法院关于知识产权民事侵权纠纷适用惩罚性赔偿的指导意见(试行)》第13条。

可使用费为每年36.5万元，计赔的侵权时长为1.75年，在确定合理倍数的时候综合考虑了原告许可商标使用范围、区域，被告侵权行为的性质、销售方式、销售范围等，确定本案商标许可使用费至少应按欧普公司授权给销售商的涉案商标许可使用费的2倍计算。因而，许可费倍数=涉案商标每年的许可使用费×年数×合理倍数(36.5万元×1.75×2)。

个别法院出现以加盟费酌定商标许可使用费作为惩罚性赔偿的基数的情况。如在皓月公司与亚萍牛羊肉摊床等侵害商标权案①中，关于涉案商标许可使用费数额的认定问题。皓月公司主张其授权给销售商的涉案商标许可使用费为每年6万元，向法院提交了其与案外人四平市铁东区进前佳超市九九生鲜店签订的《皓月农贸社区专卖店合同》、四平市铁东区进前佳超市九九生鲜店营业执照、经营者身份证，庭后提交了皓月集团为该店开具的加盟费、保证金6万元的缴款凭证。根据涉案加盟合同内容，合同期限一年，加盟费数额为3万元，保证金数额为3万元。虽然被告以微信聊天记录欲证明加盟费1万元，但被告提交证据的证明力小于原告提交证据的证明力，且被告最终未以1万元加盟费价格与皓月公司签订加盟合同，对被告加盟费为1万元的主张，法院不予支持。因此，法院认定加盟费为3万元。《皓月农贸社区专卖店合同》未直接规定商标许可使用费的数额，但是根据涉案合同约定，加盟店在指定的时间、地点使用"皓月"注册商标、招牌、品牌是涉案加盟合同的重要内容，因此加盟费中包含商标许可使用费。根据加盟合同双方权利义务等约定以及涉案"皓月"商标的知名度情况等，法院酌定商标许可使用费为1万元，并以1倍的商标许可使用费即1万元作为计算本案赔偿数额的基数。法院按照赔偿基数的2倍确定惩罚赔偿数额。对原告主张的合理费用2498元予以保护。因此，实际赔偿总额共计为1万元+1万元×2倍+2498元=32,498元。

(五)品牌贡献度

在百度公司与北京京百度公司等侵害商标权及不正当竞争案中，法院认为"考虑到百度公司涉案商标一的显著性和知名度以及京百度公司及其涉案分公司实施的被诉侵权行为具体情节等因素，酌情确定涉案商标对于京百度公司及其涉案分公司侵权获利的贡献率为35%"。最后计算为"京百度公司及

---

① 参见吉林省长春市中级人民法院民事判决书，(2021)吉01民初1713号。

其涉案分公司应承担的赔偿经济损失数额为 308,903.54 元(年平均营业利润额)×5.25 年(侵权时长)×35%(品牌贡献率)×4 =2,270,441.019 元”。

(六)网店评论数

在小米科技公司等与中山奔腾公司等侵害商标权及不正当竞争案中,关于赔偿额的确定,二审法院认为:网店商品的评论数可以作为认定商品交易量的参考依据。按照涉案京东网、淘宝网等电商平台的一般评价规则,用户完成一次订单交易后在一定的期限内可以对商品作出一次评价,即评价数与交易次数具有高度对应关系。同时,与一审法院调取中山奔腾公司、中山独领公司网上直营店的实际销售额数据相比,虽然两者存在 2 个多月的时间差,但即便扣除两个月的平均销售额,按照评论数计算销售额亦低于同期实际的销售量及销售额,故以评论数作为销售量的参考依据具有合理性。

(七)发票数据

如在“丽沨酒店”侵害商标权案①中,上诉人认为,云龙丽沨酒店、鲁商公司的侵权获利已经远超丽枫公司诉请的 50 万元。一审中,丽枫公司申请法院调取鲁商公司的开票数据,显示鲁商公司 2017 年至 2020 年度的开票金额为 160 余万元,鲁商公司虽辩称开票数据并非全部与酒店业相关,但其既未作出明确说明又未提供相关财务资料,故应依法认定全部开票数据与该案有关。依据酒店业的一般利润率,其侵权获利一定高于丽枫公司主张的 50 万元,因此,二审法院改判支持赔偿 50 万元。

三、赔偿倍数的确定

惩罚性赔偿适用的另一困难之处在于赔偿倍数的确定。各地法院对赔偿倍数的确定表述为“在法定倍数范围内酌情确定”,但如何确定目前尚无明确的计算公式。北京市海淀区人民法院在适用惩罚性赔偿中可以根据行为人的恶意和情节严重程度的高低不同,采取“要素积累法”确定阶梯式的赔偿倍数,并尝试根据已有裁判规则设计了惩罚性赔偿倍数因子分解表(见表 24),赋予各种侵权主/客观因素以不同数值,据以确定赔偿倍数。法官可以参照表 24 将恶

① 参见一审江苏省徐州市中级人民法院民事判决书,(2020)苏 03 民初 338 号;二审江苏省高级人民法院民事判决书,(2021)苏民终 1002 号。江苏法院 2021 年度推进知识产权诚信体系建设十大典型案例。

意和情节严重的具体因子赋予相应倍数，即在原有的一倍基础上，将查明的每一因子对应的倍数累加，得到最终的赔偿倍数。为了使惩罚性赔偿的倍数同时体现“恶意”与“情节严重”的程度，法官可以在确定倍数时，注意把握行为人主观恶意和侵权行为情节严重因子所对应的倍数上限至多为 2 倍，这样与原有的 1 倍相加，不超过法定 5 倍的赔偿倍数上限。[①] 但也有实务者在表 24 基础上有不同的观点，详见表 25。

表 24　惩罚性赔偿倍数因子分解

恶意因素	知识产权客体的知名度	省内知名	0.5 倍
		全国知名	1 倍
		国际知名	1.5 倍
	侵权人明知权利人的知识产权	侵权人与权利人之间有许可、经销、代理、代表等合同关系及劳动关系，或者经过磋商明知他人知识产权存在	0.5 倍
		收到权利人的警告后仍不停止侵权	0.5 倍
		曾与权利人签署和解协议或者收到法院发出的禁令后继续实施侵权行为	0.5 倍
	行为人重复侵权	受到行政机关处罚或被法院生效判决认定侵权后再次实施侵权行为	0.5 倍
		曾受到行政机关处罚或被法院生效判决认定侵权累计 2 次后，再次实施侵权行为	1 倍
		曾受到行政机关处罚或被法院生效判决认定侵权累计 3 次以上，再次实施侵权行为	1.5 倍
	行为人采取措施掩盖侵权行为、毁灭侵权证据		0.5 倍
情节严重因素	行为人以侵权为业		0.5 倍
	侵权时间	1～2 年	0.5 倍
		2～3 年	1 倍
		3 年以上	1.5 倍
	侵权范围	跨市	0.5 倍
		跨省	1 倍
		跨国	1.5 倍

① 参见宫晓艳、刘畅：《知识产权惩罚性赔偿适用的要件解构与路径探究——以上海首例知识产权惩罚性赔偿案件为研究范例》，载《法律适用》2020 年第 24 期。

续表

	侵权获利	100 万 ~500 万元	0.5 倍
		500 万 ~1000 万元	1 倍
		1000 万元以上	1.5 倍
	侵权后果	对权利人造成重大损失	0.5 倍
		危害人身安全	
		破坏环境资源	
		损害公共利益	

资料来源:宫晓艳、刘畅:《知识产权惩罚性赔偿适用的要件解构与路径探究——以上海首例知识产权惩罚性赔偿案件为研究范例》,载《法律适用》2020 年第 24 期。

表 25 知识产权惩罚性赔偿倍数的量化规则

恶意因素	行为人明知权利人的知识产权	侵权人与权利人之间有许可、经销、代理、代表等合同关系及劳动关系,或者经过磋商明知他人知识产权存在	0.5 倍
		收到权利人的警告后仍不停止侵权	0.5 倍
		收到法院发出的禁令或者在一审作出侵权判决后继续实施侵权行为	0.5 倍
		纯粹假冒行为(实施盗版、假冒注册商标行为)、申请近似商标被裁定无效	0.5 倍
	行为人重复侵权	受到行政机关处罚或被法院生效判决认定侵权后再次实施侵权行为	0.5 倍
		曾受到行政机关处罚或被法院生效判决认定侵权累计 2 次后,再次实施侵权行为	1.0 倍
		曾受到行政机关处罚或被法院生效判决认定侵权累计 3 次以上,再次实施侵权行为	1.5 倍
	行为人采取措施掩盖侵权行为、毁灭侵权证据		0.5 倍
知识产权客体的知名度		省内有一定影响	0.5 倍
		全国范围内有一定影响	1.0 倍
		在国际上有一定影响	1.5 倍

资料来源:宫晓艳、刘畅:《知识产权惩罚性赔偿适用的要件解构与路径探究——以上海首例知识产权惩罚性赔偿案件为研究范例》,载《法律适用》2020 年第 24 期。

四、基数计算与推断

赔偿数额(基数)的计算应当评价为适用惩罚性赔偿的“隐藏要件”,因为各知识产权单行法规定,只有能够确定基数,才能够适用惩罚性赔偿,否则只能寻求考虑主观过错的法定赔偿。在太平鸟案中,法院认为“本案无法按照上述方法查明具体的数额，故本案不能适用前述一倍以上三倍以下的惩罚性赔偿条款"，也正因此，实践中的判赔依然以法定赔偿居多。

诚然，严格计算清楚权利人的损失或侵权人的获利，在客观实践中不具备可操作性，但是惩罚性赔偿的相关规定也未曾作出"严格计算清楚"的要求。最高人民法院公布《侵害知识产权民事案件适用惩罚性赔偿典型案例》中所载的案例表明，只要有足以采信的与损失或获利有关的数据，法官即可推定或估算出所谓的赔偿基数，这在本质上是一种"有数据支撑的酌定"。

与"惠氏"侵害商标权及不正当竞争案（浙江省适用《知产惩罚性赔偿司法解释》第一案）所认可的计算方式一致，在红日商标侵权及不正当竞争纠纷案①中，原告也举证证明了被告的同行毛利率以及对经销商的销售任务要求。但是，法院没有适用惩罚性赔偿，而是因为全案证据足以"合理推算超出法定赔偿上限"，从而酌定赔偿5000万元。实践中，为填平权利人的损失，法院倾向于把《商标法》第63条第2款的"参考权利人的主张"解释为可作无上限的"裁量性赔偿"，《最高人民法院关于在当前经济形势下知识产权审判服务大局若干问题的意见》第16条也明确"对于难以证明侵权受损或侵权获利的具体数额，但有证据证明前述数额明显超过法定赔偿最高限额的，应当综合全案的证据情况，在法定最高限额以上合理确定赔偿额"。但是，"裁量性赔偿"和"法定赔偿"本质上都是酌定赔偿，如果在"难以确定"数额的情况下适用《商标法》第63条第2款作酌定赔偿，就相当于罔顾《商标法》第63条第3款明确的"难以确定"情形的酌定赔偿，也会让法定赔偿的上限失去意义。这种突破法定赔偿额上限的所谓的"裁量性赔偿"也许是缺乏上位法依据的。②

在最高人民法院发布的惩罚性赔偿指导案例中，基数的计算往往是参照定价、销量、同行业上市公司利润率等数据"估算"而来的，不要求绝对精确地计算。《关于知识产权民事诉讼证据的若干规定》第31条规定，"财务账簿、会计凭证、销售合同、进出货单据、上市公司年报、招股说明书、网站或者宣传册等有关记载，设备系统存储的交易数据，第三方平台统计的商品流通数据，评估报

---

① 参见广东省广州市中级人民法院民事判决书，(2017)粤73民初2239号；广东省高级人民法院民事判决书，(2019)粤民终477号。2020年度广东省知识产权审判十大案件。

② 参见何为、张校铨：《商标、不正当竞争惩罚性赔偿司法解释》，载威科先行网2022年4月25日，https://www.wkinfo.com.cn。

告，知识产权许可使用合同以及市场监管、税务、金融部门的记录等”都可以作为主张侵权赔偿数额的证据。

五、典型案例惩罚性赔偿分析

最高人民法院于 2021 年 3 月 15 日发布的《侵害知识产权民事案件适用惩罚性赔偿典型案例》中列出了六个案件中惩罚性赔偿计算基数的计算方法。详见表 26、表 27 和表 28。

表 26　最高人民法院公布典型惩罚性赔偿案件基数确定方式

案件及方式	基数的确定方式
鄂尔多斯案侵权人获利	10,446（销售数量）×35 元（平均单价）×25%（考虑到侵权标识的使用方式，酌定的利润率）
约翰·迪尔案侵权人获利	参考产品数量（查封扣押、行政处罚、商标无效案件中提交的销售数据）×平均销售单价（公证购买侵权产品的平均价格）×所在行业的平均利润率×侵权时间长度
FILA 案侵权人获利	（营业收入－营业成本－营业税金及附加－销售费用－管理费用－财务费用）（推定被诉商品的营业利润占公司总营业利润的 1/3）
太平鸟案酌定赔偿	无法查明，酌定赔偿
吉尼斯案商标许可费	原告单场活动的商标许可使用费 60,000 元（酌定于单场世界纪录认证服务的费用 84,800 元）×查明的场次
巴洛克案权利人损失	采用了“因销售流失而损失的利润（销售量下滑）”及“因价格侵蚀而损失的利润（供货价格下调）”两种计算方法
MOTR 案侵权人获利	侵权获利＝商品销售量×（产品单价－产品成本）（根据在案公证证据推定以上数据）
小米生活案侵权人获利	销售额（直营店的电商平台数据＋经销商网店的评论数×单价）×毛利率（同类上市公司披露的小家电行业毛利率）
红日案酌定赔偿	合理推算原告销售额的损失明显超出法定赔偿上限 300 万元，被告侵权恶意明显、情节严重，应予以严惩
欧普案商标许可费	涉案商标许可费 36.5 万元/年（原告与案外公司实际履行的合同中载明）×1.75 年（侵权时长）×合理倍数 2（销售行为、销售范围、销售渠道）
AWS 案侵权人获利	被告年报记载的涉案两年期间的相关领域的利润×5%（考虑商标使用状况、侵权持续时间、规模、被告上市报告的数据、相关商标在全部业务经营中的利润贡献率等）
阿迪达斯案侵权人获利	189 元/双（对原告最不利的正品鞋单价）×6050 双（行政查处确定的鞋帮数量）×50.4% 毛利润率（原告的审计报告）×60%（鞋帮于成品鞋的酌定贡献）＝345,779.28 元

续表

案件及方式	基数的确定方式
五粮液案侵权人获利	根据涉案账本所载内容及记账人的供述,侵权获利 = 被诉侵权产品销售量×(产品销售单价 - 产品成本单价)
卡波案侵权人获利	侵权获利 = 其销售总额(自认的销售利润)×原告毛利率(被告毛利率必超过原告)×50%(涉案技术秘密在被诉侵权产品生产中所占的技术比重及其对销售利润的贡献)
"惠氏"案侵权人获利	以原告二审提交的财务数据平均营业收入×侵权时间作为下限,以被告主张的计算方式(经销商数量×年购货指标)×侵权时间作为上限,再乘以更为接近的企业的年均毛利率,在二者之间确定基数

资料来源:何为、张校铨:《商标、不正当竞争惩罚性赔偿司法解释》,载威科先行网 2022 年 4 月 25 日,https://www.wkinfo.com.cn。

表 27 最高人民法院公布典型惩罚性赔偿计算基数的计算方法

案件名称及案号	惩罚性赔偿计算基数	备注
广州天赐公司等与安徽纽曼公司等侵害技术秘密纠纷案,(2019)最高法知民终 562 号	计算基数(侵权获利) = 销售总额×推定的毛利率	1. 该案件中的销售总额数据参照了相关刑事案件中数据; 2. 该案件中推定的毛利率是用原告的毛利率推定被告的毛利率
内蒙古鄂尔多斯资源股份有限公司与北京米琪贸易有限公司侵害商标权纠纷案,(2015)京知民初字第 1677 号	计算基数(侵权获利) = 销售数量×平均单价×利润率	根据商标在产品利润中所起的作用,酌定涉案商标给产品赋予的利润率为产品售价的 25%
小米科技有限责任公司等诉中山奔腾电器有限公司等商标侵权及不正当竞争纠纷案,(2019)苏民终 1316 号	计算基数(侵权获利) = 销售数量(商品评论数量)×销售单价×与利润率	参照同行业格力公司、美的公司年度报告显示的小家电行业毛利率,以中间数 33.35% 作为本案被控侵权商品利润率
五粮液公司与徐某等侵害商标权纠纷案,(2019)浙 8601 民初 1364 号;(2020)浙 01 民终 5872 号	计算基数(侵权获利) = 被诉侵权产品销售量×(产品销售单价 - 产品成本单价) - 返还顾客货款	以涉案账本所载内容结合记账人的供述推定产品销售量、销售单价、产品成本单价及返还顾客货款
阿迪达斯公司与阮某等侵害商标权纠纷案,(2020)浙 03 民终 161 号	计算基数(实际损失) = 原告商品单价×行政查获的件数×毛利润率×侵权产品与成品的价值比	1. 行政查获的侵权产品件数推定原告实际损失的销售量; 2. 以阿迪达斯公司提供的 2017 年度会计报表认定阿迪达斯公司的毛利润率为 50.4%

续表

案件名称及案号	惩罚性赔偿计算基数	备注
欧普公司与华升公司侵害商标权纠纷案,(2019)粤民再147号	计算基数(许可费的合理倍数)=商标的许可使用费×侵权人的持续侵权时间×合理倍数	欧普公司授权许可涉案商标给销售商使用的范围仅限于在销售商的经营场所使用和宣传涉案商标,经营销售区域仅为销售商所在的地市。而该案华升公司被诉侵权行为的性质为生产、销售和许诺销售被诉侵权产品,销售方式包括线上和线下,范围为全国甚至全球。因此,本案合理倍数为2倍

资料来源:李源:《知识产权侵权案件中惩罚性赔偿的计算方法》,载强企知识产权研究院网2021年11月13日,http://www.qqip.org.cn/category/view? id=1007。

表28　最高人民法院公布典型案例惩罚性赔偿倍数的计算方法

案件名称及案号	惩罚性赔偿倍数	备注
广州天赐公司等与安徽纽曼公司等侵害技术秘密纠纷案,(2019)最高法知民终562号	一审2.5倍,最高人民法院5倍	最高人民法院二审认为,被诉侵权行为构成对涉案技术秘密的侵害,但一审判决在确定侵权赔偿数额时未充分考虑涉案技术秘密的贡献程度,确定惩罚性赔偿时未充分考虑侵权行为人的主观恶意程度和以侵权为业、侵权规模大、持续时间长、存在举证妨碍行为等严重情节,遂在维持一审判决关于停止侵权判项基础上,以顶格5倍计算适用惩罚性赔偿
内蒙古鄂尔多斯资源股份有限公司与北京米琪贸易有限公司侵害商标权纠纷案,(2015)京知民初字第1677号	2倍	法院认为:鄂尔多斯公司的"鄂尔多斯"系列商标具有较高的知名度,"天猫"店铺的产品利润率较高。实施被诉侵权行为给商标权人造成的损害更为严重。米琪公司作为"毛线、围巾线、羊绒线"等与服装存在紧密关联商品的经营者,理应知晓涉案商标的知名度,其在自营网店突出使用与涉案商标几乎完全相同的标识且侵权时间较长,主观恶意明显,侵权情节严重
小米科技有限责任公司等诉中山奔腾电器有限公司等商标侵权及不正当竞争纠纷案,(2019)苏民终1316号	3倍	二审法院认为:1.直到二审期间,中山奔腾公司等仍在持续宣传、销售被诉侵权商品,具有明显的侵权恶意。2.中山奔腾公司等通过多家电商平台、众多店铺在线上销售,网页展示的侵权商品多种多样,数量多,侵权规模大,该情节亦应作为确定惩罚数额的考量因素。3."小米"商标为驰名商标,具有较高的知名度、美誉度和市场影响力。4.被诉侵权商品被上海市市场监督管理局认定为不合格产品,部分用户亦反映被诉侵权商品存在一定的质量问题

续表

案件名称及案号	惩罚性赔偿倍数	备注
五粮液公司与徐某等侵害商标权纠纷案,(2019)浙 8601 民初 1364 号;(2020)浙 01 民终 5872 号	2 倍	一审、二审法院认为:在徐某等人曾因销售假冒“五粮液”商品被行政处罚和刑事处罚的情形下,考量被诉侵权行为模式、持续时间等因素,认定其基本以侵权为业
阿迪达斯公司与阮某等侵害商标权纠纷案,(2020)浙 03 民终 161 号	3 倍	法院认为:正邦公司主观恶意非常明显,被诉侵权行为持续时间长,后果恶劣,属于情节严重的情形
欧普公司与华升公司侵害商标权纠纷案,(2019)粤民再 147 号	3 倍	二审法院认为:华升公司作为同行业经营者,在明知欧普公司及其商标享有较高的知名度和美誉度,且明知“欧普特”商标在灯类商品的注册申请被驳回的情况下,仍故意将“欧普特”商标注册在其他类别并使用于灯类商品上,大量生产、销售侵权产品,且产品质量不合格,其侵犯欧普公司商标权的主观恶意明显,情节严重

资料来源:李源:《知识产权侵权案件中惩罚性赔偿的计算方法》,载强企知识产权研究院网 2021 年 11 月 13 日,http://www.qqip.org.cn/category/view? id = 1007。

典型案例列出的 6 个案件中,仅有 1 个案例采用参照商标许可使用费合理倍数确定计算基数。在欧普公司与华升公司侵害商标权纠纷案中,原告提供了《商标授权许可协议》、欧普照明发货托运单、银行转账凭证以及“OPPLE 欧普照明”商标授权店铺的现场照片等证据,法院认为,上述证据结合涉案商标具有较高的知名度,已经达到了高度盖然性的证据标准。

典型案例列出的 6 个案件中,仅有 1 个案例采用实际损失标准确定计算基数。在阿迪达斯公司与阮某等侵害商标权纠纷案中,一审法院适用法定赔偿方式确定 20 万元的损害赔偿数额(含合理费用),二审法院则认为原告实际损失并未达到“难以确定”的标准,利用查明的事实,巧妙推测出原告的实际损失。典型案例列出的 6 个案件中,有 4 个案例采用侵权获利标准确定计算基础。司法实践中的诸多情况下,专利权人的实际损失较难确定,这时就只能推定侵权人的侵权利润作为专利损失赔偿额。侵权人因侵权所获得的利益可以根据该侵权产品在市场上销售的总数乘以每件侵权产品的合理利润所得之积计算。关于侵权获利之“利”是营业利润(毛利润)、纯利润还是边际利润,各地法院存在争议。[①] 侵权人因侵权所获得的利益一般按照侵权人的营业利润计算，对于完全以侵权为业的侵权人，可以按照销售利润计算。[②]

因为赔偿基数难以确定的客观因素，故酌定赔偿可以作为惩罚性赔偿的基数。新百伦公司与周某等侵害商标权案[③]、“斐乐”侵害商标权及不正当竞争纠纷案[④]、“申箭”侵害商标权纠纷案[⑤]、“约翰迪尔”侵害商标权及不正当竞争纠纷案[⑥]均体现出这一点。

第五节　惩罚性赔偿的举证

一、惩罚性赔偿证据规则

知识产权属于私权，知识产权侵权惩罚性赔偿也属于民事侵权赔偿责任的一种。《民法典》确立了惩罚性赔偿责任规范体系，[⑦]如《民法典》总则编第 179 条第 1 款规定了 11 种承担民事责任的方式，包括侵权民事责任方式与违约民事责任方式；第 2 款明确规定“法律规定惩罚性赔偿的，依照其规定”；第 3 款规定：“上述承担民事责任的方式可以单独适用，也可以合并适用。”因此，法官在适用知识产权侵权惩罚性赔偿制度时，要有民法典体系化思维，不能把惩罚性赔偿从民事责任体系中割裂出来。同时，由于个案案情千差万别，在认定故意、情节严重和确定基数和倍数时，还要有个案思维和过罚相当思维。提高侵权赔偿数额仅仅是加大侵权惩处力度的手段之一，不能简单地认为赔偿数额越高则知识产权保护力度越大、效果越好，惩罚性赔偿责任必须根据在案证据依法合

---

① 参见李源：《知识产权侵权案件中惩罚性赔偿的计算方法》，载强企知识产权研究院网 2021 年 11 月 13 日，http://www.qqip.org.cn/category/view?id=1007。

② 参见《北京高级人民法院关于侵害知识产权及不正当竞争案件确定损害赔偿的指导意见及法定赔偿的裁判标准》。

③ 参见广东省高级人民法院民事判决书，(2015)粤高法民三终字第 444 号。

④ 参见二审北京知识产权法院民事判决书，(2017)京 73 民终 1991 号；再审北京市高级人民法院民事裁定书，(2018)京民申 4666 号。

⑤ 参见江苏省高级法院民事判决书，(2019)苏民终 95 号。

⑥ 参见北京市高级人民法院民事判决书，(2017)京民终 413 号。

⑦ 参见吴汉东：《知识产权惩罚性赔偿的私法基础与司法适用》，载《法学评论》2021 年第 3 期。

理确定。[1]

权利人的举证难度过大，导致很多权利人在提起诉讼时放弃举证，转而请求法院直接适用法定赔偿。有学者随机选取553件涉及恶意侵犯商标权的诉讼纠纷，其中原告明确提请惩罚性赔偿的案件只有5件，更多的原告仅仅较为笼统地提出了一个求偿金额。[2]

二、损害赔偿举证难

在涉及互联网不正当竞争侵权损害赔偿的案件中，互联网企业除提供有偿的收费增值业务来获取利润外，还会通过提供免费服务的形式来吸引客户以达到扩大影响力的目的，而这种由用户注意力和口碑所形成的无形价值，如果因为竞争企业实施商业诋毁等不正当竞争行为，致使互联网企业的这种无形资产遭受损失，而这种互联网不正当竞争案件通常发生在大规模互联网企业之间，大型互联网企业业务范围广，涉及的用户规模比较大，在举证证明这种无形损失的数额时会非常困难。在互联网不正当竞争案件中原告诉请的赔偿数额巨大，但基本上又没有证据证明自己所受损失和被告侵权所获利润，于是法院通常适用法定赔偿方式，酌情确定赔偿数额。[3] 但是采用酌定赔偿方式，原告获赔的数额远低于自己主张的数额，如在百度插标案中，两原告北京百度公司与百度在线公司认为被告北京奇虎360公司通过“篡改百度搜索结果页面，造成混淆；利用360浏览器捆绑其网址导航站，故意仿冒、混淆搜索结果，劫持百度流量，侵犯原告商标权并且不正当竞争”给其造成了巨大经济损失，诉请法院判决被告北京奇虎360公司停止侵权并赔偿经济损失1000万元，法院一审认定被告行为构成不正当竞争，但是在确定损害赔偿数额时，认为原告未提交能够证明实际损失的证据或者侵权获利的证据，同时认为请求赔偿数额过高没有予以全额支持，而是酌情认定被告赔偿两原告总计40万元，这个结果与原告所主张的数额相差25倍。从上述案件可以看出，在互联网不正当竞争侵权案件中，由

---

① 参见秦元明：《对知识产权侵权适用惩罚性赔偿的两点思考》，载《人民司法》2021年第29期。

② 参见刘帅、陈芸莹：《优化营商法治环境：我国商标侵权惩罚性赔偿规则完善的司法路径——以553份商标侵权类判决文书为样本》，载2019年第十二届“中部崛起法治论坛”论文汇编集。

③ 参见刘钰婕：《不正当竞争案件中法定赔偿的超越与限度——基于互联网不正当竞争案例的整理与研究》，载《电子知识产权》2015年第11期。

于互联网企业所遭受的损失大部分是无形损失，无法直观的用精确的数值来量化，原告举证也相对比较困难，往往原告主张了一个赔偿数额，但是由于损害赔偿数额的不精确，也无法用直观的证据衡量这种无形损失，因此法院在判决时，往往按照法定赔偿的方式酌情在法律规定的最高赔偿数额之下判决赔偿数额，但是有时往往损害数额虽然无法精确确定但是又明显高于法定最高赔偿额时的确定，就又要考验法官的专业能力以及法治素养。①

三、采信微信宣传数据

在平衡身体公司诉永康一恋运动器材有限公司商标侵权案②中，法院按照侵权商品的销售量与该商品的单位利润的乘积计算得出被告的侵权获利，鉴于被告拒绝履行证据披露义务已构成举证妨碍，且被告对原告提供的其微信宣传的产品销量 1500 件的内容不能举证否定真实性，法院推定原告就该份证据的主张成立；对于侵权商品的单位利润，法院根据被告的自认并采用可比价格法予以酌情确定。法院据此推定作为赔偿基数的被告侵权获利在 101.70 万～139.50 万元，考虑到被告的主观恶意程度和侵权情节的严重程度，法院秉持"罚当其责"原则，最终适用 3 倍的赔偿倍数，全额支持了原告的诉讼请求。

四、宣传数据测算

法院不只是在惩罚性赔偿的案件中会认可这种"有数据支撑"的计算方式，在罗托克侵害商标权纠纷案③中，原告主张了侵权商品销售量与侵权商品的单位利润乘积的计算方法，其中销售数量由被告的宣传资料"估算"确定，销售利润率按照一般工矿产品（10%）确定，进而侵权产品销售数量与单位利润的乘积已远超原告主张的赔偿请求，因此法院全额支持了原告该项诉讼请求。鉴于罗托克侵害商标权纠纷案与惩罚性赔偿典型案例在基数计算的问题上具有相似性，笔者认为，即使惩罚性赔偿的主张没有得到法院的支持，法院依然有可能依

① 参见刘鸿鹏：《不正当竞争侵权损害赔偿中实际损失计算问题研究》，辽宁大学 2020 年硕士学位论文。

② 该案判决时适用 2013 年修订的《商标法》，3 倍为惩罚性赔偿的最高倍数。

③ 参见上海市高级人民法院民事判决书，（2012）沪高民三（知）终字第 119 号。

据原告的合理主张确定赔偿数额,而非简单地适用法定赔偿。①

此处与采信微信宣传数据具有一定的区别性,前者是确认数据的真实性,此处是作为数据进行测算的一种方式。

五、采信评论区数据

在小米科技公司等与中山奔腾公司等侵害商标权及不正当竞争案中,法院认为,关于赔偿损失及合理开支的数额,原告要求按照被告因侵权所获得的利益计算,并考虑驰名商标的显著性和知名度以及侵权时间、范围等因素,对被告中山奔腾公司、独领风骚公司、麦某的恶意侵权行为适用惩罚性赔偿。法院认为:(1)从销售情况看,京东网、淘宝网、苏宁易购、1 号店、拼多多等电商平台的 23 家店铺均销售被告中山奔腾公司、独领风骚公司制造的被控侵权产品,其中既有两被告的自营店铺,也有两被告自认为其经销商的店铺,另有其他店铺。被告中山奔腾公司还在线下实体经营场所直接销售被控侵权产品。两被告对除其自营店及经销商店铺之外的其他店铺销售其产品的事实不予认可,但未能提供证据证明其他店铺销售的为仿冒其标识的产品,而这些店铺销售的产品与其自营店、经销商销售的被控侵权产品从包装到产品均完全一致,故其抗辩不能成立。销售两被告生产的被控侵权产品的店铺数量众多,销售范围广、数量多,产品种类多样,销售额巨大。根据原告以店铺中商品评论数量作为销售量进行的统计,以上店铺销售被控侵权产品的销售总额达 76, 153, 888. 8 元。而向电商平台调取的数据显示,被告中山奔腾公司在京东网开设的索菲亚生活电器旗舰店(原名小米生活官方旗舰店)的销售总额为 13, 836, 546. 66 元;被告独领风骚公司在淘宝网开设的 Beves 奔腾电器官方店(原名小米生活官方店)的销售总额 6, 499, 201. 67 元。将原告根据评论数量计算的结果与调取的数据对比可见,以评论数量计算的销售量及销售额并不准确,远低于实际的销售量及销售额,原因是部分消费者在交易后未发表评论,故该部分交易在店铺的评论中未能体现。由此可以推断,以上店铺实际销售被控侵权产品的总额超过 76, 153, 888. 8 元,即使是只加上该两店铺的销售数据差额,销售总额也达

① 参见何为、张校铨:《商标、不正当竞争惩罚性赔偿司法解释》,载威科先行网 2022 年 4 月 25 日,https://www. wkinfo. com. cn。

83,157,636元。国内两大电器上市公司的年度报告显示，小家电行业的毛利率为29.69%～37.01%。被告中山奔腾公司、独领风骚公司也为生产、销售小家电的企业，其规模虽小于上市公司，但其综合成本也应小于上市公司，其利润率应大于上市公司。以该两上市公司小家电毛利率的中间数33.35%作为两被告制造、销售被控侵权产品的利润率较为公平合理，据此计算，其利润为27,733,071.6元。(2)从两被告实际的经营行为看，被告中山奔腾公司在与余姚智米生活电器有限公司签订的合作协议中，约定了每年29万台产品的销售量，即使按其商标许可使用费的最低标准10元/台计算，利润至少为290万元，且其约定“小米生活”商标的转让价不低于2000万元，说明该标识可为其带来的巨额利益；被告中山奔腾公司在商标许可使用合同中，约定了不同产品的商标使用费标准及产品年销售任务，据此计算的年商标许可使用费约为230万元；在合作协议中，合作对方的年销售任务至少为2100万元，按前述利润率计算的利润至少超过600万元。(3)从原告涉案商标的知名度和显著性看，原告的案涉“小米”商标在被告申请注册“小米生活”商标前已达驰名程度，具有较高的市场知名度、美誉度和影响力，具有较强的显著性。(4)从被告的侵权行为看，被告中山奔腾公司侵权的意图明显，其从原告注册、使用“小米”商标后即摹仿该商标，申请注册“小米生活”商标，其后又申请注册原告已注册的“mi mi”“米家”等商标，使用与原告宣传语近似或基本相同的宣传语，使用与原告配色相同的配色，申请与原告商标近似的域名，从2017年2月起即制造、销售被控侵权产品；被告独领风骚公司虽注册成立的时间较晚，但其与被告中山奔腾公司间存在股东、法定代表人和业务上的关联关系，其使用与原告的“米家”商标相同的字号，使用被告中山奔腾公司注册的侵犯原告商标权的域名，两被告全面摹仿原告及其商标、产品，企图使相关公众误认为其与原告间存在某种特定的联系或商标许可使用关系，并且实际已造成混淆。两被告的侵权行为具有极为明显的恶意，情节极为恶劣，所造成的后果亦十分严重，应当适用惩罚性赔偿。按两被告侵权获利数额的2倍计算，数额为55,466,143.2元；根据原告提供的证据，按两被告商标许可使用的许可使用费及合作生产、销售产品的销售额计算，仅作为商标许可方的利润即超1000万元，尚未考虑被控侵权产品销售所获利润，该部分应不低于商标许可方的利润，两者相加应与网店销售获利相当，同样按2倍计算，也超过原告要求赔偿经济损失的数额，故对原告要求两被告赔偿经济损失 5000 万元的诉讼请求予以全额支持。原告为制止被告的侵权行为,支出律师费、公证费、财产保全保险费及文献检索费等费用共 414, 198 元,有发票为证,且与其诉讼行为及提交的证据相对应,亦未超过相应标准,应予支持。最后判决经济损失 5000 万元及为制止侵权行为支出的合理开支 414, 198 元。

第六节　惩罚性赔偿考量因素

一、恶意与故意的立法

适用惩罚性赔偿的主观要件存在"恶意"与"故意"两种不同的立法表达(见表 29)。《商标法》与《反不正当竞争法》的相关规定以"恶意"为要件,《民法典》、2020 年修订的《专利法》、2020 年修订的《著作权法》的相关规定则以"故意"为要件。《民法典》颁布后,在立法位阶显然高于其他知识产权部门法的前提下,其以"故意"作为适用惩罚性赔偿的主观要件,必将对知识产权司法实践产生新的涵摄效果。

表 29　惩罚性赔偿计算标准

法律名称	条文序号	条文内容
《民法典》	第 1185 条	故意侵权 + 情节严重 = 有权请求惩罚性赔偿
《专利法》	第 71 条	故意侵权 + 情节严重 =1 倍至 5 倍确定赔偿数额
《著作权法》	第 54 条	
《反不正当竞争法》	第 17 条	恶意侵犯商业秘密 + 情节严重 =1 倍至 5 倍确定赔偿数额
《商标法》	第 63 条	恶意侵权 + 情节严重 =1 倍至 5 倍确定赔偿数额

二、恶意与故意的理解

(一)恶意是严重的故意

一种观点认为,尽管我国立法中同时采"恶意"和"故意"两种概念,但适用惩罚性赔偿的条件仅需侵权人具有主观故意。[①] 另一种观点则认为,惩罚性赔偿要求的"恶意"应当与"故意"相区别。惩罚性赔偿作为一种惩戒手段,应只针对造成严重后果、具有较大主观恶性的行为人。应严格限定导致惩罚性赔偿的恶意范围,仅有行为人被告知侵权后仍继续侵权行为、被法院判决侵权后仍继续侵权行为或在实施侵权时明知其行为性质但仍采取措施掩盖其侵权行为的,方属恶意。这在 2013 年《商标法》第 63 条的规定中亦可得印证,该条规定"恶意"是较严重的故意,恶意侵权者不仅主观上明知会侵害他人商标权而希望侵权结果发生,而且还具有较为恶劣的动机。司法实践中常见的"应当知道""过失"等均不属于恶意。[②]

（二）恶意是直接故意

有观点认为,司法实践中倾向于将"恶意"认定为"直接故意"。[③] 并包括以下三种形式:第一类是行为人受到行政处罚或收到法院禁令后继续实施侵权行为,如浙江巴洛克公司与巴洛克公司等商标权纠纷案;第二类是行为人收到权利人警告后继续实施侵权行为,如吉尼斯公司与奇瑞公司侵害商标权及不正当竞争案[④];第三类是行为人与权利人签署和解协议后又实施侵权行为,如平衡身体公司诉永康一恋运动器材有限公司商标侵权案所示情形。

在实务中,不乏有将"恶意"认定为直接故意的观点,如《北京市高级人民法院关于侵害知识产权及不正当竞争案件确定损害赔偿的指导意见及法定赔偿的裁判标准》第 1.13 条,即惩罚性赔偿的适用条件中规定:"恶意"一般为直接故意。而在《深圳市中级人民法院关于知识产权民事侵权纠纷适用惩罚性赔偿的指导意见(试行)》第 6 条规定:本意见所指"故意",是指侵权人主观上明知自己的行为会导致侵权结果的发生,而希望或放任这种结果发生。侵权人因过失导致侵权的,一般不构成"故意"。该规定表明"故意"包含直接故意和间接故意。

---

① 参见曹新明:《知识产权侵权惩罚性赔偿责任探析——兼论我国知识产权领域三部法律的修订》,载《知识产权》2013 年第 4 期。

② 参见芮文彪、凌宗亮:《新〈商标法〉加大损害赔偿力度的理解与适用》,载《中华商标》2015 年第 2 期;罗莉:《论惩罚性赔偿在知识产权法中的引进及实施》,载《法学》2014 年第 4 期;张红:《恶意侵犯商标权之惩罚性赔偿》,载《法商研究》2019 年第 4 期。

③ 参见宫晓艳、刘畅:《知识产权惩罚性赔偿适用的要件解构与路径探究——以上海首例知识产权惩罚性赔偿案件为研究范例》,载《法律适用》2020 年第 24 期。

④ 参见广东省高级人民法院民事判决书,(2017)粤民终 2347 号。

《知产惩罚性赔偿司法解释》明确“恶意”应与“故意”作一致解释。那么，“故意”的内涵是否仅指直接故意？根据典型案例，“故意”的内涵应当包括直接故意和间接故意。最高人民法院“卡波”技术秘密纠纷案法官在解读时指出：此处的“恶意”理解为主观故意而非直接故意较为妥当。实践中对直接故意与间接故意的区分本身存在较大困难，在道德上具有几乎相同的可责难性，在惩罚性赔偿中进行等同对待是较为合理的做法。

因此，“故意”应当是主观故意的心理状态，既包括直接故意也包括间接故意，即侵权人主观上明知自己的行为会导致侵权结果的发生，而希望或放任这种结果发生。

（三）恶意的其他因素

除前述以外，实践中出现知识产权犯罪后的纠纷，也应当属于严重的“恶意”侵权行为，并适用惩罚性赔偿。从司法角度看，《商标法》第 63 条中的“恶意”通常包含明知权利存在、重复侵权、侵权人与权利人之间存在特定关系、存在故意拖延诉讼或举证妨碍行为等情形。[①]《反不正当竞争法》第 17 条中的“恶意”则在最高人民法院“香兰素”侵害技术秘密案判旨中有所体现，如侵权手段恶劣；明知其行为构成侵害，仍持续、大量侵权；以侵权为业；侵害的权利数量多、价值大等。对比《知产惩罚性赔偿司法解释》第 3 条对“故意”的定义，两者在认定标准上基本一致，行为人均有明知甚至期望损害结果发生的主观状态，不存在包含关系。

《知产惩罚性赔偿司法解释》第 3 条第 1 款列举要综合考量的因素包括知识产权客体类型、权利状态、相关产品知名度、被告与原告或者利害关系人之间的关系等，第 2 款举出 5 种可以认定为故意的情形：(1)被告经原告或者利害关系人通知、警告后，仍继续实施侵权行为的；(2)被告或其法定代表人、管理人是原告或者利害关系人的法定代表人、管理人、实际控制人的；(3)被告与原告或者利害关系人之间存在劳动、劳务、合作、许可、经销、代理、代表等关系，且接触过被侵害的知识产权的；(4)被告与原告或者利害关系人之间有业务往来或者为达成合同等进行过磋商，且接触过被侵害的知识产权的；(5)被告实施盗版、

① 参见《浙江省高级人民法院民事审判第三庭关于印发〈知识产权损害赔偿审理指南〉的通知》，浙高法民三〔2017〕4 号。

假冒注册商标行为的。

（四）典型案例中的恶意认定

考察典型案例和相关在先案例（见表30），除《知产惩罚性赔偿司法解释》中列明的5种情形外，认定为"故意"的具体情形还可以包括：[①]（1）攀附原告驰名商标声誉或抢注原告驰名商标。在小米科技公司等与中山奔腾公司等侵害商标权及不正当竞争案中，法院认为："小米"商标知名度较高，已经构成驰名商标。被告申请注册"小米生活"商标，其后又申请注册原告已注册的"米家"等商标，使用与原告宣传语近似或基本相同的宣传语，使用与原告配色相同的配色，申请与原告商标近似的域名，以原告商标"智米"作为字号等行为，攀附原告商标声誉的意图明显，具有明显的侵权恶意。（2）将原告驰名商标或知名度较高的商标申请注册企业名称，并在实际经营中使用。在"百岁山"侵害商标及不正当竞争案[②]中，法院认为：被告一与被告二明知"百岁山"为限制使用的企业字号，为了获取不正当利益，仍执意将其企业名称变更为百岁山公司，并承诺愿意承担相应的法律责任，侵权的主观恶意明显。（3）商标注册申请被认为与在先商标近似，驳回后仍然进行大范围使用。在"斐乐"侵害商标权及不正当竞争纠纷案[③]中，法院认为：被告与原告系同行业经营者，在其申请的商标因与原告主张权利的"FILA"商标近似的情况下被驳回后，仍在生产、销售的相同商品上使用与权利商标近似的商标，主观恶意明显。（4）全面摹仿、抄袭原告商标及产品。在五粮液公司与徐某等侵害商标权纠纷案[④]中，法院认为：被诉侵权产品上的侵权标识与五粮液公司主张的涉案权利商标标识相同或高度近似，且二者使用于相同产品上，产品的款式、颜色、商标的标识位置等几乎完全相同，此种全面摹仿涉案注册商标及产品的行为足见其侵犯涉案商标专用权、攀附商标专用权人商誉的主观意图十分明显。（5）违背诚实信用原则。在红日商标侵权及不

---

① 参见陈志兴、蓝满凤：《通过典型案例解读知识产权惩罚性赔偿的司法适用》，载北大法宝2021年3月26日，https://www.pkulaw.com/lawfirmarticles/2b95721318a3247767d515f18314770dbdfb.html。

② 参见江苏省苏州市中级人民法院民事判决书，（2019）苏05知初1204号。

③ 参见二审北京知识产权法院民事判决书，（2017）京73民终1991号；再审北京市高级人民法院民事裁定书，（2018）京民申4666号。

④ 参见一审杭州铁路运输法院民事判决书，（2019）浙8601民初1364号；二审浙江省杭州市中级人民法院民事判决书，（2020）浙01民终5872号。杭州互联网法院2020年度知识产权司法保护十大案例之八、侵害知识产权民事案件适用惩罚性赔偿典型案例之四。

正当竞争纠纷案中，法院认为：被告在该案诉讼中多次出尔反尔。比如，在行为保全听证中确认的内容在一审庭审中均予以否认。这些反悔行为既没有合理解释也没有足够证据证明，是对民事诉讼诚信原则的违背，也是被告侵权恶意在诉讼中的延续和表现。

表 30　最高人民法院公布典型惩罚性赔偿案主观故意认定

案件名称	主观故意认定标准
鄂尔多斯案	原告系列商标字体设计的显著性和在服装类商品上的知名度；突出使用与涉案商标几乎相同的标识
约翰·迪尔案	被诉侵权方式多样（域名、企业名称），还通过注册商标的方式复制、摹仿、翻译驰名商标；涉案商标的显著性、知名度
FILA（斐乐）案	被告理应知晓原告注册商标的知名度；商标局在先以原告的商标作为近似引证商标，驳回了被告在“服装、帽、鞋”上的注册申请
太平鸟案	原告的涉案商标长期使用并在国内服装业获得了一定的知名度
吉尼斯案	被告收到原告寄送的律师函后，仍继续举办涉案活动，反映出两被告具有明显的侵权恶意
巴洛克案	当事人双方有过多年的 OEM 代工合同关系，被告主观上系基于对涉案商标的了解，恶意从事侵权行为谋取该商标所蕴含的商业利益；被告在原告发出侵权警告后仍继续实施侵权行为；原告的商标及企业字号享有较高知名度
MOTR 案	全面摹仿原告商标及产品的行为足见被告侵犯了原告商标权；被告早在 2011 年被发函警告，并最终与原告签署和解协议，但之后被告再次侵权，侵权恶意极其严重
小米生活案	在被告申请注册“小米生活”商标之前，原告商标已驰名；被告注册的涉案商标已经被行政确权诉讼作出判决，但被告仍在持续宣传、销售被控侵权商品
红日案	原告商标早在 2014 年就曾被认定为驰名商标；原告 2017 年所支付的广告宣传费就达到 1745 万元，原告经营和维护知名标识而作出的努力及付出应予考虑
欧普案	原告商标早在 2007 年被认定为广东著名商标、中国驰名商标；经行政授权确权程序后，被告明知他人在先注册的商标
AWS 案	经行政授权确权程序后，被告明知他人在先注册的商标
阿迪达斯案	被告公司股东在接受行政询问时表示知道侵犯他人注册商标权
五粮液案	被告销售仿冒产品，全面摹仿涉案注册商标及产品；涉案商标的声誉、商业价值高，品牌知名度高
卡波案	被告公司前法定代表人被追究刑事责任后仍未停止生产

续表

案件名称	主观故意认定标准
惠氏案	涉案商标具有较强的显著性和知名度；被告设立字号侵权的公司、注册和受让完全相同的侵权标识

资料来源：何为、张校铨：《商标、不正当竞争惩罚性赔偿司法解释》，载威科先行网 2022 年 4 月 25 日，https://www.wkinfo.com.cn。

（五）警告函与恶意认定

小规模侵权人更容易接受通知、警告的要求，此时打击侵权的主要意图也在于要求对方停止侵权，发函一直以来都作为效率和成本远低于民事诉讼的有效手段。但是，无论是典型的惩罚性赔偿的案例还是《知产惩罚性赔偿司法解释》，都明确侵权人在收到权利人的通知、警告后依然不停止侵权行为的，可以初步认定具有“故意”。所以，针对那些需要靠民事诉讼解决的规模较大甚至巨大的侵权人，也可以考虑将发函作为铺垫的手段，此时发函工作应当更加注重工作程序上的完整性，如注重留存发函的有关记录等。在初步完成对对方侵权证据的固定后，准备立案材料前，可以考虑向对方发函进行沟通，要求对方停止侵权行为，进而寻求签署和解协议。如果侵权人拒不配合，则可以进入民事诉讼工作的流程，并主张惩罚性赔偿；如果侵权目标停止侵权，但不签署和解协议，依然可以根据先前固定的侵权证据进入诉讼阶段。作为适格的通知函/警告信发送者，应当注意载明其所主张的权利基础，对方涉嫌侵权的侵权行为，以及对涉嫌侵权人的主张（如要求停止侵权、立即回函答复、签署承诺书等）。同时需要注意的是，发函是一柄“双刃剑”，如果在对侵权人是否构成侵权以及自身权利基础是否稳定两大问题上模棱两可，则不建议盲目发函，不然可能导致对方提起确认不侵权之诉，给自身带来法律风险。[①]

三、情节严重的认定

（一）情节严重的情形

《知产惩罚性赔偿司法解释》第 4 条第 1 款列举要综合考量的因素包括侵权手段、次数，侵权行为的持续时间、地域范围、规模、后果，侵权人在诉讼中的

① 参见何为、张校铨：《商标、不正当竞争惩罚性赔偿司法解释》，载威科先行网 2022 年 4 月 25 日，https://www.wkinfo.com.cn。

行为等。第 2 款举出 6 种可以认定为“情节严重”的情形：(1)因侵权被行政处罚或者法院裁判承担责任后，再次实施相同或者类似侵权行为；(2)以侵害知识产权为业；(3)伪造、毁坏或者隐匿侵权证据；(4)拒不履行保全裁定；(5)侵权获利或者权利人受损巨大；(6)侵权行为可能危害国家安全、公共利益或者人身健康；(7)其他可以认定为情节严重的情形。

多数地方性司法文件对“情节严重”也进行规范，如天津市高级人民法院发布了《天津市高级人民法院关于知识产权侵权案件惩罚性赔偿适用问题的审判委员会纪要》、深圳市中级人民法院发布了《关于知识产权民事侵权纠纷适用惩罚性赔偿的指导意见(试行)》、郑州市中级人民法院发布了《关于建立知识产权侵权惩罚性赔偿机制的意见》，这几份文件中均对“情节严重”的情形进行了归纳，表明司法实践中对以下情节严重的情形达成了共识，即完全以侵权为业、被诉行为持续时间长、被诉行为涉及区域范围广、侵权获利数额巨大、被诉行为可能危害人身安全或者严重损害公共利益。有分歧的地方是，天津市高级人民法院和郑州市中级人民法院的意见将多次侵权行为也纳入“情节严重”中进行考量。情节严重是与故意、恶意这一主观要件相并列的客观要件，属于行为要件而不是结果要件的范畴。

(二)情节严重的含义

现行法律均以“情节严重”作为知识产权惩罚性赔偿适用的客观要件，但关于“情节严重”的内涵与外延却未加明确。代表性的观点认为，惩罚性赔偿要求行为人实施了二次以上侵犯知识产权的行为或者侵权行为给权利人的利益或潜在利益造成了严重损害，满足其中任何一项均可。如果行为人实施的故意侵犯知识产权的行为只有一次，但是已经给权利人的利益或者潜在利益造成极其严重的后果，适用补偿性赔偿不足以实现惩罚和威慑的目的，就应当适用惩罚性赔偿。[①] 司法实践中也认为“情节严重”是指被诉行为造成了严重损害后果，并以侵权规模和侵权结果作为归类的主要标准。[②] 如在斐乐体育有限公司与浙江中远鞋业有限公司等侵害商标权及不正当竞争纠纷案中，法院认为，被告作

---

① 参见宫晓艳、刘畅：《知识产权惩罚性赔偿适用的要件解构与路径探究——以上海首例知识产权惩罚性赔偿案件为研究范例》，载《法律适用》2020 年第 24 期。

② 参见《北京市高级人民法院关于侵害知识产权及不正当竞争案件确定损害赔偿的指导意见及法定赔偿的裁判标准》第 1.13 条、第 1.16 条。

为同类商品的经营者，理应知晓斐乐体育有限公司注册商标的知名度，其生产并且在京东商城、天猫商城、淘宝商城以及自营官方网站所销售的商品上突出使用与涉案商标近似的标志，且销售金额巨大。[①] 而在平衡身体公司诉永康一恋运动器材有限公司商标侵权案中，法院同样考虑到被告生产规模大、销售渠道多、涉及地域范围广，侵权行为影响较大等因素，以及侵权产品存在产品质量问题会对原告的商业信誉带来负面评价，侵权后果较为严重。

（三）情节严重的司法裁判

司法实践中，法院对"情节严重"的考虑因素侧重于对侵权后果的考量。样本案例中，法院主要从如下方面认定"情节严重"：[②]一是侵权手段恶劣。该种情形表现为手段恶劣或侵权后果极为严重。如在太平鸟侵害商标权案[③]中，法院就认为侵权人故意实施侵权行为且已达到刑事犯罪的标准构成情节严重；在广州天赐高新材料股份有限公司等与安徽纽曼精细化工有限公司等侵害技术秘密纠纷案中，法院也曾将侵权公司的前法人曾因侵害商业秘密行为被追究刑事责任作为认定情节严重的考量因素。二是侵权时间长、次数多或经行政处罚或者法院判决后再次侵权。如五粮液公司与徐某等侵害商标权纠纷案[④]中，法院认为侵权人曾因多次实施针对五粮液相关商标的侵权行为被予以行政处罚，构成侵权情节严重；在"惠氏"侵害商标权及不正当竞争案中，法院曾将侵权行为持续时间长作为情节严重的考量因素之一。三是侵权方式多样、侵权规模大或涉及区域范围广。如在阿迪达斯公司与阮某等侵害商标权纠纷案中，法院综合考虑侵权产品数量的规模性、侵权时间持续性、侵权后果的恶劣性，认定构成情节严重；再如，在吉尼斯公司与奇瑞公司侵害商标权及不正当竞争案及小米科技公司等与中山奔腾公司等侵害商标权及不正当竞争案中，法院也将涉案行为影响大、范围广、侵权规模大作为情节严重的评价标准。四是侵权人从事的侵害行为对权利人产生巨大损害或消极影响。如在"欧普"侵害商标权纠纷案

① 参见北京知识产权法院民事判决书，（2017）京73民终1991号。

② 参见北京市海淀区人民法院课题组：《知识产权惩罚性赔偿的适用问题研究》，载知产力网2021年12月15日，https://www.zhichanli.com/p/1636220244。

③ 参见一审广州市南沙区人民法院民事判决书，（2017）粤0115民初2161号；二审广州知识产权法院民事判决书，（2017）粤73民终2097号。

④ 参见浙江省杭州市中级人民法院民事判决书，（2020）浙01民终5872号。

中,法院认为侵权人通过多渠道、多途径销售被诉侵权产品,且侵权产品因生产质量不合格被行政处罚,给权利人的商业信誉带来负面评价作为情节严重的考量因素。五是危及公共利益视为情节严重。如在“惠氏”侵害商标权及不正当竞争案中,法院还特别考虑,本案被诉侵权产品是关乎母婴身体健康的商品。因此也属于司法解释规定的“可能危及公共利益或人身健康”的情节严重的情形。

值得注意的是,通过对样本案例的梳理,发现实践中也存在法院对“恶意”与“情节严重”评价标准尺度不一的情况,如关于侵权行为持续时间、行政处罚后继续实施侵权行为等到底是“恶意”认定的考量因素还是应划归为“情节严重”的评价范围内,个案所作司法认定有所差异(见表31)。

表31　判断情节严重之典型案件

案件名称	情节严重的认定标准
鄂尔多斯案	被告经营的“天猫”店铺,较普通“淘宝”网店而言,相关公众会认为其信誉度和商品质量更有保障(渠道),进而给权利人造成的损害更严重;侵权时间较长
约翰·迪尔案	涉及的侵权商标众多;实施了多种不正当竞争行为,全方位侵权;被告隐匿对其不利的销售证据,法院责令其提交而不提交;在行政处罚后,依然继续实施涉案侵权行为
FILA 案	摹仿知名商品特有包装、装潢并标注“飛楽(中国)”构成不正当竞争;销售金额巨大(790 万元以上)
太平鸟案	侵权行为持续半年以上,查获商品、设备、吊牌多,构成刑事犯罪
吉尼斯案	构成虚假宣传的不正当竞争;涉案活动举办的城市多,侵权行为影响大、范围广
巴洛克案	被告的行为同时构成多种不正当竞争;多处市监局处以了行政处罚,但依旧不停止侵权行为;双方有多年的合作关系,损害后果更为严重;被告在全国各地开设门店侵权规模巨大,侵权获利丰厚;拒不履行法院的生效禁令裁定(行为保全)
MOTR 案	生产经营规模较大、产品销售渠道多、涉及地域范围广(2016 年销售总额 800 万元以上);责令提交相关证据时拒绝提交,构成举证妨碍;侵权产品存在质量问题,会给原告积累起来的商业信誉带来负面评价,侵权后果较为严重
小米生活案	使用与原告相似或基本相同的宣传语、配色、域名,构成不正当竞争;侵权商品数量多,侵权规模大;该案一审法院已经作出认定侵权的判决,二审时仍未停止;在一定程度上会降低消费者对于“小米”驰名商标的信任,导致该商标所承载的良好声誉受到损害,故对于涉案侵权行为应加大司法惩处力度

续表

案件名称	情节严重的认定标准
红日案	未如实履行证据披露义务,构成举证妨碍;原告因侵权所受损失巨大(减少7000余万元),被诉行为所涉产品多(300余种)、规模大、获利高(2000余万元);被诉行为有极强的设计性、整体性和目的性,不正当竞争;诉讼过程中多次出现出尔反尔、彼此推诿或举证妨碍等明显有违诉讼诚信的行为
欧普案	销售方式包括线上和线下,范围为全国甚至全球,因此许可使用费应双倍计算;持续时间长(整个诉讼期间),产品种类多,销售数量巨大;网站名称、公司名称侵权(构成不正当竞争);侵权产品还因生产质量不合格被行政处罚,给原告带来负面评价;被告经营范围和批准经营项目并不包含灯具的制造,且灯产品属于国家强制认证产品,质量不合格易引发安全事故,损害消费者利益,影响社会公共安全
AWS案	滥用程序性权利,提出明显不能成立的管辖权异议并就该管辖异议裁定提出上诉
阿迪达斯案	已经受到过行政处罚,依然实施侵权行为;侵权行为在数量上具有规模性,在时间上具有持续性(3年),在后果上具有恶劣性
五粮液案	侵权获利数额大;多次被予以行政处罚,直到被因刑抓获才停止侵权;店内装潢也是用"五粮液",意在混淆(构成不正当竞争)消费者;提供质量次的酒类商品,损害公共利益,给品牌带来负面评价
卡波案	被告成立以来就以侵权为业;前法定代表人被追究刑事责任后仍未停止生产;行为具有连续性,其侵权规模巨大、持续时间长;拒不提供原始凭证,构成举证妨碍
惠氏案	持续时间长、涉及地域广、侵权规模大(909家经销商,120个地级市);经授权确权判决后仍然注册近似商标;在该案一审判决后仍未完全停止侵权行为;注册字号侵权的公司构成不正当竞争;以侵害知识产权为业;侵权行为涉及婴幼儿食品,关乎婴幼儿健康安全

资料来源:何为、张校铨:《商标、不正当竞争惩罚性赔偿司法解释》,载威科先行网2022年4月25日,https://www.wkinfo.com.cn。

《知产惩罚性赔偿司法解释》第4条规定的考量因素主要源于已有典型案例,因此《知产惩罚性赔偿司法解释》未规定的但出现在典型案例中的因素值得关注。例如,在鄂尔多斯案中,判决认为在更注重品质的渠道(天猫)中实施侵权行为将造成更严重的侵权后果,这对严格把控下游渠道的奢侈品行业来说具有指导意义。此外,巴洛克案判决指出,违反原被告之间的诚实信用合作关系,也可导致"情节严重",可见,用于评价"故意"和"情节严重"的情节难以避免存在交叉,不是非此即彼的关系。①

在北京炎黄盈动公司与北京光环新网公司等侵害商标权案中,法院在列举"情节严重"的考量因素中提道:在本案诉讼过程中,光环新网公司和亚马逊通公司滥用程序性权利,提出明显不能成立的管辖权异议并就该管辖异议裁定提出上诉,故意拖延诉讼进程,进一步加剧了侵权行为的影响,扩大了商标权人的损失。

在司法实践中,2015 年"华润"侵害商标权案②、2015 年法雷奥与上海竞合公司侵害商标权案③等,根本不提及情节严重,而是直接以"主观恶意明显"为由适用惩罚性赔偿。笔者认为,故意、恶意与情节严重是惩罚性赔偿的主客观要件,具有各自独立存在的法价值。在法官的裁判活动中,应先予审查行为人的主观心理状态,然后再对行为情节严重程度进行评价,即通过双要件认定,以规范惩罚性赔偿的有效运作。正如美国侵权法适用该赔偿责任形式所给出的理由那样,主观要件表征了侵权行为的应受谴责性,而客观要件说明了侵权行为应受谴责的程度。④

广州知识产权法院对侵害公共利益作为情节严重的考量因素。如在腾讯科技(深圳)有限公司、深圳市腾讯计算机系统有限公司、厦门联络易科技有限公司与广州登堂通信科技有限公司不正当竞争纠纷案(以下简称腾讯起诉山寨"微信"案)⑤中,认定侵权软件严重损害微信软件及其服务的安全性及完整性,妨碍了软件正常运行秩序,对公众的信息数据安全及隐私性具有较大侵害性,侵权人侵权恶意明显、侵权获利大,属于严重侵权行为,全额支持权利人 1000 万元赔偿请求。以损害公众利益的商标侵权行为,特别是涉及医药等民生领域的侵权行为视为情节严重。如在同仁堂公司与李某标等侵害商标权案⑥中,广州知产法院在确定侵权赔偿数额时,不仅从商标法角度考虑,还针对案件所涉

---

① 参见何为、张校铨:《商标、不正当竞争惩罚性赔偿司法解释》,载威科先行网 2022 年 4 月 25 日,https://www.wkinfo.com.cn。

② 参见广东省高级人民法院民事判决书,(2017)粤民终 701 号。

③ 参见上海市闵行区人民法院民事判决书,(2015)闵民三(知)初字第 164 号。

④ 参见史玲、王英军:《惩罚性赔偿制度在我国知识产权领域的适用》,载《天津法学》2012 年第 1 期。

⑤ 参见广州知识产权法院民事判决书,(2021)粤 73 民终 153 号。

⑥ 参见一审广东省广州市荔湾区人民法院民事判决书,(2017)粤 0103 民初 1066 号;二审广州知识产权法院民事判决书,(2017)粤 73 民终 1612 号。

及的侵权领域及保护对象，即假冒商标系使用在药品上，将侵权损害赔偿金额由一审判决的15万元增加至300万元。

表30和表31所涉案例信息见表32。

表32　所涉案例信息

案件名称	案号	最终裁判时间	审理法院
鄂尔多斯案	(2015)京知民初字第1677号	2016年4月25日	北京知识产权法院
约翰－迪尔案	(2017)京民终413号	2017年12月8日	北京市高级人民法院
FILA案	(2017)京73民终1991号	2018年3月5日	北京市高级人民法院
太平鸟案	(2017)粤73民终2097号	2018年4月25日	广东知识产权法院
吉尼斯案	(2017)粤民终2347号	2018年10月2日	广东省高级人民法院
巴洛克案	(2017)苏民终1297号	2018年10月12日	江苏省高级人民法院
MOTR案	(2018)沪0115民初53351号	2019年8月28日	上海市浦东新区人民法院
小米生活案	(2019)苏民终1316号	2019年12月31日	江苏省高级人民法院
红日案	(2019)粤民终477号	2020年4月15日	广东省高级人民法院
欧普案	(2019)粤民再147号	2020年4月22日	广东省高级人民法院
AWS案	(2018)京民初127号	2020年5月6日	北京市高级人民法院
阿迪达斯案	(2020)浙03民终161号	2020年7月23日	温州市中级人民法院
五粮液案	(2020)浙01民终5872号	2020年10月9日	杭州市中级人民法院
卡波案	(2019)最高法知民终562号	2020年11月24日	最高人民法院
惠氏案	(2021)浙民终294号	2021年4月26日	浙江省高级人民法院

资料来源：何为、张校铨：《商标、不正当竞争惩罚性赔偿司法解释》，载威科先行网2022年4月25日，https://www.wkinfo.com.cn。

注：此表案例简称系原作者标注，与作者书中案例名称不同，但两者案号一致。

四、"以侵权为业"的认定

（一）"以侵权为业"的规定

2020年9月，《最高人民法院关于依法加大知识产权侵权行为惩治力度的意见》规定，人民法院在从高确定法定赔偿数额时应当考虑侵权人是否以侵权为业。江苏省高级人民法院2019年8月发布的《关于实行最严格知识产权司法保护为高质量发展提供司法保障的指导意见》中，"以侵权为业"作为法院提高知识产权侵权赔偿的参考因素；北京市高级人民法院2020年4月发布的《关于侵害知识产权及不正当竞争案件确定损害赔偿的指导意见及法定赔偿的裁判标准》则将"完全以侵权为业"视为认定侵害商标权和商业秘密"情节严重"的典型情形，对知识产权民事案件中情节严重认定等问题进行了规定。当被告"以侵害知识产权为业"（以下简称为"以侵权为业"）时，人民法院可以认定为侵权情节严重，满足适用惩罚性赔偿的一定条件。现阶段我国并没有相应的法律及司法解释条文对知识产权领域内的"以侵权为业"进行概念界定。

（二）"以侵权为业"的证实

当事人举证和判决说理应集中在"以侵权为业"主客观构成要件的证明上。客观要件上，"主要业务"的举证证明较为困难，基于"主要业务"和"主要收入来源"的基本对应关系，如果某项业务带来的收入在其全部收入中占比很高，则可以推定该项业务为其主要业务，若该项业务属于侵害知识产权行为，则"以侵权为业"的客观构成基本证成，当然上述推定可以被其他事实证据推翻。在红日商标侵权及不正当竞争纠纷案中，法院认为侵权产品收入占到被告全部收入中的89%，足以证明被告基本"以侵权为业"。由此可见，收入数额绝对值和占比的确定性在一定程度上可以简化和具象化"以侵权为业"客观构成的证明。"以侵权为业"主观构成需要依靠客观事实证明，方法上只有借助外界存在之事实或证据推敲之。① 若有证据证明侵权行为已构成侵权人个人主要收入来源的主要业务，则可推定侵权人对该情节故意明知的主观状态，当然上述推定可以被其他事实证据推翻。实践中，注册公司或其他商业组织侵害知识产权的较为常见，此时要证明"以侵权为业"的主观构成便需证明公司或商业组织的法定代表人、实际控制人和管理人员等是否明知构成主要收入来源的主要业务属于侵权行为。若侵权为业公司中的上述人员全程策划、经营和参与侵权活动，与公司属于共同侵权，则应对公司的赔偿数额承担连带责任。② 实践中，主张"以侵权为业"的当事人可以申请法院组织双方在开庭审理前交换证据。若"双主要"相关证据在对方当事人控制

① 参见曾世雄：《损害赔偿法原理》，中国政法大学出版社2001年版，第73页。

② 参见广东省深圳市福田区人民法院课题组、王欣美：《商标侵权惩罚性赔偿的制度构建》，载《知识产权》2020年第5期。

之下，则承担举证责任的当事人可以直接依据《知产证据规定》第 24 条的规定，书面申请法院责令对方当事人提供。

此外，严格执行证明妨害规则以衔接证据开示义务未尽之责任，根据《民诉证据规定》第 95 条的规定，控制证明“双主要”证据的当事人无正当理由拒不提交证据，对“以侵权为业”构成负有举证责任的当事人主张该证据的内容不利于控制人的，可以认定“以侵权为业”的初步成立。“以侵权为业”类型化的适用参考因素：(1)企业或组织设立目的。在被认定为构成“以侵权为业”的案件中，侵权人往往基于实施侵害知识产权行为的目的而专门设立公司或其他组织。(2)侵权经营的模板化。为了降低侵权行为成本，提高利润，在实际侵权经营中侵权人会总结使用所谓“成功经验”，流程化、模式化的侵权也能在一定程度上证明组织严密、运作成熟的“以侵权为业”成立。(3)侵权频度和持续时间。一般而言，同一侵权人侵权频度越高、持续时间越长，其构成“以侵权为业”的可能性越大。(4)不断变换公司名称或新设立公司实施侵权行为。知识产权保护不断强化使得侵权行为更易被发现打击，但以侵权作为主要生活来源的迫切性要求侵权人频繁“重操旧业”，如果出现更换“马甲”或“野火烧不尽”式的侵权情况，“以侵权为业”的认定概率亦大大提升。①

“以侵权为业”即经营几乎全部涉及侵权，目前认定侵权为业的有广州天赐高新材料股份有限公司等与安徽纽曼精细化工有限公司等侵害技术秘密纠纷案、“惠氏”侵害商标权及不正当竞争案和五粮液公司与徐某等侵害商标权纠纷案。广州天赐高新材料股份有限公司等与安徽纽曼精细化工有限公司等侵害技术秘密纠纷案的承办法官撰文称，被告营业执照记载的经营范围不能用作实际经营范围的参考，需结合全案证据判断被告的经营情况，如果涉案侵权行为是企业的主营业务、构成主要利润来源，且实际控制人及管理层有侵权的故意，则属于“以侵权为业”。② “惠氏”侵害商标权及不正当竞争案结合被告公司的设立目的、设立过程、使用侵权标识的规模(占自身生产规模比重)、生产商品品类(与原告产品的关系)等因素，综合认定其“以侵害知识产权为业”。在五粮

① 参见于波、沈汪成：《知识产权损害赔偿中“以侵权为业”认定适用探究——基于 133 份判决书的实证分析》，载《山东法官培训学院学报》2021 年第 4 期。

② 参见徐卓斌：《最高法知识产权侵权惩罚性赔偿第一案——合议庭详解侵害“卡波”技术秘密纠纷案》，载澎湃网 2021 年 3 月 2 日，https://www.thepaper.cn/newsDetail_forward_11528893。

液公司与徐某等侵害商标权纠纷案中，一审法院考虑了被告仿冒的经营模式、侵权持续时间认定了其“以侵权为业”。①

五、综合因素考虑

《知产惩罚性赔偿司法解释》第 3 条要求法官“综合考虑”，“综合考虑”意味着法官具有裁量的自由，应聚焦于能否推定侵权人知道他人的在先权利。于是，“客体类型”的意义在于客体的感知难易程度（商业标识、技术方案 > 作品 > 商业秘密），“权利状态”的意义在于查明权利的稳定性，“当事人关系”的意义在于评估侵权人接触在先权利的可能性。盗版和假冒注册商标的行为是“一模一样”的侵权，这足以推定故意，如侵害鄂尔多斯商标案、五粮液公司与徐某等侵害商标权纠纷案。因此，在刑案后续的民事案件中，侵权人的主观故意将不证自明。②

六、公法和私法责任

《知产惩罚性赔偿司法解释》区分了公法责任和私法责任，以保障惩罚性赔偿的救济落实到权利人。《知产惩罚性赔偿司法解释》第 6 条第 2 款规定，“因同一侵权行为已经被处以行政罚款或者刑事罚金且执行完毕，被告主张减免惩罚性赔偿责任的，人民法院不予支持，但在确定前款所称倍数时可以综合考虑”。由于行政罚款和刑事罚金属于公法责任，不会归属于权利人，因此与惩罚性赔偿本身不构成对同一行为的重复评价。司法实践亦认同上述观点，例如，在南方中金环境股份有限公司与杭州康成农业科技有限公司商标侵权纠纷案③中，在民事诉讼程序前，杭州市余杭区市场监督管理局作出杭余市管罚处字（2018）423 号行政处罚决定书，当事人在鲁家村八月炸农场（果园农场）使用的 1 台、丰泰农场使用的 3 台型号为 CDL32 – 30FSWSC 轻型立式多级离心泵，均系侵犯中金公司注册商标专用权的产品，当事人杭州康成农业科技有限公司销

① 参见何为、张校铨：《商标、不正当竞争惩罚性赔偿司法解释》，载威科先行网 2022 年 4 月 25 日，https://www.wkinfo.com.cn。

② 参见何为、张校铨：《商标、不正当竞争惩罚性赔偿司法解释》，载威科先行网 2022 年 4 月 25 日，https://www.wkinfo.com.cn。

③ 浙江省杭州市余杭区人民法院民事判决书，（2019）浙 0110 民初 1460 号。

售字样侵权水泵之行为，属侵犯注册商标专用权的行为。据此，没收侵犯注册商标专用权的产品并处罚款70,000元。人民法院根据涉案查获的侵权水泵计4台，涉及3个商标，中金公司的涉案商标有较高的知名度等因素，基于被控侵权人恶意侵权的事实适用惩罚性赔偿。①

① 参见张鹏：《知识产权惩罚性赔偿制度基数和倍数认定》，载强企知识产权研究院网2021年3月16日，http://www.qqip.org.cn/category/view? id=256。

案例索引

C

D

E

F

G

H

J

K

L

S